普通高等教育精编法学教材

现代知识产权法

Modern Intellectual Property Law

曲三强◎主编

北京大学出版社
PEKING UNIVERSITY PRESS

图书在版编目(CIP)数据

现代知识产权法/曲三强主编．—北京：北京大学出版社，2009．8
(普通高等教育精编法学教材)
ISBN 978-7-301-15583-7

Ⅰ．现…　Ⅱ．曲…　Ⅲ．知识产权法-中国-高等学校-教材　Ⅳ．D923．4

中国版本图书馆 CIP 数据核字(2009)第 128033 号

书　　　名：现代知识产权法
著作责任者：曲三强　主编
责 任 编 辑：孙战营
标 准 书 号：ISBN 978-7-301-15583-7/D・2377
出 版 发 行：北京大学出版社
地　　　址：北京市海淀区成府路 205 号　100871
网　　　址：http://www.pup.cn　　电子邮箱：law@pup.pku.edu.cn
电　　　话：邮购部 62752015　发行部 62750672　编辑部 62752027
出版部 62754962
印　刷　者：北京宏伟双华印刷有限公司
经　销　者：新华书店
730 毫米×980 毫米　16 开本　44 印张　790 千字
2009 年 8 月第 1 版　2009 年 8 月第 1 次印刷
定　　　价：52.00 元

本书撰写分工（按撰写章节为序）：

曲三强	第 1 章至第 3 章
张洪波	第 4 章
朱红英	第 5 章至第 8 章
李宗辉、张亨全	第 9 章
李宗辉、刘仁婧	第 10 章至第 11 章
李宗辉、鄢妍	第 12 章至第 13 章
胡洪	第 14 章
孟兆平	第 15 章至第 17 章、第 19 章至第 20 章
张云波	第 18 章、第 21 章至第 22 章
赵林静	第 23 章至第 26 章、第 30 章
陈新华	第 27 章至第 29 章
杨万生、杨华权	第 31 章
杨耀辉	第 32 章至第 33 章
杨华权、马翔翔	第 34 章至第 37 章
赖乾胜	第 38 章
徐玲芳	第 39 章至第 40 章

起舞弄清影　何似在人间

——写在《现代知识产权法》付梓之前

宋人胡仔在《苕溪渔隐丛话》中评价苏轼的《水调歌头·明月几时有》时说，“中秋词，自东坡《水调歌头》一出，余词尽废”。“起舞弄清影，何似在人间？”寥寥两语，却把月宫中的柔美与凄迷描绘得淋漓尽致，唤起了人们对灵虚幻境的无限向往。凭此意境来想象今日中国的知识产权及其法律制度，展现在我们面前的又何尝不是一片犹如广寒深宫般的琼楼玉宇，而在这如虚似幻的世界里翩跹起舞，又有谁能感受不到那袭“高处不胜寒”的战栗呢？

一

在漫漫的历史长河中，知识产权的兴起绝不是一种偶然现象，而是经济社会发展到一定阶段的必然结果。从哲学的角度看，现实世界的联系必然是普遍的因果联系，知识产权的现身亦是存在于这种普遍的因果联系中的一个环节，其初始和发展既有其本体论的原因，也有其方法论的原因。

就知识产权的本体意义而言，其之所以能够成为一种财产，本质在于它是凝结了人类一般劳动的智力活动成果。如同自然界的力量创造了世间万物一样，人类的创造性劳动也成就了知识产权的财产性质：创造性的抽象劳动生产了知识产权的价值；创造性的具体劳动生产了知识产权的使用价值。无论是约翰·洛克，还是卡尔·马克思都承认劳动对于财产权的决定性意义。任何脱离生产劳动价值去谈知识产权的观点，都无异于把知识产权当成了没有灵魂的躯壳，其生命力将无法得到诠释。

就知识产权的方法意义而言，其之所以备受现代人的推崇，还在于它是现代经济社会合理配置资源的重要手段。借助法律所赋予的产权外壳，知识产权找到了实现自身价值的有效途径。原本是居无定所、形无具体的知识财富，由于有了法律所划定的产权边界，而使之能够像汽车、房屋、桌子、板凳等物质性财产一样成为市场交易的对象。当然，法律在为知识产权划定边界的时候，不会是像对待物质性财产那样简单地指名道姓就可以了，而是必须要考虑那些决定知识产权规定性的经济因素和社会因素。从这种意义上讲，知识产权同物质性财产相比，具有更浓的主观色彩和更大的可塑性。

由于知识财产不能够被实际地占有，因此，法律的保护便成为其财产权存在和使用的前提，由此而给人造成的印象便是：知识产权似乎是来自法律的拟制，而不是来自其自身的规定性。显然这种看法是不对的，如果按照这样的思维定式去推论，知识产权便不成其为产权了，因为任何产权都必须具有财产的内容，而财产则只能来自其自身价值的规定性。

由于知识财产不具有物质性财产的形体和外貌，是停留在精神层面的东西，由此而产生的问题是：如何将知识产权与意识形态范畴的思想和言论加以区分？对知识产权的强调能否会限制思想和言论自由；反之，约束某些思想和言论的法律能否会影响知识产权的生成和使用？

由于知识产权的生成有赖于法律的拟制，因此，排他性或专有性便成为知识产权的重要特征，由此而带来的问题是：在强调知识财产的排他性或专有性时，会不会影响到自由市场竞争的正常秩序。换句话说，会不会由于对知识产权的过分强调而导致市场对知识产权价值和价格的评判失灵，从而不恰当地抬高知识产权的价格，而损害知识产权相对人的合理利益？

所有这些问题都必须放到一个具体的社会形态中去评价才有可能获得合理的解释。然而，由于世界各国的历史文化传统和政治经济模式不同，因此可能会对知识产权产生不同的理解和观点，这一点是完全可以理解的。作为现代市场经济的重要元素，对知识产权的基本共识只能是从利益各方的博弈过程中逐步形成。不过有意思的是，影响商品交易的因素往往是来自市场；而影响知识产权的因素则不仅是来自市场，而且还有可能是来自国家政府，甚至是国际社会。

二

影响知识产权形成和发展的因素有很多，既有历史和文化的，也有政治和经济的，还有法律传统和社会心理的。

“悲莫悲兮生别离，乐莫乐兮新相知”。具有古代灿烂文明的中国，在近代所扮演的角色充满了悲怆的韵味。19 世纪以来，随着西方资本主义的兴起，世界逐渐被分化成为两个部分：即先进的西方和落后的东方。当西方世界跨入资本主义时代时，东方各国几乎仍旧停留在封建时代。与西方世界相比，东方的落后不仅仅表现在经济上，而且还表现在思想观念、政治体制和法律制度各个方面。时代角色的差异决定了东、西方各自不同的历史命运——东方的落后为西方的扩张提供了“理想”的目标，由此而决定了双方征服与被征服的关系。近代以降，亚洲、非洲和拉丁美洲的许多国家纷纷地沦为西方列强的殖民地或半殖民地，中国也难逃厄运，终于成为西方列强坚船利炮下的牺牲品。近代帝国主义列强入侵中国并不是偶然、孤立的历史事件，而是西方资本主义征服东方封建主义宿命过程的组成部分。

历史的经验值得注意，西方世界对东方国家的征服，从来不是单纯的军事攻略，而是包括政治、经济、军事和文化的全方位入侵。从表面形式上看，这种侵略虽然表现为军事和经济的入侵，但是，从本质上看却是思想和文化的入侵，是西方文化对东方文化的强制“同化”。在这一过程中，西方列强不断地将其所推崇的价值观体系，包括反映这种价值体系的政治模式、经济模式、教育制度、法律制度、思想意识、宗教信仰等广义上的文化，强行推销给东方国家，用以取代或改造本土资源。

知识产权最早出现在资本主义世界亦不是偶然的，而是新的生产力突破旧的生产关系的结果。知识产权为缓解资本主义社会的基本矛盾提供了一种全新的方式：凭借知识产权，资本主义社会可以对旧的生产关系中的各种要素重新整合，以此来改变相对陈旧的生产关系，为生产力的发展寻求新的突破口。开始的时候，所有这一切变化，都只是发生在资本主义国家内部，然而，伴随着市场竞争的激烈和垄断的加剧，资本输出和跨国贸易便不可避免地成为拯救资本主义危机的不二选择。时至今日，全球经济一体化的发展格局也仍然是西方发达国家转嫁内部危机和输出矛盾的宏观策略的产物。作为竞争弱势一方的发展中国家，面对来势凶猛的经济全球化发展趋势，几乎不能独善其身，而唯一可行的就是投身其中，在国际经济竞争的惊涛骇浪中学习游泳。

20 世纪 80 年代初期发生在中国的改革开放，再一次为西方发达国家输出其知识产权理念制造了机会。就中国的传统文化而言，存在着一种天然的排斥知识产权的社会心理。从占据中国社会思想统治地位长达两千年之久的儒家文化，到近半个多世纪处于中国意识形态主导地位的马克思主义，无不对知识的独占和产权化抱着一种否定的态度。“窃书不算偷”几乎成为了家喻户晓的评判行为的标准。此外，意识形态对舆论的控制以及严格的书报检查制度，也使得对“知识”的私有化遭遇到诸多困难。然而，“青山遮不住，毕竟东流去”，在全球经济一体化裹挟之下的知识产权以其凌厉的攻势迅速地席卷了中国大地。改革开放不仅启动了社会成员的主体意识；而且还唤醒了根植于人性深处的私有观念。被压抑经年而一朝获得解放的个人欲望，一旦找到宣泄出口，便会喷薄而出。在中国短短 30 年的改革开放过程中，知识产权几乎已经成为中国人人皆知的概念；与此同时，中国经济的快速发展也从其内部获得了知识产权的内应力。

发展市场经济不仅要对市场经济的机制和性格有一个清醒的认识，而且，更重要的是要破除市场经济发展的各种障碍；否则，将很难深入到自由市场经济的实质。由于人类追求的价值目标的多样性，更由于人类在追求这些目标时所采用的手段或方式的差异性，致使人类社会中各成员的价值目标及其实现手段，并非能够和谐一致地相互包容。许多国人对知识产权的实质缺乏深切的了解，当他们把知识产权想象成一种普遍适用的造福人类的灵丹妙药的时候，却低估了其内在的紧张和冲突。

三

知识产权已经成为时下学术界流行的研究课题，这充分反映了它在商业和法律领域中日渐重要的地位。伴随着对科技创新领域投资规模的不断增长，与知识产权相关的问题也日益突出。无论是在政策制定的层面上，还是在实践应用方面，对知识产权的适当保护问题都变得越来越复杂，其中有许多问题不仅是对现行的政治法律制度的挑战，而且还是对传统的学术理论的挑战。例如，当科学技术的进步不断地影响和改变人们生活方式的时候，专利制度会经常遭遇到伦理上的两难选择；对文学艺术创作的著作权保护在推动社会文明发展的同时，亦增加了社会公众获取知识的成本；由于适应计算机网络和其他新技术的发展而引起的知识产权权利人、使用人和政府管理机构之间的紧张关系；发展中国家与发达国家进行竞争所需要的环境条件以及知识产权在国际贸易中的地位和作用问题等等，所有的这一切都从不同层面使知识产权在全球经济一体化的发展过程中成为最为重要和最为生动的学科之一。

《现代知识产权法》是一部系统介绍中国知识产权及其法律制度的教科书。该书以宏大的篇幅、严谨的结构和丰富的内容，对中国知识产权发展的历史与现状进行了系统的介绍，并从学理上作出了深入的研究。该书注重知识产权法学科的科学性、理论性和规范性，立足于基本观念、基本理论、基本制度和基本原则的诠释，致力于在现实与真理之间架设起一座桥梁。该书不仅是传播专业知识的教科书，也是学术研究的参考书，其系统性、新颖性、准确性构成了全书的基本特点。我们衷心希望，该书的出版发行能够对中国知识产权的法制建设和学术教育的发展发挥积极的作用。

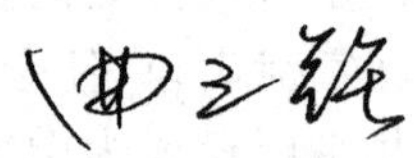

2009 年仲夏于燕园

缩 略 表

国 际 公 约

中文全称	英文全称	本书简称
《保护奥林匹克会徽内罗毕条约》	Nairobi Treaty on the Protection of the Olympic Symbol	《内罗毕条约》
《保护表演者、音像制品制作者和广播组织罗马公约》	Rome Convention for the Protection of Performers, Producers of Phonograms and Broadcasting Organizations	《罗马公约》
《保护工业产权巴黎公约》	Paris Convention for the Protection of Industrial Property	《巴黎公约》
《保护录音制品制作者防止未经许可复制其录音制品日内瓦公约》	Convention for the Protection of Producers of Phonograms Against Unauthorized Duplication of Their Phonograms	《录音制品日内瓦公约》
《保护文学艺术作品伯尔尼公约》	Berne Convention for the Protection of Literary and Artistic Works	《伯尔尼公约》
《保护原产地名称及其国际注册里斯本协定》	Lisbon Agreement for the Protection of Appellations of Origin and their International Registration	《里斯本协定》
《保护字型及其国际注册维也纳协定》	Vienna Agreement for the Protection of Type Faces and their International Deposit	《维也纳字型协定》
《发送卫星传输节目信号布鲁塞尔公约》	Brussels Convention Relating to the Distribution of Programme-Carrying Signals Transmitted by Satellite	《卫星公约》
《国际承认用于专利程序的微生物保存布达佩斯条约》	Budapest Treaty on the International Recognition of the Deposit of Microorganisms for the Purposes of Patent Procedure	《布达佩斯条约》
《国际专利分类斯特拉斯堡协定》	Strasbourg Agreement Concerning the International Patent Classification	《斯特拉斯堡协定》
《国际植物新品种保护公约》	International Convention for the Protection of New Varieties of Plants	《UPOV 公约》

（续表）

中文全称	英文全称	本书简称
《关于集成电路的知识产权条约》	Washington Treaty on Intellectual Property in Respect of Integrated Circuits	《华盛顿条约》
《关于〈与贸易有关的知识产权协定〉与公共健康问题的宣言》	Declaration on the TRIPS Agreement and Public Health	《多哈宣言》
《工业品外观设计国际保存海牙协定》	Hague Agreement Concerning the International Registration of Industrial Designs	《海牙协定》
《建立商标图形要素国际分类维也纳协定》	Vienna Agreement Establishing an International Classification of the Figurative Elements of Marks	《维也纳协定》
《建立工业品外观设计国际分类洛迦诺协定》	Locarno Agreement Establishing an International Classification for Industrial Designs	《洛迦诺协定》
欧共体《有关计算机程序保护的指令》	1991 European Software Directive	《有关计算机程序保护的指令》
欧洲议会与欧盟理事会《关于协调信息社会著作权与相关特定权方面的指令》	Directive 2001/29/EC of the European Parliament and of the Council of 22 May 2001 on the harmonisation of certain aspects of copyright and related rights in the information society	《关于协调信息社会著作权与相关特定权方面的指令》
《商标国际注册马德里协定》	Madrid Agreement Concerning the International Registration of Marks	《马德里协定（商标）》
《商标国际注册马德里协定有关议定书》	Protocol Relating to the Madrid Agreement Concerning the International Registration of Marks	《马德里议定书》
《商标法新加坡条约》	Singapore Treaty on the Law of Trademarks	《新加坡条约》
《商标注册用商品和服务国际分类尼斯协定》	Nice Agreement Concerning the International Classification of Goods and Services for the Purposes of the Registration of Marks	《尼斯协定》
《世界知识产权组织版权条约》	WIPO Copyright Treaty	《版权条约》
《世界知识产权组织表演和录音制品条约》	WIPO Performances and Phonograms Treaty	《表演和录音制品条约》

（续表）

中文全称	英文全称	本书简称
《视听作品国际登记条约》	Treaty on the International Registration of Audiovisual Works	《视听作品条约》
《为发展中国家制定的关于版权的突尼斯示范法》	Tunis Model Law on Copyright for Developing Countries	《突尼斯示范法》
《与贸易有关的知识产权协议》	Agreement on Trade-Related Aspects of Intellectual Property Rights	TRIPs 协议
《制止商品产地虚假或欺骗性标记马德里协定》	Madrid Agreement for the Repression of False or Deceptive Indications of Source on Goods	《马德里协定(货源标记)》

中国法律法规

中文全称	英文全称	本书简称
《中华人民共和国产品质量法》	Product Quality Law of the People's Republic of China	《产品质量法》
《中华人民共和国担保法》	The Guarantee Law of the People's Republic of China	《担保法》
《中华人民共和国反不正当竞争法》	Anti-Unfair Competition Law of the People's Republic of China	《反不正当竞争法》
《中华人民共和国反垄断法》	Anti-monopoly Law of the People's Republic of China	《反垄断法》
《中华人民共和国公司登记管理条例》	Regulations of the People's Republic of China on the Administration of Company Registration	《公司登记管理条例》
《中华人民共和国公司法》	Company Law of the People's Republic of China	《公司法》
《中华人民共和国海关法》	Customs Law of the People's Republic of China	《海关法》
《中华人民共和国民族区域自治法》	Law of the People's Republic of China on Regional National Autonomy	《民族区域自治法》
《中华人民共和国企业法人登记管理条例》	Administrative Regulations of The People's Republic of China Governing the Registration of Legal Corporations	《企业法人登记管理条例》

（续表）

中文全称	英文全称	本书简称
《中华人民共和国商标法》	Trademark Law of the People's Republic of China	《商标法》
《中华人民共和国商标法实施条例》	Regulations for the Implementation of the Trademark Law of the People's Republic of China	《商标法实施条例》
《中华人民共和国宪法》	Constitution of the People's Republic of China	《宪法》
《中华人民共和国刑法》	Criminal Law of the People's Republic of China	《刑法》
《中华人民共和国行政诉讼法》	Administrative Procedure Law of the People's Republic of China	《行政诉讼法》
《中华人民共和国物权法》	Real Right Law of the People's Republic of China	《物权法》
《中华人民共和国文物保护法》	Law of the People' s Republic of China on the Protection of Cultural Relics	《文物保护法》
《中华人民共和国药品管理法》	Pharmaceutical Administration Law of the People's Republic of China	《药品管理法》
《中华人民共和国义务教育法》	Compulsory Education Law of the People's Republic of China	《义务教育法》
《中华人民共和国专利法》	Patent Law of the People's Republic of China	《专利法》
《中华人民共和国专利法实施细则》	Implementing Regulations of the Patent Law of the People's Republic of China	《专利法实施细则》
《中华人民共和国知识产权海关保护条例》	Regulation of the People's Republic of China on the Customs Protection of Intellectual Property Rights	《知识产权海关保护条例》
《中华人民共和国植物新品种保护条例》	Regulations for the Protection of New Varieties of Plants of the People's Republic of China	《植物新品种保护条例》
《中华人民共和国植物新品种保护条例实施细则》(林业部分)	Implementing Rules for the Regulations of the Peoples Republic of China on the Protection of New Varieties of Plants (Forest Part)	《植物新品种保护条例实施细则》(林业部分)

（续表）

中文全称	英文全称	本书简称
《中华人民共和国植物新品种保护条例实施细则》(农业部分)	Implementing Rules for the Regulations of the Peoples Republic of China on the Protection of New Varieties of Plants (Agriculture Part)	《植物新品种保护条例实施细则》(农业部分)
《中华人民共和国种子法》	Seed Law of the People's Republic of China	《种子法》
《中华人民共和国著作权法》	Copyright Law of the People's Republic of China	《著作权法》
《中华人民共和国著作权法实施条例》	Implementing Regulations of the Copyright Law of the People's Republic of China	《著作权法实施条例》

目　录

第一编　知识产权总论

第二编　著作权法

第三编 专 利 法

第四编 商 标 法

第五编 其他知识产权

第六编 知识产权国际保护

第七编　竞争法与知识产权

第一编　知识产权总论

第一章　知识产权的基础问题

知识产权作为一种私权，其客体为智力成果，它首先是一种排他权。与传统物权相比，知识产权具有客体的可复制性、专有性、地域性、时间性等特征。本章主要介绍了知识产权的概念、范围、类型、性质及其特征。

第一节　知识产权的概念、范围及类型

1.1　知识产权的概念

知识产权(intellectual property),亦称智慧财产权或智力财产权,是指民事主体对其智力创造成果(intellectual creation)依法享有的民事权利;通常是在特定期限内,赋予创造者就其创造成果的使用所享有的独占权或专有权(exclusive right)。[①] 有部分学者认为,知识产权一语最早来源于法语,是17世纪由法国人卡普佐夫(Carpzov)提出来的,之后又为比利时法学家皮卡第(Picardie)所发展,皮卡第认为知识产权是一种特殊的权利范畴,它根本不同于对物的所有权,"所有权原则上是永恒的,随着物的产生与毁灭而发生与终止;但知识产权确有时间限制。一定对象的产权在每一瞬息时间内只能属于一个(或一定范围的人——共有财产),使用知识产品的权利则不限人数,因为它可以无限地再生"[②]。也有部分学者认为,知识产权一语最早来自于18世纪的德国。[③] 20世纪60年代之前,知识产权与无形财产权(intangible property)几乎是可以互换的概念。这种状况一直延续到1967年在斯德哥尔摩缔结的《建立世界知识产权组织公约》,之后知识产权的概念才逐渐为国际社会所接受。时至今日,知识产权已经成为科学技术、文学艺术和经济贸易领域内智力成果法律化的通用术语,并为相关的国际公约、国内立法以及国际和国内贸易实践所广泛接受。

关于知识产权的概念,学术界历来存在着不同的观点,其中最具代表性的观点有两种:一种观点认为,知识产权是人们就其智力创造成果所依法享有的专有权利[④];另一种观点认为,知识产权是智力成果的创造人依法享有的权利和经营活动中标记所有人所依法享有的权利的总称。[⑤] 上述两种观点其实并没有本质上的区别,唯一不同者在于:前者的概括性比较强,"智力创造

---

① "知识产权"一词的英语是 intellectual property、德语是 geistiges eigentum、法语是 propriété intellectuelle,此三个术语的确切含义都是"智慧财产权"或"智力财产权"。不过自1967年在斯德哥尔摩签订《建立世界知识产权组织公约》后,国际社会开始接受"知识产权"的概念。在我国台湾、香港和澳门地区,一般将 intellectual property 译成"智慧财产权"或"智力财产权";但是在祖国大陆,自20世纪70年代以来,该词一直被翻译为"知识产权",至今已为大多数人所接受,并在相关立法中得到普遍使用。参见林刚:《知识产权法学》,中国法制出版社1999年版,第1页。

② 吴汉东:《知识产权法》,中国政法大学出版社2007年版,第1页。

③ 郑成思:《知识产权论》,法律出版社2003年版,第1页。

④ 郑成思:《知识产权法教程》,法律出版社1993年版,第1页。

⑤ 刘春田:《知识产权法教程》,中国人民大学出版社1995年版,第1页。

成果"不仅包括各类文学艺术作品和发明创造，而且还将商标和商号等具有识别功能的商业标志也囊括其中；而后者则将商业标志单列出来，并与作品等"狭义的智力成果"相并列。从总体上看，前一种定义的抽象性较强，从逻辑学的角度略胜一筹；而后一种定义则是从常识和经验出发，更有利于人们的理解。

知识产权是知识产权法（Intellectual Property Law）调整的基本对象，其本身就包含着知识共享和知识独占之间的基本矛盾。从知识论的角度看，可以将满足人们审美需要的作品和满足人们实用需要的发明和商标等视为某种知识。而从社会论的角度看，知识属于全社会，是整个人类的共同精神财富。① 在现实生活中，由于知识的"公共物品"的属性，致使知识创造者无法在事实上对之加以有效地控制。为了保护智力创造成果不致不合理地被他人分享，防止"搭便车"（free riding）等投机行为，鼓励知识创新，保护创造者的积极性，知识产权制度的设立便成为经济社会健康发展之必需。

1.2 知识产权的范围

1967 年的《建立世界知识产权组织公约》和 TRIPs 协议是迄今为止最为全面和系统地调整知识产权的国际公约。

根据 1967 年《建立世界知识产权组织公约》第 2 条的规定，知识产权的客体主要包括下列内容：① 文学、艺术和科学作品（literary, artistic and scientific works）；② 表演艺术家的表演以及唱片和广播节目（performances of performing artists, phonograms and broadcasts）；③ 人类一切活动领域的发明（inventions in all fields of human endeavor）；④ 科学发现（scientific discoveries）；⑤ 工业品外观设计（industrial designs）；⑥ 商标、服务标记以及商业名称和标志（trademarks, service marks, and commercial names and designations）；⑦ 制止不正当竞争（protection against unfair competition）；⑧ 在工业、科学和文学艺术领域内由于智力创造活动而产生的其他权利（all other rights resulting from intellectual activities in the industrial, scientific, literary or artistic fields）。从上述所列内容不难看出，该公约所划定的知识产权范围还是比较宽泛的，不过，真正能把世界知识产权组织所列举的知识产权内容全部作为国内法保护对象的国家并不多见。②

1994 年关贸总协定乌拉圭回合谈判所缔结的 TRIPs 协议并未对知识产

① 汪丁丁：《知识印象》，中信出版社 2003 年版，第 221 页。

② 郑成思：《知识产权法》，法律出版社 2003 年版，第 5 页。

权作出一个完整的定义，只是在其第 1 条第 2 款中规定了其所适用的知识产权的基本类型：① 版权和邻接权（copyright and neighboring rights）；② 商标权（trademarks）；③ 地理标记权（geographical indications）；④ 工业品外观设计权（industrial designs）；⑤ 专利权（patents）；⑥ 集成电路布图设计权（layout-designs of integrated circuits）；⑦ 未披露信息专有权（undisclosed information）。同此前其他有关知识产权的国际公约相比，TRIPs 协议增加了一些新权利，如集成电路布图设计权；重点强调了一些权利，如地理标记权、未披露信息专有权。但是，无论如何应该承认，TRIPs 协议所确定的知识产权的范围并非是缔约国之间平等协商的结果，而是主要反映了西方发达国家在对外贸易中保护本国利益的需要。[①] 根据 TRIPs 协议的规定，大致可以将知识产权分为创作性成果权和识别性标记权两大门类。创作性成果权主要包括 7 项：① 发明专利权；② 集成电路布图设计权；③ 植物新品种权；④ 技术秘密权；⑤ 工业品外观设计权；⑥ 版权；⑦ 软件权。识别性标记权主要包括 4 项：① 商标权；② 商号权；③ 地理标志权；④ 其他与制止不正当竞争有关的权利。

随着经济社会的发展和科学技术的进步，知识产权法已经与市场经济和商品服务贸易紧密地联系在一起，许多新的知识财产被不断地整合到已有的知识产权法的范畴之中，从而使得知识产权的客体范围不断扩大，与之相应的知识产权法亦呈现扩张的趋势。

1.3 知识产权的类型

就理论意义而言，可以从广义、狭义两个角度去分析知识产权：就广义而言，上述两个国际条约所确定的知识产权的范围可以说涵盖了目前知识产权的全部内容；而就狭义而言，知识产权仅包括著作权（作者权或版权）[②]、专利权和商标权等三项内容。而根据功用标准，还可以再把狭义的知识产权分为两类：即文学艺术产权（artistic and literary property）和工业产权（industrial property）。文学艺术产权主要是满足人类的精神需求或者审美需求；工业产权主要是满足人类的物质需求或者说对实用的追求。

文学艺术产权是指文学、艺术和科学作品的创作者和传播者依法所享有的专有权利。其本质在于将具有原创性的作品和传播这种作品的形式纳入

① 郑成思：《知识产权法》，法律出版社 2003 年版，第 57 页。

② 王宏军：“两大法系著作权法、版权法中有关精神权利的比较研究”，载赵海峰：《国际法与比较法论坛》（第 2～3 辑），黑龙江人民出版社 2008 年版，第 402～417 页。

其保护范围，从而在创作者的思想表达形式领域内形成知识产权保护的独特领域。[①] 文学艺术产权主要包括著作权和邻接权。目前国际社会保护这两类产权的国际公约主要是《伯尔尼公约》和《罗马公约》；在中国，著作权法对上述两种权利一并予以保护。

工业产权是指工业、商业、农业、林业和其他产业中的民事主体对其发明创造以及区别性商业标志等依法享有的专有权利。可见，所谓"工业产权"只是一种历史上沿用下来的、约定俗成的说法，严格说来实为"产业产权"。工业产权所保护的客体十分复杂，其中最主要的是专利权和商标权等。在国际上，保护工业产权的条约主要是《巴黎公约》，其在十分宽泛的领域为各种工业产权提供了基础性的国际法保护；在中国，保护工业产权的法律主要是《专利法》和《商标法》等法律。

随着科学技术的进步和经济社会的发展，传统的文学艺术产权和工业产权的"两分法"逐渐变得模糊，某些处于中间状态的客体对象开始出现。如汽车的外观设计，既要满足消费者的审美需要，使之类似于美术作品，同时还必须能够在生产线上被加工制造，从而具备类似发明的实用特点。对于这类情况，如果单独沿用已有的专利法和著作权法等传统的保护形式已经显得力不从心，因此有些国家特别制定了保护工业品外观设计的单行法。类似的对象还有计算机软件、集成电路布图设计、印刷字体等，许多国家也是通过制定单行的工业版权法来实施保护的。随着科学技术的迅猛发展，新型的智力活动成果不断涌现，尤其是发生在生物工程技术、遗传基因技术和植物新品种等领域的科技新成果，为知识产权的基本类型的发展增添了新的内容。此外，网络资源、遗传资源、传统知识和民间文学艺术也都已经成为或将要成为知识产权的保护对象。

第二节　知识产权的性质

2.1　知识产权的权利形态

大陆法系将法律分为公法（public law）与私法（private law）；与此分类相对应，权利也被相应的分为公权（public right）和私权（private right）。"以政府生活上之利益为内容者，为公权。以社会生活之利益为内容者，为私权。"[②] 前者如政府对社会、经济、文化的行政权力等；后者如民事主体所拥有的物权

---

① 吴汉东：《知识产权法学》，北京大学出版社 2005 年版，第 2 页。

② 史尚宽：《民法总论》，中国政法大学出版社 2000 年版，第 19 页。

和债权等。区分公法和私法的意义在于，私法和公法有着不同的规范原则：私法以个人自由意志选择为特征；公法则以强制或拘束为内容。私法强调自主决定；而公法则须有法律的依据及一定的权限，亦即国家为更高的价值或公益而实施强制或干预时，应有正当理由。[①] 由此可见，理论上对于公法和私法、公权和私权的分类，其最终的目的在于，当国家权力介入私人生活，尤其是私人的经济事务时，应该特别坚守谦抑和节制的原则。

相对于有着悠久历史的物权、债权等传统民事权利，知识产权无疑是一种年轻的权利形态。在1986年我国《民法通则》中，知识产权作为一种民事权利，与物权、债权、人身权等民事权利相提并论；TRIPs协议在其序言中明确宣布知识产权是私权。在国际范围内，知识产权的私权属性已经得到了广泛的认可。知识产权作为私权是近代社会经济发展和制度变迁的结果，经历了由封建社会特权向资本主义财产权嬗变的历史过程。历史证明，对知识产权私权属性的认可，为私人在制度层面提供了获取财产的新方式。[②]

2.2 知识产权的私权属性

关于知识产权的私权属性问题，在理论上存在着不同的观点。有一种观点认为，应将知识产权与物权并列为支配权[③]；还有一种观点认为，应该建立一种"大物权"的概念，即通过将物权的客体扩充至智力创造成果，使知识产权成为一种特殊的物权[④]；也有一种观点认为，知识产权作为民事权利具有特殊性[⑤]，与物权相比有很大的不同[⑥]，知识产权首先应被理解成为是一种排他权。[⑦] 无论如何，知识产权的私权特性已经成为知识产权法律制度中最基础的理论问题。

2.2.1 知识产权客体与物权客体的区别

法是源于客观事物性质的必然关系，由于客观事物的性质不同，因此法

---

① 王泽鉴：《民法概要》，中国政法大学出版社2003年版，第4页。

② 吴汉东等：《知识产权基本问题研究》，中国人民大学出版社2005年版，第8～9页。

③ 〔德〕卡尔·拉伦茨：《德国民法通论》，谢怀栻等译，法律出版社2002年版，第218页；史尚宽：《民法总论》，中国政法大学出版社2000年版，第25页；魏振瀛：《民法》，北京大学出版社、高等教育出版社2000年版，第38页。

④ 尹田：《法国物权法》，法律出版社1988年版，第122页；周林彬：《物权法新论》，中国政法大学出版社2003年版，第38页，等。

⑤ 郑成思：《知识产权法——新世纪的若干研究重点》，法律出版社2004年版，第59～73页。

⑥ 吴汉东：《知识产权法学》（第三版），北京大学出版社2005年版，第5～6页。

⑦ 〔印〕甘古力：《知识产权：释放知识经济的能量》，宋建华等译，知识产权出版社2004年版，第125页；〔日〕富田彻男：《市场竞争中的知识产权》，廖正衡等译，商务印书馆2000年版，第20页。

律的调整方式和形式亦各不相同。[①] 知识产权的客体是人们通过精神劳动活动而产生的智力性成果，就智力成果而言，其本质上属于一种信息或知识，通过与其接触(access)，其他人可以掌握这些信息和知识。一般说来，智力成果具有“开发难、复制易”的特点，并且随着复制技术的发展，智力成果的复制成本也在不断地降低，使大规模的复制成为可能。此外，智力成果不会因为其自身被复制而发生任何损耗，某种智力成果被人们弃而不用，并非是由于智力成果本身与其产生之初相比有所损耗，而是由于产生了更好的智力成果而被代替，是市场选择的结果。智力成果具有可传递性、复制性和非损耗性的特点，这些成果决定了智力成果在同一时间可以满足多数人同质性地利用。

物权的客体一般是指有体物。为了使法律关系明确，便于公示以保护交易安全，一般采取物权标的物特定原则。[②] 由于物权的客体为特定的有体物，因此可以对该有体物进行自然意义上的人力控制，即在同一时间，特定的有体物只能被某一主体所占有和使用。在对有体物的利用方式上，主要是围绕该有体物自身实现其相应的使用价值，而无需也无法通过复制来扩充自身的存在，亦不存在将有体物作为知识的利用或是将有体物作为其他物的智力内核来利用的可能。

民事权利客体的属性不同，不但决定了权利效力上的不同，甚至在某种意义上决定了整个相关法律制度的整体，我们认知某一民事权利制度的逻辑起点显然是该客体的特殊属性。因此，不论是在客体的特征上还是在利用方式上，作为知识产权客体的智力成果与作为物权客体的有体物相比都存在着明显的不同，并由此决定了物权和知识产权在权利效力上不同于物权的显著特征。

2.2.2 物权首先是支配权，知识产权首先是排他权

“所谓支配权者系指直接对于权利之标的，得为法律所许范围内之行为的权利也……支配权概有排他性，即使他人不得为同一行为也。”[③]采用这样的定义被用来解释物权的效力无疑是具有说服力的，因为物权的积极效力和排他效力在范围上具有一致性。当谈到物权是支配权的时候，也就意味着他人被排除在该物权之外，在这种意义上说，物权主要表现为一种支配权。然而，对于知识产权而言，由于其积极效力和排他效力在范围上并不总是具有严格的一致性，在许多场合下知识产权表现更多的是排他效力，而不是积极

---

① 〔法〕孟德斯鸠:《论法的精神(上册)》，孙立坚等译，陕西人民出版社 2001 年版，第 5 页。

② 王泽鉴:《民法物权(通则·所有权)》，中国政法大学出版社 2001 年版，第 52～53 页。

③ 史尚宽:《民法总论》，中国政法大学出版社 2000 年版，第 25 页。

效力，因为知识产权积极效力的发挥往往是以排他效力的实现为前提的。

毋庸置疑，物权首先是支配权。由于物权的客体是特定的有体物，能够通过占有实现对其支配，并进而实现物上的各种利益，因此物权在本质上被视为一种物的归属权，即法律将特定物归属于某个权利主体，由其直接支配并享受其利益，排除他人对该支配领域的任何侵害或干预，这是物权的本质所在。[①] 换言之，就物权制度的设计而言，立法首先追求的是保证权利人对某一有体物的占有和控制，使该物能够圆满地归属于他。"对物的支配和控制"在物权的制度安排中永远处于统帅地位。[②] 在这种意义上说，物权首先是一种支配权。

如果对某一有体物的占有和支配能够实现，则意味着在同一时空条件下，其他的民事主体不能对同一有体物实施同样的支配行为，这样物权作为排他权的属性便得以实现。也就是说，物权作为支配权被实现同时也就意味着排他权的实现，物权人积极的支配行为的实施也就意味着他人不可能在相同条件下实施相同的支配行为，因此，物权的支配权和排他权在效力范围上具有一致性。

与物权的支配权本质属性不同，知识产权首先应被理解为是一种排他权，这是因为：

第一，排他权是知识产权的本质属性。以改进发明为例，由于某改进发明包含了在先发明的全部必要技术特征，即使改进发明人对该改进发明享有专利权，但如未经许可将改进发明进行生产经营性实施，必然会侵犯在先发明专利权人的权益，因此改进发明的权利人所享有的专利权实际上为 种排他权，即其可以排斥他人（包括在先发明人）实施该改进发明，但其支配权的落实有赖于在先发明专利权人的授权。

第二，知识产权更多地表现为排他权。例如，就商标权作为支配权而言，其权利的效力范围相对比较狭窄，但是就商标权作为排他权而言，其权利的效力范围却相对比较宽泛，驰名商标尤其如此。亦即，商标权所蕴含的排他性和支配性在效力范围上并不平衡，排他性效力远远大于其所体现的支配性效力。

第三，对智力成果的生产经营性支配还需要具备其他物质和法律条件。在将智力成果投入生产经营时，除了拥有知识产权之外，至少还必须具备其他两个条件：物质条件和经营资格。从某种意义上说，智力成果还只是一种

---

① 王泽鉴：《民法物权（通则·所有权）》，中国政法大学出版社 2001 年版，第 37 页。

② 郑成思：《知识产权——应用法学与基本理论》，人民出版社 2005 年版，第 118 页。

"准财产",有待于对其进行"填附补充"方能形成财产。[①] 事实上,在许多情况下,有关知识产权的生产经营并不能仅在知识产权法的框架下来完成,而且还必须要符合有关行政法或经济法的规范要求。

第四,对智力成果的形式上占有要求知识产权必须具有排他性。与物权的情形不同的是,知识产权权利人无法实现对智力成果的完全控制,因为智力成果在知识产权利用过程中往往会面向社会公开,如在商标公告中需要公开该注册商标"清晰"的商标图样;在专利公告中,通过说明书会使专利技术方案被清楚、完整地展现,使普通技术人员可以实施。而且,智力成果在生产中还必须与物质载体相结合方能以商品形态进入市场,例如,文字作品以图书、期刊等知识商品的形态进入市场;专利技术以专利产品为承载物进入市场;商标则以商标标识为第一载体进而以附着该商标标识的相关商品为第二载体进入市场。作为购买者,社会中的每一个人都有可能接触到该智力成果,而在巨大的经济利益的诱惑下每一个人也都有可能成为侵权行为人。由于侵权的生产成本不高,侵权产品的售价低廉,因此在知识产权领域就会出现一种"劣币驱逐良币"的现象,整个社会的创造热情将会遭受打击并因此而发生萎缩。由此可见,就知识产权的效力而言,问题的关键并不在于知识产权的支配性,而是在于它的排他性。

2.2.3 作为支配权的物权与作为支配权的知识产权的区别

(1) 就支配范围而言,物权是对有体物的全面支配,而知识产权则是对智力成果的有限支配。在一般情况下,物权的客体都是特定和独立之物[②],唯有如此才能满足支配的需要以及公示的需要。如果要想现实地支配某个实物,则必须首先占有该物,并进而发挥该物的相应使用功能。在权利人控制、使用该物的同时,其他人是无法从事相同的行为的。正是在这种意义上,物权被视为一种典型的支配权,尤其是所有权可以实现对相应有体物的全面支配。

相形之下,知识产权则仅仅是对某一智力成果的有限支配。这种有限的支配主要表现在两个方面:其一,知识产权具有时间性和地域性的限制;其二,知识产权权利人仅仅是独占性地支配该智力成果的生产和利用,而对于智力成果的许多方面,权利人是无能为力的。由于智力成果具有可传递性、可复制性和非损耗性等特点,智力成果通过复制自身并与有形载体相结合便可以形成无限多个"同一"的存在。例如,专利权人实施某项技术方案,生产并销售了1000件专利产品,事实上在这1000件专利产品里面含有一个共同

---

① 龙文懋:《知识产权法哲学初探》,人民出版社2003年版,第63页。

② 史尚宽:《物权法论》,中国政法大学出版社2000年版,第8页。

的技术方案。在这种情况下，每一个购买者都可以通过使用该专利产品间接地利用该技术方案，或者说对其进行支配。同时，该技术方案经过专利公告后，便成为一种公开的技术资料，科学技术人员可以对其作进一步地研究，也可以把这种情况理解为实现科学研究意义上的支配。由此可见，对智力成果的支配至少存在着以下三种情况：一是作为一种知识被支配；二是该智力成果自身被复制并与有形载体相结合作为知识商品被销售，被称为生产经营性支配；三是购买了知识商品的人通过使用知识商品而间接支配该智力成果。知识产权法并未赋予知识产权权利人对上述三种支配方式的完全控制。事实上，知识产权作为一种支配权只能实现上述的第二种对智力成果的支配，亦即生产经营性支配。至于第一种情况，知识产权法并不禁止为科学研究和学习目的而使用权利人智力成果的行为。第三种情况则属于知识产权权利穷竭的情形，当购买人合法地购买了知识产权产品之后，进一步使用或销售并不侵权。

(2) 就在支配后果而言，物权支配力的作用仅仅局限于物的本身，而知识产权支配力的作用则具有极强的衍生性。尽管物权所有人可以全面支配某一有体物，但是其支配力的行使显然受制于该有体物的物质形态，因此，占有、使用或处分的行为都只能针对有体物本身。从支配后果上看，支配权的实现只能是使有体物自身的物质状态或权利状况发生变化，而不会对有体物之外的其他有体物产生直接影响，更不会对有体物所归属的市场产生决定性的影响。

相形之下，尽管知识产权权利人只是对智力成果进行生产经营性的支配，但是如果从现实后果上看，该生产经营性支配作用的发挥却显现出极强的衍生性，即知识产权权利人通过对智力成果的生产经营性支配，能够控制相关的有形载体或有体财产，并进而形成一种垄断性的市场支配力量。[①] 为了实现对智力成果的复制和销售，仅凭信息和知识的本身是无法实现智力成果的商品化的，只有借助于有形载体才能够实现。在一般情况下，智力成果的商品化会使用或吸引大量的社会物质性资源，这样一来，知识产权权利人便可以通过对智力成果的支配权对生产经营活动进行支配，并进而对社会物

① 对智力成果的生产经营性支配所产生的衍生性社会作用并不仅局限在经济领域，在政治上也多有所反映，比如，Peter Drahos 认为，在抽象物（大致类似于本书中的智力成果）上设立财产权，知识产权的后果：一是会产生威胁权力，强化人身依附关系；二是通过权利扩张，使社会制度的分配越来越不均衡。See Peter Drahos, *A Philosophy of Intellectual Property*, Dartmouth Publishing Company Limited, 1996, pp. 152～164.

质性资源的配置产生影响。[①]

通过知识产权权利人独占智力成果并支配生产经营活动的法律机制，进而控制知识产权资本化的过程，可能会影响到一国的国内市场甚至国际市场，由于以智力成果为核心的知识商品的生产和销售会受到知识产权权利人强有力的控制，所以，知识产权很有可能成为一股左右市场的垄断性力量。

第三节　知识产权的基本特征

关于知识产权的基本特征，在理论上存在着不同的观点。有一种观点认为，知识产权具有无形性、专有性、地域性、时间性和可复制性等五个基本特征[②]；另外还有一种观点认为，客体的非物质性是知识产权的本质特征，此外还具有专有性、地域性、时间性等三个特征[③]；还有一种观点认为，知识产权的特征实际上只有两个，即可复制性和权利内容的多元性与多重性，至于专有性、地域性等并非是知识产权的特点。[④] 本书所持的立场是，知识产权具有客体的可复制性、专有性、地域性、时间性四个主要特征。

3.1　知识产权客体的可复制性

知识产权客体的可复制性（replicability of intellectual property's objects），又被称为工业再现性，是指知识产权保护的客体可以被固定在有形物上，并可以重复再现，重复利用的特性。换句话说，就是通过对知识产权的利用，将其客体和其本身体现在某种产品、作品及其复制品或其他物品等物质性的载体之上。

知识产权的客体具有可复制性是知识产权可以被视为财产权的基本原因之一。就法律意义而言，知识产权是一种财产，是一种特殊的无形商品，具有价值和使用价值，这是知识产权可以被利用和交易的客观基础。知识产权的使用价值在于它是专有的，而且通过使用可以为拥有者带来持续的经济效益。知识产权的价值和使用价值可以体现在与之相关的某种产品、作品及其

---

① Peter Drahos 这样描述知识产权资本化的简单过程，即在许多生产资料、产品（及服务）本身的背后存在着抽象物的支持，而通过知识产权法律，这些抽象物可以成为单独所有和控制的对象，抽象物本身为生产资料，可以在交易市场中买卖。See Peter Drahos, *A Philosophy of Intellectual Property*, Dartmouth Publishing Company Limited, 1996, pp. 156～157.

② 郑成思：《知识产权论》，法律出版社 2003 年版，第 63～76 页。

③ 吴汉东等：《知识产权基本问题研究》，中国人民大学出版社 2005 年版，第 15～24 页。

④ 刘春田："知识财产权解析"，载《中国社会科学》2003 年第 4 期。

复制品或其他物品等物质载体中，正是由于知识产权的客体具有可复制性，才能使知识产权向其他客体物质载体的价值转移成为可能。

知识产权客体的可复制性也是构成知识产权独立的一个必要条件。无论是某种知识、信息，还是智力成果，其都具有可复制性的特点。通过对知识产权客体的复制，才能将其重置扩充，并借助有形的物质载体使知识产品最终进入市场。从可复制性的角度来看，"复制"对于著作权和工业产权具有不同的意义。对于著作权而言，"复制"的含义比较宽泛，既包括从平面到平面、从立体到立体的重复再现，也包括从平面到立体、从立体到平面的变化再现，以及从无形载体到有形物质载体的固定。对于工业产权而言，"复制"的含义相对比较狭窄，只包括从平面到平面、从立体到立体的重复再现。

3.2 知识产权的专有性

知识产权的专有性(exclusiveness of intellectual property)，又被称为独占性、排他性或垄断性。就理论意义而言，知识产权的专有性主要表现为以下几个方面：

第一，权利人依法可以独占其知识产权，充分体现了知识产权的专有性特征，即知识产权人对其知识产权享有独占权。

第二，知识产权具有排他性，在权利的有效期内，未经知识产权所有者的许可，在规定的地域内，任何人不得利用此项权利，否则将构成侵犯知识产权的行为。从这种意义出发，可以将知识产权所保护的客体，即符合知识产权法保护条件的智力成果与公有领域的智力成果加以区分。即是说，知识产权的客体必须处于"专有领域"并且具有"专有性"，如果进入"公有领域"，则不能再受知识产权的保护。

第三，对于一项智力成果，国家所授予的某一类型的知识产权应是唯一的，不能再对同一智力成果授予他人同一类型的知识产权，以确保知识产权的权利主体具有唯一性。这体现了知识产权授予的专有性。不过，知识产权的专有性并不排除知识产权共有的存在。就上述意义而言，体现了知识产权与有形财产权的区别。有形财产权的所有者，如拥有一台电脑的物权人，其权利范围仅限于对他的这台电脑的使用权和处分权，对其他同样的电脑则无权使用或处分，更无权禁止他人制造、销售同样的电脑。而对于取得这台电脑产品专利权的专利权人来讲，不仅具有禁止他人制造、销售相同的电脑的权利，而且可以阻止他人就相同的电脑取得专利权。可见，对于某一类有形物而言，有形财产权的"专有"才能称得上是真正的"专有"。

知识产权的专有性直接来自于法律的规定或国家的授权，这是知识产权的专有性不同于物权和人身权专有性的地方。知识产权的专有性的核心是对于知识产权生产和利用的支配。这种对知识产权的控制支配同对有形财产的控制支配具有实质性的区别。在有形财产制度中,财产所有人可以凭借对有形财产的占有而实施形式上的控制支配,因此,法律无须再对其加以专门授予,而且在很大程度上,对有形财产的利用是遵循意思自治原则。相形之下,知识产权却有所不同,由于知识产权的无形性,对知识产权的客体对象的利用需要借助知识产权法律的明示规定,即由法律界定出知识产权人行使权利的特定范围。这个特定范围便构成了知识产权的专有领域。

3.3 知识产权的地域性

知识产权的地域性(territoriality of intellectual property)主要来源于国家主权原则,即一国授予的知识产权只能在该国范围内受到保护。知识产权的地域性是指依据一国法律所获得的知识产权,仅在该国领域内有效,而在其他国家原则上并不发生效力。[①] 知识产权的地域性包括四个方面的含义:第一,在每一个国家的知识产权效力由该国法决定;第二,知识产权仅影响在其被授予地域内的活动;第三,该权利仅能由被授予国国民或通过法律赋予相似地位的其他人予以主张;第四,该权利仅可在被授予的地域内有效,各国相互承认和保护彼此授予的知识产权。

由于知识产权客体的无形性和可复制性的特点,极容易受到来自外国侵权者的侵权,并由此产生了对知识产权的保护突破一国界限的需求。事实的确如此,自19世纪末以来,以保护知识产权为宗旨的国际条约日渐增多,缔约国也越来越多,效力越来越强。在这些条约中,一般都规定有最低保护条款、国民待遇原则、独立保护原则等,TRIPs协议还首次规定了保护知识产权的最惠国待遇原则。受这些条约的影响,各国的知识产权国内立法日益趋同,或者说知识产权的地域性特点在遭受经济全球化和一体化的挤压和影响。

知识产权的地域性还蕴涵着知识产权法制独立的意义。各国的国情不甚相同,出于法制本土化的考虑,各国的知识产权法制亦应各具特色,唯有如此,才能更好地维护本国的知识产权利益。然而,以TRIPs协议为代表的带有强制色彩的知识产权国际公约正在逐步融合各国的知识产权立法;一些大型跨国公司及其游说集团借助于发达国家的强权,通过各种纵横捭阖的手段

---

① 韩赤风:《知识产权法》,清华大学出版社2005年版,第6页。

构建“信息封建主义”。[1] 在关于知识产权的地域性问题上，西方发达国家和发展中国家采取了鲜明的不同立场。西方发达国家想方设法缩减知识产权的地域性，相对而言，发展中国家则应对知识产权的国际化和标准化而竭尽全力地固守地域性阵地。

3.4 知识产权的时间性

知识产权在时间上的有限性（timeliness of intellectual property）是世界各国为了促进科学文化发展、鼓励智力成果公开所普遍采用的原则。根据各类知识产权的性质、特征及本国实际情况，各国法律对著作权、专利权、商标权和其他知识产权都规定了相应的保护期限。根据知识产权的时间性要求，在法定的保护期限内权利有效，超过了保护期限则权利终止。这也是知识产权区别于有形财产权的一个特点。有形财产权的有效期限，以其标的物的存在为前提，在一般情况下法律不能规定其有效期限。相形之下，知识产权的有效期限则是法定的。

知识产权的终止或失效，只是意味着其权利的丧失，而作为权利客体对象的智力成果仍旧存在，只不过是由“专有领域”进入“公有领域”。知识产权的时间性表明，知识产权仅在法律规定的期限内受到保护，一旦超过法律规定的有效期限，知识产权就自行消灭，相关智力成果也就相应的成为全社会的公共财富，为全人类所共同使用。法律之所以要对知识产权设定一个保护期限，主要是为了更有效地推动科学技术和文学艺术的发展，照顾到知识产权人的利益与社会公众的利益之间的平衡。知识产权的时间性特征反映了建立知识产权法律制度的社会需要，创设知识产权的目的在于采取特别的法律手段调整因智力成果创造或利用而产生的社会关系，这一制度既要促进文化知识的广泛传播，又要注重保护智力成果创造者的合法利益，协调知识产权专有性与智力成果社会性之间的矛盾。

① 〔澳〕彼得·达沃豪斯、约翰·布雷斯韦特：《信息封建主义》，刘雪涛译，知识产权出版社2005年版，第1～3页。

第二章　知识产权的理论根据

本章围绕知识产权的理论根据展开论述，主要包括传统财产权理论（如罗马法的先占理论、财产自然权利说、财产社会公意说、自由意志理论等）、财产的历史唯物主义理论以及财产权的经济学理论（如新经济增长理论、产权安排理论及比较优势理论等）。

第一节　传统财产权理论

传统的所有权理论一般是以有形物作为其研究对象的，在这个方面，古罗马的先哲们以及近代启蒙思想家，如查士丁尼(Justinian)、洛克(John Locke)、卢梭(Jean Jacques Rousseau)、康德(Immanuel Kant)和黑格尔(George Wilhelm Friedrich Hegel)等均有精辟的思想理论留于世人。尽管这些思想大师们的理论受其时代条件的限制没有直接涉及知识产权，但是由于传统财产权与知识产权之间的血缘关系，启蒙思想家的思想理论对于我们今天认识和把握知识产权的本质仍具有重要意义。

人们普遍接受了知识就是财富的观念，但是将作为财富的知识纳入到法律规范所调整的所有权客体范畴却未有成熟的哲学基础理论可供倚赖。[①] 显而易见，讨论知识财富的财产权意义不是一个简单的法律认同问题，而是具有深刻社会意义的理论问题。问题的关键就在于：如何诠释知识财富作为财产权客体的本质，即知识之所以成为财产权客体的根据。

由于传统的所有权理论都是以有形物为其主要对象发展起来的，因此只能解决有形物或者有形物与无形物相一致的部分的问题，而不能为无形资产的确立提供完整的理论支撑。然而这并不妨碍我们从传统的所有权理论出发去分析研究知识产权问题，不过在知识产权意义上讨论"占有者对物的支配自由"之类的问题几乎不具有意义。因为知识产权的客体对象本身是不可能被占有的。知识产权所具有的区别于传统物权的特性使得对知识产权的理论研究变得异常复杂。

财产权作为上层建筑法律制度的重要组成部分是伴随着经济社会的发展变化而产生的历史现象，知识财富成为财产权的客体对象是科学技术进步和社会经济发展的必然结果。知识财富的固有价值和稀缺性是其成为财产权客体对象的内在依据，而社会认同和法律保护则构成其外部条件。毫无疑问，对传统财产权理论价值的发掘有利于帮助我们分析和理解知识产权的哲学基础问题。对所有权本质性作用的认识可以加深对财产权本源问题的广泛考察。

1.1　罗马法先占理论

从自然或人性的意义上讲，人具有控制和处置他物的自然本能。在历史

① K. R. Popper, *Objective Knowledge*, Oxford, 1972, Chapter III.

发展的某个阶段这种自然本能曾经是确定所有权的主要依据。[①] 为了解决市民之间财产纠纷的实际需要，古罗马法率先创设了财产权制度。罗马人最先制定了私有财产的权利、抽象权利、私人权利、抽象人格的权利。就财产权的获得而言，罗马法坚持先占和时效取得的原则。[②] 第一，个人取得物（包括动物和土地）的所有权方式可以按照先占原则（occupation）作为确定所有权的依据。[③] 第二，古罗马市民法还把时效取得作为取得财产所有权的依据。[④] 时效取得具有人为规定的性质，其目的是为了防止财产的不确定状态。这种取得所有权的方式，是以其有正当原因占有其物为先决条件的。第三，购买、赠与和继承也是罗马法取得所有权的有效方式。[⑤]

在古罗马人看来，自然理性的要求构成了先占原则的理论基础。自然理性是一种无所不在的客观存在，蕴藏于宇宙的万千事物之中。"我们个人的本性就是宇宙的自然的一部分，合乎自然的方式的生活就是至善，至善就是合乎个人的本性以及宇宙的自然；不应做任何为人类普遍法则和习惯所禁止的事。这种普遍法则相当于弥漫于一切事物中的正确的理性。这种普遍法则与主宰万物、规定万物的神并无二致。"[⑥]后来黑格尔所推崇的客观精神与之十分相像，两者都主张将所有权的依据归结于古罗马人所推崇的自然理性，或者说所有权的依据来自于不可动摇的神的意志。

罗马法的先占理论成为后世评价所有权构成的重要准则，尽管如此，从理论上论证先占理论的合理性问题仍旧是一个未能解决的问题。先占为什么能够成为所有权的原始依据，究竟是人为的标准，还是其中包含着某种不可抗拒的理由？先占的概念仅仅描述了一种行为现象，其本身只是一种表征，而不能成为所有权的理由。解释所有权对物的支配的不可侵犯性，可以

---

① 〔古罗马〕查士丁尼：《法学总论——法学阶梯》，张企泰译，商务印书馆1989年版，第48页。

② 在古罗马人看来，物可以根据其不同性质分为若干类：共有物，如空气、水流、海洋等；公有物，如河川、港口等；团体物，如戏院、竞赛场等；不属于任何人的神圣物、宗教物和神护物，如神圣建筑物、墓地、城门、城墙等；个人所有物。参见〔古罗马〕查士丁尼：《法学总论——法学阶梯》，张企泰译，商务印书馆1989年版，第49页。

③ "物成为个人所有可以有不同方式：我们对有些物按照自然法——称万民法……有些物按照市民法而取得物的所有权。""野兽鸟鱼，即生长在陆上、海里和空中的一切动物，一旦被人捕获，根据万民法，即属于捕获者所有，因为自然理性要求以无主之物，归属最先占有者。海中形成的岛屿——这是很少见的——属于先占者所有，因为它被占有之前不属于任何人。"参见同上书，第50页。

④ "市民法规定凡通过购买、赠与或其他合法原因善意地从并非所有人而误信其为所有人的人取得其物的人，应根据其使用该物而持有的时间而取得之……这一规定的用意是为了避免物的所有权长期处于不确定状态。"参见同上书，第50页。

⑤ 同先占理论相比，时效取得、购买、赠与和继承都是继受取得而不是原始取得所有权的方式。参见同上书，第50页。

⑥ 周辅成：《西方伦理学名著选集》（上卷），商务印书馆1987年版，第215～216页。

从先占开始，却不能因先占而终止。虽然罗马人认为先占是取得财产权的主要依据，然而对于先占是如何保证物的占有者对物的支配的不可侵犯性的，却从未作出合理的解释。从本质上看，先占不过是一种事实，因而不可能成为“不可侵犯”的理由。一个人可以声称对某物的先占，但是如果一个后来者凭借其自身的力量强行从先占者手中夺去该物，先占者是不能以先占的理由说服并阻止后来者的。由此可见，先占并不是财产权的依据，充其量不过是获得财产权的一个标志。换言之，先占只是获得财产权的形式的或外部的依据，而不是实质的或内在的依据。

如果把占有作为所有权的依据，那么势必会陷入到一种难以自拔的循环定义中。在这里，占有成为了所有权发生的前提，而在解释占有的合理性时却又不得不求助于所有权。如果按照这种逻辑推理下去，那么结论便是所有权本身才使得物的占有人获得了对物的支配自由。既然如此，那么在缺乏所有权的场合，占有人对物的支配自由也就相应地不复存在了。先占理论似乎倒置了因果关系，因为在这种理论中找不到物的占有人对物的支配自由的前提。从逻辑意义上讲，物本身是不具有反抗物主的支配行为的意志的：植物和矿藏不可能反抗占有者的意志；动物在被占有之前亦是独立的自然物，一旦被人占有，则表明该动物的力量不足以抗拒占有者的力量而不得不受占有者的支配。由此可见，占有者对物的支配自由取决于占有者的力量，而不是占有者的所有权。既然物自身不能反抗占有者，那么就占有者与物的关系而言，所有权既不能增加亦不能减少占有者对物的支配自由。

既然所有权既不能排除被占有物的反抗，也不能加强所有权人的自由意志，那么，究竟在什么意义上所有权的存在才能使占有者获得对占有物的支配自由呢？答案其实很简单，这种自由只能表现为这样一种情况：当占有者对占有物进行随意支配时，不受其他人的影响。即是说，所有权并非在直接意义上增加了占有者对物的支配自由，而是在排除并禁止他人阻碍的意义上间接地使占有者获得了对物的支配自由。简单地说，所有权的要旨不是直接地使占有人获得自由，而是使占有人在对物进行支配时不受他人的干涉或阻碍。因此，所有权的真正含义是禁止他人的干涉或阻碍。

确认占有者对物的所有权的真正含义是：当占有者对该物进行支配时，社会其他成员不能对该占有者的抉择进行干涉或阻碍。换言之，所有权的实质就是：无论占有者选择怎样的行为方式去对待其占有物，社会其他成员都要承担对该占有者的行为不干涉或不阻碍的相应义务。因此，与其说所有权是给占有者以自由，毋宁说所有权是对所有权人以外的其他人的行为限制。

在这种意义上说所有权的真正含义不是指所有权人对物的支配自由，而是所有权人对物的自由支配的不可侵犯性。

1.2 财产自然权利说

作为一种法哲学理论，将财产权看作是一种自然权利的观点，在很大程度上影响了近代的民法理论和制度。① 约翰·洛克是继罗马法之后试图从法理意义上认真回答所有权问题的第一人，被视为“财产自然权利说”的主要代表。洛克所主张的劳动理论在解释财产权的法理基础方面对后来财产法的发展影响至深，这也是为什么现代许多人在讨论有关知识产权的问题时都会首先提到洛克的劳动理论的原因。② 在洛克所处的年代，虽然私有财产权的存在已经是不争的事实，但是，有关私有财产权的许多理论问题却未能得到解决。为什么私有财产权能够成立？为什么私有财产权不容侵犯，或者说私有财产权不可侵犯性的依据是什么？如果无法从理论上说明财产权的合理性，那么也就无法反对君主专制体制下的国家对平民财产的横征暴敛。

洛克对财产权的解释似乎并不复杂：上帝创造了自然人，人们的身体属于自己所有。由此而引申出来的意义是：人的身体的活动——劳动——也属于个人所有，劳动使物具有了价值，于是乎，劳动便成为个人将自然物据为己有的唯一依据。不过，劳动也要遵循自然法的限制——以满足个人需要为限，受自然法条件限制的劳动使人获得了对财产的所有权（私有权）。③

在洛克看来，原始社会时上帝将自然界的一切资源赐予人类共同拥有。“上帝既将世界给予人类共有，亦给予他们以理性，让他们为了生活和便利的最大好处而加以利用。土地和其中的一切，都是给人们用来维持他们的生存和舒适的生活的。土地上全部自然生产的果实及其所养活的兽类，由于是自然自发地生产出来的，因此也都归于人类所共有，而没有人对于这种处于自然状态中的东西拥有一种原始的、排斥其余人类的私人所有权。”④如果洛克描绘的情形是真实的话，那么，随之而来的问题便是：由这种人类共有物变为个人私有物的理由是什么呢？洛克是用这样一种逻辑来作出解释的：首先，

---

① 约翰·洛克、胡果·格劳秀斯和托马斯·霍布斯等自然法学派的代表，都试图用自然法的理论思想去解释财产现象。

② 洛克在财产理论方面已经建立起自己的理论权威地位。在他 1690 年发表的《政府论》关于财产的论述中，可以发现洛克关于财产权的主张对其政治学说的影响。See John Locke, *Two Treatises of Government*, London: Cambridge, 1988, p. 66.

③ 洛克、普芬道夫等，采用了霍布斯关于“在列举上，一项权利是一项自由”的概念。参见张文显：《二十世纪西方法哲学思潮研究》，法律出版社 1996 年版，第 491 页。

④ 〔英〕洛克：《政府论》（上篇），叶启芳、瞿菊农译，商务印书馆 1964 年版，第 18 页。

人的自然需要决定了必须将共有物变为私有物才能被个人所拥有以维持个人的生命和存续。其次，个人对他自己的人身享有所有权，因此，用他自己的身体劳动所创造的财富理所应当归其所有。再次，个人将自己的劳动加诸于自然物上，就使得该自然物包含了个人的劳动，自然物就属于个人所有。

洛克认为，"土地和一切低等动物为一切人所共有；但是，每个人对他自己的人身享有一种所有权，除他以外任何人都没有这种权利。他的身体所从事的劳动和他的双手所进行的工作，我们可以说，是正当地属于他的。所以，只要他使任何东西脱离自然所提供的和那个东西所处的状态，他就已经将他的劳动掺加进去，在这上面掺加他自己所有的某些东西，因而使它成为他的财产。既然是由他来使这件东西脱离自然所安排给它的一般状态；那么，在这上面就由他的劳动加上了一些东西，从而排斥了其他人的共同权利。"①既然劳动者对其自身的劳动拥有无可争议的权利，那么，对于他的劳动所创造的产品，除他本人外没有人能够对其主张权利，"至少在保留了足够的同样好的东西给其他人的情况下，事情就该如此"②。"劳动使它们同公共的东西有所区别，劳动在万物之母的自然已经完成的作业上面加上一些东西，这样他就可以对它们的私有主张权利了。"③

为了防止人们对物质财富的无厌追逐，洛克提出了两个限制条件，即"浪费的限制"（spoilage limitation）和"充足的限制"（sufficiency limitation）。在洛克看来，虽然劳动能够使人获得私有财产权，但是，与此同时以这种方式获得的私有财产权也必须受到一定的前提条件的限制。对劳动行为存在着自然法意义上的"浪费的限制"：当个人通过劳动获取自然物，并将其变成私有财产时，就必须以供其享用为限。如果超过了供己享用的限度，致使自然物遭受破坏，则不再属于人们自己的权利。④ 虽然劳动能够使人获得私有财产权，但是，如果浪费了资源，则不再具有合理性，因而也就失去了所有权依据。设定不许浪费原则的意义在于：浪费资源就意味着对他人的损害，因为那样会造成其他人无资源可利用的结果。所以不许浪费原则是对所有权的固有的、先在的限制。⑤ 同理可证，"充足的限制"也会造成对抽象物自然权利的限制。可以想象，抽象物的积累是无限的，并且还包括许多可以比较的抽象东西。尽管如此，在特定历史条件下人类开发利用这些积累的能力也是受到当

① 〔英〕洛克：《政府论》（上篇），叶启芳、瞿菊农译，商务印书馆 1964 年版，第 19 页。
② 同上。
③ 同上。
④ 同上书，第 25 页。
⑤ 同上书，第 21 页。

时科学文化发展水平的制约。人类的能力制约着那些可能被开发利用的抽象物,因而使得具有使用价值的抽象物变得稀缺起来,因为某些思想或知识对于其他人而言是不可或缺的路径,例如,非欧几何学的出现成为20世纪理论物理学突破的至关重要的基础条件。相对于那种认为社会信息无限充足的观点,"充足的限制"的理论认为在历史发展的不同阶段,社会都有可能面临某种知识的短缺。在这种情况下,对抽象物主张权利的人或许不能为其他人留下"充足和好的东西"。

洛克认为,上帝要求人们去劳动,所以他们才能够享受种种生活的便利,诸如食物、住房、衣饰和安逸的生活方式。并不是所有的人都对劳动感兴趣,因此,上帝只把财富赐予那些勤劳和智慧的人们。劳动的本来意义就在于它提供了一种财富的证明。劳动应该获得回报,因此,洛克只用一种消极的语调来描述劳动的特征。就劳动所发挥的作用而言,洛克作出了多种解释:劳动和财产权之间的联系完全取决于神的旨意;或自然法则;或两者兼之。① 洛克建议,财产权是对勤劳的一种公平的回报。他并没有明确地采用公平获取之类的说法,尽管在他晚期的著述中他确实提到过"公平财产权"的概念。② 洛克还主张个人劳动增加了产品的价值,并增添了社会财富的总量。③ 如果一个人将他的劳动与自然的东西结合起来,并掺进他自己的某些东西,其结果便自动地成为他的财产;并且在未经他同意的情况下,任何其他人都不可以将其拿走。④

洛克关于劳动的论述对知识产权理论的产生和发展产生了巨大影响。每个人都对其劳动成果拥有所有权,这似乎已经成为无可辩驳的真理。由于实在法不能清楚地解释人们是否对他们自己所创造或发现的抽象东西主张权利,相形之下,自然法便显得更有说服力。就洛克而言,将财产作为一种自

① 可以将洛克关于财产权与劳动之间的联系的主要观点归纳如下:(1) 上帝将世界给予人类共有;(2) 每个人对他自己的人身享有一种所有权;(3) 一个人的劳动属于他自己;(4) 无论何时只要一个人将他的劳动掺进某种共有的东西,就可以使它成为他的财产;(5) 财产权利是有条件的,即必须在还留有足够的同样好的东西给其他人所共有的情况下一个人才能享有财产权;(6) 一个人不得从共有财产中取得超过他能够有益使用的部分。在这里,(4) 所表明的条件其自身并不能为财产权提供一个合理的依据。See Peter Drahos, *A Philosophy of Intellectual Property*, Sydney: Dartmouth, 1996, p.43.

② 〔英〕洛克:《政府论》(上篇),叶启芳、瞿菊农译,商务印书馆1964年版,第27、28、138、139页。

③ 同上书,第26页。

④ "我的马吃的草、我的仆人所割的草皮以及我在同他/她人共同享有开采权的地方挖掘的矿石,都成为我的财产,毋需任何人的让于或同意。我的劳动使它们脱离原来所处的共同状态,确定了我对于他们的财产权。"参见同上书,第20、27页。

然权本身不是目的而是一种抑制君主专制权力的手段。[①] 自然权利的范围是非常有限的，并不取决于公众利益。

在为数众多的各种权利中，洛克特别强调私有财产权的神圣不可侵犯性。他从两个方面来论证财产权：上帝的赐予和个人的劳动。在洛克所处的历史条件下，这种辩解对他来说可能是最为有利的。事实上这种观点与封建贵族对财产的所谓上帝赐予的观点是有区别的。一方面，他认为财产是上帝的赐予：人既然享有生命权，就必须拥有维持其生存的生活资料，因此上帝把土地赐给了世人，让人类共有。土地和其中的一切，都是用来维持人们的生存和舒适生活的。[②] 这样一种观点自觉或不自觉地成为教会和君主肆意侵占财产的借口，却不足以成为保障资产阶级私有财产的理论依据。因此，洛克又从另一方面作了补充，声称资产阶级的私有财产是个人劳动的产物。[③] 他强调，土地和其他一切东西从一开始就是属于全体人共有的，但是，由于每个人对他自己的人身拥有所有权，他的身体所从事的劳动只能是属于他自己，所以任何东西只要被加入了个人的劳动，便成为这个人所有的财产，并排斥其他人对该财产的共同权利。

洛克并没有发展出一套关于财产权的系统理论。为了限制君主专制权力可能造成对个人的侵害，同古典自然法学派的其他代表人物一样，洛克创建了"每个人都拥有无须征得政府同意的自然权利"的概念。在全部的自然权利中，财产权利是它们的核心内容。[④] 如果上帝把土地给了世人，让全体人共有，那么，人们如何才能使其中的某个部分变为他们自己的财产呢？洛克认为，平等和公有可以与个人私有和财产权共存。在解决上帝所赋予的土地与私人占有之间的矛盾的问题上，洛克提出了这样一个命题："每个人对他自己的人身拥有所有权"[⑤]。虽然自然的东西是给人共有的，但是，既然人是自己的主人，是自身和自身行动或劳动的拥有者，其本身就构成了财产权的基础。当发明和技术改善了生活条件，使生活变得更为便捷的时候，个人用来维持自己的生存或享受的大部分东西完全是他自己的，并不与他人共有。显然，洛克的这种观点构成了其财产权理论的主要支点：即个人的劳动终其一生归个人所有。[⑥] 不仅如此，从洛克的上述命题还能导引出财产权最初取得

① 〔英〕洛克：《政府论》(上篇)，叶启芳、瞿菊农译，商务印书馆1964年版，第27页。

② 同上书，第18页。

③ 张宏生：《西方法律思想史》，北京大学出版社1983年版，第199页。

④ 同上书，第193页。

⑤ See Richard Ashcraft (ed.), *John Locke: Critical Assessments*, London: Routledge, 1991.

⑥ Id.

的条件，即"只要一个人使任何东西脱离自然所提供的和那个东西所处的状态，他就已经把他的劳动加入进去了。正是由于他在该事物中加入了属于自己的某种东西，所以才使它成为了他自己的财产"①。每个人都对他自己的人身拥有所有权，除他本人以外，任何人都没有这种权利。②

可以这样归纳洛克所创立的经典理论：人拥有自己的身体，所以，人也应当对附着了其身体劳动的东西享有所有权。当然，洛克的理论预设看起来也并不是无懈可击，美国学者贝勒斯就提出了质疑："……经典的理论无法说清，为什么人对附着了其劳动的东西享有所有权而不是丧失对其劳动的所有权"。确实如此，人将劳动附着于某物，于是乎这种已经物化了的劳动便成为外化于身体的东西。既然劳动已经与劳动者分离，并外化于劳动者，在这种意义上说，已经物化了的劳动就不再属于劳动者。那么，劳动者究竟是否可以说自己对附着了自己劳动的物拥有所有权呢？根据我们对所有权的作用的分析，所有权的真正含义应该指对物的自由支配的不可侵犯性。当然，也可以将其转换成为这样一个问题：劳动是否能为物主对物的占有或支配提供一种"不可侵犯性"呢？

劳动本身是一种客观事实，可以表明劳动者在特定物中加入了自己的体力或智力的劳动，由此来证明自己与该物之间存在着某种联系，并由于这种联系而具有了占有或支配该物的意愿。然而，问题是劳动本身不能向另外一个企图占有该劳动的人提供一种不可侵犯的理由。就自然状态而言，一个劳动者对劳动物的占有或支配的意愿与另外一个人（非劳动者）对劳动物的占有或支配的意愿是完全平等的。另外，一个人可能会这样提出自己的主张：虽然我没有在该物中加入自己的劳动，但是，这并不表明我不需要该物，也不表明我没有占有或支配该物的意愿。你（劳动者）在该物中加入的劳动并不能拒绝或反对我对该物的占有或支配的要求。另外，如果说劳动就是获得所有权的依据，那么，一个人在他人已经先占的土地上劳动，是否就可以拥有该土地上的物产，甚至拥有该土地本身的依据呢？

洛克关于财产权的思想的真正价值在于它表现出一种理论的真实。基于自然法理论将知识产权建立在财产共有和相伴的形而上学的系统（an accompanying metaphysical scheme）之上，洛克的思想无疑为知识产权能够在传统的财产法中争得一席之地提供了有力的抗辩。然而，财产权劳动说在本质上仍旧不能摆脱教条主义的窠臼，其最终目的是要把形而上学的共有概念

① See Richard Ashcraft (ed.), *John Locke: Critical Assessments*, London: Routledge, 1991.

② 〔英〕洛克：《政府论》（上篇），叶启芳、瞿菊农译，商务印书馆1964年版，第19页。

整合进来。在这种意义上称劳动是所有权的依据并不具有理论上的说服力。劳动充其量是人们获得财产权的形式依据，或者说是获得财产权的外部标志。所有权具有的对物的支配或对抗他人的不可侵犯性并不因劳动而产生，而是另有凭据。

在洛克看来，既然承认物品可以兑换成货币；那么，劳动成果便可以通过这样的方法进行交换或让渡。虽然传统的自然法理论也赞成创作的让渡权，但是，在这个问题上却有所保留，"我们不能转让我们已经选择掺进我们人格的东西"[①]。这种观点大概可以解释为什么在某些制度中作者的权利不像有形财产那样可以彻底转让，以及为什么某些权利只能赋予创造者本人。较之收获谷物或烘烤面包的生产过程，知识创造将更多的人格因素包含在创造者的劳动成果之中。"如果农夫约翰不在田地里种马铃薯；那么，农夫史密斯还可以种。但是，莎士比亚（William Shakespeare）却不能写出《天堂的失落》（Paradise Lost）；而米尔敦（John Milton）也写不出《仲夏夜之梦》（A Midsummer Night's Dream）。正是由于他们各自不同的天赋，才会给予这些伟大作品以不同凡响的品格和个性，尽管两位大师的遣词用句都是源自于英伦前辈们的文化积淀。"[②]

洛克所强调的两个限制条件很难被用来制约知识财产。不错，在物质对象的场合，"充足的限制"确实可以抑制人们对共有财富的过度攫取，因为保持共有财富意味着能够"留给其他人足够而且好的东西"。不过，在抽象物的场合情况则有所不同：一个运算公式由于它的抽象性，不可能像一颗水果那样腐烂掉。在这里，满足"足够且好"的要求远不成问题，因为抽象物不可能在使用过程中被消耗掉。换言之，知识财富的总量并没有因为被使用而减少，况且由分子组成的世界似乎无穷无尽：一种香水的合成并不会影响其他制造商合成另外一种香水。既然如此，又有什么理由去限制个人对抽象的东西的"占有"呢？

上述理论构建对知识产权制度而言无疑是一种积极的暗示，因为它为大规模占有知识财产提供了理论依据。在这种理论基础上建立起来的知识财产制度把概念的制作和客观的发现全部囊括为财产权的对象。这种理论强调，没有理由认为科学的基本概念（如热力学的第二定律）不能被那些发现它们的人所拥有。尽管也可以承认，版权在传统意义上只保护思想形式而不保

---

① See P. Laslett, *Challenges to the Creator Doctrine*, Deventer: Kluwer Law and Taxation Publishers, 1994, p. 23.

② Ibid., p. 24.

护思想本身，但是，对自然权利的模式总是存在着这样的疑问：为什么思想的首创者不能主张对他们所创造的思想的版权保护呢？

可以想象，如果知识产权制度是建立在劳动理论之上的，那么，可以肯定这种制度一定会集中在对知识共有财富的私产化和占有上。在这种制度下，司法者在考虑抽象的知识财产时，主要集中在是否存在劳动的事实上；同样，立法者也会认可知识产权的各种新形式。实在法中的知识产权的任务就是为在劳动基础上的前置法律权利（pre-legal rights）提供保证。

自然权利观建立在一个重要的假定上，那就是存在着能够成为劳动产物的抽象物。[①] 与此相反的一个命题（尽管得不到唯物主义者的认同）是在抽象物的关系上鼓吹一种超自然主义（supernaturalism）。抽象物具有一个外部的源泉，如上帝、精神或柏拉图式的天堂，并不因此而涉及作品中的人格。根据这种观点，人们只是被动地接受思想观念，而不是创造它们。这种观点的形而上学性质值得商榷。

问题的关键并不在于在劳动与产权对象之间设置一种联系够不够直截了当。而是在于是否可以用劳动来准确地界定其意图作用的权利对象？“我把一滴番茄汁倒入大海，是否就意味着我可以对整个大海主张所有权了呢？”[②]这里有一个严肃的哲学命题值得思考：如果劳动能够成为自然财产权的基础；那么，必然存在着某种方式可以被用来准确地界定这种财产权的对象。在这里，洛克的两个限制条件显得有些苍白，因为它们更主要的是被用来限制财产权对象的扩张。然而，到底是什么东西可以被用来确定财产对象的限制呢？劳动创造了财产权，那么又是什么东西确认了财产权的对象呢？对此洛克的解说显得语焉不详。他所列举的财产对象的例子，如猎物和橡实，给人的印象似乎是存在着某种自然的界限。当格劳秀斯（Hugo Grotius）讨论海洋是否可以被私有化的问题时，同样也没有提出界限问题。虽然私人财产所有权可以通过占有取得，但是，只有那些具有界限的东西才可能被私有。格劳秀斯和普芬道夫（S. Pufendorf）都花了大量的篇幅去讨论占有与被占有的物质对象之间的关系。其实他们心里很清楚，即使是针对有形物，劳

---

① 关于洛克的“充足的限制”的理论被应用到物质性共有财富中的结果已经在许多场合被讨论过。See R. Nozick, *State and Utopia*, Oxford, 1974, pp. 174～178; J. Waldron, *Enough and as Good Left for Others*, 29 Philosophical Quarterly, 319 (1979); J. H. Bogart, *Lockean Provisos and State of Nature Theories*, 95 *Ethics*, 828 (1985); J. J. Thomson, *The Realm of Rights*, Cambridge, Mass., 1990, pp. 330～331.

② See Peter Drahos, *A Philosophy of Intellectual Property*, Sydney: Dartmouth, 1996, p. 155.

动的标准也是不够的，还必须有习惯和公约的补充才行。法律主要是保护公民的私有财产权而不是自然权利。法律是人们为了避免彼此间敌对，在协议的基础上建立的规范，这种规范是符合理性要求的。[①] 当然，他们没有论及番茄汁与大海之间的关系，不过这并不奇怪，因为界限的建立在很大程度上依赖于共识(shared understanding)和约定(convention)。在自然法传统之下，一个人不可能因为涉足过某个星球而宣布对这个星球的所有权。无论如何，至少从表面上看，这样的主张是与上帝的精神相悖的。

如果说在解释物质对象的界限时劳动理论就存在问题的话，那么，在解释抽象对象的时候，问题则变得更为复杂。抽象的东西具有一种潜能，就是可以被载入一种或多种物质对象中。它们对物质世界的拓展基本上依赖于对其自身的定义域。写作的行为始于抽象的东西，因此一个文学原型可以出现在众多的个体作品中。怎样去界定这个抽象物的财产范围呢？劳动行为本身并没有给出答案，它只是开始了这个过程。在自然法传统中，这种答案通常不得不依赖于一种形而上学的定式来完成。答案的意义在于要限定抽象物，因此财产权劳动理论之所以要建立在某种形而上学的制度之上，就是要避免它成为一种不确定性的根源。

恪守财产权的劳动理论有可能威胁到拥有个人财产的合法性。在市场经济条件下，个人生产的东西的价值实现取决于市场上其他人的需求。劳动如何能够给知识财产设定一个市场价值，如果这个价值实现不仅取决于各个劳动者的劳动，而且还取决于其他人的需求？如果只强调各个劳动者的劳动，则有可能会损害抽象的私人所有权。在一个相互依赖的多元社会中，任何个人的劳动都是因他人的劳动而成为可能。如果我们定义出一种直接的劳动贡献(就这种劳动贡献使抽象物的生产成为可能而言)，那么就不得不承认这样一个事实：许多表面上由个人拥有的抽象物，事实上也会因为它们合作劳动的性质而成为集体所有。[②]

在洛克看来，劳动在形成私人财产所有权中的作用受到物质充足的自然状态的时代限制。奥利维科罗纳(K. Olivecrona)就是采取了这种观点。他断

① See S. Pufendorf, 1672 *De Jure Nayure et Libri Octo*; trans. in 1688 C. H. and W. A. Oldfather (ed.), New York and London, 1964, IV, 4.

② 正是由于充分了解到劳动与私人所有权的可能性具有如此密切的关系，格劳秀斯和普芬道夫在解释他们的理论的时候，都异常谨慎地强调习惯因素(conventional element)的重要性。如普芬道夫所言，“对物之所有权直接产自人们的约定，无论是默示的还是明示的。”See S. Pufendorf, 1672 *De Jure Nayure et Libri Octo*; trans. in 1688 C. H. and W. A. Oldfather (ed.), New York and London, 1964, IV, 4.

定,由于人口的压力和货币的应用,"物质充足的自然状态的时代"已经结束。① 在物质财产稀缺的年代,只有较少的社会能够延续下来。财产的分配主要是凭借习惯,依靠"协议和条约"。② 受功利主义思想的影响,实在法和习惯决定了财产法的形式。建立在这种观点之上的知识产权法会成为受功利主义调整的实在法,其目的是要服务于扩大社会福利的目标。

劳动理论将权利描述为一种超前于社会的实在。这种强调权利的独立性和自然本质的倾向也可以在某些法学家关于国家和权利的理论中发现。在这些人看来,国家是一种拟制,但是个人权利却不是,或者至少不是一种国家式的拟制。相反,个人权利却为我们想要拟制的国家类型设置了许多限制。国家的使命主要是为了保证个人的财产权,而不是干涉或阻碍它们。就知识产权而言,这样的理论观点似乎有些激进。一个人或许可以这样认为:知识产权应该永久地归个人拥有,而立法则只能对其作出某种限制。

洛克认为政府有权控制财产③,但是,这种权力的行使必须同自然法的目的相一致。与此同时,当政府制定这种控制性政策时,必须留有选择的余地。洛克所主张的财产权主要是指一种工具性权利,它是从生命权和自我保存权派生出来的权利,"并且永远从属于后者"④。洛克的这种理论实际上为实在法对自然法的修正留下了余地,不过洛克坚持修正的前提是必须保证实在法与自然法的一致。

洛克是一位充满魅力的思想家和理论家,他的理论经常被许多人当做图腾去膜拜。对于那些自称为洛克学派的人来说,他们之所以要祭起洛克理论的旗帜,是因为他们所建立起来的财产权架构完全是对自然法的一种倚赖。由于洛克所处时代的局限,其财产涵义还只包含了物质性的有形财产,而不包括抽象的无形财产,因此在洛克的财产权理论中不可能涉及知识产权的内容。不过,这并不妨碍我们去探讨洛克财产理论对后世知识产权的形成与发展所产生的深刻影响。一般说来,人们利用洛克理论是在强调一种形而上学的劳动学说。这样强调的结果往往会导致一种理论上的错位。劳动理论作为财产所有权的理论基础,显得既不够确切,也不够完整。在一些情况比较简单的场合,劳动理论似乎还能自圆其说;然而,当这种理论遇到比较复杂的

---

① K. Olivecrona, Locke's Theory of Appropriation, in R. Ashcraft (ed.) 1991, *John Locke*, London and New York, Vol. 3, pp. 327~342.

② Id.

③ Peter Drahos, *A Philosophy of Intellectual Property*, Sydney: Dartmouth, 1996, p. 53.

④ S. B. Dury, Locke and Nozick on Property, in Richard Ashcraft (ed.), *John Locke: Critical Assessments* (London, New York, 1991), Vol. 3, pp. 495,506.

情形时，如有许多相互依赖的关系存在的场合，便会暴露出它的苍白。一旦褪去洛克理论的形而上学的外衣，便会发现存在着许多的歧义和悖论，因此，它不能为知识产权提供一种合理充分的理论基础。洛克的财产权理论留给我们的启示是：必须认真对待财产权劳动理论的形而上学的背景及其伴生的社会制度。在评价知识产权时，劳动不应成为具有决定意义的因素。

1.3 财产社会公意说

财产社会公意说的代表人物是法国的启蒙思想家让·雅克·卢梭。在关于财产权的问题上，卢梭对以往的财产自然权利理论持一种批判立场。卢梭将洛克的财产权理论分解为"先占、个人需要和劳动"三个要素。在作出这样的归纳后，他指出，"一般说来，要认可对于某块土地的最初占有者的权利，就必须具备下列条件：首先，这块土地还不曾有人居住；其次，人们只能占有为维持自己的生存所必需的数量的土地；第三，人们在占有这块土地时不能仅仅凭借一种空洞的仪式，而是要凭借劳动和耕耘，这是在缺乏法理根据时，所有权能够受到别人尊重的唯一标志"①。卢梭并不满足于洛克的构成财产权依据的三要素，他认为，满足上述三要素的要求只能表明占有权或事实占有的成立，而不足以表明财产权的成立。"事实上，授予需要和劳动以最初占有者的权利，不就已经把这种权利扩展到最大可能的限度了吗？难道对于这一权利可以不加限制吗？难道由于有力量把别人从这块土地上暂时赶走，就足以永远剥夺别人重新回来的权利吗？一个人或者一个民族若不是用该受惩罚的掠夺手段——因为他们对其他人而言，是夺去了大自然所共同赋予给大家的居住地和生活用品——又怎么能够攫取并剥夺全人类的广大土地呢？"②

那么，在卢梭的心目中构成财产权的依据到底是什么呢？在对洛克进行了一番批判之后，卢梭终于表明了自己的立场：私有财产权成立的核心要素是社会公意。在他看来，使财产权得以成立的依据是公意，即组成为政治共同体的全体人民的共同意志。在人类形成社会契约以及进入国家状态之前，人们只有对物的占有，即最先占有权。正是由于公意的存在，才使原有的占有事实具有了一种新的意义，即正当、正义和公正；才使原有的占有事实成为权利。卢梭认为："为了权衡得失时不致发生错误，我们必须很好地区别仅以个人的力量为其界限的自然的自由，和被公意所约束着的社会的自由；并区

① 〔法〕卢梭：《社会契约论》，何兆武译，商务印书馆1982年版，第31页。
② 同上书，第32页。

别仅是由于强有力的结果或者是最先占有权而形成的享有权，与只能是根据正式的权利而奠定的所有权。”[①]由此可见，自然状态的自由是以个人的力量为界限的；而进入社会状态之后的自由则以公意为根据。自然状态的财产只是享有权，它以强力为依据，或者以最先占有为根据；进入社会状态后，财产是正式权利，是所有权。卢梭力求把自然状态下的权利与社会状态的权利加以区别。他甚至表示，自然状态下人们对物只有凭借自己的力量实施实际控制的事实，而根本就无“权利”可言。

较之洛克的财产权劳动理论，卢梭的财产权思想表现得更为清晰：在人类社会步入国家形态之后，人们将一切权利交给了国家，国家根据社会契约而成为财富的主人。“就国家对其成员而言，由于国家凭借着构成国家中一切权利基础的社会契约，于是乎便成为他们全部财富的主人……”[②]换言之，国家是根据社会契约而成为财富主人的，因此，社会契约是所有财产权的基础。所有权一经确定之后，既成为真正的权利，同时也就成为对个人的限制。“每个人都天然地拥有取得为自己所必需的一切的权利；但是，使它成为某项财富的所有者这一积极行为，便排除了他对其余一切财富的所有权。他的那份财富一经取得，他就应该以此为限，并且对集体不能再有任何更多的权利。这就是何以原来在自然状态中是那样脆弱的最初占有者的权利，却会备受一切社会人的尊崇的缘故。人们尊重这种权利，更多的是并不属于自己的东西，而是属于别人的东西。”[③]“人类由于社会契约而丧失的，乃是他的天然的自由以及对于他所企图的和所能得到的一切东西的那种无限权利；而他所得到，乃是社会的自由以及对于他所享有的一切东西的所有权。”[④]卢梭认为，先占、个人需要和劳动等因素只是形成个人对物的占有事实，尚不足以形成所有权。只是当社会进入了国家状态之后，人们才能基于社会契约而一致同意以国家的力量来保卫物主对物的占有，才使原物主对物的事实占有状态变为

---

① 〔法〕卢梭：《社会契约论》，何兆武译，商务印书馆1982年版，第33页。

② 同上书，第34页。

③ 卢梭认为，形成社会契约之后，对同一块土地有两个层次的权利。首先，由于每个人都交出其原先的“占有权”，所以，作为共同体的主权者便成为每一块土地的主人；或者说，每一块土地都属于城邦共同体。其次，每个人都从共同体（主权者）那里获得保护其土地的保障——其权利受到国家全体成员的尊敬，并受到国家的全力保护以防御外邦人。两种权利的关系是：个人的权利从属于共同体的权利。“无论用什么方式进行这种占领，各个人对他自己那块地产所具有的权利，都永远要从属于集体对于所有的人所具有的权利；没有这一点，社会的联系就不能巩固，而主权的行使也就没有实际的力量。”“于是享有者便由于一种既对公众有利、但更对自身有利的割让行为而被人认为是公共财富的保管者，他们的权利受到国家全体成员的尊重，并受到国家的全力保护以防御外邦人。”参见同上书，第33页。

④ 同上书，第39页。

所有权。在卢梭的思想中，自然状态下的自由和权利只是作为一种事实状态而存在，只有在社会契约下的自由和权利才是一种受到法律保护的利益。换句话说，在自然状态下人们对物的控制和支配的事实是谈不上权利的，所有权的依据只能是社会公意。

在卢梭的理论中，正义和财产权的概念几乎同时产生。把正义和财产权连结在一起，其意义在于创造一种规范，即在社会范围内不干涉他人知识创造的习惯。信息作为一种财产可以是自然的也可以是社会的。在卢梭看来，社会财富包括权力、权利、自由、机会、收入、财产和尊严。对于一个人的生命过程而言，这些因素都是十分重要的东西。除去有关尊严的话题，卢梭并没有花过多的精力去诠释上述内容，相反，他却把它们置于不证自明的地位。

卢梭的财产权理论主张财富是理性的欲望的满足。理性限制的目的就是让个人认为正义原则可以直接把他们当做社会群体的成员而不是当做个人。理性的欲望本身是一个通过有意识的理性过程所决定的生命计划来决定的。用这种对财富的观念武装起来，可以非常愉快地说：处于初始地位的理性人需要一个正义制度，而这个制度可以带来更多的好东西而不是更少。主张个人的益处与存在的一个对于人的理性计划紧密相连，卢梭认为，主要的财富是那些在执行生命计划的过程中具有一般使用价值的东西。

卢梭的理论要求一种基本的社会结构，在这种结构下，公民对基本自由具有平等的权利。公民追求他们的平等权利需要接近一种形式，即以相对客观准确的方式对待信息。在总体水平上，这种形式意味着需要传播相关的和准确的信息。信息是公民为了在日常生活中能够以具体的方式制定正确的工作行为所需要的主要财富。信息一旦被创造出来并被允许服务于全体人的时候，就会找到它的最佳使用点。在卢梭的分配正义的理论中，主要财富应该平等地分配。平等分配是一种拟制的分配，通过这种分配可以达到调整和改善的目的。为了解释这一点，卢梭还创造了“不同原则”（第二正义原则）理论。根据这种原则，卢梭允许不平等的存在，不过，前提是只要这种不平等的存在能够改善社会的生存条件。

在卢梭的理论中存在着这样一种逻辑推定：政治自由是不可能通过获得经济权利的方式取得的。就目的性而言，这种逻辑推定的意义是要表明对财产的某些工具性使用必须受到禁止。保持人身财产的权利依旧是公民基本的政治自由的一部分，不可能以一种破坏基本的政治自由的方式去创造财产权。在知识产权领域，版权创造了对表达形式的财产权，而这一点，在卢梭看来是与言论自由相矛盾抵触的。① 显而易见，对于那些政治敏感的文件或胶片拥有版权的政府来说，能够轻易地通过版权去控制它们的传播。可以想象，在一个社会中，如果表达形式的财产权重于言论自由，那么自由将会受到严重影响。卢梭的分配正义理论正是考虑到这一点才极力主张财产形式的增长是不能以牺牲基本的政治自由为代价的。

在卢梭的理论中，财产的工具主义性质揭示了政府制度，即政府的职能(如分摊和分配)是通过财产权概念的变化来实现的。卢梭认为，有必要不断地调整财产权对于调整财富的分配以及防止因权力集中而损害基本的政治自由。财产的广泛分布是保持这些自由价值的必要条件。应当利用财产权来保持政治自由和尽量扩大对主要财富分配的介入。当然，就社会基本结构的设计而言，很难预见在多大程度上将信息财产化才能与这种理论的分配要求一致。在卢梭的观念中，并没有排除私有财产权或知识产权，然而，制度进化的轨迹却表明，信息大规模地财产化会与建立在公平正义理论上的分配原则相抵触。

1.4 自由意志理论

1.4.1 康德的观点

康德同样注意到了所有权与占有事实之间的关系。他认为，单纯感官意义上的占有尚不足以称之为"我的"，"我不能把一个有形体的物或一个在空中的对象称为是'我的'，如果我仅仅用手拿住它，或者在物质意义上占有它，除非我有资格说'我占有它，虽然我已经把它从我手中放开，而无论把它放在何处。根据同样的理由，不能由于我躺在一块土地上的纯粹事实而使我有资格说，这是'我的'。只有当我离开那里，并能够正当地坚持说那块土地仍旧为我所占有时，它才是我的。因为任何人在前一种经验占有的情况下，都可以突然地从我手中夺走那个有形物，或者把我从我躺着的地方拖开。当然，这样的行为是在自由的、内在的'我的'方面侵犯了我，但并不在外在的'我的'方面侵犯了我，除非我能够坚持说是我占有了这个对象，纵然在物理意义上我并没有握住它。假如我不能做到这一点，那么，我既不能把那个有形物，也不能把那块土地称为之为是我的"②。也就是说，仅以肢体或个人力量来实现对物的占有，一旦离开肢体或个人力量的控制，相对物则不属其所有。在

---

① P. Drahos, Decanting Communications: The Dark Side of Intellectual Property, in T. Campbell and W. Sadurski (ed.), 1994, *Freedom of Communication*, Aldershiot, p. 249.

② 〔德〕康德:《法的形而上学原理——权利的科学》,沈叔平译,商务印书馆 1991 年版,第 55 页。

这种情况下，一个人还不能声称他对该物拥有了所有权。只有在不以肢体或个人力量来实现对物的占有，而是在观念上将某物视为“我的”的情况下，并且物与人的事实分离不能改变人与物的关系的情况下，才能称之为所有权。

对于保证一个人在观念上而非事实上对物的占有或控制，并且不受他人侵犯的权利，康德表达了自己的观点。他认为，占有可以分为两种：“感性的占有”，即可以由感官领悟的占有；“理性的占有”，即可以由理智来领悟的占有。“同一个事物，对于前者，可以理解为是对事物的占有；而对于后者，则可以理解为是对同意对象的纯粹法律意义上的占有。”①为了所有权的目的，主体必须将该物作为一个对象来占有，即将该物视为己有，在主观意志上有将某物作为自己独占物的要求。“任何人，如果他想坚持把一个物作为他的(财产)，就必须把该物作为一个对象加以占有。如果它还不是该对象真正的占有者或所有者，那么，当别人未得到他的同意而动用该物时，则不算构成对他(权利)的侵犯或损害。因为，如果某物对他而言只是一件外在物，而且他与该物之间不存在任何权利关系，那么，他同该物也就没有了所有权的关系。”②“我通过郑重的方式宣布我占有某个对象，并用我自由意志的行动去阻止任何人将其当做他自己的东西来使用。”③“可以这样表述外在获得的原则：‘无论是什么东西，只要我根据外在自由法则将该物置于我的强力之下，并将其作为我自由意志活动的对象，我有能力依照实践理性的公设去使用它，而且我依照可能联合起来的共同意志的观念决意将一物变成我的，那么该物就是我的。”④

在康德看来，所有权不能仅是依靠主体将某物视为己有的意志，而且还必须依据普遍自由法则的要求，根据联合起来的共同意志。这种共同意志只有在人们联合成为国家之后，才能够通过立法得以体现。所以，所有权只有在文明社会的法律状态中，在有了公共的立法机关制定的法律之后才有可能。“占为己有，在观念上作为一种外在于立法的共同意志的行为，根据这种行为，所有的人都有责任尊重我的意志并在行动上和我的意志的行动相协调。”⑤“如果我的言行表明我的意志是：某种外在的东西是我的，这就等于宣布：任何其他人都有义务不得动用我对其行使了意志自由的那个对象。如果我没有采取这种法律行为，那么，这种强加于人的义务是不会为他人所接受

① 〔德〕康德：《法的形而上学原理——权利的科学》，沈叔平译，商务印书馆1991年版，第55页。
② 同上。
③ 同上。
④ 同上。
⑤ 同上。

的……一个单方面的意志对一个外在物体的偶然的占有，不能对全体其他人产生强制性的规范作用，因为这可能侵犯了与普遍法则相符的自由。所以，只有那种公共的、集体的和权威的意志才能够约束每一个人，因为它能够为所有人提供一种安全保证。如果人们生活在一种普遍的、外在的以及公共立法的状态之下，而且还存在着权威和武力，这样的状态便成为文明状态。由此可见，只有在文明的社会中才有可能存在着一种外在的'我的和你的'。"①

康德还阐释了物权的意义，"物权的真正定义应该是这样：'在一物中的权利就是私人使用一物的权利，该物为我和所有其他的人共同占有——原始的或派生的。'因为只有依照这个唯一的条件，我才可能排除其他占有者使用该物。除非预先假定存在着一种共同的集体占有，否则便不可能设想出当我并不真正占有一物时，如何认定他人占有并使用该物会构成对我的侵犯或损害。通过我自己意志的个人行为，我不能迫使其他任何人承担义务不去使用该物；恰好相反，他对该物毫无义务可言。这样的一种义务只能产生于大家联合成集体意志的共同占有关系中"②。可见，康德也认为所有权是双重的所有（占有），即集体意志和个人意志的双重占有；否则就无法说明个人应如何对抗其他人的占有。因此，所有权不是人对物的权利，而是人对人的权利。这种人对人的权利不仅是物之主人对其他人的权利关系，而且还包括社会群体对物之主人的关系以及社会群体对其他人的关系。所有权表面上表现着所有权人对其他任何人的个人关系——其他任何人不得反对所有权人的意志。实际上，在所有权关系背后，还存在着社会群体，而正是社会群体的意志才能够真正使得其他人不能反对所有权人的意志。

康德在总结分析卢梭的理论观点的基础上得出这样的结论：所有权包含着双重的意志内容——个人意志的占有和集体意志的占有。当一个人并不直接占有或控制某物却还能够反对他人对该物的占有或控制的时候，唯一的原因是由于集体意志在发挥作用。所有权的真正涵义不在于物主凭借它可以随意支配所有物，而是物主在任意支配所有物时所具有的不可侵犯性。不可侵犯性是一种观念状态，是人们对物的主人占有或支配物的行为所秉持的态度。这种表现为社会观念的不可侵犯性并不来自于物的主人所作出的某种行为的事实——无论是先占还是劳动。先占或劳动作为事实本身并不是社会观念，也不是自动或必然地转变为社会观念。这种表现为社会观念的不可侵犯性也不是来自于物的主人的主观要求——无论是个人需要还是自由

① 〔德〕康德：《法的形而上学原理——权利的科学》，沈叔平译，商务印书馆1991年版，第55页。
② 同上。

意志。个人需要和自由意志作为物的主人的要求只是物的主人自身机体的自然产物或精神产物，内置于物的主人自身的机体或大脑，并不能自动外化为社会的观念或态度。这种不可侵犯性只能直接来自于社会成员的共识，只有在社会所有成员都对这种不可侵犯性形成共识的情况下才能成立。

在康德的财产理论中，无论是物质的还是抽象的东西，对于人格在这个世界上的存在和传播都同等重要。康德的财产自由意志理论是以有形物与所有权为研究对象的，不过这并不影响他的关于自由意志与财产权利的学说对现代知识产权及其制度安排的借鉴意义。由于智力成果的非物质性特征，知识产权客体本身不可能被自然占有，但是这并不妨碍主体对客体的“纯粹法律的占有”，智力成果是创造者意志选择的“外在对象”，创造者是这一客体的占有者或所有者，有权将其作为财产进行处分。[①]

1.4.2 黑格尔的观点

黑格尔是另外一个对财产权理论有过巨大贡献的哲学家。黑格尔的思想与康德的思想一脉相承，所不同者是黑格尔比康德走得更远。康德在考虑所有权依据的时候，主张加入主体占有意志的因素；而黑格尔更是把人的意志看做是使物变为已有的根本根据。意志的概念是黑格尔权利哲学的核心，不过在黑格尔那里，这一概念经历了一系列的演变过程。这些演变包括：不可能为社会关系所调整的意志只能在将其自身置于国家和世界历史中的总体化意志中达到极致。意志是在自我的两种运动中来定义的：“自我的自身确定，它意味着在某一或同一时间自我将其自身置于自己的否定中，即因为受到限制和确定，依旧保留自己在自我确定和统一体中。它在确定自身的同时也就限制了它的自身。”[②]

意志实质上是在两个相形的维度中才能表现得清楚的思想。这种比较是在抽象的思想、全称的样态和特定的思想、确定的操作样态之间进行的。在这些样态中操作，它们两者都假定自我意识、意志的任务就是要取得绝对自由。黑格尔所使用的自由概念并不是在解脱具有意志的中介的限制的意义上使用的，而是对这种中介的认识状态，一种被置于特定的历史环境的状态。在黑格尔的解释中，自由对于个人而言并不恰好是一种适当的制度安排，而且还涉及他们对一个历史过程的参与，一个塑造他们的认知和认识自由的过程。意志的任务分别在几个阶段进行，其中有一个阶段既是初始的，也是最为重要的：在这个阶段意志作为人格的自身的意识，并且寻求置身于

---

① 吴汉东：《法哲学家对知识产权法的哲学解读》，载《法商研究》2003 年第 5 期，第 79～80 页。

② 〔德〕康德：《法的形而上学原理——权利的科学》，沈叔平译，商务印书馆 1991 年版，第 56 页。

外部世界。[①] 在国家中,国家的产生源于冲突,而其作用则在于使各种冲突的利益构成一个“宁静的整体”。国家必须永远在法律的形式下行使其管理权力。他否认法律的基本特征是强制性,认为自由意志才是法律的实质,法就是作为理念的自由。意志必须是终极的解放。黑格尔关于财产的主要论断可以在意志发展的第一阶段找到,即意志表现自身为人格。

在黑格尔的法哲学体系中,财产权理论并不占有重要的地位。同洛克不一样,黑格尔感兴趣的主要不是去维护社会的特定规范结构;相反,他的目标是要揭示社会在个人自由的演进过程中所起的作用。黑格尔的思想是自由的,人格自从有了不受约束的自知(self-knowledge)时就已经开始了。光有这种普遍而稀少的自由是不够的,因为人格不得不在这个世界上寻求某些更为具体的存在形式,这就为财产权提供了一个入径。更具体的形式是通过占有物质发生的,对于物质占有存在着一种“绝对权利”,包括在物质种类中的“精神倾向,学识和艺术技巧”[②]。这些内部的拥有(inner possessions)一旦外化便成为在法律上能够被占有的东西。这些关于财产权的说明或许能够被解释成私有财产权存在的一种观点。黑格尔认为占有的绝对权是私人财产权的目的。他关心思想或意志在外部物质世界的初始,认为人不可避免地要对外部世界作出判断,这就是直接和对抗的特点的情形。人格就是从主张“外部世界是自己的”开始走出这种情形的。[③] 财产代表了这种过程实现的第一阶段,它是自由意志的最初行为,这种作为人格的自由意志采取具体、自由的形式。不过,对黑格尔而言,财产权的存在并不是主要地为了满足普通的需要、欲求或渴望,尽管他也承认它可以轻而易举地被认为是这样的。重要且现实的问题是,“财产是自由的第一内容”。

在获得主观自由的过程中,财产到底发挥怎样的作用?一种说法是,私人财产权允许行使主观自由的规范,在这里主观自由意味着个人需求和欲望的满足。另外一种说法是,将财产权归结于人格的发展。要求他人认可的情形有助于在财产所有权声请者的人格方面培养起一种道德和社会的平台。在黑格尔看来,财产权在建立社会生活舞台方面发挥了重要的作用,因为在这个舞台上抉择和行为的决定性因素是人的欲望而不是法律,不过,财产权亦起到非常基本的作用。虽然黑格尔的观点是被包装在一种十分复杂的语

---

① 《北京大学法学百科全书(中、外法律思想史、法制史卷)》,北京大学出版社 2000 年版,第 329～330 页。

② G. W. F. Hegel, *Philosophy of Right* (1821, T. M. Knox (tr.), Oxford at the Clarendon Press 1952, 1st ed., 1967 reprint), pp. 5～6.

③ Id.

言中，但是它的内容却并不复杂：财产所有权对于每一个生活在这个世界上的人都是至关重要的。这种生存不仅仅是指生物意义上的生存，而且还指在特定社会生活条件下一个人对生活的适应能力。当人们运用自己的生活能力为生存而奋斗时，一个最起码的条件就是要积累财富。作为精神上的意志自由的个体出现在这个世界上，人与人之间不仅仅是人格上的区分，而且还表现在个人在这个世界上得以谋生所需要的工具形式。

黑格尔关于"占有的绝对权利"并不意味着"绝对占有的权利"。像许多先哲们一样，黑格尔假定出"极其需求的个人"和"其他人的合理财产权"的情形。在这种情形下，一种"苦恼的权利"便应运而生：有需求的个人有权获得他生存所必需的资源，而与此同时这种情形又真正地剥夺了一个人的意志自由。在黑格尔看来，财产被深深地烙上了工具的印记。他认为，重要的是自由地去实现绝对目的和世界目标，抽象的财产权必须服从这一目的，因为它不具有独立的品格。在黑格尔的权利观中，一个重要的转换恰好发生在对财产的表述上。黑格尔的视野从用个体的眼光观察世界转移到用哲学家的眼光看待世界，他把这个世界看成是对客观精神的模仿表现。从这个角度上看，财产权就不同了，它在性格上成为系统性的并且通过它与国家和文明社会的功能联系来加以理解。黑格尔对权利的分析已经转移到现代意义上的社会学的分析模式。人格需要财产权的概念，其他人的存在意味着财产权概念还有另外一种除个人心理学以外的作用。财产权不再只是人格的拓展，而是成为契约的主观的东西。在国家法中合同法是必需的，于是乎财产便成为人格与国家之间的主观的东西。

黑格尔的自由意志几乎可以囊括世间的全部事物，而不存在先在的确定性来决定什么可以或什么不可以成为财产的对象。因此，按照黑格尔的理论，人格可以被留下来自由地漫游世界，因此，动物的生命形式、DNA 因子以及植物新品种专利可以涉及所有可能被占有的东西。在黑格尔的思想中，非但没有明显地表现出要反对这种事物的趋势，而且在对它们的性质进行解释时，黑格尔还表现出深深的同情。财产权就是意志选择要去占领的任何东西，尽管物质的性质可以确定这种占有的性质。某些东西，例如，粮食，可以被完全地占有；相形之下，其他东西像化学元素或成分则是不能被占有的。在黑格尔看来，在占有它们的意义上对事物的支配是永远不可能完整的。

由于财产权是意志的产物，所以根据意志行为放弃或转让财产权是被允许的。不过，放弃或转让财产权必须满足这样的前提：就其性质而言这种东西必须是可以外化的。这样的前提还被用来支持黑格尔后来的观点：那些东西，或那些构成我自己人格的主观特征和自我意识的普遍实质是不可让渡的，而且，我对它们的权利亦不因时效逾期而归于消灭。这些特点是我的人格，如我的意志自由，我的伦理生活和我的宗教信仰。[①] 黑格尔坚信，人格是属于自己的东西；占有本身是在自我发展的过程中出现的；自我确定(self-determination)是通过自觉的自我发展(self-development)实现的，无论如何自我所有(self-ownership)不是不可避免的。由于思想是自由的，所以可以遵循它的内在潜能。人格让渡的可能性是存在的，某些东西就其性质而言只要不是外化的就可以这样做。黑格尔认为，知识和道德是人的行为的上位概念，人格及其特点的重获涉及否定那些能够使其外化并能够为其他人所占有的行为。

黑格尔的理论是基于个人意志和恢复人格的能力展开的。在他看来，人格同样可以自愿地或借助物质力量来实现让渡，如奴隶制社会的情形。在这些情况下，个人对这种外化过程都是清楚的。由此推论，高科技社会能够提出另外的可能性，借助计算机技术，关于个人的信息可能会被聚集起来创造特定个人的人格轮廓。“电子灵魂”就是一种外化，与它相应的个体也许没有多少知识或可控性。用黑格尔的理论来分析这种应用是最直接的：它代表了一种自由的失落。至少可以这样假设，如果用这种“电子灵魂”来传达我们自己与社会制度规范之间的关系，我们的人格已经被占有了，即它已经不再是我们能够控制得了的东西。再者，黑格尔认为，财产权的功能是作为生存或自卫的工具。当自由意志的思想占据了包括人格在内的世界上的物质，其他人就不再会去抢夺其确定和自我发展的力量。黑格尔的“财产是人格的凝聚”的主张已经引导某些人去编造一种理论与艺术客体之间的联系。这是一个充满诱惑的景像，撩拨得许多知识产权学家趋之若骛。霍伊思(Hughes)指出，当其他的对象，诸如专利、外观设计、商业秘密，还不十分明显地是个人人格的表征的时候，诗、故事、小说和音乐作品就已经成为“人格的自然的容器”。这种观点实际上解释了人格作为某类在不同程度上被接纳为法律保护的客体对象的实质。

当然，在上述观点中还存在着这样一个问题：它假定正当化而不是注释才是黑格尔的主要目的。财产权是这种解释的一部分，以此方式人格开始在这个世界上来实现自己。他认为，为了实现这一目的，个人拥有了投入他们意志和各种东西的权利，财产权首先是一种生存的工具。黑格尔对这个过程的解释是高度功能化的：意志在这个世界上发现自己，并从属于各种各样的

---

① G. W. F. Hegel, *Philosophy of Right* (1821, T. M. Knox (tr.), Oxford at the Clarendon Press 1952, 1st ed., 1967 reprint), pp. 5～6.

限制，并且不得不作出决定。艺术形式和对象在这个方面不具有特权地位，艺术形式是利用知识的一种手段，凭借这种手段人们能够占有某种东西。对黑格尔而言，人格不是一块跳板，而是艺术家和其他创作者获取特别权利的道德阶梯。黑格尔关于财产权的分析为批判作者权制度提供了可能性。

黑格尔的确对知识产权作过一些分析。心灵的产品是"特定的我们"，当它们外化以后便有可能被他人制造生产。黑格尔并没有把它当成问题，而是把它看成是好的东西。一个人可以占有已经外化了的思想，无论是存在于书籍中还是存在于发明的形式中，接触到"表示自己和生产许多同类的其他东西的普遍方式"[①]。当黑格尔指出促进科学进步和艺术繁荣的最好方式就是要保护科学家和艺术家的成果不被偷窃时，他似乎是在走近古典功利主义。当然，他对这种解答所可能出现的问题表现得异常谨慎。在他看来，知识产品的整个目的就在于它们被别人所认识，也就是说把它们变成其他人学习的基础。这种被他人认识有赖于先前的思想，因为意识的模式是可以被接近的。在知识传播过程中，"成型的思想"经常被重新锻炼后赋予新的形式。在任何时刻，个人都在从事着对总体知识的积累、添加或修正。知识的既存形式被一次又一次地更新和完善，他人的利益并未因此而受到任何损耗，而是两者均获得了传播和促进。到底在什么程度上个人可以暂时占有这种知识流并主张对这种再造形式的所有权？黑格尔认为不存在"确定性的精确原则"。所以，想必社会可以通过经验在它们的知识系统内制定出法律界限，来保证这种制度服务于其他人和后代人学习的需要。在黑格尔的分析中，存在着对知识共有财产的认识，不过，可惜的是黑格尔并没有对知识产权问题的全部内容进行系统的论述。尽管如此，他的国家理论使我们认识到知识产权的结构作用以及知识产权有可能给社会造成的危险。

黑格尔把个人自由意志和占有作为财产所有权的依据，这一点并不具有真正的说服力。当黑格尔提及人有权将自己的意志体现在物之中并将物据为己有时，其逻辑推论显得非常武断，因为他不是把所有权当做对象而是当做前提去论证的。人对物的控制只是一种事实，是人的力量优于物的表现，即物被人的力量所控制，毫无权利可言。如果把这种对物的控制称作"权利"的话，那么，当物的力量控制人的时候，物便有可能成为权利的主体了。这样的假设显然是荒谬的，因为，如此一来权利则演变成一种武力、暴力或其他的物质力量，并因此而失去了道德意义。

---

① G. W. F. Hegel, *Philosophy of Right* (1821, T. M. Knox (tr.), Oxford at the Clarendon Press 1952, 1st ed., 1967 reprint), pp. 5～6.

从实质上看,人与物之间唯有力量对比的事实,而无权利之谓,因为权利只是人与人之间的关系。以物为权利对象而作哲学思辨,只会使人产生作为上帝的感觉。而这种感觉会让人认为,凭借一己力量和单方意志,就可以产生权利。黑格尔似乎也已经意识到这种理论的缺陷,仅凭主体占有某物的自由意志就能够构成所有权似乎不大可靠。于是,他为所有权的形成附加了"先占"的条件:"物属于时间上偶然最先占有它的人所有,这是毋庸讳言的命题;因为,后来的人不能占有已经属于前人所有的东西"①。但是,从自由意志论的角度看,对于形成所有权而言,先占并非是不证自明的公理。仅以个人的意志尚不足以阻止他人对物的占有要求,因为,他人亦有将物置于自己控制下的自由意志。由于两个自由意志是平等的,物的先占者就不能证明他的占有意志一定优于后来者的意志,所以,先占者也就不能证明他因先占而生成的"所有权"的合理性。

黑格尔继续为自己的理论辩解,由于物没有自由意志而人有自由意志,物不是自在自为的而人是自在自为的,所以,人有权把物变成自己的东西。"所有的物都可以为人们所有,因为人就是自由意志。作为自由意志,它是自在和自为地存在着的,而与他对立的东西是不具有这种性质的,因此,每一个人都有权把他的意志变成物,或者把物变成他的意志。换句话说,他有权把物加以扬弃而改变为自己的东西……所以据为己有,归根到底无非是:表示我的意志对物的优越性,并显示出物不是自在自为地存在着的,不是自身的目的。这种表示采用的是下列方式:我把不同于物所直接具有的另一个目的体现于物内。当生物为我所有的时候,我给它不同于它原有的灵魂,就是说,我把我的灵魂给了它。"②"人有权把他的意志体现在任何物中,因而使该物成为我的东西;不是具有这种权利作为他的实体性的目的,因为物在其自身中不具有这种目的,而是从我的意志中获得它的规定和灵魂。这就是人对一切物据为己有的绝对权利。"③

黑格尔强调,人通过对物的占有而实现了自由意志的外化,于是便构成了所有权。"我把某物置于我自己外部力量的支配之下,这样就构成占有;同样,我由于自然需要、冲动和任性而把某物变为我的东西,这一特殊方面就是占有的特殊利益。但是,我作为自由意志在占有中成为我自己的对象,从而我初次成为现实的意志,这一方面则构成占有的正式而合法的因素,即构成

---

① G. W. F. Hegel, *Philosophy of Right* (1821, T. M. Knox (tr.), Oxford at the Clarendon Press 1952, 1st ed., 1967 reprint), pp. 5～6.

② Id.

③ Id.

所有权的规定。”[①]黑格尔不同意仅仅将对物的占有视为满足个人需要的手段。他认为，占有物或拥有财产，其本质在于实现了主体的自由。[②] 黑格尔显然是沿着康德的思路，从占有开始来论证所有权的依据。但是，黑格尔理解的占有不同于康德的占有。康德是从理性来论述占有的；而黑格尔则是从意志自由来论述占有的。康德强调占有的社会意义；而黑格尔强调的是占有的自然意义。康德强调的是占有行为对人的效力；而黑格尔强调的是占有行为对物的效力。康德的占有概念已经类同于所有权概念，其中既有主体对物的主观占有，也包含着借助于社会承认的占有（理性占有）；而黑格尔的占有只是人对物的单方面的意志体现。显然，黑格尔对占有的理解不如康德来得全面。如果说黑格尔所说的占有有什么特色的话，那就是，黑格尔强调这种占有体现着主体的自由的意义——占有是意志从纯粹的自在自为的自由变为借助于对物的占有而体现的外在化的自由。但是，黑格尔是把先占和他人承认作为占有的外在形式条件提出来的，在黑格尔的观念中，主体的自由意志的存在以及这种自由意志的表现仍然是占有——即所有权——的内在实质性依据。[③]

黑格尔创造了一套特别的财产人格理论。这一理论可以与洛克的劳动理论相媲美。对于某些知识产权对象而言，如艺术、戏曲和文学作品的版权，财产权和人身权的联系显得更为紧密。因此，一个权宜的策略就是将黑格尔的人格理论服务于合理化任务，至少是对那些涉及人格的知识产权的问题。在这里，有两个问题需要明确：其一，是否应该将洛克的财产论同黑格尔的理论限定在劳动对人格的框架中。[④] 在洛克那里，劳动和财产之间的全部连接点是允许个人去完成上帝的目的，财产服务于人格；而在黑格尔看来，“财产是人格的凝聚”[⑤]，这种凝聚开始于吸取那些不属于他人的东西，用洛克的话说，是从公共财富中吸取的。洛克与黑格尔之间的区别在于：他们对财产的解释分别集中在财产权所服务的不同的形而上学制度上。其二，利用黑格尔

① G. W. F. Hegel, *Philosophy of Right* (1821, T. M. Knox (tr.), Oxford at the Clarendon Press 1952, 1st ed., 1967 reprint), pp. 5～6.

② “如果把需要当做首要的东西，那么从需要方面看来，拥有财产就好像是满足需要的一种手段。但真正的观点在于，从自由的角度看，财产是自由最初的定在，它本身是本质的目的。”同上。

③ “为了取得私有权即达到人格的定在，单是某物应属于我的这种我的内部表象或意志是不够的，此外还须取得对物的占有。通过取得占有，上述意志才获得定在，这一定在包含他人的承认在内。我所能占有的东西是无主物，这是不言而喻的消极条件，或者毋宁说，它涉及早已预想的跟别人的关系。”参见同上书，第5～6页。

④ A. Reeve, 1986, *Property*, London, pp. 136～143.

⑤ G. W. F. Hegel, *Philosophy of Right* (1821, T. M. Knox (tr.), Oxford at the Clarendon Press 1952, 1st ed., 1967 reprint), p. 51.

的理论为财产权寻找根据的研究者往往忽略了黑格尔哲学的实质，特别是在财产权方面，黑格尔的确看到了在个人财产所有权上所存在的矛盾。①

从哲学意义上讲，黑格尔在所有权依据问题上的自由意志说具有进步意义，因为它在一定程度上能够启发人们去认识财产权对于个人独立和自由的意义，从而弘扬主体的自由。但是，因财产权而获得的独立自由的地位，毕竟是财产权产生的后果，而不是获得财产权的先行依据。借用吉利安·罗思(Gillan Rose)的话说："黑格尔理论的基本矛盾就在于他是所有财产形式的批评者。然而，必须承认黑格尔的自由、平等的政治理念在缺乏财产概念的情况下是难以解释的。因此，在没有一个对可以替代的财产关系的细致分析的情况下，他的理论是不完整的。"②

1.5 本节结语

洛克十分重视人的创造性的收获。③ 当上帝作为唯一的造物主时，人的地位只能是作为劳动者；因此，就共同财富而言，人只是劳动者而不是创造者。虽然我们不能在洛克的理论中找到创造性和知识产权之间的直接联系，但是，洛克把人看做是物质的制造者的观点却对我们深有启发。他在不经意间道出了知识产权的一种本质，那就是知识财富的固有价值来自于创造。知识财富之所以能够成为一种产权的对象，其本质就在于它自身的经济价值。

卢梭的财产权理论较之其前人的主张更为进步，实际上也与知识产权最为接近。在他那里，正义与财产的概念同时产生，主要表现为三个方面：一是财产权利的平等；二是财产权利和义务的对等；三是设立财产权制度的目标。卢梭把正义和财产权连结在一起，其意义在于创立一种规范，即在社会范围内不干涉他人知识创造的习惯。所有权一经确认，财产便成为权利的客体，与此同时也就产生了对个人的限制。每个人都天然有权取得为自己所必需的一切。④

康德、黑格尔则不同，他们更为关注的问题是意志与财产权的关系。他们从人和人性出发，分析人的自由意志与天赋权利的关系，并在此基础上探讨了权利的意志内容和权利的效力依据。在他们那里，物的占有成了自由意志外化的结果；自由意志也因此成为财产所有权的依据。正因如此，作为抽

---

① G. W. F. Hegel, *Philosophy of Right* (1821, T. M. Knox (tr.), Oxford at the Clarendon Press 1952, 1st ed., 1967 reprint), p. 51.

② G. Rose, 1981, *Hegel Contra Sociology*, London: Cambridge, pp. 80～81.

③ J. Tully, 1980, *A Discourse on Property*, London: Cambridge, p. 121.

④ 〔法〕卢梭：《社会契约论》，何兆武译，商务印书馆 1982 年版，第 30～32 页。

象财产的知识产权也才能够从康德和黑格尔的自由意志理论中找到赖以成立的依据。

第二节 财产权的历史唯物主义理论

2.1 马克思的财产权观

马克思(Karl Marx)是历史唯物主义理论的主要代表。马克思认为,虽然人类的创造性是被肯定的,但是,这种创造性的充分表现只能发生在资本主义之外。从表面上看,马克思的历史唯物主义理论并不十分关注财产制度。正因如此,后来的人们在研究知识产权时,很难将其与历史唯物主义联系起来,造成这种局面的原因有二:第一,马克思是从法理学而不是法哲学的角度去分析抽象财产的;第二,马克思分析的主要对象是物质生产,而并未真正论及生产力的抽象客体。不过,当我们深入到问题的实质时却不难发现,历史唯物主义并非与知识产权毫无关联;恰恰相反,马克思理论体系的目标对于把握和理解财产权在社会中的地位以及知识产权与经济之间的关系,具有十分积极的意义。

在许多西方学者看来,马克思是一位典型的财产权批判者,甚至被认为是反对财产制度的人。为解读财产权的合理性,西方学者更多的是求助洛克、卢梭、康德和黑格尔,而不是马克思。[①] 然而,如果认真分析马克思的理论及其辩证方法,则不难发现马克思主义的目的不是要批评财产权,相反,他是要解释和理解财产权在社会变迁过程中的作用。正是在这种意义上,分析马克思关于财产权的观点,能够帮助我们更好地理解知识产权的性质和作用,尤其是知识产权与经济发展变化之间的联系,因为马克思始终坚持认为,辩证方法是理解世界发展过程的最基本的方法。[②] 马克思正是运用了这种辩证方式来揭示资本、劳动、竞争、价值、财产权和利润等社会要素之间的有机联系。

在马克思的理论中,作为创造性劳动成果的知识产权被整合到资本主义社会的生产生活中。与知识产权相关的理论阐述表现为马克思关于个人对资本主义竞争压力的分析,以及技术对经济增长的重要性,商品的性质以及人类作为基本的创造力源泉的观点。不过,应该承认在马克思的理论中有两

---

① P. Drahos, 1996, *A Philosophy of Intellectual Property*, Dartmouth, Sydney, p. 95.

② F. Engels, 1880, "Socialism: Utopian and Scientific" in Karl Marx and Frederick Engels, *Selected Works*, 1970, Moscow, Vol. 3, p. 95.

个方面对分析知识产权不是非常有利的：第一，马克思并没有对财产权，更没有对知识产权的性质作法理分析。第二，马克思的分析更多的是集中在物质对象上，而没有真正地对在生产方式上抽象物的作用进行分析。对马克思的部分经济理论而言，抽象物可能会引起严重问题，因为在某种意义上说，抽象物不能用同质的方式去对待劳动。必须承认，在马克思所处的时代，知识产权还处于萌芽状态，因此知识产权的影响和作用尚未进入马克思的理论视野。从马克思的著述中可以看到，他对某些法律领域有着相当稔熟的了解；但是，几乎同样真实的是：当马克思论述到财产关系时，在他心里装着的仍旧是土地、房产之类的物质性的东西，而不是抽象的思想产品。换言之，在马克思那里，所有权是对有形物的所有权，而不是对抽象物的所有权。①

2.2 财产权与国家、法律的关系

在理论上马克思是一位黑格尔的批评者，他采用一种更为系统的方式探讨了财产权与国家、法律之间的联系。马克思认为：财产权是一种劳动异化的形式；财产权是阶级统治的工具；财产权（特别是私人财产权）是意识形态的一部分。当然，这种列举还不能包括马克思关于财产权论述的全部内容。例如，在《哥达纲领批判》中，马克思承认财产权是社会生产的前提，尽管后来他补充说明财产权还意味着某种具有排他性的专用。法律（特别是财产权）对生产具有重要的影响。② 就权利本身而言，马克思似乎并不认为财产权是一个值得研究的独立制度，他认为，财产权的本质在于劳动可以借助各种方式提高生产。

2.2.1 作为劳动异化的财产权

马克思是从分析私有财产权开始建立其理论体系的。在他看来，社会中存在着经济异化的现象，劳动过程显现出两个特点：第一，劳动者是在资本家的控制下工作的；第二，劳动者的劳动产品不属于他本人而是属于资本家所有。就第一个特点而言，生产领域的劳动分工的效果被扩散开来，并渗透到了整个经济生活。由于劳动分工，产品开始控制人，使个人的行为变弱，并由此形成了个人与社会之间的矛盾，这种矛盾逐渐延伸至社会的阶级之间。马

---

① 在马克思主义理论范畴中，法律并不是最主要的部分。不过，在马克思的历史唯物主义理论中，仍旧可以找到打开法律之门的钥匙，尽管马克思没有对法律进行专门系统的论述，但是，在他庞大的思想理论体系中仍然可以看出他对法律的态度和批评。公正地说，马克思的理论及其论述在经历了一个漫长的开始阶段后，已经产生出马克思法学理论的体系。参见 The Preface in M. Cain and A. Hunt, *Marx and Engels on Law*, London, 1979。

② 《马克思恩格斯选集》（第三卷），人民出版社 1995 年版，第 298～319 页。

克思用“劳动异化”的概念来描述上述过程，说明从资本主义制度衍生出来的是一种反生产的社会关系。劳动者不断地被从他们的生产环境中异化出来，从他们的劳动产品中异化出来，最后从他们自身异化出来。异化是资本主义社会生产的残酷现实，作为上层建筑的法律财产权只是异化的表现而不是原因。

在《1844年经济学——哲学手稿》中，强调了他自己关于异化劳动的观点，“工人生产的财富越多，他的产品的力量和数量越大，他就越贫穷。工人创造的商品越多，他就越变成廉价的商品。”①马克思提出了一个触及本质的问题：资本，亦即对别人劳动产品的私有权的基础是什么？马克思的解释是，“这一事实无非是表明：劳动所生产的对象，即劳动的产品，作为一种异己的存在物，作为不依赖于生产者的力量，同劳动相对立。”②在异化劳动的环境中，“工人对自己的劳动的产品的关系就是对一个异己的对象的关系。……工人在劳动中耗费的力量越多，他亲手创造出来反对自身的、异己的对象世界的力量就越强大，……归他所有的东西就越少。”③异化劳动揭示了隐藏在劳动者贫困现象背后的法律和经济制度的非合理性。

正是异化劳动而非创造性或自由劳动，构成了资本主义条件下劳动的典型特征。在马克思看来，在资本主义内部存在着一种“一般利润率愈益下降的趋势”。④ 这种趋势导致在资本家之间的竞争斗争。平均利润率随着社会资本有机构成的提高和资本周转速度的减慢而趋于下降具有客观必然性。资本家为了追求超额利润和在竞争中取得优势，不断改进生产技术，提高劳动生产率，以降低生产成本；结果，各个生产部门的资本有机构成提高，并带动整个社会资本的平均有机构成普遍提高。在增大的社会资本总额中，不变资本比可变资本增长得快，导致平均利润率的下降。但在资本有机构成提高的同时，又出现一系列阻碍利润率下降的因素：包括资本家加强对工人的剥削，使剩余价值率增大；工人工资被压低至劳动力的价值以下；机器等生产资料的价值因劳动生产率的提高而降低；大量相对过剩人口的存在使某些部门采用手工劳动；以及对外贸易的发展、股份资本的增加等。这些因素延缓了利润率下降的速度。平均利润率下降，并不意味着剩余价值率的降低和资本家所获得的利润量的减少，更没有减轻工人受剥削的程度。相反，在这一规律的作用下，进一步加剧了资本主义社会的各种矛盾，暴露了资本主义生产

① 《马克思恩格斯选集》(第一卷)，人民出版社 1995 年版，第 40 页。
② 同上书，第 41 页。
③ 同上。
④ 《马克思恩格斯选集》(第二卷)，人民出版社 1995 年版，第 451 页。

方式的历史局限性。

私有财产不是外化劳动的原因;恰恰相反,正是在劳动异化的基础上,外化了的劳动成为私有财产的原因,而私有财产是外化了的劳动的结果。至于劳动外化的原因,马克思认为,分工和交换是人的活动和本质力量——作为类的活动和本质力量——的明显外化的表现。[①] 显然,外化劳动起源于分工和交换。如果说私有财产是外化劳动的结果的话,那么,外化劳动便是分工和交换的结果。在《德意志意识形态》一书中,马克思和恩格斯得出这样的结论:如果说私有财产是劳动异化的结果的话,那么,导致异化的是劳动的分工,从而分工便成为了导致私有财产的根源。[②]

就分工的原因及其发生过程而言,许多启蒙思想家都曾有过相当精辟的论述。亚当·斯密(Adam Smith)认为,分工并不是人类运用智慧和深谋远虑的结果,分工产生于交换,而交换又源于人们互通有无的本能和倾向。[③] 至于后来人们所表现出来的才能的差别,与其说是分工的原因,不如说是分工的结果。萨伊则认为,"分工是对人力的巧妙运用;分工可以增加社会产品、社会威力和社会享受,但是它剥夺、降低每一单个人的能力。"[④]受分工制约的不同个人的共同活动产生了一种社会力量,即扩大了的生产力。因为共同活动本身不是自愿地而是自然地形成,所以这种社会力量在这些人看来就不是他们自身的联合力量,而是某种异己的、在他们之外的强制力量。尽管在资本主义,社会异化劳动是一种普遍的现象,但是,在被异化的劳动中仍然存在着创造性劳动。正是这种创造性劳动构成了资本主义社会内部最迫切需要的革新源泉。

2.2.2 作为统治工具的财产权

在马克思关于法与阶级的广泛论述中财产权是阶级统治工具的观点占据着重要位置。在马克思看来,每个时代的统治阶级的思想都是统治思想。统治社会物质力量的阶级,也必然同时统治着那个时代的精神力量。拥有任

---

① 《马克思恩格斯全集》(第三卷),人民出版社 2002 年版,第 357 页。

② 马克思认为:"其实,分工和私有制是相等的表达方式,对同一件事情,一个就活动而言,另一个是就活动的产品而言。"参见同上书,第 84 页。

③ 亚当·斯密认为,"分工的产生不能归功于人的智慧。它是物物交换和互通有无这种倾向的缓慢逐步发展的必然结果。这种互通有无倾向或许是运用理性和语言的必然结果。它是一切人所共有的,在动物那里是根本看不到的。动物一旦成长,就靠自力生活。人则经常需要必然的帮助,但他想要单靠必然的好意得到这种帮助,那是徒劳的。诉诸它们的切身利益,并且要他们相信,是他们自己的利益要求他们做他所希望他们做的事情,这要更加可靠得多……这样一来,我们既然靠交换、满意、买卖获得我们相互必要的服务的大部分,所以正是这种互通有无的倾向产生了分工。"参见〔英〕亚当·斯密:《国富论》,康日松译,华夏出版社 2005 年版,第 98 页。

④ 《马克思恩格斯全集》(第三卷),人民出版社 2002 年版,第 357 页。

意处置物质生产方式的阶级同时也一定控制着精神生产的方式，因此，那些缺乏精神生产方式的人们的思想只能服从而无从选择。统治思想不过是统治地位的物质关系的表现，使一个阶级成为统治阶级的物质关系必然导致这个阶级的思想成为统治思想。

在马克思看来，包括国家和法律制度在内的上层建筑是特定社会的生产模式的反映。经济基础的结构不仅生产了社会习惯而且还生产了信仰体系。人的心理和世界观在逻辑上讲是其生活的那个世界的真实反映。法律是统治阶级意志的表现，是统治阶级用来维护其权力源泉的工具。[①] 因此，法律是一种制度的结果，并根生于物质生活条件中。[②] 在社会生活和历史中，法律不是一种独立的力量，而是生产力和生产关系交互作用的结果。在社会生产中，人们进入了独立于他们意志之外而不以他们的意志为转移的特定关系之中。这种关系就是生产关系，与物质生产力发展的特定阶段相适应。生产关系的总和便构成了社会的经济结构——真正的社会基础。在此基础上建立起来的政治和法律结构，以及与此相适应的社会意识形态的特定形式。[③]

马克思的历史唯物主义可以被用来分析包括知识产权在内的特定社会的上层建筑。从实质上讲，这不仅关系到特定历史条件下生产力和生产关系的联系；而且，还涉及如何看待特定社会的上层建筑，它是怎样走进该社会的经济基础的范围内的。根据这种分析，法律是阶级统治的形式，是拥有生产方式的统治阶级用法律这种手段来保护自己的经济利益并加强其对社会的控制权力。在这种意义上，财产法不过是一种工具被用来维护固有的不平等；而刑法的实质则是为了压迫被统治阶级。[④] 从马克思的《资本论》中不难发现，阶级的观点处于法律（财产法和合同法）的核心。[⑤] 保护知识产权的国

① 马克思的分析剥去了资本主义社会神圣、自然、永恒和合理的外衣，揭示了资本主义国家作为资产阶级利益的保护者，而不是各种矛盾纠纷的公正调节人的本质。在资本主义条件下，宗教信仰是作为经济和社会的现实的扭曲表现，而不是在生活和死亡的痛苦之前的一种虔诚敬畏的表现。通过宣示这些零散的真理，马克思发挥着他作为革命知识分子的历史作用。通过揭示人们生存的条件的不可避免性和揭露习惯制度的真实性质，他唤醒并且教育无产阶级行动起来。See M. Cain and A. Hunt, *Marx and Engels on Law*, London, 1979.

② 《马克思恩格斯全集》（第三十一卷），人民出版社 1998 年版，第 412 页。

③ 社会的物质生产力发展到一定阶段，便同它们一直在其中运动的现存生产关系或财产关系（这只是生产关系的法律用语）发生矛盾。于是这些关系便由生产力的发展形式变成生产力的桎梏。那时社会革命的时代就到来了。随着经济基础的变更，全部庞大的上层建造也或慢或快地发生变革。参见同上书，第 412～413 页。

④ 关于法律的这种观点不仅在马克思那里可以找到，而且许多支持马克思主义观点的人也都把它简单化成为一种阶级工具论。A. Stone, 1985, The Place of Law in the Marxian Structure-Superstructure Archetype, 19 *Law and Society Review*, pp. 39～40.

⑤ P. Drahos, 1996, *A Philosophy of Intellectual Property*, Sydney: Dartmouth, p. 99.

际准则也可以被看成是某些国家（主要指资本主义国家）在其生产方式经历了深刻变革后运用知识产权法来维护其各种形式权力的依据。从这种意义上说，现代知识产权法的勃兴和进步表明，至少有相当一部分国家的经济是要依赖无形资产的生产和交换来维持的。[①]

马克思在《资本论》中明确指出，在资本主义经济条件下，法律对特定的合同与财产关系发挥着十分重要的作用。他在论述劳动力商品性质的时候，强调劳动力成为商品的一个重要前提就是它必须能够在市场上被自由交换。[②] 同样，市场交换要求必须以承认商品买卖双方的财产所有权为条件，所有权人之间的法律关系自始至终都表现为一种经济关系。不过，马克思已经意识到财产法和合同法对于所有权人的便利和保护的作用。从法律的这种保护功能出发，马克思指出了知识财产权的另外一个可能发挥的作用：保护资产阶级各成员对抽象物的规模生产的投资。这一点在后现代的资本主义生产过程中已经得到印证。在资本主义条件下，知识产权的实质是组织和维持生产一套经济关系，而不是个人生产方式的动因。知识产权的目的不过是构成了资本主义经济生产劳动的法律基础。

2.2.3 作为意识形态的财产权

在马克思看来，财产权还有一种明显的意识形态功能。马克思在《经济和哲学手稿》(1884)、《德意志意识形态》(1845～1846)、《共产党宣言》(1848)和《资本论》(第一卷)等著作中，都谈到了这一点。他指出，资产阶级思想，无论是法律的、经济的，还是宗教的思想，无不掩盖了资本主义生产方式以及在这种方式上建立起来的社会关系的根本特征。在马克思看来，将知识产权的功能说成是鼓励和奖赏劳动者的创造积极性纯粹是用来蒙蔽在资本主义生产条件下对创造性劳动的系统剥削。

马克思关于知识产权的理论还涉及对抽象物的所有权。由于知识产权法将抽象物纳入到所有权的对象范围，这就在客观上扩大了商品拜物教的影响。知识产权表明了人的精神生活的商品化，在这种意义上说，商品拜物教已经达到了它的极致。个人的精神生活，也就是经常被认为是最属于人的那部分东西，在所谓知识产权的名义下，外在化（异化）成为社会生产和交换的一部分。商品拜物教的一项主要结果，就像一些资产阶级经济学家分析的那样，就是知识产权独立于它的社会关系。例如，知识产权被用来校正信息市

---

① T. Morris Suzuki, 1988, Beyond Computopia, London; R. Kling (ed.), *Compterization and Controversy: Value Conflicts and Social Choices*, 2nd, San Diego.

② 《马克思恩格斯全集》(第二十一卷)，人民出版社 2003 年版，第 391 页。

场；或者是对难以驾驭的问题的某种措施；或者是对付外在化的某种方法。在这里，抽象物的生产所赖以存在的那些重要的社会关系却从未被提到过。事实上，在抽象物被商品化的世界里，人们已经摆脱用积极的社会观念所能发现的那种社会关系；并且，知识共有财富也因为商品拜物教的存在而被搞得含糊不清。在资本主义社会里，产品不再是为了消费的目的而生产，而是为了交换的目的而生产。其结果便形成了一个远离人们正常生活的陌生世界，这个世界被认为是事物之间的经常联系的绝妙形式。

在马克思所推崇的共产主义社会中，精神产品不再是经济基础的不真实的上层建筑和意识形态，而是要成为人类本质的充分体现。这一点很重要，因为它可以帮助我们去深究思想概念是否可以在一个异化的社会里具有内在价值。规范的永恒魅力就在于它们与社会发展历史阶段的协调性，这与马克思所归纳的意识的全部形式，如文化、艺术等并不矛盾。

2.3 知识创造的实质

根据马克思的观点，商品的价值形式是资本主义社会的细胞。在资本主义生产条件下，劳动者生产商品不是为了自己消费而是为了他人的需要，并以此来满足他的间接需要。在所有的社会时代，劳动产品都会被无例外地要求具有使用价值(use-value)，然而，惟有在市场经济条件下，才要求它们具有一种“客观性”。商品的拜物教性质决定了如下两个方面：一方面，商品在质量上有别于自然形式；另一方面，在数量上它们是可作交换的。只有当交换发生时才能证明产品对他人的有用性，即证明它对别人的使用价值。就是说，商品的价值不能由商品本身来表现，而必须在同另一种商品相交换时相对地表现出来。只有通过这种交换过程，劳动产品才有可能转换成为商品。产品转换成商品不仅是创造了使用价值，而且还创造了他人的使用价值，即“社会价值”。[①]

当商品的价值不在于它自身的使用价值而在于它的交换价值时，到底是什么东西使得交换成为可能的共同因素呢？既然交换独立于商品的使用价值之外，那么，共同的种类便不再成为商品本身的特征。“价值形成”的实质在于包含在劳动产品中的抽象劳动。[②] 准确地说，既然包含在劳动产品中的

---

① 《马克思恩格斯全集》(第三十一卷)，人民出版社1998年版，第434～438页。

② 商品价值量不是由个别生产者耗费的个别劳动时间所决定的，而是由生产商品所需要的社会必要劳动时间所决定的。商品的价值是一个历史的范畴，是商品生产特有的范畴。当劳动产品成为商品时，一般人类劳动才表现为价值。未经劳动加工的东西(如自然界的水和空气)，或不是用于交换，而仅仅为满足自己需要的产品，都不具有价值。“作为交换价值，一切商品都只是一定量的凝固的劳动时间。”参见同上书，第422页。

抽象劳动的量要求一种商品的生产是依其技术状态的不同而不同的，价值便是以必需的劳动的平均时间去衡量。[①] 每种价值都必须按照社会劳动的量来衡量，生产产品所必需的社会劳动时间是制约分配和改变交换条件的最基本的因素。劳动力作为一种商品，像其他任何商品一样，也是由生产该商品的必要劳动的量决定的。[②]

马克思没有像早期的启蒙思想家们那样用十分肯定的态度去看待劳动。在关于劳动的实质的问题上，马克思对亚当·斯密的观点持一种批评态度。[③] 亚当·斯密在他的重要著作《国民财富的性质和原因的研究》中，系统地研究了促进或阻碍资产阶级财富发展的原因，论证了资本主义制度比封建制度更能促进生产力的发展和国民财富的增长。亚当·斯密的价值论是在古典政治经济学中关于价值理论的最早的系统论述，其中的科学成分为奠定劳动价值论的基础作出了贡献。

亚当·斯密虽然对使用价值和交换价值作了区分，但是，并没有对两者之间的内在联系作本质区别。他认为，分工确立以后，每个人所需要的物品只有一小部分是由自己劳动生产的，大部分则是别人的劳动生产物。人们之间需要交换商品，商品与商品的交换也就是劳动与劳动的交换。商品价值由劳动决定，劳动"是物质财富或使用价值的唯一源泉。"[④]创造价值的不是某种特殊形式的劳动，也不是重商主义者所说的生产金银的劳动，更不是重农主义学派所说的农业劳动，而是一般性生产商品的劳动。他重点研究了商品交换的量的比例，并力图找出决定商品交换价值的规律。然而，他把交换价值看作物与物的关系，不了解价值的本质和创造价值的劳动的社会性，因此，在考察用什么劳动来决定价值时就陷入了混乱。亚当·斯密认为决定价值的是生产商品所耗费的劳动，价值量同所耗费的劳动量成正比。他还对简单劳动和复杂劳动进行了区分，指出在相同时间里复杂劳动比简单劳动能够创造更多的价值。商品的价值由这种商品所能购买或支配的劳动来决定。

---

① 商品的价值量不是由个别生产者所耗费的个别劳动时间所决定，而是由生产商品所需要的社会必要劳动时间所决定。劳动生产率和单位时间内生产的使用价值量成正比例；而和单位商品的价值量成反比例。在同样的劳动时间内，复杂劳动（用智慧从事的生产劳动大多属于这一类）能比简单劳动创造出更高的价值。少量的复杂劳动等于多倍的简单劳动。参见《马克思恩格斯全集》（第三十一卷），人民出版社 1998 年版，第 423～430 页。

② 《马克思恩格斯全集》（第三十二卷），人民出版社 1998 年版，第 46～47 页。

③ 《马克思恩格斯全集》（第三十一卷），人民出版社 1998 年版，第 453 页。

④ 同上。

马克思认为劳动形式受特定历史条件的制约[①]，他承认存在着一个积极的命题去表达相关的劳动。劳动是一种创造性行为，主体的自我认识可以导致自由。在马克思的思想体系中，劳动已不是公正和经济的异变或种类，并且，成为一种所谓在不同社会关系的层面上的哲学观点。马克思相信，在实质意义上，个人劳动在一个适合的社会环境中是能够同时被完成的自我表达和人类的统一性表达。虽然劳动和自我表达之间的联系早已被一些早期思想家们所论述[②]，马克思的论述所不同的是，私有财产不需要保护自我表现。在马克思所列举的关于自由劳动的例子中，最典型的就是作曲。他相信，在资本主义条件下许多形式自由的劳动，如写作、作曲、演出、科学发明和发现等，被商品化并走入资本主义的生产关系便是劳动被异化的最典型的证据。

在马克思关于资本主义的分析中，创造性劳动并不占据特别重要的位置。理由很简单，发生在资本主义条件下的大多数劳动都是异化劳动。对劳动者而言，异化劳动是一种外化了的东西。换言之，他们与这种劳动不具有积极意义的联系。在资本主义生产关系中，劳动成为一种强制性的劳动。异化还发生在生产过程中，劳动者不仅被从他们所生产的劳动产品中分离出来。而且还被从他们自己的普遍性，或曰人的特性(species character)中分离出来。人的这种基本特性就是他们的意识行为(conscious activity)。资本主义正是通过商品生产的形式从人们那里取走了这些生产成果。

历史唯物主义还可以被用来解释知识产权的某些特征。知识产权的特点是根植于所有者的权利而不是创作者的权利。创作者经常不是他们所生产的知识产品的所有者，或是由于相关的雇佣法律已经将知识产品的所有权规定给了创作者的雇主，或者因为创作者已经将所有权交付给其他人。如马克思所言，是资本家而不是雇工最终拥有了在资本主义经营范围内生产的大部分知识产品。[③]

如果把知识产权的合理标准设定为这样：即为个人提供一个理由去利用他的时间和资源去从事革新和创造，那么，令人不解的就是知识产权法与知

---

① 在马克思看来，奴隶劳动和工资劳动的所得都不被称为报酬。所谓工资劳动(如煤矿工作或工厂工作是“强制劳动”的典型例证)，根本不能满足人类的真正需要，而仅仅提供了一种满足需要的方式。参见《马克思恩格斯全集》(第三卷)，人民出版社2002年版，第278页。

② 亚里士多德(Aristotle)在他的《论理学》中曾这样讲道，“我们是由于实现活动而存在(由于生活和实践)，从某种意义上说，作品就由创作者实现活动中而存在，所以对作品要倍加爱护，因为他们所爱的是存在。这个道理是十分自然的。凡是潜在的东西，都要通过实现活动显现为作品。”参见〔古希腊〕亚里士多德：《尼各马科伦理学》，苗力田译，中国社会科学出版社1999年版，第206页。

③ E. Thompson, 1973, “International Protection of Performers Rights: Some Current Problems”, 107 *International Labor Review*, p. 303.

识创作者的关系并不像作者与雇主或出版者的关系那样密切。[①] 在马克思看来，这种情形毫不奇怪，在资本主义经济模式之下，作者、表演者和科学家的创造性劳动是被剥削的对象。马克思认为，“剥削”一词既是一个技术性的术语，也是一个理论性的术语，是指资本家获得劳动力的社会过程。剥削的实质很简单：如果一个人的劳动超过了生产、制造他所消费的产品所需要的必要劳动时间，那么，这个人便受到了剥削。[②]

剩余价值的获得是资本主义经济利润的基础。在资本主义社会里，具有创造性的劳动者，如那些从事发明、写作、绘画和谱曲的劳动者，其地位与其他劳动者相比并无二致。迫于生存的压力，劳动者会将其创造性的劳动力进行出卖。基于这样的理由，知识产权法无须刺激个人的创造性劳动，恰好相反，法律的目的是要保障统治阶级的利益，并且强化其对作为生产方式重要部分的抽象物的控制。

马克思把资本家形容为高度理性化的价值猎取者（价值转化为利润）。在马克思看来，连续不断和永无止境的追逐利润的过程，正是资本主义的目的所在。[③] 各个资本家是为了追逐价值的膨胀而从事生产的代表，价值成为目的的本身。换言之，资本主义制度使得资本家加速资本增值的过程变得合理，通过引进新技术，他们可以增加他们的资本。

竞争迫使各个资本家不得不去进行技术革新，目的就是要发现新的价值源泉；不过，他们这样做的时候，其能力是受到资本积累的限制。当论及资本主义社会的技术变化时，马克思提到了一个十分重要的概念：资本家对于新的生产方式的要求会得到满足。资本主义生产方式总会找到一种方法至少能够暂时地提高利润，即暂时抑制平均利润率下降的趋势。马克思承认，在资本主义条件下技术革新具有内在的驱动力，因为技术革新能提高剩余价值的生产，暂缓生产力同生产关系的矛盾。对技术创新而言，决定性因素是节省劳动的要求，尽管它们显然还可能是其他的东西，例如，投资率和个人发明的积极性。在资本主义市场，技术革新的供给在一定程度上取决于资本发展的要求。

马克思在讨论技术革新问题时曾经表示过这样的观点：资本主义需要培

---

① J. Elster, *Making Sense of Marx*, Cambridge, 1985, p. 167; J. E. Romer, *A General Theory of Exploitation*, Cambridge, Mass, 1982.

② 《马克思恩格斯全集》(第三十二卷)，人民出版社 1998 年版，第 421～422 页。

③ 剩余价值论、劳动理论以及对商品的分析构成了马克思经济理论的核心。参见《马克思恩格斯全集》(第三十一卷)，人民出版社 1998 年版，第 419～457 页。

养创造性的劳动，并把它融入到生产中去。[①] 在资本主义生产模式下，如果没有创造性劳动的存在，科学技术的改进是根本不可能的。[②] 他得出的结论是，创造性劳动在资本主义的框架中找到了自己的位置。

劳动在其整个历史发展过程中经历了许多变化，到了资本主义社会，这些变化的终极就是大机器和自动化。这种发展是资本主义追求劳动生产力提高的特殊表现。大机器是作为"客观化劳动"而存在的，是社会集体技艺和知识的结晶。马克思称之为直接劳动的东西在资本主义社会晚期纯粹是生产过程中的某种因素。生产的自然过程在实质上更趋于科学和合理。一方面，资本与包括科学在内的生产模式融为一体，另一方面，科学又促进了这种模式的发展。科学一旦达到实际应用阶段，便成为生产力的一部分，并能够转换为资本。在马克思的论述中，有两点可以帮助我们去理解知识创造的实质：第一，知识和技术的积累，即社会大脑（social brain）的总生产力的积累，被吸收为资本，由于是与劳动相对立的，可以表现为一种资本的属性。第二，科学发明成为一种交易对象，把科学直接用于生产过程本身便成为一种决定和诱使其发生的基本动因。[③]

2.4 创造性劳动的属性

如果认为知识产权法仅仅是创造了抽象物的私有产权，所以它与物质性东西的所有权没有区别，那将是错误的。对于商品交换而言，产权和合同是必要的法律制度，是交换过程中经济关系的必然反映。商品交换的实质就是对控制权的认可，它们甚至可以不必保留财产所有权的外壳。在没有财产权的情况下，商品同样能够存在并被交易。在物质性商品的场合，商品的存在并不依赖于财产权的存在；然而，抽象物的情形则不同。一旦音乐作品的所有权成为法律的规定，钢琴演奏者和钢琴制造者就可以被认为是商品。不过，只有钢琴演奏者才依靠知识产权来维护他的商品的创造。如果缺乏知识

① 恩格斯亦阐明过同样的观点：现代机器的已经达到极高程度的改进的可能性，怎样由于社会中的生产无政府状态而变成一种迫使各个工业资本家不断改进自己的机器、不断提高机器的生产能力的强制性命令。对资本家来说，扩大自己的生产规模的单纯的实际可能性也变成了同样的强制性命令。大工业的巨大的扩张力——气体的膨胀力同它相比简直是儿戏——现在在我们面前表现为不顾任何反作用力在质量上和数量上进行扩张的需要。参见《马克思恩格斯全集》（第三卷），人民出版社 2004 年版，第 432～433 页。

② 强调科学变化在经济增长中的作用已经认识到创造性劳动与这种增长之间的关联。参见 N. Rosenberg and L. E. Birdzell Jr., *How the West Grew Rich*, New York, 1986; D. C. Mocry and N. Rosenberg, *Technology and the Pursuit of Economic Growth*, Cambridge, 1989; J. Mokyr, *The Lever of Riches*, New York, 1990。

③ 《马克思恩格斯全集》（第三十一卷），人民出版社 1998 年版，第 92～93、99 页。

产权的保护，他出卖演奏的交易就不可能进行。在缺乏知识产权保护的情况下，抽象物不会被认为是交易的对象，更不可能进入市场。由此可见，物质性的产品可以不依靠法律的保护而存在，但是抽象物则不同，它的交易必须是建立在财产权与合同制度的基础之上。

马克思认为，资本主义只是一种生产模式。在这种模式下，商品被以一种前所未有的规模组织起来，从而导致资本主义对创造性劳动的空前依赖性。在竞争的压力下，资本家被迫去寻求技术革新的源泉——创造性劳动。各个资本家对创造性劳动的寻求是基于对抽象物所有权控制的动机，目的是为了获得竞争上的优势。这就为资本家追求知识产权提供了另外一个动力。所以，知识产权法的使命就在于承认和维护抽象物的所有权。

在泛商品化过程中，知识产权极大地扩展了商品的范围。知识产权成为资本主义商品性质不断演化的一个标志。马克思认为，劳动力商品是资本主义所特有的商品形式。但是，在理解资本主义的生产力时，却不能停留在劳动力的商品化上。通过创造抽象物，知识产权法提供给资本主义另外一种特殊形式的商品，或者说提供了一种商品扩张的方式。借助创造抽象物的方式，知识产权将创造性劳动直接投入到生产关系中。资本主义之所以能够延续其商品生产的历史，在很大程度上是因为得益于知识产权法，因为正是后者重塑了商品生产的可能性；不仅如此，知识产权还通过创造更有效的生产方式而弱化了物质性生产劳动的作用。时至今日，资本家的目标已不仅仅是要通过合同法和工业关系法去控制物质性生产劳动，而更主要的是通过知识产权法去控制创造性的劳动。

知识产权对于把创造性劳动和抽象物融入资本主义生产过程的任务来说是基础性的，因此，后工业社会十分强调知识在生产中的作用。抽象物在资本主义生产过程中的作用越大，对技术硬件的生产需求也就越大。抽象物将资本主义工业生产推向一个更高的水平。事实证明，每一代新技术的开发与应用，都会带来更大的投资消耗。手工工具是低廉的，而机械工具则不然；电脑控制的机械工具更是不同。当抽象物以既存的形式被融入到生产过程中去的时候，其消耗很少，甚至没有消耗。不过，就投资的意义而言抽象物的制造成本却是巨大的。事实证明，无形物的创造能够产生更高水平的有形商品。由于抽象物的主要目标是工业的商品生产，其结果是不可避免地导致被直接雇佣于这种生产的工人的减少。更多的服务性工作被要求去配合更高水平的生产。对资本家而言，他们必需保持已经成为一族的技术所要求的投资水平，对此他们毫无选择。

知识产权现象似乎为宣布激进的社会变革提供了一个有力的证据。资本主义通过对知识产权的开发和保护，为生产力的发展找到了新的资源；于是，创造性劳动被带到生产性劳动的框架之中。不过，这种转换的可能性在相当一段时期内仍以商品积累为基础。当然，知识社会可能通过新的交易手段和信息技术，获得对每个人的工作模式认识的机会，将他们从异化劳动的条件下解放出来。不过，如果马克思关于商品性质的分析是正确的话，那么，资本主义社会是不会把握这个机会的。抽象物被商品生产所吸收并成为它的一部分，变成了巩固资本主义经济的坚硬外壳。新的不平等的出现，如信息贫乏与信息富足的严重不对称，是隐藏在生产力背后的旧的不平等形式的再现。创造性劳动者不过像其他工人一样，最终会发现他们也是处在异化劳动的环境中。

知识产权对科学技术行为的影响是向后者提供了一种制度性规范。毋庸置疑，自然科学会成为自然生产力的一部分。每个资本家都已充分认识到，如果不进行经常不断的生产工具的革新，那么，资本生产就难以为继。现代工业是凭借科学技术进行的产业。在马克思看来，技术科学的现代形式来自于工业，其使用价值对于所有企图不断寻求生产技术改进的资本家而言是不言而喻的，到头来科学技术会发现自己早已被挤压到为资本服务的行列中。

科学规范的实践也在发生着变化。科学家们围绕着拓展知识的目标来组织他们自己，而服务于这个目标的科学精神主要包括四种价值：普遍性、共享性、无私性和探索性。当知识产权将创造性劳动融入生产方式的作用变得越来越重要的时候，科学的风气也在随之改变。这种改变包括：鼓励信息共享，公开和交流思想，获得奖赏的刺激，以及科学的道德中性及其认识等。知识产权规范开始影响并控制科学创造活动，无偿地公开知识和交换思想不再受到追捧，因为，除其他原因之外，这种做法与知识所有权的主张明显抵触。科学研究的方向越来越被国家权力通过知识产权来加以控制，思想可以被以这样或那样的方式拥有的事实本身就是科学劳动已经成为异化劳动的真实标志。

总而言之，马克思主义理论的重要意义在于其对资本主义商品性质的分析，以及对各个资本家行为的理解和这些部分的相互作用。在资本主义条件下，知识产权的功能和使命就是要把抽象物或创造性劳动融入到商品生产中去。这不仅是一种经济现象，更是一种社会现象。伴随知识共有财富观念的被破除，资本主义社会中的知识创造者会发现他们所扮演的社会角色一如既往。将抽象物融入生产或许会为资本主义的发展提供一种助力，但是，并未摆脱它作为异化劳动结果的命运。

2.5 本节结语

历史唯物主义认为，财产权因分工而产生。在历史发展的特定阶段，分工的存在具有客观和合理性。就发展生产和创造财富的作用而言，分工的生产方式显然是具有进步意义的，因此，与分工相伴的私有权制度也就具有了客观的必然性和合理性。[①]

马克思的历史唯物主义是从效率的角度来看待财产权产生的原因的，因此，可以把马克思对财产权的分析归纳为效率的主张。资本主义社会将社会生产的分工发挥到了极致，并因此创造了空前巨大的社会生产力。也正是由于这种分工所致，资本主义市场的竞争亦愈演愈烈。在竞争的压力之下，资本家不断寻求生产力发展的新源泉。创造性劳动无疑是解决这一难题的最佳资源。知识产权依其商品化特征丰富了资本主义的商品本质，使资本主义具有了另外一个显著特征，即创造性劳动的商品化。创造性劳动在提高劳动生产效率的同时也弱化了生产性劳动的作用。创造性劳动在把资本主义生产推向更高水平的同时，极大地缓和了资本主义社会的固有矛盾。尽管如此，知识产权的出现并未改变知识产权的生产关系，与创造性劳动直接相关的知识产权仍然被用于维持原有的不平等状态，甚至还造就出信息穷人和信息富人的差别。由于资本主义社会通过知识产权将创造性劳动整合进生产过程，创造性劳动者同其他雇佣劳动者一样也成为异化劳动的工人，科学研究和发现也成为资本主义社会异化劳动的一部分。总而言之，在资本主义社会中科学技术创新实际上是在为资本服务。

虽然马克思的历史唯物主义没有直接对知识产权现象进行分析，但是，在对资本主义商品本质以及对资本与经济增长之间的关系的分析过程中，马克思的理论却为我们提供了许多有益启示。分析和研究马克思的历史唯物主义，对于我们认识和理解现代社会中知识产权的本质及其属性具有重要意义。

第三节 财产权的经济学理论

财产权的经济学理论主要是指在20世纪50年代后在西方国家兴起的一

---

① 恩格斯指出，鄙俗的贪欲是文明时代从它存在的第一日起直至今日的起推动地位的灵魂；财富，财富，第三还是财富；……不是社会的财富，而是这个微不足道的单个的个人的财富，这就是文明时代唯一的，具有决定意义的目的。参见《马克思恩格斯选集》(第四卷)，人民出版社1995年版，第177页。

种理论，其中以产权学派和新制度学派最具代表性，该理论通过对传统经济学的一些非现实假定的批评与修正，揭示了经济生活中产权和制度所发挥的作用，分析并揭示了知识产权形成的经济机制和因素。

生产力的发展使知识成为核心的生产要素。知识不是独立的物质财富主体，而只是创造价值的生产要素。只有把知识应用到生产实践活动中去才能将其转化为生产力，并实现其使用价值。德国哲学家哈贝马斯·尤尔根(Habermas. Jürgen)指出，在科学技术没有与生产结成一体之前，科学技术只属于潜在的生产力而不是现实生产力。现代资本主义已经基本上解决了科学技术转化为生产力的许多问题，并且开辟了将科学技术转化为生产力的基本途径，使科学技术与其在工业方面的应用结合为一体。由于知识能够改变和优化生产形式、规模、效率和质量，并能创造出比原有生产力更为强大的生产力，因此而成为生产力的核心要素。在经济活动中，必须像投入机器设备那样投入知识。虽然土地(自然资源)、劳动力资本没有消失，但是它们已经退居为次要地位，而专业化的知识则被视为极其重要的个人资源和经济资源。[①]

知识作为生产要素进入市场并接受市场的选择。由于知识自身的属性使知识不能作为商品在市场流转。知识是具有双重抽象性的自然的思想物，其特征为：一是对事物(自然物、社会现象或他人)的抽象，即客观物质结构形式在人的意识观念反映；二是形而上学化的抽象，即通过人脑的创造性思维以一定顺序形成的思想体系。一个母本知识可以被无数次、无数份的复制，并伴随技术的发展和使用方式的改变而改变其使用范围和领域。知识可复制性可以为不同的消费者同时消费。知识不同于其他物质，不存在形体上的损耗。所有这些属性决定了知识的非排他性。相形之下，对于物质性财产而言，排他性是其自然属性，所有者可以通过占有或使用而排除他人占有或使用的可能。知识很难通过自然使用而实现其排他性，除非法律作出特别限制，否则亦无法通过占有来控制对它的利用。率先掌握知识的人既不能完全占有这些知识，也不能阻止他人进行同样的创造性活动。此外，再加上知识的传播迅速、易于掌握的特点，使得他人可以轻易地获得别人创造的知识并加以利用和获得收益。知识一旦被创造出来并予以公开便提供了人们共同利用该知识的可能，他人便可以无偿地利用这些知识。在市场经济条件下，知识必须具有与物质同样的商品属性，才有可能成为自由交换的标的。

① See Jürgen Habermas, *Knowledge and Human Interests*, trans. by Jeremy J. Shapiro, Cambridge: Polity Press, 1987.

知识的产权制度安排使知识在市场的流通成为可能，使知识的产业利用更有效率，这样便可以缓解生产力发展与经济基础之间的矛盾。从这种意义上说，产权对于资源在市场上的流通具有特殊的意义。产权描述的是对资源的行为权利，通过产权的界定可以实现资源的有效配置。知识在使用上的排他性决定了市场自身不能形成产权机制，因此，必须要通过产权制度的安排才能够解决。

3.1 新经济增长理论

第二次世界大战以后，西方经济持续稳定的增长促使西方经济学家思考决定经济发展的因素问题。1983 年，美国学者保罗·罗默（Paul Michael Romer）在《外部因素、收益递增和无限增长条件下的动态竞争均衡》一文中，将知识要素导入经济增长理论，并建立起相应的理论框架。罗默认为，知识是生产要素，在经济活动中必须像投入机器设备那样投入知识。知识能够提高投资收益，把知识要素和其他生产要素整合在一起，能够促进生产效益的提高。随着新经济增长理论出现，现代知识产权理论的研究重心逐渐由公平和权利观念转向法律制度的效率及其社会作用方面。

3.2 产权安排理论

罗纳德·科斯（Ronald H. Coase）是产权安排理论的创始人。科斯的研究主要集中在对产权安排和产权结构的分析上。科斯用经济学中的“费用—收益理论”的分析方法对私有财产制度下的产权安排，即制度形式对交易费用的影响进行了深入细致地研究。他把产权安排作为经济变量，将产权安排与资源配置效率联系起来并将其置入经济运行中进行考察，由此来评价产权结构与经济效用之间的关系。他得出结论认为，产权安排不同，公共产品与私人产品的效率则不同。有鉴于此，知识的私人产权制度安排能够促使知识在市场的流通更有效率，为此，科斯创建了实证的和规范的两个定理（Coase Theorems）。

3.2.1 科斯第一定理：实证定理

根据实证定理，如果交易成本为零，那么无论如何界定权利，都可以通过市场交易达到最佳配置，而与法律规定无关。即在一个零交易成本的世界里（TC=0），不论如何选择法规或配置资源，只要交易自由，总会产生高效率的结果。换言之，只要交易是公开的，只要没有发现强制和欺骗，并在这种交易上达成一致协议，那么，这种交易就是有效的。对零交易成本市场的分析表明，不仅在交易成本为零时产权的界定不会影响资源的配置效率，而且对加害人采取征收与损害相等的税收来解决因损害所导致的外部性问题并非是最优的方式。市场运行中无所不在的交易费用往往会导致市场的失灵，因此，产权的界定以及相应的不同形式的产权安排便具有重要的资源配置的效应。

3.2.2　科斯第二定理：规范定理

根据规范定理，在现实交易成本不存在的情况下（TC>0），能使交易成本影响最小化的法律便是最适当的法律。“权利的界定是市场交易的基本前提，但是最终结果（产值最大化）与法律判决无关。”[①]“法律体系的目标之一就是建立清晰的权利界限，使权利能够在此基础上通过市场进行转移与重新组合。”[②]

3.3　比较优势理论

3.3.1　波斯纳定理

理查德·A. 波斯纳（Richard A. Posner）是法律经济分析学说的主要代表人物，其所提出的法律经济分析思路（即用经济学的理论和分析方法研究法律问题），建立在以下三个假设条件的基础之上[③]：

第一，行为人的行为是他们在特定法律条件下进行“成本—收益”分析的结果，当事人对一定权利的不同估价是其交易得以进行的原动力；

第二，法律制度在运行中会给当事人带来收益和成本，因此可以用最大化、均衡和效率来评价法律行为；

第三，明确界定财产权的边界可以降低交易成本。通过制定有关权利让渡的低成本的法律，可以促使资源向使用效率更高者转移，从而提高经济运行的效率。

从上述三个假设条件出发，波斯纳提出了这样的定理：如果市场交易成本过高而抑制交易，那么，权利应赋予那些最珍视它们的人。[④] 波斯纳还提出这样一个推论：“在法律上，事故责任应归咎于能以最低成本避免事故而没有

---

① “产权版科斯命题”是科斯在1959年《联邦通讯委员会》提出来的。参见〔英〕约翰·伊特韦尔等编：《新帕尔格雷夫经济学大辞典》，经济科学出版社1992年版，“科斯定理”词条。

② 〔美〕约瑟夫·费尔德：“科斯定理1-2-3”，李政军译，载《经济社会比较》2002年第5期。

③ 参见MBA智库百科的“波斯纳定理”词条，http://wiki.mbalib.com/wiki/%E6%B3%A2%E6%96%AF%E7%BA%B3%E5%AE%9A%E7%90%86%EF%BC%88Posner_theorem%EF%BC%89，2008年11月24日最后访问。

④ 〔美〕威廉·M. 兰德斯、查德·A. 波斯纳：《知识产权法的经济结构》，金海军译，北京大学出版社2005年版，第11～36页。

这样做的人。”[①]波斯纳定理的实质是：在权利和义务的安排上，要求体现比较优势原理。经济主体在风险偏好、信息拥有量、财产拥有规模和决策能力等方面是有差别的，这些差别作为约束条件影响着权利的运作成本，因此，应该按照“平等竞争，能者居之”的原则分派权利和义务，这是一种体现效率标准的权利安排。

3.3.2　经济合理性标准

波斯纳用经济合理性检验了知识产权法的存在，他对知识产权法的分析和评价是相应地在一个经济框架内进行的，而这个经济框架必须要调适法律，与经济效率相一致。波斯纳坚持认为，必须从经济学的角度去考察有关知识产权的法律和原则是否有效率，如果是无效率的，则应考虑改变法律和原则，使之变得有效率。[②]

波斯纳对传统的非经济学理论对知识产权的解释提出了质疑。“长期以来，著作权法和专利法都是通过引用洛克的理论而加以辩护的，即劳动产生了对其成果的一种财产权(entitlement)。但是，既然知识创造是一个累积的过程，那么，每一个‘新的’知识财产的创造者都是建立在前人基础上的，而且，既然著作权法，尤其是专利法，对于一个可能在创造新的表达性作品或者新发明的比赛中获胜的人，哪怕只是提早了一天，就给予一个相当长期限的财产权，那么，究竟在何种程度上知识产权可以被实际视作其所有人劳动的独占性果实呢？”[③]

波斯纳同样对黑格尔的观点提出了批评，“既然财产的占有是自由人的一个标志。由此而被认为，也许知识产权应当是不可转让的，正如自由本身是不能转让的一样(亦即，人不得将自己出卖为奴隶)。步此结论之后尘者，包括追续权(droit de suite)原理(它赋予某一表达性作品的创作者以一种不可取消的收取作品使用费的权利，即使其已转让著作权)以及著作人身权。通过限制某人出售其财产权以获得资金用以购买其所更需要或更想要的东西，该人的自由不是被扩大，反而被缩减了。”[④]

在对知识产权的非经济学理论是否具有更强的解释力或规范意义提出异议后，波斯纳将其理论研究的重点放到了著作权、商标、专利和商业秘密权，以及公众人物的形象权上面。他强调所有这些都是在实际意义上的知识产权的保护形式。他认为，“当市场交易的费用较低，通常的情况就是当某人

---

① 〔美〕威廉·M.兰德斯、查德·A.波斯纳：《知识产权法的经济结构》，金海军译，北京大学出版社2005年版，第11～36页。

② 同上书，第4页。

③ 同上书，第5页。

④ 同上。

认为其能够比财产的所有人更有效地利用该财产时，效率就要求这样的法律救济，从而强迫潜在的使用人去与财产的所有人谈判，而不是直接拿了所有人的财产就用，然后再由法院来决定他应当为此而强迫支付的价格（损害赔偿）。后者是一种低效率的资源分配方式。这个关于普通法的经济分析的基本观点对于知识产权也是适用的。”①知识产权法与物质财产法的主要区别就在于：在前者情况下的交易成本可能更高，因此对知识产权应当比物质财产权更少地被产权化。不过，一旦判定具体的某一部分知识产权应当为人所拥有，那么，有关法律救济选择的标准分析就可以适用了。②

政府对有价值的知识财产的创造者给予奖励的制度可能被无可救药地政治化了，从而严重削弱了其对经济效率的作用，并且可能产生与强制执行知识产权所造成的同样的错误分配的结果，因此，一种更好的替代方法就是让知识产品市场来发现其自己的方法，正如该种财产在被赋予法律上可被强制执行的权利之前所做的那样。③

3.4 本节结语

科斯定理的实质是借产权和交易成本来说明市场机制可以解决外部性问题。科斯认为，在交易成本为零的情况下，只要产权规则就足够了；然而，一旦交易成本为正数，则产权规则就应让位于效率规则或福利规则。效率是最重要的价值，或者说追求社会福利的最大化和社会总产出的最大化。④

波斯纳对知识产权所作的经济分析，的确为我们研究知识产权问题提供了一个全新的视角。他从一种功利主义经济学的角度对知识产权作了全景式考察。对于许多知识产权命题，波斯纳虽然并未给出令人非常满意的答案；但是，无论是经济学理论还是经验性证据，都不能对除商标法以外的任何完整的知识产权法体系给出绝对支持或反对的意见。商标法只是在一种较弱的意义上来保护“财产”的。相形之下，对商业秘密给予某种程度的保护却是有相当的经济学的根据。至于对著作权和专利给予某种程度的保护，则确实存在着经济合理性，但是，就最近几十年来所发生的情况看，这种保护似乎有些走过头了。⑤

---

① 〔美〕威廉·M. 兰德斯、查德·A. 波斯纳：《知识产权法的经济结构》，金海军译，北京大学出版社2005年版，第9页。

② 同上书，第9～10页。

③ 同上书，第11页。

④ 王健、张恒山：《科斯定理的法学评析》，载《高校理论战线》1994年第6期，第35～39页。

⑤ 汪丁丁：《知识印象》，中信出版社2003年版，第217～237页。

第三章　知识产权制度的历史和发展

本章对知识产权的发生追根溯源，并介绍了百年以来知识产权制度在中国的嬗变以及当代知识产权的发展趋势。

第一节　知识产权制度的产生

1.1　知识产权制度在西方的产生

虽然知识产权并非起源于民事权利，但是在西方法律长期的历史发展中已经成为一项重要的财产权。在中世纪，中、西方国家都曾有过类似知识产权属性的法律制度，不过现代知识产权的圭臬却是产自英、法等欧洲国家，而中国只是在晚近时候才从西方国家将所谓的知识产权法律制度移植过来。

在西方国家法律体系的发展史中，知识产权制度与经济发展的关系最为密切。商品经济的发展是知识产权制度产生的经济基础，科学技术的发展及作用的发挥是知识产权制度产生的更为直接的因素。在中世纪的中后期，在封建社会内部有了资本主义的萌芽，商品经济得到了一定的发展，技术在经济发展中开始发挥作用，因此这一时期出现了最早的专利。1474 年，威尼斯颁布了世界上第一部最接近现代专利制度的法律，该法的目的就是要把工艺师们的技艺当做准技术秘密加以保护。这一制度对中世纪的欧洲国家吸引技术人才起到了积极作用，也被其他国家效仿。

16 世纪和 17 世纪，欧洲资本主义国家在地理发现、宗教改革和文艺复兴的推动下，经济得以迅速发展，由此现代意义上的知识产权制度逐渐形成。在该时期，最具代表性的是英国于 1623 年制定的世界上第一部专利法，即《垄断法规》(Statue of Monopolies)，于 1710 年制定了世界上第一部著作权法，即《安娜法》(Copyright Act of 1710)；而法国于 1857 年制定了世界上第一部商标法。受英、法两国的影响，其他欧洲国家，乃至美国、日本等国家也纷纷建立知识产权法律制度。与此同时，国际社会也于 1883 年缔结了《巴黎公约》，其后于 1886 年缔结了《伯尔尼公约》。

1.2　知识产权制度在中国的缘起

与西方知识产权制度走过的道路相比，中国的知识产权制度所经历的路程可谓既艰辛又曲折。具有悠久历史的中华文明自成一脉而显赫于世，四大发明皆产自中国，却未在中国而是在西方得到长足发展。

在中国，虽然“专利”一词可以源溯到两千多年以前的《国语》，但是法律意义上的专利保护却是发生在晚近时候，即鸦片战争之后才逐渐开始。1859 年，洪仁玕在其《资政新篇》中首次提出了建立专利制度的建议。他认为，对发明实行专利保护是赶上西方发达国家的必要条件。由于太平天国运动在

1864 年失败，洪仁玕的建议并未得到实行。1881 年，郑观应曾就上海机器织布局所采用的织布技术，向清朝皇帝申请专利。翌年，光绪皇帝批准了该局可拥有 10 年的专利权。这可以称得上是中国历史上最早的钦赐专利，然而，同西欧国家的同样进程相比却至少迟了 300 年。直至 1898 年“戊戌变法”，光绪皇帝签发了《振兴工业给奖章程》时，“专利”在中国才由一种封建特权转化为现代意义上的民事财产权利。

从历史发展的情况看，专利作为一种钦赐特权，足以令发明人在有关技术领域免受来自行会的控制；因为，拥有这种特权的人，可以在特权准许范围内不受行会的控制。相形之下，商标保护却是源自行会控制，通常君主或其代表都会授予行会专门的特权去实施这种控制。在古代的商业活动中，普遍存在着重“招幌”、轻“商标”的现象。究其原因，主要是因为当时还未出现大规模、流动性的商业销售活动。绝大多数顾客都是从有关商品提供者所坐落的地域或门面去识别商品的不同来源。在中国封建社会“重农抑商”的意识形态之下，“商事活动”总是受到歧视，而不像创作作品的作者那样普遍受到尊重。宋代流传下来的旨在保护自己制品所标示出的记号，作为一种强制性规定出现在 13 世纪至 14 世纪。在中国，以成文法的形式保护商标权的情况只是到了清朝末年才出现。

版权是随着印刷术的普遍采用而出现的法律现象，这一点似乎已经无可争议。1981 年联合国教科文组织出版的《版权基本知识》指出：“有人把版权的起因与 15 世纪欧洲印刷术的发明联系在一起。其实，更早的印刷术在很多世纪以前就已经在中国和朝鲜存在了，只不过欧洲人还不知道而已。”雕版印刷术为中国的方块字插上了翅膀，使大规模地图书印刷成为可能。五代后唐时期的国子监应该是世界上第一个官办的、以销售为目的大规模印制图书的“出版社”。据宋、元两代的史料记载，自后唐田敏在国子监主持校正并印售《九经》开始，天下书籍遂广。另据宋朝罗壁《识遗》记载，北宋时期朝廷曾下令禁止黎民百姓擅自刻印《九经》(即“禁擅镌”)；欲刻印者，必先请求国子监的批准。实际上这种做法就是要保护国子监对《九经》蓝本刻印的垄断权，与英国第一部版权法颁布之前英、法、威尼斯等地的君主或封建统治集团赐予印刷出版商的翻印特权极为相似，但是却比欧洲的这类特权出现得更早。君主赐予印刷出版者的特殊垄断权往往是通过君主(或代表君主的地方政府)以发布禁令的形式获得的。这种为私人刻印出版书籍给予特权的方式与近代民事法律关系中的版权似乎相重合。在宋代毕昇发明活字印刷术的一个多世纪之后，相同的禁例确实在中国出现过。在晚清发表的版本学家叶德辉所著的《书林清话》中，对此有比较详细的记载。在该书第二卷“翻版有禁止例始于宋人”中，有一则宋代的“版权标记”和两例宋代保护“版权”的官府榜文，以及一项宋代国子监禁止翻版的“公据”。在所有这些禁例中，都包含有禁止原刻印出版者以外的其他人“嗜利翻版”的规定。南宋时期的南宋私宅刻书之眉山程舍人刊《东都事略》一书目录后有一刊记云：“眉山程舍人宅刊行，已申上司，不许复板。”在这条刊记中，出版者为“眉山程舍人”，保留声明为“不许复板”，虽然出版年份不见于著，但是“已申上司”表明出版者的出版应该受到保护。这种宣示同今天图书版权页上的“版权标记”颇为相像。在中国，有关著作权保护的法律制度，实际上是发端于1910年晚清政府颁布的《大清著作权律》，它主要是以美国和日本等国家的版权法为蓝本制定的。无论是其形式还是内容，都是西方的舶来品。

第二节　中国知识产权法的百年轮回

2.1　清朝末年中国知识产权法的肇始

2.1.1　在枪口下学习法律

美国哈佛大学教授威廉·阿尔福特（W. P. Alford）在他写的《窃书不算偷——中华文明中的知识产权法》一书中尖锐地指出[①]，中国早期开始的知识产权保护“是中国人在西方国家的枪口下学习法律”。[②] 虽然这话听起来有些刺耳，不过，却道出了历史的真相。

早在两个多世纪以前，英国国王乔治三世（1736～1796）就提出，希望与中国发展外交和经贸关系。1792年，正值乾隆皇帝庆贺他的80寿辰的时候，乔治三世委派特使马嘎尔尼勋爵（Lord Macartney）来华贺寿，这是近三百年来欧洲国家第一次成功地派遣使团来华。在此之前，葡萄牙、荷兰和俄国等国先后共计15次提出来华访问的请求，均遭拒绝。马嘎尔尼勋爵传达了英王希望与大清王朝通商的愿望。当时的乾隆皇帝摆出一副夜郎自大的姿态，一口回绝了英王的要求。在写给英王的回函中，乾隆皇帝傲慢地表示，“天朝抚有四海，惟励精图治，办理政务。奇珍异宝，并无贵重。尔国王此次赍进各物，念其诚心远献，特谕该管衙门收纳。其实天朝德威远被，万国亲王，种种贵重之物，梯航毕集，无所不有，尔之正使等所亲见。然从不贵奇巧，并无需

① W. P. Alford, *To Steal a Book Is an Elegant Offence: Intellectual Property Law in Chinese Civilization*, Stanford, California: Stanford University Press, 1995.

② John Fairbank, *Trade and Diplomacy the China Coast: the Opening of Treaty Ports*, Cambridge Mass: Harvard University Press, 1953.

尔国制办物件。是尔国王所请派人留京一事，于天朝体制既属不合，而于尔国亦殊觉无益。特此详晰开示，遣令该使等安程回国。”[①]马嘎尔尼使团不得不铩羽而归。然而，残酷的现实却无情地粉碎了大清王朝的狂妄自大。就在乾隆皇帝的豪言壮语余音未消之际，西方列强就用他们的坚船利炮攻破了已经尘封了数千年的中国大门。在西方人枪口的逼迫下，中国不得不开始学习用法律的形式去为那些对中国人看来毫无价值的外国商品提供保护。[②]

在那个强权就是公理的时代，中国的忍让并未换来西方列强的同情；相反，却使西方列强觉得中国软弱可欺，变本加厉地推行他们的帝国主义政策。他们竟然厚颜无耻地向清政府提出“治外法权”的要求，拒绝将在广州和澳门实施犯罪的外国人交由中国的法院进行审判。提出如此要求的理由既荒谬且蛮横，但是在当时英国东印度公司代表看来，中国的法律不仅是专横的，而且司法也腐败，在许多方面与欧洲的平等和公正的理念相悖。

事实上，英国东印度公司的论调并不新鲜。早在18世纪上半叶，法国的伏尔泰(Alias Voltaire)就曾表示过同样的论调，在他看来，中国的法律是建立在最神圣的自然原则之上，依仗的是家长式的权威。[③] 从精神方面看，伏尔泰认为，中国法与欧洲的人性或公正似乎存在抵触。当西方列强在19世纪下半叶对中国的主权和领土大举侵犯的时候，就是假借“中国司法制度落后”的借口来施行他们的“治外法权”的。[④]

2.1.2　西方法律侵入的原因

19世纪下半叶，西方国家加紧对中国的政治和经济施加影响。伴随着西方经济对中国市场的不断渗透，知识产权侵权案件亦频繁发生。一些中国商人和企业在生产和销售过程中盗用外国企业的名称和商标的现象不断出现，造成这种状况的主要原因有两个：第一，中国商人盗用外国公司的名称既可以逃避清朝政府专为中国商人设置的税例，而且资金和商品周转起来也比较方便；第二，使用外国公司的名称可以不受或少受地方官吏假借执法之名而实施的刁难和勒索。[⑤]

及至20世纪初，知识产权侵权现象变得更为严重。侵权人往往将目光投

---

① 〔法〕佩雷菲特：《停滞的帝国——两个世界的撞击》，王国卿等译，三联书店1993年版，第328～329页。

② John Fairbank, *Trade and Diplomacy in China Coast: the Opening of Treaty Ports*, Cambridge Mass: Harvard University Press, 1953.

③ Bornald Louis, *Gabriel Ambroise*, *Vicomtede*, *Melanges Litteraires*, Paris: A Le Olene, 1952, p. 213.

④ Morse, *The International Relations of the Chinese Empire*, Reprinted in Taipei, 1966, I, III, 7.

⑤ 郝燕平：《中国十九世纪的商业革命》，上海人民出版社1971年版，第265页。

向从外国进口的畅销产品和外国公司在中国生产的名牌产品。几乎是在同一时期，国际社会对知识产权保护也开始给予前所未有的关注。1883 年签订的《巴黎公约》就是专门针对包括专利和商标在内的工业产权的国际公约。1886 年又达成了保护文学和艺术作品的《伯尔尼公约》。在这种气候之下，西方国家的商人希望他们在自己本国注册的商标和获得专利同样能得到中国法律的保护。① 抱着这样一种心理，他们不顾当时的中国既不是上述两个公约的成员国，更未加入任何有关知识产权国际公约的事实，将一系列根据国际公约而发生的保护知识产权的义务强加给中国。② 对于西方国家的这种霸权行径，就连他们自己国家的学者都看不过去，他们批评西方政府只是一味地将他们的价值观念强加给中国，却对赖以保护他们知识产权的中国法律制度本身却毫无兴趣。这充分反映了西方人对其毫无所知的中国的政治法律制度所采取的普遍轻蔑的态度。事实确实如此，正像西方国家自己的学者所说的那样，"他们从未给予中国法律以一丝一毫的尊重"。③

西方国家一直热衷于在中国建造一种以西方价值标准和利益关系为准则的国际贸易环境。他们迫使清朝政府取消当时通行的税例，建立全国统一货币，修设法律管制矿业和合资企业，保护知识产权。④ 他们允诺，如果中国政府能够满足上述条件，他们将命令帝国海关(Imperial Maritime Customs)重新厘定关税，并限制对中国的鸦片进口，甚至还可以考虑待中国法制状况改善后取消"治外法权"。⑤ 这种"互惠"条件十分荒谬，"鸦片进口"和"治外法权"本来就是西方列强加在中国人头上的东西，到头来却成为西方列强换取在华利益的砝码。

2.1.3 西方法律侵入的影响

西方法律侵入中国的一个重要形式就是"治外法权"。从列强的立场看，知识产权保护乏力的局面对经济上占优势的西方国家而言是不利的。为了保护他们在华的知识产权利益，西方国家进一步给清政府施加压力，并围绕

① Morse, *The International Relations of Chinese Empire*, reprinted in Taipei 1966, Chapter III, 378.

② Ibid., I, III, 7.

③ F.L. Hawks Pott, 1923, *A Sketch of Chinese History*, Shanghai: Kelly and Walsh, pp. 34～53. See also Macgowan John, *Sidelight on Chinese Life*, London: Paul, Trench, Trubner, 1907, pp. 272～296.

④ 关于缺乏统一国家货币的问题，参见 Frank H. H. King, *Money and Monetary Policy in China*, 1845～1895, 【Harvard East Asian Series, Number 19.】Cambridge, Mass: Harvard University Press, 1965。

⑤ Feuerwerker Albert, *China's Early Industrialization*, Cambridge Mass, Harvard University Press, 1958.

知识产权保护问题，与清政府展开了一系列的双边谈判。令人不解的是，谈判的结果不是中国与西方列强之间达成协议，而是在西方国家自己之间达成了一种共识，即在他们之间建立一种司法合作关系。譬如，一个在意大利已经注册商标的美国人，可以向意大利驻中国的领事法庭起诉控告另外一个受该法院管辖的人，反之亦然。如此一来，中国政府连最起码的法律尊严都被剥夺殆尽了。

由于西方法律思想及其制度的侵入，冲破了中国长期封建统治的精神枷锁，使沉闷、闭塞的中国法领域呼吸到了一股清新的气流。清末在中国发生的司法改革运动迎合了19世纪末清廷体制内的一些有识之士的改革主张，得到他们的热烈支持和响应。就连保守主义改革家们也发出由衷的感叹："我们已经习惯了多少世纪以来的陈腐和愚昧，早已忘却了法律创制者们的初衷。如果我们不进行改革，则不免法亡政息，流弊依存。"[①]

值得注意的是，在鸦片战争之前以及鸦片战争刚开始的头十年，在中国与西方国家的交往过程中，知识产权问题从未被提到议事日程上。然而，在同一时期出现的太平天国运动，却尝试着把专利权规定到他们的法律制度中去。

2.1.4　中国政府的被动反应

面对西方列强的软硬兼施，晚清政府无可奈何，不得不先后与英国、美国和日本分别签订了一系列商务条约。保护商标成为这一系列条约的核心内容。根据《中英商务条约》，中国政府必须为英国的商标提供保护，防止中国人对其侵权和仿制。[②] 1903年的《中美商务条约》规定，中国政府必须为那些获经美国批准的专利权提供一个保护期，而这个保护期不得低于中国法律对其本国公民所提供的专利权保护的水平。[③]

1903年，在西方国家的直接干预下，中国政府开始了商标立法，并制定出一部商标法草案。[④] 然而，由于列强之间的经济冲突，以及清王朝各部门之间的矛盾，该商标法草案一直未能付诸实施。随后不久，从1906年至1908年间，清朝政府陆续颁布了一些关于印刷业和报刊业的法律，不过，这些法律无论是立法的初衷，还是目的都是旨在控制媒体和宣传，而并非实施真正的版权保护。

---

① 翦伯赞：《中国史纲要（修订本下）》，人民出版社1995年版，第360页。

② The Mackay Treaty, *Protection of Trademark*, Reprinted in Allman, Article 7.

③ "The 1903 Treaty between China and the United States", (Reprinted in MacMurray), (ed.) *Treaties and Agreements*.

④ 在1904中国外交事务部邀请帝国海关（它是于1854年由外国列强根据条约建立的）参加起草商标法。在英国官员和商人的积极参与下，起草了一个商标法草案。该草案基本上照搬了英国法的内容，当然照顾英国利益的地方多多。其中最明显的地方是，在中国使用的外国商标即使它们在中国境内或境外均未获得注册，也有权获得保护。

20世纪初叶，从中央到地方，中国政府官员对知识产权的保护基本上处于一种懵懂无知的状态。尽管朝野上下不乏有识之士对此问题深表关切，然而，由于这部分人力单势薄，不能形成一种强有力的力量。清末最具代表性的法律改革家沈家本就曾大声疾呼，"在列强四面环伺和国际交往频仍的形势下，对于中国来说一味坚持旧制而不思改革是很难行得通的。"①然而，推行这样的改革却是极其困难的，因为，封建保守的清政府最关心的是如何控制人们的思想意识和维持社会秩序，而不是保护作为一种私权的知识产权。当然，在某些场合下，清政府出于政治或外交上的考虑而不得不去敷衍一下西方列强的要求，但是，他们从骨子里根本就无意去保护知识产权利益或者去培养思想意识的市场。② 在西方列强方面，同样没有真正尝试过把保护知识产权法之于国家的意义传授给中国政府；也从未真正帮助过中国政府对其官员进行知识产权方面的培训和教育；更没有认真严肃地支持过中国建立一个真正能够保护知识产权的制度。

20世纪初叶，中国之所以配合西方列强进行知识产权法律建设的动机并不在于知识产权保护本身。中国政府梦寐以求的愿望是在满足了西方国家所提出的保护知识产权的立法和改革的要求之后，去换取西方列强取消在中国的治外法权，以挽回他们在老祖宗面前丢失的颜面。当事实证明西方列强并不急于践行他们的承诺取消治外法权的时候，中国政府最初的立法冲动便随之消退。当中国政府最终意识到西方列强根本无意撤回他们在中国享有的政治和法律特权时，便一改建立知识产权保护制度的初衷，并于1913年明确表示拒绝加入《伯尔尼公约》。③

2.2 20世纪80年代的国门重启

2.2.1 再一次承受压力

进入20世纪80年代之后，由于改革开放的原因，中国再一次感受到来自

① Joseph K. H. Cheng, *Chinese Law in Transition*, Ph. D. diss. Brown Univ., 1976, p. 209.

② Breman Daniel K. 1992, *Words Like Labored Glass: the Role of the Press in Taiwan's Democratization Process*, Boulder, Colo: Westview Press, pp. 10～21.

③ 1928年，国民政府颁布了一部《著作权法》，制定该法的目的：一方面是为结束长期分裂、混乱的局面打下一个法律基础；另一方面，也是要使西方列强相信，治外法权已不再"合理"了。正如亨瑞·威尔(Henry J. H. Wheare)指出的那样，"中国引进知识产权的根本动机是来自对外开放的需求：寻求贸易、吸引外资以及从西方获得迫切需要的技术设备"。在这种功利的动机驱动之下，这部《著作权法》大量地引进大陆法系的德国法和日本法的内容。然而，由于该法的规定与现实生活的距离太大，致使在实际执行过程中大打折扣。对于这部《著作权法》，著名法学家钱端升教授曾经评论道，"就立法者而言，这部法典总的看来是不错的。然而，由于涉讼的难度、法官的素质，特别是司法行政机关以外的权力机关的干预等因素，它究竟能否被适当地付诸实施则成为值得怀疑的事情"。

西方国家有关知识产权保护的巨大压力，并开始着手建立知识产权保护制度。整个动作与其说是来自保护知识产权自身的需要，毋宁说是外来政治和经济压力的结果。发生在这一时期的知识产权制度建设和发展已经超出了它本身的意义，因而呈现出一种被动的局面。尽管时过境迁，但是角色依旧，以美国为首的西方国家仍旧扮演着蛮横霸道的“文明代表”的形象，只不过手里握着的不再是“鸦片进口”和“治外法权”了，而是换成了“经济制裁”和“最惠国待遇”，其实演绎的还是那百年轮回的一幕。

1989年，美国政府在总结与中国关于知识产权保护的谈判时，威胁说，如果中国不依照美国的意愿修订有关计算机保护的法律，美国将对中国实施空前严厉的制裁。同年年底，美国政府甚至要求中国政府在一个月内重写知识产权法，否则将面临巨大的关税制裁。对于这种霸道的行径，美国人自己都颇有微词。哈佛大学教授威廉·阿尔福特批评道：“众所周知，一个国家的主权事务，包括知识产权，最终应该由这个国家自己去解决而不是靠外来干涉。在知识产权问题上美国对华采取的政策的目的是要保护美国人的财产利益。尽管有时它也会打出国际社会的旗号，但绝不是为了全世界人的利益。正是由于这一点才能够解释为什么中国的法律很难运作，因为这个制度在极大程度上是为美国人而非中国人设计的。”[①]

科学技术的快速发展为后工业社会的资本主义国家带来了生机。高科技含量的知识产品所创造的价值在西方国家国民生产总值中所占的比例愈来愈高。以美国为首的发达国家的知识产品行销全世界，并为这些国家的资本带来巨额利润，其中最有代表性的就是计算机产业的发展。美国《财经》杂志每年都会公布全美十大首富，1997年统计的结果显示，在全美10大首富中，包括微软公司董事长比尔·盖茨(Bill Gates)、甲骨文公司总裁在内的计算机软件制造商就占了四位，而且比尔·盖茨更是以周收入100万美元的惊人数字名列榜首。

美国微软公司生产的Windows操作系统软件在中国大陆售出的数目以百万计，人们不禁会产生这样的疑问，在使用者所付出的费用中，智力创造的成本究竟占有多大比例？例如，1995年，微软公司在向全世界四十多个城市隆重推出Windows 95的过程中，仅用在广告上的费用就高达两亿多美元。当时就有人质疑：如果说知识产品是人类智慧的结晶，那么，使用者偿付的真正对象应该是创造和研发的劳动而非营销广告成本。当微软公司的产品在

---

① W. P. Alford, *To Steal a Book Is an Elegant Offence: Intellectual Property Law in Chinese Civilization*, Stanford, California: Stanford University Press, 1995.

国际市场上已经拥有绝对的占有率时，还要花费那么高昂的广告费用去促销，岂不是将行销成本转嫁给消费者吗？

伴随着知识产品行销全世界，美国人不仅将他们的文化和价值观念灌输到地球的每一个角落；而且，还不遗余力地将他们的法律理念和法律标准强加给其他国家。当然，美国这样做的目的绝不是为了提高其他国家的法治水平，而是为了要保证美国在全球的政治和经济利益，以及维护其"知识霸权"的地位。①

2.2.2 "特别301条款"与TRIPs协议

1986年3月，包括杜邦、通用电子和IBM公司在内的美国13家主要公司，组成了一个知识产权委员会（Intellectual Property Committee），旨在推动关贸总协定（GATT）乌拉圭回合谈判将与贸易有关的知识产权（TRIPs协议）纳入议题。1988年该委员会与日本经济团体联合会（KEIDANREN）和欧洲的工业及资方联盟（UNICE）一起共同提出了一份题为《关贸总协定关于知识产权的规定的基本框架》的报告，建议GATT通过一部独立的知识产权法典。报告被一并送交美国、欧洲共同体、欧洲各国和日本政府参考。该报告特别强调了工业化国家因其他国家未能给予其充分的知识产权保护而蒙受的巨大损失。报告还进一步强调，由于缺乏严格和统一的知识产权保护的国际标准，美国公司因此而遭受巨大损失。美国产品仅在1986年所遭受的损失就大约在430亿至610亿美元之间，因此，美国成为将知识产权保护纳入GATT的主要倡导国家。至于欧洲和日本政府，虽然与美国在知识产权保护问题上存在分歧，但是，加强知识产权保护对他们而言仍然有利可图，因此，欧洲和日本也同意把知识产权纳入到GATT框架中去。

乌拉圭回合的谈判进行得异常艰苦。就发达国家而言，由于在提供技术密集型产品上具有优势，因此积极主张贸易自由化措施；就发展中国家来说，其竞争性优势在于劳动密集型产品，因此劳务贸易自由化对其比较有利。所以，发达国家与发展中国家在维护各自利益方面存在着尖锐的对立。在持续两年多的谈判过程中，以美国为代表的西方国家软硬兼施，终于使发展中国家接受了西方国家所提出的基本条件。于是TRIPs协议宣告诞生。

在此之前，1974年颁布的《美国贸易法》中规定了"特别301条款（section

① 1998年比尔·盖茨在《财经》杂志上曾公开表示，中国人不喜欢花钱买软件，而是更喜欢偷软件，"如果他们要偷，就让他们偷我们的软件好了"。他相信用户会上瘾，并把希望寄托在未来的收益上。比尔·盖茨的言论在中国同行业内引起强烈反响，认为这是发达国家"知识霸权主义"的表现，呼吁要重新审视对软件知识产权的保护，建立合理的保护秩序。参见方兴东、王俊秀：《起来——挑战微软霸权》，中华工商联合出版社1999年版，第12～15页。

301)”,其效力就是授权美国总统对违反国际条约,或者采用不公平、不合理或歧视性手段限制美国贸易的国家的贸易行为进行制裁。在这些场合下,美国总统有权根据实际情况增加关税和税收,甚至还可以直接禁止侵权国家的产品或服务向美国进口。“特别301条款”的主要特征是遭受这些制裁措施影响的产品不一定与遭受禁止的产品或服务相关。就在“特别301条款”出台的第二年,美国总统即指令美国贸易代表提交一份关于制裁朝鲜的议案,其理由是朝鲜在知识产权领域实行不平等贸易;朝鲜的立法不能为粮食、化工以及制药产品提供专利保护,而且,朝鲜的版权法也不能保护美国作者的作品。

1986年,美国在推动关贸总协定乌拉圭回合谈判的过程中,就是利用这个“特别301条款”逼迫泰国、印尼、墨西哥和巴西等发展中国家就范的。相形之下,中国的境遇也并不比上述国家好。自1886年以后,几乎每年中国都要遭受美国根据“特别301条款”而提出的“黄牌”(watch list)的警告。就知识产权保护问题而展开的中美之间的谈判也是年年吵得热火朝天,有时双方甚至不惜剑拔弩张,摆出一副割袍断袖的势态。就连西方人自己都不免怀疑,硬要把美国式的价值观念与现实的中国法律制度掺合在一起究竟能够创造出多大的使用价值?[①]

2.2.3 不能留守“世界工厂”

越战以后,西方国家的制造业开始向发展中国家转移,发达国家逐渐失去在传统制造业方面的优势。在20世纪初,美国曾经被誉为“世界工厂”,经过了一个世纪的沧桑巨变后,这一桂冠已经辗转到中国头上,而美国却摇身一变成为当今世界的“科学院”。

今天的中国的确已经变成世界的“加工厂”。根据有关部门的调查[②],中国已经成为全世界的第四生产大国,目前已有一百多种制造产品的产量雄居“世界第一”,“Made in China”早已开始遍布全球市场。这一百多种产品,囊括了家电制造、通讯设备、纺织、医药、机械设备、化工等十多个行业。现如今,世界各国都热衷于在中国建立工厂,其主要原因就是中国有着极具诱惑力的优惠政策、廉价的自然资源和低廉的劳动力成本。中国的劳动力成本仅仅相当于美国的十五分之一,日本的二十分之一。以中日贸易为例,在两国的贸易中加工贸易占据绝大比例。中日贸易中的利润大户实际是“两头在

---

① Henry J. H. Wheare, “Has China Fulfilled Its Pledge to Protect Foreign Intellectual Property Right?” in *China Law and Practice*, Hong Kong, November 1996.

② 《世界各地有多少 Made in China》,载《经济日报》2002年12月5日第4版。

外"的日资企业。原料、零部件等由日本企业提供，利用中国的劳动力优势加工成产品后再返销回日本。中国的廉价劳动力为稳定通货紧缩的日本市场物价贡献良多。当然，由于广泛利用西方发达国家先进的管理经验和科学技术设备，"中国制造"也获得了长足的进步。随着中国经济的迅速发展和人民生活水平的提高，劳动力成本也在随之提高。

从一个连铁钉都需要进口的国家，到赢得"世界工厂"的桂冠，其跨度之大确实令整个世界瞠目结舌。然而，审视一下同西方发达国家之间存在的差距，中国不可能永远留守在"世界工厂"的位置上，中国不能满足于仅仅依靠使用密集型劳动为国外加工生产名牌产品。如果对这种现状缺乏忧患意识，则不可能有真正意义上的自主开发和科技投入。因此，以十分审慎的目光去研讨国际形势，建立并健全一套真正适合中国国情的知识产权理论和制度，便成为摆在我们面前的一项艰巨任务。

2.3 20世纪80年代后知识产权法律制度的重建

在西方国家强大的压力之下，中国的知识产权保护无论是从立法、司法还是行政管理、教育研究等方面均发生了一系列的变化。首先是在1982年颁布了《商标法》，紧接着在1984年和1990年分别颁布了《专利法》和《著作权法》。这三部法律的制定奠定了中国知识产权保护的基本的制度构架。

1986年以后，中国的知识产权立法开始向国际社会的标准靠拢。首先是在1989年改用依照《尼斯协定》建立的国际商品分类，继之于1991年颁布了《计算机软件保护条例》；1992年第一次修改了《专利法》；1993年第一次修改了《商标法》；1993年颁布了《反不正当竞争法》；1994年公布了《关于惩治著作权犯罪的决定》；1997年重新修改过的《刑法》增加了侵犯知识产权犯罪的专章规定；2000年第二次修改了《专利法》，2001年第一次修改了《著作权法》和第二次修改了《商标法》，2008年第三次修改了《专利法》。中国还制定了不少与知识产权保护相关的行政法规，颁布了不少与知识产权保护相关的司法解释。

与此同时，中国还于1980年加入了世界知识产权组织；1984年加入了《巴黎公约》；1989年签署了《华盛顿条约》，并于同年加入了《马德里协定(商标)》；1992年加入了《伯尔尼公约》和《世界版权公约》；1993年加入了《录音制品公约》和《专利合作条约》；并于2001年正式加入世界贸易组织。目前，中国加入的有关知识产权保护的国际公约共有19个，并签署了不少的双边或多边知识产权保护协议。

中国在知识产权保护的司法和行政方面的进步亦十分显著。自1993年起，全国主要省市的高、中级人民法院均设立了知识产权审判庭，同时还进一步加强了行政管理部门对知识产权保护的职能。

上述立法、行政和司法方面所作出的努力具有积极意义，至少在客观上改善了中国知识产权法律保护的记录。然而，值得注意的是，在立法、司法以及学术领域，仍旧普遍存在着一种不切实际地力图想方设法提高中国知识产权保护的水平，以适应以西方发达国家为主导的国际社会对中国知识产权保护的要求的倾向。由于这种心理的作用，造成了目前的中国立法与司法、理论与实践相脱节的趋势，致使肃穆威严的法律规范遭遇到现实社会的冷淡应对陷入了一种十分尴尬的境地。

尽管如此，不得不承认的是，中国在保护知识产权方面仍然存在着许多不尽如人意之处。造成这种状况的主要原因在于：第一，中国从最初开始提出保护知识产权，其动机和目的就不在知识产权保护本身，而是在其保护之外；第二，在知识产权法律保护的问题上数千年的中国文化传统和道德习惯一直发挥着消极的抵抗作用；第三，传统的“公”与“私”的观念影响着立法者对知识产权性质的正确认识。[①] 有鉴于此，中国的知识产权立法必须端正动机，去追求一种独立完善的自我品格。在深入研究中国历史文化和现实社会的基础上，理性地参考国外的立法经验，建立健全符合中国自己国情的切实可行的知识产权法律保护体系，否则，难免重新蹈入被动立法的百年轮回之中。

第三节　知识产权制度的发展

3.1　知识产权的基本发展趋势

20 世纪后半叶是世界知识产权制度发展的重要时期。在此期间，知识产权法律制度获得了全面、深入和系统地发展，主要表现在以下几个方面：

第一，知识产权保护客体呈现出多元化的发展。随着新技术、新知识的不断涌现，知识财产的新类型不断涌现，知识产权的保护范围也从传统的专利、商标和著作权(版权)扩展到包括计算机软件、集成电路、植物新品种、商业秘密和试验数据在内的多元对象。世界各国在不断解决科学技术发展所带来的新问题的过程中，逐步完善知识产权制度。

第二，知识产权保护的领域不断拓宽。从 20 世纪 70 年代开始，许多国家

① 中国 1997 年《刑法》仍旧将侵犯知识产权的犯罪放在“破坏社会主义市场经济秩序罪”，而不是放在“侵犯财产罪”中就是一个明显的例子。

开始对已有的知识产权法律制度进行修订，知识产权保护的领域被不断拓宽。许多国家，尤其是西方发达国家，将专利保护的范围扩展到了非常广阔的领域。这种发展变化也直接影响了一些国际公约的规定，例如，TRIPs 协议规定，“一切技术领域中的任何发明，无论产品发明或方法发明，只要具有新颖性、包含创造性特征并可付诸工业应用，均应有可能获得专利”。

第三，知识产权的保护期限呈现出普遍被延长的趋势。知识产权作为一种民事权利，其时间效力受到法律规定的限制，但是随着经济社会的发展，知识产权日益成为社会经济生产的重要要素。由此而产生的变化是，西方发达国家普遍采取对知识产权强势保护的立场，纷纷通过制定或修改法律延长知识产权的保护期。

第四，加大对知识产权侵权处罚的力度。在西方国家对知识产权强势保护的立场影响下，世界各国也在不断地强化对知识产权侵权的处罚力度，具体表现为：侵权行为构成变得更为严格；侵权责任性质不断加重；侵权赔偿数额不断增大。

第五，值得特别提出的是，国际社会在强调高标准、高水平保护知识产权的同时，还要对发展中国家的公共健康、基本人权、技术引进、使用和转让等问题给予足够关注。以 TRIPs 协议为核心的国际知识产权保护制度并不完美，因此有必要继续推动对现行知识产权制度的改革，在强调保护知识产权的同时，也要防止知识产权的垄断和滥用，应该实现私权保护和知识分享两个方面的利益平衡。

3.2 法典化的呼声渐高

现代科学技术的发展将全世界带入一个以知识财产权为财产主流的时代，财产的意义和价值均发生了实质性变化，知识产权在整个财产权体系中脱颖而出，在国际贸易中的地位由附属向主导转化，引发了世界各国及许多区域性、国际性组织对知识产权的极大关注，掀起了知识产权法典化立法的浪潮，并且取得了举世瞩目的成就，如世界贸易组织历史性地将国际贸易中的知识产权保护问题统一到 TRIPs 协议中。这一切表明，制定一部系统的知识产权法典是现代高科技发展对知识产权立法的必然要求。知识产权法的法典化，反映了在知识经济时代和数字化网络技术背景下知识产权保护的历史性变革，以及知识产权法律价值与地位的时代变迁。传统的旧结构体系正面临着巨大的挑战，著作权与工业产权的分工也正变得越来越模糊，权利的交叉规范和保护成为必要和现实，这些必然影响知识产权立法的模式和内容。

1992 年 7 月 1 日，法国突破传统的立法体例，颁布了独立于民法之外的

《知识产权法典》(法律部分),在知识产权领域率先创造了与民法典分庭抗礼的独立的“法典”形式,刷新了知识产权立法的历史。就中国目前的法律体系看,知识产权是由一系列不同的单行法规和 1986 年《民法通则》共同构成的。目前,民法典的制定已被纳入立法机构的议事日程,是否应该将知识产权包括其中,颇有分歧。制定统一的知识产权法典,不仅可行而且必要。从实质上看,专利权、著作权和商标权统属知识产权的不同形式,它们之间具有其内在的逻辑关系,在立法上不应彼此独立,而应成为一个有机的整体。制定统一的知识产权法典,有利于消除权利之间的冲突,实现规范体系的内在和谐。

第四章　中国知识产权保护

本章系统地介绍了中国知识产权保护体系，先从概念上厘清了“知识产权保护”这一术语，继而就构成保护体系完整框架的知识产权的行政保护、民事保护以及刑事保护分别进行具体分析。

第一节　知识产权保护概述

1.1　知识产权保护的概念

如果权利得不到法律的保护和救济，则称不上是真正的权利。从这种意义上说，无救济即无权利。就知识产权而言，法律的保护和救济则显得尤为重要。知识产权作为一种私权，同其他传统的民事权利相比，其更加依赖法律的保护。[①]

从知识产权制度建立伊始，关于知识产权保护的理论争论就从未停止过。归纳以往历史上出现过的各种理论学说，最具代表性的理论有三种：第一种理论是自然权利论，认为智力成果一旦成为财产权，就同物质财产权利一样不容侵犯。18世纪时该理论对大陆法系国家影响很大；第二种理论是发展国家经济论，主张保护知识产权是从发展国家经济的需要出发而采取的措施。1474年《威尼斯专利法》、1623年《英国垄断法规》、1790年《美国宪法》等均宣称，制定专利法保护专利的目的就是为了发展国民经济；第三种理论是信息论。该理论主张所有智力成果都以信息的形式状态存在，具有分享性和非可控性，因此需要法律保护。

就知识产权保护而言，主要有广义保护和狭义保护两种观点。广义论者认为，知识产权保护包括知识产权的取得、利用、制止侵权各个方面。[②] 相形之下，狭义论者则认为，知识产权保护仅指法律对智力成果的确认，只有在知识产权遭受侵犯并需要获得法律救济的情况下才会产生法律保护问题，因此知识产权保护不仅是针对侵权而采取的防御性和救济性措施，还包括权利人采取的防范措施和知识产权集体管理组织保护等。[③] 分析上述两种观点不难看出，狭义论主张的保护范围过窄，不利于实现对知识产权的全面保护，因此该理论主张并不盛行。相形之下，广义论由于其既符合社会发展的趋势，又与TRIPs协议精神相吻合，因而受到世界各国的普遍青睐。根据TRIPs协议对知识产权保护的解释，所谓“保护”既应包括涉及本协议专指之知识产权之利用的事宜，也应包括涉及知识产权之效力、获得、范围、维护及行使的诸项事宜。由此可见，知识产权保护是对知识产权的创新、开发、利用、转让等各个环节所采取的保护手段，是对知识产权进行法律意义上的完整维护，即

① 曲三强：《知识产权法原理》，中国检察出版社2004年版，第11页。
② 陶鑫良等：《知识产权法总论》，知识产权出版社2005年版，第311页。
③ 同上。

全面的、最大限度的照顾[①]，而不仅仅是对某一侧面或某一阶段的照顾，其目的就是使之不受损害。

在如何保护知识产权的问题上，西方国家主要采取的是单一的司法保护形式，相形之下，中国则实行"双轨制"保护，即行政保护和司法保护双管齐下。[②] 实际上，知识产权的每个环节都会涉及法律保护[③]，不仅仅是行政执法和打"官司"，而是全方位的保护，是一个系统工程。因此对知识产权保护的概念要有一个全面、科学和深入的理解，应从知识产权特点出发，树立全面保护观念。

1.2 知识产权保护的分类

知识产权保护是法律意义上的保护，即知识产权的法律保护。根据不同的分类标准，可以对知识产权保护作出以下分类：

1.2.1 国内保护和国际保护

从保护的主体上看，知识产权保护可以分为国内保护（domestic protection）和国际保护（international protection）。国内保护是各国通过国内法对知识产权给予的保护。国际保护是各国通过国内法对涉外知识产权给予的保护以及某些国家或国际组织通过签订双边、多边条约和国际公约为知识产权提供的保护。

1.2.2 公力保护和私力救济

从保护力的来源上看，知识产权保护可以分为公力保护（public power protection）和私力救济（private power relief）。[④] 公力保护是指国家机关利用法律赋予的公权力对知识产权进行的保护[⑤]，如立法保护、行政保护、司法保护。私力救济是知识产权受到侵权时，权利人及其利害关系人直接利用个体力量排除侵害，自行实现其权利，如自助行为、自卫行为（正当防卫、紧急避险）[⑥]，同时亦包括知识产权集体管理组织保护和知识产权人或其他利害关系

---

① "保护"一词被解释为"尽力照顾，使不受损害"，参见《现代汉语词典》，商务印书馆 2005 年版，第 47 页。

② 对知识产权实行司法保护和行政保护，经常被归纳为"两条途径、协调运作"方式，这是我国知识产权保护的一个重要特征。参见徐明华、包海波：《知识产权强国之路》，知识产权出版社 2003 年版，第 26 页。

③ 叶京生：《知识产权制度与战略——他山之石》，立信会计出版社 2006 年版，第 156 页。

④ 私力救济是知识产权受到侵权时，权利人得请求国家以公权力排除侵害，自行实现其权利。参见陶鑫良等：《知识产权法总论》，知识产权出版社 2005 年版，第 314 页。

⑤ 许多学者主张把知识产权保护分为公力救济和私力救济，公力救济是狭义保护理论的产物。改公力救济为公力保护是知识产权全面保护的要求，可以解决狭义保护不足的问题。

⑥ 陶鑫良等：《知识产权法总论》，知识产权出版社 2005 年版，第 313 页。

人的自我救济。自我救济是私力救济的主要表现形式。

1.2.3 民事保护、行政保护和刑事保护

从保护的性质上看，法律对知识产权采取了民事、行政、刑事等多层次保护措施，知识产权民事保护（civil protection）、行政保护（administrative protection）、刑事保护（criminal protection）是法律保护知识产权的典型表现。民事保护是权利人采用民事手段，通过民事诉讼、调解、仲裁、和解等途径对知识产权实行的法律保护。行政保护是行政机关采用行政手段对知识产权实行的全面法律保护。刑事保护是司法机关通过对知识产权犯罪予以刑事处罚，保护权利人的合法权益。

1.2.4 立法保护、行政保护和司法保护

没有知识产权立法就没有知识产权保护，立法保护（legislative protection）是知识产权保护的前提条件和法律基础，也是知识产权执法的依据和准绳。行政保护（administrative protection）是知识产权保护的中心和关键环节，是最重要的执法管理活动。司法保护是通过司法途径进行的保护，包括民事保护和刑事保护。司法保护（judicial protection）是知识产权保护的终极屏障，即由享有知识产权的权利人或国家公诉机关向法院对侵权人提起民事或刑事的诉讼，以追究侵权人的法律责任。

1.2.5 防御性保护和法律救济性保护

从预防手段和性质上看，国家对知识产权的授权以及权利人采取自我防范或者保护措施等，属于防御性的保护（defensive protection）。[①] 知识产权受到侵权人的不法侵害，由司法机关依法采取保护措施而进行司法保护，属于法律救济性的保护（Legal Remedy protection），具有被动性、稳定性、专属性、效力终级性、公平优先性、规范性以及赔偿性等特点。

1.3 知识产权保护的意义

1.3.1 保护知识产权是大势所趋

世界各国都把知识产权保护战略作为保护自己、制约竞争对手的有效武器，并将其提高到国家利益的高度来考虑。[②] 自 19 世纪末至今，国际社会形成了一系列国际公约、条约和协定，构建了知识产权国际保护的基本框架。随着社会经济的发展和科技的进步，知识产权保护的形势也发生了深刻变

① 知识产权防御性保护是指采取一定措施防止或避免知识产权将来可能受到的侵害，如为了防止网络作品被复制侵权，权利人采用先进技术设置不能下载、复制的页面，以保护自己的作品不被侵权。参见陶鑫良等：《知识产权法总论》，知识产权出版社 2005 年版，第 313 页。

② 同上书，第 156 页。

化。以美国为首的西方发达国家不断强化知识产权保护意识，改善立法和机构设置，建立和完善知识产权执法体系，加大保护力度，提升保护水平，将知识产权的创造和保护变成为国家之间竞争的优势。[①] 日本则将"技术立国"的口号转变为"知识产权立国"，其在2002年的《知识产权战略纲要》提出"知识产权立国"的口号，确立知识产权创新、知识产权保护、知识产权应用、知识产权人才等四大战略，提出要在海外实施全面取缔侵犯日本知识产权的行动，在全社会推行知识产权保护制度。在西方国家的积极推动下，国际社会要求各国政府应确保知识产权保护措施切实到位，提高保护水平。从TRIPs协议开始，国际社会已经开诚布公地承认和支持行政执法在知识产权保护中的作用。同时，经济全球化、数字化和网络化的发展趋势也对知识产权保护提出了更高的要求，知识产权不仅离不开法律保护，而且还有被逐渐强化的趋势。在经济发展和社会活动过程中，涉及复杂的知识产权形成、归属、转让和保护问题，如何处理好知识产权的国际和国内的保护问题，是对各国政府的严峻考验。近几年来，科学技术的进步与创新对知识产权保护提出了新的挑战，如微电子技术，特别是计算机硬件和软件的发展，现代生物技术特别是基因工程技术的发展，信息传播技术，特别是国际互联网的应用，以及复印技术和音像制品复制技术的快速发展，都给知识产权保护带来了新的困难。[②]

1.3.2 保护知识产权是科技发展的需要

在知识经济时代，如果没有知识产权保护，则难以产生有效的激励机制，从而不能有效地保护知识开发与创造人的合法权益，科技发展也将受到严重的影响。2008年6月国务院发布的《国家知识产权战略纲要》指出，"知识产权制度是开发和利用知识资源的基本制度。知识产权制度通过合理确定人们对于知识及其他信息的权利，调整人们在创造、运用知识和信息过程中产生的利益关系，激励创新，推动经济发展和社会进步"。由此可见，保护知识产权将成为自主创新和科技发展的重要法律保障。

1.3.3 保护知识产权是提高企业竞争力的需要

在现代市场经济条件下，如果企业掌握了核心知识产权，便能够在技术竞争方面保持优势，从而获得更多的商机，在市场竞争中占据有利地位。事实上，保护知识产权就是保护了企业的核心竞争力，保护企业的优势。如果核心技术被窃取，专利、商标被侵权，企业很快就会失去核心竞争力和优势，逐渐丢弃市

① 陶鑫良等：《知识产权法总论》，知识产权出版社2005年版，第156～157页。

② 莫于川：《论新技术革命与知识产权行政保护制度创新》，载 http://www.xslx.com/htm/mzfz/fxtt/2002-3-10-12250.htm，2008年1月23日最后访问。

场。所以，保护知识产权是提高企业核心竞争力的迫切需要和重要措施。

1.3.4　保护知识产权是促进社会经济快速发展的需要

虽然知识产权是商品经济发展的产物[①]，但是知识产权的形成和发展又为经济的发展注入了新的动力。当今世界，知识和技术已经成为经济发展的决定性因素，知识产权也相应地成为知识资本的核心。[②] 由此可见，保护知识产权便意味着保护知识资本的核心，促进了知识经济，促进新技术的商品化和市场化，促进技术创新资源的有效配置。

第二节　知识产权行政保护

2.1　知识产权行政保护的概念和特征

2.1.1　知识产权行政保护的概念

关于知识产权行政保护的概念，理论界存在着不同观点。在多数场合下，"行政保护"概念不是被直接使用的，而是通过研讨著作权、商标权、专利权和其他知识产权的行政法律责任，或讨论诸如"与著作权有关的行政管理"而间接地被提出来的。[③] 可以把具有代表性的观点归纳如下：

第一，知识产权行政保护是指当知识产权被侵犯后，行政机关依据权利人的申请或依据职权维护权利人的合法权益和社会正常秩序的活动。专利法、商标法和著作权法等法律均规定了知识产权行政保护的救济渠道。[④]

第二，知识产权行政保护是通过司法救济途径实现的。如通过行政诉讼程序来实现专利行政保护。[⑤]

第三，虽然法律未明确使用"行政保护"一词，但是却充分表明了行政保护的含义。如著作权行政管理与行政执法是我国著作权保护制度的重要组成部分，形成了与司法保护并行的双轨制。[⑥]

第四，知识产权行政保护是指国家行政机关对严重违反知识产权法的行

---

① 1996年，经济合作组织(OECD)在《在以知识为基础的经济》的报告中提出了"知识经济"的概念，即"以很快得到世界各国的认同，表明知识和技术已经成为经济发展的决定性因素"。知识经济的涵义解释有很多种，但都有共同点，即知识经济在本质上是以知识(智力)资源的占有、配置，以科学技术为主的知识的生产、分配和消费(使用)为最重要因素的经济。在知识经济时代，知识产权是知识资本的核心。参见黄思铭等：《知识经济与高新技术产业》，云南科技出版社1998年版，第85～143页。

② 同上书，第157页。

③ 参见刘春田：《知识产权法》，中国人民大学出版社2000年版，第117、122、342页。

④ 王景川：《知识产权基础知识》，人民出版社2005年版，第36页。

⑤ 吴汉东：《知识产权法》，中国政法大学出版社1999年版，第265页。

⑥ 王景川：《知识产权基础知识》，人民出版社2005年版，第229页。

为所给予行政处罚。对知识产权提供行政保护,是中国知识产权保护的特色。

第五,知识产权行政保护是指知识产权行政管理机构运用行政手段打击侵犯知识产权的不法行为,维护权利人合法利益的活动。①

第六,知识产权行政保护是指国家行政机关采用行政手段对知识产权实施全面的法律保护,包括行政管理和行政执法两个方面。②

2.1.2 知识产权行政保护的特征

从理论上讲,政府对知识产权取得、授予等行政活动本身也是对知识产权的保护,这是政府维护知识产权秩序的职责表现。因此,知识产权行政保护应当是行政机关对知识产权的全面保护,是行政机关根据法定职权,依据权利人申请或其他法定方式,授予、确认权利人特有权利或者管理权利人及其相关人合理使用、变更、消灭知识产权等事项,处理侵权违法行为,保护各方当事人合法权益,维护知识产权秩序的活动。从上述概念中可以看出,知识产权行政保护具有以下特征:

第一,主动性。与民事保护的"不告不理"、"谁主张,谁举证"的制度相比,行政保护的明显优势是在管理过程中的主动性。行政机关一旦受理知识产权的取得、确认等申请,就会主动审查并作出决定,对违反知识产权法的行为主动查处,或者对知识产权纠纷依法调解处理。

第二,手段多样性。行政保护的突出优势是政府可以综合运用多种手段,如行政确认、行政许可、行政强制、行政裁决、行政调解、行政处罚等,保护知识产权。相对于司法保护,行政保护的方式具有多样性,运用起来比较方便。

第三,直接性。行政机关在法律允许的范围内可以利用行政权直接介入知识产权事务,依法对当事人确认权利、调解纠纷、查处违法。这种直接介入的行政活动具有减少程序、节省时间、成本低、速度快的优点,能够迅速恢复当事人的权利,直接高效地保护知识产权。

第四,效力先定性。相对于司法行为,行政行为具有公定力的特征。公定力是行政机关作出的行政行为,从法律上推定该行政行为合法有效。行政机关作出的有关知识产权行政行为具有公定力,效力先定③,能及时确认权

---

① 徐明华等:《知识产权强国之路》,知识产权出版社 2003 年版,第 29 页。

② 王晔:《知识产权行政保护刍议》,载《北大知识产权评论》(第 1 卷),法律出版社 2002 年版,第 194～195 页。

③ 行政行为效力先定实际上是事先假定,源于行政目的,是为了维护公共秩序和公共利益的需要。效力先定性是指行政行为一经作出,就具有法律约束力。无论行政行为是否合法或者是否符合法定条件,在未经国家机关按照一定程序确认为违法并撤销其效力之前,其仍然有效。行政法律关系的产生、变更和消灭不同于民事法律关系,行政主体处于主导地位,行政行为是单方行为,具有行政优先权。其效力先定对相对人不利,但是可以有序、有效保证行政管理秩序。

利，定纷止争，维护知识产权秩序。

第五，可诉性。对行政机关作出的有关知识产权的行政行为持有异议的，相对人可以依法提出行政诉讼。在知识产权纠纷方面，任何行政裁决都不是终局的，当事人可以提起诉讼。

当然，行政保护的局限性也比较明显。由于行政机构固有的特点，管理机构多、层级复杂、职权交叉，容易出现管理扯皮、效率低下，产生地方保护主义、部门保护主义等现象。

2.2 行政保护法律制度体系

自20世纪80年代改革开放以来，中国已经建立起一套知识产权行政保护的体系和制度：

第一，著作权行政保护法律制度。2001年《著作权法》以及2002年《著作权法实施条例》、2001年《计算机软件保护条例》、1997年《著作权行政处罚实施办法》和2005年《著作权集体管理条例》、2005年《互联网著作权行政保护办法》等法律、法规和规章对著作权行政保护的程序、执法权限、内容等作出了详细的规定。

第二，商标权行政保护法律制度。在2001年《商标法》和2002年《商标法实施条例》等法律、法规和规章中，建立了商标注册、商标异议评审和复审、商标转让许可和备案、注册商标争议裁定和行政处罚、商标权纠纷行政处理等制度。

第三，专利权行政保护法律制度。在2008年《专利法》以及2002年《专利法实施细则》、1991年《专利代理条例》、2001年《专利行政执法办法》等法律、法规和规章中，建立了专利权授予、终止和无效、强制许可、行政裁决、行政调解和行政处罚等保护制度。

第四，反不正当竞争中知识产权行政保护法律制度。在1993年《反不正当竞争法》及其配套法规中，明确了制止不正当竞争中涉及注册商标、商品标志和产地、商业秘密、商业广告等工业产权的行政保护范围，建立了监督检查、行政处罚和行政处分等保护制度。

第五，知识产权特殊行政保护——海关保护制度。在1987年《海关法》、2003年《知识产权海关保护条例》及其实施办法中，建立了一套包括报关单证审核、进出口货物查验、对侵权货物的扣留和调查、处罚以及对侵权货物处置等执法制度，同时创建了中央备案制度、主动保护与被动保护相结合的执法模式。

第六，其他知识产权行政保护制度。在2007年《植物新品种保护条例》及

1997 年《植物新品种保护条例实施细则》、2003 年《农业植物新品种权代理规定》、2002 年《农业植物新品种权侵权案件处理规定》、2001 年《农业部植物新品种复审委员会审理规定》和 1992 年《药品行政保护条例》、1992 年《农业化学物质产品行政保护条例》以及 2002 年《奥林匹克标志保护条例》等法规、规章中，建立了对农业植物新品种权、药品独占权、奥林匹克标志权等的行政保护制度。

2.3 行政保护的系统性

知识产权行政保护内容是根据法律、法规的规定，由行政机关提供保护的知识产权权利人及其相关人的合法权利。中国已经加入 1967 年《建立世界知识产权组织公约》和 TRIPs 协议，保护范围与公约和协议基本内容和精神是一致的。具体内容包括：著作权、商标权、专利权以及植物新品种权、奥林匹克标志专有权、集成电路布图设计专有权、计算机软件著作权、特殊标志所有权等。行政保护的知识产权的内容和范围也呈现出不断扩大的趋势。

从行政机关对知识产权管理开始，直至侵权的行政救济，都体现政府保护知识产权的职责。相对司法保护而言，行政保护一般是前置性的，不存在后于司法保护的情况，在特殊情况下，会出现只有司法保护而没有行政救济的情形。有学者把行政保护分为知识产权确认和授予的行政管理和侵权查处行政执法两个部分。[①] 从行政法角度看，行政确认、行政许可等行政管理都是行政执法的表现形式，不能把行政管理与行政执法彻底分开。行政保护的所有手段都是行政执法方式，并且是事前、事中、事后的全面保护。实际上，从权利人获得知识产权之时开始，就已经形成了一个行政保护系统，具体包括三个阶段：

第一，事前保护，是指知识产权获得行政机关的确认、授予阶段产生的保护，如国家专利部门根据申请，进行审查后授予发明专利权，发给发明专利证书。国家商标局经初步审定并公告，对无异议者给予核准注册并颁发商标注册证。对知识产权的确认，既是权利人获得法律保护的基础，也是行政保护的发端。

第二，事中保护，是指当事人的知识产权获得行政机关的确认之后，其权利在行使、变更或消灭的过程中所获得的保护。如著作权行政管理部门对著作权人订立的专有许可使用合同、转让合同进行的备案，国家商标局对转让

---

① 王晔：《知识产权行政保护刍议》，载《北大知识产权评论》第 1 卷，法律出版社 2002 年版，第 194～195 页。

注册商标核准并公告，海关对与进出境货物有关的知识产权进行备案，并采取保护措施。在事中保护阶段，主要表现为国家行政机关对知识产权的行政管理活动，而不表现为对知识产权遭受侵犯的情形所采取的保护措施。

第三，事后保护，是指知识产权被侵犯后，行政机关依申请或职权保护知识产权权利人的合法权益的行政救济行为。如行政机关对侵犯知识产权的违法行为作出行政处罚，对知识产权纠纷进行的裁定、调解和处理等。

2.4 行政保护主体

就知识产权行政保护的组织体系而言，中国已经形成了行政保护的单一主体与多元化执法主体相结合的格局。从对外角度上看，中国行政保护的主体是中央人民政府——国务院。从对内的角度看，国家新闻出版总署（国家版权局）、国家工商行政管理总局（国家商标局）、国家知识产权局分别为著作权、商标权、专利权的行政保护主体；农业、林业行政主管部门为植物新品种权的保护主体，海关为知识产权边境保护的行政主体。为了整合行政保护力量，还必须加快机构改革的步伐，将保护主体尽量集中起来发挥作用。

2.5 海关保护

知识产权的海关保护是指海关依法采取的禁止知识产权的货物进出口边境的措施，属于特殊的行政保护形式。TRIPs 协议将海关保护称为知识产权保护的“边境措施”，具体包括海关依法禁止侵犯商标权、著作权、专利权等知识产权的货物进出口的措施，诸如终止放行、扣押、没收等强制措施。海关保护能够及时阻止进出口侵权商品进入流通领域，限制侵权产品传播，发挥司法保护措施以及其他行政保护措施所不具备的独特作用。[①] 知识产权海关保护的主要方式是海关的边境保护措施。海关保护包括主动保护和被动保护的结合。

主动保护即依职权保护，是海关在对进出口货物进行监管过程中，当发现嫌疑侵权货物时，依据职权而采取的扣留和调查等处理措施，属于事前保护。主动保护的前提条件是相关权利人将其知识产权向海关总署进行备案。不申请、不报送有关材料的，海关不会主动采取特殊措施保护。对不具备备案条件的申请，海关将予以驳回。海关备案，是一种依申请的特殊行政保护

① 边境保护措施的设立，是 TRIPs 协议对知识产权国际保护领域的一大贡献，在世界经济一体化的环境下，这一措施对权利人在一国或世界范围的利益保障无疑将起到越来越重要的作用。参见王秋华：《对我国适用海关边境保护措施涉及专利权问题的思考》，载 http://www.myipr.net/suma/2005-05/3135.html，2008 年 5 月 23 日最后访问。

形式和行政管理措施，其性质属于行政许可。如权利人事先将知识产权在海关总署备案，口岸海关有权对侵犯已经登记备案的知识产权的进出口货物予以扣押。

被动保护即依申请保护，是指知识产权权利人就涉嫌侵权的货物向具有管辖权的海关提出书面申请，接收申请的海关依法对涉嫌的侵权货物采取扣留措施，属于事后保护。被动保护的前提条件是权利人必须向海关口岸提出调查并扣留侵权货物的申请，同时还要提供规定数额的担保金。接受申请并执行扣留货物的海关不负有对侵权状况进行调查的职责，而是由申请人向法院申请财产保全。海关自扣留货物之日起 20 个工作日内未收到法院协助执行通知的，将放行被扣留的货物。

知识产权海关保护措施包括扣留、没收、担保等。在所有的海关措施中扣留是主要措施；没收是海关对查证属实的侵权货物采取的行政处罚措施；担保是知识产权权利人在申请海关扣留涉嫌侵权的货物时，需提供规定数额的现金、票据作担保，否则，海关将不予扣留。

第三节　知识产权民事保护

3.1　概念和特征

民事保护是知识产权权利人采用民事手段，通过和解、调解、仲裁和民事诉讼等途径保护知识产权的活动。在所有的民事保护手段中，和解是知识产权民事争议发生后，各方当事人在平等自愿、辨明是非的基础上，达成和解协议的解决纠纷的方式。调解是当事人双方在自愿的基础上，由第三者居中进行调停，促使当事人达成和解协议的解决纠纷的方式，包括民间调解、行政调解等。仲裁是根据法律规定或当事人之间的协议，由仲裁机构以第三者的身份，对双方的争议进行裁决。仲裁机构也可以对知识产权纠纷进行调解。诉讼是指法院依据法律规定，受理知识产权当事人的起诉，解决当事人之间关于知识产权的权属、侵权或违约等纠纷而引发的审判活动。当知识产权遭受侵权后，当事人往往会提起民事诉讼，请求法院审理裁决侵权人承担民事责任，其特征：

第一，被动性。在有关知识产权的民事诉讼中，法院遵循“不告不理”原则，即权利人不提起诉讼，法院不会主动受理案件。在审理过程中，在一般情况下采取“谁主张，谁举证”制度，即由权利人承担举证责任。

第二，直接性。有关知识产权的民事诉讼是根据权利人的请求而引发的，相对于刑事保护和行政保护，表现得更为直接，能够维护权利状态，给予权利人以经济补偿。

第三，选择性。民事诉讼给予权利人更多的选择，权利人既可以提起确认之诉或物权之诉，也可以提起债权之诉。

3.2 侵权行为

知识产权侵权行为是侵犯知识产权的不法行为[①]，同其他一般的民事侵权行为相比，无论是法律性质，还是法律后果，都具有许多相同之处。不过，知识产权侵权行为又具有自身的一些特征：

第一，形式的特殊性。传统意义上的财产侵权一般表现为侵占、毁损、妨害，涉及对财产占有、使用、收益和处分等法律权利，而知识产权侵权则表现不同，如剽窃、篡改和仿制等，是对作者、创造者的思想内容或思想表达形式的侵犯。

第二，行为的技术性。知识产权侵权行为往往具有较高的技术含量，如侵权人运用新技术反复扫描、取样、复制印刷品、音像制品和图表资料等侵权，权利人难于控制他人的非法使用，而且举证难度大。

第三，范围的广泛性。随着现代信息技术和传播技术的发展，知识产权侵权行为也呈现出扩大化和国际化的趋势。复印、扫描技术可以大规模复制文字作品，互联网络可以迅速获取信息和技术秘密，输入、贮存或显示他人的作品。

第四，类型的多样性。知识产权侵权行为分为直接侵权和间接侵权。直接侵权行为是侵权的主要表现形式；而间接侵权行为则比较复杂。间接侵权是行为人实施的行为并不构成直接侵犯他人的知识产权，但是在客观上为别人直接侵权行为的发生提供了必要条件。孤立地看，间接侵权行为本身并不构成侵权，但是这种行为协同直接侵权行为，并一起造成了对知识产权权利人的损害，因此，在理论上间接侵权又被称为“二次侵权”。

3.3 归责原则

归责是指以何种根据为标准使行为人承担民事责任。民事归责原则是确认不同种类侵权行为所应承担民事责任的标准和原则，决定着责任构成要件、举证责任负担、免责条件、损害赔偿的原则和方法等。

归责原则不同于损害赔偿原则。归责原则是在损害发生后使行为人承

① 陶鑫良等：《知识产权法总论》，知识产权出版社 2005 年版，第 321 页。

担责任的依据，是将责任归结于某人的原则；而损害赔偿原则是确定赔偿范围的依据，是决定如何赔偿和赔偿多少的原则。

民事侵权归责的基本原则主要有过错责任（liability with fault）原则、无过错责任（liability without fault）原则和公平责任（equitable liability）原则。过错推定（liability with presumed-fault）原则是过错责任原则的特殊形式。

3.3.1 过错责任原则

过错责任原则，是指以行为人的主观过错作为价值评判的标准，判断其造成的损害应否承担民事责任的归责原则。过错责任原则要求将过错作为承担明示民事责任的主观基础，而不是把过错作为确定赔偿范围的依据。正是由于过错责任原则的这种地位和作用，才使侵权损害赔偿责任具有补偿受害人损失和惩罚侵权行为人违法行为的双重性质。过错责任原则是侵权民事责任归责的基本原则。适用过错责任原则时应当注意以下几个方面：

第一，赔偿责任的构成包括四个要件：行为的违法性、损害事实的客观性、违法行为与损害事实之间的因果关系和行为人的主观过错。

第二，在一般情况下，应当把过错作为侵权行为人承担民事责任的根据，而不是作为确定赔偿范围的根据。民法中的过错程度一般不作为确定赔偿责任的根据，只有在某些过失案件中，重大过失和一般过失的区分才会对是否承担赔偿责任产生意义。

第三，当过错出现在几个不同的侵权行为人之间时，各个侵权行为人一般仅对自己的过错行为承担赔偿责任。共同过错的共同侵权人对外共同承担连带赔偿责任，对内则应按照各自的过错程度按比例分担责任。

第四，在一般情况下，举证责任应由被侵权人承担。但是，在特定条件下适用过错推定原则时，不能将应由侵权行为人负担的举证责任倒置过来由被侵权人承担。

3.3.2 过错推定原则

过错推定是由法律设定的一种特殊的归责方式。根据过错推定原则，如果行为人在违反相应义务时不能证明自己没有过错就推定其有过错，并要求其承担民事责任。

在适用过错推定原则的情况下，受害人只需证明行为人的不法行为所造成的损害事实，而行为人自己又不能证明其主观上没有过错，就可以从事实中推定行为人具有过错。因此，过错推定原则的结果在于举证责任的主体的改变。在一般情况下，过错责任的举证责任由被侵权人承担，而在过错推定原则的场合中，举证责任被倒置过来，由被控侵权行为人来承担证明自己无过错的举证责任，如果被控侵权人不能证明自己无过错，则推定其有过错，并由此而要承担民事赔偿责任。

适用过错推定原则的意义在于节约司法成本，提高诉讼效率。在法律有特殊规定的情况下，通过免除被侵权人对行为人主观过错的举证责任而使其处于相对有利的诉讼地位。在被控侵权行为人无法举证证明自己没有过错的情况下，则需要对被侵权人的损失承担责任，更有益于对被侵权人权利的救济。

3.3.3 无过错责任原则

无过错责任原则是与过错责任原则完全不同的一种归责原则。无过错责任以已经发生的损害结果为价值判断的标准，即使行为人无过错也要承担民事责任。

在适用无过错责任原则的场合，并不意味着行为人主观上一点过错都没有，在某些情况下，甚至可以从损害事实中推断出行为人主观上具有故意或过失，但是，在这种场合下行为人的主观心理状态如何已经变得没有意义了。法律确认无过错责任原则的意义在于：一是规定其过错不需证明；二是规定即使无过错也要承担民事责任。无过错责任的构成不需要主观过错要件。在适用无过错责任原则的情况下，行为人所要证明的往往不是自己无过错，而是要证明被侵权人对于损害结果的发生亦具有过失，这也是无过错责任原则与过错推定原则的一个重要区别。如果行为人能够证明损害结果是由于被侵权人的原因引起的，则不必承担赔偿责任。

3.3.4 公平责任原则

公平责任原则，是指侵权行为人与被侵权人均无过错，在损害结果已经发生的情况下，以公平考虑作为判断标准，根据实际情况由双方当事人公平分担损失的原则。我国 1986 年《民法通则》第 132 条对公平责任原则予以明确地肯定。

3.3.5 中国关于知识产权侵权行为的归责原则

在现行中国法律中，尚未找到关于知识产权侵权行为的归责原则的明确规定。理论界对此问题亦存在不同的观点。一种观点认为，侵犯知识产权行为不是特殊侵权行为，因此应适用一般民事侵权行为的归则原则，即过错原则。① 还

① 该观点认为在知识产权领域应适用过错责任原则，主要是以我国 1986 年《民法通则》第 106 条为根据，该条第 2 款、第 3 款规定，公民、法人由于过错侵害国家、集体财产，侵害他人财产、人身的，应当承担民事责任。……没有过错，但法律规定应当承担民事责任的，应当承担民事责任。

有一种观点认为，应适用无过错原则，但涉及赔偿时应适用过错原则。[①] 本书的观点如下：对待知识产权侵权行为的归责问题，应采取以无过错责任原则为主，以过错责任原则为辅的立场，即知识产权侵权行为的归则原则应适用无过错原则，但涉及赔偿责任时应适用过错原则。

3.4 保护措施和手段

3.4.1 保护措施

知识产权民事保护措施（protective measure）是通过权利人提起确认之诉、物权之诉或债权之诉，以对其损害给予经济补偿。与对一般财产所有权的救济不同，对知识产权的救济不能请求恢复原状和返还原物。由于知识产品是精神产物，因此非法使用不会造成有形损害，亦无法进行有形的恢复原状。请求返还的条件是原物存在，侵犯知识产品无需对有形财产控制并实际“占有”，无法“返还”原有的权利状态，因此，对知识产权的民事救济最重要的措施是请求停止侵害和赔偿损失。

请求停止侵害与传统意义上的民事救济措施请求排除妨碍相同，是一种物权之诉，既包括请求停止已经产生的侵害，也包括请求停止可能出现的侵害。权利人可以请求侵权人停止侵害，也可以请求法院责令侵权人停止侵害。知识产权的特性决定了请求停止侵害只能是排除对权利人行使专有权的妨碍，而不可能制止对权利客体即知识产品的“侵害”。

请求赔偿损失是债权之诉，即权利人可以请求侵权人支付一定数额的金钱予以赔付，可以单独提出，也可以在行使物上请求权时同时提出。在侵犯知识产权之诉中，对被侵权人的损害赔偿不存在购置同样知识产品的问题，而只能是金钱赔偿。赔偿额的计算方法可以按侵权人在侵权期间因侵权行为所获得的利润计算，也可以按被侵权人在侵权期间因侵权所受到的损失计算。在实际损失和侵权人非法所得均不能确定的情况下，由法院根据侵权行为的情节、行为人的过错程度和侵权行为所造成的损害结果判决给予一定数额金钱的赔偿。

3.4.2 保护手段

民事诉讼保护手段（protective means）包括诉前保护手段和诉中保护手段。诉前保护手段是指知识产权遭受侵害时，权利人由于情势紧迫，诉前请

---

① TRIPs 协议第 45 条第 2 款规定：“在适当场合即使侵权人不知或无充分理由应知自己从事的活动系侵权，成员仍可授权司法当局责令返还所得利润或令其支付法定赔偿额，或两者并处。”因此有观点认为，TRIPs 协议主张对部分知识产权侵权的认定适用无过错责任原则。

求法院采取临时的救济措施，包括申请责令停止、财产保全和证据保全。[①] 法院可以直接责令侵权人停止侵害行为，同时将相关财产予以冻结、查封，以避免更大损失。申请人申请财产保全并提供财产担保的，法院应在48小时以内作出保全裁决，申请人在财产保全后的15日内必须提起民事诉讼。[②] 权利人在知识产权被侵害，证据可能灭失或者以后难以取得的情况下，诉前请求法院提取相关证据，法院对符合证据保全条件的应当在48小时内作出裁决，申请人在证据保全后的15日必须提起民事诉讼。这是保全证据的一种救济措施。诉中保护手段是法院依法给予知识产权侵权人的非刑事处罚，包括训诫[③]、责令具结悔过[④]、收缴非法的财物和非法所得、拘留等制裁措施。行政部门已经给予行政处罚的，法院不再予以民事制裁。

3.5 审判管辖

审判管辖是指法院组织系统内部在审判第一审民事案件上的分工。根据我国《民事诉讼法》和相关司法解释，知识产权一审民事纠纷案件由中级人民法院管辖。如专利纠纷一审案件由省级政府所在地的中级人民法院和最高人民法院指定的中级人民法院管辖。著作权民事纠纷、商标民事纠纷案一审案件，由中级人民法院管辖。经最高人民法院批准，高级人民法院可以在较大城市确定1～2个基层人民法院受理第一审商标民事纠纷案件。

3.6 民事责任

民事责任是指因民事主体侵犯了他人的知识产权而依法应承担的民事法律后果。根据我国1986年《民法通则》和相关的知识产权法律、法规的规定，侵犯知识产权的民事责任形式主要包括停止侵害、赔礼道歉、消除影响和赔偿损失等四种形式，可以单独运用，也可以合并运用。

3.6.1 停止侵害

停止侵害是指阻止已经发生的知识产权侵权行为继续进行的民事救济

① 参见我国2008年《专利法》第66、67条、2001年《商标法》第57条、2001年《著作权法》第49条、2002年《计算机软件保护条例》第26条。

② 参见我国2007年《民事诉讼法》第92条、第93条和2008年《专利法》第66条规定。

③ 训诫的意思是教导和劝诫，方式是批评教育，并责令其改正，不得再犯。法院训诫的对象是对违反法庭规则的人、在民事案件中应当承担民事责任的人、妨害民事诉讼的诉讼参与人或其他人、某些违法犯罪分子。公安机关训诫的对象是不满14岁违反治安管理的人、某些违法犯罪分子、犯罪情节轻微而免予刑事处分的人。

④ 责令具结悔过是一种民事制裁措施，可以同承担民事责任的方式同时适用。法院在审理民事案件时，责令违法行为人或妨害民事诉讼的人书面悔过，督促其认识错误，保证不再重犯。

措施，其前提条件是行为人实施了侵犯知识产权的行为且该侵权行为仍在继续。权利人的合法权利受不法侵害后，有权请求停止侵害。如果停止侵害的结果会损害社会公共利益，则不能适用之。

3.6.2 赔礼道歉

赔礼道歉是指责令侵权行为人向被侵权人正式承认错误并表示歉意的民事责任方式。它能够抚慰知识产权被侵权人所遭受的精神损害，侵权行为人可以在法庭上当庭口头向被侵权人赔礼道歉，请求谅解，也可以书面道歉或在传播媒体上公布。在知识产权民事诉讼中，赔礼道歉仅适用于侵犯著作人身权的场合①，而在其他侵犯知识产权的案件中，无论是我国1986年《民法通则》还是知识产权法律、法规均没有适用赔礼道歉的规定，因此，在这些案件中不适用赔礼道歉的民事责任，而是通过消除影响的方式进行民事救济。

3.6.3 消除影响

消除影响是指行为人因其行为侵害他人的知识产权造成不良影响而应承担的以一定方式消除该不良影响的民事救济措施，包括在报刊、广播电视等媒体上刊登侵权致歉声明和以公告、公布判决书方式作为消除影响的措施运用。消除影响的适用范围十分广泛，消除范围至少要等于侵权影响的范围。审判实务中，侵权行为只要对知识产权人的名誉或信誉造成损失或者不良影响，法院均应支持该请求。

3.6.4 赔偿损失

赔偿损失是指行为人因过错而侵犯了他人特定的知识产权，并依法应承担的以给付金钱或实物补偿被侵权人所受损害的民事责任。在民事责任中，赔偿损失是最为常见、适用最多的一种。其构成要件有三：一是行为人实施了侵犯知识产权的行为；二是行为人主观上具有过错；三是造成了损害结果，且行为与损害结果之间具有因果关系。

关于损害赔偿的主要原则有三种：即全部赔偿原则、过失相抵原则和衡平原则。全部赔偿原则也称为全面赔偿原则，是指知识产权损害赔偿责任的范围，以加害人侵权行为所造成损害的财产损失范围为标准，承担全部责任。这是现代民法的最基本赔偿原则，是各国侵权行为立法和司法实践的通例。②过失相抵原则是在知识产权纠纷中，对损害的发生或扩大，受害人也有过失，从而减轻或免除加害人赔偿责任，从而公平合理地分配损害的一种法律规

① 在我国，1986年《民法通则》第118条、2001年《著作权法》第46条和第47条、2001年《计算机软件保护条例》第23条至第24条中规定了"赔礼道歉"，其他知识产权单行法律、法规中没有作规定。

② 牟迅：《知识产权侵权损害赔偿的原则》，载 www.findalawyer.cn/lawyers/article/article.php，2008年1月23日最后访问。

则。通常认为该原则的法理依据是衡平观念和诚实信用原则。衡平是英美法中的概念，意思是取其权衡、平衡，出于利益平衡的目的。衡平原则是知识产权保护立法和司法原则，衡平原则系以 TRIPs 协议第 7 条为依据，即"知识产权的保护和权利的行使，目的应在于促进技术的革新、技术的转让与技术的传播，以有利于社会经济福利的方式去促进技术知识的生产者与使用者互利，并促进权利与义务的平衡"。知识产权精神损害赔偿只适用于著作人身权的侵害，不适用于对著作财产权和专利权、商标权、商业秘密权等财产性知识产权的侵害。

损害赔偿数额计算的方法，一般按照权利人所受损失或者侵权人所获利益计算。实在难以确定的，由法官根据侵权行为的社会影响、侵权情节、过错程度、损害结果作出给予一定数额金钱赔偿的判决。另外，对于精神损害赔偿是有严格限制的，侵害著作人身权并造成严重后果的才适用于精神损害赔偿；未造成严重后果的，法院一般不予支持，但可判令侵权人停止侵害、恢复名誉、消除影响、赔礼道歉。对财产性损害，一般只能适用财产损害赔偿的原则和方法进行赔偿，不再进行精神损害赔偿。不适用精神损害赔偿的还有其他三种情况：一是对著作财产权和专利权、商标权、商业秘密权等财产性知识产权的侵害案件；二是法人或其他组织的著作人身权受到侵害要求进行精神损害赔偿案件；三是当事人侵权诉讼中未请求精神损害赔偿，诉讼终结后又基于同一侵权事实另行起诉请求赔偿精神损害的案件。

第四节　知识产权刑事保护

4.1　概念和特征

知识产权的刑事保护是指司法机关通过对知识产权犯罪实行刑事处罚的方法来保护知识产权权利人的合法权益的活动，其法律后果是刑事犯罪主体因侵犯他人的知识产权而依法应承担的刑事责任。知识产权保护是通过一个由不同部门法组合起来的法律体系来实现的，刑事保护与民事保护、行政保护共同编织起一张保护知识产权的网。在这张法律的保护网中，刑事保护是知识产权保护的最后一道防线，其主要特征包括：

第一，保护力度大。与民事保护相比，刑事保护多为刚性措施，保护力度大。

第二，以惩罚为目的。通过追究知识产权侵权人的刑事责任来实现对权利人的权利保护。相形之下，民事保护的目的主要是维护权利人的权利，保障权利人在遭受损害后能够获得合理的经济赔偿。

第三，主动保护。与法院在民事保护中实行"不告不理"的制度相比，公安、检察机关积极主动保护是刑事保护的鲜明特征。根据1996年《刑事诉讼法》等法律、法规的相关规定，知识产权犯罪案件由公安机关负责侦查，由检察机关提起公诉，由审判机关审理判决，权利人在刑事保护中的作用不大。

第四，保护途径和责任形式相对单一。刑事保护中不能实行协商、调解或仲裁，责任形式仅仅限于刑事处罚。

4.2 知识产权刑事法律保护体系

将严重侵犯知识产权的行为规定为犯罪并追究刑事责任，是维护社会秩序稳定，发展市场经济的必然要求，对此，世界各国多有共识。TRIPs协议第61条规定了侵犯知识产权罪的类型，并要求各缔约方至少要制裁假冒商标或剽窃版权作品的犯罪。事实上，世界各国的立法普遍都超出了TRIPs协议关于知识产权罪名规定的最低要求，甚至有的国家还将侵犯知识产权罪列为重罪，规定了较重的刑罚。

我国1979年《刑法》第127条首次规定了假冒商标罪。随着盗窃他人重大技术秘密行为、销售假冒注册商标商品的行为、非法制造或销售假冒商标标识的行为以及侵犯著作权的行为增多，全国人大常委会分别于1993年和1994年颁布了《关于惩治假冒注册商标犯罪的补充规定》、《关于惩治侵犯著作权犯罪的决定》。[①] 在1997年《刑法》修订时，分别在"侵犯知识产权罪"与"扰乱市场秩序罪"的章节中，增加了侵犯商标权、侵犯专利权、侵犯商业秘密权、侵犯商誉权等犯罪的规定，其罪名涉及了侵犯知识产权的主要领域。此外，最高人民法院和最高人民检察院还在不同的历史时期作出多个司法解释。所有这一切构成了中国知识产权刑事法律保护的框架体系。

4.3 侵犯知识产权犯罪

侵犯知识产权罪是相对于知识产权而提出的理论概念，不是法定的概念。侵犯知识产权罪主要包括四类，共涉及9个罪名。

第一类是侵犯商标权的犯罪，包括3个罪名：假冒他人注册商标罪、销售假冒注册商标的商品罪、非法制造或销售非法制造的注册商标标识罪。

第二类是侵犯著作权的犯罪，包括2个罪名：侵犯著作权罪、销售侵权复

---

① 1993年2月22日、1994年7月5日，全国人大常委会分别颁布《关于惩治假冒注册商标犯罪的补充规定》、《关于惩治侵犯著作权犯罪的决定》，现已失效。

制品罪。

第三类是侵犯专利权的犯罪，只有1个罪名：假冒专利罪。

第四类是与保护知识产权有关的犯罪，包括3个罪名：侵犯商业秘密罪、生产、销售伪劣商品罪、非法经营罪。

4.3.1 假冒他人注册商标罪

假冒他人注册商标罪是指行为人违反国家商标管理法规，未经注册商标所有人许可，擅自在同一种商品上使用与其注册商标相同的商标，违法所得数额较大或者有其他严重情节的行为。[①] 本罪属故意犯罪；犯罪主体是一般主体，既可以是单位，也可以是自然人；客观方面表现为行为人未经注册商标所有人许可，在同一品种商品上使用与他人注册商标相同的商标。假冒他人未经注册的商标，不构成本罪。违法所得数额较大或者有其他严重情节[②]，才构成本罪。这是区分罪与非罪、犯罪与一般侵权的分界线。

4.3.2 销售假冒注册商标的商品罪

销售假冒注册商标的商品罪是指行为人明知是假冒商标的商品而故意出售，且销售金额较大的行为。[③] 犯罪主体是一般主体；本罪属故意犯罪，即明知是假冒注册商标的商品而销售的；客观方面必须具有经销假冒注册商标的商品，并且经销金额较大的行为。经销包括批发、零售、代销等形式。

4.3.3 非法制造、销售非法制造的注册商标标识罪

非法制造、销售非法制造的注册商标标识罪是指伪造、擅自制造他人注册商标标识，或者销售伪造、擅自制造的注册商标标识，情节严重的行为。[④] 犯罪主体是一般主体；主观方面是故意。侵犯了双重客体，即国家对商标的管理秩序和商标所有人的商标专用权；客观方面表现为违反商标管理法规，伪造、擅自制造他人注册商标标识，情节严重的行为。[⑤] 犯罪对象是商标标识，且只是他人注册的商标标识。

---

① 我国1997年《刑法》第213条。

② 根据最高人民法院、最高人民检察院2004年《关于办理侵犯知识产权刑事案件具体应用法律若干问题的解释》第3条，“违法所得数额较大”是指非法经营数额在5万元以上或者违法所得数额在3万元以上的；假冒两种以上注册商标，非法经营数额在3万元以上或者违法所得数额在2万元以上。

③ 我国1997年《刑法》第214条。

④ 我国1997年《刑法》第215条。

⑤ 根据最高人民法院、最高人民检察院2004年《关于办理侵犯知识产权刑事案件具体应用法律若干问题的解释》第1条，“情节严重”指伪造、擅自制造或者销售伪造、擅自制造的注册商标标识数量在2万件以上，或者非法经营数额在5万元以上，或者违法所得数额在3万元以上的；伪造、擅自制造或者销售伪造、擅自制造两种以上注册商标标识数量在1万件以上，或者非法经营数额在3万元以上，或者违法所得数额在2万元以上的行为。

4.3.4 侵犯著作权罪

侵犯著作权罪是指以营利为目的，未经著作权人许可，侵犯他人著作权的专有权利，违法所得数额较大或者有其他严重情节的行为。[①] 侵犯客体是国家的著作权管理制度和他人的著作权和与著作权有关的权益；主观方面为故意，且具有营利的目的。犯罪主体为一般主体；客观方面表现为侵犯著作权和与著作权有关权益，违法所得数额较大或者有其他严重情节的行为。[②]

4.3.5 销售侵权复制品罪

销售侵权复制品罪是指以营利为目的，销售明知是侵犯他人著作权、专有出版权的文字作品、音乐、电视、录像、计算机软件、图书及其他作品以及假冒他人署名的美术作品，违法所得数额巨大的行为。[③] 侵犯客体是国家的著作权管理制度以及他人的著作权及与著作权有关的权益。犯罪主体为一般主体。主观方面为故意，且具有营利目的。在客观方面表现为销售侵权复制品，违法所得数额巨大的行为。[④] 本罪对象是侵权复制品。

4.3.6 假冒专利罪

假冒专利罪是指在法定的专利有效期限内，假冒他人被授予的专利，情节严重的行为。[⑤] 侵犯客体是他人的专利所有权；犯罪主体是一般主体；主观方面是故意；客观方面表现为违反国家专利管理法规，假冒他人专利，情节严重的行为。[⑥] 表现形式有：以欺骗手段进行专利登记、冒取他人专利；在非专利产品或者专利上标明他人的标记或者专利号；仿造他人专利、侵吞他人专利、擅自实施他人专利、故意贩运仿造或者变造他人专利的产品、伪造、擅自制造他人专利标记、故意销售伪造或者擅自制造的他人专利标记、进口假冒他人专利的产品、冒充专利等。

---

① 我国1997年《刑法》第217条规定。

② 根据最高人民法院2006年颁布的《关于审理非法出版物刑事案件具体应用法律若干问题的解释》第2条，“违法所得数额较大”指个人违法所得数额在5万元以上，单位违法所得数额在20万元以上为数额较大。“其他严重情节”指因侵犯著作权曾经两次以上被追究行政责任或者民事责任，两年内又实施该侵权行为，或者个人非法经营数额在20万元以上，单位非法经营数额在100万元以上，或者造成其他严重后果。

③ 我国1997年《刑法》第218条规定。

④ 根据最高人民法院2006年《关于审理非法出版物刑事案件具体应用法律若干问题的解释》第4条，“违法所得数额巨大”指个人违法所得数额在10万元以上或单位违法所得数额在50万元以上。

⑤ 我国1997年《刑法》第216条规定。

⑥ 根据最高人民法院、最高人民检察院2004年《关于办理侵犯知识产权刑事案件具体应用法律若干问题的解释》第4条，“情节严重”是非法经营数额在20万元以上或者违法所得数额在10万元以上的；给专利权人造成直接经济损失50万元以上的；假冒两项以上他人专利，非法经营数额在10万元以上或者违法所得数额在5万元以上的；其他情节严重的情形。

4.3.7 侵犯商业秘密罪

侵犯商业秘密罪是指违反商业秘密保护法规，侵犯商业秘密，给商业秘密的权利人造成重大损失的行为。[①] 商业秘密是不为公众所知悉，能为权利人带来经济利益，具有实用性并经权利人采取保密措施的技术信息和经营信息。侵犯客体是市场经济秩序和商业秘密权利人的合法权利，属复杂客体；犯罪主体为一般主体；主观方面表现为故意或者过失；客观方面表现为非法获取他人所有的商业秘密，或者违反约定或者要求，披露、泄露、使用、转让商业秘密。

4.3.8 非法经营罪

非法经营罪是指违反国家规定，非法经营，扰乱市场秩序，情节严重的行为。[②] 侵犯客体是国家限制买卖物品和经营许可证的市场管理制度；犯罪主体是一般主体；主观方面表现为故意，且具有谋取非法利润的目的；客观方面表现为未经许可，从事非法经营活动，扰乱市场秩序，情节严重的行为。该罪名与侵犯知识产权的犯罪存在竞合关系。根据司法解释，经营国家禁止的出版物没有著作权，且对社会秩序和市场秩序产生严重危害，以非法经营罪定罪处罚。达不到定罪标准，只能进行行政处罚，不能按本罪处罚。非法经营盗版物品的，应定侵犯著作权罪，不宜定非法经营罪。[③]

4.3.9 生产、销售伪劣商品罪

生产、销售伪劣商品罪是指生产者、销售者在产品中掺杂、掺假，以假充真，以次充好或者以不合格产品冒充合格产品，销售金额在 5 万元以上的行为。侵犯知识产权罪与生产、销售伪劣商品罪关系复杂，犯罪客体有差别，行为方式、犯罪对象存在牵连、竞合关系，如制售伪劣商品多假冒知名商标。根据最高人民法院 2001 年《关于办理生产、销售伪劣商品刑事案件具体应用法律若干问题的解释》第 10 条规定，实施生产、销售伪劣商品犯罪，同时构成侵犯知识产权等其他犯罪的，依照处罚较重的规定定罪处罚。

4.4 刑事责任

侵犯知识产权罪的刑罚为有期徒刑、拘役、管制、罚金等。有期徒刑是剥

---

① 我国 1997 年《刑法》第 219 条。

② 我国 1997 年《刑法》第 225 条规定。

③ 最高人民法院 2006 年《关于审理非法出版物刑事案件具体应用法律若干问题的解释》第 11 条规定："违反国家规定，出版、印刷、复制、发行本解释第 1 条至第 10 条规定以外的其他严重危害社会秩序和扰乱市场秩序的非法出版物，情节严重的，依照刑法第 225 条第 3 项的规定，以非法经营罪定罪处罚。"

夺自由刑的主刑，在刑罚体系中居于中心地位。假冒注册商标罪、销售假冒注册商标的商品罪、非法制造、销售非法制造的注册商标标识罪、假冒专利罪、侵犯著作权罪、销售侵权复制品罪、侵犯商业秘密罪等最高可以处7年有期徒刑。拘役是由人民法院判决，公安机关就近执行的短期剥夺犯罪分子人身自由、强制劳动改造的刑罚，是介于管制与有期徒刑之间的一种主刑，最短不少于1个月，最长不超过6个月。管制是对犯罪分子不实行关押，交由公安机关管束和人民群众监督，限制其一定自由的刑罚方法，是一种限制人身自由的刑罚，期限为3个月以上2年以下，数罪并罚时最高不能超过3年。罚金是一种财产刑，是人民法院判处犯罪分子向国家缴纳其所有的一定金钱的刑罚。知识产权犯罪在多数情况下是具有贪利性质的犯罪，对其处以经济上的制裁显然是非常必要的。

第二编　著作权法

第五章　著作权法概述

本章对著作权的概念进行了界定，并在此基础之上阐述了作为精神权利和财产权利之和的著作权的特征；继而具体介绍了著作权的相关理论学说，包括产权理论、非物质财产权理论、人身权理论、人身—经济权理论等，并回顾了著作权法的历史沿革。

第一节　著作权的概念

1.1　著作权的概念

著作权(copyright)是基于文学、艺术和科学作品而产生的一种特殊的民事权利，与专利权(patent right)、商标权(trademark right)等产权共同构成了知识产权的主要内容。根据法律规定，受著作权法保护的作品必须具有独创性，并且要符合法律规定的形式要求。

从语义上看，各国法律中关于著作权的定义并不完全相同，表明了不同的立法传统和理念。普通法国家采用“版权”一词来表示，版权一词的对应英文单词是 copyright，其由“复制”(copy)和“权利”(right)组成的。因此“版权”的字面含义是指控制作品复制的权利，通常涉及通过复制方式对作品的利用，立法体系以经济权利为核心。相形之下，具有大陆法传统(或拉丁传统，或以罗马—日耳曼法为基础的传统)的国家，作者权得到了普遍的强调，著作权被视为一种人权，是创作者控制其作品使用的权利，作者权益被放置于法律保护的中心位置，而出版者的权益则位列其次。如法语 Droit d'auteur、德语 Urheberrecht、意大利语 Diritto d'autore 等，都是由“作者”和“权利”组成。就著作权的概念而言，在大陆法传统的国家，除了作者权这种表达形式以外，还使用文学艺术产权和知识产权等表达形式。[①] 我国 2001 年《著作权法》第 56 条规定，“著作权”与“版权”为同义语。[②]

在认识和理解著作权概念时，有几个问题必须加以明确：

第一，著作权首先是作者享有的权利。著作权因作品而产生，而作品因作者的创作完成，因而，保护著作权的宗旨首先在于作者的权利保护。著作权制度就是因应保护作品利用的要求而出现的。

第二，著作权以作者对其作品的人格利益和财产利益为内容。作品的传播必然带来经济上的利益，所以著作权中包含有作者的财产利益。同时，作者还对作品享有人格利益，任何人未经其许可，不得任意对作品进行删改或破坏作品的同一性。因此，著作权不同于一般的财产权和人身权，是精神权利和经济权利的聚合。精神权利与作者人身密切相关，在绝大多数情况下只

① 〔西班牙〕德利娅·利普希克：《著作权与邻接权》，联合国教科文组织译，中国对外翻译出版公司 2000 年版，第 7 页。

② 我国 1986 年《民法通则》在著作权后用括号注明“版权”二字，表明“著作权”与“版权”具有相同意义。

能由权利人本人享有和行使，该类权利不受时间的限制。相形之下，经济权利则可以由权利人本人或者通过签订合同许可或转让给他人行使以实现经济利益，经济权利受到时间期限的限制。在大陆法系国家的立法中，著作权的这一特征表现十分明显；而在英美法系国家，除了英国1989年修改的版权法开始直接规定作者人身权的一些内容以外，其他英美法系国家依旧未将作者人身权的内容直接放入版权法等专门保护作者权益的法律中。

第三，著作权是一系列权利的总称。著作权是包含人身权和财产权的一系列权利的集合，如我国2001年《著作权法》就明确列举了4种人身权和13种财产权。

在学理上，著作权的含义有广义和狭义之分。狭义的著作权仅指作者就其作品所享有的权利；广义的著作权还包含作品传播者的权利，如出版者、表演者、录制者、播放者等对其在传播作品过程中的创造性劳动所享有的权利，这些权利被称为“邻接权”(neighboring right)或者“与著作权相关的权利”。

一般说来，著作权所能产生的法律意义主要表现如下：其一，作者对其作品享有人格利益，此种权益与作者人身不可分离；其二，作者对其作品享有以对作品使用为主而获得报酬的权利；其三，上述权利依受法律保护的作品的产生而产生；其四，当作者的著作权受到不法侵害时能够通过正当法律程序获得法律救济。

1.2 著作权的法律特征

著作权是指作者对其作品依法享有的专有权利，包含精神权利和财产权利，具有民事权利的一般特征。著作权作为一种民事权利，除了具有类似传统所有权的绝对性、排他性以及知识产权共有的时间性、客体非物质性外，还具有自身的法律特征。

1.2.1 著作人身权的特征

根据我国2001年《著作权法》的规定，著作人身权包括发表权、署名权、修改权和保护作品完整权四个方面，其特征主要表现为①：

第一，不可转让性。在强调作者权的大陆法系国家的著作权法立法中，无论是法国、德国还是日本，都坚持著作人身权属于著作权人享有，并不得转让。而在侧重财产权的英美法系国家，著作权仅限于财产权，并不涉及人身权的可转让性问题。中国的现行法对此并没有明确，但一般认为，人身权与权利人不得分离，著作人身权自然也不得让与。我国1985年《继承法》也仅仅

① 吴汉东、刘剑文：《知识产权法》(第三版)，北京大学出版社2005年版，第29～32页。

规定了著作财产权的继承问题，没有涉及著作人身权，与前述观点一致。

当然，就整体而言人身权是不得转让的，但是个别权利，如作为作品利用前提的发表权，兼具人身权与财产权性质，在转让尚未发表的作品的经济权利的同时，不可避免地要同时转让发表权。

第二，不可剥夺性、不可扣押和不可强制执行性。尽管特定条件下公民的某些政治权利和民事权利可以被依法剥夺，但对作者享有的著作人身权不能被剥夺。同时，著作人身权作为精神权利的一种，并不具有直接的财产内容，所以也不能被作为债务清偿的标的，即不可扣押，也不能成为被强制执行的标的。

第三，不受时间限制性。英美法系国家将著作人身权视为一般的人身权，交由普通法调整，并随着权利主体的消灭而消灭。其他各国的著作权的立法在对待著作人身权的保护期限问题上有着截然不同的两种法例。一种认为著作人身权和著作财产权一样，仅限于作者死后的法定期限内有效，期限届满后即归于消灭，如德国；另一种认为，著作人身权具有永久性，不因著作权保护期限届满而消灭，如法国、日本等。目前中国采取的是后一种立法例，即著作人身权中除发表权之外，其他权利的保护期限不受限制，具有永久性。由于发表权与各项财产权联系紧密，而作品的发表往往会给作者带来财产利益，因此发表权的保护期限与著作财产权保持一致，并随保护期限的届满而消灭。作品的社会评价优劣不仅关系到作者本身，而且还关系到其后代精神上的利益，永久性的保护著作人身权在法律上能保证作者及其后代精神权益不受侵犯，同时有利于保护作品的完整性，防止他人任意割裂和歪曲，损害公共利益。

关于著作人身权的继承性问题各国有不同规定。由于著作权的保护期限一般都会延续到权利人死后若干年，对于著作财产权的可继承性各国法律规定并无不同，但对于著作人身权的可继承性各国的规定却有不同。由于英美法系国家的著作权法仅规定了著作财产权，因此不存在著作人身权的继承问题。在大陆法系国家中，德国著作权法认为著作权无人身权和财产权之分，均可以由其继承人加以继承。法国、日本和意大利等国法律规定，著作人身权与财产权都受法律保护，都可以被继承，或者由其近亲属代为行使。我国 2001 年《著作权法》规定著作财产权可以被继承，同时规定著作人身权可以由继承人或受遗赠人保护，即继承人在继承著作财产权的同时，负有维护作者人身权不受侵犯的义务。

1.2.2　著作财产权的特征

著作财产权是指著作权人所拥有的使用或处分作品并从中受益的权利，

它是推动著作权立法的根本动因，并一直占据著作权保护的核心和基础地位。著作财产权与所有权有许多相似之处，均属支配权，可以转让和继承。著作财产权又有着与一般财产权不同的部分特征。

第一，著作财产权的可让与性。英美法系国家将著作权等同为著作财产权，因此可让与性便成为其应有之义。大陆法系中主张一元论的国家基于著作人身权与财产权不可分离的性质，否认著作财产权的可让与性；主张二元论的国家认为著作财产权有别于人身权，它可以某种方式转让给其他人。中国著作权立法采二元论说，承认著作财产权的可让与性，即权利人不仅可以自己使用作品并因此实现经济利益，也可授权他人使用并获得经济上的利益，或者转让、赠与他人。与一般财产权的可让与性有别的是，著作财产权是一系列权利的总称，权利人可以将其中的一项，或者几项，或者全部转让或授权给其他人行使，在没有明确授权或者转让的情况下，权利仍然由著作权人自己保留。

第二，著作财产权的期限性。与著作人身权永久性不同的是，著作财产权是有期限的权利，世界各国法律对保护期的规定各有不同。根据我国 2001 年《著作权法》的规定，自然人的作品，其财产权的保护期为作者的有生之年及其死亡后 50 年；法人或者其他组织的作品，著作财产权的保护期为 50 年。

第三，著作财产权的可继承性。世界各国的法律均对著作财产权的可继承性作出了规定，但所依据的理论是不同的。英美法系国家认为著作权属于财产权，因此依据继承法原理理所应当地可以被继承。法国、德国和日本等大陆法系国家则认为，不仅著作财产权可以被继承，而且部分人身权也可以被继承，不过，由于著作权主体的不同而具有一定的相对性。法人或者其他组织为权利人的作品，其著作权通过法人或者其他组织的变更、解散、撤销和终止而由其权利义务承受者享有，而不是通过继承享有。

第二节　关于著作权的理论学说

2.1　著作权的产权理论

著作权的产权理论出现于 18 世纪末的欧洲。该理论认为，作者对其作品拥有类似于对物质财产（动产和不动产）所享有的产权权利。著作权制度的目的就是要通过授予创作者一种明确的、毫无疑义的基本权利来满足其经济上的正当愿望。在这种理论的影响下，欧洲各国纷纷通过制定法律对著作权加以肯定。然而，该理论很快就受到了挑战，因为著作权毕竟与物质财产的产权权利(绝对物权)之间存在本质上的区别。[①]

著作权的客体是智力创造成果而不是一种物体,因此,用于固定作品的具体物品的产权与该作品本身的著作权是不同的。著作权产生于作品的创作行为,而不是产生于旨在获得对某种物的控制权的各种形式,如占为已有、加工、交付以及对财产孳息的获取等,著作权不能因为时效而获得。

著作权中的财产性权利是有期限的,一般是作者的有生之年加上死后的若干时间;而物质性的产权则是无期限的。在有众多作者情况下的著作财产权有别于物权的共同产权制度。作者的精神权利是著作权的特有成分,与产权权利无关。著作权永远不能被全部转让,因为作品不会彻底地与其创作者的人格相脱离,因此,每当作品被利用时,都会无例外地表明作者的姓名,并要尊重作品的完整性。

鉴于著作权与物权相比存在着许多不同的特性,因此反对将著作权与物权等量齐观的观点将其称为自成一格的权利,以突出这种权利的法律个性。在德国,多数人反对将著作权视为产权权利,他们选择了著作权和作者权的称谓。但是,将这种权利——不是从传统的产权权利意义上,而是作为非物质财产权的意义上——归入经济权利,抑或是归入人格权利。在对待著作权法律性质上出现的不同观点最终导致了著作权法理论上的两大阵营,即二元论和一元论的对峙。二元论将作者权利分成精神权利和经济权利,认为这两类权利尽管相互依存,但不容混淆;一元论认为,这种区分缺乏科学依据,主张把创作者的权利作为单一著作权的两重性的表现。[②]

2.2 非物质财产权理论

非物质财产权理论认为,产权的传统结构只涉及物质财产,而创作者的权利则具有另外性质,后者仅涉及到具有经济价值的作品的专有权。创作者的权利具有不同于物质财产权的性质,因此有必要创造出新的法律类别:即非物质财产权。虽然非物质财产权仍保留着与物质财产权类似的痕迹,但是在实质上,这类权利是独立于主体之外的自主财产权利。该理论还认为,著作权的历史发展表明,著作权的产生和存在就是要保证作者能够实现其经济利益。创设复制和表演权的目的就是要保证作者能够获得经济利益,因此,著作权从一开始就具有经济性质。虽然创作者还因其作品而享有其他非经

① 转引自〔西班牙〕德利娅·利普希克:《著作权与邻接权》,联合国教科文组织译,中国对外翻译出版公司2000年版,第8页。

② 同上书,第9页。

济性质的权利，但是它们不应被划入著作权的范畴，而应该放入到人身权的范畴。

将部分非经济性权利排除在著作权之外的观点在很大程度上受到质疑。批评者认为，将作品创作的主体性质与作品的经济权利截然分开的做法，会影响到著作权的统一性。作者个人性质的权利不产生于一般的人格，而是产生于创作作品的主体的人格，因此，这些权利仍是著作权的有机组成部分，同那些不以作品创作为前提的人身权利具有本质上的区别。

2.3 著作权的人身权理论

著作权的人身权理论认为，著作权实际上是一种人身权利。按照康德的观点，作品是作者通过出版者向公众发表的演说。对作为有形艺术产品的图书而言，可以对其拥有物权；但是对于只是作为作者向其读者所作的演说的书籍而言，则可以拥有人身权。①

著作权的客体是作品，而作品是作者的人格表现，是作者通过创造性劳动将自己的思想通过一定的形式表达出来。尽管创设著作权的初衷是为了保护经济利益，但是著作人身权的存在是不受时间限制的，即使是复制、表演、演奏等专有权也未必一定要具有经济性质，因为作者可以在没有任何经济利益的情况下行使这些权利。因此，著作权的人身权理论坚持认为，著作权是以人身权利为基础的，而其经济性质只是附带性的。该理论的意义在于其特别强调保护作者的理由，突出了著作权可能产生的任何经济属性的补充性质，并由此奠定了著作权一元论结构的基础。

著作人身权理论自其出现伊始便受到质疑，反对的意见认为，将著作权定义为一种人身权利不仅与实际情况不相符，而且与其自身的特殊性质亦不相容。法律将精神作品作为其创作者自身以外的客观成分加以对待，从这种意义上说，精神作品实际上已经超出了创作者的人身范围。著作权并非是在偶然情况下才得以存在的经济权利，而是一种相对恒久的决定作品命运的原初权利。

2.4 著作权的人身—经济权理论

著作权的人身—经济权理论是一种中庸的观点，其支持者认为，著作权具有一种特殊的性质，因为它是为人所固有的，包括经济内容的权利。由于

---

① G. 卢夫：《Filosofia del derecho de autor》，国家著作权局（波哥大）1991 年版，第 43～44 页。转引自〔西班牙〕德利娅·利普希克：《著作权与邻接权》，联合国教科文组织译，中国对外翻译出版公司 2000 年版，第 11 页。

著作权具有调节人格利益和经济利益的双重职责，因此不能只把它列入两类权利之中的一类。[1]

著作权是对知识财产享有的支配权，由于这种财产的特殊性质，对知识财产享有的支配权包括人身权利和经济权利，因此应该将其称为人身—经济权利。

第三节　著作权法的历史沿革

一般认为，著作权法是伴随着印刷术的广泛采用才出现的法律制度。[2]著作权制度的产生与发展经历了从保护出版商利益到保护作者利益、从保护经济权利到保护人身权和经济权并重的变化过程。

3.1　特许出版时期

早在古希腊和古罗马文艺发展时期，就曾出现过一些涉及作品的经济利益方面的例子。[3] 不过由于当时的书籍主要是以手抄本的形式进行复制，过程缓慢而且费用很高，加上对作品需求的人不多，因此，还没有将有关文学艺术作品纳入到法律规定进行保护的需要。

保护作品经济利益的需求是随着印刷术从雕版印刷发展到活字印刷而出现的。活字印刷术的出现标志着长达 2000 年（从公元前 5 世纪至公元 15 世纪）的手抄复制时代的结束，它使大量而廉价地印制和复制图书变为可能。[4] 一方面，许多出版商通过大规模的印刷和出版书籍获得丰厚利润；另一方面，印刷成本的降低使盗印书籍变得相对容易，损害并威胁到出版商的利益。出版商为了维护自身利益，不断地向政府提出保护他们商业利益的要求。这样一种诉求得到了当时封建国家政府的支持，因为它恰好因应了封建国家的书报审查、言论控制和稳定税收的需要。于是通过授予出版商以出版

① 转引自〔西班牙〕德利娅·利普希克：《著作权与邻接权》，联合国教科文组织译，中国对外翻译出版公司 2000 年版，第 13 页。

② 郑成思：《知识产权法教程》，法律出版社 1993 年版，第 21～23 页。

③ 玛丽—克洛德·多克特别提到泰伦提马斯的《阉奴》剧本，据说这出戏一经上演便获得巨大成功，以至于剧本被第二次出售，并作为新戏演出。第一次出售涉及的只是上演一次该戏的权利。参见萨塔诺夫斯基 *Derecho Inllectual*，TEA 出版社（布宜诺斯艾利斯）1954 年版，第 52 页。转引自〔西班牙〕德利娅·利普希克：《著作权与邻接权》，联合国教科文组织译，中国对外翻译出版公司 2000 年版，第 14 页。

④ 加拿大传播问题专家赫伯特·马歇尔·麦克卢汉认为，活字印刷术是机械性成批生产的最初形式，即后来逐渐包括以工业方式制造的批量生产的所有产品的第一条装配线。参见同上书，第 15 页。

特定书籍一定期限的垄断权方式换得对出版商出版书籍内容的控制的特许出版权便成为著作权制度的前身。

最初的特许出版特权表现为政府赋予印刷商和书商一定期限的垄断权。授予特权的条件是，印刷商和书商必须事先获得审查机关的许可并对已经发表的作品予以登记。[①] 从现代法意义上看，这些特权包含有一定的著作权成分，例如在一定的期限内授予印刷商和书商印刷、出售复制作品的专有权；政府可以采取强制性措施，如扣押侵权作品的复制品并追究违犯者以及求得赔偿的权利。[②]

15 世纪末，维纳斯共和国就授予印刷商冯·施贝叶为期 5 年的出版印刷专有权。这次授权被认为是西方世界首例由政府颁发的保护翻印权的特许令。在中国，公元 1068 年宋神宗即位之前曾颁布过“禁擅镌”令，对民间出版的书籍禁止他人翻印。同一历史时期，刻印的图书上就有“已申上司，不许复版”之类标记。不过需要明确的是，无论是发生在中世纪的特许出版特权还是中国古代的“禁擅镌”令，均与现代意义的著作权存在着本质的区别。

3.2 著作权保护时期

著作权保护时期大致可以分为三个时期：著作权保护开始时期、作者权保护时期和国际保护时期。

3.2.1 著作权保护开始时期

著作权保护开始时期的标志是 1710 年英国颁布的《安娜法》，该法被认为是第一部现代意义的著作权法，其全称为《为鼓励知识创作而授予作者及购买者就其已印刷成册的图书在一定时期内之权利法》。根据该法，无论是印刷商还是书商，也无论他们是否为同业行会的会员，均可以通过民事权利转让的方式从作者那里获取为期 14 年的出版专有权。如果 14 年以后作者依然在世，专有权的转让可以再行延续 14 年。此后作品便进入公有领域，成为可以自由使用的公共资源。对于《安娜法》之前出版的书籍，其保护期被一次性规定为 21 年；而对于未出版的作品和作者的人身权利仍交由普通法去保护。《安娜法》明确了作者对其作品的支配权，使早期以出版商为本位的特权转变为以著作权人为本位的权利，确立了近代版权的法律基础，使著作权由皇家授权转变为由民法调整的可转让的财产权，即从特权转变为私权，这标志着

---

① 当时的政府将审查机关作为监督检查那些被认为是有害学说的传播活动的政治工具。

② 最古老的特权是 1469 年威尼斯共和国授予让·德斯皮尔在威尼斯领土上引进印刷术的为期五年的特权。参见〔西班牙〕德利娅·利普希克：《著作权与邻接权》，联合国教科文组织译，中国对外翻译出版公司 2000 年版，第 16 页。

以保护作者利益为宗旨的现代著作权制度的诞生。

《安娜法》的序言开宗明义地申明，该法的目的是为了鼓励作品的编辑或写作，禁止他人在未经作者同意的情况下擅自印刷、翻印或发表作者的作品。不过，《安娜法》的立足点始终放在维护作者及其他权利人的经济权利方面，而缺乏强调对作者精神权利的保护。在《安娜法》中，“印刷”仍是版权的自然基础，因此翻印权仍被视为是版权中的最重要的权利。受《安娜法》的影响，美国亦于1790年制定了《联邦著作权法》。

3.2.2 作者权保护时期

作者权(authorship)保护时期为欧洲大陆法系国家所开启，其标志为法国1791年《表演权法》和1793年《作者权法》。18世纪末，欧洲大陆各国相继建立起著作权保护制度，受当时资产阶级启蒙思想的影响，大陆国家普遍认为作品是作者人格的延伸和精神的反映，因而在制度的设计上更加注重保护作者的人身权利，在这一时期法国颁布的法令中，作者的精神权利备受关注，“作者权”的概念逐渐形成。根据这一时期大陆国家颁布的法令和法规，可以把“作者权”保护理论归纳为如下：对作者权益的保护从图书复制扩大到作品的表演；改变以复制为中心的局面，形成作者和产权并重的特点；对作品专有权的保护期限从作者死亡之年开始起算；引入“文学艺术产权”的概念；承认作者的精神权利。[①] 此后，著作权法开始淡出“印刷和出版”的主色调而将保护作者的精神权利和经济权利相提并重，使著作权在大陆法国家的法律中发展成为以保护著作权为核心，由多项人身权利和财产权利组合而成的民事权利。

受法国作者权保护制度的影响，大多数大陆法系国家基本上都沿袭法国著作权制度的“作者权”概念，成为与英语世界的“版权”相对应的术语。因此而形成了以英、美为代表的强调著作财产权的版权法体系和以法、德为代表的强调著作人身权的作者权体系。英美法系侧重于商业考虑，而大陆法系更强调对人格的保护。不过，随着国际经济一体化的形成，著作权保护制度亦呈现出国际化的发展趋势，两种法系之间也在相互融合。

3.2.3 国际保护时期

著作权的国际保护时期开始的重要标志是1886年欧洲国家发起签订的《伯尔尼公约》。该公约的一项重要内容就是创设了国民待遇(national treatment)原则，即要求缔约国对文学作品须提供给成员国国民与本国国民同样的保护。随着文学艺术作品载体和传播技术的不断进步，作品的跨国境传播

① 19世纪上半叶，欧洲大陆通过了若干法律，承认著作权的产权性质，即承认作者享有复制权和公开表演权，不过享受和行使上述权利的前提是必须履行一定程序。

已经成为普遍现象,尤其是作品输出国开始寻求在其他法域内自己国家著作权人权利的保护途径,在这种情况下建立统一的国际著作权保护体系便成为必要。《伯尔尼公约》的签署表明了国家之间对著作权保护的相互依赖的不断加强。到目前为止,《伯尔尼公约》已有一百三十多个成员国,其中多数国家批准的文本是1971年的巴黎文本。

除《伯尔尼公约》之外,比较重要的国际公约还包括1952年通过的《世界版权公约》、1996年由世界知识产权组织通过的《版权条约》、《表演和录音制品条约》以及1994年的TRIPs协议等。时至今日,在著作权立法现代化、国际化的潮流推动下,"版权"体系的英美法国家同"作者权"体系的大陆法国家在著作权保护的基本原则和制度的许多方面已经呈现出相当程度的融合趋同。

3.3 中国著作权法的发展历史

由于种种原因,中国的著作权保护制度起步较晚。[①] 现代意义上的著作权制度是伴随19世纪末西方国家对中国的大规模的军事、文化和经济入侵而产生的。1910年清朝政府颁布的《大清著作权律》被认为是我国历史上的第一部著作权法。

中华人民共和国成立以后,著作权制度的建设一直未受到重视。直到进入20世纪80年代后,为适应改革开放的需要,1986年《民法通则》第一次明确规定保护公民和法人的著作权。1990年通过的《著作权法》开始了真正意义上的全面系统的著作权保护。随着改革开放的深化,市场经济的发展以及配合加入世界贸易组织的需要,2001年对《著作权法》进行了第一次修改。修改后的《著作权法》进一步体现了保护作者权益、鼓励作品传播、作者权与公众利益相协调和尊重国际著作权的发展的宗旨。除此之外,有关著作权方面的立法还包括2001年《集成电路布图设计保护条例》、2001年《计算机软件保护条例》、2005年《著作权集体管理条例》、2006年《信息网络传播权保护条例》等。

在著作权国际保护方面,中国于1992年分别加入了《伯尔尼公约》和《世界版权公约》。加入保护著作权的国际公约,不仅表明了中国在出版、影视、音像、电子等领域与国外的交流在逐年扩大;同时也表明了我国坚持改革开放,按照国际版权保护的规则保护中外著作权人的利益,吸收世界上一切优

① 关于中国知识产权的发展历史及其原因分析,参见曲三强:《被动立法的百年轮回》,载《中外法学》1999年第2期,第119～123页。

秀成果的决心。迄今为止，中国加入的国际公约除了《伯尔尼公约》和《世界版权公约》以外，还有《录音制品公约》和 TRIPs 协议等。

伴随着全球经济一体化的深入发展，一国著作权保护水平的高低不仅是促进本国著作权事业健康发展的重要条件，而且还是扩大国际贸易和吸引外国投资的前提条件，因此，注重研究和借鉴国际著作权保护的原则和惯例，逐步提高中国的著作权保护水平和整个社会的著作权意识，有利于中国科技文化的发展和改革开放的顺利进行。

第六章　著作权的客体

本章以著作权的客体为主题，系统阐述了作为著作权客体的作品的具体概念及思想表达两分法、独创性与可复制性等作品的构成要件，继而对著作权客体的类型，特别是民间文学艺术作品，进行了具体介绍，并明确了著作权客体的排除范围。

第一节　作品及其保护条件

1.1　作品的含义

作品(works)是著作权法意义上的基本概念，是著作权的客体。如果一个人想要让他人能够客观的了解、欣赏自己的思想情感或者研究成果，必须通过一定的形式，如语言、文字、声音等加以表达，这种将内心思想情感借助语言、符号等形式加以表达的过程就是创作，由此而形成的具有独创性的智力成果便是作品。由此可见，作品是作者的智力创作成果，是作者意识观念和思想感情的表达。只有著作权法意义上的作品才能被赋予著作权，作品的创作者也才能被称为作者，因此对作品的认定是构成权利人主张著作权的前提。

根据我国2002年《著作权法实施条例》第2条规定，“著作权法所称作品是文学、艺术和科学领域内具有独创性并能以某种有形形式复制的智力成果。”《伯尔尼公约》(1971年文本)第2条也规定：“‘文学艺术作品’一词包括文学、科学和艺术领域内的一切作品，不论其表现方式或形式如何……”[①]因此在理解作品的含义时应该把握以下几点：第一，作品涉及文学、科学、艺术领域，是人类智力创作成果，纯粹鬼斧神工的自然风光比之人工雕刻有过之而无不及，但并非人类智力成果，因此不能构成著作权法意义上的作品；机器自动生成的文档也不能构成作品。第二，作品应是能够为他人客观感知的外在表达，作品的表现形式或方法不影响作品的构成。第三，由于世界各国的文化传统和法律制度存在着许多差异，国家之间，甚至同一国家不同历史时期对作品的内涵与外延的界定均有不同。总的说来随着科学技术的进步和社会经济的发展，作品的范围在不断地扩大，许多传统上不被视为作品的内容也被囊括到著作权作品的范围。

1.2　作品的构成

1.2.1　作品是思想的表达

现代著作权法借助了思想/表达(idea/expression)的二分法，规定著作权

---

① 《伯尔尼公约》第2条规定：“‘文学艺术作品’一词包括文学、科学和艺术领域内的一切作品，不论其表现方式或形式如何，诸如书籍、小册子和其他文字作品；讲授、演讲、讲道和其他同类性质的作品；喜剧或音乐剧作品；舞蹈作品和哑剧；配词或未配词的乐曲；电影作品和以类似摄制电影作品表现的作品；素描、颜料画、建筑、雕塑、版刻和石印作品；摄影作品和以类似摄影的方法表现的作品；实用艺术作品；与地理、地形、建筑或科学有关的图解、地图、设计图、草图和立体作品。”

法保护的是表达而不是思想。一般而言，著作权法中的思想观念是指概念、原则、创意、发明、发现、程序、工艺、方法、系统、运算方式、原理或发现等，其含义上比通常所说的思想观念宽泛。著作权法中的表达则是只对上述思想观念的主观表述，可以采用各种方式，包括文字、音符、数字、色彩、形体动作等。

著作权法只保护对于思想观念的独创性表达，而不保护思想观念本身，这是著作权法的基本理念，也是世界各国在对待著作权法的功能方面的一致的共识。例如，《美国版权法》第 102 条(b)规定："在任何情形下，对作者独创的版权保护，不得扩大到任何思想、程序、方法、系统、运算方式、概念、原理或发现，无论作品是以何种形式对其加以描述、解释、说明或体现的。"《伯尔尼公约》(指南)第 2 条第 1 款指出："一个人公开他的思想后，是没有办法阻止他人使用这一思想的。但是这一思想一旦被阐述或者表达出来，就存在着对借以表现这一思想的文字、符号、线条等的著作权保护。换言之，能够受到保护的是表现形式而不是思想本身。"[①]TRIPs 协议第 9 条第 2 款也规定："著作权保护应及于表达方式，但不延及思想、程序、操作方法或数学概念本身。"例如，某人发明了一个新产品，该新产品生产的技术方案可以申请专利权保护，但是对该技术方案的说明既可以采取图例方式，也可以采取文字方式，不同的人可以有不同的说明方式，只要是独立完成的，便可以各自取得著作权而互不干扰。如果某人为此写了一篇论文，那么他就对该篇论文享有著作权。凭借着著作权，他可以在保护期内禁止他人未经许可复制或者以其他方式使用该作品，也有权制止他人抄袭该作品。但是，依据该著作权他并不能禁止他人依据该论文内容生产新产品，也不能依据该著作权阻止他人对该技术方案作独立的表达并形成另外独立的作品。在这里，技术方案本身就是作品所要表达的思想观念。

根据思想/表达二分法，客观事实均不能获得著作权保护，包括经过作者艰苦劳动发掘的事实和经过长期科学研究发现的客观事实。美国法院在 1971 年判决的"米勒诉环球城市电影制片公司"案件即为其典型。[②] 在本案中，原告根据真实的绑架案件创作和出版了作品《黎明前的 83 小时》，被告阅读后认为，该作品描述的案件是制作电视剧的好题材，于是在未经原告许可的情况下创作了电视剧《漫长之夜》，并因此而引起双方的诉讼。第五巡回法

① 《保护文学和艺术作品伯尔尼公约(1971 年巴黎文本)指南》，刘伯林译，中国人民大学出版社 2002 年版，第 12 页。

② Miller v. Universal City Studios Inc., 460F. Supp. 984, at 988 (S.D. Flo. 1978).

院终审判决认为，版权保护只延及作者对事实的表达，而不延及事实本身。由于事实不来源于任何人，因而属于公有领域中可以被自由使用的思想。

当思想与表达密不可分或某种思想观念只有一种或有限的几种表达形式的时候，则著作权只能选择既不保护思想，也不保护表达，即所谓的思想和表达的合并理论。因为在这种情况下，他人为了表达同样的思想，只能使用同样或者基本相似的表达，对该类表达提供保护就相当于保护了该思想。譬如，当使用十分简洁的语言表述一种游戏规则的时候，可供选择的表达方式就会变得很少。在这种情况下，思想和表达几乎是统一的。合并理论主要适用于功能性作品和事实性作品，如数学公式、竞赛规则等。与此密切相关的还有适用于文学作品的"情景理论"。根据合并理论的基本精神，文学作品中的某些要素，如事件、人物的特性和特定的背景等，不应受到著作权法的保护，因为在处理同一主题时不可避免地会使用到的类似的要素，对该类要素提供著作权保护必然会妨碍其他人就同一主题进行创作的可能。例如，表现"文化大革命"背景的电影，往往有高音喇叭播放的声音和铺天盖地的大字报的场景等。

需要注意的是，虽然我们试图界定思想与表达的分界以确定著作权法保护的边界，但是事实上至今尚无公认统一的量化标准来明确界定这种情况，因此，对于思想/表达不应用作语义学上的解释，而应该把它们置于法理的意义上进行区分。

1.2.2 作品应具有独创性

作品的独创性(originality)又称原创性，是指作品由作者独立创作完成而区别于其他作品的特异性或差异性。由于文化的传承性，严格来看，任何一部作品的创作都必须依赖和借鉴前人的成果，因而区分公有领域与私权范畴是知识产权各种制度设置中首先要面对的问题。在著作权法中，独创性就是其中一个非常重要的标准。独创性中的"独"强调的是独立完成，即作品的完成是作者自己的判断、选择、设计的结果，既不是对已有成果的抄袭，也不是依既定程式的演绎推算。① "创"强调的是作品的智力创造性，即作品体现了作者的精神劳动和智力判断，而非简单地临摹或材料的堆集。

在理解独创性上应注意把握以下几个方面：

(1) 独创性是指作者表达的独创，而非表达的思想、观念、信息或作品的

① 虽然根据既定程式的推演运算也是智力成果，但是只要推演运算正确，其结果必然一致，因而其不具有独创性。参见刘春田：《知识产权法》(第二版)，高等教育出版社、北京大学出版社 2003 年版，第 46 页。

主题、题材等。事实上,古今中外的文学作品所表现出来的主题无非是爱恨情仇,但是这一点并不妨碍作者采用各自的表达方式去演绎、诠释、阐述、论证和表达。最高人民法院《关于审理著作权民事纠纷案件适用法律若干问题的解释》第15条规定:"由不同作者就同一题材创作的作品,作品的表达系独立完成并且有创作性的,应当认定作者各自享有独立著作权。"

(2) 创作是直接产生文学、艺术和科学作品的智力活动,如果仅是为他人的创作做些组织工作,或提供咨询意见,或提供物质条件,或进行其他辅助性工作,则不构成创作。

(3) 创作是一种事实行为,与创作者的民事行为能力无关。因此,创作者是否具备民事行为能力不会影响其对著作权的享有,因而未成年人就其作品同样享有著作权。

(4) 独创性仅要求最低限度的创作性,这主要是基于以下理由:

第一,独创性不同于新颖性和创造性,不要求作品具有类似专利发明创造的新颖性(所谓的"最新"、"第一"),也不要求具备创造性("与已有成果相比具有显著的进步性"),而只要求作品必须是由作者独立完成。即使作品描写的主题相同,只要内容的表达具有区别于他人作品的特异性即可满足独创性要求,而不管作品创作的先后以及作品的形式等。

第二,世界各国由于历史文化传统、经济发展水平以及政治法律制度的不同,因此对作品的创造性要求也不一样。一般说来,大陆法系国家对创作高度有一定要求,如德国著作权法区分"摄影作品"和"照片",只有表达了摄影师的艺术观点与创造力的照片才会被认为属于摄影作品,而平庸的业余爱好者所摄制的照片,以及在企业活动中为应付公事而制作出来的照片,由于其"创作性"较低,并不能作为摄影作品而受到著作权的保护。[①] 美国最高法院在"费斯特出版公司诉鲁雷儿电讯服务公司"案件中表明了这样的立场:版权中所使用的"原创性"这一术语,仅意味着作品是由作者独立创作的(与复制其他人的作品相反),而且至少具有某种最低限度的创造性。当然,创造性要求的水平是极低的,甚至有一点点就可以满足。[②] 相形之下,中国法律并没有就作品的创造性程度作出明确要求。由于在中国的著作权法中邻接权的种类远少于德国等大陆法系国家,为了避免含有一定智力创造性的劳动成果被排斥在著作权法保护之外,因此,中国法对著作权作品的创造性要求的门

---

① 〔德〕M.雷炳德:《著作权法》,张恩民译,法律出版社2005年版,第151、528页。

② 在本案中,美国联邦最高法院作出判决,其要点是著作权/版权不保护没有任何原创性的数据库作品。Feist Publications, Inc. v. Rural Telephone Service Co., 499 U.S. 340 at 345(1991).

槛并不高，一般认为仅仅需要具备最低限度的创造性即可。[①]

第三，独创性的判断标准因作品的性质而有所不同。一般而言，虚构性的作品(fictions)中，创作者通过独特的眼光来过滤现实，就同一主题作出不一样的表达，具有较高的独创性。然而，在事实性和功能性等非虚构的作品(nonfictions)中，由于受到事实、程式、惯例等的限制，本身难以构成独创性作品，所以很小的变化可能就被认定为具有独创性。在人物传记、历史研究类作品中，由于作者使用的资料相同或基本相同，独创性体现更多的是在资料的选择、编排和说明上。而对已有作品的再创作而言，再创作的作品同原作品相比必须具有客观的可被识别的变化才可以认定其具有独创性。

第四，独创性与作品的学术和艺术价值无关；亦与作品质量和销量无关。作品的独创性与作品的水平、质量和价值不存在直接关系，因此在此种意义上说，独创性对作品的质量没有要求。何况作品的学术艺术价值本身难以客观评判，一些天才艺术家生前作品无人光顾死后价值连城的实例比比皆是。

1.2.3 作品应具有可复制性

只有具备公开和传播的可能性，作品的社会效益才能得以显现，著作权人的利益也才能真正充分实现。如果只是作者的思想而不具有一定的表现形式，则这种思考便无从把握，因此作品必须以一定的物质形式固定和再现，例如，现场表演可以用录像方式固定、口述作品可以口口相传、文字作品可固定在纸面上或电脑中。作品的复制形式多样，包括印刷、绘画、摄影和录制等。

1.3 作品的保护条件

作品的构成属于事实判断，其考察的目标在于是否有经由构思到表达的事实存在；而作品的保护条件则属于价值判断，其关注的是思想表达是否值得由著作权保护。[②] 我国 2002 年《著作权法实施条例》对作品的界定表明著作权法意义上的“作品”本身即包含了一定的价值判断因素(独创性的具备与否的判断即属价值判断)，只有构成了著作权法意义上的作品才能受著作权法保护。作品的构成是其受保护的前提。作品的保护条件如下：

第一，保护条件因作者国籍不同而有所不同。外国人、无国籍人的作品根据其作者所属国或者经常居住地国与中国签订的协议或者共同参加的国际条约享有著作权；中国公民、法人或者其他组织的作品自其完成时即受保护。

① 李明德、许超：《著作权法》，法律出版社 2003 年版，第 31 页。

② 李雨峰、王迁、刘有东：《著作权法》，厦门大学出版社 2006 年版，第 38 页。

第二，作品在法定保护期内。著作权法规定了作品的受保护期限，一旦保护期届满，作品便会进入公有领域，除著作人身权依旧有效外，相关作品便成为公共资源，任何人均有权自由使用。

第三，不与法律的特别规定相抵触。①

第二节 作品的种类

作品作为思想的表达，其表达的方式和形式是多种多样、丰富多彩的，并由此而产生出不同的作品类型：如美术作品、文字作品、音乐作品等。虽然世界各国法律对作品种类的划分不尽一致，但是一般都对作品的种类作了比较详细的列举，以尽可能囊括所有应受法律保护的作品。例如，美国《版权法》第 102 条就列举了文字作品、音乐作品、录音作品等 8 类受到保护的作品。法国《知识产权法典》第 L. 112-2 条也列举了文字作品、音乐作品、装帧及版式作品等 14 类受保护的作品。中国 2001 年《著作权法》第 3 条列举了共 9 类受到保护的作品，加上其他条款的相应规定，作品的种类总共有 12 类。②

2.1 文字作品

文字作品(written works)是指以文字、数字、符号等创作的作品。文字作品的范围颇为广泛，包括以文字形式表现的小说、诗歌、散文、著作、译著、工具书、期刊以及专利说明书等；以数字表现的统计报表等；以符号表示的盲文读物。此外，文字作品还包括综合运用文字、数字和符号表现出来的各种作品，包括计算机程序(computer program)。在所有著作权作品中，以文字形式创作作品是最为普遍，数量最多，运用最广的形式，因此，世界各国普遍将其列入第一类作品进行保护。传统的文字作品主要是固定在纸张上，而在现代科学技术条件下，文字作品的载体还包括胶片、磁带、光盘和计算机内存等。

2.2 口述作品

口述作品(oral works)亦称口头作品，是指即兴的演说、授课、法庭辩论等以口头语言创作，并未以任何物质载体固定的作品。这类作品与文字作品的不同之处在于，作者的思想和感情不是通过文字形式来表达的，而是通过

---

① 这部分的内容见本章第三节。

② 本节中部分不同种类作品的定义，可参见我国 2002 年《著作权法实施条例》第 4 条。

口头叙述形式来表达的。一旦该口述作品被以文字的形式记录下来并加以传播,即成为文字作品。

口述作品与表演不同,表演是表演者以朗诵、歌唱、演奏等再现作品,是对作品的传播行为。如果演讲人事先准备好了演讲稿,那么,在这种情况下,演讲稿就属于文字作品,而演讲者就是表演者。如果演讲稿是演讲者自己写的,那么著作权人与表演者是同一人。

在实践中,对口述作品的保护具有一定的困难,主要原因在于不好举证。即兴作品的特点是口头性和公开性是同时发生的,因此证明作品的内容具有一定难度。

2.3 音乐、戏剧、曲艺、舞蹈、杂技艺术作品

音乐作品(musical works)是指以乐谱形式或未以乐谱形式表现的能够演唱或演奏的带词的或者不带词的作品,如交响乐、歌曲、以简谱或五线谱写的乐曲等。带词的音乐作品一般连词带曲一并归入音乐作品,不过在词曲分离的状态下,词属于文字作品。

戏剧作品(dramatic works)是指话剧、歌剧、地方戏等供舞台演出的作品,即由对话、旁白、音乐、配词等构成的剧本。[①] 戏剧作品不是舞台上呈现出来的"整台戏",后者是对戏剧作品的表演,属于传播作品的行为。

如果剧本是采用文字形式表现的,就会产生与文字作品的交叉。之所以要把戏剧作品与文字作品相分离,是因为戏剧作品与文字作品创作的目的不同:文字作品一般是被用来阅读的,而戏剧作品,包括曲艺、舞蹈、音乐等作品的创作是用来演出的。虽然戏剧作品也可以阅读,但是剧本的最终成功与否是要靠演出的效果来验证,就是说依靠的是观众而不是读者的评判。[②]

曲艺作品(quyi works)是指以相声、快书、打鼓、评书、弹词、平话的说唱为主要表演形式的作品。包括对有脚本或底本的曲艺作品的表演,或者即兴的说唱,前者的脚本或底本就是曲艺作品,后者同时属于口述作品,表演者同时也是著作权人。

舞蹈作品(choreographic works)是指通过人体连续的动作、姿势和表情等肢体语言表现思想感情的作品。舞蹈是通过提炼、组织和艺术加工的人身动作为主要表现手段,表达思想感情,反映社会生活的艺术。舞蹈作品与戏

---

① 有学者认为戏剧作品指的是以舞台的演出形式而存在的综合艺术(表演艺术),认为剧本应该归属于文字作品。参见刘春田主编:《知识产权法》(第二版),高等教育出版社、北京大学出版社 2003 年版,第 49 页。

② 郑成思:《知识产权论》(第三版),法律出版社 2003 年版,第 232~233 页。

剧作品一样,应与舞蹈者的表演相区分。

杂技艺术作品(acrobatic works)是指杂技、魔术、马戏等通过形体动作和技巧表现的作品。杂技的特点是技巧性很强。如同体育项目一样,杂技所表现出来的更多的是技巧而非艺术,因此,在认定杂技作品时存在着一定难度。也就是说应当注意杂技艺术作品是否达到了独创性的要求,并应该注意著作权法保护的是杂技中的艺术成分,而表演中的技巧成分不在保护之列。即使不构成作品,其表演者仍可受到邻接权的保护。

2.4 美术、建筑作品

美术作品(works of fine art)是指采用绘画、书法、雕塑等以线条、色彩或者其他形式表现的具有审美意义的平面或者立体的造型艺术作品。

建筑作品(architectural works)是指以建筑物或者构筑物的形式表现出来的具有审美意义的作品,属于科学作品与美术作品之间的边缘客体。建筑作品的著作权所保护的是建筑物——外观、装饰或设计上含有独创艺术成分的建筑物,包括建筑物的整体外形,空间和设计中的各种因素的排列、组合。保护建筑作品就要保护建筑物的建筑技术,而保护建筑物的建筑技术又必须保护建筑设计图中的施工图,不过,建筑物中的实用性建筑组成要件和标准建筑材料不属于建筑作品的范围。建筑设计图由图形作品给予保护;建筑模型则可归入模型作品保护。

2.5 摄影作品

摄影作品(photographic works)是指借助器械,在感光材料上或者其他介质上(如计算机软盘、光盘、内存等)记录客观物体形象的艺术作品。与一般美术作品不同的是,摄影作品的创作更多的是依赖于被摄对象和摄影工具,因此而被单列为版权保护对象,而没有被囊括到美术作品中。

著作权法意义上的摄影作品应具有某种程度的艺术表现形式,反映摄影者独特的审美目光和艺术角度。至于那些简单的拍照,如证件照等,因其缺乏独创性,而不被作为作品对待。单纯的翻拍是复制活动,因此复制品不属于摄影作品;利用自动摄像机摄制成的照片也不被认为是摄影作品。

2.6 电影作品和以类似摄制电影的方法创作的作品

电影作品和以类似摄制电影的方法创作的作品(cinematographic works)是指摄制在一定物质上,由一系列有伴音或无伴音的画面组成,并且借助适当装置放映或者以其他方式传播的作品,如电影、电视剧等。以类似摄制电影的方法创作的作品种类有很多，如具有独创性的DV、MTV等。界定这类成果是否属于作品范畴主要是取决于相关成果是否包含有智力创造的成分，如MTV，有一些仅仅以演唱会为背景；有一些仅仅让沙滩女郎在画面上扭动，并无对应歌曲的表现；另一些则如同拍摄一个小故事，制作比较精美。第一种情形仅仅是演唱会表演的录制和播放，第二种缺乏独创性，只有第三种情形才应该属于以类似摄制电影的方法创作的作品。对DV的作品性质认定也是如此。

我国2001年《著作权法》将该类作品称为“电影作品和以类似摄制电影的方法创作的作品”，在这里需要正确区分的是录像制品与录像作品。作品是作者思想的表达，须具有独创性，是智力创作成果；而制品则是对作品或者非作品的固定，如对自然界声音的录音、对表演的录制、反映实物特征的拍照等。两者的区别点在是否包含有智力创造成分。作品被赋予著作权，而制品的权利人则仅享有邻接权。

2.7 工程设计图、产品设计图、地图、示意图等图形作品和模型作品

工程设计图(engineering design plan)、产品设计图(product design plan)及其说明是指为施工和生产绘制的图样以及文字说明。工程设计图纸作品，是指利用各种线条绘制的，用以说明将要制作的工程实物的基本结构和造型的平面图案。产品设计图纸作品，是指用各种线条绘制的，用以说明将要生产的产品的造型及结构的平面图案。依据该类作品经过施工或生产，产生的实物有两种情形：一种是不受著作权保护的标准零部件、桥梁等产品或建筑物，在这种情况下只保护平面作品；另一种是可以受著作权保护的作品，如建筑作品、实用艺术品等，这种情况下平面作品和立体作品 并受保护，可以排斥他人的平面复制和立体复制。

地图(geographic map)是指反映地理现象、说明事物原理的作品；示意图(schematic)是说明事物原理或结构的作品。地图与示意图有一定的交叉，例如公园示意图就是地图的一种。两者均属“事实作品”，与“艺术作品”相比具有特殊性：事实作品首先表现为是对客观事实的反映，同时自有其惯常使用的图例，这些因素均属公有领域范畴，不受著作权法的保护。能受保护的是该类作品中绘制者独特的编辑、选择、加工形成的含有艺术创作的添加、指示部分。地图一般分为普通地图和专业地图，普通地图须受政府的监管或许可，因此有的国家将其归入政府文件类不给予版权保护。

模型作品(model works)是指为展示、试验或者观测等用途，根据物体的形状和结构，按照一定比例制成的立体作品，包括地理模型、产品模型、动物

模型、建筑物模型等。

2.8 计算机软件

计算机软件(computer software)包括程序和文档。根据 TRIPs 协议规定,无论源程序还是目标程序,均按《伯尔尼公约》的文字作品给予保护,保护期限不少于50年。计算机软件的保护问题详见本书与此相关的章节。

2.9 演绎作品

演绎作品(derivate works)是指对已有作品进行改编、翻译、注释、整理而形成的作品。如将外国文学作品翻译为中文;或对古文进行注释、整理;或将小说改编成剧本等。演绎作品应尊重原作品,不得随意篡改歪曲,并须注明原作品的作者。由于对原作品进行演绎创作的权利属于原作品著作权人,所以任何人以他人的著作权作品为基础进行再创作的,必须取得原作品著作权人的许可。根据我国2001年《著作权法》第12条的规定,演绎作品的著作权属于演绎者,但是演绎者在行使著作权时不得侵犯原作品的著作权。

2.10 汇编作品

汇编作品(compilation works)是指对若干作品、作品片段或者不构成作品的数据或其他材料的内容进行筛选或者编排,从而形成具有独创性的作品。如果以汇编对象是否为作品为标准,可以将汇编作品分为两类:集合作品和事实汇编。集合作品指汇编若干作品或作品片段形成的作品,如选集、期刊、百科全书等,该类作品中,被汇编的作品或者作品片段著作权人单独享有著作权,汇编人需要征得原作品著作权人的许可才能进行汇编。事实汇编指汇编不受著作权法保护的事实或数据或已进入公有领域的作品而形成的作品,如电话号码的汇编、法律汇编、官方文件的汇编等。汇编作品的独创性仅仅体现于对汇编的内容的选择、编排和排列的独特性上,对汇编作品的保护不能延及汇编的内容本身。

汇编作品的著作权由汇编人享有,但是在行使著作权时,不得侵犯原作品的著作权。如果汇编者在对作品或者事实的汇集中并没有体现独创性的汇编内容、体例或编排的选择,则不能构成汇编作品。

数据库(database)是指对作品、数据或其他材料的系统汇编,使用者可以通过电子或者其他手段使用其中的数据。数据库包括汇编作品以及不构成汇编作品的数据的汇集。电子媒介和数字化技术的出现和发展,极大的改变了人们对数据库的使用方式,迅捷而系统的获取数据资料成为知识经济时代的普遍需求和可能。从商业性使用的角度看,数据库的数据越齐全、编排体例越普通,就越能满足人们的使用要求,其商业性利用的价值也就越大,而这样的数据库所需的人、财、物的投入也就越高。显而易见,由于这样的数据库未能满足汇编作品的构成要件,因此不能获得著作权法的保护,因为人们利用的是数据库中所收集的材料信息,而非编排体例。

由于以汇编作品的形式去保护数据库,在法律上遇到瓶颈,因此,国际社会和各个国家纷纷寻求其他途径对数据库的法律关系进行调整。欧盟1996年颁布了《关于数据库法律保护的指令》,按照该指令,受到保护的数据库包括电子数据库和非电子数据库,其内容涵盖文学、艺术、音乐、图像、数字、事实等作品或非作品信息。该指令规定,数据库应当以系统有序的方式进行排列,使用者可以通过电子或者其他方式使用或获取其中的数据。数据库的保护期为15年,自编写完成开始计算,任何一次更新都可以使数据库重新获得15年的保护期。该指令为数据库创设了一种双重保护机制,要求各成员国对数据库予以版权保护的同时,还可以引入一种"特殊权利"的保护模式,即制止未经许可对数据库内容的全部或经定性和/或定量证明为实质性的部分进行摘录和/或再利用的权利。该指令的实质是通过赋予类似于著作权的特别权利对数据库的投资提供保护,这种模式受到了广泛的关注和争议。

到目前为止,中国的著作权法并没有对数据库作出专门的规定加以保护。除了构成作品的数据库可以作为汇编作品受到著作权法保护之外,未能构成作品的则可以引用1993年《反不正当竞争法》来保护。

▶ 2.11 民间文学艺术作品

民间文学艺术作品(expressions of folklore)是指某一民族或某一地区人们的传统艺术表达,如民间传说、民间诗歌谚语、民间舞蹈、民间音乐、民间服饰、民间建筑、民间风俗、民间宗教仪式等。例如,在许多文艺演出中,少数民族的原生态唱法和表演都是民间文学艺术的表达。

对于民间文学艺术的保护,我国2001年《著作权法》授权国务院另行规定具体保护制度,现在民间文学艺术作品著作权保护的立法工作已被列入到国务院的立法计划当中。在国际公约方面,1976年联合国教科文组织和世界知识产权组织共同为发展中国家制定了《发展中国家突尼斯版权示范法》,以指导发展中国家对民间文学艺术作品进行保护;1982年通过的《保护民间文学表达形式、防止不正当利用及其他侵害行为的国内法示范法条》[1]，将民间文学艺术作为独立于著作权以外的另一种知识产权予以保护；1996年缔结的《表演和录音制品条约》则赋予民间文学艺术的传播者以表演者权给予保护。

民间文学艺术是现代文明产生和不断发展的源泉。中国有着悠久的历史和灿烂的文化，56个民族共聚一家，民间文学艺术资源非常丰富。随着社会经济的发展和人们生活方式的改变，民间文学艺术的传承和保护面临着严峻的考验，主要表现为：一是由于过度商业化利用，造成资源的流失严重；二是许多民间传统技艺后继乏人，面临失传危险；三是一些独特民间文字语言风俗正在消亡；四是大量民间传统文化代表性实物和资料得不到妥善保护；五是专门的研究人员严重匮乏。实践中也不断出现有关民间文学艺术作品权属的纠纷，例如，饶河县四排赫哲族乡政府诉郭颂等侵犯民间文学艺术作品著作权纠纷案，白秀娥诉国家邮政局邮票印刷局著作权纠纷案等。

由于民间文学艺术世代相传，其形成往往需要经历漫长岁月的传承和完善，并在一个群体内共享，较之传统著作权具有明显的区别，以著作权模式提供保护面临着一系列的难题：第一，由于民间文学艺术是在一个群体内世代相传，那么应该如何确定具体的作者或权利主体，如何确定保护期及其起算？相应地，如果遇有侵权，侵权诉讼的主体资格该如何确定？第二，民间文学艺术存在方式往往是口口相传而并没有固定在物质载体上，其中有很多甚至尚未形成作品，在这种情况下作品的构成条件该如何确定？民间文学艺术的整理人、记录人对其传播有时会起到十分重要的作用，他们的利益如何体现？第三，依著作权法原理，作为在已有作品基础上的再创作形成演绎作品需要征得原作品著作权人许可，在民间文学艺术基础上的再创作如何征得权利人许可？如何支付报酬？当然，对民间文学艺术的保护还面临其宗旨如何确定？权利内容是否可以直接适用著作权内容等问题和难题。

一般认为，对民间文学艺术作品应给予立法保护，但是这种保护的力度不宜过高，否则有可能会束缚文化的传播。由于这类作品的主体具有不确定性，因此可以由政府或者居民集体选举出代表行使权利。民间文学艺术作品的保护期的设定可选择以是否仍然实际使用作为决定保护的标准，因为民间文学艺术的生命力在于使用，所以保护的目的应以鼓励传承和弘扬为主。不过，鉴于该类作品在历史传承和共同智慧等方面的特性，可以对其适用法定

---

① 《保护民间文学表达形式、防止不正当利用及其他侵害行为的国内法示范法条》第2条给民间文学艺术所下的定义是：由传统艺术遗产的特有因素构成的、由某国的某居民团体（或反映该团体的传统艺术发展的个人）所发展和保持的产品。

许可制度，允许公众自由使用。但是，法律应当作出明确要求，在法定许可的条件下，使用者在利用民间文学艺术作品时，应当注明出处、来源地、民族等，尊重这类作品原创者的精神权利。民间文学艺术作品的著作财产权集中表现为商业使用获得报酬的权利，报酬的支付应该用于特定地区和群体的民间文学艺术的弘扬和发展，或者将报酬留存到相关版权报酬收转的服务机构。

总之，民间文学艺术作品的著作权保护问题面临着与现行的著作权法体系的接轨和协调问题，具体涉及保护对象、客体范围、权利主体、权利内容、例外与限制、记录人及法律救济等问题，包括保护模式问题也仍然有待于进一步研究。

2.12 法律、行政法规规定的其他作品

随着科技的不断发展，可能产生新的作品的类型，如计算机软件被纳入著作权法保护就是典型的科技不断发展的结果。该条规定属于弹性的兜底条款，给未来新型作品的认定留下了余地。当然，新作品的认定只能在法律、行政法规中予以规定，与英美国家通过判例扩大受保护的作品范围的做法不同。

第三节 著作权客体的排除范围

可以将著作权客体的排除对象分为不受著作权法保护的作品和不适用著作权法的作品两种类型。

3.1 不受著作权法保护的作品

不受著作权法保护的作品是指不具备合法要件的作品，即其内容违反了有关法律、法规的规定，法律禁止其出版传播，因而不能得到著作权法保护的作品。

我国 2001 年《著作权法》第 4 条第 1 款规定："依法禁止出版、传播的作品，不受本法保护。"主要包括三种情况：第一，违背一般法律原则的作品；第二，违背社会公德和社会伦理的作品；第三，故意妨害公共秩序的作品。

第 4 条的立法意图十分明显，主要是基于以下四点原因：第一，强调社会主义国家的本质，文学、艺术和科学事业必须坚持为人民服务、为社会主义服务、为改革开放服务的基本方针。我国 2001 年《著作权法》的立法宗旨是在保护作者的合法权益的同时，还鼓励有益于社会主义精神文明建设的作品的创作和传播。第二，著作权是法律赋予公民、法人的民事权利，而公民、法人在

从事民事活动时应当遵守民事活动的基本原则，即民事活动必须遵守法律、尊重社会公德，不损害社会公众利益。反动的、淫秽的作品是违反国家法律、背叛社会公德、损害社会公共利益的，因此不能作为合法的民事权利客体予以保护。第三，中国有关法律对反动、淫秽作品不仅不给予保护，而且还要依法追究相关责任人员的法律责任。作为社会主义法律体系中重要组成部分的著作权法，应与其他法律协调一致。第四，《伯尔尼公约》和一些国家也有依法禁止出版、传播的作品不给予法律保护的规定和判例，因此我国 2001 年《著作权法》的规定符合国际惯例。至于哪些作品属于依法禁止出版、传播的作品，则需要由出版法等有关行政法律和法规加以规定。在出版法实施前，应当依据现行法律来确定违禁作品的范围。

我国 2001 年《著作权法》第 4 条实际上是著作权保护的除外条款。该条规定自立法伊始便受到理论界的质疑。由于该法未对不受《著作权法》保护的作品进行列举，而是将其构成要件交由行政法律和法规去评价。这样一来，就使得部分边缘作品的权利处于一种不稳定的状态，不仅会损害这部分作者的法律权益，而且也会损害法律的权威。不仅如此，由于行政法律和法规的社会敏感度比较强，跟随社会环境条件的变化而变化得比较快，相对于较长时间的著作权保护期，两者之间的冲突经常会造成个人和社会双双尴尬的局面。因此，从公平正义的法律观念出发，应该寻找另外的途径解决上述问题，而不是简单地采用一刀切的办法。

3.2 不适用我国《著作权法》的作品

根据我国 2001 年《著作权法》第 5 条的规定，不适用我国《著作权法》的作品主要有以下三类：

3.2.1 立法、行政和司法性质的文件

法律、法规、国家机关的决议、决定、命令和其他具有立法、行政、司法性质的文件（legislative, administrative and judicial documents）及其官方正式译文，是国家和政府意志的体现，不属于任何个人的智力创作成果；同时这类作品一般具有社会规范性质，需要迅速而广泛的传播，也不适合适用著作权法保护。

虽然政府文件或官方文件不受著作权法保护，但是并不意味着对它们可以随意汇编，还必须遵循相应的法律规定，例如，1990 年国务院颁布的《法规汇编编辑出版管理规定》等。

需要注意的是，官方文件的译本著作权问题应该区别对待：正式定为官方译本的，与官方文件一致，不适用著作权法保护；但是，如果是对官方文件

的翻译，并没有被确定为官方译本，则翻译人享有著作权。

3.2.2 时事新闻

时事新闻(news)通常是指通过报刊、期刊、广播、电台、电视台等传播媒介报道的关于某一事件或事实的单纯消息。对此，各国著作权法都不给予法律保护。其理由是：其一，报道时事新闻的目的就在于使社会能够尽快了解事实真相，因此没有必要给予其著作权保护；其二，时事新闻只是单纯反映和复述了一定的客观事实的存在，而客观事实不属于主体能动创造的范畴，不构成著作权法意义上的作品。当然，如果是新闻评论的话，则仍受著作权法的保护。

3.2.3 历法、公式、通用数表和通用表格

历法(calendars)是指用年、月、日计算时间的方法，主要有阴历和阳历。数表(numerical tables, forms of general use and formulas)一般是指含有一定数字，并反映一定关系的例表，是人们在日常生活和工作中经常运用的工具，如元素周期表、三角函数表等。该类作品由于表达形式单一，况且大多数已经进入公有领域，因而不适用著作权法的保护。

第七章　著作权的主体

本章围绕著作权的主体问题，首先分析了著作权主体的概念和分类，继而对一般作品的著作权归属问题进行阐述，并讨论了作者这一概念的内涵和外延，最后对演绎作品、合作作品、汇编作品、职务作品等特殊作品的著作权归属进行展开论述。

第一节　著作权主体的概念及分类

1.1　著作权主体的概念

著作权主体(copyright owner),又称著作权人,是指依法对作品享有著作权的自然人、法人或其他组织。在特殊情况下,例如,在接受遗赠或者无人继承时,国家可以成为著作权主体。著作权的主体首先是作者,包括直接从事创作的自然人和依法视为作者的法人或其他组织。由于著作财产权可以转让,因此,作者之外的其他人也可以享有著作财产权的一部分或者全部。

1.2　著作权主体的分类

依据不同的标准,可以对著作权主体进行不同的分类。

1.2.1　原始主体和继受主体

原始主体(primitive subject)与继受主体(successive subject)是依据著作权取得方式的不同所作的分类。原始主体是指基于创作行为或者法律的直接规定而享有著作权的主体。其中最主要的就是直接从事创作的自然人——作者,还包括法律上规定被视为作者的法人或非法人单位(法人作品著作权主体)、部分委托作品中的委托人(依双方约定著作权属于委托人的情形)、部分职务作品的雇佣单位(依法著作权归属于单位的情形)等。继受主体是指除作者之外,其他依法享有著作权的公民、法人、其他组织或国家,他们通过受让、继承、受赠等方式取得著作权。继受主体享有的著作权不包括著作人身权的内容。

这种分类的意义在于由于两者权利取得的方式不同,所以享有权利的范围也不同。原始主体享有完整的著作权,而继受主体只能享有部分著作权。原始主体可以将其著作财产权部分或全部转让、赠与给一个或几个继受主体,这时,这样做的结果可能导致原始主体也仅享有部分著作权。

1.2.2　内国主体和外国主体

内国主体(domestic subject)和外国主体(foreign subject)是依据著作权人的国籍的不同所作的分类。内国著作权人指具有本国国籍的自然人、法人或非法人组织,外国著作权人是指不具有本国国籍的外国或无国籍的著作权人。

这种分类的意义在于:第一,两者作品受保护的条件不同。内国主体的作品自创作完成时自动获得著作权保护,而无论发表与否;外国著作权主体的作品受保护则必须符合一定的条件。根据我国2001年《著作权法》第2条第3、4、5款的规定，外国人的作品若首先在中国境内发表，或外国人在中国境外发表的作品，根据其所属国或经常居住地国与中国签订的协议或者共同参加的国际条约享有的著作权，受中国法律保护。第二，作品首次发表的规定不同。内国主体的作品的首次发表，是指作品首次在中国境内或境外发表，发表可通过出版、广播、表演、朗诵等形式来实现。外国主体的作品首次在中国境内发表，则是指外国人未发表的作品首先在中国境内出版的，或者是外国的作品首先在中国境外出版后，30天内又在中国境内出版的，视为作品首先在中国境内发表[①]；或者外国人的作品未发表，但经授权改编、翻译后在中国境内出版的，也被视为该作品首先在中国境内发表。

1.2.3 自然人、法人和其他组织

自然人(natural person)、法人(legal entity)、其他组织(other organizations)和国家(nation)是依据著作权人的自然属性所作的分类。自然人包括中国人、外国人和无国籍人。其他组织的构成一般要求是合法成立、有组织机构、有相对独立的财产等条件的团体。国家只是在特殊情况下才成为著作权人，如受让、受赠或者保护期内无人继承的著作权，其权利由国家行使。

这一分类的意义在于著作权保护期的起算时间不同。著作权保护期依著作权原始主体确定，原则上作品自创作完成时开始自动取得著作权，我国2001年《著作权法》规定了50年的保护期，作者为自然人的，以死亡时间为起算点，即作者有生之年加上死亡之后的50年；作者为其他主体的，以作品发表的时间为起算点，即自发表之日起50年。

第二节 一般作品的著作权归属

作品著作权的归属仅指其原始归属，即对著作权的原始主体的认定。继受主体的权利源自于原始主体，在这种情况下，只需要查明转让合同关系或著作权继承关系、赠与关系是否生效即可。我国2001年《著作权法》规定，“创作作品的公民是作者”，“著作权属于作者，本法另有规定的除外”。因而，一般作品的著作权属于作者。

2.1 作者的概念

根据《著作权法》的规定，作者(author)是直接创作作品的自然人，那些仅提供辅助工作，如搜集资料、指导写作、帮助确定写作选题、写作思路、提供资

① 我国2002年《著作权法实施条例》第7、8条。

金的人，如果没有参与直接创作活动的，都不是作者。①

关于法人能否成为作者的问题，在理论界存在着争议，各国法律对此亦作出不同的规定。由于创作是一种智力活动，作品是作者借助语言、文字、色彩、线条等形式进行的思想的表达，反映了自己的个性和特点，是作者情感和精神的一种延伸。从这个意义上说，作者只能是自然人。创作行为是自然人特有的能力，只有自然人才能成为作者。多数大陆法系国家持这样的观点，即只承认自然人是作者，而不承认雇主也可以创作作品或者成为作者。在雇佣作品的情况下，原始著作权归创作者（自然人）所有，然后采用合同的方式将其中的经济权利转让给雇主所有。例如，《德国著作权法》第 7 条规定，"作者是创作作品的人"，第 11 条又规定，"著作权保护作者与其作品的智力和个人关系，并保护作者对其作品的利用"，明显将作者限制在自然人的范围；《法国知识产权法典》第 L. 111-1 条规定，"智力作品的作者，仅仅基于创作的事实，就该作品享有著作权"。与上述立场相对的另外一种观点认为法人或其他组织具有独立于其成员的意志，尽管其不能直接从事创作活动，而必需借助其成员或其他人的智力，但是这些自然人所创作的作品仅仅是反映了单位的意志，而与创作者的主观思想感情无关。英美法系国家多持这一观点，虽然他们原则上也承认自然人是作者，但是同时也承认在某些情况下法人也可以被视为作者。例如，根据《美国版权法》第 201 条(b)规定，"雇主或委托创作作品的其他人，除合同另有规定者外，视为作者，享有版权中的一切权利"。这里的雇主或委托人显然包括法人或其他组织。《日本著作权法》第 15 条也规定，"从事法人业务的人履行职务时创作的作品，该法人以自己名义发表该作品时，除法律另有规定者外，该法人视为作者"。

我国 2001 年《著作权法》的规定更接近于英美法国家的著作权法规定，该法第 11 条第 3 款规定，"由法人或其他组织主持，代表法人或者其他组织意志创作，并由法人或者其他组织承担责任的作品，法人或者其他组织视为作者"。随着科学技术的发展和社会的进步，大型著作或类似软件的高科技作品越来越依赖于人力、财力和物力相对集中的单位出面进行组织、管理和协作，并由单位承担风险和责任。因此，在原则上承认作者应为自然人时，在特定情况下将法人或非法人单位视为某些作品的作者，可以说是符合社会发展规律的。当然，从立法精神上不难看出，在绝大多数情况下，作者仍是自然人，而法人或其他组织还仅仅是作为制度规定的补充。

① 我国 2002 年《著作权法实施条例》第 3 条第 2 款规定："为他人创作进行组织工作，提供咨询意见、物质条件，或者进行其他辅助工作，均不视为创作。"

2.2 拟制作者

根据我国2001年《著作权法》第11条第3款的规定，法人或其他组织被视为作者的条件是：第一，由法人或其他组织主持创作；第二，创作体现了法人或其他组织的意志；第三，由法人或其他组织承担责任。凡符合上述条件的法人或其他组织被视为作者，相关作品亦相应地被称为法人作品，法人或其他组织对其享有完整的著作权，包括著作人身权和著作财产权。对于上述情况，理论上通常将法人或其他组织称为拟制作者，典型的拟制作者的作品主要有百科全书、辞海、字典等以某某编委会署名的大型工具书等。

2.3 作者的推定

依据我国2002年《著作权法实施条例》第6条的规定，“著作权自作品创作完成之日起产生”。由于著作权是自动取得的，无需申请登记或授权，因此，在一般情况下，作品的作者是根据作品上的署名来认定的。作品的署名可以是真名也可以是假名，署名方式一般依习惯而定：如文字作品中某某著或主编，美术作品一般在作品上标明某某书；网络空间上传的作品则采数字方式。

我国2001年《著作权法》第11条第4款规定：“如无相反证明，在作品上署名的公民、法人或者其他组织为作者。”法律的这一规定，体现了作者的推定原则。作者的推定原则一方面有利于作者著作权的行使与维护，另一方面也有利于作品利用者与作者的联系，有利于作者实现其经济权利。当然，在有相反证据证明署名的作者不是真正作者或者真正作者未署名的情况下，应根据客观真实的证据对真正的作者加以认定。

第三节 特殊作品的著作权归属

我国2001年《著作权法》对某些特殊作品的归属作出了特别规定，并且对这类作品的著作权归属规定了不同的认定标准。

3.1 演绎作品

演绎作品(derivative works)是指在他人作品的基础上经再创作而形成的作品。演绎作品的方式包括改编、翻译、注释、整理，也包括一定意义上的临摹，前提是如果这种临摹构成著作权法意义上的作品。[1] 演绎作品的著作权属于演绎者，但是法律要求行使演绎作品的著作权时不能损害原作品著作权人的合法权益。如果原作品尚在保护期内，则使用演绎作品需要征得原作品著作权人的许可并支付报酬。

3.2 合作作品

合作作品(works of joint authorship)是指两人以上共同创作的作品。《美国著作权法》第101条为合作作品作出了这样的定义："由两个或更多的作者创作的作品，他们创作的目的是将自己的成果合并成为一个整体，并成为其中不可分割或相互依存的部分"，《德国著作权法》第8条规定了合作作品的两个标准，"两个以上的作者共同创作了一部作品，他们各自的创作成果只能合在一起而被使用，不能单独被利用"。法国、英国等国家的著作权法也都有类似的规定。在理论上，这类合作作品被称为狭义的合作作品。

除了普通作品所要求的一般构成要件之外，构成合作作品的要素还包括：第一，合作作者必须有共同的创作愿望，他们对创作行为及后果有明确认识，目标一致。若他们缺少共同的创作愿望，则不能称为合作作品；第二，合作作者必须有共同创作的行为，他们在合意的基础上从事了直接的和实质性的创作活动，而不是仅为创作活动提供辅助劳动或物质帮助等。上述两个要素必须同时具备，例如，词、曲作者共同完成一首歌曲的创作，只有在这种情况下所进行的创作才属于共同创作的行为，由此而形成的作品才是合作作品。但是，如果事先没有协商沟通，那么就缺乏共同创作歌曲的主观愿望，在这种情况下，如果将其中一人所作的诗谱写成为歌曲，则不能认为这首歌曲是合作作品，而只能将其视为是对诗的利用行为。如果打算将这首歌曲发表或者进行表演的时候，则需要征得诗作者的同意，并向其支付报酬。

合作作品的著作权归全体合作人共有。对于可以分割的合作作品，如歌曲的词和曲，合作作者对各自创作的部分单独享有著作权，但是在行使著作权时不得侵犯合作作品整体的著作权。对于不可分割使用的合作作品，如共同讨论写作思路，由一人执笔而由另外一人润色加工的文章，其行使由当事人协商一致来决定，对于不能协商一致的，则任何一方无正当理由不得阻止他方行使除转让之外的其他权利，不过，在这种情况下，因著作权行使而获得

[1] 我国1991年《著作权法》将临摹作为复制行为的一种，2001年《著作权法》改变了该规定，复制行为不再包含临摹行为。一般认为，临摹需要临摹者的娴熟的技巧，需要一定的创造性劳动，所以临摹也是一种智力活动，可以构成新的作品。不过临摹如果达到可以以假乱真的程度，跟复制的效果相差无几，应该作为复制来对待。如果与原作可以区别，则可认定为新作品。

的利益应当合理分配给其他的合作者。①

合作作者之一死亡后，其对合作作品所享有的著作财产权无人继承又无受遗赠人的，由其他合作作者享有。

3.3 汇编作品

汇编作品(compilation works)是指对作品、作品片段或者不构成作品的数据或其他材料等内容进行独创性的选择或者编排而形成的作品，如选集、期刊或百科全书等。

汇编作品的著作权由汇编人享有，汇编人行使著作权时不得侵犯原作品的著作权。就著作权法的意义而言，汇编人对被汇编的作品或材料不作任何形式的再创作。如果被汇编的内容是享有著作权的作品，那么，在这种情况下汇编行为必须经原作品著作权人的同意，并向其支付报酬。如果需使用汇编作品的，则需征得原作品著作权人和汇编人的许可。

如果汇编的内容是享有著作权的作品，那么就会涉及多个作者的权利问题，其与合作作品的主要区别是：第一，汇编作品中各作者之间不必具备合意；而合作作品要求各作者要有共同创作的愿望；第二，汇编作品中各作者的成果是可区分的；而合作作品中作者的成果有时是可分的，有时是不可分的；第三，汇编作品可以汇编人的名义发表；而合作作品则必须以合作者的共同名义发表。

3.4 电影作品和以类似摄制电影的方法创作的作品

电影作品和以类似摄制电影的方法创作的作品(以下简称“电影作品”，cinematographic works)是一类比较特别的作品。就其创作而言，需要在一定的文学作品或者剧本的基础上进行再创作，显然可以归入演绎作品之列。而且，由于电影作品兼有对白、音乐、美术设计等，因此，又被称为“兼有合作作品和合成作品特点的特殊作品”②。

由于电影作品涉及的创作人员众多，同时电影作品的摄制有赖于制片人的投资，因此，世界各国对该类作品的著作权归属作出了不同的法律规定：第一，著作权全部归属于制片人，以保护投资者的利益，如美国，这与其雇佣作品版权属于雇主所有的规定相一致；第二，著作权归属于每一个参与创作的作者，但是可以通过合同向制片人转让该作品的使用权，如法国、英国等；第

---

① 我国2002年《著作权法实施条例》第9条。

② 郑成思：《版权法》，中国人民大学出版社1997年版，第299页。

三，将电影作品当做汇编作品对待，如俄罗斯；第四，理论上将电影作品的著作权归编剧等作者所有，将制片人作为邻接权人，但是同时又规定参与电影作品创作的每一作者都从一开始就已经把自己的经济权利转让给制片人行使了（“法定转让”），如德国。[①]

由此可见，无论电影作品的原始著作权归属是赋予作者还是制片人，各国法律几乎无例外地将电影作品的著作权最终交由制片人来行使，以确保制片人的投资利益的实现，当然同时也可以保证将电影作品最终推向市场。

在对待上述问题上，中国法律所采取的立场与德国法律十分相似。根据我国2001年《著作权法》第15条的规定，电影作品和以类似摄制电影的方法创作的作品的著作权由制片者享有；编剧、导演、摄影、作词、作曲等作者享有署名权，并有权按照与制片者签订的合同获得报酬；剧本、音乐等可以单独使用的作品的作者有权单独行使其著作权。

3.5 职务作品

职务作品（service works）是指公民为完成法人或其他组织的工作任务而创作的作品，这是我国2001年《著作权法》第16条对职务作品的界定。依据该规定，职务作品的构成条件为：第一，创作作品的自然人必须是法人或其他组织的工作人员，与单位有实质的劳动关系或雇佣关系[②]，包括正式员工、实习生、试用工、临时工等。第二，作品必须是在本职工作范围内为完成单位工作任务而创作的。这里的“工作任务”是指公民在该法人或者该组织中应当履行的职责，即职工根据单位下达的书面或者口头指示创作与本单位工作业务范围有关的作品。如果作品的创作与其应当履行的工作职责无关，则即使利用了工作时间，或者单位的物质技术条件，也不能构成职务作品，例如，计算机程序员利用上班时间为自己家里的热水器编写了一套定时通电加热的程序就不属于职务作品。

在欧美国家，与职务作品相对应的是“雇佣作品”，是指雇员在雇佣关系下所创作的作品。由于立法基点不同，英美法系和大陆法系国家对职务作品的归属有着完全不同的规定。

《美国版权法》第201条第2款规定，在雇佣作品情况下，雇主被视为作者，并享有版权或构成版权的各项权利，除非双方当事人以明确的书面合同

① 张玉敏：《知识产权法学》，法律出版社2002年版，第94～95页。

② 这一关系包括劳动法上的关系和类似劳动法上的国家机关、事业单位与公务员或其他员工之间的关系。

作出相反的约定。这与经受让取得的版权有所不同,后者的权利人被称为版权所有人。在美国,雇佣作品的保护期有特别规定,一般是出版后 90 年或者完成之后 120 年,二者取其长者,而一般作品则是以作者的有生之年加上死亡之后 70 年计算。日本的法律规定是与美国相似,一般是将雇主视为雇佣作品的作者。

大陆法系国家强调作品的原始版权属于创作作品的自然人,但是可以通过合同的方式将其中的经济权利转让给雇主。例如,德国就没有雇佣作品的概念,在雇佣关系下或者委托关系下创作的作品,原始著作权均属于创作者所有。不过在计算机软件作品的归属上,大陆法系国家也将作品的著作权归于雇主,如《德国著作权法》第 69 条规定,雇员在雇佣关系内所创作的计算机软件,其经济利益归雇主所有和行使。《法国知识产权法典》也作了同样的规定,并且还规定了一些对作者精神权利的限制,如计算机软件的作者不得行使修改权和追回权。[①]

我国 2001 年《著作权法》将职务作品分为两种情况,对职务作品的归属分别作出了不同的规定:

第一,职务作品的一般归属。职务作品一般归创作作品的作者所有,但是法人或其他组织有权在其业务范围内优先使用。在职务作品完成的两年内,未经单位同意,作者不得许可第三人以与单位使用的相同方式使用该作品;如经单位同意的,则有关收益由作者与单位按约定比例分配。作品完成两年的期限,自作者向单位交付作品之日起计算。

第二,职务作品的特殊归属。对于主要利用法人、其他组织物质技术条件创作的,并由法人、其他组织承担责任的工程设计图、产品设计图、地图、计算机软件等职务作品,以及法律、行政法规规定或者合同约定著作权由法人或其他组织享有的职务作品,创作的作者享有署名权,除署名权之外的其他著作权归法人或者其他组织享有。这里的"物质技术条件"是指该法人或者该组织为公民完成创作专门提供的资金、设备或者资料。之所以规定该类作品著作权归属于法人或其他组织的原因在于该类作品的创作对"物质技术条件"的依赖程度较高,同时,该类作品可能产生的风险和承担的责任也很重大,不是单个个人能够承担的,比如桥梁工程设计,涉及众多人的生命安全和财产安全,因而,在赋予单位承担相应责任和风险的同时赋予其权利符合权利义务相一致原则。

---

① 李明德、许超:《著作权法》,法律出版社 2003 年版,第 153～154 页。

3.6 委托作品

委托作品(commissioned works)是指受托人接受委托,按照委托人的意志和具体要求而创作的特定作品。如单位悬赏征集的厂标、厂歌、厂徽,委托他人为产品撰写广告词,委托他人为小说画插图、为自己拍照片等所创作的作品均为委托作品。

许多国家的著作权法没有对委托作品著作权归属作出特别规定,委托关系中,委托人通常需要支付委托金,这与雇佣关系具有很多的相似性,在欧美国家,一般都把委托作品归入雇佣作品,或者视为雇佣作品的一种特殊情形。

委托作品与职务作品的不同在于:委托作品之创作是作者根据委托合同而履行其义务,职务作品的创作则是作者履行法律或劳动合同所规定的义务,这种义务往往与作者的本职工作有关。

根据我国 2001 年《著作权法》第 17 条规定,委托作品归属由双方当事人通过合同约定确定;没有约定的,归受托人(即作者)所有。在委托作品著作权属于受托人的情形下,委托人在约定的范围内享有使用作品的权利;双方没有约定使用作品范围的,委托人可以在委托创造的特定目的范围内免费使用该作品。

应该注意的是,中国对职务作品和委托作品的归属上并没有仿照德国、法国对著作人身权和著作财产权作区分,应该理解为包括经济权利和精神权利的完整的著作权的归属。

3.7 作者身份不明的作品

作者身份不明的作品(works of unknowing authorship)是指作者真实身份难以查明的作品,包括作者未具名或未写明其真实姓名且难以查清作者真实身份的作品。作者身份不明的作品与其他作品同样受保护,但身份难以查明影响作品保护期的计算和权利人的确定,为鼓励作品的传播,作品部分权利被授予作品原件所有人行使。根据我国 2002 年《著作权法实施条例》第 13 条规定,作者身份不明的作品,由作品原件的合法持有人行使除署名权以外的著作权。作者身份确定后,由作者或者其继承人行使著作权。

3.8 原件转移的作品

作品原件,尤其是美术作品原件,本身就具有很高的收藏价值,因此就其流转过程中,需要明了作品原件的归属和著作权的归属。一般而言,作品原件所有人享有物权,对该物享有占有、使用、收益、处分等权利,但在行使处分权时可能要受著作权的限制。美术作品的流转比较特别，随着画家声誉的提高，美术作品在流转过程中价值会有数十倍、数百倍的增长，一些欧美国家规定由美术作品作者享有追续权，有权分享增值部分的利益。我国法律规定，作品上的著作权归作者所有，原件所有权的转移不视为作品著作权的转移，但是，美术作品的展览权由原件所有人享有。

3.9 其他特殊作品

3.9.1 他人执笔以本人名义发表的报告、讲话等作品

这类作品可能是职务作品，也可能是委托作品，由于这类作品往往与发表人的身份、职责等相关，由发表人承担相应的法律后果，所以司法实务中将其确定为著作权归报告人或者讲话人享有；著作权人可以支付执笔人适当的报酬；如属法人作品的，著作权归法人享有。[①]

3.9.2 以特定人物经历为题材的自传体作品

这类作品往往是委托作品，由于以特定人物的语气陈述，与特定人声誉相关，该类作品著作权由双方当事人约定，即有约定依约定；如无约定，则归该特定人物享有，著作权人可以向执笔人或整理人支付适当的报酬。[②]

---

① 最高人民法院《关于审理著作权民事纠纷案件适用法律若干问题的解释》第13条。

② 同上法规，第14条。

第八章　著作权的内容及行使

本章首先介绍了著作权的取得制度，并对当前的三种取得制度立法例进行对比，继而分别讨论了著作人身权和财产权的概念和具体权利内容，最后分析了著作权的保护期限以及著作权的行使问题。

在大陆法系国家，尤其是德国和法国，著作权是基于作品创作而产生的权利，作品被视为作者人格权的延伸，因而著作权的权利内容包括作者的精神权利和经济权利，并且精神权利被认为是第一位的。相形之下，英美法系国家的传统则将版权视为是一种经济权利，因而并不强调对作者精神权利的保护，而是将涉及精神权利的部分交由普通法调整。中国著作权法在很大程度上更接近于大陆法系，其著作权的内容既包括作者的精神权利也包括经济权利。

第一节　著作权的取得

1.1　著作权的原始取得

著作权的原始取得主要基于两种原因：一个是原初的创作活动；另一个是法律的直接规定。相对于商标权和专利权的取得需要履行申请审批程序而言，著作权的取得程序要简单得多。世界各国对著作权的取得一般有三种立法模式。

1.1.1　自动取得制度

著作权的自动取得制度是指著作权因作品创作完成、形成作品这一法律事实的存在而自然取得的，不再需要履行任何手续。在理论上著作权的自动取得又被称为创作主义，即是说，著作权的取得既不需要经过行政主管部门的审批或登记，也不需要以发表或者发表时加注版权标记为条件。目前世界上绝大多数国家基本上实行的都是自动取得制度，同时这种制度也是《伯尔尼公约》规定的获得著作权的基本原则。[①]

著作权的自动取得是以作品创作完成的时间作为著作权取得的时间界限，即只有当作品被创作完成后，作者才能取得和行使著作权，才能对抗第三人的侵权活动。从理论上讲，作品的创作完成包括全部完成和部分完成。只要作者的某一思想或某一构思已经以法律规定的某种形式完整地表达出来，即使还只是其全部构思的一个组成部分，甚至是非主要的组成部分，亦属于该作品的部分完成，当然也可以将其视为整体作品在一定阶段的创作完成。在这种情况下未经许可而复制或抄袭该部分内容，即属侵权行为。[②]

不过自动取得制度并非针对任何作者，各国立法无一例外地规定了受保

① 《伯尔尼公约》第 3 条规定："作者为本联盟任何成员国国民的，其作品无论是否发表，都应受保护"；第 5 条第 2 款规定："享有和行使这些权利不需要履行任何手续。"

② 郑成思：《知识产权法》（第二版），法律出版社 2003 年版，第 278 页。

护的外国著作权人的身份要求，即作品的作者必须是有资格取得该国著作权的适格的人，否则不予以保护。这里所说的“适格的人”是指下列人员：一是本国公民，或者是在本国长期居留的外国人；二是其作品第一次在本国出版的外国人；三是作品第一次在与本国签订有著作权保护双边协定的国家或者与本国参加了同一个国际著作权公约的国家出版的外国人。有鉴于此，凡是未建立著作权法律制度国家的作者，或者虽然建立了著作权法律制度，但是未参加任何国际著作权公约，也未与任何国家签订有著作权保护双边协定的国家的作者，要想使自己的作品能够在国外取得著作权，就必须选择合适的国家第一次出版自己的作品，否则就不能享有著作权或者不能获得相应的法律保护。

1.1.2 加注版权标记取得制度

长期以来，《美国版权法》要求以加注版权标记作为获得版权的前提条件。受其影响，《世界版权公约》也将加注版权标记作为享有著作权的前提条件。所谓加注版权标记是指在作品出版发行时，印上符合法律规定的标记。根据《美国版权法》和《世界版权公约》的要求，版权标记通常由三个部分构成：一是表示版权的(c)或 Copyright 或 Copr.；二是作品首次出版的年份；三是版权所有人的姓名。按照《美国版权法》的解释，加注版权标记的意义是作者向公众表明保留版权意图，如果未加注标记则表示作者放弃的意思，作品也随之进入共有领域。

1989 年伴随着美国加入《伯尔尼公约》，《美国版权法》也抛弃了长期以来以加注版权标记作为作品取得著作权前提的规定，加注版权标记随之成为著作权人选择性的权利。不过，《美国版权法》中仍然保留了版权标记的通告作用。根据《美国版权法》第 401 条第 4 款的规定，如果已经在出版物上加注了版权标记，那么侵权行为人则不能再以无过错的理由为自己申辩，同时也不能主张无过错侵权的减轻损害赔偿责任。相反，如果作者未作有标记的，行为人则可做这种主张，并可以要求减轻损害赔偿金额。

时至今日，仍然还有一些国家仅加入了《世界版权公约》而未参加《伯尔尼公约》和 TRIPs 协议，在这些国家中，加注版权标记仍然是取得著作权的前提条件。客观来看，版权标记的确可以向社会公众传达出版物和版权人的信息，以便于作品的使用者与作者联系，具有一定的积极作用。

1.1.3 登记取得制度

登记取得制度，又称注册取得，是指一部作品完成或出版后，作者或者相关人需向有关行政管理部门登记注册才能取得著作权的制度。

1710 年英国《安娜法》规定，书籍出版前应向伦敦出版业公会进行登记，未经登记的书籍不得出版，也就无所谓著作权。在英国，这项制度一直延续到缔结《伯尔尼公约》时才被取消。在西班牙的著作权法发展过程中，也曾把作品登记作为著作权取得的前提条件，直到 1987 年著作权法修改时才取消了这一限制。不过，受西班牙著作权法影响较深的一些拉美国家和非洲国家，至今还仍然保留着登记制度。在这些国家的法律中，登记是著作权取得的条件，作品一经完成就必须登记。例如，《乌拉圭著作权法》规定，任何作品都必须向有关的政府机构登记注册才能获得著作权。也有一部分国家的法律则要求作品发表后，作为著作权延续的条件，作品应当登记。例如，《阿根廷著作权法》规定，在作品发表后的 3 个月内，必须向国家版权登记处注册登记，否则著作权停止行使。[①] 不过，《伯尔尼公约》和《世界版权公约》对作品的著作权并无登记取得的要求。

与登记取得制度相区别的是，许多国家都规定了著作权登记（copyright registration）制度，根据著作权登记制度，著作权人可以在特定的国家机构登记自己的著作权，并获得相应的证明文件，但该登记并不作为著作权取得的条件，而仅仅是取得权利的初步证据的方式，与著作权的取得无关，即使不登记亦不影响著作权的取得。例如，《美国版权法》第 411 条第 1 款和第 412 条规定，在作品登记之前，不得对任何侵犯该作品著作权的行为提起诉讼。该规定旨在鼓励版权所有人进行注册登记，以利于版权管理和丰富国会图书馆的馆藏。日本也有类似的登记制度，根据《日本著作权法》第 75 条的规定，登记主要是为了证明著作权人和出版物的基本信息。该法第 76 条还规定，著作权的转让必须进行登记，否则不得对抗第三人。

1.1.4　中国法律的规定

根据 2002 年《著作权法实施条例》第 6 条规定，著作权的取得实行自动保护制度，自作品创作完成之日起产生。

关于外国人的著作权的取得，2001 年《著作权法》第 2 条第 2、3 款规定，“外国人、无国籍人的作品根据其作者所属国或者经常居住地国同中国签订的协议或者共同参加的国际条约享有的著作权，受本法保护。外国人、无国籍人的作品首先在中国境内出版的，依照本法享有著作权。未与中国签订协议或者共同参加国际条约的国家的作者以及无国籍人的作品首次在中国参加的国家条约的成员国出版的，或者在成员国和非成员国同时出版的，受本法保护”。

自 1995 年开始，中国开始实行著作权自愿登记制度，即任何著作权人均

① 郑成思：《知识产权法》（第二版），法律出版社 2003 年版，第 282～283 页。

可就其著作权作品向国家版权局申请登记，并获得注册证书。这种登记与著作权的取得或者侵权诉讼的提起并没有直接关系，而仅仅是作为著作权人权利的一个初步证明。不过，有关计算机软件著作权的登记早在1991年《计算机软件保护条例》中就已有规定，该条例要求国内计算机软件权利人以登记作为提起诉讼或行政保护的前提条件，2001年修订后的《计算机软件保护条例》对此作了修正，规定"软件著作权人可以向国务院著作权行政管理部门认定的软件登记机构办理登记。软件登记机构发放的登记证明文件是登记事项的初步证明"①。

1.2 著作权的继受取得

著作权的继受取得包括继承、受让和受赠。由于著作权具有财产权的内容，因此，作为自然人的著作权人死亡后，如果其作品尚在保护期内，则其财产权依法移转于其继承人或者受遗赠人享有。作为法人或其他组织的著作权人变更、终止后，其著作财产权在保护期内依法由承受其权利和义务的法人或其他组织享有；没有承受权利和义务的，则由国家享有。著作财产权还可以被转让或赠与，与继承相同的是，所移转的部分仅限于著作财产权，而著作人身权则不得移转。

虽然著作人身权不能移转，但就继承而言，继承人有权维护著作人身权不受侵害，即就署名权、修改权、保护作品完整权等人身权利受到侵害的情形，继承人有权提起诉讼或要求行政保护；而就发表权而言，由于其保护期与著作财产权相同，只要作者未曾作出不许发表的意思表示，则继承人就可以行使发表权。

第二节 著作人身权

著作人身权，又称精神权利(moral right)，是指作者对其作品所享有的各种与人身相联系而又无直接财产内容的权利。世界各国的著作权法对著作人身权的规定不尽相同。一般认为，著作人身权包括发表权、署名权、保护作品完整权和收回作品权。《伯尔尼公约》第6条之二将著作人身权定义为："不受作者经济权利的影响，甚至在经济权利转让之后，作者仍保有要求其作品

---

① 参见我国2001年修订后的《计算机软件保护条例》第7条第1款。而我国1991年《计算机软件保护条例》第24条规定："向软件登记管理机构办理软件著作权的登记，是根据本条例提出软件权利纠纷行政处理或者诉讼的前提。软件登记管理机构发放的登记证明文件，是软件著作权有效或者登记申请文件中所述事实确实的初步证明。"

作者身份的权利，并有权反对对其作品的任何有损其声誉的歪曲、割裂或其他更改，或其他损害行为”。该公约实际上规定了著作人身权的署名权和保护作品完整权两项权利。我国 2001 年《著作权法》第 10 条第 1 款第 1 至 4 项规定了发表权、署名权、修改权和保护作品完整权等四项权利。

2.1 发表权

发表权(right of publication)是指作者决定其作品是否公之于众，以及在何时，以何种方式公之于众的权利。我国 2001 年《著作权法》第 10 条第 1 款第 1 项表述为，作者“决定作品是否公之于众的权利”。这里的“公之于众”是指作者自行或者经其同意将作品向不特定的人公开，但不以公众知晓为构成要件，并且也不要求以某种物质形式固定下来。如文字作品的出版、音乐作品的演奏、电影作品的放映等，至于公众是否知悉其内容，则在所不问。“公之于众”的“众”是指一定数量的不特定人，如果仅仅是在特定的人中公开，如在家庭或朋友聚会场合朗诵新诗；朋友之间发送电子邮件；为征询意见而在与作品具有特定关系的人之间传阅等，则不构成发表。

发表权属于一次性权利，一旦作者本人或委托他人将作品公之于众，就意味着发表权行使完毕，此后对该作品的再行传播则不属于发表权的行使了。

由于发表权与著作权中的各项经济权利密切相关，理论界对发表权的性质存在着两种不同的主张：一种认为发表权仅属于著作人身权的范畴；另一种则认为发表权兼有人身权和财产权双重性质。事实上，当作品完成后，作者必须决定是否以某种方式利用作品，即决定行使哪种经济权利，如决定出版、展览或改编等。在行使这些权利的同时，不可避免地需要将作品公之于众，因而与著作财产权截然分开的发表权是不存在的。作者在第一次行使著作财产权的时候，往往也就同时行使了发表权。正是基于这种关系，多数国家并未将发表权作为一项独立的权利载入法律。即使有些国家的法律对发表权作了规定，也只是对发表权作了类似于著作财产权的规定。例如，规定发表权的保护期限，规定未发表的作品转让时不得限制受让方向公众提供该作品等。就发表权的意义而言，其本身是在强调只有作者自己才能决定是否发表，以及以何种方式发表作品的权利，并无直接的经济内容，因此一般认为发表权属于著作人身权的性质。

我国 2001 年《著作权法》第 10 条规定，作者享有发表权。作者为法人或者其他组织的，作品完成 50 年内未发表的，发表权不受保护；作者为自然人的，生前未发表的作品，如果未明确表示不发表，在作者死后 50 年内，其发表权可由继承人或受遗赠人行使；没有继承人又无人受遗赠的，则由作品原件的所有人行使。实践中有下列情形之一的，推定作者同意发表其作品：一是作者许可他人使用其未发表的作品，二是作者将其未发表的美术作品原件的所有权转让给他人的。

如果作品涉及其他人的权利，则发表权会受到相应的限制。例如，摄影作品可能涉及他人的肖像权；披露自己以往感情经历的自传可能涉及相关人员的隐私权等。当发表作品有可能涉及他人权利的，则必须要征得他人的同意。

2.2 署名权

署名权(right of authorship)是指作者享有的表明身份，在自己创作的作品上署名的权利。《伯尔尼公约》将署名权界定为"昭示作者与作品关系，表明作者身份的权利"，2001年《著作权法》规定，署名权，即表明作者身份，在作品上署名的权利。署名权的内容包括：有权在自己创作的作品上署名，并有权阻止他人在自己作品上署名。署名的方式既包括署真名、笔名、艺名、别名、化名或假名，也包括不署名。就作品而言，通过署名即可对作者的身份给予确认。我国2001年《著作权法》第11条第4款规定："如无相反证明，在作品上署名的公民、法人或者其他组织为作者。"需要注意的是，第一，不署名并不意味着对署名权的放弃，而是署名权的一种行使方式。只要作者愿意，在任何时候都可以恢复其署名。第二，部分作品的著作权归属与署名权归属具有不一致性，如著作权由法人或其他组织享有的职务作品，其署名权仍归作者享有。

署名权属于著作人身权，既不得转让或继承，也不存在放弃的问题。署名权的保护期不受时间限制，当作者死亡之后，其署名权由其继承人或者受遗赠人保护。无人继承又无人受遗赠的，其署名权由国家相关的行政管理机构保护。

在司法实践中，遇到因作品署名顺序而发生的纠纷，其处理原则一般是：有约定的按约定确定署名的顺序；没有约定的，则可以按照创作作品过程中所付出的劳动，或者作品的排列，或者作者的姓氏笔画等标准来确定署名的顺序。

2.3 修改权

修改权(right of alteration)是指作者享有的自己或许可他人修改其作品的权利。所谓修改是指对作品的内容、文字等进行改动、修饰、润色或增删等工作以提高和完善原作品的做法。作品体现了作者个人的思想和情感，作者是作品发表后所产生的社会效果的承受者，无论毁誉都是作者自己的事情。他人任意改动作者作品的行为极有可能破坏作者对作品的整体构思，改变作品的原意，从而对作者的名誉、声望造成负面影响，因此，作品的内容只能由作者自己决定是否加以修正完善或改变。

修改权包括作者有权自己修改作品和授权他人修改作品。他人未经授权而擅自修改作品的，则构成对作者修改权的侵犯。即使是在获得授权的情况下对作品进行修改的，也不能歪曲或篡改作品。修改作品可以是对已发表作品的修改，也可以是对未发表作品的修改。此外，在法律或法规规定的某些情况下，作者的修改权还会受到下述条件的限制：

第一，当美术作品的原件售出以后，如果著作权人要想修改作品，则应当征得美术作品原件所有人的同意。

第二，在作者许可他人将其作品摄制成电影作品和以类似摄制电影的方法创作的作品的，视为作者已同意对其作品进行必要的改动，而无须特别授权。不过，这种改动不得歪曲或篡改原作品。

第三，报社、杂志社可以对作品进行文字性的修改或删节，但是对于作品内容的修改，则必须要经过作者的同意。

第四，图书出版者根据自己的工作惯例或通行规范对作者书稿所进行的修订、更改或纠正错误等工作，应被视为出版编辑权限范围内的职责行为，而不应被视为对作者修改权的侵犯。经作者与出版者的合同约定，出版者可以对作品的内容进行修改或删节。

作者死亡后，其修改权由作者的继承人或者受遗赠人来维护；无人继承又无人受遗赠的，其修改权由著作权行政管理部门来维护。

2.4 保护作品完整权

保护作品完整权(right of integrity)是指作者享有的保护作品不被歪曲或篡改的权利。《伯尔尼公约》第 6 条之二将其界定为“作者享有反对任何人对其作品进行的任何歪曲或割裂或有损于作者声誉的行为的权利”，较之 2001 年《著作权法》的规定，《伯尔尼公约》多了“有损作者声誉”的限制条件。

作者有权保护其作品的完整性，有权保护其作品不被他人丑化。未经作者同意或授权，他人不得擅自删除、变更作品的内容，或者对作品进行破坏其内容、表现形式和艺术效果的变动，以保护作者的名誉和声望，维护作品的纯洁性。即使在得到作者同意或授权对其作品进行修改的情况下，也应当维护作品的完整性，不得对作品进行歪曲或篡改。

从一定角度上看，保护作品完整权和修改权似乎是一个问题的两个方面。禁止他人未经同意擅自修改作品自然能保护作品的完整权,不过,保护作品完整权在内容上还是比修改权更进了一步,它不仅禁止擅自对作品进行修改,而且还禁止他人在以改编、注释、翻译、制片、表演等方式使用作品时对作品进行歪曲性的改变。例如,将宗教音乐用于商业性广告中;未经许可对文字作品作大量删改等,均属于侵犯保护作品完整权的行为。不过,著作权人同意或授权他人将其作品摄制成电影或以类似摄制电影的方式创作作品的,则被视为著作权人已经同意对其作品进行必要的改动。由于电影作品是综合艺术作品,因此,这种改动有时会比较显著,在这种情况下,行为人的善意可以构成侵权指控的抗辩理由。在司法实践中,通常掌握的标准是这种改动不得造成歪曲或篡改原作品的结果。

保护作品完整权的保护期不受限制。作者死亡后,保护作品完整权由作者的继承人或者受遗赠人行使;既无继承人又无受遗赠人的,由著作权行政管理部门行使。

第三节　著作财产权

著作财产权是指著作权人享有的使用作品和获得报酬的权利。与著作人身权不同的是,著作财产权人包括因继承、受让或受赠而获得著作财产权的主体,而著作人身权的主体仅指作者或被视为作者的法人或其他组织。

著作财产权的范围相对比较广泛,包括复制、发行、表演、演绎等权利。《伯尔尼公约》以未有穷尽的方式列举了应当由作者享有的复制权、翻译权、表演权、广播权、朗诵权和改编权等。《美国版权法》规定了复制权、发行权、演绎权、表演权和展览权等权利;《法国知识产权法典》规定了作者享有以任何形式使用作品并获得报酬的专有权。虽然各国法律规定的著作财产权的具体权利类型各有不同,但一般都通过对权利内容的解释,尽可能地涵盖对作品的各种利用方式。从历史发展上看,著作财产权的内容一直呈现出一种扩张的趋势,这种趋势实际上是顺应历史发展规律的,因为复制权的出现是基于印刷技术的成熟,而出租权和信息网络传播权的确立,则是现代科学技术发展的产物。因此,"作品有多少种使用方式,著作权人就有多少种使用的权利","作品的财产权是没有数量限制的"。[①] 这一切都充分表明了这样一个道理,安排设置著作财产权的根本目的就是要赋予作者利用作品的权利,以

① 〔西班牙〕德利娅·利普希克:《著作权与邻接权》,联合国教科文组织译,中国对外翻译出版公司2000年版,第132页。

保障其经济利益的实现。

我国2001年《著作权法》规定了复制权、发行权、出租权、展览权、表演权、放映权、广播权、信息网络传播权、摄制权、改编权、翻译权、汇编权等项财产权利。此外，与著作权有关的国际公约和一些国家的著作权法还规定了其他一些著作财产权种类，诸如注释权、整理权、追续权、公共借阅权、角色商品化权、收取录制和复印设备版税权、接触权、畅销书条款权等权项。

3.1 复制权

复制权(right to reproduce the work in a material form)是指著作权人享有的自己或许可他人复制其作品的权利。《伯尔尼公约》第9条规定："受本公约保护的文学艺术作品的作者，享有授权以任何方式和采取任何形式复制这些作品的专有权利。"我国2001年《著作权法》将复制权界定为著作权人享有的以印刷、复印、拓印、录音、录像、翻录、翻拍等方式将作品制作成一份或者多份的权利。[①]

复制权是著作财产权中最基本的一项权利。所谓复制就是以某种方式将作品再现。复制必须借助于一定的方式，但是从著作权法的角度看，复制更重要的不在于它借助何种方式，而是在于客观上是否将作品制作成一份或多份。只要在客观上将作品制作成一份或多份，就足以满足构成复制要件。

复制的方式有很多，概括起来不外乎两类：一类为手工复制，即主要通过手工工具或者手工劳动所完成的复制，如手抄、手绘、手工雕塑、雕刻、仿制等；另一类为机械复制，即主要借助机械设备完成的复制，如印刷、录音录像、照相、静电复印等。我国2001年《著作权法》将临摹的方式从复制的种类中删除掉，因为临摹与原作之间的差异性因各个临摹人的技巧不同而有所不同。一般说来，只要是对原作一模一样的再现，就可以认为是复制。

复制中除了最常见的从平面到平面的复制之外，还存在着从平面到立体或者从立体到平面的复制的情况。从平面到立体的复制主要出现在美术作品和建筑作品中。例如，雕塑作品从图样到立体；建筑作品从建筑设计到建筑物的建成。这里的复制必须是构成建筑作品的情况，因为一般的建筑设计图是作为图形作品被保护的，如果与其相对应的建筑物不构成著作权法意义上的建筑作品，则不存在从平面到立体的复制问题。当然这样的图形作品仍然受到从平面到平面的复制的制约。从立体到平面的复制主要出现在雕塑等美术作品和建筑作品中。例如，临摹他人雕塑作品，拍摄他人建筑作品等。

① 参见我国2001年《著作权法》第10条第1款第5项。

不过,大多数国家的法律并未赋予著作权人对这类复制的控制权。例如,《美国版权法》第 120 条规定,如果构成建筑作品的建筑物位于公共场所或公众的视线可及的场所,则其他人可以临摹该建筑作品,并且还可以复制、发行或展览该建筑作品的临摹图片、绘画、摄影或其他图形作品,建筑作品的所有人无权禁止。我国 2001 年《著作权法》对这一类复制行为没有直接作出禁止性的规定,不过在该法第 22 条第 1 款第 10 项规定的合理使用行为中作出了这样的规定:"对设置或者陈列在室外公共场所的艺术作品进行临摹、绘画、摄影、录像"的,可以不经著作权人的许可和不向其支付报酬,但应当指明作者姓名、作品名称,并且不得侵犯著作权人依照本法享有的其他权利"。由此可见,中国法还是间接地规定了对非公共场所的艺术作品从立体到平面的复制的控制权仍旧属于著作权人。

此外,只生产工业品而不制造文学艺术和科学作品的,不属于复制。例如,按照服装设计图生产服装的情形,由于服装不是文学艺术作品,所以不构成对复制权的侵犯。

3.2 发行权

发行权(right to publish the work)是指著作权人享有的自己或许可他人以出售、赠与等方式向公众提供作品原件或复制件的专有权利。一般来说,作品完成后,如果不向社会发行,就限制了其向社会的传播,便不能很好地满足公众的合理需求,也无法实现作品所追求的经济利益。因此,发行权是著作财产权中的一项重要的权利。

发行主要是指销售、赠与作品原件或复制件的行为。广义的发行包括出租和出借行为,例如,《美国版权法》规定,出租、租借或借阅等行为均属于发行之列。对于这类问题,许多欧洲国家是通过设立公共借阅权来解决的。我国 2001 年《著作权法》单独规定了出租权。发行包括有偿出售和无偿赠与。就著作权人的利益而言,发行的对象比较广,不仅包括所有作品,而且还包括录音、录像制品和实用艺术品等。

发行权意味着著作权人有权确定作品发行的方式和范围,并有选择发行者的权利。作品发行之后,其他人有权将其获得的作品原件或复制件进一步销售或赠与,或以其他方式处理,著作权人不得干涉,即所谓发行权的权利穷竭(权利用尽)原则。根据权利穷竭原则的要求,著作权人只能控制作品原件或复制件的第一次发行,对其转发行为则无权继续控制;不过该原则有一定例外,如计算机软件(computer programs)、电影作品的出租仍旧会受到著作权人的控制。

3.3 出租权

出租权(commercial rental right)是指电影和以类似摄制电影的方法创作的作品、计算机软件的著作权人享有的自己或许可他人出租自己作品的专有权。所谓的出租是指许可他人有偿临时使用上述作品的行为。

TRIPs 协议第 11 条规定,“至少对于计算机程序及电影作品,成员应授权其作者或作者之合法继承人许可或禁止将其享有版权的作品的原件或复制件向公众进行商业性出租。对于电影作品,成员可不承担授予出租权之义务,除非有关的出租已导致对作品的广泛复制,其复制程度又严重损害了成员授予作者或作者合法继承人的复制专有权。对于计算机程序而言,如果有关程序本身并非是出租的主要标的,则不适用本条义务”。显然,TRIPs 协议明确要求应对计算机程序和电影作品赋予出租权,因此,对于成员而言,赋予计算机程序出租权是必须要承担的一种义务,至于是否还要赋予其他作品以出租权,则要取决于各成员的域内法的规定。TRIPs 协议之所以将出租权确定在上述两类作品上,主要是考虑到这两类作品的出租营利的机会比较多,未经同意的出租行为极有可能损害到作者或其继承人的财产利益。我国 2001 年《著作权法》第 10 条第 1 款第 7 项对出租权进行了界定:“出租权,即有偿许可他人临时使用电影作品和以类似摄制电影的方法创作的作品、计算机软件的权利,计算机软件不是出租的主要标的的除外。”

3.4 展览权

展览权(right to exhibit the work)是指著作权人或作品原件持有人享有的自己或许可他人公开陈列作品的原件或复制件的权利。权利人有权将作品自行展览,也可以授权他人展览并获得报酬。

从理论上讲,每一类作品的作者都有展览权,但从实际情况看,涉及展览权的作品主要是美术作品和摄影作品,也有个别文字作品的手稿及其复制件涉及展览权。由于展览是向不特定的公众公开展示作品,因此,展览未发表的作品的,著作权人在行使展览权的同时也就行使了作品的发表权。由此可见许可他人展览未发表作品的,也就相应地被视为许可他人行使发表权。

与其他著作财产权不同的是,展览权的权利主体是作品原件的持有人。虽然美术作品、摄影作品原件所有权的转移并不意味作品的著作权的转移,但是,美术作品、摄影作品原件的展览权由原件所有人所拥有。

3.5 表演权

表演权(right to perform the work)是指著作权人自己或许可他人公开表演作品,以及采用各种手段公开播送作品的表演的权利。表演是指人或人借助技术设备以表情、声音、动作公开地将作品的内容或技艺表现出来,包括演唱、朗诵、舞蹈、戏剧、曲艺、口技、哑剧、演奏等各种形式的表演。表演可以被分为现场表演和机械表演两种类型:现场表演也被称为活表演,是指由演员直接向公众进行的现场表演;机械表演则是指借助技术设备向公众再现现场表演的情形。

表演既是对作品的传播行为,也是一项创造性活动,著作权人享有的对作品表演的控制权仅限于公开表演。就"公开"的意义而言,世界各国的法律规定有所不同。《法国知识产权法典》从反面来规定"公开"的意义,即作者不得禁止"仅在家庭范围内进行的私人和免费的表演"[①]。《美国版权法》则直接规定了构成表演的两种情况:一是"在任何向公众开放的地点,或者在多于一般家庭成员或社交朋友的相当数量的人群出现的地方"表演作品;二是以任何设施或技术手段,将作品的表演传输或传达给向公众公开的地点或公众,而不论能够接收这种表演的公众是否处在同一个地点,是同一时间抑或不是。该规定事实上将作品表演的网络传播权也囊括其中了。我国2001年《著作权法》未就"公开"的含义作出具体规定,不过,可以与行使发表权的"公开"含义作相同解释,即向不特定的人公开。

各国法律对表演权的范围的界定有所不同。《伯尔尼公约》将表演权限制在戏剧作品、音乐戏剧作品和音乐作品的范围;《英国版权法》将表演权限于文学作品、戏剧作品和音乐作品;《法国知识产权法典》将表演权指向所有的作品。我国2001年《著作权法》将表演权定义为"公开表演作品,以及用各种手段公开播送作品的表演的权利",未对表演权的范围作出明确的界定。

著作权人可以自行表演其创作的作品,也可以授权他人来表演作品。表演他人作品的应事先征得著作权人的许可。但是,免费表演已经发表的作品属于合理使用的情况,可以不经著作权人的许可,亦不需向其支付报酬,但是应该指明作者姓名、作品名称,并且不得侵犯著作权人的其他权利。

应当注意的是,表演权与邻接权中的表演者权是两种性质不同的权利。表演权强调的是对作品表演的控制;而表演者权则强调的是表演者就其表演形象和表演活动所享有的权利。表演者是作品的传播者,除了免费表演外,

---

① 《法国知识产权法典》第L.122-5条。

对作品的表演必须征得著作权人的许可并向其支付报酬。

3.6 放映权

放映权(right to show the work)是指著作权人享有的自己或许可他人通过放映机、幻灯机等技术设备公开再现美术、摄影、电影和以类似摄制电影的方法创作的作品的权利。放映权是我国2001年《著作权法》新增加的权利内容。严格说来,放映权属于机械表演,即通过放映机、幻灯机等技术设备来表演美术、摄影和电影作品。将放映权作为一项独立的权利,表现了立法者强调保护著作权人这一方面利益的价值取向。在这里放映强调的是公开,而不在于营利与否。

3.7 广播权

广播权(right to broadcast the work)是指著作权人享有的自己或许可他人以各种方式公开广播或传播作品的权利,包括授权他人以无线方式公开广播或传播作品;授权他人以有线传播或转播的方式向公众传播广播的作品;授权他人通过扩音器或者其他传送符号、声音、图像的类似工具向公众传播广播的作品。其中,前一项是直接授权他人广播自己的作品,后两项均是授权他人转播已经被广播的作品。

在广播方式中,无线方式是指通过无线电波传送符号、声音或图像的方式向公众传送作品;有线广播是指通过有线网络传送符号、声音或图像的方式向公众传送作品;使用扩音器的广播则是指通过扩音器械将作品传送给一定半径范围内的公众。确切地说,广播权也属于表演权,而且大多属于机械表演权之列。不过广播权是通过广播电台、电视台播放其作品的权利,该项权利的行使受到电台、电视台条件的限制,作者一般不能亲自行使。广播电台、电视台属于广播组织者,其享有的是广播组织权,属于邻接权,应注意将其同广播权区分开来。

3.8 信息网络传播权

信息网络传播权(right to network dissemination of information)是指著作权人享有的自己或许可他人以有线或无线方式向公众提供作品,使公众可以在其个人选定的时间和地点获得作品的权利。

信息网络传播权的确立是网络技术发展对著作权法产生直接影响的结果,与广播权的行使一样需要借助有线或无线方式向公众提供作品。不过,广播的受众需要在广播组织者广播的时间和传送作品的地点的范围来获得作品;而信息网络传播则是由公众自由选定获得作品的时间和地点。信息网络传播权是一项综合性的权利,涉及复制、发行、表演和展览等诸多权利,立法者之所以要单独创设该项权利,主要目的是为了强调作品在网络空间的传播控制权也属于著作权人。

3.9 摄制权

摄制权(right of making cinematographic work)是指著作权人享有的自己或许可他人以摄制电影或以类似摄制电影的方法将作品固定在载体上的权利。

摄制也称拍摄,是通过新的创新和技术加工将原作品演绎成为电影作品。一部电影作品从制作到放映一般需要经过以下几个步骤:首先,将原作品改编为剧本,这涉及改编权;其次,根据分镜头剧本进行摄制并固定在载体上,这涉及摄制权;最后,将影片复制、发行和放映,这涉及复制权、发行权和放映权。由此可见,电影的摄制通常需要取得对上述权利的授权。

由于影视的产业化发展,一部优秀的电影作品往往会给原文学作品的著作权人带来丰厚的利益,因此,摄制权便成为文学作品、戏剧作品等著作权人的一项重要的经济权利。摄制电影、电视、录像所使用的作品,既可以是原作,也可以是原作的演绎作品。

3.10 改编权

改编权(right to make an adaptation)是指著作权人享有的自己或许可他人改编作品,创作出具有独创性的新作品的权利。换言之,改编权是在不改变作品的基本思想内容的前提下,变换作品表现形式,创作出具有独创性的新作品的权利。

改编必须是在原作品的基础上进行。就此意义而言,改编作品应在包含原作品的内容的基础上有所创新,即必须包含改编者的创造性劳动。作品之所以要改编就是为了适应不同的传播手段的要求。改编的形式主要有两种:一是改变作品的表现形式,将作品由一种形式变成另一种形式;二是为适应某种需要,在不改变作品类型的情况下进行改写。

改编须征得原作品著作权人的许可,改编人对改编已有作品而产生的新作品享有著作权,但是,行使改编作品的著作权不得侵犯原作品著作权人的权利。对改编作品的使用,除须征得改编作品著作权人的同意之外,还必须要征得原作品著作权人同意。

3.11 翻译权

翻译权(right to translate the work)是指著作权人享有的自己或许可他人将作品从一种语言文字转换成另一种语言文字的权利。翻译往往需要翻译者对原作内容有很好的理解,既要忠实于原作,又要符合译文的表达习惯,还要做到用词的准确和典雅,因此,翻译本身是一项在原作基础上的再创作。翻译者对译作享有著作权,但是,在行使翻译作品著作权时不得侵犯原作品著作权人的权利。

随着国际交往的日益频繁,翻译权显得愈来愈重要。实践表明,国际版权贸易涉及最多的就是翻译权转让的问题。事实上,早在1886年翻译权就已经被规定在《伯尔尼公约》中,较之复制权出现在同一公约中要早80年。

由于翻译权是著作权人的专有权利,任何人要想翻译作品,都必须事先取得著作权人的许可。《伯尔尼公约》和《世界版权公约》都规定了翻译权的强制许可制度,即在一定条件下,成员国政府可以对外国人的作品实施强制性的翻译许可,而无需征得相应的外国著作权人的同意。不过,在实施强制许可的情况下,仍然必须尊重原作品著作权人的其他权利。

3.12 汇编权

汇编权(right to compile the works)是指著作权人享有的自己或许可他人将作品或者作品片段通过选择或者编排,汇集成为新作品的权利。

汇编(compilation)是为了某种目的将作品或作品的片段汇集起来。与改编不同,汇编并不改变被汇编作品的表现形式。汇编也并非都能形成新作品,只有那些在内容选取、组合或体例编排、设计上具有独创性的汇编作品才能构成著作权法意义上的汇编作品。如果未经著作权人的许可而对其作品或作品片段进行汇集,但是并未形成新的作品,在这种情况下汇集人侵害的是著作权人的复制权,而不是汇编权。

3.13 其他权利

根据各国立法和国际公约的规定,著作财产权还涉及除上述权利以外的其他权利,如注释权、整理权、追续权和公共借阅权等权利。在著作权的保护措施上还涉及到技术措施、版权信息管理等问题。技术措施、版权信息管理是否构成著作权人的一项权利内容,目前学界尚有争议。不过就内容而言,由于技术措施和版权信息管理并不直接体现为财产利益,因此不属于著作财产权的内容。

3.13.1 注释权

注释权(right to interpret the work)是指著作权人享有的自己或许可他人对作品进行注释的权利。

注释一般只适用于文字作品,通常是对作品的引文出处、论点依据、字词句子的意思、涉及事实所作的说明性解释,便于使用者充分理解和利用作品。注释一般是由作者自己所作,构成作品一部分。他人如果对作品进行注释,则应征得著作权人的同意。中国是一个具有五千年文明历史的国家,其文化传承源远流长。许多文献典籍由于年代久远,各种版本之间的差异颇巨,再加上现代人对古典汉语理解的困难,因而常有研究者专门就古籍出版物进行注释。如果这类注释具有独创性便可构成新的作品,注释人对注释作品享有著作权。

3.13.2 整理权

整理权(right to sort out the works)是指著作权人享有的自己或许可他人对内容零散、层次不清的已有文字作品或者材料进行条理化、系统化加工的专有权利。整理就是对内容零散、层次不清的已有文字作品或者材料进行条理化、系统化的行为。此外对内容零散的口述作品进行的整理行为均属此列。

实践中比较常见的整理是对古籍的校点或补遗,不过,由于古籍在一般情况下都已进入到公有领域,因此并不涉及整理权问题。就著作权法的意义而言,因整理而产生的新作品,其著作权应由整理人享有。在某些场合,也有对他人生平内容进行记录整理形成作品的情况,这种情况不涉及整理权问题,而是属于创作中的分工问题,如果因此而形成合作作品,则著作权归属依据约定确定。对于没有约定的口述人的自传体小说,整理人很难主张著作权。

3.13.3 追续权

追续权(droit de suite)是指美术(包括艺术)作品的作者或其继承人,从作品原件的再销售中获得收益的专有权利。作品原件被出售后,如果购买人又转售给其他人并因此而获得了高于购买作品原件时所支付的金额,则作品的原作者有权要求再按照一定的比例来分享这部分多出的金额。就追续权的意义而言,无论作品原件被转售几次,只要转售价格比最初购买作品原件的价格更高,则原作者就有权分取其中的一部分。追续权的内容最初由1920年《法国著作权法》所确立,《伯尔尼公约》开始确认追续权,并将该权利对象扩大到作家和作曲家的手稿。目前主要的欧美国家都规定有追续权,一般规定分享的比例为3%至5%。不过需要注意的是,在一般情况下追续权的享有者都是作者或其继承人,带有鲜明的人身权性质,具有不可转让性。同时追续权客体是美术作品原件，而不包括复制件。

一般来说，美术作品的价值为社会认识需要一定的时间。美术作品的作者在其最初从事艺术创作并且其成果尚未为多数人认可时，其作品很难卖出好的价钱。而当其后来成为著名的艺术家时，其先前创作的作品在市场上就可能价格不菲了。典型者如凡·高，其生前仅卖出了一幅画，但随着他的画艺术价值为社会广泛承认，作品原件的价格便开始一路飙升。在这种情况下，作品增值的直接受益人就是作品的原买受人或收藏人，如果作为作品的创作者的作者不能从中获取一定比例的利益，便显得有失公平。确认和保护追续权就是为了给予作者一定的补偿。不过我国2001年《著作权法》中未就追续权问题作出明确的规定。

3.13.4　公共借阅权

公共借阅权(right of public lending)是指著作权人享有的因作品的出借而获得报酬的专有权利。

虽然公共借阅权属于出租权的范畴，但是两者之间仍旧存在着区别。出租权是著作权人控制自己作品出租与否的权利，并以此来保障其获得报酬权的实现；而就公共借阅权而言，著作权人对是否借阅是没有借阅与否控制权的，其权利仅限于获得报酬。再者在出租权的情况下，报酬的支付是由租用作品的主体直接给付的，而公共借阅权中的报酬则是由公共图书馆或国家税收支付，一般是通过著作权集体管理组织收取并分配。我国2001年《著作权法》中未就公共借阅权的问题作出明确的规定。

第四节　著作权的保护期限

著作权的保护期限(duration of copyright)是指著作权受到法律保护的时间界限。在著作权的保护期限内，作品的著作权受法律保护。当著作权的保护期限届满，著作权即告消灭，作品便进入公有领域，成为社会的公共财富和资源，任何人均可以自由和无偿地使用。

著作权的保护期限有两种立法例：一是死亡起算主义，即著作权的保护期为作者有生之年加死亡后若干年限，大多数国家采此起算方式；二是发表起算主义，即著作权的保护自发表时起若干年限，与作者生存无关。我国兼采这两种立法例，并对著作人身权与著作财产权保护年限作了不同的规定。

4.1　著作人身权的保护期限

关于著作人身权的保护期的问题，世界各国的法律规定不同，《德国著作权法》未对著作人身权和财产权的保护期作出区分，一律规定为作者的有生之年加死亡后 70 年。[①]《法国知识产权法典》规定作者人身权不受时间限制。[②]《伯尔尼公约》则规定，精神权利不受作者经济权利的影响，甚至在经济权利转让后精神权利也仍然存在；当作者死亡后，至少在经济权利的保护期内，精神权利仍应受保护。[③]

由于作品的价值到底能够延续多久很难确定，因此对著作人身权保护期限的确定存在着一定的困难。我国 2001 年《著作权法》规定，署名权、修改权、保护作品完整权的保护期不受时间限制，当自然人作者死亡或者被视为作者的法人或其他组织变更或终止后，著作人身权由其继承人或权利承受机构维护，无人继承或受遗赠的，由著作权行政管理部门保护。对于发表权，其保护期限与相应的著作财产权相同。

4.2 著作财产权的保护期限

为了平衡著作权人和社会公众之间的利益，各国立法均对著作财产权的保护期限作出明确的限定，由于著作权主体和作品性质不同，相应的著作财产权的保护期限也不一样。根据我国 2001 年《著作权法》第 21 条的规定，著作财产权的保护期可以归纳为以下几种情况：

第一，作者为自然人的作品，其著作财产权的保护期为作者有生之年加死亡后 50 年，即不论作品是否发表，在何时发表，在作者有生之年均享有著作权。作者死亡后，其保护期以作者死亡后次年的 1 月 1 日开始计算，至第 50 年的 12 月 31 日保护期届满。

第二，合作作品，其著作财产权保护期为作者有生之年加死亡后 50 年，以最后死亡的作者的死亡时间为起算点。

第三，作者为法人和其他组织的作品，或著作权由法人或者其他组织享有的职务作品，其发表权、著作财产权保护期为 50 年，自作品首次发表时起算，截止于作品首次发表后第 50 年的 12 月 31 日，但作品自创作完成后 50 年内未发表的，《著作权法》不再保护。

第四，摄影作品、电影和以摄制电影类似的方法创作的作品，其发表权、著作财产权的保护期为 50 年，截止于作品首次发表后第 50 年的 12 月 31 日；但是，作品自创作完成后 50 年内未发表的，其著作权不再受保护。

---

① 《德国著作权法》第 64 条第 1 项。

② 《法国知识产权法典》第 L.121-1 条。

③ 《伯尔尼公约》第 6 条之二。

第五，作者身份不明的作品，著作财产权的保护期为50年，截止于作品首次发表后第50年的12月31日。但是，作者身份一经确定，则适用《著作权法》的一般规定。

第五节 著作权的行使

著作权包括人身权和财产权，其中著作人身权与作者的人身不能分离，原则上应由作者自己行使。著作财产权是著作权人控制作品、利用作品的专有权利，著作权人可以通过自己或者许可他人行使这些权利来实现自己的经济利益。

由于作品的利用需要一定的经济和技术条件，在实践中著作财产权的行使主要是通过把相关的著作权许可给有条件的他人去行使，例如，将文字作品、摄影作品等的复制权、发行权许可给出版社行使；将戏剧作品的表演权许可给演出公司行使等。著作权的行使方式通常包括著作权的许可、转让等。由于著作权是具有财产内容的民事权利，因此它还可以被用来当做继承、质押、信托和强制执行的标的。

5.1 著作权的许可使用

著作权的许可使用(license)是指著作权人将自己的作品以一定的方式并在一定的地域和期限内许可给他人使用的行为。在一般情况下都是由许可人(licensor)与被许可人(licensee)以订立许可使用合同的形式将双方的权利义务关系确定下来。许可人即著作权人，将著作财产权中的一项或多项权利许可给被许可人使用，同时向被许可人收取一定数额的使用费。这种形式是大多数著作权人实现其著作财产权的主要方式。著作权许可使用一般需要当事人双方签订许可合同，不过在实践中也存在着大量的隐含的使用许可，典型者如作者将享有著作权的作品交给期刊杂志社或者出版社，这种行为本身就已明确表示出允许出版者行使复制权和发行权的意思。

著作权使用许可的类型包括专有使用许可(exclusive license)和非专有使用许可(non-exclusive license)两种情况：

第一，专有使用许可亦称独占使用许可，是指著作权人授权他人在一定的地域和期限内以特定的方式独占使用作品，被许可人有权排除包括著作权人在内的任何人以同样的方式使用作品。在著作权专有使用许可的条件下，被许可人是否有权将自己取得的专有使用权再行向第三人发放专有使用许可或一般使用许可，换句话说，被许可人是否享有从属许可权，对于这个问题，应当以双方合同的约定为准。如果在许可使用合同中双方未就此问题作出明确的约定，那么被许可人则只能自己行使权利，而不能再许可第三人行使。

第二，非专有使用许可（普通使用许可）是指著作权人授权他人在一定期限和范围内以特定方式使用其作品的情形。在非专有使用许可的情况下，著作权人同时可以在相同的地域，以相同的方式许可其他人使用同一作品。如音乐作品的著作权人，可以同时许可多个音乐团体演唱或演奏同一作品，与此同时，著作权人自己也可以在上述范围内使用相同的作品。被许可人对第三人侵犯作品著作权的行为一般不能以自己的名义向侵权人提起诉讼，因为被许可人并不是著作权的主体，除非著作权人许可的是专有使用权。

著作权的许可使用是著作权人与被许可人之间就作品的使用方式而达成的一致约定，并不改变著作权的权属。著作权人和被许可使用人双方的权利义务由合同约定，对于合同中没有约定的权利被许可人不得行使。在行使被许可权利的时候，被许可人不得侵害著作权人其他权利。

5.2 著作权的转让

著作权转让（assignment of copyright）是指著作权人在法定有效期内将其著作财产权的一部或全部有期限或无期限地转移给他人的法律行为。不论作品的著作财产权是全部还是部分的转让，受让人（assignee）都会因此而成为该作品的著作权人。正是由于这样的原因才会导致对于一件作品可以同时存在着包括作者在内的多个著作权主体。

转让著作权时应注意以下几个问题：第一，由于著作权与作者的人格利益紧密相关，因此能够被转让的仅仅是著作财产权，而不包括著作人身权。第二，著作权转让与作品载体的所有权无关，作品原件的转移并不意味着著作权的转移。第三，著作权转让的内容可以有选择地进行，著作权人可以将使用权中的不同权能，如翻译权、出版权、改编权、注释权等，分别转让给不同的受让主体；也可以将不同艺术形式的改编权让渡给多个不同的人；甚至还可以将出让的权利按地区分配和按年限划分。第四，著作权转让是一种重要的民事行为，大多数国家法律都要求订立书面转让合同。

著作权转让与使用许可都是著作权人行使著作权的途径，著作权人通过转让或许可，可以达到利用著作权获取相应的经济利益。不过著作权转让与许可是两种不同性质的法律行为：

第一，在著作权的许可使用中，著作财产权的主体仍然是作为许可人的著作权人，被许可人必须依赖于许可人的权利存在才能对抗第三人的侵权行为；而在著作权转让中，原著作权人对转让出去的权利不再拥有主体资格，被转让的权利由受让方拥有和行使，受让方可以独立地以著作权人的身份对抗第三人的侵害其受让的权利的行为。

第二，在著作权许可使用中，一般许可中的被许可人不能因权利被遭受侵害而独立地提起侵权之诉，只有在独占许可中的被许可人才具有这样的资格，而且起诉的诉因仅限于侵害被许可权的情形。相形之下，在著作权转让中的任何受让人都有权对侵害其权利的行为提起侵权之诉，而起诉的诉因则为侵害其著作财产权。

5.3 著作权合同

著作权的转让或许可涉及著作权的归属和使用权利的移转，双方的权利义务关系必须通过相应的著作权合同予以确定。在许可使用合同或转让合同中，著作权人未明确许可或转让的权利，未经著作权人的同意，另一方当事人不得擅自行使，否则将构成侵权。

5.3.1 著作权转让合同

根据我国2001年《著作权法》第25条的规定，著作财产权转让的，应当订立书面合同。结合其他相关法律的规定，可以归纳出，著作权转让合同必须具备下列条款：

第一，当事人和作品的名称。当事人条款是合同的必备条款，而作品是转让合同所指向的标的，也是转让合同的目的所在，因此，合同必须明确双方当事人和拟转让的作品的名称。

第二，转让的权利种类和地域范围。著作财产权的种类比较多，权利人既可以将著作权整体一起转让，也可以转让部分权利内容；既可以在全部著作权所涉及的范围内转让，也可以限定转让权利行使的区域。

第三，转让价金、付款方式和期限。转让价金的确定由合同双方协商确定，这是经济利益的直接体现。当然，如果著作权人愿意，无偿转让亦未尝不可，但必须在合同中加以明确；另外，明确约定付款方式和期限可以减少双方可能发生的争议。

第四，合同双方认为需要约定的其他内容。基于双方当事人的特殊情况，或者作品的特殊性等因素，合同双方可以约定一些特别条款以资遵守。

当然，一般合同中涉及的违约责任条款、争议解决条款等，也应事先作出明确的约定，但是这些条款不会影响著作权转让合同的成立与生效。

5.3.2 著作权许可使用合同

实践中，通过许可使用的方式行使著作权是一种非常普遍的情况。在许可使用的情况下，一方面著作权人仍旧可以保留著作权，继续为他人提供许可；另一方面，被许可人也可以以更小的代价取得自己想要的作品利用方式。我国 2001 年《著作权法》第 24 条第 1 款规定："使用他人作品应当同著作权人订立许可使用合同，本法规定可以不经许可的除外。"这里的"可以不经许可的情况"是指著作权限制中的合理使用和法定许可的情形。另外，我国 2002 年《著作权法实施条例》第 23 条进一步要求，同著作权人订立合同或者取得许可使用作品，应当采取书面形式，只有报社、杂志社刊登作品可以除外。许可使用合同应具备的条款包括有下列内容：

第一，许可使用的权利种类。著作权许可使用合同必须明确约定著作权人授权被许可人以何种方式使用其作品，如果是授权翻译，就应当明确授权何种文字的翻译权；如果是授权改编，则应当明确许可改编人将作品改编为何种形式。使用的方式可以是一种，也可以是多种。

第二，许可使用的权利性质，即专有使用权还是非专有使用权。是专有使用权还是非专有使用权的许可直接关系到被许可人在以同样的方式使用作品时会不会遇到其他竞争对手的竞争，对于被许可人来说，是十分关键的内容，因此应该予以明确。在合同双方未对此问题作出明确约定的情况下，应推定为非专有许可。不过，在出版合同中的情况刚好相反，如果合同双方未就使用许可的性质作出明确约定的，则应视其为是专有权利许可。

第三，许可使用的地域范围和期间。许可使用的范围是指被许可的著作权在地域上的效力，通常表现为作品复制发行的范围和播放的范围等。许可使用的期间是指被许可使用的著作权在时间上的效力。许可使用的地域范围可以限定在一定国家或一定区域；使用期间可以是著作权保护期内的任何时间段，由合同双方自行约定。

第四，付酬标准和办法。合同双方应约定报酬支付的标准以及支付的时间和方法，如果合同双方没有特别约定，或者约定不明确的，则应参照国务院著作权行政管理部门制定的付酬标准支付报酬。

第五，双方认为需要约定的其他内容。

5.3.3 集体许可合同

著作权集体许可合同是著作权集体管理组织通过集体许可途径将其集体组织管理的作品许可给他人使用的合同。这种合同是著作权集体管理制度下，为了便于著作权许可贸易的开展，简化许可使用手续而产生的一种新型的许可合同。

集体许可合同一般分为两大类：第一类是"一揽子许可合同"，这种合同多发生在利用著作权人的复制权的场合，分别由代表著作权人和作品使用人的两个集体管理组织签订。当集体许可合同签订以后，作品的使用人不需要再去取得著作权人的单项授权许可，而只需将使用费交由己方管理组织汇总，然后转交著作权人的集体管理组织，由该组织负责分发给对应的著作权人。如果是在实行公共借阅权制度或录制设备预提税制度的国家，这种合同被视为是一揽子许可合同。第二类是“中心组织许可合同”，这种合同在表演权、录制权、广播权等使用许可中经常使用。作为“中心”的集体管理组织一般只与单个使用者就单个作品或一类、一批作品的著作权的使用签订许可合同，而不是像“一揽子许可合同”那样，著作权人和使用人都是以集体代表的身份出现的。

集体许可合同只是著作权许可合同的一种形式，除了当事人条款具有不同的特点之外，其实质与其他普通的许可合同并无二致。虽然我国 2001 年《著作权法》以及 2002 年《著作权法实施条例》并未对著作权集体许可合同作出专门规定；但是，从法律规定的精神上看，著作权集体许可合同已经是著作权法律的应有之义。

5.4 著作权的其他利用

著作财产权除转让及许可使用以外，还可以用来作为债的质押、信托、破产清算、强制执行、离婚时夫妻财产分割以及继承的对象。由于著作财产权的可转让性，所以可被用来作为债的担保，具体形式表现为用著作权设质，即著作权人为担保债权的履行，将其财产权的一项或多项或全部作为质物进行抵押。如果债务人不按约还债，债权人有权将作为质物的著作权折价或者对其进行拍卖或变卖所获得的价款可以被用来优先偿还债权。在著作权质押的法律关系中，债权人即质权人；著作权人则是出质人；约定特定期限和范围的著作财产权则是质物。以著作权的财产权出质的，当事人应当订立书面合同。质权自有关主管部门办理出质登记时设立。著作权的财产权出质后，出质人不得转让或者许可他人使用，但经出质人与质权人协商同意的除外。出质人转让或者许可他人使用出质的知识产权中的财产权所得的价款，应当向质权人提前清偿债务或者提存。[①] 在著作权质押合同中，对出质的著作财产权必须明确约定其种类、地域范围和出质期限，这是著作权质押既不同于动产质押也不同于普通权利质押的地方。

① 我国 2007 年《物权法》第 227 条。

第九章　邻接权

邻接权是作品传播者对作品的传播形式所享有的权利，包括出版者权、表演者权、录音录像制作者权以及广播组织权。本章围绕邻接权体系，对其概念、与著作权的关系、发展历史以及具体的权利类型与内容进行了讨论。

第一节 概 述

1.1 邻接权的概念

邻接权(neighboring rights)源自“邻接于著作权的权利”。就字面意义而言,邻接权有与著作权邻近、相邻或邻接的意思。邻接权亦称“作品传播者权”,是指作品传播者所拥有的专有权。邻接权在国际公约中首次被涉及是在1928年在罗马举行的《伯尔尼公约》修订会议上。这次大会建议《伯尔尼公约》成员国要“考虑采取可能的措施保护表演者的权利”。1948年在布鲁塞尔召开的《伯尔尼公约》修订会议上,通过了对表演艺术家、录音制作者和广播组织提供法律保护的决议。此后,1961年诞生的《罗马公约》[①]进一步将上述三者的利益作出明确的规定。尽管《罗马公约》本身并没有使用“邻接权”的概念,但是在各国立法以及指明《罗马公约》授予这三种权利的有关文献中,邻接权的表达方式获得了普遍认同。[②]

我国2001年《著作权法》并未直接使用邻接权的概念,而是采用了“与著作权有关的权益”的表达方式。[③] 所谓“与著作权有关的权益”主要包括下列内容:表演者权(the right of performer artist)、录音录像制作者权(recorder's rights)、广播电视组织权(broadcaster's rights)和出版者权(publisher right)等传播者的权利。为了与作品的原创行为相区别,许多《伯尔尼公约》成员国习惯上将艺术表演、录音制品的制作和广播电视节目的制作统统归为传播作品的范畴。有学者认为:“传播者是文学艺术创作的辅助者,因为表演者决定着音乐和戏剧作品的命运,录音企业则使稍纵即逝的印象长存,而广播组织最终消除了距离的障碍。”[④]从这种意义上说,将邻接权称为传播者的权利,不失为实至名归。

邻接权的概念存在着狭义和广义之分。理论界一般将表演者、录音制作者和广播组织因传播作品活动而依法享有的权利归纳为狭义的邻接权。相

---

① 《罗马公约》是1961年由国际劳工组织、联合国教科文组织和世界知识产权组织共同发起,并于意大利罗马签署的国际公约,它是关于邻接权保护的第一个国际公约。

② 世界各国的著作权法对表演者、录音制品制作者和广播组织提供法律保护的情况日益增多,尤其是在世界贸易组织肯定了对邻接权的保护之后。参见梅慎实:“论著作邻接权的法律保护”,载中国版权研究会编:《版权研究文选》,商务印书馆1995年版,第188页。

③ 参见我国2001年《著作权法》第1条。

④ 〔法〕克洛法·科隆贝:《世界各国著作权和邻接权的基本原则》,高凌瀚译,上海外语教育出版社1995年版,第123页。

对而言[①]，广义的邻接权还包括其他作品传播者的权利，以及那些与作者创作的作品尚有一定区别的产品、制品的制作者的权利。[②] 我国2001年《著作权法》基本上是采用广义邻接权的概念来安排"与著作权有关的权益"的制度。

就邻接权的法律保护而言，我国2001年《著作权法》所设定的保护范围甚至超过了国际公约所要求的范围，例如，第44条规定，广播电台、电视台有权禁止未经其许可而将其播放的广播、电视转播，或者将其播放的广播、电视录制在音像载体上以及复制音像载体的行为。相形之下，TRIPs协议在关于最惠国待遇的规定中，将邻接权的保护作为例外，允许各成员或地区降低邻接权保护的标准。[③] 而且，TRIPs协议第14条甚至还允许将广播组织权排除在邻接权保护的范围之外。

1.2 邻接权与著作权的关系

从本质上讲，邻接权是作品传播者对作品的传播形式所享有的权利。与著作权一样，邻接权也属于知识产权的范围。邻接权与著作权关系密切，它是从著作权衍变而来的从属于著作权的权利。邻接权与著作权存在着以下区别：

第一，权利主体不同。著作权的主体是智力作品的创作者，包括自然人和法人；邻接权的主体是出版者、表演者、录音录像制作者和广播电视组织，除表演者外，几乎都是法人。上述传播者在向公众传播作者的作品的过程中，通过自己的创作性劳动改变了原作品的表现形式，因此而获得了受法律保护的理由。

---

① 狭义邻接权最初仅包含表演者的权利，而表演者的权利始于德国法，因德文受使用地域的限制，故始终未被大多数国家接受。后来，当邻接权范围扩展到对音像制作者及广播电视组织的保护后，有些国家只选择保护后一种或两种权利。这样一来，最初出现的表演者反而被人们所遗忘。简言之，狭义邻接权，即传统邻接权，通常包括表演者权、录音制作者权及广播电视组织权三类，但在不同国家的法律中其具体内容又略有不同。

② 广义邻接权是把一切传播作品的媒介所享有的专有权一律归入其中，或把那些与作者创作的作品尚有一定区别的产品、制品或其他含有"思想的表达形式"而又不能称为"作品"的内容也划入其中。当然，承认广义邻接权的国家，一般都承认表演者权、音像制作者权与广播电视组织三项传统邻接权。我国2001年《著作权法》虽未直接使用"邻接权"的概念，但从该法第四章的规定可知，它包含了广义邻接权的基本内容，这就是我国2002年《著作权法实施条例》第26条所规定的"出版者对其出版的图书和期刊的版式设计享有的权利，表演者对其表演享有的权利，录音录像制作者对其制作的录音录像制品享有的权利，广播电台、电视台对其播放的广播、电视节目享有的权利"。

③ TRIPs协议第4条规定："在知识产权保护上，某一成员提供其他国国民的任何利益、优惠、特权或豁免，均应立即无条件地适用于全体其他成员之国民。但一成员提供其他国国民的任何下述利益、优惠、特权或豁免，不在其列。"这些例外之一就是"本协议中未加规定的表演者权、录音制品制作者权及广播组织权"。

第二，保护对象不同。著作权保护的对象是文学、艺术和科学作品；邻接权保护的对象是经过传播者艺术加工后的传媒产品。前者体现了作者的创作性劳动，后者则主要体现了传播者的创作性劳动。

第三，权利义务的范围不同。由于著作权和邻接权两类权利的主体不同，使得两种法律关系的权利义务的范围也各不相同。前者的权利范围包括著作人身权中的发表权、署名权、修改权、保护作品完整权以及著作财产权中的使用权和获得报酬权，其中使用权包括的形式、范围又十分广泛。虽然邻接权也涉及某些精神权益，但是一般仅为财产权，而财产权的范围也窄于著作财产权的范围。例如，录音录像制作者的邻接权只包括对其制作的录音录像制品享有许可他人复制发行并获得报酬的权利。

第四，受保护的前提不同。在符合法定条件的前提下，作品一经产生就可获得著作权的保护；相形之下，邻接权的取得则必须以著作权人的授权以及对作品的再利用为前提。

第五，保护的强度不同。由于著作权是基于作者对作品的创造性劳动直接产生的，权利的行使一般不受限制。因此法律对著作权的保护比较直接，保护的力度也比较强。作品传播者享有的邻接权总是要受到被其传播作品的著作权的限制，其行使一般都须得到著作权人的许可并向著作权人支付报酬，并不得以任何方式侵犯作品原有的著作权。从有无独创性劳动上以及含有这种独创性劳动成分的多寡来分析，都使得两类权利的保护力度有所不同。

1.3 邻接权的发展历史

邻接权的发展历史是与科学技术的进步紧密联系在一起的，科学发展和技术进步为作品的使用提供了更为丰富多样的形式。与之相应，在未经授权的情况下词曲作者的作品被不断地录制成唱片；作家的作品不断地被改编成广播剧或电视剧并进行播放。随着现代经济社会生活节奏的加快，人们已经不再习惯于花费更长的时间去阅读一部文学巨著，而宁愿通过观看电影、电视或录像等轻松便捷的方式去了解文学作品的内容。所有这些变化都会导致文学作品销量的下降，使演员逐渐失去直接观众。因此，无论是出版者、表演者、录音录像制作者和广播组织，均逐渐意识到基于对作品的传播而主张权利的重要性，其理由很简单，因为在传播作品的过程中他们付出了创造性劳动，并因此使作品得以各种形式表现出来，从而丰富了人们的精神文化生活。然而，问题是由于传播者对作品和技术设备的依赖性较高，且机械性传播本身并没有创造出新作品，因此，很难以传统的著作权制度对这类传播行为进行保护。由于新出现的作品的使用形式不能适用传统作品的概念，而且新出现的传播者亦已超出传统作者的范畴,所以不能利用传统的著作权法去调整这部分社会关系。为了适应这种形势变化的需要,邻接权制度应运而生。

1911年《英国版权法》率先将音乐唱片列为保护对象,开创了通过立法保护邻接权的先河。此后,1925年制定的《戏剧音乐表演者保护法》(1956年重新修订)进一步扩大了邻接权的保护范围,并对表演者的各项合法权益的保护作出规定。[①]《德国著作权法》对邻接权的规定比较具体明确。[②] 美国出于维护本国利益的需要,确认唱片为法律所保护的作品范畴。[③] 此外,奥地利、意大利和日本等国也都规定了对邻接权的保护。[④]

随着国际贸易的发展和国际音像制品发行市场的扩大,以及国际文化交流的日益频繁,邻接权的国际保护问题被提上了议事日程。1961年缔结的《罗马公约》标志着邻接权保护制度进入了国际保护阶段,1971年《录音制品公约》、1974年《布鲁塞尔公约》等国际公约的签订则为邻接权的保护提供了更为广阔的天地。

中国法律对邻接权的保护是与对著作权的保护同步进行的,完整的邻接权制度由1990年《著作权法》所确立。该法颁布实施后,国务院有关主管部门针对近些年来国内图书、音像制品盗版猖獗的现象也加快了行政立法的建设并加大了行政执法力度。国务院于2001年12月25日发布了《音像制品管理条例》;国家新闻出版署于1996年2月1日发布了《音像制品复制管理办法》;于2004年6月17日发布了《音像制品出版管理规定》;于2008年2月21日发布的《电子出版物出版管理规定》。所有这些法律和法规构成了中国邻接权法律保护制度的基本框架,并成为加强邻接权执法保护的法律依据。

---

① 英国1925年《戏剧音乐表演者保护法》规定:"未经表演者书面同意,任何人不得擅自录制戏剧、音乐、舞蹈表演者的表演实况,否则应予赔偿。"不过这里所指的"表演者"仅限于表演戏剧作品和音乐作品的人。参见张全秀:"版权邻接权初探",载《山东法学》1994年第1期,第22页。在英国,其邻接权仅限于表演者的权利,至于录音录像制作者和广播组织则被视为作者享有版权。而在比利时和荷兰,其版权制度中甚至没有邻接权的规定,相关的权利主体只能依不正当竞争法获得保护。参见孟祥娟:《版权侵权认定》,法律出版社2001年版,第136页。

② 1910年修订的德国《文学与音乐作品产权法》将音乐与戏剧作品的表演者视为原作品的"改编创作者"加以保护。参见胡康生:《中华人民共和国著作权法释义》,法律出版社2002年版,第125页。此外,《德国著作权法》明文保护的邻接权有8种之多,其中邻接权主体不仅包括保护表演者、唱片制作者和广播组织,而且还包括节目主持人、电影制片人;邻接权客体甚至还包括不具备摄影条件的照片、科学版本和遗作版本等。参见《德国著作权法》第70、71、72、81和94条。

③ 1976年《美国版权法》将其列为可享受保护的7类作品之一。

④ 奥地利和意大利分别于1936年和1941年确立了邻接权保护制度,用以保护新兴的作品传播者的利益。

第二节　出 版 者 权

2.1　出版者权的概念

出版者权是指出版者对其在出版作品的过程中创造的智力成果所享有的各种权利的总称。

出版者权是由出版图书和期刊的出版社和杂志社所享有的权利，包括作者在内的其他人都不符合出版者权的主体资格要求。出版者权的客体是出版者在出版作品的过程中所创造的智力成果，按照2001年《著作权法》的规定，就是版式设计。由此可见，出版者权的客体与作品本身的表达无关，而仅与作品载体的包装有关。虽然这种包装也有一定的资金和智力投入，但是并没有达到作品的独创性要求，否则依据著作权保护即可，而无需赋予出版者专门的邻接权。

与西方国家的立法相比，赋予出版者以出版者权是中国著作权法的一个特色。这与立法之初作品主要是以图书出版的形式发行具有一定的关系。在我国2001修订后的《著作权法》中出版者权仍然被作为一项传统制度保留，不过要想在现实生活中清晰地界定出版者权的边界仍旧存在着一定的困难。

2.2　出版者权的内容

我国2001年《著作权法》第四章第一节总共用了7个条款(第29条至第35条)规定了"图书、报刊的出版"，不过前6个条款都是规定图书出版合同中出版者的权利义务的内容，只是在最后一条中才规定了"出版者有权许可或禁止他人使用其出版的图书、期刊的版式设计"。由此可见，出版者权的内容非常有限，就只包括版式设计专有使用权。对于版式设计权(layout design right)，法律规定的保护期截止于使用该版式设计的图书、期刊首次出版后第10年的12月31日。

版式设计是指文字排列的顺序、字体及其他排版材料的选用，行间和段间的空距，版面的布局等因素构成的印刷物的总体设计。出版者既可以任意使用自己创造的版式设计，也可以许可他人使用该版式设计。未经出版者允许，他人不得复制或使用其版式设计，否则将会构成侵权。

我国1991年《著作权法实施条例》曾规定出版者享有装帧设计专有使用权。装帧设计是指图书出版者对其出版的图书的封面、封底、护封所作的装潢设计和报刊出版者对其出版的报纸、杂志的刊头、版面、封面、封底等所做的装潢设计。在多数场合下装帧设计可以构成独立的作品，因此采用邻接权予以保护并不合适。基于这样的理由，我国 2001 年《著作权法》第 35 条只规定了出版者的版式设计权，而没有规定装帧设计权（graphic design right）；我国 2002 年《著作权法实施条例》第 26 条规定，“著作权法和本条例所称的与著作权有关的权益，是指出版者对其图书和期刊的版式设计享有的权利”。

需要指出的是，出版者的图书专有出版权不属于邻接权的内容。图书专有出版权是指图书出版者对著作权人交付的作品，在合同有效期内和在合同约定的地区，享有以同种文字的原版、修订版的方式出版图书的独立权利。这是依据著作权人与出版者所签订的出版合同而由出版者获得的权利，而并不是图书出版者依法自然拥有的权利。在上述情况下并不存在出版者在传播作品过程中的智力成果的问题，不存在需要邻接权保护的客体。

2.3 出版者的义务

出版者除了享有版式设计的专有使用权以外，其在出版发行作品的过程中还负有一定的义务。根据我国 2001 年《著作权法》第 31 条、第 33 条和第 34 条的规定，出版者应承担以下义务：

第一，订立出版合同并支付报酬的义务。出版者出版作品应当与著作权人订立出版合同，约定各自的权利和义务，例如，是否约定享有专有出版权，获得许可出版作品的期限和地域范围等。出版者还应当根据合同的约定，或以稿酬或以版税的方式向著作权人支付报酬。

第二，重印、再版作品时通知著作权人并支付报酬的义务。图书出版者拒绝重印、再版的，著作权人有权终止合同。

第三，报社、期刊社在法定期间内向主动投稿的著作权人发出决定刊登的通知的义务。著作权人向报社、杂志社投稿的，自稿件发出之日起 15 天内未收到报社决定刊登的通知的，或者自稿件发出之日起 30 日内未收到杂志社决定刊登的通知的，可以将同一作品向其他报社、杂志社投稿。双方另有约定的除外。

第四，不得侵犯著作权人修改权的义务。我国 2001 年《著作权法》第 33 条规定：“图书出版者经作者许可，可以对作品修改、删节。报社、期刊社可以对作品作文字性修改、删节。对内容的修改，应当经作者许可。”该条规定对于防止出版者假借编辑的便利对作品进行歪曲作品原意或有损作者声誉的修改具有重要意义。

第三节 表演者权

3.1 表演者权的概念

表演者(performer)又称表演艺人(performer artist)。根据《罗马公约》3(a)条款的规定,表演者是指演员、歌唱家、音乐家、舞蹈家和表演、歌唱、演讲、朗诵、演奏或者以别的方式表演文学或艺术作品的其他人员。许多国家采用了与之相似的定义,如荷兰的《邻接权法》第一部分1(a)条款;《法国知识产权法典》L.212-1条款则全盘照抄了《罗马公约》3(a)条款的规定。在其他国家的法律中,有的选择了相同的措辞,有的则使用了同义的词。如《德国著作权法》第73条规定,表演者是"诵读或者表演一个作品的人,或者艺术性地参与到作品的表演或诵读之中的人"。在视听制品表演者中,有一种特殊情形是所谓的辅助表演者,譬如跑龙套的或者临时演员,除非有的国家的法律明确将这部分人从"表演者"中排除出去,大部分国家的法律对此未作出明确的规定。不过,从理论上讲,辅助表演者与著作权法意义上的"表演者"是有区别的。

表演者权是指表演者依法对其表演所拥有的权利。表演者权产生的前提在于著作权人将其作品的表演权许可给表演者行使。法律设定表演者权有利于维护表演者的利益,因为表演者权由表演者享有,而表演权则是属于著作权人。即使是表演者自己创作节目自己表演,亦不能消除二者的区别,而只能表明表演者和作者身份的重合。在这种情况下,表演权和表演者权同时为一个主体享有。

表演者权的客体不是被表演的节目或作品,而是现场表演本身,即演员的形象、动作和声音等的组合。在这里,受到邻接权保护的是活的表演,而不是死的剧本。因为表演体现为以鲜明的形象、语言和动作再现剧本的内容,这本身就是一种创造性劳动,所以表演者应当享有与剧本创作者完全不同的另一种权利。

根据我国2001年《著作权法》第9条的规定,表演是指公开的表演作品,例如,演奏乐曲、上演剧本或朗诵诗词等,由演员直接或借助仪器设备利用自己的声音、表情和动作公开再现作品的活动。邻接权所保护的表演,只涉及对作品的表演,而且只有公开的表演才能获得邻接权的保护,至于马戏表演、体育项目表演等,由于其不涉及对作品的表演,因而均不属于邻接权保护的对象。

3.2 表演者权的内容

根据我国 2001 年《著作权法》第 37 条的规定，表演者权是指文学艺术作品的表演者对其表演享有的人身权利和财产权利。具体包括以下内容：

第一，表明表演者身份的权利。表明身份是指向公众表明演员的姓名、演出单位的名称，这是表演者的一项重要人身权利。

第二，保护表演形象不受歪曲的权利。歪曲表演者的表演形象，会直接损害表演者的名誉和声望，甚至还有可能给表演者的演出生涯造成不良后果，影响其经济收入，因此世界各国的法律大都对表演者的形象不受歪曲作出规定。在现实生活中，表演形象与演员本人形象具有一定的内在联系，但是，就法律意义而言，两者之间却是存在区别：表演者本身形象受民法的一般保护；而表演形象却归入邻接权的保护体系中。

第三，许可他人现场直播和公开传送其现场表演的权利。这是表演者对将其表演同时转播到现场之外的控制权。现场直播是指在表演者进行表演时，运用技术通讯设备将现场的表演实况通过广播电台或电视台同时向不特定的公众播放。既然表演者有权许可广播电视组织现场直播其演出，那么也应该有权收取一定的报酬。如果演出是由一个演出单位的演员完成的，那么许可或禁止广播电台、电视台现场直播的权利应由演出单位直接行使，因为就法律意义而言，这种演出单位可以被视为表演者，并享有表演者权。如果一场演出中的节目分别由隶属于不同演出单位的演员或个体演员演出，那么许可他人现场直播的权利的行使应先由各演出主体之间进行协商，如果能达成协议的则依协议办理，如果不能达成协议的，广播电台、电视台就必须要分别取得每个节目的演出单位和演员的同意。

第四，许可他人录音录像及复制、发行录音录像制品并获得报酬的权利。表演者对制作音像制品控制权，非经表演者许可，任何人不得制作其表演的音像制品。凡以营利为目的的将表演录音录像的人，均应取得表演者的许可，并与表演者商定应当支付的报酬事宜。

由于录音录像制品的复制越来越普遍，因此表演者的表演机会变得越来越少，特别是将录音录像制品进行商业性使用的普遍现象对表演者的利益构成了极大威胁，因此，二次使用费请求权制度的建立对于表演者而言便显得十分重要。根据这样一种制度，广播电台、电视台用合法制作的录音录像制品进行商业性广播或传送，以提供录音录像节目为主要业务的有线广播电视机构，以及饭店、酒吧、餐馆、茶馆、卡拉 OK 厅和俱乐部等经常使用录音录像制品的行业，均应当向表演者支付表演者权的二次使用费。

第五，许可他人通过信息网络传播其表演并获得报酬的权利。在互联网普及程度较高的当代社会，如果不赋予表演者控制其表演在信息网络中传播的权利，则表演者不仅会丧失一部分丰厚的市场利益，而且还要不得不花费大量的成本防止他人将其表演发布到网络上，这显然不符合公平、正义的法律理念，同时也不符合促进文艺创作和表演的立法目的。

表演者权利的保护期限因各项具体权利的性质不同而有所区别。根据我国 2001 年《著作权法》第 38 条的规定，表明表演者身份和保护表演形象不受歪曲的权利具有人身属性，不受时间限制；表演者的其他财产性权利的保护期为 50 年，截止于该表演发生后第 50 年的 12 月 31 日。

3.3 表演者的义务

表演者在享有表演者权的同时，还必须承担一定的义务。2001 年《著作权法》第 36 条对表演者的义务作出了明确的规定：

第一，表演者使用他人作品演出的，应当取得作品著作权人的许可，并向其支付报酬。

第二，表演者使用改编、翻译、注释、整理已有作品而产生的作品进行演出的，应当取得改编、翻译、注释、整理作品的著作权人和原作品的著作权人的许可，并向其支付报酬。

第四节　录音录像制作者权

4.1 录音录像制作者权的概念

根据《罗马公约》的相关规定，录音制品制作者(producer of audio and video recording)有权授权或禁止直接或间接复制他们的录音制品，但是，公约未对录像制品制作者权利作出专门的定义。[①] 我国 2001 年《著作权法》对录音录像制作者及其权利作了比较详细的规定。

录音是指对表演的声音和其他声音的专门录制。所谓录音制品，是指任何对表演的声音和其他声音的录制品，包括任何声音的原始录制品，如唱片、录音磁带、激光唱片光盘等。所谓录音制作者，是指借助仪器设备完成首次录音的自然人、法人或其他组织。所谓录音制作者权，是指其对自己录音制品复制发行的权利，以及许可他人复制发行其录音制品并获得报酬的权利。

① 《罗马公约》第 7 条。

录像制品是指电影作品和以类似摄制电影的方法创作的作品以外的任何有伴音或者无伴音的连续相关形象、图像的原始录制品。所谓录像制作者,是指录像制品的首次制作人。所谓录像制作者权,是指录像制作者对其制作的录像制品享有复制、发行或许可他人复制、发行的权利,如果电视台播放录像制品,则必须经过录像制作者许可,并向其支付报酬。

录音录像制作者权的主体包括录音制作者和录像制作者,只有实际制作录音制品和录像制品并且首次将声音或场景录制下来的人才具备主体资格。如果借用或租用他人的录音录像设备制作音像制品,则只有实际录制的人才是录音录像制作者,而出租设备或场地的人不能对该制品主张邻接权。转录他人的唱片、录像制品,即使是在原来的基础上进行了删节,或对其音质、音量,或在剪辑、放映方面做了技术性调整和改进,但是只要没有在实质上超出原音像制品,转录者就不能享有录音录像制作者权。

录音录像制作者权的客体是录音录像制品。由现行著作权法可以推知,录音录像制品的对象并不一定是著作权作品意义上的表演,非作品的表演,甚至根本不是表演的自然界的声音或景物,均可制成录音录像制品并受到邻接权的保护。

4.2 录音录像制作者权的内容

TRIPs 协议第 14 条第 2 款规定:“录音制品制作者应享有权利许可或禁止对其录音制品的直接或间接复制。”在第 4 款中又规定:“本协议第 11 条有关计算机程序之规定,原则上适用于录音制品制作者,适用于成员域内法所确认的录音制品的任何其他权利持有人。在部长级会议结束乌拉圭多边贸易谈判之日,如果某成员已实施了给权利持有人以公平报酬的制度,则可以维持其制度不变,只要在该制度下录音制品的商业性出租不产生实质性损害权利持有人的复制专有权的后果。”

我国 2001 年《著作权法》第 41 条第 1 款规定:“录音录像制作者对其制作的录音录像制品,享有许可他人复制、发行、出租、通过信息网络向公众传播并获得报酬的权利;权利的保护期为 50 年,截止于该制品首次制作完成后第 50 年的 12 月 31 日。”由此可见,录音录像制作者权主要包括以下几项内容:

第一,复制权,即自己或许可他人复制其录音制品或录像制品的权利。如果使用合法录制为录音制品的音乐作品制作新的录音制品,则适用法定许可,但著作权人声明不许使用的除外。

第二,发行权,即自己或许可他人通过出售或赠与等方式向社会公众提供其录音录像制品的复制件的权利。

第三，出租权，即有偿许可他人临时使用其录音录像制品的权利。

第四，信息网络传播权，即自己或许可他人通过信息网络传播其录音录像制品的权利。

第五，获得报酬的权利。

4.3 录音录像制作者的义务

根据我国2001年《著作权法》第39条的规定，录音录像制作者应履行下列义务：

第一，录音录像制作者使用他人作品制作录音录像制品，应当取得著作权人的许可，并向其支付报酬。录音制作者使用他人已经合法录制为录音制品的音乐作品制作录音制品，可以不经著作权人许可，但应当按照规定支付报酬；著作权人声明不许使用的不得使用。

第二，录音录像制作者使用改编、翻译、注释、整理已有作品而产生的作品，应当取得改编、翻译、注释、整理作品的著作权人和原作品著作权人许可，并向其支付报酬。

第三，复制、发行或通过信息网络向公众传播录音录像制品，应当取得著作权人、表演者许可，并向其支付报酬。

第五节 广播组织权

5.1 广播组织权概念

广播组织权(the right of broadcasting organizations)是指广播电台、电视台等广播电视组织对其编制的广播电视节目依法享有的权利。广播组织权的主体是广播电视组织，即制作并播放广播电视节目的组织。根据我国2001年《著作权法》的规定，作为邻接权主体的广播电视组织，只能是依法核准的专门从事广播电视节目的制作并面向其覆盖范围内不特定的公众播放图文、声像信息的单位，包括广播电台、电视台以及有线广播电视系统等。

广播组织权的客体仅限于广播电视节目(broadcasting and television program)。广播电视节目，是指广播电台、电视台播放的通过载有声音、图像的信号传播的节目。广播电视节目既包括对作品的播放，也包括对不构成作品的客观事物的报道，如现场直播体育比赛等。值得强调的是，广播电台、电视台对自己制作的具有独创性的广播电视节目享有的是著作权而不是广播组织权，而对不构成作品的广播电视节目享有的是邻接权。

5.2 广播组织权的内容

我国 2001 年《著作权法》第 44 条第 1 款规定："广播电台、电视台有权禁止未经其许可的下列行为：(一) 将其播放的广播、电视转播；(二) 将其播放的广播、电视录制在音像载体上以及复制音像载体。"由此可见，广播组织权包括以下几项具体的内容：

第一，转播权。广播电台、电视台对其播放的广播、电视节目或依法取得的音像节目，有权通过无线电波向公众播放，任何组织和个人均不得干涉；未经广播电台、电视台的许可，其他人不得转播其录制的节目。

第二，录制权。广播电台、电视台享有将其播放的广播、电视节目录制为音像制品的权利。录制是指将广播或电视节目固定在特定的载体上。

第三，复制权。广播电台、电视台拥有复制载有其播放的广播、电视节目的音像制品的权利。

广播组织权的保护期为 50 年，截止于该广播、电视节目首次播放后第 50 年的 12 月 31 日。

5.3 广播电视组织的义务

广播电视组织在对广播电视节目享有专有权的同时，也应承担相应的义务。这些义务主要是为了督促广播电视组织处理好与著作权人、表演者、录音录像制作者的关系，保证其编制节目的信息来源的合法性。

第一，广播电台、电视台播放他人未发表的作品，应当取得著作权人的许可，并向其支付报酬。

第二，广播电台、电视台播放他人已发表的作品，可以不经著作权人许可，但应当向其支付报酬。

第三，广播电台、电视台播放已经出版的录音制品，可以不经著作权人许可，但应当向其支付报酬。当事人另有约定的除外。

第四，电视台播放他人的电影作品和以类似摄制电影作品的方法创作的作品、录像制品，应当取得制片者和录像制作者的许可，并向其支付报酬；播放他人的录像制品，还应当取得著作权人许可，并向其支付报酬。

第十章　著作权和邻接权的限制

法律基于保持作品创作和文化持续发展，以及平衡作品创作者、传播者与社会公众之间利益的考虑，对著作权的行使须给予必要的限制。本章主要探讨著作权与邻接权的限制问题，对合理使用、法定许可以及强制许可等权利限制的表现形式进行了细致分析。

第一节 概 述

1.1 著作权和邻接权限制的概念

著作权和邻接权的限制，又称著作权和邻接权的例外，是指著作权法对著作权人或邻接权人专有权利的行使所规定的限制和例外。从广义上讲，著作权和邻接权的限制包括时间限制、地域限制和权能限制等三个方面，但是前两者已经被作为知识产权共同特点的时间性和地域性所涵盖，无需再设专门的制度加以强调和表达，所以通常所称著作权和邻接权的限制是指对著作权和邻接权权能的限制。著作权和邻接权的限制是由法律规定的；相形之下，当事人之间通过合同约定的对著作权和邻接权的“限制”属于权利的相对或绝对放弃。前者是对权利主张的抗辩，后者是意思自治的表现，两者并不相同。

法律规定对著作权的行使应予必要的限制，主要是基于以下两方面的考虑：一是任何作品的创作和完成都离不开前人的文化积累，因此对著作权的行使予以适当限制既是著作权人回馈社会的一种方式，也是保持作品创作和文化持续发展的必要措施；二是为了调整作品的创作者、传播者与社会公众之间的利益的平衡。著作权法规定了著作权人和邻接权人享有广泛的权利，如果任由这些权利人不受约束地行使权利，则可能形成权利人不合理的强势地位，造成在文化领域的信息失衡，从而影响到文化产业的健康发展和社会公众对作品的合理使用。

1.2 著作权和邻接权限制的表现形式

由于著作权和邻接权限制是对权利人和社会公众之间利益平衡的直接追求，所以立法者对这种限制的程度、范围和具体表现形式的制度安排必须经过审慎的考虑。一般而言，各国著作权法在确定有关著作权和邻接权限制的规则时，都要充分考虑本国的社会经济发展现状、历史文化传统以及权利意识水平，并须尊重相关的国际公约和国际惯例。

为了使公众更加容易地接近作品，满足社会对于教育、文化和信息的需要，各国法律均规定允许对著作权作品某种程度的复制和公开传播，由此而形成了对作者著作权的各种限制或例外。如对作品自由和无偿使用，以及实施某种非自愿的强制或法定许可。在强制许可或法定许可取代自愿许可的情况下，使用人需要向权利人支付一定的使用费。强制许可和法定许可的区别是：在强制许可的情况下，使用费不固定，作者（或其代理人或著作权集体管理组织）可以自行商定；而在法定许可的情况下，作品的使用费由法律直接规定。

TRIPs 协议第 13 条规定，“全体成员均应将专有权的限制或例外局限于一定特例中，该特例应不与作品的正常使用冲突，也不应不合理地损害权利持有人的合法利益”。由此可见，在这个问题上 TRIPs 协议为成员方的立法确立了三项标准：第一，任何限制和例外必须是特例；第二，不得影响作品的正常使用；第三，不得侵犯著作权的合法利益。从中国的著作权立法来看，2001 年《著作权法》第 22 条规定了“合理使用”制度，第 23 条、第 32 条第 2 款、第 39 条第 3 款、第 42 条第 2 款和第 43 条则规定了“法定许可”的各种情形，并没有专门规定“强制许可”制度。但是，由于中国已经加入《伯尔尼公约》和《世界版权公约》，因此公约中有关强制许可的规定也可适用。

第二节 合理使用

2.1 合理使用的概念和条件

合理使用（fair use）是指在特定的条件下，法律允许他人自由使用著作权作品而不必征得著作权人的同意，也不必向著作权人支付报酬的制度。

我国 2001 年《著作权法》第 22 条对于合理使用的范围作了列举式的规定。而 2002 年《著作权法实施条例》第 21 条则进一步明确了进行合理使用的要求，该条规定，“依照著作权法的有关规定，使用可以不经著作权人许可的已经发表的作品的，不得影响该作品的正常使用，也不得不合理地损害著作权人的合法利益。”根据上述法律规定，合理使用必须具备以下几个条件：第一，被使用的作品已经发表，未发表的作品不属于合理使用范围；第二，使用的目的仅限于为个人学习、研究或欣赏，或者为了教学、科学研究以及公共文化利益的需要；第三，使用著作权作品时，不得侵犯著作权人的其他权利，并且必须注明作者的姓名和作品的名称。在判断使用他人作品行为的合理性时，必须对上述三个条件综合考虑，缺乏其中任何一个条件，合理使用都不能成立。事实上，这也是《伯尔尼公约》第 9 条之二确立并为 TRIPs 协议第 13 条所继受的有关合理使用的“三步检验法”在中国著作权法上的完整体现。

关于合理使用的判断标准，《美国版权法》确立了“四项标准”，这些标准都是从判例法多年经验中总结出来的，因此对“合理使用”的理解和把握具有更直接的意义。根据《美国版权法》第 107 条的规定，为了批评、评论、新闻报道、教学和学术研究等目的，可以合理使用享有版权的作品。判断某一使用是否合理，可以通过以下四个标准：第一，使用的目的和特点，包括该使用是否具有商业的特性，或是否为了非营利的教育目的；第二，享有版权的作品的特性，即原告的作品是事实性的还是虚构性的；第三，与享有版权作品的整体相比，使用的数量和质量；第四，对于享有版权作品的潜在市场或价值来说，使用所具有的影响。①

2.2 合理使用的具体形式

依据我国2001年《著作权法》第22条的规定，以下属于构成合理使用的情形：

2.2.1 个人使用

为了个人学习、研究或欣赏的目的，使用他人已经发表的作品，可以不经著作权人许可，不向其支付报酬，但应当指明作者姓名、作品名称，并且不得侵犯著作权人依照本法享有的其他权利。个人使用构成合理使用必须具备下列三个条件：第一，使用他人作品的目的是为了个人学习、研究或者欣赏，而不是商业性的；第二，限于个人为实现上述目的而使用，“个人”不得作超出家庭范围的解释；第三，使用的作品必须是已发表的，未经发表的作品不在合理使用的范围。

2.2.2 适当引用

为介绍、评论某一作品或者说明某一问题，在作品中适当引用他人已经发表的作品，可以不经著作权人许可，亦不需向其支付报酬，但应当指明作者姓名、作品名称，并且不得侵犯著作权人依照本法享有的其他权利。法律规定的这种状况属于适当引用。适当引用是在自己的作品中适当摘录他人已经发表的作品。引用他人作品应当满足“适当”的要求，通常须符合下列三个条件：第一，引用目的仅限于介绍、评论某一作品或者说明某一问题；第二，所引用部分不能构成引用作品的主要部分或者实质部分；第三，不得损害被引用作品著作权人的利益。

2.2.3 新闻使用

为报道时事新闻，在报纸、期刊、广播电台、电视台等媒体中不可避免地再现或者引用他人已经发表的作品，可以不经著作权人许可，不向其支付报酬，但应当指明作者姓名、作品名称，并且不得侵犯著作权人依照本法享有的其他权利。

① 李明德、许超：《著作权法》，法律出版社2003年版，第112～113页。

2.2.4　对政论性文章的转载、转播

报纸、期刊、广播、电视台刊登或者播放其他报纸、期刊、广播电台、电视台已经发表的社论、评论员文章，但作者声明不许刊登、播放的除外。社论是报社或杂志社在自己的报纸或刊物上，以本社名义发表的评论当前重大问题的文章；评论员文章是个人作为本报刊的评论员对当前事件、问题进行的评论。两者基本上是法人作品，是宣传性的政论作品，其目的在于宣传国家或有关政府部门关于政治、经济、外交等重大问题的方针、政策。

2.2.5　对公开演讲的转载、转播

报纸、期刊、广播电台、电视台刊登或者播放在公众集会上发表的讲话，但作者声明不许刊登、播放的除外。公众集会一般指公众可以自由出入会议场所的政治性集会或庆典性集会。一般说来，公众集会上的讲话者愿意将自己的作品传播给公众，但也有一些例外。

2.2.6　教学使用

教学使用是为学校课堂教学或者科学研究，翻译或者少量复制已经发表的作品供教学或者科研人员使用，可以不经著作权人许可，不向其支付报酬，但应当指明作者姓名、作品名称，并且不得侵犯著作权人依照本法享有的其他权利。为教学科研的翻译与复制，只有具备以下条件才属于合理使用的范围：第一，其目的限于学校课堂教学或科学研究，翻译与复制作品，只能供教学或者科研人员使用；第二，使用的须是他人已经发表的作品；第三，使用他人作品，不得影响作品的正常利用，也不得无故损害著作权人的合法权益。

2.2.7　公务使用

国家机关为执行公务在合理范围内使用已经发表的作品，可以不经著作权人许可，不向其支付报酬，但应当指明作者姓名、作品名称，并且不得侵犯著作权人依照本法享有的其他权利。国家机关包括国家的立法、执法、司法和军事机关，其使用已发表的作品是制定政策法律、实施国家管理和行使国家职能的需要。但国家机关使用作品仍必须加以限制：首先，使用作品确因执行公务需要，不得超出执行公务的范围；其次，使用作品须符合我国 2002 年《著作权法实施条例》第 21 条的规定，即不影响作品的正常利用，不得不合理地损害著作权人的合法权益。

2.2.8　图书馆陈列或保存版本

图书馆、档案馆、纪念馆、博物馆、美术馆等为陈列或者保存版本的需要，复制本馆收藏的作品，可以不经著作权人许可，不向其支付报酬，但应当指明作者姓名、作品名称，并且不得侵犯著作权人依照本法享有的其他权利。图书馆、档案馆、纪念馆、博物馆、美术馆等为陈列或者保存版本的需要，复制本馆收藏的作品属于合理使用。馆藏作品包括已经发表的和未发表的作品。复制的目的或是为陈列,或是为保存版本,包括馆际之间的交换。

2.2.9 免费表演

免费表演已经发表的作品,该表演未向公众收取费用,也未向表演者支付报酬,可以不经著作权人许可,不向其支付报酬,但应当指明作者姓名、作品名称,并且不得侵犯著作权人依照本法享有的其他权利。免费表演已经发表的作品属于合理使用。所谓免费表演,包括两个方面的要求,即"不得向听众、观众收取费用","不得向表演者支付报酬",二者同时具备才是免费表演。

2.2.10 室外陈列作品的使用

对设置或者陈列在室外公共场所的艺术作品进行临摹、绘画、摄影、录像,可以不经著作权人许可,不向其支付报酬,但应当指明作者姓名、作品名称,并且不得侵犯著作权人依照本法享有的其他权利。可被合理使用的艺术作品只能是设置或陈列在室外公共场所的。此外,对艺术作品的合理使用方式也仅限于《著作权法》所允许的临摹、绘画、摄影、录像等非接触性的复制。

2.2.11 翻译汉文字作品

将中国自然人、法人或者其他组织已经发表的以汉语言文字创作的作品翻译成少数民族文字作品在国内出版发行,可以不经著作权人许可,不向其支付报酬,但应当指明作者姓名、作品名称,并且不得侵犯著作权人依照本法享有的其他权利。为了促进少数民族科学文化发展,用少数民族文字翻译已发表的汉字作品,不必征得著作权人同意和支付报酬。但是应当注意到:第一,该规定仅适用于原作品为汉族文字的作品;第二,翻译作品仅限于在我国境内出版发行,如果超出国内发行的范围,就侵犯了作者作品的翻译权。

2.2.12 盲文出版

将已经发表的作品改成盲文出版,可以不经著作权人许可,不向其支付报酬,但应当指明作者姓名、作品名称,并且不得侵犯著作权人依照本法享有的其他权利。将任何一种文字改成盲文,都是一种翻译行为。出于关怀与扶持残疾人的公益性目的,我国 2001 年《著作权法》允许将已发表的作品变换为盲文读物出版,盲文读物的翻译人由此还享有新的独立的著作权。

法律规定的上述合理使用的各种情况,适用于对出版者、表演者、录音录像制作者、广播电台、电视台的权利的限制。

2.3 数字环境下的合理使用

信息传播技术的发展,尤其是数字技术的广泛应用,给著作权合理使用制度带来了巨大的挑战。网络环境下数字作品复制的容易性、改变的随意性和传播的广泛性使得传统上可以被视为合理使用的一些作品利用方式遭受新的质疑，而另一方面也有一些新的作品利用方式期待合理使用制度的承认和吸纳。欧盟《关于协调信息社会著作权与相关权特定方面的指令》第 31 条就指出，“必须保证不同种类的权利人之间、以及不同种类的权利人和受保护客体的使用者之间的权利和利益的合理平衡。在新的电子环境下，必须对成员国现行的对权利的例外和限制进行重新评价……”世界知识产权组织《版权条约》关于第 10 条的议定声明也强调，“不言而喻，第 10 条的规定允许缔约各方将其国内法中依《伯尔尼公约》被认为可接受的限制与例外继续适用并适当地延伸到数字环境中。同样这些规定应被理解为允许缔约方制定适应网络环境的新的例外与限制”。

在我国，2006 年《信息网络传播权保护条例》第 6 条和第 7 条规定了在信息网络环境下合理使用的情形，大体上是《著作权法》规定的对应延伸，但其中有两点非常重要的变化。第一，是个人使用在信息网络环境下不再构成合理使用，这主要是因为互联网条件下无法以空间和人数为标准将个人限制在不超过家庭的范围，允许个人使用的结果往往是大量潜在的消费者因为获得了免费的资源而不再购买著作物，对著作权人的其他权利尤其通过许可他人使用作品而获取收益的权利产生了极大的不利影响，不符合前述《伯尔尼公约》确立的合理使用“三步检验法”。第二，是特别规定了图书馆、档案馆等为陈列或者保存版本需要以数字化形式复制的作品，应当是已经损毁或者濒临损毁、丢失或者失窃，或者其存储格式已经过时，并且在市场上无法购买或者只能以标定的价格购买的作品。

除此之外，法律对技术措施的保护和允许避开技术措施的极少数例外使得在信息网络环境下的合理使用经常变得有名无实。根据我国 2006 年《信息网络传播权保护条例》的规定，只有在为教学和科研目的、向盲人提供已经发表的文字作品、执行公务和进行计算机系统或网络的安全性测试这四种情况下才可以避开技术措施。因此，在作品存在技术措施尤其是接触性控制技术措施的情况下，社会公众对作品的合理使用几乎是不可能的。这一悖论的解决有赖于立法的修正或者司法上对合理使用制度和技术措施的保护作出合乎著作权法宗旨的系统化解释。

第三节　法定许可

3.1　法定许可概述

法定许可(statutory license)是世界各国著作权法普遍采用的一项制度,亦称“法定许可证”制度。法定许可是指根据法律的直接规定,以特定的方式使用作品,可以不经著作权人的许可,但应当向著作权人支付使用费,并尊重著作权人的其他各项人身权利和财产权利的制度。法定许可与许可使用的差别在于获得许可的依据不同,前者是法律预设的条件,后者是著作权人的意思表示;法定许可只能是普通许可,许可使用可以是独占许可。无论是法定许可还是许可使用,被许可人都应当向著作权人支付使用费,而这也是法定许可与合理使用的主要区别之一,因为合理使用属于无偿使用。

法定许可制度在《伯尔尼公约》中有较为完整的体现,具体是《伯尔尼公约》第 11 条之二和第 14 条。与《伯尔尼公约》的精神相契合,各国都会结合本国的实际情况对法定许可的具体类型作出规定。各国法律在规定法定许可制度时主要考虑的因素包括许可使用的便捷性、教育事业的发展和文化市场的公平等特定的公共利益和政策目标。根据国情现状,我国 2001 年《著作权法》规定了教科书编写的法定许可、报刊转载和摘编的法定许可、录音制品制作的法定许可和广播组织播放的法定许可四种情形。

3.2　教科书编写的法定许可

人类对于其可以通过教育和训练得以提高的知识、技能和习惯拥有人身的基础,这个基础的提高与否关系到对个人利益得失的计算。正是在这种意义上来说,知识是蕴于人之中的。由于教育环节承担着人类资本的生产,因此很自然地成为书籍的主要使用者。在该环节中,书籍的供应对于教育功能的实现至关重要。因此,世界各国在其著作权制度中普遍保留了法定许可制度,即允许教育机构以一种比任何私人更为优惠的条件利用书籍。法定许可制度可以被认为是一种有效的方法,即允许版权人获得回报的同时,保证建立人类资本的目标的实现。在现代著作权制度下,如果教育环节不能获得更多的自由去接近形形色色的作品,那么可能的结果就是社会从其教育投资中所获得的回报将会降低。就教育环节而言,在排除其他因素的前提下,传播或介入知识的限制,意味着对现存人类资本储备的利用的无效率。

教科书编写的法定许可,是指可以不经许可使用特定类型的已发表作品编写一定范围内的教科书。我国 2001 年《著作权法》第 23 条规定，为实施九年义务制教育和国家教育规划而编写出版教科书，除作者、出版者、表演者、录音录像制作者、广播电台、电视台事先声明不许使用者外，可以不经著作权人许可，在教科书中汇编已经发表的作品片段或者短小文字、音乐作品或者单幅的美术、摄影作品，但是应当按照规定支付报酬，指明作者的姓名、作品名称，并且不得侵犯著作权人享有的其他权利。理解教科书编写法定许可应当注意以下几个方面的内容：

第一，并非所有的教科书编写都适用法定许可，必须是为实施九年义务制教育和国家教育规划而编写出版的教科书。其中"九年义务制教育"是指我国 2006 年《义务教育法》所规定的国家统一实施的所有适龄儿童、少年必须接受的教育，是国家依法保障的公益性事业；"国家教育规划"也是指教育部为贯彻实施 2006 年《义务教育法》所制定的规划。由此可见，高中和大专院校的教科书编写并不适用法定许可，而冠之以"教科书"名义的各种营利性教育培训机构的教材更没有适用法定许可的可能。

第二，并非所有的作品都适用于教科书编写法定许可，只能是"已经发表的作品片段或者短小文字、音乐作品或者单幅的美术、摄影作品"。这主要是从义务教育教科书编写的实际需要出发所作出的限定，有些作品依其性质本身就无法适用教科书编写，如建筑作品和计算机软件等。

第三，使用他人已发表作品编写法定范围内的教科书虽然可以不经过著作权人的许可，但仍然应当向其支付报酬。报酬的具体标准由国务院著作权行政管理部门会同国务院价格主管部门制定。

第四，权利人可以通过事先声明的方式排除教科书编写法定许可。毕竟著作权人的权利已经受到有限的保护期和合理使用制度等各种限制，达成了与社会公共利益之间的平衡，权利人选择不再向社会公众让渡更多的利益也可以理解。况且，教科书编写在不能使用某些作品的情况下仍然可以有许多替代性的选择，不会因此失去质量上的保障。

第五，依据我国 2006 年《信息网络传播权保护条例》第 8 条的规定，教科书编写法定许可可以适用于信息网络环境，但有疑问的是这里的"作品的片断"是否包括软件作品以及电影和以类似摄制电影方法创作的作品的片断。

第六，所有的教科书编写法定许可都应当尊重作者的精神权利，并且不得侵犯著作权人享有的其他权利。

3.3 报刊转载和摘编的法定许可

报刊转载和摘编的法定许可是指对于已经发表在报刊上的作品，其他报刊可以不经著作权人许可而转载和摘编，但应当向著作权人支付报酬。我国2001年《著作权法》规定报刊转载和摘编法定许可的主要原因可能是在中国报刊间的转载情况比较普遍，已经形成习惯或惯例。文摘和复印资料类报纸杂志拥有很大市场，并受到广泛欢迎。

报刊转载和摘编法定许可应当符合下列条件：

第一，所使用的作品必须是已经在报刊上发表的作品。一是必须为已发表作品，未发表作品不适用法定许可；二是必须发表在报刊上，因为报刊转载和摘编法定许可是遵循行业惯例而为报刊间的相互方便而设的，所以以图书或其他宣传材料等形式发表的作品不适用该法定许可。

第二，著作权人可以通过事先声明的方式排除报刊转载和摘编法定许可的适用。值得注意的是，有权发表不得转载、摘编的声明的主体只能是著作权人，而不是刊登其作品的报纸和杂志，因为报纸和杂志没有和图书出版者一样的专有出版权，如果著作权人未加声明，而报纸、杂志提出声明的，应视为无效。[①]

第三，转载者和摘编者应当按照规定支付报酬。

第四，需要特别指出的是，我国2006年《信息网络传播权保护条例》并没有规定电子报刊的转载和摘编许可，因此目前我国2001年《著作权法》规定的报刊转载和摘编的法定许可尚不能延伸到网络环境之中。

3.4 录音制品制作的法定许可

录音制品制作的法定许可是指使用他人已经合法录制为录音制品的音乐作品制作录音制品，可以不经著作权人许可，但应当支付报酬。法律规定此项法定许可的目的主要在于防止首家获得音乐作品使用许可的录音制作者形成不合理的垄断，维护录音制品市场的公平竞争秩序。

对于录音制品制作的法定许可的理解应当注意以下几个方面：

第一，只有已经合法录制为录音制品的音乐作品才适用录音制品制作法定许可。音乐作品以外的其他作品不适用录音制品制作法定许可；未发表的音乐作品不适用录音制品制作法定许可；已发表的音乐作品未经合法录制为录音制品的不适用录音制品制作法定许可。如果一部音乐作品尚无人将其录制为录音制品，使用人要将其制作成录音制品，则应当获得著作权人的

① 实践中经常有些期刊杂志社发表声明，声称“凡来稿一经刊发，自发表之日起一年内，对该文任何形式的转载、摘登，均须事先征得本刊的书面许可”。这类声明在某种程度上反映出对作者著作权的不尊重。就著作权法意义而言，这类声明是无效的，因为有权发表此类声明的应该是作者（著作权人），而非期刊杂志社。

许可。

第二，只有为制作录音制品才可以依法使用他人已经合法录制为录音制品的音乐作品。使用音乐作品制作录像制品或创作其他作品都不适用录音制品制作法定许可。

第三，录音制品制作法定许可只涉及音乐作品著作权人的许可问题，如果使用人制作录音制品的活动还涉及表演者或其他录音制作者的邻接权，则应当获得这些人的许可。

第四，录音制品制作法定许可的使用人应当向著作权人支付报酬。

第五，著作权人可以通过事先声明的方式排除录音制品制作法定许可的适用。从市场运作的机制来看，如果第一家获得授权的录音制作者开出足够诱人的条件，则音乐作品的著作权人完全可能作出排除法定许可的声明，如此一来，这类法定许可的意义实际上就被大大削弱了。

3.5 广播组织播放的法定许可

广播组织播放的法定许可是指广播电台、电视台可以不经著作权人许可而播放其已经发表的作品或已经出版的录音制品，但应当向著作权人支付报酬。该项法定许可主要是为确保社会公众充分获得信息的权利，保障广播事业的良性健康发展而对著作权人的广播权作出的一定限制。

理解广播组织播放的法定许可应当注意以下几点：

第一，主体只能是依法成立的广播电台、电视台等广播组织。其他组织或个人不能因为使用相关的无线或有线设备播放作品而获得广播组织播放法定许可。

第二，只有已经发表的作品或已经出版的录音制品才适用广播组织播放法定许可，未发表作品不适用广播组织播放法定许可。

第三，广播组织播放法定许可只涉及著作权人的许可问题，如果广播组织的播放活动还涉及表演者或其他录音制作者的邻接权，则应当获得这些人的许可。

第四，广播组织依法定许可播放作品，应当向著作权人支付报酬。

第五，著作权人不可以通过事先声明的方式排除广播组织播放法定许可的适用。

第四节　强制许可

4.1　强制许可概述

强制许可(compulsary license)是指在一定条件下,作品的使用者基于某种正当理由需要使用他人已发表的作品时,经申请由著作权行政管理部门授权,即可使用该作品,无需征得著作权人同意,但应当向其支付报酬的制度。强制许可使用与合理使用同属对著作权的限制,其区别在于合理使用不需征得著作权人同意,也不用向其支付报酬,而强制许可使用必须先由使用人以合理条件和理由请求著作权人许可,如著作权人无理拒绝或不作答复,还须向国家有关部门申请,由该机关授权许可使用作品,并且须支付报酬。

强制许可使用与法定许可使用的区别在于,法定许可适用于愿意使用法律所规定的作品的一切人,不需经过著作权人同意,但要向其支付报酬,如果著作权人声明不准使用的则不得使用。而强制许可的程序较为烦琐,在向著作权人申请许可未成功时还要向主管部门申请授权,通过强制许可证的形式获得作品使用权,并且同样要向著作权人支付报酬。

4.2　强制许可的适用现状

《伯尔尼公约》和《世界版权公约》的强制许可条款仅仅承担发展中国家著作权主管机关拥有向申请人颁发翻译或复制外国作品的强制许可证的权力。依据《伯尔尼公约》附件第1条和《世界版权公约》第5条之二的规定,如果某成员国依照联合国大会确认的惯例属于发展中国家,且该国是两公约的成员国,那么该国就有权利用翻译和复制许可证制度,但这些国家必须是“因为其经济状况及社会或文化需要而不能在当前采取恰当安排以确保对公约文本规定的全部权利进行保护”。由于程序过于复杂,条件过于严格,因此向这两个公约的主管机构——世界知识产权组织或联合国教科文组织——递交通知书,宣布要求享有此种优惠的国家并不多见。自1971年上述两大公约规定对发展中国家给予强制许可翻译或复制外国作品的优惠条款以来,仅有墨西哥、几内亚、突尼斯等少数几个国家曾要求享有此种优惠制度。

由于我国2001年《著作权法》没有规定强制许可制度;但是,由于我国已经加入《伯尔尼公约》和《世界版权公约》,因此公约中有关强制许可的规定也可适用。

第十一章　著作权集体管理

著作权集体管理是指著作权人授权符合法律规定条件的特定组织集中行使和管理相关权利的制度。本章主要介绍了著作权集体管理的概念、历史和分类、国外著作权集体管理的立法实践以及中国的著作权集体管理制度。

第一节 概 述

1.1 著作权集体管理的概念

著作权集体管理(collective administration of copyrights)是指著作权人授权符合法律规定条件的特定组织集中行使和管理相关权利的制度。

就法律性质而言,著作权集体管理是一种类似信托性质的民事行为。集体管理组织根据著作权人的授权,以自己的名义行使所管理的权利,并在扣除必要的管理费用后将所获得的利益返还给著作权人。对著作权人而言,著作权集体管理是一种可以选择的实现权利的方式,而不是一种法定的义务。

从产生原因上看,著作权集体管理是文学产业活动发展到一定阶段的必然产物。随着经济社会的发展与进步,人们对文学艺术作品利用的需求日益增长,这就造成了著作权人个人行使权利和社会公众利用著作权作品的某种困境。一方面,对于作者而言,他不可能总是清楚地知道自己的作品在何处、何时以及如何被他人使用;另一方面,对使用者而言,他也不可能总是可以联系到每一部作品的作者并顺利地获得作品的使用权。解决这种困境的有效办法就是要了解双方的利益需求并搭建起一座沟通双方的桥梁,通过一个统一的资源分配平台去实现保护著作权人权利和方便公众利用作品的目标。

从管理的主体来看,各国法律一般规定,著作权集体管理组织应是依法设立的公益性或非营利性团体法人。

从管理的权利来看,著作权集体管理主要涉及的是表演权、广播权、出租权和信息网络传播权等个人难以通过逐个交易而有效实现的权利,而改编权、翻译权等则一般不采用集体管理的办法。

从管理的内容来看,著作权集体管理组织的核心业务就是代表著作权人与使用人签订著作权许可使用合同;收取并转付使用费;参加与其管理的权利相关的诉讼或非讼活动。

1.2 著作权集体管理的历史

1777 年,在《塞维勒的理发师》和《费加罗的婚礼》的作者、著名作家博马舍的倡议下,法国成立了戏剧立法局,它可以称得上是世界上第一个负责集体管理其会员权利的著作权集体管理组织,它同时也是 1829 年成立的戏剧作者、作曲者协会的前身。①

在著作权集体管理制度的发展过程中，一个颇具里程碑意义的事件是1847年的法国“大使音乐咖啡厅”案。1847年，作曲家保罗·昂利翁和维克多·帕里佐在作家埃尔纳·布尔热的陪同下，在巴黎香榭丽舍大街“大使音乐咖啡厅”观赏他们的作品《米歇尔大妈看意大利歌剧》的演出。演出结束后，他们拒绝支付座位费和饮料费，理由是咖啡厅的主人向顾客出售了他们的作品而未向他们支付报酬（这是当时的惯例）。后来，保罗·昂利翁和埃尔纳·布尔热在其作品出版者科隆比埃的支持下向塞纳省商业法庭提起诉讼，指控“大使音乐咖啡厅”构成侵权并要求赔偿。原告的指控得到了法院的支持。后来由于法庭颁发的禁令被违反，原告再次提出新的诉讼。1849年4月，法国巴黎上诉法院最终核准了作者胜诉的判决，要求“大使音乐咖啡厅”向作者支付赔偿。以这一次判决的结果为契机，法国的作者和作曲家们联合起来，于1850年成立了征收音乐作者和作曲者版税的全国性机构。1851年2月28日，该机构被目前世界上最重要的著作权集体管理组织之一——作者、作曲者和音乐出版者协会(SACEM)所取代。作者、作曲者和音乐出版者协会经过多次诉讼和不懈努力，终于推动建立起了现代意义上的著作权集体管理制度。②

法国在著作权集体管理实践方面所获得的成功引起了欧洲和其他国家的纷纷效仿，在19世纪末和20世纪初的几十年间，各种著作权集体管理组织如雨后春笋般涌现出来。与此同时，复制和传播技术的发展却使得作品，尤其是音乐作品的使用变得更加频繁、迅速、广泛和分散，因此，各国的著作权集体管理组织深感加强联系的必要，于是开始签订相互代表协议。为巩固和协调涉及著作权集体管理的国际关系，共计18个著作权集体管理组织于1926年在巴黎成立了著名的国际作者、作曲者协会联合会，该协会目前已经拥有来自一百多个国家的两百多个著作权集体管理组织会员。

1.3 著作权集体管理的分类

按照不同的标准，可以对著作权集体管理进行不同的分类，比较常见的分类包括：

第一，根据管理相同权利的组织的地位，可以把著作权集体管理分为垄断性集体管理和非垄断性集体管理。著作权集体管理主要是为了帮助著作

---

① 〔西班牙〕德利娅·利普希克：《著作权和邻接权》，联合国教科文组织译，中国对外翻译出版公司2000年版，第321页。

② 同上书，第322页。

权人实现其自己难以有效管理的权利，因此相应的著作权集体管理组织也是针对特定的权利，如音乐作品表演权、电影作品放映权、软件作品出租权和文字作品复制权等权利进行管理的。垄断性集体管理是指同样的权利只能由一家集体管理组织进行管理的制度，因其具有“事实上的垄断性”。针对垄断性集体管理有可能因其垄断性而造成权利滥用，各国法律普遍制定了对著作权集体组织的监督措施，要求著作权集体管理组织的收费标准应适当、合理，分配规则应透明、公正，应定期公布账目并将年度结算报告送交有关监督机关审查等等。非垄断性集体管理是指相同的权利可以由多家集体管理组织同时管理的制度。目前世界上大多数国家的法律都主张实行垄断性集体管理，因为这样有利于降低管理成本，避免许可冲突和许可标准的混乱，以提高管理效率。

第二，根据管理系属权利人自愿还是法律的强制规定，可以把著作权集体管理分为自愿集体管理和强制集体管理。作为私权，著作权的行使与否以及如何行使，一般应尊重权利人的独立意志和自主意思。各国普遍采用著作权集体管理的自愿管理模式。

第三，根据权利人授权的具体内容，可以把著作权集体管理分为完全集体管理和不完全集体管理。完全的集体管理是指集体管理组织在许可使用、收取和分配使用费以及代表权利人参加与其管理的权利有关的诉讼、仲裁活动方面发挥全面作用的集体管理。在完全集体管理的模式下，著作权人授予集体管理组织的是独立而完整的权利。不完全集体管理是指集体管理组织并不介入许可使用，而仅限于在商谈报酬数额以及分配所得报酬等方面进行管理。在不完全集体管理的模式下，著作权人授予集体管理组织的只是报酬请求权，例如，家庭录制报酬请求权、公共借阅报酬请求权和法定许可报酬请求权等等。在管理这些权利时，集体管理组织无权拒绝他人对作品的使用。[①]

第二节　国外著作权集体管理的实践

2.1　国外著作权集体管理的立法模式

著作权集体管理制度既是著作权人行使自己权利的有效方式，也是社会公众合法使用作品的重要途径，因此它构成了著作权法律制度的重要组成部分。许多国家法律都是采取单行法的形式，或者是在著作权法中设专章或专

① 吴汉东:《知识产权法》,法律出版社 2004 年版,第 104 页。

条来规定著作权集体管理的内容，这些国家包括法国、意大利、瑞士、瑞典、西班牙、波兰、俄罗斯、斯洛文尼亚和爱沙尼亚等。[①] 虽然著作权集体管理组织是根据著作权人的授权而为其管理权利，发放许可、收取和转付费用，但是其职能所带来的社会影响却是深远的。它可以为社会公众的利益而不断更新作品的信息；积极地与作者取得联系并争取获得他们的授权；建立和完善管理制度和工作体系以保证集体许可的公平和效率。著作权集体管理制度有其独立的地位和价值，正是基于这一点，有些国家和地区采用专门立法的方式来详细规定著作权集体管理制度的内容，如德国的《著作权集体管理法》、日本的《著作权和邻接权管理业务法》。

与大陆法系国家不同，英美法系国家的版权集体管理制度是根据公司法或竞争法建立起来的。这一点与英美法系国家将版权视为动产，属于自由贸易的客体具有密切关系。他们认为，版权人将某些权利让渡给集体管理组织而由后者进行管理和使用相当于一种投资，而集体管理组织发放许可和收取费用的行为属于商业经营行为，与其他商业经营活动一样需要付出成本并承担风险。在这些国家看来，采用有限责任公司的形式来运作版权集体管理组织有利于限制作为会员的权利人的财产责任，可以帮助权利人避免承担过大的经济风险。

如果单纯从理论上判断两大法系的立法模式孰优孰劣是十分困难的，但是，从实际运作的效果来看，似乎大陆法系国家的著作权集体管理组织更加富有效率。就大陆法系各国的立法选择而言，将著作权集体管理制度规定在著作权法之中的做法可以彰显其在整个著作权法体系中的地位和价值：便于权利人主动利用该制度行使其权利；便于社会公众通过集体管理组织获得使用许可。相形之下以单独立法的方式规定著作权集体管理制度有利于集体管理的专业化发展，可以通过数量较多的法律条款具体明确地规定权利人、使用人和集体管理组织在集体管理过程中的权利和义务，使著作权集体管理制度更具有操作性。当然，也不应该忽视英美法系国家在控制集体管理风险，减少实际垄断的不利影响和促进著作权许可领域的自由竞争方面所做的尝试和努力。当然，如果在不久的将来，能够出现一种集市场化运作和集体管理两者优点于一身的许可机制，那将是著作权制度发展的一种理想模式。

---

① 李明德、许超：《著作权法》，法律出版社 2003 年版，第 204 页。

2.2 国外的著作权集体管理组织

2.2.1 国外著作权集体管理组织的性质

英美法系国家的版权集体管理组织是公司法人，如英国的音乐著作权集体管理有限公司、美国的音乐广播公司(BMI)等。与普通公司不同，根据法律的要求版权集体管理公司都是非营利性的，即公司本身没有追逐利润、聚集资本的目的和需求，除了向作者转移支付作品的许可使用费以外，不向股东支付任何股息。对于这类公司股票的出售，法律规定了非常严格的限制条件，以防止股票落入那些希冀控制公司和削弱其竞争地位的人的手中。[①]

大陆法系国家的立法则非常明确地规定了著作权集体管理组织应当是公益性或非营利性的社团法人。大多数国家的著作权集体管理组织是由著作权人(包括作者和部分邻接权人)组织起来的，旨在维护作者的精神权利并同时管理权利人的经济权利。这种公益性社团法人组织也是自法国戏剧作者和作曲者协会成立以来在国际社会较为通行的集体管理组织形式。国际作者、作曲者协会联合会于 1936 年通过的《示范章程》确立了如下原则，"(1) 以每个结盟协会的名义绝对排除任何商业或投机性质，以及直接或间接的盈利目的；(2) 任何作者协会，就本名词的最广义而言，无论是否是法人都应具有并保留民法社团或同样性质的协会的法律形式和结构，在任何情况下都不能具有实质上属于商业社团性质(股份有限公司、托拉斯等)的形式和特征"[②]。从上述原则不难推论出国际作者、作曲者协会联合会积极主张建立私法性质的著作权集体管理组织，并禁止集体管理组织从事任何营利性活动的价值取向。

在世界各国，要求著作权集体管理组织遵守公益性或非营利性的原则都不存在障碍，但是，由于历史的原因和其他因素的影响，一些国家的著作权集体管理组织并非以私法社团的形式而是以公法上的官方或半官方机构的面目出现的，例如，保加利亚的著作权署和匈牙利的著作权保护局。非洲法语国家的著作权集体管理组织也多为官方或半官方组织，如阿尔及利亚的国家著作权局、塞内加尔的著作权局和喀麦隆的著作权协会等等。出现这类现象的原因可能是，在著作权法律制度起步较晚的发展中国家，由公立机构来进行集体管理，作者们就不必支付在集体管理组织创立之初所需要的巨额费

---

① 〔西班牙〕德利娅·利普希克:《著作权和邻接权》，联合国教科文组织译，中国对外翻译出版公司 2000 年版，第 328 页。

② 同上书，第 325 页。

用。而且，由于这些机构原本就属于政府系统中全面负责著作权管理和执法的部门，其权威性和执行力容易赢得著作权人的信赖。然而，这种模式的最大缺陷在于可能会造成公权力对著作权行使的不当干涉。这些组织在行使著作权集体管理职能时是以著作权人的受托人的身份出现的，而在行使其他管理职能时又是以行政执法者的身份出现的，这种角色的分裂很难保障著作权集体管理制度作为私法制度的纯正性。

2.2.2 国外著作权集体管理组织的类型

有些国家根据本国的实际情况建立了一个总的著作权集体管理组织(Copyright Collective Administration Organization)负责各种类型作品的各类权利的集体管理，如西班牙的作者总会、意大利的作者出版者协会和乌拉圭的作者总会等；另外也有一些国家则根据所管理的权利种类分别成立了多家著作权集体管理组织，如瑞士、英国、阿根廷和墨西哥等国，当然这些单独成立的著作权集体管理组织在其所管理的权利方面是能够确保其垄断地位的。

由于前文提到过的垄断性集体管理的诸多优点，所以世界上只有极少数国家存在同类权利(主要是音乐作品的表演权)的集体管理组织竞争性并存的情况，包括美国的作者作曲者出版者协会、欧洲戏剧作者作曲者协会和美国音乐广播公司，加拿大作曲者作者出版者协会和加拿大表演权组织以及巴西作曲者联合会(UBC)、作曲者和音乐作者协会(SICAM)、音乐作者作曲音乐出版者协会(SBACEM)和音乐演奏权管理协会(SADEMBRA)等等。

各国依照所管理的权利类型设立的著作权集体管理组织通常包括以下类型：管理音乐作品表演权的集体管理组织；管理音乐作品机械复制权的集体管理组织；管理录音制品复制权的集体管理组织；管理戏剧作品著作权的集体管理组织；管理美术作品追续权的集体管理组织；管理文字作品影印复制权的集体管理组织；管理广播电视节目有线转播权的集体管理组织；管理电影作品放映权的集体管理组织等等。

2.3 国外著作权集体管理组织的职能

2.3.1 对表演者及录音制品制作者权利的集体管理

表演者和录音制品制作者对“二次使用(secondary use)”的报酬请求权(直接利用录音制品进行公开表演、广播或以任何其他方式向公众传播)只能依靠著作权的集体管理才能实现。《罗马公约》第 12 条规定：“如果某种为商业目的发行的录音制品或此类录音制品的复制品直接用于广播或任何向公众的传播，使用者应当支付一笔总的合理的报酬给表演者，或录音制品制作者，或给二者……”据此各缔约国采用了几种不同的付酬标准：第一，仅付给表演者或演奏者，如墨西哥；第二，仅付给录音制品制作者，如英国和菲律宾等；第三，同时付给二者，或者只付给其中之一但其必须与另一方分享获得的报酬，如德国、法国、西班牙、意大利和巴西等。

报酬的具体数额一般由著作权集体管理组织同使用者协商确定，也有少数国家，如智利和墨西哥，是通过法律规定来确定报酬的计算方法。常见的计算方法均与使用者的利润或收入有关，通常是根据经营面积、覆盖区域、受众人数、门票价格、税务申报或使用次数等项指标来计算使用者的实际和潜在收入，并按照一定的比例提成作为报酬。

著作权集体管理组织一般会按其统计的使用情况将获得的报酬分配给表演者和录音制品制作者，也有一些国家的著作权集体管理组织会保留部分报酬以用于促进社会文化事业的发展。

2.3.2　对影印复制权的集体管理

复制技术的快速发展使各国意识到应该限制合理复制的数量，同时对商业目的的复制和超出合理复制数量的私人复制征收费用，以补偿著作权人的损失。在这种背景之下，产生了影印复制权集体管理制度。

德国是影印复制权集体管理制度较为成熟的国家。《德国著作权法》规定：“(1) 允许复制或让人复制印刷作品的较短片段或者发表在报纸或期刊上的单篇文章，用于个人使用或非商业机构的教学，数量足够一个教学班或学校、大学或非商业教学机构组织的考试所用；(2) 书籍或期刊的全文、音乐作品曲谱和计算机软件，未经作者许可，绝对禁止影印复制；(3) 作者有权在未经其同意而以复印或其他产生类似效果的手段进行复制的情况下收取合理的报酬；(4) 在家庭复制的场合，作者有权向设备经营者收取报酬。报酬由设备税和经营税两部分组成：前者由设备制造商或进口商负担，数额由法律规定；后者由经营者负担。”①

影印复制的征税权依法只能由著作权集体管理组织行使。1958 年成立的德国文学作品集体管理协会负责这一事务。在实践中，为弥补抽样制度难以准确计算被复制作品数量的缺陷，该协会与复印设备使用者的不同组织签订了若干有关支付概括使用费的协议。在法律许可复印的范围内，文学作品集体管理协会对所有种类作品的影印复制征收版税。在扣除管理费用后，协会将科学作品的版税平均分配给作者和出版者，而文学作品的版税分配比例则按照作者 70%，出版者 30%的比例进行分配。

① 〔德〕M. 雷炳德：《著作权法》，张恩民译，法律出版社 2005 年版，第 307～308 页。

2.3.3 对家庭录制或复制的集体管理

对家庭录制或复制收取报酬的集体管理与影印复制的集体管理十分相似，都是著作权法直接因应复制技术的结果。

1954年5月29日，德国联邦法院作出判决，率先承认由于受保护作品被私人复制而要求获得报酬的诉讼请求。在此基础上，1965年德国又颁布法律规定："如果由于作品的性质，预计到作品可能被出于个人使用目的从广播录制到可视或音响载体上或从一种可视或音响载体上转录至另一同类载体上，作品的作者有权要求进行这种复制的设备制造商支付报酬，因为这种设备提供了进行这种复制所需要的可能性"。其后，对录制设备和录制载体收取版税的集体管理制度逐渐形成并日趋成熟。录音制品的报酬按照作者58%，表演者或演奏者27%、录音制品制作者15%的比例进行分配，其中作者的报酬部分，42%由音乐表演权机械复制权协会收取，16%由文学作品集体管理协会收取。①

受德国制度的影响，自1980年起，许多国家开始建立家庭录制或复制的集体管理制度，其主要代表是法国、芬兰、瑞典、西班牙、奥地利和冰岛等国家。例如，1985年7月3日法国颁布法律规定，在可用于私人复制固定在录音制品或录像带上的作品录制载体上市时，应向制造或进口这类载体的商人征收费用。费用由相应的著作权集体管理组织收取，该集体管理组织应当保证将所收费用的25%用于社会或文化事业。剩余的费用，录音制品按照音乐作品的作者和出版者50%、表演者或演奏者25%、录音制品制作者25%的比例分配；录像制品则按照相同的比例平均分配给作者、表演者或演奏者和录像制品的制作者。②

第三节 中国的著作权集体管理

3.1 制度概况

1992年中国成立了第一家著作权集体管理组织，即中国音乐著作权协会。而从法律制度上明确肯定著作权集体管理组织则是在该组织成立的9年之后。中国2001年《著作权法》第8条首次规定："著作权人和与著作权有关的权利人可以授权著作权集体管理组织行使著作权或者与著作权有关的权

① 〔西班牙〕德利娅·利普希克：《著作权和邻接权》，联合国教科文组织译，中国对外翻译出版公司2000年版，第369页。

② 同上书，第370页。

利。著作权集体管理组织被授权后，可以以自己的名义为著作权人和与著作权有关的权利人主张权利，并可以作为当事人进行涉及著作权或者与著作权有关的权利的诉讼、仲裁活动。”“著作权集体管理组织是非营利性组织，其设立方式、权利义务、著作权许可使用费的收取和分配，以及对其监督和管理等由国务院另行规定。”目前我国已成立的著作权集体管理组织有中国音乐著作权协会、中华版权代理总公司和中国摄影著作权协会。中国摄影著作权协会是世界上第一个专门从事摄影著作权集体管理的组织。

2004年《著作权集体管理条例》第2条规定，著作权集体管理“是指著作权集体管理组织经权利人授权，集中行使权利人的有关权利并以自己的名义进行的下列活动：(1) 与使用者订立著作权或者与著作权有关的权利许可使用合同；(2) 向使用者收取使用费；(3) 向权利人转付使用费；(4) 进行涉及著作权或者与著作权有关的权利的诉讼、仲裁等”。

3.2 著作权集体管理组织

3.2.1 法律性质

根据2004年《著作权集体管理条例》第3条的规定，著作权集体管理组织，是指为权利人的利益依法设立，根据权利人授权、对权利人的著作权或者与著作权有关的权利进行集体管理的社会团体。由此可见，中国的著作权集体管理组织属于社会团体法人，既不是官方组织，也不是企业法人，而是为著作权人这一特定群体利益服务的公益性法人。该条例第6条还规定：“除依照本条例规定设立的著作权集体管理组织外，任何组织和个人不得从事著作权集体管理活动。”

3.2.2 设立条件

根据中国的法律规定，著作权人和邻接权人都可以发起设立著作权集体管理组织。设立著作权集体管理组织，应当具备下列条件：第一，发起设立著作权集体管理组织的权利人不少于50人；第二，不与已经依法登记的著作权集体管理组织的业务范围交叉或重合；第三，能在全国范围代表相关权利人的利益；第四，有著作权集体管理组织的章程草案、使用费收取标准草案和使用费转付办法草案。

根据2004年《著作权集体管理条例》第8条的规定，著作权集体管理组织章程应当载明下列事项：第一，名称和住所；第二，设立宗旨；第三，业务范围；第四，组织机构及其职权；第五，会员大会的最低人数；第六，理事会职责及理事会负责人的条件和产生、罢免程序；第七，管理费提取和使用办法；第八，会员加入或退出著作权集体管理组织的条件和程序；第九，章程的修改程序；第十，著作权集体管理组织终止的条件、程序和终止后资产的处理。

3.2.3 设立程序

申请设立著作权集体管理组织，应当向国务院著作权管理部门提交符合法律规定要求的材料。国务院著作权管理部门应当自收到材料之日起60日内，作出批准或者不予批准的决定。批准的，应当发给著作权集体管理许可证；不予批准的，应当说明理由。申请人应自国务院著作权管理部门发给著作权集体管理许可证之日起30日内，依照有关社会团体登记管理的行政法规到国务院民政部门办理登记手续。依法登记的著作权集体管理组织，应当自国务院民政部门发给登记证书之日起30日内，将其登记证书副本报国务院著作权管理部门备案；国务院著作权管理部门应当将报备的登记证书副本以及著作权集体管理组织章程、使用费收取标准、使用费转付办法予以公告。

著作权集体管理组织设立分支机构的，应当经国务院著作权管理部门批准，并依照有关社会团体登记管理的行政法规到国务院民政部门办理登记手续。经依法登记的，应当将分支机构的登记证书副本报国务院著作权管理部门备案，由国务院著作权管理部门予以公告。

3.2.4 内部机构

著作权集体管理组织的内部机构包括会员大会和理事会。会员大会是著作权集体管理组织的权力机构，由参加著作权集体管理组织的全体权利人组成，并行使下列职权：第一，制定和修改章程；第二，制定和修改使用费收取标准；第三，制定和修改使用费转付办法；第四，选举和罢免理事；第五，审议批准理事会的工作报告和财务报告；第六，制定内部管理制度；第七，决定使用费转付方案和著作权集体管理组织提取管理费的比例；第八，决定其他重大事项。

会员大会每年召开一次；经10%以上会员或者理事会的提议，可以召开临时会员大会。会员大会由理事会依照2004年《著作权集体管理条例》的规定负责召集。理事会应当于会员大会召开60日以前将会议的时间、地点和拟审议的事项予以公告；出席会员大会的会员，应当于会议召开30日以前报名。报名出席会员大会的会员少于章程规定的最低人数时，理事会应当将会员大会报名情况予以公告，会员可以于会议召开5日以前补充报名，并由全部报名出席会员大会的会员举行会员大会。会员大会作出决定，应当经出席会议的会员过半数表决通过。

理事会是著作权集体管理组织依法设立的执行机构，对会员大会负责，执行会员大会的决议。理事会成员不得少于9人。理事会任期为4年，任期届满后应当进行换届选举。因特殊情况可以提前或者延期换届，但是换届延期的时间不得超过1年。

3.2.5 对著作权集体管理组织的监督

为防止可能出现的著作权集体管理组织违背集体管理的宗旨，滥用其垄断地位和职权，2004年《著作权集体管理条例》从外部监督措施和内部制度规范两方面作出明确具体的规定。著作权集体管理组织的资产使用和财务管理受国务院著作权管理部门和民政部门的监督。著作权集体管理组织应当依法建立财务、会计制度和资产管理制度，并按照国家有关规定设置会计账簿。著作权集体管理组织应当在每个会计年度结束时制作财务会计报告，委托会计师事务所依法进行审计，并将审计结果进行公布。著作权集体管理组织应当对作品许可使用情况、使用费收取和转付情况以及管理费提取和使用情况进行记录，以供权利人和使用者查阅。权利人还有权查阅、复制著作权集体管理组织的财务报告、工作报告和其他业务材料；著作权集体管理组织应当提供便利。

权利人认为著作权集体管理组织有下列情形之一的，可以向国务院著作权管理部门进行检举：第一，权利人符合章程规定的加入条件要求加入著作权集体管理组织，或者会员依照章程规定的程序要求退出著作权集体管理组织，著作权集体管理组织拒绝的；第二，著作权集体管理组织不按照规定收取、转付使用费，或者不按照规定提取、使用管理费的；第三，权利人要求查阅作品许可使用情况、使用费收取和转付情况以及管理费提取和使用情况的记录、业务材料，著作权集体管理组织拒绝提供的。

使用者认为著作权集体管理组织有下列情形之一的，可以向国务院著作权管理部门进行检举：第一，著作权集体管理组织违反规定拒绝与使用者订立许可使用合同的；第二，著作权集体管理组织未根据公告的使用费收取标准约定收取使用费的具体数额的；第三，使用者要求查阅作品许可使用情况、使用费收取和转付情况以及管理费提取和使用情况的记录，著作权集体管理组织拒绝提供的。

权利人和使用者以外的自然人、法人或者其他组织认为著作权集体管理组织有违反《著作权集体管理条例》规定的行为的，可以向国务院著作权管理部门举报。国务院著作权管理部门应当自接到检举、举报之日起60日内对检举、举报事项进行调查并依法处理。

国务院著作权管理部门可以采取下列方式对著作权集体管理组织进行监督，并应当对监督活动作出记录：第一，检查著作权集体管理组织的业务活动是否符合2004年《著作权集体管理条例》及其章程的规定；第二，核查著作权集体管理组织的会计账簿、年度预算和决算报告及其他有关业务材料；第三，派员列席著作权集体管理组织的会员大会、理事会等重要会议。著作权集体管理组织同时应当依法接受国务院民政部门和其他有关部门的监督。

3.3 著作权集体管理组织的职能

3.3.1 授权管理

根据2004年《著作权集体管理条例》第4条的规定，著作权集体管理组织可以管理的权利包括表演权、放映权、广播权、出租权、信息网络传播权、复制权等权利人自己难以有效行使的权利。根据该《条例》，集体管理属自愿性质，即是否选择集体管理属于权利人意思自治的范畴。

权利人可以与著作权集体管理组织以书面形式订立著作权集体管理合同，授权该组织对其依法享有的著作权或者与著作权有关的权利进行管理。权利人符合章程规定加入条件的，著作权集体管理组织应当与其订立著作权集体管理合同，不得拒绝。权利人与著作权集体管理组织订立著作权集体管理合同并按照章程规定履行相应手续后，即成为该著作权集体管理组织的会员。

权利人可以依照章程规定的程序，退出著作权集体管理组织，终止著作权集体管理合同。但是，著作权集体管理组织已经与他人订立许可使用合同的，该合同在期限届满前继续有效；该合同有效期内，权利人有权获得相应的使用费并可以查阅有关业务材料。

外国人、无国籍人可以通过与中国的著作权集体管理组织订立相互代表协议的境外同类组织，授权中国的著作权集体管理组织管理其依法在中国境内享有的著作权或者与著作权有关的权利。著作权集体管理组织与境外同类组织订立的相互代表协议应当报国务院著作权管理部门备案，由国务院著作权管理部门予以公告。

3.3.2 许可使用与信息查询

著作权集体管理组织许可他人使用其管理的作品、录音录像制品等，应当与使用者以书面形式订立许可使用合同。著作权集体管理组织不得与使用者订立专有许可使用合同。使用者以合理的条件要求与著作权集体管理组织订立许可使用合同，著作权集体管理组织不得拒绝。许可使用合同的期限不得超过2年，合同期限届满后可以续订。

著作权集体管理组织应当建立权利信息查询系统，以供权利人和使用者查询。权利信息查询系统应当包括著作权集体管理组织管理的权利种类和作品、录音录像制品等的名称、权利人姓名或者名称、授权管理的期限。权利人和使用者对著作权集体管理组织管理的权利的信息进行咨询时，该组织应当予以答复。

3.3.3 使用费的收取与转付

2004年《著作权集体管理条例》第13条规定，著作权集体管理组织应当依据下列因素制定使用费收取标准：第一，使用作品、录音录像制品等的时间、方式和地域范围；第二，权利的种类；第三，订立许可使用合同和收取使用费工作的繁简程度。

除2002年《著作权法实施条例》第22条规定的法定许可使用费标准由国务院著作权行政管理部门会同国务院价格主管部门制定、公布以外，著作权集体管理组织应当根据国务院著作权管理部门公告的使用费收取标准，与使用者约定收取使用费的具体数额。两个或者两个以上著作权集体管理组织就同一使用方式向同一使用者收取使用费，可以事先协商确定由其中一个著作权集体管理组织统一收取。统一收取的使用费在有关著作权集体管理组织之间经协商分配。

使用者向著作权集体管理组织支付使用费时，应当提供其使用的作品、录音录像制品等的名称、权利人姓名或者名称和使用的方式、数量、时间等有关使用情况；许可使用合同另有约定的除外。使用者提供的有关使用情况涉及该使用者商业秘密的，著作权集体管理组织负有保密义务。

著作权集体管理组织应当根据权利人的作品或者录音录像制品等使用情况制定使用费转付办法。著作权集体管理组织收取的使用费，在提取管理费后，应当全部转付给权利人，不得挪作他用。著作权集体管理组织转付使用费，应当编制使用费转付记录。使用费转付记录应当载明使用费总额、管理费数额、权利人姓名或者名称、作品或者录音录像制品等的名称、有关使用情况、向各权利人转付使用费的具体数额等事项，并应当保存10年以上。

3.3.4 管理费的提取

著作权集体管理组织可以从收取的使用费中提取一定比例作为管理费，用于维持其正常的业务活动。著作权集体管理组织提取管理费的比例应当随着使用费收入的增加而逐步降低。

3.4 中国音乐著作权协会

中国音乐著作权协会成立于1992年12月17日，是由国家版权局和中国音乐家协会共同发起成立的中国第一家著作权集体管理组织，也是目前中国大陆唯一的音乐著作权集体管理组织，是专门维护作曲者、作词者和其他音乐著作权人合法权益的非营利性机构。协会总部设在北京，依据协会的各项职能划分，下设会员部、作品资料部、许可证部、法律部、分配与技术部、财务与总务部，共6个职能部门。

协会实行会员制。凡中国音乐著作权人，包括作曲者、作词者、音乐出版者和其他权利人，通过与协会签订《音乐著作权合同》，都可以成为协会会员。协会目前共有二千五百多名会员，在国际合作方面，协会于 1994 年 5 月加入了国际作者作曲者协会联合会，并与四十多个国家和地区的同类组织签订了相互代表协议。

协会的具体业务范围包括：第一，为集体管理的目的进行音乐作品的登记和有关信息的收集；第二，就本协会管理的音乐作品的使用与使用者签订合同；第三，就本协会管理的音乐作品的使用向使用者发放许可证；第四，就本协会管理的音乐作品的使用向使用者收取使用费；第五，向音乐著作权人分配报酬；第六，为集体管理的目的与音乐作品的使用者协商使用费的标准；第七，对侵犯本协会管理的音乐著作权的行为向著作权行政管理部门申请行政处罚或提起法律诉讼及仲裁等；第八，促进中国大陆地区音乐作品在中国大陆地区以外受到保护以及外国（地区）音乐作品在中国大陆地区受到保护，并为此目的与外国（地区）同类机构签订相互代理协议；第九，发展与音乐作品使用者合作关系，促进音乐著作权保护水平的不断提高，并积极向国家立法机关和著作权行政管理部门提出建议；第十，增进音乐著作权人对著作权保护的了解，为音乐著作权人提供有关的咨询和法律服务；第十一，促进音乐创作条件的改善并为此目的开展与音乐著作权人有关的奖励和福利项目；第十二，开展其他与协会宗旨一致的活动。[①]

协会对音乐著作权的管理，适用于下列情况：第一，使用音乐作品进行公开表演；第二，使用音乐作品进行公开广播；第三，使用音乐作品制作、复制、发行录音录像制品；第四，使用音乐作品制作广播电视节目；第五，以摄制电影或者类似摄制电影的方法将音乐作品固定在载体上；第六，以信息网络传播的方式向公众提供音乐作品；第七，其他适合集体管理的对音乐作品的使用。[②]

中国音乐著作权协会开启了中国著作权集体管理的先河，不仅为 2004 年《著作权集体管理条例》的制定积累了丰富的经验，而且也为其他类型著作权集体管理组织的建立提供了学习的榜样。尽管如此，与西方发达国家相比，中国的著作权集体管理制度从整体上看仍然不够成熟，随着信息网络传播技术的发展，还会不断地发生新的情况和问题，因此，完善和提高水平仍是摆在中国著作权集体管理制度面前的艰巨任务。

---

① 《中国音乐著作权协会章程》，载 http://www.mcsc.com.cn/gsxx.htm，2008 年 3 月 29 日最后访问。

② 同上。

第十二章　著作权的法律保护

本章主要介绍了著作权的法律保护制度，包括著作权侵权行为的认定以及侵犯著作权的法律责任。著作权侵权行为的构成要件主要包括损害事实、违法行为以及违法行为与损害事实之间的因果关系；在涉及损害赔偿时，还要求行为人的主观过错。

第一节　著作权侵权

1.1　侵权的概念和构成

根据民法一般原理，造成他人民事权利损害的行为必须具备一定的条件才会引起民事责任。这些必备的条件被称为侵权(infringement)责任的构成要件。著作权侵权责任的构成要件，属于民事侵权责任构成要件的一种类型，是指行为人依法承担侵犯著作权民事责任所必须具备的要件。

侵权责任的构成要件如何，是解决著作权侵权案件的基础性问题。当确定某一侵犯著作权的案件应适用的归责原则之后，就可以从行为人的行为是否符合侵权责任构成要件入手确定行为人是否构成侵权，以及是否需要承担损害赔偿责任。

就中国的法律体系的特点而言，著作权法并未对著作权侵权的归责原则作出明确具体的规定，而是将著作权侵权行为的构成交由民法去进行总体评价。由于法律的这种特点，造成学界对此问题的观点并不统一。一种观点认为，侵犯著作权在内的知识产权行为不是特殊侵权行为，因此应适用一般民事侵权行为的归责原则，即过错原则。该观点主要是以中国 1986 年《民法通则》第 106 条的规定为根据，该条第 2 款规定，“公民、法人由于过错侵害国家、集体财产，侵害他人财产、人身的，应当承担民事责任……没有过错，但法律规定应当承担民事责任的，应当承担民事责任”。另一种观点认为，对侵犯著作权的行为应适用无过错原则，但涉及赔偿时适用过错原则。该观点是以 TRIPs 协议第 45 条第 2 款为依据，即“在适当场合即使侵权人不知或无充分理由应知自己从事的活动系侵权，成员仍可授权司法当局责令返还所得利润或令其支付法定赔偿额，或两者并处”。在对待著作权侵权的归责问题上，中国现行法律采取的是以过错责任原则(liability with fault)为主，以无过错责任原则(liability without fault)为辅的立场，即著作权侵权行为在原则上应适用过错原则，尤其是在涉及赔偿责任时，而无过错责任原则只是作为著作权侵权规则原则的补充。

著作权侵权责任的构成要件主要包括：损害事实、违法行为、违法行为与损害事实之间的因果关系。在涉及损害赔偿时，还要求行为人的主观过错。

侵犯著作权的行为，是指未经作者或其他著作权人的同意，在缺乏法律依据的情况下，擅自对著作权作品进行利用或以其他非法手段使用著作权作品的行为。

1.2 侵权行为的种类

根据我国2001年《著作权法》第46条、第47条，侵犯著作权的行为包括以下19种情况：

(1) 未经著作权人许可，发表其作品的行为。未经著作权人同意而擅自将其作品予以发表，或者未按著作权人决定的时间、地点和形式发表其作品，都构成对著作权人发表权的侵犯。在实践中，侵犯发表权的行为大都同侵犯某种财产权连在一起，如未经著作权人许可，将其创作的作品出版的情形。这种行为既侵犯了著作财产权，也侵犯了著作人身权。

(2) 未经合作作者许可，将与他人合作创作的作品当做自己单独创作的作品发表的行为。合作作品凝结了合作作者共同的创造性劳动，因此其著作权应当由合作作者共同享有。未经合作作者的同意，不得擅自发表合作作品，更不能将合作作品当做自己单独创作的作品发表。在实践中，这类侵权行为大体上分为两种情况：其一，在合作作品创作完成后，合作作者之一或者部分作者抢先以自己的名义单独发表作品，侵犯了其他合作者的发表权和署名权；其二，将已经发表的合作作品进行改编和加工，形成一部新的改编作品后，在未经原合作作者同意的情况下擅自以本人的名义发表，从而侵犯了其他合作作者的改编权。

(3) 未参与创作的人，为谋取名利而在他人作品上署名的行为。署名权是作者享有的专有人身权，未参与创作的人不能在他人的作品上署名。根据我国2001年《著作权法》第11条第4款的规定，"如无相反证明，在作品上署名的自然人、法人或者其他组织为作者"。这种侵犯作者署名权的行为，要求行为人以"谋取名利"为主观目的。在实践中，有些没有参加创作的人往往利用自己的权势或者作者的某种不利地位，来达到其署名的目的。但是，如果是作者为扩大自己的影响而主动要求一些没有实际参加创作的名人在自己的作品上署名的，则一般不以侵权行为论处。

(4) 歪曲、篡改他人作品的行为。歪曲、篡改他人作品的行为侵害了作者保护其作品的内容、观点、形式等不受歪曲或篡改的权利。歪曲或篡改他人作品，既可能是在取得作者授权修改作品的情况下，对作品进行超越修改权限的实质性改动，以致违背了作者意愿，曲解了作者观点，破坏了作品的艺术风格；也可能是根本就未经作者的授权而对作品擅自进行歪曲或篡改。这类侵权行为主要表现为在改编、翻译、注释、整理、编辑他人作品时，歪曲了原作品的创意；或者是出版社在对稿件编辑加工时，歪曲或篡改了稿件的原意；或者将作品用于有损作者尊严的场合等。歪曲或篡改作品，须以故意为要件；

如果是由于过失而引起的有损作品内容或者表现形式的改动，一般不应被认定为歪曲或篡改他人作品。

(5) 剽窃他人作品的行为。剽窃是指将他人享有署名权的作品据为己有，使之成为自己的作品的行为。它不同于没有参与创作，而在他人作品上署名的行为，后者只是一种搭便车的行为，而剽窃则是完全将作品据为己有。对于人所共知的历史素材、自然科学知识、地理知识等反映历史事实或客观事实的素材的利用，对于人类社会的共同文化财富的利用，不属于剽窃。根据他人的思想、观点或方法进行创作，也不属于剽窃。

(6) 未经著作权人许可，以展览、摄制电影和以类似摄制电影的方法使用作品，或者以改编、翻译、注释等方式使用作品的行为。根据我国 2001 年《著作权法》第 10 条第 1 款的规定，著作权人对其作品享有广泛的使用权与获得报酬权，除法律另有特殊规定的以外，他人未经著作权人同意而擅自采用上述方法使用其作品的，即构成著作权侵权行为。这种侵权并不以行为人主观上具有营利目的为成立要件。

(7) 使用他人作品，应当支付报酬而未支付的行为。根据我国 2001 年《著作权法》第 46 条第 7 项的规定，除合理使用外，使用他人作品应按规定支付报酬，否则将构成侵权。使用人未按规定支付报酬的行为包括：发表他人作品而拒付报酬的；未按规定的付酬标准或合同约定的付酬数额支付报酬的；属于法定许可但拒不支付使用费的行为等。

(8) 未经电影作品和以类似摄制电影的方法创作的作品、计算机软件、录音录像制品的著作权人或者其他权利人的同意，出租其作品或录音录像制品的行为。

(9) 未经出版者同意，使用其出版的图书、期刊的版式设计的行为。

(10) 未经表演者同意，从现场直播或者公开传送其现场表演，或者录制其表演的行为。

(11) 未经著作权人同意，复制、发行、表演、放映、广播、汇编或通过信息网络向公众传播其作品的行为。

(12) 出版他人享有专有出版权的作品的行为。我国 2001 年《著作权法》第 30 条规定，图书出版者对著作权人交付其出版的作品，在合同约定期间享有专有出版权，他人不得出版该作品。因此，出版他人享有专有出版权的作品的行为，侵犯了图书出版者享有的专有出版权。

(13) 未经表演者同意，复制、发行录有其表演的录音录像制品，或者通过信息网络向公众传播其表演的行为。

(14) 未经录音录像制作者同意，复制、发行、通过信息网络向公众传播其制作的录音录像制品的行为。

(15) 未经同意,播放或复制广播、电视节目的行为。

(16) 未经著作权人或者其他权利人的同意,故意避开或者破坏权利人为其作品、录音录像制品等设置的技术措施的行为。

(17) 未经著作权人或者其他权利人的同意,故意删除或改变作品、录音录像制品等的电子管理信息的行为。

(18) 制作、出售假冒他人署名的作品的行为。

(19) 其他侵犯著作权以及著作权权益的行为。

1.3 侵权的损害事实

1.3.1 损害事实的概念和种类

(1) 损害事实的概念

损害事实(damage)是指一定的行为致使权利主体享有的著作财产权或著作人身权受到侵害,并造成财产或非财产的减少、灭失或损害的客观事实。

第一,侵犯客体的范围包括自然人、法人或其他组织的著作财产权和著作人身权以及邻接权。著作人身权包括发表权、署名权、修改权和保护作品完整权。著作财产权包括复制权、表演权、播放权、翻译权、改编权、编辑权、发行权、出租权、展览权、注释权等。邻接权包括表演者权、出版者权、录音录像制品制作者权和广播电视组织权。

第二,损害的客观事实。包括著作权人的财产损失和非财产利益损害。损害事实的存在是引起著作权侵权损害赔偿法律关系发生的客观依据。换言之,只有在造成了对著作权实际损害的条件下才会发生赔偿责任。如果只有违法行为而无实际损害结果,那么侵权损害赔偿的民事责任将无从产生。

(2) 损害事实的种类

损害事实一般分为著作财产权的损害、著作人身权的损害以及邻接权的损害等几种情况:

著作财产权的损害事实是指侵权人的违法行为侵害著作权人享有的复制权、表演权、播放权、翻译权等著作财产权,以及权利人行使上述权利本应获得的报酬减少或丧失,造成著作权人的经济损失。其具体特征是:第一,受到损害的对象是因作者创作作品而产生无形财产,它既不同于有形财物,又不是人身及人的精神利益。第二,侵权人不法行为侵害的客体是著作权人依法对作品享有的著作财产权。第三,侵权损害表现为著作权人的财产损失,从而丧失或减少为此而应得的收益。侵权行为既损害了受国家法律保护的著作财产权关系,又使权利人的财产收益减少或丧失。第四,受侵害的主体是公民、法人或其他组织。

著作人身权的损害事实是指侵权人的不法行为侵害著作权的发表权、署名权、修改权、保护作品完整权，从而造成著作权人财产和精神利益的损害。其具体特征是：第一，受到损害客观上呈现出对著作权人人格、名誉的无形损害，又呈现出具体权能带来的财产的有形损失；第二，受害的主体既可以是公民，又可以是法人或其他组织；第三，在损害著作人身权的情况下，造成财产损害的构成侵权损害赔偿责任，未造成财产损失的也同样构成侵权责任。如侵犯权利人的发表权，当然侵害了著作人身权，同时也造成了因发表而带来权利人的实际经济报酬的损失。又如侵犯作者的保护作品完整权而对作者的人格、名誉造成负面影响，作者为了消除影响而支出的登报声明等费用，以及对作者声誉造成严重影响，精神受到折磨而带来精神损害。

邻接权的损害事实是指对出版者权、表演者权、录音录像制作者权以及广播电视组织权的侵犯。邻接权主要表现为财产权，但在表演者权等权利中却包含着权利人的精神权益，如表明表演者身份的权利、保护表演形象不受歪曲的权利等。

1.3.2 侵权损害的范围

著作权所受到的损害范围是指侵权所造成的著作权人的实际损害范围，换句话说，也就是侵权人应当承担赔偿责任的范围。

侵权损害是侵权行为所造成的权利人既有财产的减少或灭失，可得利益的减少或丧失，以及权利人非财产精神权益的损害。从理论上讲，可以把财产损失分为侵权损害的直接损失和间接损失，不过，在对待著作权既有财产的减少或灭失，著作权可得利益的减少或丧失，以及著作权侵权的直接或间接损失等问题上，理论界的观点并不一致。

就经济意义而言，任何财产都具有价值和使用价值。一般财产所有权的损害大多直接表现为既有财产的毁损和灭失，不过，由于著作权所保护的是创造性的智力成果，因此需要通过其向有形财产转化才能实现。换句话说，著作权价值的实现需要面对开放的市场，以权利的使用、交易和转让为条件，并受市场因素的制约。著作权转化为物质财富主要是通过权利的收益才能实现，而收益的大小、高低，除智力成果本身所具有的特性外，还要受到市场的重大影响。因此，著作权受损害的情况，与传统的财产所受损害的情况不完全相同。在多数情况下，由于著作权被侵害而造成的财产损失主要表现为可得收益的减少或丧失，也就是意味着该权利对市场份额的影响的减弱或贬值，以及相伴产生的其他财产性损失，包括权利人为消除著作权损害后果而耗费的财产等。除了给著作权造成的财产损失外，其损害赔偿还应包括著作权精神损害赔偿。可见,著作权侵权损害范围应当包括财产损失和精神损害两个方面。

财产损失的范围应当包括直接损失(direct loss)和间接损失(indirect loss)。直接损失是指因侵权行为直接造成的损失,侵权行为与损失之间存在着直接的、必然的、内在的因果关系。著作权侵权所造成的直接损失范围包括:第一,因侵权造成该相关作品的市场价值的降低或丧失。其具体指标是销售或其他使用量的曲线下滑,如在被侵权的情况下,作者行使出版权,其出版收益由于受到盗版的影响而减少。第二,对侵权直接造成的某种权利使用费等收益减少或丧失。第三,因调查、制止和消除不法侵害而支出的合理费用;第四,因侵犯著作权精神权利而造成的财产损失。

财产间接损失是指权利人被侵害的权益在一定范围内的未来财产利益的损失。未来财产利益损失主要是著作权处于许可使用、转让等增值状态过程中的可预期利益的减少或丧失。这种损失是由于造成了权利人不能正常利用相关权利进行经营活动而发生的。间接损失具有三个特征:第一,损失的是一种未来可获得的利益,在侵害行为实施时,它只具有一种财产取得的可能性,而不是一种现实的利益;第二,这种未来利益的丧失是具有实际意义,而不是抽象的或者假设的;第三,这种可得利益必须是在一定范围之内的,即损害著作权直接影响所及的范围,如果超出了这个范围,则不能认为是间接损失。

著作权精神损害主要是指侵权行为对权利人精神的损害,著作权是财产权利和精神权利之和,侵犯著作权往往伴随着对权利人精神的损害,这在侵犯著作人身权时体现地尤为突出,比如歪曲、篡改、丑化他人作品等行为,容易造成对作者的精神损害。

1.3.3 损害事实的鉴别

既然损害事实是赔偿责任的前提和依据,那么对于损害事实的鉴别便成为正确处理这类案件的重要环节。著作权的损害事实较之物权损害有着明显的区别。著作权转化为经济利益主要是作者利用作品而获得经济利益,或者是作者通过许可他人使用作品而取得使用者支付的报酬。如果著作权受到侵犯,则有可能出现著作权作品使用权价值降低或者丧失的情况。在这种情况下,一方面会导致作者自己使用作品的收益减少甚至丧失;另一方面作者又丧失了侵权行为人冒用部分的使用费。对作者而言,不管使用者使用作品是否获利,都应付给作者使用报酬。当侵权行为人侵犯了作者的著作人身权,作者为消除后果支出的合理费用也构成作者经济损失的一部分。

对侵权损害的判断,首先应当根据著作权法和相关法律法规判断受到侵害的是哪一种具体权利。综合该项权利的原有评估价值、可以使用的时间、已经使用的时间和状况等因素，来判断其损失的价值。在一般情况下，国家著作权主管部门对此都规定了相关标准，法院在审理案件过程中应当参照执行。对于作品某项具体使用权的价值，如果没有国家主管部门规定的相关标准或约定俗成的参考标准，可以聘请专家对其进行评估鉴定。对侵犯著作财产权造成的间接损失以及侵犯著作人身权的精神损害的评价，情况就更为复杂。对于这种情况，鉴别和估算应做到合情合理，公正无私，应该按照相关权利正常发挥效益的平均值进行计算。遇有较大争议时，应当邀请专家进行鉴定。

1.4 违法行为

1.4.1 违法行为的概念和种类

违法行为(injuria)是指有责任能力的民事主体违反民法、著作权法等相关的法律规定，给著作人的著作权以及社会造成某种具体危害的行为，其特征为：第一，它是民事主体的一种行为，民事主体行为以外的其他活动不构成违法行为的条件；第二，它是具有民事责任能力的自然人或者依法成立的法人和其他组织的行为；第三，它是违反民法、著作权法等相关法律规定或应履行特定义务的行为，包括滥用权利的行为。

违法行为一般表现为作为和不作为两种形式：第一，违反法律禁止规范而表现为作为的违法行为，如未经许可而演绎他人作品，抄袭、剽窃他人作品等都是作为的违法行为；第二，法律规定主体应当为一定的行为，而该主体未履行该义务，即是不作为的违法行为。如使用他人作品不付报酬；出版社未尽审查义务出版侵权作品等。在著作权和与著作权有关权益的纠纷中，对不作为的违法行为应当引起足够的重视。不作为违法行为的前提是侵权行为人负有某种特定义务。这种特定义务是区别于一般道德义务的法律义务，例如，当出版者、发行者、印刷者、销售者被告知其出版、发行、印刷、销售的作品系侵权复制品的情况下，他们便有义务停止侵权。一般说来，特定法律义务的来源有三：第一，法律的直接规定；第二，职务或者业务的要求；第三，行为人的先行行为。

1.4.2 违法行为的判断

对侵犯著作权的违法行为的判断，与其说是一个侵权法的理论问题，不如说是一个审判实践的问题，因为它主要是依靠法官在审理具体侵权纠纷案件时来进行判断，但是这并不妨碍在对侵犯著作权的违法行为进行判断时必须要遵守一定的原则：凡是违反我国 1986 年《民法通则》和 2001 年《著作权法》的规定而实施被法律所禁止的行为，便构成对著作权的侵犯，这是鉴别违法行为的实质标准。对于法律未作禁止，或者亦不违反相关法律基本原则的行为，则不认为是违法行为。

对于不作为违法行为的鉴别，应当首先确定行为人是否负有法律上的作为义务，其次，再考虑行为人是否具有法律上的作为义务的客观条件。如果有义务而未履行义务是由于不具备作为的客观条件，则不应被认为是违法行为。实施不作为的人，只在有条件并有能力防止损害发生而却听任损害发生时，才负赔偿责任。例如，国内出版者出版发行外国文字作品，应当将其与外国版权转让者签订的合同在国家版权局登记备案，并审查文字作品的版权权属状况，如果该出版者未履行上述义务，并因此而损害了真正著作权人的权利，而且经审查该出版者确有履行义务的客观条件。在这种情况下，该出版者事实上是具有法定义务却不作为，而且应认定为违法行为。在通常情况下，不作为的行为人的"听任心态"可能是发生在损害之时，即明知发生损害而不履行特定的法律义务，任凭损害结果的发生；而在更多的场合是发生在不作为当时行为人就采取了听之任之的态度。

在法律没有明文规定的情况下，如果是违背我国 1986 年《民法通则》和 2001 年《著作权法》等法律的基本原则和社会主义公共道德和社会善良风俗的行为，也应该视为违法行为。

在一般情况下，损害他人著作财产权或人身权的行为是违法行为，但是，如果权利人对他人的侵权行为采取容忍或者默许的态度，如作者创作的文字作品让他人署名发表并取得报酬，那么行为人的行为是否属于违法行为，则应另当别论。在现实社会生活中，像上述这种行为现象是存在的，无论如何著作权毕竟属于一种民事权利，权利人理应可以自由处分自己的权利，如果权利人允许他人侵害，法律并不应予禁止。对侵害其权利行为的承诺可以构成民事阻却违法的事由。在这种情况下可以将损害权利的行为视为合法行为。

1.5 因果关系

1.5.1 因果关系的概念和种类

著作权侵权损害赔偿构成要件中的因果关系，同一般民事侵权行为一样，仅仅是指违法行为与损害事实之间的因果关系。在侵权损害赔偿法律关系中，违法行为与损害事实之间的前者引起后者的这种引起与被引起的客观联系，就是违法行为与损害事实之间的因果关系。

侵犯著作权的违法行为与损害事实之间的因果关系，表现为直接因果关系和间接因果关系两种形态：

第一，直接因果关系。直接因果关系是指违法行为不需要与其他因素相结合，就可以直接引起损害事实发生的因果关系。如对他人作品的抄袭和剽窃造成对他人著作财产权损害的事实，即为直接因果关系。直接因果关系中的原因可能是一个，也有可能是若干个，正是由于这些原因的相互作用，才最终产生了这一共同的结果。在共同的直接原因中，由于发生作用的情况不同，可以分为主要原因和次要原因。其中起主要作用的是主要原因，起次要作用的是次要原因，它们都是损害事实发生的直接原因。对原因主次的区分，在有多个侵权人或多种侵权行为的案件中，对于准确认定侵权责任具有意义。

第二，间接因果关系。间接因果关系是指某一违法行为并不直接引起损害结果的发生，只有在另外的原因作用下，才可能产生损害事实结果的因果关系。如向侵权人提供进行非法复制、销售、展示侵权复制品的场所、设备、资料（计算机解密软件）等，使侵权人达到了侵权目的。在这种因果关系中，损害事实并不是违法行为（前述提供行为）的直接的、必然的结果。违法行为作为一种诱因或条件，在其他直接的或较为直接的原因的作用之下，最终使损害结果得以发生。

1.5.2　因果关系的判断

在判断某一违法行为与某一损害结果是否具有因果关系时，应当注意抓住因果关系的基本特性。凡是因果关系均具有顺序性的特性，即前因后果呈现出时间上的顺序。如果违法行为与损害事实之间缺乏因果关系的顺序性，则不能为侵权构成提供客观方面的根据。法官在审理侵权纠纷案件时，往往面对的是原告起诉的损害事实，而对因果关系的判断则需要从损害结果逆向推理上去，并由此来寻找损害事实在客观上是由哪一个违法行为或其他原因造成的。在审判实践中，就损害事实而言，多因一果或多因多果的情况比比皆是。作为损害结果的原因，有的是违法行为，有的则属其他原因，还有的是其他侵权主体实施的违法行为。所有这些都在一定程度上给侵权构成的因果关系的判断带来困难。在确定某一行为与损害结果之间有无因果关系时，要以行为时某一领域的一般专业知识水平作为判断标准，评判相关行为是否具有引起相关结果的可能性，如果这种可能性确实存在，而且在实际上该行为确实又引起了这样的结果，那么，该行为与结果之间就存在着法律所要求的因果关系。

第二节 侵犯著作权的法律责任

2.1 民事责任

侵犯著作权的侵权人主要应承担的是损害赔偿的民事责任(civil liability)。损害赔偿是指在著作权被侵犯并导致权利人遭受财产损失或非财产损害时,权利人有权要求侵权人或者诉请法院责令侵权人支付与其所受财产损失相当的金钱或以一定数额的金钱作为非财产损害之补偿与抚慰。

侵犯著作权的损害赔偿以全部赔偿(full compensation)为原则,即由侵权人赔偿权利人的全部损失,以使其恢复到未受侵权情况下可期待的经济状态。但是现实生活中权利人的情况千差万别,侵权的方式也各不相同,具体经济损失的计算便成为审判实践中的一个难题。我国 2001 年《著作权法》第 48 条第 1 款规定:侵犯著作权或者与著作权有关的权利的,侵权人应当按照权利人的实际损失给予赔偿;实际损失难以计算的,可以按照侵权人的违法所得给予赔偿。最高人民法院《关于审理著作权民事纠纷案件适用法律若干问题的解释》第 24 条、第 25 条第 3 款进一步作出补充规定:权利人的实际损失,可以根据权利人因侵权所造成复制品发行减少量或者侵权复制品销售量与权利人发行该复制品单位利润乘积计算。发行减少量难以确定的,按照侵权复制品市场销售量确定。当事人也可以就具体的赔偿数额展开协商。

在权利人的实际损失和侵权人的违法所得都无法计算且双方又不能通过协商达成一致的情况下,应实行法定限额赔偿(statutory compensation)。我国 2001 年《著作权法》第 48 条第 2 款规定:"权利人的实际损失或者侵权人的违法所得不能确定的,由人民法院根据侵权行为的情节,判决给予 50 万元以下的赔偿。"最高人民法院《关于审理著作权民事纠纷案件适用法律若干问题的解释》第 25 条第 2 款规定:"人民法院在确定赔偿数额时,应当考虑作品类型、合理使用费、侵权行为性质、后果等情节综合确定。"

损害赔偿数额的计算还应当包括律师费等权利人为追究侵权行为而花费的合理开支。我国 2001 年《著作权法》第 48 条第 1 款还规定:赔偿数额还应当包括权利人为制止侵权行为所支付的合理开支。所谓合理开支,根据最高人民法院《关于审理著作权民事纠纷案件适用法律若干问题的解释》第 26 条的规定,包括权利人或者委托代理人对侵权行为进行调查、取证的合理费用。

根据我国 2001 年《著作权法》第 46 条的规定,除损害赔偿责任以外,侵权人承担著作权侵权民事责任的方式还有以下几种:

第一，停止侵害。停止侵害是指行为人正在实施侵害他人著作权的行为时，权利人有权要求其停止侵权行为。

第二，消除影响。消除影响是指作品的著作权被侵犯后，权利人有权请求行为人或者诉请法院责令行为人在一定范围内澄清事实，以消除人们对权利人或者其作品的不良印象，使社会对其评价恢复到未受侵害前的状态。

第三，赔礼道歉。赔礼道歉是一种保护权利人的人身权的有效措施，是指作品的著作权被侵犯后，权利人有权请求侵权人或者诉请法院责令侵权人公开承认错误，向权利人表示歉意。

第四，其他民事责任形式。

除以上四种民事责任形式外，法院审理著作权纠纷案件还可以根据案件具体情况适用我国 1986 年《民法通则》第 134 条规定的其他民事责任形式，如消除危险、排除妨害、返还财产等。

2.2 行政责任

行政责任（administrative responsibility）是指国家著作权行政管理机关依照法律规定，对侵犯著作权或与著作权有关权利的行为给予的行政制裁。根据我国 2001 年《著作权法》第 47 条的规定，下列侵权行为同时损害公共利益的，可处以一定的行政处罚：第一，未经著作权人许可，复制、发行、表演、放映、广播、汇编、通过信息网络向公众传播其作品的行为；第二，出版他人享有专有出版权的图书的行为；第三，未经表演者许可，复制、发行录有其表演的录音录像制品，或者通过信息网络向公众传播其表演的行为；第四，未经录音录像制作者许可，复制、发行、通过信息网络向公众传播其制作的录音录像制品的行为；第五，未经许可，播放或者复制广播、电视的行为；第六，未经著作权人或者与著作权有关的权利人许可，故意避开或者破坏权利人为其作品、录音录像制品等采取的保护著作权或者与著作权有关的权利的技术措施的行为；第七，未经著作权人或者与著作权有关的权利人许可，故意删除或者改变作品、录音录像制品等的权利管理电子信息的行为；第八，制作、出售假冒他人署名的作品的行为。

有权对著作权侵权行为给予行政处罚的机关只能是著作权行政管理部门，其他任何机关都无权行使这种权力。根据我国《著作权行政处罚实施办法》第 29 条的规定，著作权行政管理部门应根据侵权人的过错程度、侵权时间长短、侵权范围大小及损害后果等情节，决定予以何种形式的行政处罚。对于违法行为轻微的，可以不予行政处罚；违法事实不成立的，不予行政处罚；违法行为涉嫌构成犯罪的，移送司法部门处理。对情节复杂或者重大的违法行为给予较重的行政处罚，由著作权行政管理部门负责人集体讨论决定。

行政处罚的主要方式有四种：一是没收非法所得，即对侵权行为人非法所得的稿酬和利润予以没收；没收的对象是违反《著作权法》规定和有关行政法规的规定，非法制作的复制品和非法所得的收入。二是罚款，是对违反《著作权法》和有关行政法规当事人的一种经济上的处罚。三是没收、销毁侵权复制品。四是没收主要用于制作侵权复制品的材料、工具和设备。

2.3 刑事责任

刑事责任(criminal responsibility)是指因侵犯著作权的行为构成犯罪而应承担的刑事处罚。规定侵犯著作权行为承担刑事责任的主要原因在于一些商业性大规模的著作权侵权行为具有极大的社会危害性，在破坏著作权保护的法律制度的同时还扰乱了文化市场的正常秩序，因此需要通过严厉的刑罚措施去追究其法律责任。

我国1997年《刑法》规定了两项与侵犯著作权有关的罪名——侵犯著作权罪和销售侵权复制品罪。1997年《刑法》第217条规定："以营利为目的，有下列侵犯著作权情形之一，违法所得数额较大或者有其他严重情节的，处3年以下有期徒刑或者拘役，并处或者单处罚金；违法所得数额巨大或者有其他特别严重情节的，处3年以上7年以下有期徒刑，并处罚金：(一)未经著作权人许可，复制发行其文字作品、音乐、电影、电视、录像作品、计算机软件及其他作品的；(二)出版他人享有专有出版权的图书的；(三)未经录音录像制作者许可，复制发行其制作的录音录像的；(四)制作、出售假冒他人署名的美术作品的。"第218条则规定："以营利为目的，销售明知是本法第217条规定的侵权复制品，违法所得数额巨大的，处3年以下有期徒刑或者拘役，并处或者单处罚金。"而依1997年《刑法》第220条的规定，单位犯第217条和第218条规定之罪的，对单位判处罚金，并对其直接负责的主管人员和其他直接责任人员，依照这两条的规定处罚。

2007年4月，最高人民法院和最高人民检察院于联合发布的《关于办理侵犯知识产权刑事案件具体应用法律若干问题的解释(二)》中对侵犯著作权罪作出了更加具体的解释。依照该司法解释，以营利为目的，未经著作权人许可，复制发行其文字作品、音乐、电影、电视、录像作品、计算机软件及其他作品，复制品数量合计在500张(份)以上的，属于《刑法》第217条规定的"有其他严重情节"；复制品数量在2500张(份)以上的，属于1997年《刑法》第217条规定的"有其他特别严重情节"。《刑法》第217条侵犯著作权罪中的"复制发行"，包括复制、发行或者既复制又发行的行为。侵权产品的持有人通过广告、征订等方式推销侵权产品的，属于《刑法》第 217 条规定的“发行”。非法出版、复制、发行他人作品，侵犯著作权构成犯罪的，按照侵犯著作权罪定罪处罚。对于侵犯著作权犯罪的，人民法院应当综合考虑犯罪的违法所得、非法经营数额、给权利人造成的损失、社会危害性等情节，依法判处罚金。罚金数额一般在违法所得的一倍以上 5 倍以下，或者按照非法经营数额的 50％以上一倍以下确定。

根据 2004 年最高人民法院和最高人民检察院联合发布的《关于办理侵犯知识产权刑事案件具体应用法律若干问题的解释》，通过信息网络传播他人文字作品、音乐、电影、电视、录像作品、计算机软件及其他作品的行为，应当视为 1997 年《刑法》第 217 条规定的“发行”；实施侵犯著作权罪而又销售该侵权复制品的以侵犯著作权罪定罪处罚，实施侵犯著作权罪而又销售明知是他人的侵权复制品的实行数罪并罚；明知他人实施有关著作权犯罪行为，而为其提供贷款、资金、账号、发票、证明、许可证件，或者提供生产、经营场所或运输、存储、代理进出口等便利条件、帮助的，以实施著作权犯罪的共犯论处。

第十三章　计算机软件的法律保护

《计算机软件保护条例》和《计算机软件著作权登记办法》是中国计算机软件保护的主要法律。本章以计算机软件保护的发展历史为起点，系统介绍了中国计算机软件著作权的保护制度。

第一节　概　　述

1.1　计算机软件保护的发展历史

自从1946年美国宾夕法尼亚大学研制成功世界上第一台电子计算机以来，计算机技术的开发与应用发展速度惊人。至20世纪80年代，计算机的发展已经实现了从电子管到以大规模和超大规模集成电路为标志的至少5代类型的转换。特别是随着信息处理技术的开发与应用，向计算机发出工作程序指令的计算机软件（compute program）逐渐与计算机硬件（hardware）脱离而独立发展，其本身已经成为具有财产价值的交易对象和权利客体。通过计算机检索系统而汇集大量信息的数据库，也伴随着计算机的普及和信息技术的发达而迅速发展，其价值含量不断提高。此外，计算机作图、计算机作曲、自动程序设计、计算机翻译等计算机创作物亦纷纷出现。计算机软件技术产业及其所蕴含的巨大商业利益，使得软件产业发达的国家，尤其是美国，积极主张对计算机软件采取强势保护政策。

TRIPs协议第10条第1款要求将计算机软件作为《伯尔尼公约》的文字作品加以保护。1991年《欧共体有关计算机程序保护的指令》第1条第1款作出了相同的规定。① 在国际上，尽管在理论上对计算机软件能否成为著作权的客体仍旧存在争议，但是在实践上将计算机软件作为文字作品来保护已经成为世界各国计算机软件法律保护的基本态势。

由于计算机软件具有很强的应用技术特征，因此包括美国在内的许多国家都曾尝试采用专利法进行保护。在当时看来，专利法保护具有几个优点：第一，专利法保护创造性的方法，而程序中最有价值的正是开发者提出的方法；第二，专利保护具有强烈的独占性，保护水平较高，专利申请一旦获得批准，就会产生排他性；第三，专利保护期大体上与计算机程序的商业寿命接近，比较合理。

然而，运用专利法保护计算机程序亦存在着一系列难以克服的困难：第

① 1989年1月5日由欧洲共同体成员向欧洲共同体部长理事会提出了《欧洲共同体计算机程序法律保护指令建议》，并于1989年3月由欧洲共同体公布。该建议包括备忘录和建议成员国采纳的理事会指令两部分。备忘录的内容包括：根据当初世界知识产权法律发展的趋势和绝大多数专家的意见，确定著作权法是保护计算机程序的主要方式。同时，为了同《伯尔尼公约》和《世界版权公约》保持一致，欧洲共同体委员会强调计算机程序是文学作品，应将它同传统文学作品间的差别减少到最低程度，尽量少用特殊的条款规定。由于技术的快速发展，现在对程序的定义可能会因发展而失去意义，因此该指令只阐述了通常定义程序的说明，而没有在正文中明确加以规定。

一，专利法只保护根据自然规律、逻辑规律所作出的发明创作，却不保护自然规律、逻辑规律本身，而计算机软件总离不开算法，算法被人们认为是数学公式，反映自然规律和逻辑规则，因而不能得到专利保护；第二，申请专利的产品或方法一般必须具备新颖性、创造性和实用性，而计算机软件作品中符合这“三性”要求的为数不多；第三，专利申请的审批期限过长，从申请之日到最后获得批准授权一般需 2～3 年，而软件的经济价值很可能就只有 2～3 年的寿命，甚至更短，即使成功取得专利权，也失去了任何意义；第四，申请专利必须说明所载明的内容，而这一点正是计算机软件最忌讳的。

在我国，1990 年《著作权法》第 3 条第 1 款第 8 项将计算机软件列入著作权法所保护的作品，但是鉴于计算机软件的特殊性，在该法附则第 53 条中又特别强调计算机软件的保护办法由国务院另行规定。据此国务院于 1991 年 6 月 4 日颁布了《计算机软件保护条例》。1992 年 4 月 6 日，原机械电子工业部作为计算机软件作品的登记主管机关颁布了《计算机软件著作权登记办法》。2001 年 12 月 20 日国务院重新修改颁布了《计算机软件保护条例》。所有这些法律、法规构成了中国计算机软件保护的基本法律框架。

1.2 计算机软件的概念和特征

根据我国 2001 年《计算机软件保护条例》第 3 条第 1 项的规定，计算机程序是指为了得到某种结果而可以由计算机等具有信息处理能力的装置执行的代码指令序列，或者可被自动转换成代码化指令序列的符号化指令序列或者符号化语句系列。计算机程序包括源程序和目标程序。同一程序的源程序和目标程序应当视为同一作品。源程序是指用高级语言或汇编语言编写的程序，目标程序是指源程序经编译或解释加工以后，可以由计算机直接执行的程序。所谓文档，是指用来描述程序的内容、组成、设计、功能规格、开发情况、测试结果及使用方法的文字资料和图表等，如程序设计说明书、流程图、用户手册等。

在计算机软件中，不论是计算机程序还是文档，也不论是源程序还是目标程序，都是计算机软件著作权的客体。计算机软件必须具备原创性、可感知性和可再现性，方能获得法律保护。原创性是指受保护的软件必须由开发者独立开发，即软件应该是开发者独立设计、独立编的编码组合；可感知性是指受保护的软件须固定在某种有形物体上。这里所说的有形物体是指一定的存储介质，如纸带、卡片、磁盘、磁带、图表、手册等；可再现性(亦称可复制性)是指把软件固定在有形物体上的可能性。

计算机软件具有下列明显区别于其他著作权客体的基本特征：

第一，技术性。计算机程序的技术性是指其创作开发的高技术性。软件的创作开发是经有组织的群体按照精细的分工协作，借助现代化高技术和高科技工具生产创作的，其自动化程度高。这就决定了具有一定规模的软件，其开发难度大、周期长、投资高。同时由于计算机程序的高技术性，往往使得盗版者复制软件快，侵权容易，销毁证据也简单、迅速。

第二，依赖性。计算机程序的依赖性是指人们对其的感知依赖于计算机的特性。著作权保护的其他作品一般都可以依赖人的感觉器官所直接感知，但是计算机程序则不能被人们所直接感知，其内容只能依赖计算机等专用设备才能被充分表现出来，才能被人们所感知。

第三，多样性。计算机程序的多样性是指计算机程序表达的多样性。计算机程序的表达较著作权法保护的其他对象特殊，其既能以源代码表达，还可以以目标代码和微码等表达。计算机程序表达的存储媒体也多种多样，同一种程序分别可以被存贮在纸张、磁盘、磁带、光盘和集成电路上等。计算机程序的载体大多数精巧灵便。此外，计算机程序的内容与表达难于严格区别界定。

第四，功能运行性。计算机程序的运行性是指计算机程序功能的运行性。计算机程序不同于一般的文字作品，其主要功能在于使用，也就是说计算机程序的功能只能通过对程序的使用、运行才能充分体现出来。计算机程序采用数码化形式存储、转换，复制品与原作品一般无明显区别；而其他文学作品通过人们阅读即可达到欣赏、获取信息等目的，作品的原本与复制件一般具有明显区别。

第二节　软件著作权的客体

2.1　著作权意义上的计算机程序

根据我国 2001 年《计算机软件保护条例》为计算机程序所作的定义，计算机程序应具有以下基本的技术特征：第一，计算机程序可以在计算机等装置内执行；第二，指令是构成计算机程序的最小单位，程序是由一系列的指令所组合，而指令是指计算机完成一个基本操作的命令；第三，计算机程序有两种表达方式：一是由计算机能接受的代码编写的二进制指令方式，这种方式表达的程序叫目标程序；二是用某种符号或语句编写的代码方式，这种方式表达的程序叫源程序。

一般说来，可以把计算机程序分为系统程序（system program）和应用程序(application program)两大部分。系统程序是指具有通用性强,能向用户提供使用方便特性的软件程序,例如,操作系统、编译系统及工具类软件。应用程序是指为了完成某项或某几项特定任务而被开发运行于操作系统之上的程序。

2.2 计算机软件受著作权法保护的条件

受著作权法保护的计算机软件作品必须具备以下条件:

第一,独立开发。受保护的软件必须由开发者独立开发创作,任何复制、抄袭他人的、并非自己开发的软件不能获得著作权。当然,软件的独创性不同于专利的创造性。一项程序的功能设计往往被认为是程序的思想概念,根据著作权法不保护思想的原则,任何人都可以设计具有类似功能的另一件软件作品。但是如果用了他人软件作品的逻辑步骤的组合方式,则可能对他人软件构成侵权。

第二,可被感知。受著作权法保护的作品应当是固定在载体上作者创作思想的一种表达。如果作者的创作思想未表达出来不可以被感知,就不能得到著作权法的保护,受保护的软件必须固定在某种有形物体上。

第三,逻辑合理。计算机运行过程实际上是按照预先安排不断对信息随机进行的逻辑判断智能化过程。逻辑判断功能是计算机系统的基本功能。因此,受著作权法保护的计算机软件作品必须具备合理的逻辑思想,并以正确的逻辑步骤表现出来,才能达到软件的设计功能。毫无逻辑性的计算机软件,不能计算出正确结果,也就毫无价值。

根据我国 2001 年《计算机软件保护条例》第 6 条的规定,除计算机软件的程序和文档外,著作权法不保护计算机软件开发所用的思想、处理过程、操作方法或者数学概念等。换言之,利用他人已有的上述方面的内容开发自己的软件,并不构成侵权。因为开发软件所使用的思想、概念等均属计算机软件基本理论的范围,是设计开发软件不可或缺的理论依据,属于社会公有领域,不能为个人专有。2001 年《计算机软件保护条例》第 29 条还规定:“软件开发者开发的软件,由于可供选用的表达方式有限而与已经存在的软件相似的,不构成对已经存在的软件的著作权的侵犯。”

关于如何界定著作权法对计算机软件的保护范围的问题,无论是在学术界还是在实务领域,都还存在着相当多的争议。由于理论上的不确定性以及价值判断的模糊不清,致使在实践中如何区分计算机软件的表达与不受法律保护的思想、概念、处理过程等部分,仍旧是一个难题。

第三节　软件著作权的主体

3.1　主体的类型

计算机软件著作权的主体，是指在著作权软件法律关系中享有权利并承担义务的人。计算机软件著作权主体的范围十分宽泛，我国 2001 年《著作权法》和 2001 年《计算机软件保护条例》对计算机软件著作权主体的行为能力都未作出限制性的规定，与此同时，在对待外国人的主体资格问题上，强调要遵循国民待遇原则。根据上述法律规定，计算机软件著作权的主体包括自然人、法人和其他组织。

自然人可以通过以下 5 种途径获得软件著作权主体资格：第一，自行独立开发软件；第二，订立委托合同，委托他人开发软件，并约定软件著作权归自己享有；第三，通过转让的途径取得软件著作财产权主体资格；第四，自然人之间或与其他主体之间，对计算机软件进行合作开发，或者自然人与其他主体由于某种关系而成为计算机软件的著作权人；第五，通过继承取得软件著作权的主体资格。

法人是指具有民事权利能力和民事行为能力，依法独立享有民事权利和承担义务的组织。计算机软件的开发往往需要较大投资和较多人员，在这方面法人则具有资金雄厚和人才众多的优势，因此法人是计算机软件著作权的重要主体。虽然软件开发的直接人员均为自然人，但著作权法肯定了代表法人意志由法人投资并承担责任的法人作品。法人一般通过以下途径获得计算机软件著作权主体资格：第一，由法人组织并提供创作物质条件所进行的开发，代表法人意志并由法人承担责任的；第二，通过接受委托、转让等各种合同关系而获得主体资格；第三，因计算机软件著作权主体发生变更而成为著作权主体。

其他组织是指除自然人、法人以外的其他民事主体，包括非法人单位、合伙等。对非法人单位等民事主体能否取得计算机软件著作权主体资格问题无论是在理论上还是在实践上都还存在争议；尽管如此，2001 年《计算机软件保护条例》肯定了非法人单位软件著作权主体的资格。

总而言之，计算机软件著作权主体主要是自然人和法人，但法律亦保护非法人单位、个体工商户、个人合伙、联营等其他民事主体的软件著作权。

3.2　软件著作权的归属

确定计算机软件著作权归属的基本原则是“谁开发谁享有”，即计算机软件著作权归属软件开发者(software developer)。软件开发者是指实际组织开发工作、提供工作条件以完成软件开发,并对软件承担责任的法人或者非法人单位,以及依靠自身条件完成软件开发,并对软件承担责任的自然人。法律除规定了上述一般原则以外,还对软件著作权归属的几种特殊情况作了具体明确的规定:

第一,合作开发是指两个以上单位、自然人共同提供物质、技术条件进行的开发。合作开发的软件,其著作权的享有和行使以事先约定的书面协议为根据,如无书面协议,其著作权由各合作开发者共同享有。

第二,委托开发是指受他人委托开发的软件,其著作权的归属由委托人与受委托人签订书面协议约定,如无书面协议或者在协议中未明确约定的,其著作权属于受托人。

第三,指令开发是指为完成上级单位或者政府部门下达的任务而开发的软件,著作权的归属由项目任务书或者合同规定;如项目任务书或者合同中未作明确规定,软件著作权属于接受任务的单位。

第四,职务开发是指自然人在单位任职其间所开发的软件,如果是执行本职工作的结果,即针对本职工作中明确指定的开发目标所从事的开发,或者是从事本职工作活动所预见的结果或者自然的结果,或者主要使用了单位的资金、专用设备、未公开的专门信息等物质技术条件所开发并由单位承担责任的开发软件的著作权属于该单位所有。

3.3 软件著作权主体的变更

计算机软件著作权的主体可能会因一定的法律事实而发生变更,如作为软件著作权人的自然人死亡、单位变更、软件著作权转让、或法院对软件著作权的归属作出裁判等事实。软件著作权主体的变更必然引起软件著作权归属的变化,对此,我国 2001 年《计算机软件保护条例》也作出了相应的规定。因计算机软件主体的变更而引起的权属变化主要包括以下几种情况:

3.3.1 自然人继承的软件权利

根据我国 2001 年《计算机软件保护条例》第 15 条第 1 款规定,软件著作权属于自然人的,该自然人死亡后,在软件著作权的保护期内,软件著作权的继承人可以依照继承法的规定,继承除署名权以外的其他软件著作权。继承权的取得以及继承顺序均应按照继承法的规定进行。

3.3.2 单位变更后的软件权利归属

我国 2001 年《计算机软件保护条例》第 15 条第 2 款规定:“软件著作权属于法人或者其他组织的,法人或者其他组织变更、终止后,其著作权在本条例规定的保护期内由承受其权利义务的法人或者其他组织享有；没有承受其权利义务的法人或者其他组织的，由国家享有。”根据该款规定，如果软件著作权人的单位发生变更（如单位的合并、破产等），而其享有的软件著作权仍处在法定的保护期限内，可以由符合法定条件的承受单位通过继承法程序享有原始著作权人所拥有的各项权利，依法承受软件著作权的单位由此而成为软件的后续著作权人，并可在法定条件下行使所承受的各项专有权利。一般认为，第 15 条所称的权利包括署名权等著作人身权在内的全部权利。

3.3.3 软件著作权的转让

我国 2001 年《计算机软件保护条例》第 20 条规定：“转让软件著作权的，当事人应当订立书面合同。”根据该条的规定，软件著作权一经发生转让，就必然引起著作权主体的变化，并产生新的软件著作权归属关系。软件权利的受让者则依法成为该软件的权利人，可以依照法律和法规的规定行使或处分其享有的权利。

3.3.4 司法裁判引起的变更

计算机软件著作权是自然人、法人和其他组织享有的一项重要的民事权利，在以计算机软件著作权为标的物的民事权利的使用、转移过程中，难免发生这样或那样的争议和纠纷，因此也常会出现因法院的民事判决或裁定而引起的软件著作权主体的变更的情况，并因此而引起软件著作权归属问题。

因司法裁判引起的软件著作权的归属问题主要有四类：第一，著作权归属纠纷中权利的归属最终由法院作出司法裁判，从而改变计算机软件著作权原有的归属关系；第二，计算机软件的著作权人为民事法律关系中的债务人（债务形成的原因可能多种多样，如合同关系或者损害赔偿关系等），法院将其软件著作财产权判归债权人享有以抵偿债务；第三，法院作出民事判决判令软件著作权人履行民事给付义务，在判决生效后的执行程序中，由于被执行人无其他财产可供执行，因此将软件著作财产权执行给对方折抵债务的；第四，根据破产法的规定，在软件著作权人破产还债的情况下，软件著作财产权可以作为法律规定的破产财产依破产程序进行分配。

第四节 软件著作权的内容

4.1 软件著作权人的人身权

根据我国 2001 年《著作权法》和 2001 年《计算机软件保护条例》的规定，计算机软件作品的著作权人享有下列人身权：

第一，发表权。发表权是决定软件是否公之于众的权利。换言之，著作权人有权决定在何时、何地以何种方式将其尚未发表的软件作品向一定数量的人进行公开。就法律性质而言，软件著作权人享有的发表权与著作权人的人身不可分离。

第二，署名权。署名权是表明开发者身份并在软件作品上署名的权利。软件著作权人既可以表明其开发者的身份，也可以不表明其身份；既可以在软件上署名，也可以不在软件上署名。软件著作权人享有的署名权与著作权人的人身不可分离。开发者的署名权不因软件开发者的消亡而丧失，且无时间限制。

第三，修改权。修改权是对软件进行增补、删节，或者改变指令、语句顺序的权利。修改权的法律性质与上述权利一致。

4.2 软件著作权人的财产权

根据我国 2001 年《著作权法》和 2001 年《计算机软件保护条例》的规定，计算机软件作品的著作财产权包括：

第一，复制权。复制权是将软件作品制作成一份或多份的权利。

第二，发行权。发行权是以出售或赠与的方式向公众提供软件作品的原件或复制件的权利。

第三，出租权。出租权是指有偿许可他人临时使用软件作品的权利，但是软件不是出租的主要标的的除外。

第四，信息网络传播权。信息网络传播权是指以有线或者无线方式向公众提供软件作品，使公众可以在其个人选定的时间和地点获得软件作品的权利。

第五，翻译权。翻译权是指将原软件作品从一种自然语言文字转换成另一种自然语言文字的权利。

第六，应由软件作品著作权人享有的其他权利。

软件作品著作权人可以许可他人使用软件作品，即拥有许可他人以上述方式使用软件作品并由此而获得报酬的权利。软件作品著作权人可以全部或者部分转让其软件作品的著作权，并有权获得报酬。

4.3 软件著作权的期限

根据我国 2001 年《计算机软件保护条例》第 14 条的规定，软件作品著作权自软件开发完成之日起产生。自然人的软件作品著作权的保护期为自然人终生及其死亡后 50 年，截止于自然人死亡后第 50 年的 12 月 31 日；软件作品是合作开发的，截止于最后死亡的自然人死亡后第 50 年的 12 月 31 日。法人或者其他组织的软件作品著作权，其保护期为 50 年，截止于软件作品首次发表后第 50 年的 12 月 31 日，但软件作品自开发完成之日起 50 年内未发表的，将不再提供保护。软件作品开发者的署名权的保护期不受限制。

第五节 软件著作权的限制

5.1 软件作品著作权限制的概念

软件作品著作权的限制，又称软件作品著作权的例外，是指法律所规定的对软件作品著作权人专有权利行使的一系列限制和例外。法律规定软件作品著作权限制的目的在于调整软件开发者、软件传播者以及软件使用者之间的利益，以促进软件产业的健康发展。

与其他作品一样，软件作品著作权的限制也适用著作权法所规定的合理使用、法定许可以及国际公约所规定的强制许可；但是，由于软件作品的特殊性，2001 年《计算机软件保护条例》还专门规定了一些特殊的限制和例外。

5.2 软件著作权的特殊限制

5.2.1 合法备份例外

我国 2001 年《计算机软件保护条例》第 16 条第 2 项规定，软件的合法复制品所有人享有为了防止复制品损坏而制作备份复制品的权利。合法备份例外的条件是：制作备份复制品的人必须是软件的合法复制品的所有人；无另外约定的情况下，一份软件只能在一台计算机上进行备份；相关的备份复制品不得通过任何方式提供给他人使用，并在所有人丧失该合法复制品的所有权时，负责将备份复制品销毁。

5.2.2 应用或改进之必要修改例外

我国 2001 年《计算机软件保护条例》第 16 条第 3 项规定，为了把软件作品用于实际的计算机应用环境或者改进其功能、性能，软件作品的合法复制品的所有人可以对软件作品进行必要的修改。但是，除合同另有约定者外，未经该软件著作权人的许可，不得向任何第三方提供修改后的软件。

5.2.3 学习和研究例外

我国 2001 年《计算机软件保护条例》第 17 条规定，为了学习和研究软件内含的设计思想和原理，通过安装、显示、传输或者存储软件等方式使用软件的，可以不经软件著作权人许可，不向其支付报酬。

第六节　软件著作权侵权行为及其法律责任

6.1　认定软件侵权行为的法律依据

根据我国2001年《计算机软件保护条例》第23条和第24条的规定，对合法软件人身权和财产权实施侵害行为的，将构成对计算机软件著作权的侵权。条例共列举出11种侵犯软件作品著作权的情况，这些规定成为法院认定软件著作权侵权行为的基本的法律依据。综合这些法律规定，可以把计算机软件侵权行为归纳为下列几种主要情况：

第一，未经软件作品著作权人许可，发表或者登记其软件作品。软件著作人享有对软件作品的发表权，未经允许，著作权人以外的任何其他人都无权擅自发表特定的软件作品。否则将构成对著作权人发表权的侵权。

第二，将他人的软件作品作为自己的软件作品加以发表或者登记。这种侵权行为的构成主要表现为行为人弄虚作假，剽窃软件作品开发者的劳动成果，将他人开发的软件作品假冒为自己的作品而署名发表。只要行为人实施了这种行为，无论其发表相关作品是否经过软件作品著作人的同意，都构成侵权。这种行为主要侵犯了软件著作权的开发者的署名权。

第三，未经合作者许可，将与他人合作开发的软件作为自己单独完成的作品进行发表或者登记。这种侵权行为发生在软件作品的合作开发者之间。作为合作开发的成果，软件作品的开发者身份为全体开发者，软件作品的发表权也应由全体开发者共同行使。如果未经其他开发者同意，而将合作开发的软件当做自己的独创作品发表，即构成侵权。

第四，在他人的软件作品上署名或者更改他人软件作品的署名。这种行为是在他人开发的软件作品上添加自己的署名，或者取代软件开发者署名，或者将软件作品的开发者的署名进行涂改的行为。这种行为侵犯了软件作品著作人的署名权，同将他人的软件作品作为自己的软件作品加以发表或者登记的行为的主要区别在于：此种行为主要是对已发表的软件作品实施的行为。

第五，未经软件著作权人许可，修改、翻译其软件作品。这种行为是侵犯了著作权人或其合法受让者的修改权、翻译权。对不同版本计算机软件，新版本往往是对旧版本的升级或改善，这种升级或改善应被认定为是对原软件作品的修改、演绎，因此应征得软件作品原版本著作权人的同意，否则将构成侵权。在征得软件作品著作人同意的情况下，由修改和改善而新增加的部分，其创作者应享有著作权。对系职务作品的计算机软件，参与开发的工作人员在调离开发单位以后，如其对原开发单位享有著作权的软件进行修改、提高，必须经过原开发单位许可，否则将构成侵权。一位软件程序员在接受一个单位的委托开发完成一个软件之后，又接受了第二个单位的委托，开发功能类似的软件，在这种情况下，如果该软件程序员只是将受第一个单位委托开发的软件略作改动后就提交给第二个单位，那么这种行为也构成侵权。

第六，未经软件作品著作权人的许可，全部或部分复制其软件作品。这种行为侵犯了著作权人的复制权。对计算机软件作品而言，复制权是重要的著作财产权，通常也是计算机软件侵权行为的主要对象。由于软件载体的价格相对低廉，而且复制软件简单易行效率极高，所以销售非法复制的软件即可获得高额利润。复制是一种十分常见的侵权行为，也是法律防止和打击的主要对象。当软件著作权经当事人的约定合法转让给转让者以后，软件开发者未经允许不得复制该软件，否则也将会构成软件著作权的侵权。

第七，未经软件著作权人许可，向公众发行、出租、通过信息网络传播著作权人的软件制品。此种行为侵犯了著作权人的发行权、出租权与信息网络传播权。

第八，未经软件著作权人许可，故意避开或者破坏著作权人为保护其软件作品著作权而采取的技术措施。

第九，未经软件著作权人许可，故意删除或者改变软件权利管理电子信息。

第十，未经软件著作权人许可，转让或者许可他人行使著作权人的软件著作权。这种行为侵犯了软件著作权人的许可权和转让权。

非法持有软件复制品的人，在未经软件著作权人同意的情况下，不得修改、翻译、注释、部分或者全部复制软件作品、或者向公众发行、展示软件作品，同时也不得向任何第三方办理软件作品的许可使用或转让事宜；也不能因此而获得报酬。实施上述行为将构成侵权。在上述侵权行为中主要以向他人提供备份复制品、修改后的文本以及因此而获得报酬为主。

在实践中，存在着共同侵犯计算机软件作品著作权的共同侵权行为。二人以上共同实施 2001 年《计算机软件保护条例》第 23 条和第 24 条规定的侵权行为，将构成共同侵权行为。在一般情况下，共同侵权行为是比较容易认定的，只要行为人共同实施了该行为即可以认定。

如果行为人没有实施 2001 年《计算机软件保护条例》第 23 条和第 24 条规定的行为，但是却实施了向侵权行为人提供实施侵权活动的设备、场所或解密软件，或者为侵权复制品提供仓储、运输条件等行为，应根据共同侵权的一般理论予以认定。就侵权行为法而言,行为人之间存在着共同故意或过失是构成共同侵权的必要条件,其构成的要件有两个:一是行为人的过错是共同的,而不论行为人的行为在整个侵权行为过程中所起的作用如何;二是行为人主观上须有故意或过失。在符合上述两个条件的情况下,即使各个行为人实施的侵权行为有可能并不相同,也同样构成共同侵权。如果缺乏其中任何一个要件,则不构成共同的侵权。

对使用、销售侵权软件复制品的行为是否构成侵权问题,也同样有不同见解。但是,知道或应当知道是侵权复制品仍然销售的,则构成侵权。对事先并不明知也不应知是侵权复制品的,不承担赔偿责任,但是应当停止使用、销毁该侵权复制品,否则也构成侵权。如果停止使用、销毁该侵权复制品将会给复制品使用人造成重大损失的,复制品使用人可以在向软件著作权人支付合理费用后继续使用该复制品。在实践中,侵犯计算机软件作品的行为往往并不是单纯的一种行为,而常常是以一种或多种行为为主,甚至还辅有其他的侵权行为。如果侵权行为人实施的是多种行为,那么相应地侵犯的也是权利人的多种权利。

6.2 软件著作权侵权行为的认定

对软件著作权侵权行为的认定,实际上是指对发生争议的某一计算机程序与比照物(权利明确的正版计算机程序)的对比和鉴别。软件作品不同于一般文字或美术作品的特性,通常表现为计算机程序的非唯一性,即两个运行结果酷似的计算机程序不一定构成侵权,或者两个计算机软件的源代码程序不相似或不完全相似的不一定不构成侵权。虽然对文字作品是否构成抄袭的鉴别采用对比法,但是对计算机程序侵权的鉴别和对比则存在着许多不同的情况。

西方发达国家对计算机软件侵权的认定主要采取的是“SSO 准则”、“抽象检验法”等鉴别办法,即对两个软件的相似性或完全相同进行判断。在通常情况下会采取以下方式来鉴别侵权软件:

第一,对被识别的软件与正版软件的内容直接进行对比或者对目录、文件名直接进行对比。如果对比的结果是两者完全一致,则可以认定未经合法程序而获得的软件制品并加以使用或销售者为软件作品著作权的侵权人;如果并非完全一致,而只是大部分一致,则需要在这个基础上作进一步的甄别。

第二,安装过程对比。对两套软件制品同时或先后进行安装,不管其安装使用的文件是不是相同,只需看其安装过程中的屏幕显示,包括软件信息以及使用功能键后的屏幕显示等是否相同。如果相同,就可以认定这两套软件的安装手段一致。

第三,安装成功以后,须对其安装后的目录以及各文件进行对比。进行比较时,首先要对比的是表观现象,包括文件名、文件长度、文件建立(或修改)的时间、文件属性等四个部分。在一般情况下,侵权销售者经过修改的软件与正版软件不可能在这些方面完全一致,但是因为其修改的只是少量部分,所以两者的绝大部分文件的表观现象都是一致的。

第四,安装成功以后,须对使用过程进行对比。使用过程中涉及的加密、解密过程暂且无须过问,只是对使用过程中的屏幕显示、功能、功能键、使用方法和以往范例等进行对比,特别是对于屏幕显示,要仔细对其普通文显和下拉、弹出菜单的方位、内容、选择项等进行对比。

第五,代码对比。计算机程序包括源程序和目标程序。源程序是指可以由人类理解的高级语言,如 C 语言、Fortran 语言等组成的代码序列,必须进行编译才能被计算机运行。在通常情况下,计算机软件单独以源程序方式向外传播的情况比较少,大多是以目标程序的形式向外传播而不向外公布其源程序。

6.3 计算机软件侵权的民事责任

涉及计算机软件诉讼中的民事责任,可被分为侵权的民事责任和违约的民事责任。当事人不履行合同义务或者履行合同义务不符合约定条件的,应当依照我国《民法通则》和《合同法》的有关规定承担民事责任。行为人实施了我国 2001 年《计算机软件保护条例》第 23 条和第 24 条所列举的侵权行为的,应当根据具体情况责令其承担停止侵害、消除影响、公开赔礼道歉、赔偿损失等民事责任,还可以适用我国《民法通则》规定的其他民事责任形式。

6.4 侵犯计算机软件著作权的行政责任和刑事责任

行为人实施了我国 2001 年《计算机软件保护条例》第 24 条所列举的侵权行为,同时又损害了社会公共利益的,应由国家著作权行政管理部门责令其停止侵权行为,没收非法所得,没收、销毁侵权复制品,可以并处罚款等行政处罚;情节严重的,著作权行政管理部门可以没收主要用于制作侵权复制品的材料、工具、设备等;触犯刑法的,依照刑法关于侵犯著作权罪、销售侵权复制品罪的规定,依法追究刑事责任。

第十四章　信息网络传播权及其法律保护

信息网络传播权是指以有线或者无线的方式向公众提供作品、表演或者录音录像制品，使公众可以在其个人选定的时间和地点获得作品、表演或者录音录像制品的权利。本章主要介绍了我国信息网络传播权的法律界定和限制、技术措施及权利管理电子信息以及网络服务提供者的著作权侵权责任。

第一节 概 述

1.1 数字网络技术与著作权法保护

著作权法律制度是随着印刷术的产生而出现的法律现象，自其产生以来，便注定要伴随着科学技术的发展而不断发展。摄影技术、录音录像技术、无线和有线传播技术、计算机网络技术等新技术的出现，不仅使得著作权保护的对象日益扩大，而且还扩大了作品传播途径。尤其是最近十年以来，计算机技术、数字化技术（digital technology）和网络技术（network technology）的发展使作品的传播又获得了新的途径，极大地冲击传统的著作权法律制度。为了应对著作权保护的新形势，著作权法律制度也必须作出相应的调整。

1.1.1 数字网络技术的发展对著作权制度的冲击

著作权作为一种私权具有权利对象无体性、专有性、地域性等特点。由数码技术、光纤通讯技术和计算机技术集成的互联网技术对传统的著作权制度提出了挑战。数字技术和网络技术所构建起来的网络环境，将作品的出版、复制、储存和传播的成本降到了几乎为零，为信息的传播、共享和使用提供了前所未有的优越的技术环境，与此相应地也带来了许多在传统媒介时代闻所未闻的新问题：

第一，如何界定在互联网上的“出版”（publication）。按照传统出版的思维和模式，“出版”须满足以下条件：应有具备出版资质的单位；出版物必须符合国家标准规范；有严格正式的出版合同；有管理机构进行监督。网络上的“出版”实质上是“数字发表”的概念，网络使得每一个人可以成为出版者，只要有一个网络平台，就可以将任何作品在网上传播，尽管没有出版规范和管理机构，也没有出版单位承担任何责任，但是这种传播与传统意义上的传播在效果上并没有本质的区别，因为对于读者来说，能够及时和方便地获得作品即可。然而，网络上的“出版”存在着许多不安全的因素，譬如篡改、歪曲、删减作品等，即使是在有出版单位的情况下，亦不能保证万无一失，网络上的作品被复制、传播和下载仍是易如反掌。

第二，信息在网络上传播，一般要经过以下几个步骤：其一，把作品存入网络服务器硬盘；其二，服务器根据公众需要把信息发送到网络服务提供者的服务器硬盘或内存；其三，网络服务提供者的服务器再把信息发送到公众主机的内存或缓冲区里，然后经由计算机处理中的显示器等输出设备传递给公众。[1] 这里显然涉及在传统著作权传播环境下不具有的“网络服务提供者”的概念，而网络服务者通过其服务器在网络上传播侵权作品，在这种情况下，网络服务提供者应当承担怎样的责任，这是著作权法律制度必须面对并且需要解决的问题。

1.1.2　著作权法律制度的调整

如何对待受著作权保护的作品在网络上的传播，无论是国际社会，还是世界各国，均从著作权法律制度的角度对此作出了相应的调整。就国际层面而言，相关规定主要体现在世界知识产权组织制定的《版权条约》和《表演和录音制品条约》两个国际条约中。[2]《版权条约》第 8 条规定，“在不损害《伯尔尼公约》第 11 条第 1 款第（Ⅱ）目、第 11 条之二第 1 款(Ⅰ)和（Ⅱ）目、第 11 条之三第(Ⅰ)款第（Ⅱ）目、第 14 条第 1 款第（Ⅱ）目和第 14 条之二第 1 款的规定的情况下，文学和艺术作品的作者应享有专有权，以授权将其作品以有线或无线形式向公众传播，包括将其作品向公众提供，使公众中的任何成员能够在其个人选定的地点和时间获得这些作品。”由《版权条约》所确立的“向公众传播的权利”，对各成员国的国内立法产生了深远的影响。各成员国根据公约所确立的原则，对信息网络传播权作出了相应的规定，不过，由于各国的国情和立法体制不同，所采取的制度模式也不一样，主要表现为三种模式：

模式一，将该权利纳入到传统的权利体系之中，主要是以美国为代表。该模式就是用著作权人现有的发行权、公开表演权和公开展示权涵盖作品的网络传输行为，即只要将其法律中已有的发行权和向公众传播的权利（公开表演权、公开展示权等）结合起来，就足以覆盖各类传播行为。美国于 1998 年 10 月 28 日通过了《数字千年版权法》，该法并没有对已有的版权权利体系作出修订和增加。立法者坚持认为任何对于现有权利的修订和增加，都会动摇已经形成的利益平衡状态，况且，复制权、发行权、表演权和展览权的定义和立法解释完全可以包容作品在网上传播的情形，并为相关案件的司法解释留有充分的余地。[3]

模式二，在不改变现有著作权权利配置的前提下，赋予权利人控制作品网络传播的新权利。该立法模式以日本和欧盟为代表。欧盟于 2001 年 4 月通过了《关于协调信息社会著作权与相关权特定方面的指令》，在如何对待享

① 关永宏、段淳林：《试论网络作品著作权及其侵权认定》，载《山西师大学报（社会科学版）》2002 年第 4 期，第 47 页。

② 沈仁干：《世界知识产权组织推出两个新条约》，载郑成思：《知识产权研究》（第 3 卷），中国方正出版社 1997 年版，第 1～9 页。

③ 李明德：《美国知识产权法》，法律出版社 2003 年版，第 240 页。

有著作权的作品在网络中传播的权利的问题上，欧盟与《版权条约》和《表演和录音制品条约》两个条约的立场比较一致，主张通过创设一种新型的网络环境中的"向公众传播权"来弥补既有权利的不足，以解决网络环境中作品传播所遇到的问题。该指令第3条第1款界定了作品的"向公众传播权"，即"成员应授予作者排他的权利，以授权或禁止任何通过有线或者无线的方式向公众传播其作品，包括允许公众中的个体成员在自定的时间和地点获取这些作品的行为"。第2款则进一步界定了涉及其他客体对象的"向公众提供权"，规定："成员方应当提供专有权许可或禁止通过有线或无线方式提供给公众，使公众中的成员在其个人选定的时间和地点获得：(1) 对表演者是其表演的固定；(2) 对录音制品制作者是其录音制品的固定；(3) 对电影的首次固定的制作者是其电影的最初固定件和复制件；(4) 对广播组织自己的广播的固定，不论广播是有线电还是无线电，包括通过电缆或卫星。"第3款还规定，"向公众传播权"不会因条文中列举出的任何向公众传播或向公众提供的行为而耗尽，即"权利一次用尽"原则在此并不适用。[①]

模式三，提出一个内容广泛的"向公众传输权(right of public transmission)"，对著作权的各类作品传播权进行重组，将复制权以外的其他所有传播方式统一规定为一种综合性的权利，既包括以任何通过接受装置观看或使用的方式向公众传播，也包括广播权和有线传播权。[②] 这种模式以澳大利亚的立法最为典型。在2000年澳大利亚对其1968年版权法进行修正时导入了全新的传播权，修改后的法律规定了文学、戏剧、音乐和艺术作品的权利人享有"向公众传播作品"的排他权，取代了1968年法中的表演权、广播权、放映权。传播权同样被赋予给了录音作品、视听作品、电视和电台广播的权利人。[③]

中国于2001年10月修改的《著作权法》首次创设了"信息网络传播权"，该法在不改变原有著作权权利配置的前提下，赋予了著作权人、表演者和录音录像制作者以信息网络传播权。这样的制度安排更接近于以欧盟和日本为代表的立法模式。

---

① 曾明等译："欧洲议会与欧盟理事会关于协调信息社会版权与相关权特定方面的指令(2001/29/EC)"，载《中国版权》2002年第3期，第62页。

② 蒋志培：《论网络传输权的设立》，载《数字化技术的知识产权保护》，知识产权出版社2000年版，第92～94页。

③ 梁志文：《数字著作权论——以〈信息网络传播权保护条例〉为中心》，知识产权出版社2007年版，第19页。

1.2 我国信息网络传播权的法律界定

根据我国2001年《著作权法》第10条第1款第12项和2006年《信息网络传播权保护条例》第26条的规定，信息网络传播权（right of information network dissemination）是指以有线或者无线的方式向公众提供作品、表演或者录音录像制品，使公众可以在其个人选定的时间和地点获得作品、表演或者录音录像制品的权利。

信息网络传播权的主体不仅包括一般意义上的作品的作者（author），还包括表演者（performer）和录音录像制作者（producer of audio and video recording）。这里需要注意的是，我国2001年《著作权法》和世界知识产权组织的《表演和录音制品条约》均未提及广播组织的网络传播权问题。究其原因主要在于《表演和录音制品条约》在制定之初，由于技术发展的限制，网络传播广播组织播放的节目还不普遍，来自广播组织的呼声并不高。而我国2001年《著作权法》关于网络传播权的规定是根据上述两个公约制定的，因此没有规定广播组织的相关权利。[①]

具体而言，信息网络传播权的客体主要包括作品（works）、表演（performance）与录音录像制品（audio and video product）三类内容。根据我国2001年《著作权法》第3条规定，"作品是指文学、艺术和自然科学、社会科学、工程技术作品"，包括文字作品、口述作品、美术、建筑作品、计算机软件等9类；虽然法律没有明文规定表演作品，但是2002年《著作权法实施条例》第5条规定："表演者是指演员、演出单位或者其他表演文学、艺术作品的人。"所以，表演是指表演者通过声音、动作和形象，表现、演绎文学、艺术作品的行为；录音制品是指任何对表演的声音和其他声音的录制品；录像制品是指电影作品和以类似摄制电影的方法创作的作品以外的任何有伴音或者无伴音的连续相关形象、图像的录制品。当然，上述作品要想成为信息网络传播权的客体，还必须要具有能够在网上传播的特点。

信息网络传播权的内容主要包括两个方面：一是许可权（license），根据我国2006年《信息网络传播权保护条例》第2条的规定，权利人享有的信息网络传播权受《著作权法》和本条例保护。除法律、行政法规另有规定的外，任何组织或者个人将他人的作品、表演、录音录像制品通过信息网络向公众提供，应当取得权利人许可，并支付报酬。任何组织或个人通过信息网络向公众提

---

① 段玉萍：《新著作权法关于信息网络传播权的规定以及与两个新条约之比较》，载《著作权》2001年第6期，第24页。

供他人的作品、表演或者录音录像制品,均应当征得权利人的许可。二是获酬权(right of getting paid),通过信息网络向公众提供他人的作品、表演或者录音录像制品的,应当向权利人支付报酬。法律在此作出了“除法律、行政法规另有规定的外”的例外规定,这一规定是为了平衡权利人、使用者和社会公共利益三者的关系,为合理使用和法定许可的设置和拓展预留了制度上的空间。

第二节　技术措施及权利管理电子信息

2.1　技术措施

2.1.1　技术措施的概念

全球互联网业的迅猛发展加速了著作权作品的复制和传播,伴随而来的是著作权侵权成本的急剧下降和网络传播权人的诉讼救济的成本的上升。在这种情况下,权利人不得不寻求诉讼外的救济,于是信息网络传播权的技术措施保护便应运而生。

关于技术措施(technical measure)的定义,各国著作权法律的规定并不统一。《美国版权法》并没有明确规定技术措施的定义,但是该法第 1201 条规定,如果某一技术措施在常规操作过程中,要求输入版权人授权信息,或经过某种程序或处理才能实现对作品的访问,则该措施即为“有效控制对作品的访问的技术措施”。欧盟《关于协调信息社会著作权与相关权特定方面的指令》第 6 条第 3 项规定,技术措施是指任何正常运行时用于防治或限制未经任何法律规定的版权或版权相关权利或根据《第 96/9/EC 号指令》第三章规定的特殊权利的权利人的授权使用作品或者其他客体的技术、装置或组件。①

我国 2006 年《信息网络传播权保护条例》第 26 条规定,技术措施是指用于防止、限制未经权利人许可浏览、欣赏作品、表演、录音录像制品的或者通过信息网络向公众提供作品、表演、录音录像制品的有效技术、装置或者部件。需要强调的是以下几点:一是《条例》所规定的技术措施是指与保护作品信息网络传播权有关的技术措施,而并不包括作品上的所有技术措施,譬如一般软件的防盗版技术措施;二是技术措施的有效性,该技术措施必须能够有效地防止、限制作品、表演、录音录像制品的非法网络传播。

2.1.2　技术措施的法律保护

随着现代科学技术的不断发展,无论是多么先进的技术措施都有可能被

① 张建华:《〈信息网络传播权保护条例〉释义》,中国法制出版社 2006 年版,第 26 页。

破解，为了避免他人肆意破坏权利人的技术措施、侵犯他人权利的情形发生，世界各国的法律都对破坏技术措施的侵权行为作出了规定。我国 2001 年《著作权法》第 47 条第 7 项规定，未经著作权人或者与著作权有关的权利人许可，故意避开或者破坏权利人为其作品、录音录像制品等采取的保护著作权或者与著作权有关的权利的技术措施的，构成侵权行为。我国 2006 年《信息网络传播权保护条例》对这种侵权行为作出进一步补充。该《条例》第 4 条规定："为了保护信息网络传播权，权利人可以采取技术措施。任何组织或者个人不得故意避开或者破坏技术措施，不得故意制造、进口或者向公众提供主要用于避开或者破坏技术措施的装置或者部件，不得故意为他人避开或者破坏技术措施提供技术服务。但是，法律、行政法规规定可以避开的除外。"

规避技术措施的行为主要包括三类：第一类是避开或者破坏技术措施。美国《版权法》对规避技术措施的行为作了列举式的规定，该法第 1201 条(3)、(4)规定，规避技术措施的行为包括对已经编码的作品进行解码；对已经加密的作品进行解密；或者以其他方式避开、越过、清除、破解或者损坏技术设施。第二类是制造、进口或者向公众提供用于避开或者破坏技术措施的装置。第三类是为他人避开或者破坏技术措施提供技术或者设备的支持。第一类侵权行为属于直接侵权行为，即行为人直接构成了对技术措施的直接侵犯；后两种侵权行为则属于共同侵权行为，即行为人明知直接侵权人实施的是侵犯技术措施的行为，而引诱、促使或为其提供物质或者技术支持的行为。

2.1.3 技术保护措施保护的例外与限制

在我国，无论是 2001 年《著作权法》还是 2006 年《信息网络传播权保护条例》，都对信息网络传播权的技术保护措施作出了"法律、行政法规规定可以避开的除外"的规定。在法律规定的各种除外情形中应包括 2001 年《著作权法》所规定的合理使用的情况。此外，根据《信息网络传播权保护条例》还对技术措施的保护作出例外规定。根据该《条例》的第 12 条规定，属于下列情形的，可以避开技术措施，但不得向其他人提供避开技术措施的技术、装置或者部件，不得侵犯权利人依法享有的其他权利：第一，为学校课堂教学或者科学研究，通过信息网络向少数教学、科研人员提供已经发表的作品、表演、录音录像制品，而该作品、表演、录音录像制品只能通过信息网络获取；第二，不以营利为目的，通过信息网络以盲人能够感知的独特方式向盲人提供已经发表的文字作品，而该作品只能通过信息网络获取；第三，国家机关依照行政、司法程序执行公务；第四，在信息网络上对计算机及其系统或者网络的安全性能进行测试。

2.2 管理信息

我国2006年《信息网络传播权保护条例》第26条对“权利管理电子信息(electronic information of right management)”从法律角度作出了定义，即说明作品及其作者、表演及其表演者、录音录像制品及其制作者的信息，作品、表演、录音录像制品权利人的信息和使用条件的信息，以及表示上述信息的数字或者代码。管理信息各式各样，通常包括下述内容：

第一，关于作品本身的信息，包括作品的标题、内容提要和特点等方面的信息，也包括作品附注中的这类信息。

第二，关于版权人的信息。这里的版权人并非仅指创作作品的作者，而且还包括作者以外的版权人(如雇佣作品的雇主、遗赠作品的继承人等)和邻接权人等各种著作权人的姓名或者名称方面的信息，也包括作品附注中的类似信息。

第三，关于使用作品的条件和期限的信息，包括使用作品的授权取得方式、付费标准和使用时间的限定等方面的信息。

第四，识别或链接上述信息的数字或者图标，包括埋置在正文中的指针或设置的超链接，如果删除或移动有关文字和图标，便删除了权利管理信息本身。①

电子形式的权利管理信息容易在作品上设置，并且易于在作品传播过程中向公众显示，但是，这些信息也很容易被侵权人篡改或者删除，因此法律对于权利管理信息也作出了相应的规定，对其进行切实的保护。我国2006年《信息网络传播权保护条例》第5条规定：“未经权利人许可，任何组织或者个人不得进行下列行为：(1) 故意删除或者改变通过信息网络向公众提供的作品、表演、录音录像制品的权利管理电子信息，但由于技术上的原因无法避免删除或者改变的除外；(2) 通过信息网络向公众提供明知或者应知未经权利人许可被删除或者改变权利管理电子信息的作品、表演、录音录像制品。”

第三节 信息网络传播权的限制

3.1 概述

著作权的限制，通常是指对著作权人专有权利行使的限制，其功能在于

① 段维：《网络时代的版权法律保护》，湖北教育出版社2006年版，第132页。

通过对著作权的适当限制来平衡创作者、传播者和使用者的利益，确保公众能够接触和使用著作权作品，以促进整个社会科学文化事业的进步。[①] 科学技术的进步对著作权产生的影响是深远的，对著作权的权利限制也在不断发生变化。网络技术相对于以前的每一次科学技术进步而言，有着实质性的不同，网络带给人们的是全新的观念，它影响到创作作品的任何方面。网络技术的应用，使受著作权保护的作品和其他资料的存储、传输、存取、复制能够以前所未有的速度、规模和精确度进行。尤其是网络技术将传统意义上的复制变得非常简单，复制品可以按照原版质量被无限制地生产，而且复制的费用非常低。此外，网络也使作品的交流变得非常容易，超文本链接和超媒体链接是网络交互性的主要技术手段。网络可以使作品很容易地被获取、整理、传输、使用。不论是数字化的文字、音乐、数据、录像还是动画在本质上都具有相同的二进码属性，即可以通过压缩技术便利地进行传输。[②] 这使得著作权人无法像以前那样对作品进行严格的控制，面临着稍一放宽对作品的复制和个人使用，便会出现权利损失的状况。因此在网络环境下各国法律对于著作权的限制都是慎之又慎。在传统著作权立法中，权利限制涉及合理使用、法定许可使用、强制许可使用、公共秩序保留等情形，各国法律都会根据本国的国情，对网络环境下的权利限制分别作制度性的安排。中国对网络环境下的著作权的限制主要是通过对信息网络传播权的合理使用和法定许可制度来实现的。

3.2 信息网络传播中的合理使用

3.2.1 网络环境下著作权合理使用制度的适用

合理使用是指在符合法定条件的情况下，使用著作权作品等不需经著作权人许可，亦不需其支付报酬的制度，因此合理使用制度实质上是对著作权人权利的限制。能否将传统著作权制度中的合理使用制度应适用于网络环境，其范围如何，在学理上存在不同认识。支持扩大适用范围的观点认为，现代传播技术的发展扩大了作品的使用方式和途径，使作品的传播更为快捷，同时也使作品的创作变得容易，创作成本相对降低，所以作品使用的社会回报也相应降低。扩大网络环境下著作权合理使用的范围，可以让更多的人通过网络获得信息和受教育的机会。支持缩小合理使用范围的观点认为，在网

---

① 吴汉东：《知识产权基本问题研究》，中国人民大学出版社 2005 年版，第 300 页。

② 冉从敬，黄海英：《著作权合理使用制度的挑战与重构规则初探》，载《知识产权》2003 年第 6 期，第 43 页。

络环境下，对作品的私人性复制已经逐渐成为人们利用作品的主要形式，扩大合理使用的范围将会给权利人造成巨大的经济损失。这种争议在国际范围内也普遍存在，以美国、欧盟为代表的发达国家主张严格限制合理使用的范围，而发展中国家则从自身的利益出发，坚持主张扩大合理使用的范围。[①]中国作为发展中国家，考虑到网络环境的特点，将传统著作权法中合理使用的情形中的部分在网络环境中进行了合理延伸，但是对于个人使用、免费表演、临摹等情形由于其并不存在网络传播的情况，因此未作规定。

3.2.2 信息网络传播权的合理使用的具体情形

根据我国2006年《信息网络传播权保护条例》的相关规定，下列情形可以被列入合理使用的范围：

(1) 适当引用

适当引用(appropriate citation)是指为介绍、评论某一作品或者说明某一问题，在通过网络向公众提供的作品中适当引用已经发表的作品；可以不经著作权人许可，不向其支付报酬，但应当指明作者姓名、作品名称，并且不得侵犯著作权人依法享有的其他权利。引用他人作品应当遵守“适当引用”的要求：第一，引用的目的仅限于介绍、评论某一作品或者说明某一问题；第二，所引用部分不能构成所引用的作品的主要部分或实质部分；第三，不得侵害被引用作品著作权人的利益。2002年《著作权法实施条例》第21条规定：“依照著作权法有关规定，使用可以不经著作权人许可的已经发表的作品的，不得影响该作品的正常使用，也不得不合理地损害著作权人的合法利益。”

(2) 新闻使用

新闻使用(use for news)是指为报道时事新闻，在通过网络向公众提供的作品中不可避免地再现或者引用已经发表的作品，可以不经著作权人许可，不向其支付报酬，但是应当指明作者姓名、作品名称，并且不得侵犯著作权人依法享有的其他权利。

在传统媒介的情况下，为了报道时事新闻，在报纸、期刊、广播、电视节目或者纪录片中引用已经发表的作品，在符合新闻报道目的的范围内不可避免地再现已经发表的作品，属于合理使用。如果超出了这个目的和范围的限制，即构成侵权。就中国的情形而言，互联网作为一种新型的传播媒体报道时事新闻需要取得行政机关的资质许可，像新浪、搜狐等大型门户网站都已取得了这种新闻报道的资格，这些网站为报道时事新闻而不可避免地再现或

① 张建华：《〈信息网络传播权保护条例〉释义》，中国法制出版社2006年版，第26页。

者引用已经发表的作品,应当视其为合理使用。①

(3) 教学使用

教学使用(use for teaching)是指为学校课堂教学或者科学研究的目的,向少数教学、科研人员提供少量已经发表的作品,可以不经著作权人许可,不向其支付报酬,但应当指明作者姓名、作品名称,并且不得侵犯著作权人依法享有的其他权利。网络技术的发展是教学不再限于传统的诸如教室这样的实体场所,依托互联网络这一虚拟空间建立起来的网络教学日益成为了一种重要的教育手段,在网络教学过程中,同样会出现此类合理使用情形。当然,为教学科研目的的翻译与复制,只有在具备了以下条件的情况下才属于合理使用的范围:第一,其目的限于学校课堂教学或科学研究,且只能供教学或者科研人员使用;第二,使用的须是他人已经发表的作品;第三,使用他人作品不得影响作品的正常利用,也不得无故损害著作权人的合法权益。例如,复制必须是少量的,必须尊重作者的著作权人身权等。

(4) 公务使用

公务使用(use for public affair)是指国家机关为执行公务,在合理范围内向公众提供已经发表的作品,可以不经著作权人许可,也不需向其支付报酬,但应当指明作者姓名、作品名称,并且不得侵犯著作权人依法享有的其他权利。在这里,国家机关包括国家的立法、执法和司法机关,此外,还包括军事机关。国家机关使用已发表的作品是研究问题、制定政策、实施国家管理、行使国家职能的需要,尽管如此,公务使用也必须被限制合理的范围。首先,使用作品确实是因为执行公务的需要,不得超出执行公务的范围;其次,使用作品须符合 2002 年《著作权法实施条例》第 29 条的规定,既不能影响作品的正常利用,也不得不合理损害著作权人的合法权益。

(5) 翻译汉文字作品

翻译汉文字作品(translation of han language works)是指将中国的自然人、法人或者其他组织已经发表的以汉语言文字创作的作品翻译成少数民族文字作品,并向中国境内的少数民族提供,可以不经著作权人许可,不向其支付报酬,但应当指明作者姓名、作品名称,并且不得侵犯著作权人依照本法享有的其他权利。为了促进少数民族科学文化的进步与发展,用少数民族文字翻译已发表的汉字作品,不必征得著作权人的同意和支付报酬,但是应当注意:第一,该规定仅适用于原作品为汉族文字的作品;第二,翻译作品仅限于向中国境内的少数民族提供,如果超出国内发行的范围,就侵犯了著作权人

① 李祖明:《互联网上的版权保护与限制》,经济日报出版社 2003 年版,第 166 页。

的权利。

(6) 盲文出版

盲文出版(publication of braille)是指将已经发表的作品以盲人能够感知的独特方式向盲人提供,可以不经著作权人的许可,不向其支付报酬,但应当指明作者姓名、作品名称,并且不得侵犯著作权人依法享有的其他权利。将已经发表的作品以盲人能够感知的独特方式向盲人提供属于合理使用。出于关怀与扶持残疾人的公益性目的,我国2001年《著作权法》允许将已经发表的作品翻译成盲文出版,盲文读物的翻译人由此而享有新的独立的著作权。

(7) 时事性文章报道

时事性文章报道(news report of topicality)是指向公众提供在信息网络上已经发表的关于政治、经济问题的时事性文章属于互联网上的合理使用。时事性文章是为了宣传并贯彻国家在某一时期对某一方面的问题或者重大事件的方针、政策而创作的。这类文章的时事性、政策性和目的性都很强,通常需要通过多种不同的渠道进行宣传,而互联网的强大的传播功能恰好可以满足这种需求。不过,这里需要注意的是,时事性文章不同于时事新闻,是可以享有著作权并受到著作权法保护的。将在报纸、期刊、广播电台、电视台等媒体上发表的,但是没有在互联网上刊载的这类作品在互联网上使用,则并不属于此处的合理使用。

(8) 公众演讲

公众演讲(public speech)是指向公众提供在公众集会上发表的讲话属于互联网上的合理使用。公众集会一般是指公众可以自由出入会议场所的政治性集会或庆典性集会。一般说来,公众集会上的演讲者是愿意将自己的作品传播给公众的,但是不可否认确实存在着例外。

(9) 图书馆等公众文化机构的使用

我国2001年《著作权法》规定了图书馆等公众文化机构复制馆藏作品的合理使用制度(use for public cultural institutions)。在网络环境下,图书馆等机构通过信息网络提供馆藏作品同样适用于合理使用制度。但是要满足以下条件:

第一,享有合理使用权利的主体是图书馆、档案馆、纪念馆、博物馆、美术馆等公共文化机构。此处的合理使用最初考虑的仅是为图书馆的公众文化服务提供便利,但是,由于档案馆、纪念馆、博物馆、美术馆等也与图书馆一样具有公众服务的职能,因此也应将它们纳入其中。[①]

第二,提供的作品仅限于本馆收藏的合法出版的数字作品和依法为陈列

① 张建华主编:《〈信息网络传播权保护条例〉释义》,中国法制出版社2006年版,第32页。

或者保存版本的需要而以数字化形式复制的作品。为陈列或者保存版本需要以数字化形式复制的作品，应当是已经损毁或者濒临损毁、丢失或者失窃，或者其存储格式已经过时，并且在市场上无法购买或者只能以明显高于标定的价格购买的作品。

第三，传播的范围仅限于通过信息网络向本馆馆舍内的服务对象提供。如果允许公众文化机构在本馆馆舍范围以外提供服务的话，无疑会冲击传统作品的出版与发行市场。

第四，不得直接或者间接获得经济利益。图书馆享有合理使用权的基础是公众文化服务功能，如果偏离了这一职能，合理使用便失去了其立法依据。

3.3 信息网络传播权的法定许可

我国 2001 年《著作权法》第 23 条规定了为编写教科书使用作品的法定许可(statutory license)，此后，又将该法定许可制度在网络环境下作了延伸，将法定许可的内容扩展到用于远程教育课件的制作和提供上。

数字和网络技术的进步，为教育发展提供了新的手段，丰富了教育的内容，拓宽了教育的空间，使得远程教育成为可能。远程教育是指利用网络和数字技术，通过互联网而开展的教学活动，是一种在实践和空间上学生与教师分离的教学模式。远程教学的形式呈多样化的特点，一般采用电子邮件、新闻组、聊天室、电子布告板系统、可下载的录音、课程管理结构程序等方式进行教学。其与传统的课堂教学在本质上是一致的，但是在教学方式上却具有特殊性。[①] 为了适应网络环境的需要，世界各国纷纷对本国的著作权制度作出调整，为发展远程教育提供制度上的保证。

为了促进教育的发展，我国 2006 年《信息网络传播权保护条例》第 8 条规定："为通过信息网络实施九年制义务教育或者国家教育规划，可以不经著作权人许可，使用其已经发表作品的片断或者短小的文字作品、音乐作品或者单幅的美术作品、摄影作品制作课件，由制作课件或者依法取得课件的远程教育机构通过信息网络向注册学生提供，但应当向著作权人支付报酬。"但是，与其他合理使用的情形不同的是，在进行上述使用时需要向著作权人支付报酬。

3.4 信息网络传播权限制的特殊规定

我国 2006 年《信息网络传播权保护条例》第 9 条规定："为扶助贫困，通过

① 张建华主编:《〈信息网络传播权保护条例〉释义》，中国法制出版社 2006 年版，第 36 页。

信息网络向农村地区的公众免费提供中国公民、法人或者其他组织已经发表的种植养殖、防病治病、防灾减灾等与扶助贫困有关的作品和适应基本文化需求的作品，网络服务提供者应当在提供前公告拟提供的作品及其作者、拟支付报酬的标准。自公告之日起 30 日内，著作权人不同意提供的，网络服务提供者不得提供其作品；自公告之日起满 30 日，著作权人没有异议的，网络服务提供者可以提供其作品，并按照公告的标准向著作权人支付报酬。网络服务提供者提供著作权人的作品后，著作权人不同意提供的，网络服务提供者应当立即删除著作权人的作品，并按照公告的标准向著作权人支付提供作品期间的报酬。”

事实上，上述规定为通过信息网络向农村地区传播作品确立了一种特别的法定许可制度，根据该许可制度的要求：第一，提供作品的对象仅限于我国农村的公众；第二，提供作品的范围限于已经发表的种植养殖、防病治病、防灾减灾等与扶助贫困有关的作品和适应基本文化需求的作品；第三，通过公告的方式取得许可并支付报酬。之所以认为它属于特殊的法定许可制度，就在于它并没有免除使用者获得许可的义务，只是改变了获得许可的方式，其可以通过公告的方式批量获得许可，提供者提供作品的权利实质上是通过许可获得的。由此可见，该制度并不等同于传统意义上的法定许可制度。

第四节　网络服务提供者的著作权侵权责任

4.1　概述

网络服务提供者(Internet Service Provider)，是指为各类开放性网络(主要指互联网)提供信息传播中介服务的一类主体。网络服务提供者主要包括以下五种类型：其一，网络基础设施经营者，主要指为网上信息传输提供光缆、路由、交换机等基础设施的主体。其二，接入服务提供者，主要指为网络用户提供连接服务的经营主体。建立连接既可以将计算机或者计算机终端直接连接在互联网上，也可以借助直接或间接地与互联网相连接的计算机或计算机网络进行中介连接。其三，主机服务提供者，指向用户提供服务器空间，供用户上载各类信息的服务主体。其四，电子布告板系统经营者、邮件新闻组及聊天室、博客经营者，即为用户提供空间，供用户阅读他人上载的信息或自己发送信息，甚至进行实时交流的经营主体。其五，信息搜索工具提供者，主要是指使用名录、索引、引证或超链接等各种搜索引擎，为用户提供在网络上搜索信息工具服务的主体。①

网络服务提供者本身并不筛选、上载所传输的信息，而仅仅是按照客户的要求传输或接受信息，因此其本身并不直接介入著作权侵权；不过，网络服务提供者在客观上却可能帮助他人完成著作权侵权行为或扩大侵权的范围，所以其并不能完全置身于著作权法之外。问题在于，对于网络服务提供者的版权侵权责任究竟应当适用何种归责原则仍是需要探讨的问题。

4.2 对网络服务提供者侵犯著作权责任的认定

关于网络服务提供者责任的认定存在着两种主要观点：一种是无过错责任观点；另一种是过错责任观点。

主张无过错责任归责原则观点的人认为，网络服务提供者负有监控通过其系统或者网络的材料是否侵犯他人著作权的主动审查义务，如果没有尽到这种义务，无论其主观上是否有过错，均需要承担侵权责任。1985 年 5 月瑞典颁布的法律规定，电子布告板系统经营者负有在合理限度内监督所传输的内容的义务，必须从其系统中删除含有版权侵权、色情、宣扬暴力等非法内容的信息。②

主张过错责任观点的人认为，无过错责任归责原则要求网络服务提供者承担了过重的审查义务，非但不能达到促进互联网为经济社会服务的目的，反而会阻碍网络信息的传播，最终不利于整个社会的发展。现在，越来越多的国家倾向于主张对网络服务提供者适用过错责任归责原则。美国就是利用过错归责原则来追究网络服务提供者的间接侵权责任。《美国版权法》明确规定：网络服务提供者不负有监视网络、查找侵权活动的义务。即使网络服务者主动对网络进行监控，也不能认定其有发现侵权行为的义务。换言之不能仅仅从网络被用于存储或传播用户上传的侵权文件，以及网络服务者未能及时制止用户侵权行为这一事实推定网络服务者“知晓”或“应当知晓”侵权行为的存在，进而认定其构成“帮助侵权”。

中国的著作权立法尚未正式确立著作权的间接侵权责任制度，但是，对于从他人的侵权行为中获利或者为他人的侵权行为提供帮助的情形，通常会借鉴美国版权法中的“帮助侵权”、“间接责任”理论来加以解决，而很少求诸于大陆法系民法领域中的共同侵权理论。就共同侵权责任而言，在主观认定方面要求有共同过错存在，共同过错既可以是共同的故意，也可以是共同的

---

① 郭卫华等:《网络中的法律问题及其对策》，法律出版社 2001 年版，第 52～54 页。

② 李扬:《网络知识产权法》，湖南大学出版社 2002 年版，第 142 页。

过失，甚至还可以是故意与过失的混合。因此在侵权行为的判断方面必须考略到第三人实施相关行为时的主观状态。鉴于中国1986年《民法通则》主要承继的是大陆法系传统，无论从理论还是从实践上均遵循着大陆法系民法的基本原则，因此在立法尚未明确的情况下，对网络服务提供商的责任认定可以考虑适用共同侵权理论。

根据2004年最高人民法院《关于审理涉及计算机网络著作权纠纷案件适用法律若干问题的解释》规定，网络服务提供者侵权责任主要表现为以下情形：网络服务提供者通过网络参与他人的侵犯著作权行为，或者通过网络教唆、帮助他人实施侵犯著作权行为的，其与其他行为人或者直接实施侵权行为的人承担共同侵权责任。而网络服务提供者明知网络用户通过网络实施侵犯他人著作权的行为，或者经著作权人提出确有证据的警告之后，仍不采取移除侵权内容的措施以消除侵权后果的，其与该网络用户承担共同侵权责任。

就网络服务提供者的侵权责任认定而言，如果网络服务提供者对侵权行为存在"明知或应知"的情况下，完全可以认定网络服务提供者主观上存在故意而要求其承担直接侵权责任。如果著作权人无法证明网络服务提供者存在"明知或应知"的情形，但是著作权人已经提出过确有证据的警告，即对网络服务提供者网站上的侵权行为已经给予明确的提示，譬如，对提供信息存储空间或者提供搜索、链接服务的网络服务提供者，著作权人认为其服务所涉及的作品、表演、录音录像制品，侵犯了自己的信息网络传播权或者被删除、改变了自己的权利管理电子信息的，可以向该网络服务提供者提交书面通知，要求网络服务提供者删除该作品、表演、录音录像制品，或者断开与该作品、表演、录音录像制品的链接。[①] 在这种情况下，如果网络服务提供者拒不履行其所负有的采取移除侵权内容等措施停止侵权内容继续传播的义务，ISP服务商则应当承担不作为侵权的法律责任。

在这里，著作权人的"合理的通知义务"主要是指著作权人向网络服务提供者提交书面通知的情况下，一般包括：权利人的姓名（名称）、联系方式和地址；要求删除或者断开链接的侵权作品、表演、录音录像制品的名称和网络地址；构成侵权的初步证明材料。[②] 著作权人发现侵权信息向网络服务提供者提出警告或者索要侵权行为人网络注册资料时，不能出示身份证明、著作权

① 我国2006年《信息网络传播权保护条例》第14条。

② 同上。

权属证明及侵权情况证明的，视为未提出警告或者未提出索要请求。[①] 网络服务提供者在接到权利人的通知书以后，应当立即删除涉嫌侵权的作品、表演、录音录像制品，或者断开与涉嫌侵权的作品、表演、录音录像制品的链接，并同时将通知书转送给提供作品、表演、录音录像制品的服务对象。[②] 被指控的侵权者在接到网络服务提供者转送的通知书后，认为其提供的作品、表演、录音录像制品未侵犯著作权人权利的，可以向网络服务提供者提交书面说明作品不构成侵权的相关证据，并要求恢复被删除的作品、表演、录音录像制品，或者恢复与被断开的作品、表演、录音录像制品的链接。[③] 网络服务提供者在接到服务对象的书面说明之后，应当立即恢复被删除的作品、表演、录音录像制品，或者恢复与被断开的作品、表演、录音录像制品的链接，同时将服务对象的书面说明等材料转送权利人。[④]

在实践中，"通知删除"程序具有两方面的意义：一方面，该程序可以有效地帮助著作权人在数字网络环境中充分保护自己的合法权益，防止侵权人规避法律；另一方面，该程序又可以有效防止权利的过度保护，如果著作权人的权利保护范围被不合理地扩大或滥用，将会影响到网络产业的健康发展，并最终会影响到社会公众利益。

---

① 最高人民法院 2006 年《关于审理涉及计算机网络著作权纠纷案件适用法律若干问题的解释(二)》第 7 条。

② 我国 2006 年《信息网络传播权保护条例》第 15 条。

③ 我国 2006 年《信息网络传播权保护条例》第 16 条。

④ 我国 2006 年《信息网络传播权保护条例》第 17 条。

第三编 专 利 法

第十五章 专利制度概述

专利制度是指以专利法律制度为核心的关于专利申请、审查、授权、实施、许可、转让、管理及保护的一系列激励发明创造、传播、应用等制度的总和。本章主要介绍了专利和专利权的概念和特征、专利制度的特征和作用、专利制度的理论基础以及专利制度的起源和发展。

第一节　专利与专利权

1.1　专利的概念和特征

专利(patent)一词源于 Letter Patent,其对应的拉丁文为 Literae Patentes。Letters Patent 的原意是开封许可证,是指公开颁发的,包含国王所作的公示命令并加盖国玺的文书,主要用来对个人或公司授予某种特权或从事某种特定活动的权利。[①] 随着近现代知识产权法的产生和发展,专利逐渐成为具有专门法律意义的概念。目前,理论界对于专利的概念尚未形成统一的观点,一般有如下三种解释:第一,专利是专利权的简称,即国家依法在一定时期内授予发明创造者或者其权利继受者独占使用发明创造的权利[②];第二,专利是指受专利法保护的发明创造,即专利技术;第三,专利是国家主管机关颁发的授予专利权的证明文件,即专利证书。[③]

本书认为,专利是指经专利主管机关依照法定程序审查批准的、符合专利条件的发明创造。根据定义,成为专利的发明创造必须具备以下几个要素:

第一,必须属于法律保护的发明创造类型。各国法律对本国专利法保护的发明创造类型作出明确的规定,如美国专利法规定受到法律保护的发明创造包括三类:专利(包括实用新型专利)、外观设计专利和植物新品种专利;日本、德国的专利法则只保护发明专利;2008 年我国《专利法》中明确规定,"本法所称的发明创造是指发明、实用新型和外观设计"。

第二,必须符合法律规定的专利条件。美国《专利法》规定的专利条件包括新颖性、非显而易见性和实用性;日本《专利法》规定的专利条件包括:一是作出产业上可以应用的发明的,除以下所列的发明以外,可以就其发明享有专利:(1) 专利申请前已在日本国内或国外为公众所知的发明;(2) 专利申请前已在日本国内或国外公开实施的发明;(3) 专利申请前在日本国内或者外国出版的刊物上已有记载的发明,或公众通过电信线路可以利用的发明。二是专利申请前,具有该发明所属技术领域的一般知识者,基于前款各项中所列的发明,已经能够轻易得出发明时,不受同款规定所限,此发明不能取得专利。[④] 我国 2008 年《专利法》中亦分别规定了发明、实用新型和外观设计专利

① 薛波:《元照英美法词典》,法律出版社 2003 年版,第 833 页。
② 李顺德:《知识产权法律基础》,知识产权出版社 2005 年版,第 94 页。
③ 吕淑琴:《知识产权法律小辞典》,上海辞书出版社 2006 年版,第 84 页。
④ 杜颖、易继明译:《日本专利法》,法律出版社 2001 年版,第 12 页。

的专利条件。①

第三，必须经专利主管机关依照法定程序审查确定，在未经审批以前，任何一项发明创造都不能成为专利。我国2008年《专利法》分别规定了发明、实用新型和外观设计专利权的审查程序。

1.2 专利权的概念和特征

专利权(patent right)是指自然人、法人或其他组织就其发明创造依法在一定时期内和特定地域范围内所享有的排他性权利。就本质而言，专利权是一种对世权，主要表现为专利权人对其发明创造所享有的排他性权利。在这一点上，专利权类似于所有权。然而，专利权又有其特殊性，法律在对专利权进行排他性保护的同时，基于对公共利益的保护，又明确规定了对专利权的限制。这样安排制度的主要理由是，专利制度的初衷是为了激励技术创新而赋予发明创造者一定期限的排他性权利，这在一定程度上会产生限制市场竞争的效果。因此，必须对专利权进行必要的限制，否则将会妨碍正常的市场竞争和正常的社会经济生活秩序，阻碍科学技术的进步。②

专利权具有知识产权的一般特征：

第一，专有性。专利权被授予后，专利权为其权利人所独占，即专利权的使用或实施完全置于权利人的控制之下，除法律另有规定或者合同约定外，任何人不得使用或实施权利人的专利权。

第二，地域性。专利权作为一种专有权，在空间上的效力是有限的，具有严格的地域性特征。各国行政主管机关依照本国法律所授予的专利权原则上仅在本国领域内有效。

第三，时间性。专利权是一种受时间限制的权利。在法律规定的期限内，专利权受到法律的保护，一旦保护期限届满，相关发明创造即进入公有领域，成为全社会的共同财富，任何人均可自由使用。

专利权主体是专利权所有人(patent owner)或者专利权持有人(patent holder)；其客体是被审批为专利的发明创造，体现为新的技术方案或者新设

---

① 我国2008年《专利法》第22条第1款规定："授予专利权的发明和实用新型，应当具备新颖性、创造性和实用性。"第23条第1款、第2款、第3款规定："授予专利权的外观设计，应当不属于现有设计；也没有任何单位或者个人就同样的外观设计在申请日以前向国务院专利行政部门提出过申请，并记载在申请日以后公告的专利文件中。授予专利权的外观设计与现有设计或者现有设计特征的组合相比，应当具有明显区别。授予专利权的外观设计不得与他人在申请日以前已经取得的合法权利相冲突。"

② 郑成思：《知识产权——应用法学与基本理论》，人民出版社2005年版，第165页。

计；其内容是专利权人依照法律规定享有的各项权利和义务。

第二节　专利法与专利制度

专利制度（patent system）作为知识产权制度的一种类型，是指以专利法律制度为核心的关于专利申请、审查、授权、实施、许可、转让、管理及保护的一系列激励发明创造、传播、应用等制度的总和。[①] 专利法是专利制度的核心，是调整因发明创造的归属、利用及保护而产生的各种社会关系的法律规范的总和，其实质在于从法律上将发明创造确定为一种财产，并对这种财产给予私权意义上的保护，授予专利权人在一定期限内的合法垄断权。

2.1　专利制度的特征

专利制度具有以下基本特征：

第一，法律保护。实行专利制度的国家必须首先制定自己的专利法。专利法是国内法，是各个国家或者地区根据自己的政治、经济以及其他各种因素制定出来的。专利法同时也是涉外法，它必须符合国际公约所规定的一些应当共同遵守的惯例或者规则，并且适用于在本国申请专利的一切外国人。

第二，科学审查。申请专利的发明创造是否具有可专利性，只有依法进行审查后才能确定。专利审查是专利制度的重要组成部分，其目的在于确定该项发明创造是否符合专利法所规定的相关要件，并决定是否授予专利。

第三，公开通报。在法律保护的前提下，国家将申请专利的发明创造的内容予以充分公开，让社会尽快地、尽可能清楚地获取相应的知识和信息，以促进科技信息的交流和科学技术的发展。

第四，国际交流。基于国际专利合作的要求，早在 1873 年就已经开始了建立专利国际保护标准的工作，并于 1883 年缔结了《巴黎公约》。以《巴黎公约》为起点，专利制度的国际交流逐步展开，目前在世界知识产权组织之下形成了若干与专利制度相关的国际公约，这些国际公约成为各个国家或地区制定其专利法的重要基础。

2.2　专利制度的作用

专利制度是社会发展到一定历史阶段的产物，是从重商主义演变而来的一种社会现象。17 世纪以后，大生产出现使商品经济得到迅速发展，先进的

① 吕淑琴：《知识产权法律小辞典》，上海辞书出版社 2006 年版，第 84 页。

科学技术在社会生产中的作用日益重要，新技术成为最有效的竞争手段。在这样的背景下，一方面，新技术的拥有者要求以法律手段保护自己的新技术；另一方面，社会又要求新技术的拥有者尽快将其技术公开以避免重复研究开发，促进科学技术的发展，使新技术能够更广泛地应用于生产，促进社会经济的发展。在这样的历史条件下，专利制度在世界范围内广泛地发展起来。专利制度的基本内容就是发明人将其完成的发明依法向社会公开，社会给予发明人对该项发明拥有一定期限的独占权。由此可见，专利制度是在适应发明人和社会需求的条件下产生和发展起来的。

经济学教条经常不加掩饰地鼓励人们去追求利益的最大化。科学技术一旦被公开披露，就会像空气一样自由流动，自然会引起人们追逐的欲望。专利制度无疑为科学技术成果的转化架起了一座通向市场经济的桥梁。在现代社会中，专利制度的作用主要体现在以下几个方面：

第一，对发明创造提供有效的法律保护。发明人将其发明创造申请专利，专利主管部门依法将发明创造向社会公开并授予专利权，给予发明人在一定期限内对其发明创造享有独占权，把发明创造作为一种财产权加以保护。

第二，激发社会公众和市场主体从事发明创造的积极性，从而促进科学技术的快速发展。

第三，促进发明创造的推广应用，促进先进的科学技术尽快地转化为生产力；促进经济的发展。

第四，促进发明技术向全社会的公开与传播，避免对相同技术的重复研究开发，节约社会资源，促进科学技术的不断发展。

第三节　专利制度的理论基础

从 1623 年英国制定《垄断法规》算起，专利制度已经走过了三百多年的历史。在专利制度的发展过程中，产生了许多关于专利制度的理论学说，诸如自然权利论、发明奖励论、契约论、发展国家经济论等。这些理论学说从不同的角度和层面阐释了专利制度的正当性和合理性。将这些理论综合起来加以考虑，将有助于我们认识和把握专利制度的本质。

3.1　自然权利论

作为一种法哲学理论，将财产权看作是一种自然权利的观点，在很大程度上影响了近代民法的理论和制度。约翰·洛克是财产自然权利理论的主要代表。洛克所主张的劳动理论在解释财产权的哲学基础方面对后来财产法的发展影响至深。[①] 根据自然权利论，发明创造是人的创造性智力劳动的产物，智力劳动与体力劳动具有相同的性质，基于这种智力劳动而产生的成果应当受到财产权的保护。这种权利是“固有的”、“自然的”，专利法就是为了保护这种自然权利而被制定的。这种理论实质上是资产阶级启蒙思想家所倡导的天赋人权思想在发明创造领域的体现。按照这种理论，国家行政机关批准专利权，只是对权利人既有权利的确认，而不是创设新的权利。自然权利产生的前提条件是发明创造行为，而不是取决于国家政权的承认。自然权利论在专利制度中的运用，以法国最具代表性。1791 年《法国专利法》在序言中宣布：“任何新的想法，其实现或者开发可以变为对社会有用的，主要应属于构思出这种想法的人。如果工业发明不被认为是发明人的财产，从实质上说，那是违反人权的。”[②]自然权利论在西方国家获得了普遍承认，并成为许多西方国家专利立法的理论基础。

将自然权利论作为专利制度的理论基础具有一定的局限性，譬如，这种理论很难解释为什么天赋的自然权利会有时间上的限制；再如，在数个人各自独立发明创造的情况下，法律为何只将专利权授予先发明人或者先申请人。

3.2　发明奖励论

发明奖励论又被称为报酬论或受益论，也是影响较大的一种理论。该学说主张，发明人为了发明创造不得不付出相当的时间、费用和创造性的劳动，并且还要承担极高的失败风险。法律授予发明人专利权是对其的一种回报和奖励。发明创造者本来是没有义务向社会公开其发明创造的，但是，作为获取专利独占权的对价，发明一旦被公开，就必须限制他人对发明创造的自由使用，否则发明创造者的积极性将会遭受打击，这对社会发展是不利的。当然，通过专利制度赋予发明创造者以排他性专有权，使其据此享有一定的财产利益，这符合社会鼓励发明创造、推动科学技术进步的目的。

由于发明创造的经济价值是由发明创造本身的利用价值和市场竞争状况所决定的，发明创造的付出和发明创造者因专利权所获得的实际利益不一定完全成正比例关系，发明奖励论本身并没有解答社会应当支付多少报酬或奖励的问题。

---

① 曲三强：《窃书就是偷——论中国传统文化与知识产权》，知识产权出版社 2006 年版，第 37 页。

② 联合国文件：《专利制度在向发展中国家转移技术中的作用》（英文版），1975 年，第 296 段，第 44 页。转引自汤宗舜：《专利法教程》（第三版），法律出版社 2003 年版，第 11～12 页。

3.3 契约论

契约论主张，专利是社会和发明创造者之间订立的一种特殊契约。根据这种契约，发明创造者有义务将其发明创造的内容公开，与此相应的是，国家授予发明创造者在一定期限内拥有独占利用其发明创造的权利。社会对发明人专利权的承认是发明人公开其发明创造的对价。通过这样的契约，社会和发明人都各得其所。契约论在历史上曾经对专利制度产生过重要影响，而且至今仍为许多国家的学者所称道。

从批评的角度上看，契约论自身存在着一种悖论：如果专利是一种契约，那么就应当尊重意思自治，发明创造者应当享有决定是否签约的自由。而在专利制度下，发明创造者显然是不享有这种契约自由的，他必须接受政府设定的交换条件，否则就不能获得法律保护。

3.4 发展国家经济论

发展国家经济论是一种以社会为本位的学说，其基本观点为：发明创造是一种社会化的具有经济价值的商品，对其进行保护有利于繁荣和发展国家经济。专利法之所以要保护发明人的专有权，主要是处于发展国家经济的考虑。由于专利制度的建立确实在一定程度上推动了社会经济的发展，因此，在现今许多国家的专利制度中都能找到发展国家经济论的痕迹。尽管这种理论得到了发达国家和发展中国家的普遍认可，但是，发达国家和发展中国家对该理论进行解释时，却有各自的立场：发达国家强调围绕国家利益对高新技术给予较高水平的专利保护；而发展中国家则坚持专利保护水平应当与本国经济和科技的发展水平相适应。

第四节 专利制度的起源与发展

专利制度是社会经济和生产力水平发展到一定历史阶段的产物，其对社会的实质性影响发生在资本主义市场经济阶段。一般说来，可以将专利制度发展的历史划分为初始期、国内法阶段和国际化阶段。

4.1 初始期

工业革命之前，人类社会基本上处于自然经济状态，生产力中的技术要素主要是农业社会的耕作技术，水平比较低下。作为这些技术主要载体的生产工具基本上是结构简单的农具，或者是用于狩猎的弓箭石器。在这种环境之下，人类社会的竞争更多地表现为体力的竞争而不是智力的竞争。由于智力成果水平相对低下，所以在竞争过程中技术要素不具有决定性的作用，社会不可能产生利用法律保护发明创造的需求，因此也就不可能产生专利制度。

伴随着社会生产力的发展，依靠技术创造的财富在社会的总财富中所占的比例逐渐提高，人们开始认识到技术的重要性，这在客观上促成了专利制度的生长。一般认为专利制度起源于西欧，时间大约在十二三世纪。[①] 专利制度初始时期的主要特点是，具有独占性的权利只是封建君主授予发明创造者的一种特权。当时尚未形成一种保护技术发明的专门的法律制度。[②] 以13世纪的英国为例，当时英王爱德华三世为了发展技术，开始以保护令(protected order)的形式奖励在技术上创新并给英国工业带来利益的人们。[③] 这种奖励形式表现为：颁发诏书赋予给新发明或引进英国的新技术以一定期限的垄断权，凭借这种垄断权可以对市场实施独占，垄断权的期间以7年的倍数进行计算。当时这类诏书被称为公开证书(literae patentes)，证书上面有蜡印并附带丝带但并不封口，无须启封便可以阅读其中的内容，其目的就是为了让人们知道证书的内容。英国的这种萌芽状态的专利制度已经包含了现代专利制度的基本特征：垄断和公开。

4.2 国内法阶段

进入到15世纪以后，工业革命在欧洲大陆全面展开，受此影响当时的地中海沿岸的贸易交往已经相当发达频繁。贸易交往的频繁开阔了人们的视野，一些人敏锐地意识到依靠先进的技术不仅可以生产出上乘的商品，而且还可以由此增强国家的经济实力。为了吸引更多的掌握先进技术的人才，许多国家开始着手建立保护新技术的法律制度。据考证，1474年以造船业和水晶生产发达而著称的威尼斯城邦共和国曾率先制定了世界上第一部最接近现代专利制度的法律。根据该法，权利人对其发明享有10年的垄断权，任何人未经同意不得仿造与受保护的发明相同的设备，否则，将要赔偿百枚金币，

① 汤宗舜：《专利法教程》(第三版)，法律出版社2003年版，第7页。

② 赵元果：《中国专利法的孕育与诞生》，知识产权出版社2003年版，第1页。

③ 马丁：《英国专利制度》(The English Patent System)，1905年伦敦英文版，第11页。转引自郑成思：《知识产权论》(第三版)，法律出版社2003年版，第3～4页。

而且还要销毁全部仿造的设施。① 这部法律大体上勾勒出了现代专利法的轮廓,其所创立的基本原则在现代专利法中也仍然适用,如保护新的发明创造、权利的时间限制、侵权的责任承担等,因此而被称为专利法的最早雏形。

进入17世纪,随着社会生产力的发展,新技术不断出现。技术的发明者希望法律能够为这些新发明的技术提供保护,以明确其对于新技术所拥有的财产权利,这为现代专利保护制度的产生奠定了客观基础。英国1623年的《垄断法规》是近现代专利保护制度的起点。根据该法的规定:"专利权和特权是授予新产品的真正的和第一个发明者,使其在14年之内享有独家生产或制造此类产品的权利,其他人在此期间不得使用其发明。"②以此为起点,世界各国纷纷开始建立自己的专利制度,美国于1790年、法国于1791年、荷兰于1817年、德国于1877年、日本于1885年先后颁布了本国的专利法。根据世界知识产权组织的统计,1983年全世界有专利法的国家共有140个,而到了1985年,全世界已有一百六十多个国家、地区或属地实行了专利制度,联合国成员中没有专利制度的国家只剩下佛得角、科摩罗、吉布提、格林纳达等不足10个国家。③

4.3 国际化阶段

由于专利权最早是以封建君主恩赐特权的形式出现的,各国在其建立专利制度以后,根据国家主权原则普遍对外国政府授予的专利权不予承认,因此地域性便成为专利权的固有特征。随着科学技术与国际贸易的迅猛发展,包括专利权在内的知识产权的国际保护问题凸显出来。比较有代表性的事例是1873年奥匈帝国在维也纳举办的国际发明展览会上,许多受到邀请的国家由于担心本国的发明得不到保护而不愿参加。④ 为了协调各国的专利制度,加强在工业产权方面的合作,1883年以法国为首的十多个欧洲国家经过长期协商最终在巴黎签订了《巴黎公约》。《巴黎公约》确立了国民待遇原则、优先权原则和专利权独立保护原则,为国际专利申请和保护开辟了渠道。根

---

① 该法规定:"本议会兹规定:任何人在本城市制造了以前未曾制造过的,新而精巧的机械装置者,一俟改进趋于完善以便能够使用和操作,即应向市政机关登记。本城其他任何人在10年内没有得到发明人的许可,不得制造与该装置相同或者相似的产品。如有任何人制造者,上述发明人有权在本城市任何机关告发,该机关可以命令侵权者赔偿100金币,并将该装置立即销毁。"〔美〕斯蒂芬·P.拉达斯:《专利商标和有关权利》第1卷(英文版),美国哈佛大学出版社1975年版,第6～7页。转引自汤宗舜:《专利法教程》(第三版),法律出版社2003年版,第7页。

② 世界知识产权组织:《知识产权纵横谈》,张寅虎等译,世界知识出版社1992年版,第20页。

③ 吴汉东等:《知识产权基本问题研究》,中国人民大学出版社2005年版,第366页。

④ 宁立志:《知识产权法》,武汉大学出版社2006年版,第155页。

据《巴黎公约》规定的专利权保护标准，各成员国分别对自己的专利制度作出了相应的调整。

1967 年成立的世界知识产权组织标志着专利制度的国际化阶段进入了一个新的历史时期。世界知识产权组织自成立之初即成为协调知识产权国际保护的重要机构，在其组织下，国际社会签订了一系列与专利合作相关的国际条约，如 1970 年《专利合作条约》、1971 年《斯特拉斯堡协定》和 1977 年《布达佩斯条约》等。

随着现代科学技术的快速发展，知识产权逐渐成为经济发展的强大动力。考虑到有必要在促进对知识产权充分、有效保护的同时，减少其对国际贸易产生的阻力，以保证知识产权的执法措施和程序不至于变成合法贸易的障碍，世界贸易组织各成员方于 1994 年缔结了 TRIPs 协议。TRIPs 协议确立了知识产权的最低保护标准原则、国民待遇原则以及最惠国待遇原则，并且使专利权问题正式与国际贸易的发展挂钩。TRIPs 协议规定了各成员方在知识产权保护方面应达到的最低标准，并且不允许成员方对条款作任何保留。这使得加入世界贸易组织的成员方必须根据 TRIPs 协议确立的保护标准来修改相关国内立法，这标志着专利制度在国际协作方面达到了一个新水平。

第五节　中国专利制度的起源与发展

5.1　专利制度引入中国

就中国专利法发展的历史而言，早在两千多年以前的西周厉王时代（公元前 857 至公元前 841 年）就有过关于“谋欲专利之事”的记载。《国语》中也有“匹夫专利，尤谓之盗，王而行之，其鲜归矣”的记载。到了近代，1859 年太平天国运动的领导人洪仁玕在其著作《资政新篇》中提出：“兴车马之利，以利便轻捷为妙，倘有能造如外邦火轮车，一日夜能行七八千里者，准其专利”，“兴舟楫之利，以坚固轻便捷巧为妙，或用火、用气、用力、用风，任乎智者自创”，“兴器皿技艺，有能造精奇便利者，准其自售；他人仿造，罪而罚之”，“器小者赏五年，大者赏十年，益民多者年数加多，无益之物，有责无赏，限满准他人仿做”。然而这些关于建立专利制度的建议并未得到实际落实。

中国最早保护发明创造的法律规范是 1898 年清朝戊戌变法中光绪皇帝颁布的《振兴工艺给奖章程》，这部法律是清王朝末年兴起的司法改革运动的产物，是西学东渐、洋为中用的结果，因此带有浓重的殖民色彩。该法规定：

“发明制造船械枪炮等器新法者，颁特赏五十年；发明日用新器者，给工部郎中实职，专利三十年；仿造西器之制法，未流传中土者，给工部主事职，专利十年。”

5.2 民国时期的专利制度

1911年12月12日，由工商部颁布的《奖励工艺品暂行章程》是现代中国专利法的雏形。该章程确立了“先申请原则”、“权利转让”、“法律责任”等专利法的基本制度。根据该章程的规定，奖励的对象仅限于发明和改良的产品，对食品和医疗品不授予专利。奖励的具体办法是分等级授予5年以下的专利权，或者给予名誉上的褒奖。对仿造和冒用行为科以徒刑或罚金的刑事处罚。该章程同时还规定禁止外国人在中国申请专利。[①] 1923年，工商部又公布了《暂行工艺品奖励章程》，将奖励的对象扩大至工艺制造方法，规定对产品和制造方法的发明授予3年或5年的专利权。[②] 此后，国民政府不断加强对专利制度的补充和完善，并先后于1928年颁布了《奖励工业品暂行条例》，1929年颁布了《特种工业奖励法》，1930年颁布了《审查暂行标准》，1931年颁布了《发明特许条例》及其实施细则。在上述相关立法的基础上，1944年5月29日经立法院第四届第206次会议审查，国民政府通过了中国历史上的第一部《专利法》，并于1949年1月1日起正式施行。该法共分为五章138条，经多次修正后，目前施行于中国台湾地区。[③]

5.3 中华人民共和国的专利制度

中华人民共和国成立后不久，中央人民政府在1950年8月17日颁布了《保障发明权与专利权暂行条例》，该《条例》可以称得上是新中国关于发明创造保护的第一部法规。制定该《条例》的目的在于鼓励国民从事科技创新的积极性，促进国家经济的发展。该《条例》规定，发明是指在生产上创造新的生产方法或者制造新的产品；以发明证书和专利证书两种形式对发明进行保护，这两种保护原则上由发明人自行选择申请，但职工的职务发明、有关国防的发明和关系大多数人民福利、有迅速推广必要的发明，仅授予发明权；获得发明证书的，依国家规定的奖励办法给予奖金、奖章和奖状等，国家对发明拥

---

① 赵元果：《中国专利法的孕育与诞生》，知识产权出版社2003年版，第7页。

② 同上。

③ 我国台湾地区《专利法》共分为五章，分别为：第一章总则，包括立法目的、专利种类、专利申请权、专利权归属、专利代理人、专利审查机关及人员等；第二章发明专利，包括专利要件、申请、审查与再审查、专利权、实施、纳费、损害赔偿及诉讼；第三章新型专利；第四章新式样专利；第五章附则。

有采用权;获得专利证书的,专利权人享有利用其发明的排他权。[①] 同年 10 月 9 日又颁布了该《条例》的实施细则。综上可知,新中国在专利制度初创时期采用的是双轨制,即用发明证书和专利证书对发明人的发明创造进行保护。1963 年 10 月国务院颁布《发明奖励条例》,与此同时《保障发明权与专利权暂行条例》也被正式废止,从而双轨制亦随之退出历史舞台。

1963 年《发明奖励条例》取消了双轨制,仅保留了发明证书制度,以发明奖励制度取代了发明保护制度,并将此制度延续下来。至 20 世纪 70 年代末期,为了配合改革开放政策的需要,国家先后颁布了一系列的法规条例,主要包括:1978 年 10 月 18 日发布的《技术改进奖励条例》;1978 年 12 月 28 日发布的《发明奖励条例》;1982 年 3 月 16 日发布的《合理化建议和技术改进奖励条例》;1984 年 9 月 12 日发布的《科学技术进步条例》。可以看出,在 1985 年《专利法》实施之前,中国基本上延续了 1963 年《发明奖励条例》所确立的基本原则,即对发明创造主要是以奖励为主的方针。这种特点是与新中国前 30 年施行的计划经济体制相吻合的。

新中国的第一部专利法是 1984 年 3 月 12 日由第六届全国人民代表大会常务委员会第四次会议通过的《中华人民共和国专利法》,该法于 1985 年 4 月 1 日开始实施。这部《专利法》并没有延续之前的发明奖励制度,而是采用了排他性的专利权对发明创造进行保护。实践证明,《专利法》的制定和施行对鼓励发明创造,保护发明创造成果,促进经济进步和技术创新,推动我国经济和社会的全面发展发挥了重要作用。1992 年和 2000 年,全国人大常委会对《专利法》进行的两次修改进一步完善了我国的专利制度,使之与我国改革开放的形势和需要更相适应,与知识产权保护的国际发展形势更为协调。伴随着经济社会的发展和国际形势的变化,我国又提出了增强自主创新能力、建设创新型国家的目标,与此同时《专利法》在实施过程中也出现了许多亟待解决的问题,所有这些都为《专利法》的第三次修改准备了客观条件。2005 年 4 月《专利法》第三次修改的准备工作正式启动,历经数年的不懈努力终于在 2008 年 12 月 27 日完成了对《专利法》的第三次修改。

5.3.1 《专利法》的第一次修改

《专利法》的第一次修改工作于 1988 年正式启动,最终的修正案于 1992 年 9 月 4 日由第七届全国人民代表大会常务委员会第二十七次会议通过。促成《专利法》第一次修改的成因既深刻又复杂,包括国内的和国际的各种因素。1984 年《专利法》的实施对于鼓励发明创造,促进科技进步和经济发展以

① 汤宗舜:《专利法解说》(修订版),知识产权出版社 2007 年版,第 1 页。

及对外科技交流和经贸往来，发挥了积极重要的作用。然而，由于中国在制定《专利法》之初缺乏实践经验，在实施过程中出现了一些缺陷和不完善的地方，需要通过修改来加以完善。同时随着专利制度在国际贸易中的地位日益提高，《专利法》国际协调活动也日益频繁。例如，世界知识产权组织于1991年6月就《保护工业产权巴黎公约》专利部分的补充条约召开了第一阶段的外交大会，当时中国正在谋求恢复在关贸总协定中的缔约国地位，10个发达国家和包括中国在内的十个发展中国家于1991年12月初步达成了《关贸总协定与贸易有关的知识产权协议》，并载入到《乌拉圭回合多边贸易谈判结果最后文件草案》。中美两国政府为减少贸易摩擦，于1992年1月签署了《中美政府关于保护知识产权的谅解备忘录》。基于上述原因，对《专利法》进行修改已经不容选择，修改的目标就是要使中国的《专利法》既能适应国内经济和科技发展的需要，也能使专利的保护水平向国际标准进一步靠拢。①

《专利法》的第一次修改共涉及19个条款，包括专利法的保护范围、专利权期限、专利实施的强制许可、专利审批程序等几个方面的内容。概括起来，可以归纳为以下几个方面：

第一，扩大了专利法的保护范围。1992年《专利法》扩大了可授予专利发明创造的范围，取消了对食品、饮料和调味品、药品和化学方法获得的物质不授予专利权的限制。

第二，强化了对专利权的保护。1992年《专利法》将方法专利的效力延及到“依照该方法直接获得的产品”，规定，“发明、实用新型专利被授予后，除法律另有规定的以外，任何单位或者个人未经专利权人许可，不得为生产经营目的使用其专利方法以及使用、销售依照该专利方法直接获得的产品”；同时，又增加了专利权人的进口权，即专利权人有权阻止他人未经专利权人许可进口其专利产品或者进口依照专利方法直接获得的产品。

第三，延长了专利权的保护期限。1992年《专利法》将发明专利权的保护期限延长至20年；实用新型专利权和外观设计专利权的保护期限延长为10年；取消了1984年《专利法》规定的“期满前专利权人可以申请续展三年”。

第四，重新规定了对专利实施强制许可的条件。1992年《专利法》删除了1984年《专利法》第51条（专利权人有在中国制造专利产品和使用专利方法的义务）和第52条（违反上述义务，可以给予强制许可）的规定，对专利实施强制许可制度进行了重新规定。1992年《专利法》规定的强制许可包括：对滥用

---

① 《专利法第一次修改的说明》，载 http://www.sipo.gov.cn/sipo2008/zxft/zlfdscxg/bjzl/200804/t20080419_383843.html，2008年8月5日最后访问。

专利权的强制许可、为公共利益的强制许可、从属专利的强制许可三类。

第五,修改了优先权的规定。1992 年《专利法》对 1984 年《专利法》第 29 条第 1、2 款作了修改。原法仅规定了外国优先权,而新法则增加规定了本国优先权。同时取消了 1984 年《专利法》对要求外国优先权申请人的限制,无论申请人是外国人还是中国人,都可以就专利申请要求外国优先权。

第六,将授权前的异议程序修改为授权后的撤销程序。1984 年《专利法》在授权以前设有异议程序,目的是使公众(特别是本技术领域的专业人员)有机会对专利局审查工作中的疏漏提出意见,防止对不符合《专利法》的发明创造授予专利权。1992 年《专利法》取消了授权前的异议程序,同时设定了授权后的撤销程序。

5.3.2 《专利法》的第二次修改

1992 年通过的专利法修正案扩大了专利保护的技术领域,延长了三种专利的保护期限,使中国在专利保护水平方面基本达到了 TRIPs 协议的规定。实践证明,专利法制建设对中国知识产权事业发展起到了巨大保障和推动作用。面对以知识经济为核心的 21 世纪,中国的科技与经济发展正处在时代的转折点上,产业结构的调整与优化已经成为经济发展的主题。中国即将加入世界贸易组织,中国的企业将面临更激烈的竞争。中国这艘巨轮要想在国际贸易大潮中平稳航行,就需要一个符合世贸组织法律基本原则而且能与之对接的法律框架。为充分发挥专利及知识产权制度在技术创新、科技进步中的重要作用,贯彻执行中共中央、国务院《关于加强技术创新,发展高科技,实现产业化的决定》,九届人大常委会第 17 次会议于 2000 年 8 月 25 日通过了《关于修改〈中华人民共和国专利法〉的决定》。《专利法》第二次修改吸收了中国深化经济体制改革以来的实践经验和立法成果,加了专利保护的力度,简化了专利审批程序,按 TRIPs 协议进一步调整完善了中国《专利法》的有关规定。修改后的《专利法》于 2001 年 7 月 1 日正式生效。

《专利法》第二次修改的幅度较大,主要涉及以下几个方面:第一,为满足社会主义市场经济发展尤其是国有企业改革的要求,修改后的《专利法》明确了国有企事业单位在申请和取得专利方面拥有与其他经济成分同样的权利和义务;第二,为了适应大力推动科技进步和创新的形势,按照政府鼓励技术等生产要素参与收益分配的精神,对职务发明重新进行了合理界定,并且从法律上明确规定对职务发明人应当给予报酬;第三,完善专利领域的司法与行政执法,坚持继续实行司法与行政执法的"两条途径、协调运作"模式,进一步加大专利保护力度;第四,简化、完善专利审批和维权程序,维护当事人的合法权益;第五,通过这次修改,使《专利法》与 TRIPs 协议的标准相一致,为中国加入世界贸易组织营造更为完善的专利法律环境;第六,对专利审批和专利管理机构提出明确要求,以建设勤政、廉洁、务实、高效的专利队伍。

《专利法》第二次修改所涉及的条文多达36条,主要包括以下具体内容:

第一,与TRIPs协议接轨,完善司法和行政执法,提高了专利保护水平。一是根据TRIPs协议的规定,增加许诺销售的规定,使发明和实用新型专利权人能够将侵权行为消除在萌芽状态。二是取消了全民所有制单位"持有专利权"的规定,削弱了计划经济色彩,并对合作完成的发明创造、专利申请权或专利权的转让、计划许可等条款作了相应修改。三是规定了善意第三人的免责条件,一定程度上能够堵塞侵权人利用本条合法推销其侵权产品的漏洞,使任何人在已知、或有充分理由应知某商品是侵权产品时不得继续从事任何经营行为。四是完善了授予专利实施强制许可的条件,对从属专利强制许可的条件进行了明确,同时对于强制许可决定的相关事项作出了规定。五是增加了专利侵权赔偿额的计算方法,使专利权人因侵权行为受到的实际损失能够得到更为合理的赔偿。

第二,优化了专利审批程序。一是取消了撤销程序,避免了因与无效程序重复而导致专利权长期处于不稳定状态。二是完善专利无效程序,增加了申请无效程序的对方当事人作为第三人参加诉讼的规定。三是简化了转让专利权、专利申请权和向外国申请专利的手续。四是在发明专利已经在外国提出申请的情况下,取消了发明专利申请人在发明专利实质审查时提交该外国有关检索资料或审查结果资料的法定要求,改为国务院专利行政部门可以要求申请人提供。五是明确了专利权的生效日期,即专利权自专利局公告之日起生效。

第三,强化并完善了专利维权程序。一是取消了专利复审委员会关于实用新型和外观设计的复审和无效决定的终局性,根据TRIPs协议的要求规定了法院的司法审查权,即当事人对实用新型和外观设计专利申请的复审和宣告无效的决定均可以向人民法院起诉。二是对诉讼时效作出修改和调整,规定了发明专利申请公布后、专利权被授予前使用该发明未支付适当使用费引起争议的诉讼时效。三是就实用新型提起专利侵权诉讼的,可以要求其提供国务院专利行政部门出具的检索报告,防止权利人滥用权利。四是增加规定了实用新型专利权人在主张权利时,法院或专利管理部门可以要求权利人出具由国务院专利行政部门所作的检索报告。五是增加了诉前临时措施的规定,使《专利法》的规定符合TRIPs协议第41条关于临时措施的要求。

第四,完善了行政保护措施。首先,明确了省、自治区、直辖市人民政府管理专利工作的职能。其次,将专利纠纷由专利管理机关处理改为可以由管理专利工作的部门调解处理。再次，完善专利行政执法体制，授权地方管理专利工作的部门对是否侵犯专利权进行认定，增加对假冒他人专利尚不构成犯罪行为的行政处罚。

第五，与《专利合作条约》衔接，增加了专利国际申请的规定。中国于1994年加入《专利合作条约》(Patent Cooperation Treaty，PCT)，中国专利局成为PCT体系下的受理局、国际检索单位和国际初步审查单位，为此2000年《专利法》新增规定，即"中国单位或者个人可以根据中华人民共和国参加的有关国际条约提出专利国际申请"、"国务院专利行政部门依照中华人民共和国参加的有关国际条约、本法和国务院有关规定处理专利国际申请"。

5.3.3 《专利法》的第三次修改

中国的《专利法》和专利制度都是改革开放的产物。专利制度的很多重要的发展进步也是改革开放的重要成果。从1984年第六届全国人大常委会第四次会议通过《专利法》以后，1992年和2000年先后进行了两次修订。第一次修订主要是为了落实深化改革，扩大开放，履行中国政府在中美两国达成的知识产权谅解备忘录中的承诺。第二次是在2000年，这次修改是为了社会主义市场经济体制的建立和完善，顺应加入世界贸易组织的要求而进行的。

自从2000年《专利法》第二次修改至今，国内外形势均发生了重要变化。就国内形势而言，为了提高自主创新能力、建设创新型国家的目标，国务院于2008年制定了《国家知识产权战略纲要》，提出了"增强自主创新能力、建设创新型国家"的国家发展战略，强调进一步加强对专利权的保护，促进专利技术的实施，推动专利技术向现实生产力的转化。就国际形势而言，世界贸易组织多哈部长级会议通过了《关于〈与贸易有关的知识产权协议〉与公共健康的宣言》，世界贸易组织总理事会通过了落实上述宣言的《修改〈与贸易有关的知识产权协议〉议定书》。这两份法律文件允许世界贸易组织在规定的条件下给予实施药品专利的强制许可。此外，《生物多样性公约》对利用专利制度保护遗传资源也作出了相应的规定。上述形势变化都要求中国的《专利法》必须因势利导，作出相应的修改和完善措施。正是在这样的历史背景下，第十一届全国人大常委会第六次会议于2008年12月27日通过了《关于修改〈中华人民共和国专利法〉的决定》。

如果说前两次《专利法》的修改主要是更注重引进国外的先进技术，对外资加强知识产权保护的话，那么，《专利法》的第三次修改的重点就是在全国科技大会提出"增强自主创新能力、建设创新型国家"的发展战略的背景下，为了切实地推动国家自主创新能力的提高，加强知识产权保护，贯彻科学发展观,转变经济发展方式的要求而进行的。在修改的内容方面,相对于第一次修改和第二次修改更多的是注重履行国际承诺和与国际规则接轨,借鉴和引进国际上比较成熟的经验的方面,《专利法》的第三次修改是在认真总结国家专利工作和专利法制建设二十多年实践的基础上,根据国家自身的发展需要,从解决中国经济社会发展所面临的实际问题处罚,更加全面地保护国内外专利权人的利益,同时也兼顾了公共利益的平衡。在修订的重点上,《专利法》的第三次修改具有两个明显的特点:一是鼓励创新能力的提高;二是加强对专利权的保护。这次修改主要是强调有利于创新型国家的建设,大力提高中国的自主创新能力,同时促进经济发展模式的转变,从各个方面来讲,《专利法》的第三次修改都是围绕这个目的进行的。例如,对授权标准、对权利保护等方面的修改,从各个不同层面都体现了对发明创造和自主创新的鼓励,是整个《专利法》修改的核心。

《专利法》第三次修改主要包括以下具体内容:

(1) 从利用专利制度激励自主创新的角度,作出了如下修正:

第一,在立法宗旨中增加了"提高自主创新能力"、"建设创新型国家"的内容,将第1条修改为:"为了保护专利权人的合法权益,鼓励发明创造,推动发明创造的应用,提高创新能力,促进科学技术进步和经济社会发展,制定本法。"

第二,提高专利授权门槛,防止垃圾专利。2008年《专利法》提高了判断发明和实用新型新颖性的标准,采用绝对新颖性标准,规定授予专利的发明或者实用新型应不属于申请日以前在国内外为公众所知的技术。同时,为了进一步提高外观设计专利的质量,2008年《专利法》规定授予专利权的外观设计与现有设计或者现有设计特征的组合相比应当具有明显区别,并且不得与他人在授权前已经取得的合法权利相冲突。在可授予专利权的客体方面,2008年《专利法》明确规定对平面印刷品的图案、色彩或者二者的结合作出的主要起标识作用的设计不能被授予专利权。

第三,删除了向外国申请专利须先申请中国专利的规定。2008年《专利法》规定任何单位或者个人可以将其在中国完成的发明创造向外国申请专利,但应当事先经国务院专利行政部门进行保密审查。

第四,赋予外观设计专利权人许诺销售(offer for sell)权。2008年《专利法》规定外观设计专利权被授予后,任何单位或者个人未经专利权人许可,不得实施其专利,即不得为生产经营目的制造、许诺销售、销售、进口其外观设计专利产品。

第五,明确了侵犯专利权的赔偿应当包括权利人维权的成本,加大对违法行为的处罚力度，并增加了法定赔偿的规定。为了提高专利权司法保护的效率，2008年《专利法》规定在权利人的损失、侵权人获得的利益和专利许可使用费均难以确定的情况下，人民法院可以根据专利权的类型、侵权行为的性质和情节等因素，确定给予1万元以上100万元以下赔偿。除此之外，为了保护专利权人的合法权益，2008年《专利法》增加规定侵犯专利权的赔偿应当包括专利权人为制止侵权行为所支付的合理开支。对于专利违法行为，2008年《专利法》也全面提高了行政处罚的力度。

第六，增加了诉前证据保全的规定。2008年《专利法》增加了为了制止专利侵权行为，在证据可能灭失或者以后难以取得的情况下，专利权人或者利害关系人可以在起诉前向人民法院申请保全证据的规定。

(2) 根据促进技术推广应用的需要，作出了如下修正：

第一，增加了关于专利申请权或专利权共有的规定。2008年《专利法》对权利共有情况下如何行使进行了规定：共有人对权利的行使有约定的，从其约定。没有约定的，共有人可以单独实施或者以普通许可方式许可他人实施该专利；许可他人实施该专利的，收取的使用费应当在共有人之间分配。除以上的情况，行使共有的专利申请权或者专利权应当取得全体共有人的同意。

第二，完善了有关侵权判定和抗辩的规定。2008年《专利法》在原有检索报告的基础上，提出专利侵权纠纷涉及实用新型专利或者外观设计专利的，人民法院或者管理专利工作的部门可以要求专利权人或者利害关系人出具专利权评价报告，专利权评价报告可以作为审理、处理专利侵权纠纷的证据。同时，2008年《专利法》明确了被控侵权人的现有技术抗辩规则，允许被控侵权人以相关技术属于现有技术或现有设计进行抗辩。

第三，完善"不视为侵犯专利权"的相关规定，对专利权用尽规则进行修改，即：专利产品或者依照专利方法直接获得的产品，由专利权人或者经其许可的单位、个人售出后，使用、许诺销售、销售、进口该产品的。同时2008年《专利法》根据国际上通行的BOLAR例外制度，增加规定，即为提供行政审批所需要的信息，制造、使用、进口专利药品或者专利医疗器械的，以及专门为其制造、进口专利药品或者专利医疗器械的行为不视为侵犯专利权。

(3) 根据国际条约的规定特别是我国加入世界贸易组织后国际条约的规定，作出了如下的修正：

第一，2008年《专利法》为落实多哈宣言及理事会决议，增加规定了一种强制许可的情况，即为公共健康目的，对取得专利权的药品，国务院专利行政部门可以给予制造并将其出口到符合中华人民共和国参加的有关国际条约规定的国家或者地区的强制许可。

第二，2008 年《专利法》根据《巴黎公约》和 TRIPs 协定的规定，对 2000 年《专利法》的强制许可规定进行了全面的修订，进一步明晰了强制许可的实体和程序规则。

第三，根据《生物多样性公约》的相关规定，完善我国《专利法》对遗传资源的保护，2008 年《专利法》增加规定依赖遗传资源完成的发明创造，申请人应当在专利申请文件中说明该遗传资源的直接来源和原始来源；申请人无法说明原始来源的，应当陈述理由。此外，2008 年《专利法》还规定，对违反法律、行政法规的规定获取或者利用遗传资源，并依赖该遗传资源完成的发明创造，不授予专利权。

第十六章　专利权的客体

专利权的客体是指符合专利构成条件并可被专利的发明创造。本章主要介绍了专利权的客体、授予专利权的条件以及不授予专利权的对象。

专利权的客体是指符合专利构成条件并可被专利的发明创造。我国2008年《专利法》规定的专利权客体与《巴黎公约》规定的保护对象基本一致，即发明专利、实用新型专利和外观设计专利。根据《巴黎公约指南》的阐释，发明专利是指应用一项工业上发明的排他权利；实用新型所包含的排他权利是用来保护工业革新的，这种工业革新的重要性比可以取得发明专利的发明要小，而且排他权的期限通常比发明专利的短；外观设计专利是指由实用物品的装饰性外表或构成部分组成，包括组成物品外观的平面或立体的形状以及外表在内。①

第一节　专利的种类

1.1　发明

在有关知识产权的国际性公约中尚未发现关于发明的明确定义，只有少数国家的专利法对发明(invention)作出了直接描述。《美国专利法》第101条规定："可以获得专利的发明是指新颖而有用的制造方法、机器、制造品、物质的组合，或者它们的新颖而有用的改进。"《日本专利法》第2条规定："发明是指利用自然规律所作出的高水平的技术创造。"世界知识产权组织主持制定的《发展中国家发明示范法》第112条规定："发明是发明人的一项思想，能在实践中解决技术领域的某一特定问题。"

发明是专利法保护的主要对象，我国2008年《专利法》第2条第2款规定："发明，是指对产品、方法或者其改进所提出的新的技术方案。"由此可见，发明是发明人的一种技术思想，它是利用自然规律作出的能够解决技术领域某一特定问题的新的技术方案。

1.2　实用新型

根据我国2008年《专利法》第2条第3款的规定，实用新型(utility model)是指对产品的形状和构造或者其结合所提出的适于实用的新的技术方案，其中产品的形状是指产品所具有的、可以从外部观察到的确定的空间形状，产品的构造是指产品的各个组成部分的安排、组织和相互关系。根据上述定义，实用新型具有以下几个特点：

第一，实用新型仅保护产品，这里的产品应当是经过产业方法制造的，有

① 〔奥〕博登浩森：《保护工业产权巴黎公约指南》，汤宗舜、段瑞林译，中国人民大学出版社2003年版，第11页。

确定形状、构造且占据一定空间的实体。因此,一切方法以及未经人工制造的自然存在的物品不属于实用新型专利保护的客体。

第二,作为实用新型对象的产品的形状可以是对产品三维形态或二维形态所提出的技术方案,因此,无固定形状的物品,如气态、液态的物质或材料,其形状不能成为实用新型专利保护的客体。

第三,作为实用新型对象的产品,既可以是机械构造,也可以是线路构造。

第四,要求取得实用新型保护的技术方案必须是对现有技术进行了改进并能在产业上应用且能产生有用的效果。

1.3 外观设计

外观设计(industrial design)是我国 2008 年《专利法》保护的第三类对象,也是《巴黎公约》所要求保护的对象之一。我国 2008 年《专利法》第 2 条第 4 款规定:“外观设计,是指对产品的形状、图案或者其结合以及色彩与形状、图案的结合所作出的富有美感并适于工业应用的新设计。”世界知识产权组织的《知识产权法教程》指出:“工业品外观设计属于美学领域,但是,同时又是作为工业或手工业制造品的式样的。一般说来,工业品外观设计具有装饰的或美学的外表。装饰的外表可以由物品的形状和/或图案和/或色彩组成。装饰的或美学的外表必须对视觉有吸引力。”在理解外观设计的要旨时应当注意:

第一,外观设计是产品的外观设计,其载体应当是产品,因此不能重复生产的手工艺品、农产品、畜产品、自然物不能作为外观设计的载体。

第二,构成外观设计的是产品的外观设计要素或要素的结合,可以构成外观设计的组合有:产品的形状;产品的图案;产品的形状和图案;产品的形状和色彩;产品的图案和色彩;产品的形状、图案和色彩。

第三,适于工业应用是指该外观设计能应用于产业上并形成批量生产。

第二节 授予专利权的条件

2.1 发明和实用新型可被专利的条件

根据我国 2008 年《专利法》第 22 条第 1 款的规定,授予专利权的发明和实用新型,应当具备新颖性、创造性和实用性。上述三个条件一般统称为可专利性(patentability)。

2.1.1 新颖性

(1) 新颖性的概念

新颖性(novelty)是发明和实用新型取得专利权的首要条件。尽管世界各国法律关于新颖性的定义有所不同,但是一般说来,都是先就现有技术作出定义,然后再判断申请专利的发明创造是否落在现有技术的范围之内。如果发明创造落在现有技术的范围之内,则说明该发明创造不具有新颖性;反之,如果发明未落在现有技术的范围之内,则说明该发明创造具有新颖性。同时为了避免对同一发明创造的重复授权,各国法律普遍规定在先提出的申请可能会影响到发明创造的新颖性,一般称之为抵触申请。

根据我国2008年《专利法》的规定,发明和实用新型的新颖性是指在该发明或者实用新型不属于现有技术;也没有任何单位或者个人就同样的发明或者实用新型在申请日以前向国务院专利行政部门提出过申请,并记载在申请日以后公布的专利申请文件或者公告的专利文件中;现有技术是指在申请日以前在国内外为公众所知的技术。[①] 因此,具备新颖性的发明和实用新型应当既不同于现有技术,也不同于在申请日以前由任何单位或个人向国务院专利行政部门提出过申请并且记载在申请日以后(含申请日)公布的专利申请文件中的技术内容。

(2) 现有技术

现有技术(prior art),亦即已有的技术,是指在申请日(有优先权的,指优先权日)之前在国内外为公众所知的技术。[②] 现有技术应当是在申请日以前为公众所能得知的技术内容,亦即现有技术应当在申请日以前就已经处于能够为公众获得的状态,并包含着能够使公众从中得知实质性技术知识的内容。应当注意的是,处于保密状态的技术内容不属于现有技术;但是,如果负有保密义务的人违反规定、协议泄露秘密,导致技术内容公开,使公众能够得知这些技术,这些技术也就构成了现有技术的一部分。在评价和认定现有技术时,应当特别注意现有技术与时间、地域和公开方式的关系。

第一,时间标准,即以什么样的时间标准来界定现有技术的范围。时间标准可以分为发明日标准和申请日标准两种标准。所谓发明日标准是指以发明人完成发明之日作为时间界限来界定现有技术的范围。凡属在发明日之前为人公知的技术属于现有技术;所谓申请日标准是指以发明人向专利主管机关提交申请文件的时间作为界限来界定现有技术的范围,凡属在申请日

① 我国2008年《专利法》第22条第2款、第5款。

② 我国2008年《专利法》第22条第5款。

之前为人所公知的技术就属现有技术。我国《专利法》采申请日标准，现有技术的时间界限是申请日（有优先权的，指优先权日）。

第二，地域标准。新颖性的地域标准可以分为三类：第一类是本国新颖性标准，即一项技术只要是在某一特定时间以前本国现有技术中所没有的，就具有新颖性，至于在该时间以前该技术在外国是否已经是现有技术，则在所不问；外国已有的新产品或者公开出版物上报道的新技术，自到达本国时起成为本国现有技术的一部分。[①] 第二类是绝对新颖性标准，即一项技术只要在全世界任何一个国家公开，就成为现有技术，该项技术即丧失新颖性。第三类是混合新颖性标准，即对于现有技术不同的公开方式采取不同的标准，即出版物公开采取绝对新颖性标准，使用或其他方式公开采取本国新颖性标准。我国《专利法》在地域标准方面采绝对新颖性标准。

第三，现有技术的公开方式，主要包括出版物公开和使用公开两种方式。就出版物公开而言，专利法意义上的出版物是指记载有技术或设计内容的独立存在的传播载体，并且应当标明或者有其他证据证明其公开发表或出版的时间。符合上述含义的出版物可以是各种印刷的、打字的纸件，例如，专利文献、科技杂志、科技书籍、学术论文、专业文献、教科书、技术手册、正式发布的会议记录或者技术报告、报纸、产品样本、产品目录、广告宣传册等，也可以是用电、光、磁、照相等方法制成的视听资料，例如，缩微胶片、影片、照相底片、录像带、磁带、唱片、光盘等，还可以是例如以互联网或其他在线数据库形式存在的文件等。[②] 就使用公开而言，由于使用而导致技术方案的公开，或者导致技术方案处于公众可以得知的状态。使用公开的方式包括能够使公众得知其技术内容的制造、使用、进口、交换、馈赠、演示、展出等方式。只要使用上述方式使有关技术内容处于公众想得知就能得知的状态，就构成使用公开，而不取决于是否有公众得知。除了上述两种主要的公开方式以外，还有其他方式的公开。主要指的是口头公开等，例如，口头交谈、报告、讨论会发言、广播、电视、电影等能够使公众得知其技术内容的方式。

---

① 汤宗舜：《专利法教程》（第三版），法律出版社 2003 年版，第 78～79 页。

② 我国 2008 年《专利法》和 2002 年《专利法实施细则》中并没有规定"以互联网或其他在线数据库形式存在的文件公开"属于现有技术公开的哪种形式。2006 年国家知识产权局在《专利审查指南》第二部分第三章中将其规定在"出版物公开"的方式中，但未作出进一步解释。由于互联网上信息传播的跨地域性，信息内容具有不稳定性等特征，互联网公开提出了诸如"互联网公开与公开出版关系问题"、"对互联网公开的公众可获知性判断"、"加密信息问题"等迫切需要解决的实际问题。有学者注意到了这些问题，通过对各国在这些问题立法上的考察，对我国专利法提出了相应的修改建议。参见刘华、赵静：《互联网公开对现有技术的影响》，载《世界科技研究与发展》2007 年第 1 期，第 76～80 页。

(3) 抵触申请

如前所述，在发明和实用新型的新颖性判断中，还需要考虑抵触申请的问题，即任何单位或者个人在申请日以前向国务院专利行政部门提出并且在申请日以后(含申请日)公布的同样的发明或实用新型专利申请，损害该申请日提出的专利申请的新颖性。在判断是否构成抵触申请的情形下，需要注意的是：根据我国 2008 年《专利法》第 22 条第 2 款的规定，由申请人本人在申请日以前提出的同样的发明或实用新型专利申请将构成抵触申请。

(4) 新颖性的判断原则

根据我国 2006 年《专利审查指南》，专利局在审查新颖性时应当根据以下两个原则进行判断：

第一，单独对比原则。应当将发明或实用新型专利申请的各项权利要求分别与每一项现有技术或申请在先公布在后的发明或实用新型的相关技术内容单独地进行比较，不得将其与几项现有技术或者申请在先公布在后的发明或实用新型内容的组合、或者与一份对比文件中多项技术方案的组合进行比较。

第二，同样的发明或实用新型的判断。被审查的发明或实用新型专利申请与现有技术或申请在先公布在后的发明或实用新型的相关内容相比，如果其技术领域、所解决的技术问题、技术方案或预期效果实质上相同，则认为两者为同样的发明或实用新型。

(5) 新颖性丧失的例外

申请专利的发明或者实用新型，只要是在申请日以前被公开，其公开行为不论是申请人自己所为还是他人所为，其申请的技术方案都会被视为已丧失新颖性。不过，这种规定并不是绝对的，在某些特殊情况下，尽管申请专利的发明或者实用新型在申请日或者优先权日之前已经被公开，但是，只要是在法律要求的期限内提出专利申请的，则不丧失新颖性。2008 年《专利法》第 24 条对此作出了具体规定，即申请专利的发明创造在申请日以前 6 个月内，有下列情况之一的，不丧失新颖性：

第一，在中国政府主办或者承认的国际展览会上首次展出的，其中中国政府主办的国际展览会包括国务院、各部委主办或者国务院批准由其他机关或者地方政府举办的国际展览会；中国政府承认的国际展览会，包括国务院及其各部委承认的在外国举办的展览会，这里的国际展览会是指展出的展品除了举办国的产品以外，还有来自外国的展品。

第二，在规定的学术会议或者技术会议上首次发表的。规定的学术会议或者技术会议，是指国务院有关主管部门或者全国性学术团体组织召开的学术会议或者技术会议,不包括省以下或者受国务院各部委或者全国性学术团体委托或者以其名义组织召开的学术会议或者技术会议。

第三,他人未经申请人同意而泄露其内容的,包括他人未遵守明示或者默示的约定而将发明创造的内容公开,也包括他人用威胁、欺诈等手段从发明人或者申请人处获知发明创造的内容而后造成的公开。

就专利法的意义而言,上述所称的 6 个月期限,被称为宽限期或者优惠期。设定宽限期的意义在于将申请人的某些公开,或者第三人以合法或不合法手段从发明人或申请人处得到的发明创造的某些公开,视为是不损害该专利申请新颖性的公开。事实上,发明创造被公开以后,便已经成为现有技术,但是,就法律意义而言,这种已经被公开的发明创造在一定期限内对申请人的专利申请来说不被视为影响其新颖性的现有技术。

2.1.2 创造性

(1) 创造性的概念

创造性(creativity)是发明和实用新型获得专利权的实质性条件,美国称之为"非显而易见性"(non-obviousness),也有国家称之为"先进性"或"进步性"。创造性的基本含义是,与现有技术相比,申请专利的技术方案对于该领域的普通技术人员而言不易从现有技术联想出来,而是必须付出创造性的劳动才能获得。我国 2008 年《专利法》第 22 条第 3 款规定:创造性,是指同现有技术相比,该发明具有突出的实质性特点和显著的进步,该实用新型具有实质性特点和进步。判断创造性所依据的现有技术与判断新颖性所依据的技术内容相比,范围较窄,即仅指在申请日之前(有优先权的,指优先权日)在国内外为公众所知悉的技术,但是不包括在申请日以前由任何单位或者个人向国务院专利行政部门提出过申请并且记载在申请日以后公布的专利申请文件或者公告的专利文件中的内容。

(2) 发明的创造性

我国 2008 年《专利法》规定的发明的创造性标准包含两个条件:一是突出的实质性特点;二是显著的进步性。就"突出的实质性特点"而言,主要是从技术方案本身与现有技术的对比进行评定,指对所属技术领域的技术人员来说,发明相对于现有技术是非显而易见的。如果发明是所属技术领域的技术人员在现有技术的基础上仅仅通过合乎逻辑的分析、推理或者有限的试验可以得到的,则该发明是显而易见的,也就不具备突出的实质性特点。就"显著的进步性"而言,是从客观技术效果上进行评定,是指该发明创造与最接近的已有技术相比具有长足的进步。这种进步表现在发明创造克服了已有技术中存在的缺点和不足;或者表现在发明创造所代表的某种新技术趋势上;或者反映在该发明创造所具有的优良或意外效果之中。

根据我国2006年《专利审查指南》的规定，判断发明是否具备创造性应当基于所属技术领域的技术人员的知识和能力进行评价。所属技术领域的技术人员，是指该技术领域中掌握通识技术的一般技术人群，他们知晓申请日或者优先权日之前发明所属技术领域所有的普通技术知识，能够获知该领域中所有的现有技术，并且具有应用该日期之前常规实验手段的能力，但是他们不具有创造能力。如果所要解决的技术问题能够促使所属技术领域的技术人员在其他技术领域寻找技术手段，他们也应具有从该其他技术领域中获知该申请日或优先权日之前的相关现有技术、普通技术知识和常规实验手段的能力。此外，与新颖性判断的单独对比原则不同，创造性的判断可以将一份或者多份现有技术中的不同的技术内容组合在一起对要求保护的发明进行评价。

(3) 实用新型的创造性

我国2008年《专利法》规定的鉴别实用新型的创造性的标准包含两个条件：一是实质性特点；二是进步性，同发明专利所要求的创造性相比，对实用新型专利创造性的要求比较低。我国2008年《专利法》对于实用新型专利采取形式审查制，在授权时并不需要对实用新型的创造性进行实质审查，对于实用新型创造性的审查主要是在专利权的无效宣告程序中。

2.1.3 实用性

实用性(practicability)，亦称工业实用性，是指发明或者实用新型申请的主题必须能够在产业上制造或者使用，并且能够产生积极效果。

授予专利权的发明或者实用新型，必须是能够解决技术问题，并且能够被应用的发明或者实用新型。换言之，一项发明或实用新型要获得专利权，其必须能够在产业中反复再现地被应用，而不能只是纯理论性的，而且这种应用还能产生有益的效果。对“产业”一词应作最广义的理解，包括工业、农业、林业、水产业、畜牧业、交通运输业以及文化体育、生活用品和医疗器械等行业。由此可见，申请专利的发明或实用新型是指符合自然规律，具有技术特征的任何可实施的技术方案，该技术方案必须能够在产业上被制造或者应用。应当注意的是，《专利法》并不要求其发明或实用新型在申请专利之前就已经进行过实际生产，而是凭借分析和判断就可以推知其在工农业以及其他行业的生产中的实用性。申请专利的发明或实用新型能够产生积极的效果，主要包括三个方面：

第一，能够产生积极的社会效果。该项发明或者实用新型被实施后，不产生对社会的危害，不产生对人类生存、安全、环境的危害，破坏或损害社会公共秩序或道德。

第二,能够产生积极的技术效果。申请专利的发明或者实用新型被实施后有利于促进科学技术的发展。

第三,能够产生积极的经济效果。申请专利的发明或者实用新型被实施后,能够给发明人或者专利权人或者国家带来良好的经济效益。

2.2 外观设计获得专利权的条件

外观设计获得专利权的条件是我国《专利法》第三次修改中突出的内容,较之 2000 年《专利法》,2008 年《专利法》全面提高了对外观设计授权的条件。根据我国 2008 年《专利法》第 23 条的规定,外观设计获得专利权应符合以下条件:

第一,新颖性。根据我国 2008 年《专利法》的规定,授予专利权的外观设计,应当不属于现有设计;也没有任何单位或者个人就同样的外观设计在申请日以前向国务院专利行政部门提出过申请,并记载在申请日以后公告的专利文件中。此处的现有设计是指申请日以前在国内外为公众所知的设计。由此可见,我国 2008 年《专利法》对外观设计专利的新颖性审查采取绝对新颖性标准。申请专利的外观设计在申请日以前 6 个月内,有下列情况之一的,不丧失新颖性:一是,在中国政府主办或者承认的国际展览会上首次展出的;二是,在规定的学术会议或者技术会议上首次发表的;三是,他人未经申请人同意而泄露其内容的。

第二,创造性。我国 2008 年《专利法》提高了外观设计创造性要求的标准,即授予专利权的外观设计与现有设计或者现有设计特征的组合相比,应当有明显区别。

第三,不与他人在先取得的合法权利相冲突。我国 2008 年《专利法》第 23 条第 3 款规定,授予专利权的外观设计不得与他人在申请日以前已经取得的合法权利相冲突。根据最高人民法院《关于审理专利纠纷案件适用法律问题的若干规定》第 16 条的规定,《专利法》第 23 条所称的“合法权利”包括商标权、著作权、企业名称权、肖像权、知名商品特有名称或者装潢使用权等。在申请专利的外观设计与他人在先取得的合法权利相冲突时,该外观设计将无法获得专利权。之所以作出这样的规定,目的在于减少外观设计专利权与其他权利的冲突。

第三节 不授予专利权的对象

3.1 违反法律、社会公德或者妨害公共利益的发明创造

根据我国 2008 年《专利法》第 5 条第 1 款的规定，对违反法律、社会公德或者妨害公共利益的发明创造不授予专利权。

3.1.1 违反法律的发明创造

如果发明创造与国家法律相抵触，则不能被授予专利权。这里的法律是指由全国人民代表大会或者全国人民代表大会常务委员会依照立法程序制定和颁布的法律和条例。但是根据我国 2002 年《专利法实施细则》第 9 条规定，违反国家法律的发明创造，不包括仅其实施为国家法律所禁止的发明创造。这就是说，如果仅仅是发明创造的产品的生产、销售或使用受到国家法律的限制或约束，则该产品本身及其制造方法并不属于违反国家法律的发明创造。例如，用于国防的各种武器的生产、销售及使用虽然受到国家法律的限制，但这些武器本身及其制造方法仍然属于可给予专利保护的客体。

3.1.2 违反社会公德的发明创造

社会公德是指公众普遍认为是正当的，并被接受的伦理道德观念和行为准则。社会公德的内涵基于一定的文化背景，而且因地域不同而各异。我国 2008 年《专利法》中所称的社会公德仅限于中国境内。发明创造与社会公德相违背的，不能被授予专利权。例如，带有暴力或者色情的图片或照片的外观设计；非医疗目的的人造性器官或者其替代物等。上述发明创造违反社会公德而不能被授予专利权。

3.1.3 妨害公共利益的发明创造

妨害公共利益是指发明创造的实施或使用会给公众或社会造成危害，或者会使国家和社会的正常秩序受到影响。例如，发明创造的实施或使用会严重污染环境、严重浪费能源或资源、破坏生态平衡、危害公众健康的，不能被授予专利权；专利申请的文字或者图案涉及国家重大政治事件或宗教信仰、伤害人民感情或民族感情或者宣传封建迷信的，不能被授予专利权。如果发明创造因滥用而可能造成妨害公共利益的，或者发明创造在产生积极效果的同时存在某种缺点的，例如，对人体有某种副作用的药品，则不属于妨害公共利益的发明创造。

3.2 依据我国《专利法》第 5 条不授予专利权的对象

根据我国 2008 年《专利法》第 5 条第 2 款的规定，对违反法律、行政法规

的规定获取或者利用遗传资源,并依赖该遗传资源完成的发明创造,不授予专利权。该条款是我国为执行《生物多样性公约》而新增加的规定[①],根据该《公约》,遗传资源是指具有实际或潜在价值的来自植物、动物、微生物或其他来源的任何含有遗传功能单位的材料。《生物多样性公约》确立了有关遗传资源的国家主权、知情同意和惠益共享三原则,遗传资源丰富的发展中国家纷纷在专利法中规定遗传资源的保护,如埃及《知识产权保护法》第 13 条规定:“发明涉及生物、植物或动物产品、或者传统医药、农业、工业或手工艺知识、艺术或环境遗产的,发明者应通过合法手段获得该资源”。

3.3 依据我国《专利法》第 25 条不授予专利权的对象

专利申请要求保护的主题属于我国 2008 年《专利法》第 25 条第 1 款所列六种不授予专利权的对象的,不能被授予专利权。

3.3.1 科学发现

根据《科学发现国际登记日内瓦条约》所作出的定义,科学发现(scientific discovery)是指对迄今尚未被认识和尚不能证实的物质世界的现象、性质或规律的认识。[②] 这些被认识的现象、性质和规律不同于改造客观世界的技术方案,不是专利法意义上的发明创造,因此不能被授予专利权。例如,发现卤化银在光照下有感光特性,这种发现不能被授予专利权,但是根据这种发现制造出的感光胶片以及此感光胶片的制造方法则可以被授予专利权。

3.3.2 智力活动的规则和方法

智力活动是一种精神的思维运动,它直接作用于人的思维,经过人的思维活动才能产生结果,或者必须经过人的思维作为媒介才能间接地作用于自然,产生效果,而不使用自然力。由于智力活动的规则和方法(rules and methods for mental activities)不具备技术的特征,也就不属于专利法中所说的发明创造,因而不能授予专利权。例如,组织、生产、商业实施和经济等方面的管理方法及制度,交通行车规则、时间调度表、比赛规则,演绎、推理和运筹的方法,图书分类规则、字典的编排方法、情报检索的方法、专利分类法,日历的编排规则和方法等。

3.3.3 疾病的诊断和治疗方法

疾病的诊断和治疗方法(methods for the diagnosis or for the treatment of diseases),是指为了诊断和治疗人或者动、植物体的疾病而采取的方法。

---

① 中国于 1992 年 6 月 11 日正式签署了《生物多样性公约》。

② 《科学发现国际登记日内瓦条约》第 1 条。

例如，针灸、磁疗、化疗、避孕方法、胚胎移植方法、手术方法等方法。它是以特定的人体或者动、植物为实施对象，会随着个体的变化而变化，不具有可重复性，无法在工业上制造或使用，因此不受专利法的保护。此外，疾病的诊断和治疗方法直接关系到人民群众的身心健康和社会福祉，因此不宜为个人所独占。但是，用于实施疾病诊断和治疗方法的仪器或装置，以及在疾病诊断和治疗方法中使用的物质或材料属于可被授予专利权的客体。

3.3.4 动物和植物品种

动物和植物品种(animal and plant varieties)的可专利性历来是一个颇有争议的问题。就目前世界各国的立法状况看，大体存在着两种做法：肯定的观点认为，动物和植物与其他的发明相同，授予动物和植物品种专利权，有利于改造他们的遗传，使其尽可能保持重复性；反对的观点认为，动物和植物是大自然的杰作，不是人工创造的东西，他们并无人工重复的可能性。

我国2008年《专利法》规定对动物和植物品种不授予专利，而只对动物和植物品种的生产方法授予专利。[①] 所谓动、植物品种的生产方法，是指非生物学的方法。评判一种方法是否是“主要是生物学的方法”，取决于人的技术在该方法中的介入程度。如果人的技术介入对该方法所要达到的目标或效果起了控制作用或者决定作用，那么，这种方法就不能被认为是属于“主要是生物学的方法”，因此也就具有可专利性。动物和植物品种可以通过专利法以外的其他法律法规保护，例如，植物新品种可以通过我国1997年《植物新品种保护条例》给予保护。

3.3.5 用原子核变换方法获得的物质

原子核变换方法(substances obtained by means of nuclear transformation)是指使一个或几个原子核经分裂或者聚合，形成一个或几个新原子核的过程。关于用原子核变换方法获得的物质主要是指用加速器、反应堆以及其他核反应装置生产、制造的各种放射性同位素。原子核变换方法以及用该方法所获得的物质关系到国家的经济、国防、科研和公共生活的重大利益，不宜为单位或私人垄断，因此不能被授予专利权。但是用原子核变换方法获得的物质的用途及使用的仪器、设备属于可被授予专利权的客体。

① 美国在世界上率先提出对植物新品种的专利法保护。1930年5月23日，美国通过了《植物专利法案》，将无性繁殖的植物品种(块茎植物)列入专利保护范围。1931年8月18日，美国专利局授予了第一个植物专利，专利名称为“攀缘或拉蔓玫瑰”。此后，欧洲国家，诸如德国、法国亦陆续仿效，开始用专利形式保护植物新品种。

3.3.6 对平面印刷品的图案、色彩或者二者的结合作出的主要起标识作用的设计

对平面印刷品的图案、色彩或者二者的结合作出的主要起标识作用的设计(two-dimensional designs of images, colours or combinations of the two that mainly serve as indicators)不授予专利权是我国2008年《专利法》修订后新增加的内容,主要目的是为了适当限制授予外观设计专利的范围,提高外观设计专利权的质量。具体说来主要是基于以下两个原因:第一,如果外观设计仅是对平面印刷品的图案、色彩或者二者的结合作出的改进,那么其主要的作用是起标识作用,而非对产品外观进行的改进;第二,如果对主要起标识作用的设计授予专利权,将有可能产生与商标权、著作权等权利的冲突。

第十七章 专利权的主体

确认专利权的主体可以明确谁有资格申请专利并获得专利权，以避免和减少权属纠葛，更好地保护专利权人的合法权益。本章主要介绍了发明人或设计人、专利申请人与专利权人、职务或非职务发明创造的专利权归属以及合作、委托发明创造的专利权归属。

专利权的主体是指依法享有专利权并承担相应义务的自然人、法人或其他组织。各国专利法一般都对可以申请专利权的主体作出明确规定，同时还针对不同主体规定了相应的资格条件及其权利义务。我国 2008 年《专利法》第 6 条规定，发明人、设计人及其合法受让人有权获得非职务发明的专利权；单位有权获得职务发明的专利权；外国人也可以在中国申请和获得专利权。确认专利权主体的意义在于明确谁有资格申请专利并获得专利权，以避免和减少权属纠葛，更好地保护专利权人的合法权益。

第一节　发明人或设计人、专利申请人与专利权人

1.1　发明人或设计人

发明人（inventor）或设计人（designer）是对发明创造的实质性特点作出创造性贡献的人。[①] 我国 2008 年《专利法》将完成发明或实用新型的人称为发明人；而将外观设计的完成人称为设计人。发明人或设计人只能是自然人而不能是单位或者其他组织。就专利法意义而言，发明人或设计人必须符合以下条件：

第一，必须是直接参加发明创造活动的人。在完成发明创造过程中，仅负责组织工作的人，或者为物质条件的利用提供方便的人，或者从事其他辅助性工作的人员，不应当被认为是发明人或设计人。

第二，必须是对发明创造的实质性内容有创造性贡献的人。虽然直接参加了发明创造活动，但是在创造过程中发挥的作用很有限，对发明创造成果的实质性特点没有突出贡献的人也不能被认定为发明人或设计人。

发明创造行为是一种事实行为，这种事实行为属于纯粹物质性、技术性的无需私法意识的行为。[②] 这类事实行为不要求行为人以发生一定的法律效果为目的，只要行为发生法律即赋予一定的法律效果。就发明创造行为而言，只要自然人完成了发明创造，该自然人就成为专利法意义上的发明人或设计人。

发明人或设计人拥有在有关专利文件上注明自己是发明人或设计人的权利，这是一种人身权，类似于著作权中作者的署名权。我国 2008 年《专利法》第 17 条第 1 款规定："发明人或者设计人有权在专利文件中写明自己是发明人或者设计人。"发明人或者设计人享有的这项权利显然具有人身权属性，

① 我国 2002 年《专利法实施细则》第 12 条。

② 龙卫球：《民法总论》（第二版），中国法制出版社 2002 年版，第 157 页。

但是它并不是专利权的内容，这是因为：第一，发明人或设计人并不一定是专利权人。根据我国2008年《专利法》规定，职务发明创造申请专利的权利属于该单位；申请被批准后，该单位为专利权人。在这种情况下，发明人或设计人并不是专利权人。但是发明人或设计人仍然依法享有在专利文件中写明自己是发明人或设计人的权利。第二，无论发明创造能否获得专利权，发明人或设计人都享有在与该发明创造有关的文件中写明自己是发明人或设计人的权利。这样规定的目的在于保护发明人或设计人的合法权益，防止专利权人侵犯发明人或设计人的身份权利。

此外，职务发明创造的发明人或设计人还享有获得奖励和报酬的权利。根据我国2008年《专利法》第16条的规定，被授予专利权的单位应当对职务发明创造的发明人或设计人给予奖励；发明创造专利实施后，根据其推广应用的范围和取得的经济效益，对发明人或者设计人给予合理的报酬。

1.2 专利申请人

专利申请人(patent applicant)是指对某项发明创造依照法律规定或者合同约定享有专利申请权的自然人、法人或者其他组织。

1.2.1 专利申请权的概念及特征

专利申请权(right of patent application)是指自然人、法人或者其他组织依据法律规定或者合同约定享有的就发明创造向国务院专利行政部门提出专利申请的权利。专利申请权是一项独立的财产权，是专利权产生的基础，其具有以下特征：

第一，相对性。特定主体就某项发明创造享有的专利申请权，不能排斥其他人就同样主题的发明创造向国务院专利行政部门提出专利申请。具体说来，专利申请权没有排他性或者独占性，只是一种相对的权利。由专利申请权所产生的权利义务关系仅存在于特定的主体之间，不能对抗第三人。

第二，暂时性。自然人、法人或者其他组织依法享有的专利申请权的效力时限分两种情况：一是在专利申请人提出专利申请后，其申请一旦被授予专利权或者被驳回，专利申请权便随之终止；二是如果专利申请人以技术秘密方式保护发明创造，那么，只要该发明创造的技术内容不被泄露，由此项发明创造所产生的专利申请权就始终存在。

第三，相关性。专利申请权，实质上是一种请求权，即请求国家专利主管机关依法确认其独占特定发明创造的权利。有了专利申请权，才有可能获得专利权，因此专利申请权和专利权之间既存在着有机联系，又有本质区别。专利申请权存在时，专利权尚不存在；而专利权一旦产生，专利申请权也就随之终止。

1.2.2　专利申请权的取得

根据我国 2008 年《专利法》的规定，专利申请权的取得可以分为原始取得和继受取得两种情形，具体如下：

(1) 原始取得

专利申请权的原始取得，又称为权利的绝对发生，是指权利的发生依赖于特定主体的发明创造行为，而不依赖于任何既存的权利。专利申请权的原始取得主要有两种途径：

第一，由法律直接规定专利申请权的归属。我国《专利法》主要规定了以下情形：一是职务发明创造，是指公民为执行本单位的任务或者主要是利用本单位的物质技术条件所完成的发明创造。职务发明创造的专利申请权属于单位；二是非职务发明创造，也称自由发明创造，它是发明人或设计人利用自己的时间、资金、设备等物质技术条件完成的发明创造，其专利申请权归发明人或设计人所有；三是除另有协议的以外，合作发明创造和委托发明创造，申请专利的权利属于完成或者共同完成的单位或者个人。

第二，依合同约定确定专利申请权的归属。根据我国 2008 年《专利法》的规定，利用本单位的物质技术条件所完成的发明创造，单位与发明人或者设计人订有合同，对申请专利的权利作出约定的，从其约定。同时，对于合作发明创造和委托发明创造，允许当事人以合同的形式约定专利申请权的归属。

(2) 继受取得

专利申请权的继受取得，又称为权利的相对发生，是指基于他人既存的权利取得专利申请权。在我国《专利法》中，专利申请权的继受取得主要指以下两种情形：

第一，专利申请权的转让。我国 2008 年《专利法》第 10 条第 1 款规定：专利申请权可以转让。第 3 款规定：转让专利申请权的，当事人应当订立书面合同，并向国务院专利行政部门登记，由国务院专利行政部门予以公告。专利申请权的转让自登记之日起生效。专利申请权的转让可能发生在两个不同的时间：一是发生在专利申请人向国务院专利行政部门提出专利申请前；二是发生在专利申请人向国务院专利行政部门提出专利申请后，授予专利权以前。专利申请权在以上任何一个时间段转让，原专利申请人都会因此而丧失专利申请权，由受让人获得相应的专利申请权。

第二，专利申请权的继承或受遗赠。根据我国 1985 年《继承法》第 3 条规定，专利申请权作为自然人专利权中的财产权是可以被继承的或受遗赠的。

专利申请人死亡后，其依法享有的专利申请权可以作为遗产由其合法继承人继承或通过遗嘱的方式赠给国家、集体或者法定继承人以外的人。

1.2.3 专利申请人享有的权利

取得专利申请权的申请人依法提出的专利申请被专利行政部门受理后，即享有以下权利：

第一，就其后由他人以同样的发明创造向专利行政部门提出的专利申请而言，该申请人取得了在先申请人的地位。

第二，有权要求优先权。当申请人以同样的发明创造向外国提出专利申请时，有权根据其申请要求国际优先权；当然，还可以申请要求国内优先权。

第三，申请专利的发明创造将得到临时保护。我国 2008 年《专利法》第 13 条规定："发明专利申请公布后，申请人可以要求实施其发明的单位或者个人支付适当的费用。"临时保护会因所申请的专利未被授予专利权而消逝。

第四，在申请专利被批准为专利、或被驳回、或被撤回或被视为撤回以前，专利申请人可以转让其专利申请权。

第五，在专利申请的审查过程中，专利申请人享有撤回权、修改权、修改请求权、陈述意见权、实审请求权以及放弃等项权利。

上述权利可以保证专利申请人能够在就其发明创造提出专利申请后和获得专利权以前使自己的发明创造不受他人的非法干预或侵犯。

1.3 专利权人

专利权人(patentee)是指享有专利权的人，包括自然人、法人或者其他组织。专利权人资格的取得可以是通过专利申请而直接依法原始取得，也可以是通过受让或者继承等方式继受取得。

一项专利权的产生在不同阶段会涉及三种主体：发明人或设计人、专利申请人和专利权人。这三种主体有时会一直是一个民事主体，如自然人独立完成发明创造，其作为发明人或设计人享有专利申请权，在专利申请被核准时就取得了专利权人的资格；有时会涉及两个或三个主体，如在职务发明创造的情况下，发明人或设计人是自然人，而专利申请权人是发明人所在单位，专利申请被核准时该单位就取得了专利权人的资格，如果单位将专利申请权或者专利权转让给第三人时，最终的专利权人则是受让专利申请权或者专利权的第三人。

第二节　职务、非职务发明创造的专利权归属

2.1　职务发明创造专利权的归属

我国 2008 年《专利法》第 6 条第 1 款规定：执行本单位的任务或者主要是利用本单位的物质技术条件所完成的发明创造为职务发明创造。这里的“本单位”包括临时工作单位。发明人或设计人在以下两种情况下，其发明创造属于职务发明创造：

第一，执行本单位的任务。根据我国 2002 年《专利法实施细则》第 11 条的规定，执行本单位的任务主要包括以下三种情形：发明人或设计人在本职工作中完成的发明创造；履行本单位交付的本职工作之外的任务而完成发明创造；退职、退休或者调动工作后 1 年内作出与其在原单位承担的本职工作或者原单位分配的任务有关的发明创造。

第二，主要利用本单位的物质技术条件。根据我国 2002 年《专利法实施细则》的规定，这里的物质技术条件指的是本单位的资金、设备、零部件、原材料或者不对外公开的技术资料等。其中不对外公开的技术资料指的是该单位所有的内部信息或资料，如新技术信息、工程设计图、技术档案等。这种“利用”必须达到“主要”的程度，如果只是一般性的利用单位的物质技术条件，或者对单位物质条件的利用不是完成发明创造所必须的或者是没有实质性帮助的，就不属于职务发明。

职务发明创造的专利申请权属于单位，申请被批准后，单位享有专利权。完成发明创造的职工依法享有在相关专利文件中注明其是发明人或设计人的权利以及获得奖励或报酬的权利。

2.2　对我国 2008 年《专利法》第 6 条第 3 款的讨论

我国 2008 年《专利法》第 6 条第 3 款允许单位与发明人或设计人对利用本单位物质技术条件完成的发明创造的专利申请权或专利权进行约定。在这里存在着一个对法条如何理解的问题：允许当事人自由约定的范围是否可以包括“主要利用本单位的物质技术条件”的情况，即法定的职务发明创造权利归属可否通过合同约定予以排除？有一种观点认为，合同约定原则仅适用于“非主要”利用了本单位的物质技术条件的情况，该款的规定不应理解为可

以将法定的职务发明创造通过合同约定转变为非职务发明创造。[①] 本书认为，这里的“利用本单位的物质技术条件”应当包括“主要利用”和“非主要利用”两种情况，即法定的职务发明权利归属可以通过合同约定予以排除。这是因为合同自由原则是现代民法的基本原则。合同自由原则允许当事人在法律规定的范围内以合意的方式确定其享有的权利或承担的义务，但是现代社会之中合同自由原则应被有所限制，即当事人之间的约定不得违反社会公益及法律的禁止性规定。我国 2008 年《专利法》中对于“主要利用”单位物质技术条件的发明创造的权利归属作出了规定，但这一规定并不属于法律的禁止性规定。允许当事人通过约定的方式另行确定权利的归属有利于促进发明人或设计人的创造积极性，应予以准许。

2.3 非职务发明创造的权利归属

非职务发明创造是发明人或设计人利用自己的时间、资金、设备等物质技术条件完成的发明创造，非职务发明创造，申请专利的权利属于发明人或者设计人；当申请被批准以后，该发明人或设计人为专利权人。

第三节 合作、委托发明创造的专利权归属

3.1 合作发明创造的专利权归属

合作发明创造（cooperate invention）是指两个或两个以上的单位和个人共同完成的发明创造。对共同发明创造人的判断应当符合我国 2002 年《专利法实施细则》第 12 条的规定，即共同发明人或者设计人必须是对发明创造的实质性特点作出创造性贡献的人。所以，对申请或取得专利的发明创造的创造性构思没有贡献，只是提出了研究课题或一般性建议，或者仅仅进行了一般性指导的人，进行数据处理或实验操作的人，或仅对发明人提供后勤服务的人，均不构成专利法意义上的共同发明人。

合作完成的发明创造，申请专利的权利属于共同完成的单位或者个人；当申请被批准以后，申请的单位或者个人为专利权人。我国 2008 年《专利法》并未对合作发明创造专利权的归属作出强制性的规定，允许当事人以合同的方式进行约定。

---

① 文希凯：《专利法教程》，知识产权出版社 2003 年版，第 62～63 页。

3.2 委托发明创造的专利权归属

委托发明创造(commissioned invention)是指以合同的方式委托他人完成的发明创造。根据我国2008年《专利法》的规定,委托完成的发明创造在事先未有约定的情况下,该发明创造的专利申请权属于完成发明创造的单位或者个人。当申请被批准以后,申请的单位或者个人成为专利权人。当事人也可以在合同中约定委托发明创造权利的归属。

第十八章　专利权的取得

发明人或者设计人提出专利申请后，主管机关根据专利法的规定对申请进行审查，对符合条件的授予专利权。本章主要介绍了专利权的取得程序，包括：专利申请的原则、专利申请日、专利申请的提出、修改、分案及撤回以及专利申请的审查和批准。

第一节　专利申请的原则

世界各国专利法普遍规定了一套专门的专利申请方法，虽然在具体制度上各国之间存在着差别，但是在基本原则上的规定却大体相似，这些原则主要包括：书面原则、先申请原则（或先发明原则）、单一性原则和优先权原则。

1.1　书面原则

书面原则（principle of written form）是指专利申请人或其代理人为获得专利权所需要履行的各种法定手续都必须依法采取书面形式办理。换言之，除法律另有规定的以外，以口头、电话、实物等非书面形式办理的各种手续，或者以电报、电传、传真、电子邮件等通讯手段办理各种手续的，均被视为未发生，不产生法律效力。我国 2008 年《专利法》第 26、27 条规定了专利申请时应当提交的书面文件：申请发明或者实用新型的，应当提交请求书、说明书及其摘要和权利要求书等文件；申请外观设计专利时，应当提交请求书、该外观设计的图片或者照片以及对该外观设计的简要说明等文件，并且申请人提交的有关图片或者照片应当清楚地显示要求专利保护的产品的外观设计。

随着信息网络技术的发展以及互联网的普及，专利申请出现了电子化的趋势，目前已经有一些国家的专利申请采用了电子文件的形式。中国为了顺应形势发展的需要，在 2002 年《专利法实施细则》第 3 条中规定，专利法和本细则规定的各种手续，应当以书面形式或者国务院专利行政部门规定的其他形式办理。作为该条规定的具体化，国家知识产权局在 2006 年《专利审查指南》中对于以电子文件形式提出专利申请的办理程序及其法律效力问题作出了原则性的规定。

1.2　先申请原则

先申请原则（principle of earlier application）是指两个或者两个以上的人分别就同样的发明创造申请专利的，专利权授给最先申请人。目前，世界上的大多数国家基本上采取先申请原则，当然也有例外，如美国、菲律宾等国家则采取先发明原则。[①] 先申请原则与先发明原则相比，各有长短。先发明原

---

① 2007 年 9 月 7 日，美众议院以 225 票赞成、175 票反对通过了《美国专利改革法案》，其中一项重要修改是：修改了专利持有人的定义，以“先申请制”取代“先发明制”。但《美国专利改革法案》获得众议院的批准并不意味着会顺利成法，还需要参议院通过，以及参众两院的合并讨论会上提出折衷方案，最后由总统签署生效。

则的优点主要是，让发明人能够比较安心地进行周密细致的研究实验，无须担心他人就相同主题的发明创造抢先申请；而先申请原则可以促使发明人或设计人尽快地申请专利，促进发明创造中技术内容的公开。先发明原则的缺点主要是，当有两个或者两个以上的人分别就相同主题的发明创造向专利行政部门提出申请时，要准确地确定谁最先完成发明创造，往往有较大的困难；而先申请原则则不存在这个问题。但是，先申请原则的最大不足是，在某些情况下，获得专利权的人并不一定是最先完成发明创造的人，如果最先完成发明创造的人申请在后就不能获得专利权。

我国 2008 年《专利法》采用的是先申请原则，在实践中存在同样的发明创造于同日申请的情况。所谓同日申请是指同一申请日两个以上的申请人就同样的发明创造提交了专利申请，对于这种情况，根据“同样的发明创造只能被授予一项专利”的规定，国务院专利行政部门应当将相关情况通知申请人，申请人可以在收到通知后自行确定申请人。如果协商意见不一致，则对双方均不授予专利权。

1.3 单一性原则

单一性原则(principle of oneness)是指一件发明或者实用新型专利申请应当只限于一项发明或者实用新型，一项外观设计专利申请应当仅限于一种产品所使用的一项外观设计。单一性原则的意义在于：便于专利行政部门对专利申请进行分类、检索和审查；在专利权授予之后，有利于专利权的转让或许可合同的签订。

我国 2008 年《专利法》第 31 条对“单一性”作出了规定，但在该条中同时又规定了“单一性”原则的例外，即属于一个总的发明构思的两项以上的发明或者实用新型，同一产品两项以上的相似外观设计或者用于同一类别并且成套出售或者使用的产品的两项以上的外观设计，可以作为一件申请提出。我国 2002 年《专利法实施细则》第 35 条、第 36 条对专利申请的单一性原则的例外作出具体解释：第一，就发明或实用新型而言，可以作为一件专利申请提出的属于一个总的发明构思的两项以上的发明或者实用新型，应当在技术上相互关联，包含一个或者多个相同或者相应的特定技术特征，其中“特定技术特征”是指每一项发明或者实用新型作为整体，对现有技术作出贡献的技术特征；第二，就外观设计而言，所谓同一类别的产品，是指产品属于分类表中同一小类；成套出售或者使用，是指各产品的设计构思相同，并且习惯上是同时出售、同时使用。

1.4 优先权原则

优先权原则(principle of priority)最初由《巴黎公约》所确立，该《公约》第4条A款第1项规定，已经在巴黎联盟的一个国家正式提出专利、实用新型、外观设计申请的任何人，或其权利继受人，在一定期间内，在该联盟内的其他成员国提出同样内容的申请的，应当享有优先权。根据该项规定，《巴黎公约》的成员国在专利法中均确立了优先权制度，在中国，1984年《专利法》就确立了优先权原则。

根据中国2008年《专利法》的规定，优先权原则指的是专利申请人就其发明创造自第一次提出专利申请后，在法定的期限以内，又就相同主题的发明创造提出专利申请的，根据有关法律规定，其在后申请以第一次申请的日期作为其申请日。优先权的主要意义是使专利申请人就其发明创造第一次提出专利申请后，有足够的时间考虑是否向其他国家提出专利申请，并且有时间选择在其他国家的专利申请人，办理必要的手续；或者有充分的时间对申请专利的发明创造进行修改、改进，而不必担心在此期间被他人抢先申请。

第二节 专利申请日

2.1 专利申请日的确定

专利申请日(date of application)，亦称关键日。根据我国2008年《专利法》的规定，专利申请日是指国务院专利行政部门收到专利申请文件之日。如果申请文件是邮寄的，则以寄出的邮戳日为专利申请日，邮戳日不清晰的，除当事人能够提出证明外，以国务院专利行政部门收到日为专利申请日。国务院专利行政部门在收到发明或者实用新型专利申请的请求书、说明书(实用新型必须包括附图)和权利要求书，或者外观设计专利申请的请求书、该外观设计的图片或者照片以及对该外观设计的简要说明后，应当明确申请日、给予申请号，并通知申请人。

2.2 优先权日的确定

我国2008年《专利法》规定，申请人自发明或者实用新型在外国第一次提出专利申请之日起12个月内，或者自外观设计在外国第一次提出专利申请之日起6个月内，又在中国就相同主题提出专利申请的，依照该外国同中国签订的协议或者共同参加的国际条约，或者依照相互承认优先权的原则，可以享有优先权。

申请人自发明或者实用新型在中国第一次提出专利申请之日起12个月内，又向国务院专利行政部门就相同主题提出专利申请的，可以享有优先权。由此可见，我国《专利法》规定的优先权包括国际优先权和本国优先权。

2.2.1　外国优先权

外国优先权是指专利申请人就其发明创造第一次在某国提出专利申请后，在优先权期间内，就相同主题的发明创造向另一国提出专利申请的，根据有关国家的法律规定而享有优先权。我国《专利法》规定的外国优先权包括以下要点：

第一，发明或实用新型专利的外国优先权期间是12个月，外观设计专利的外国优先权期间是6个月，均自第一次提出申请之日起计算。

第二，要求外国优先权的，应当在申请的时候提出书面声明。书面声明应当写明第一次提出专利申请的申请日、申请号和受理该申请的国家。申请人在书面声明中未写明在先申请的申请日和受理该申请的国家的，视为未要求优先权。

第三，申请人应在提出书面声明的三个月内提交第一次提出的专利申请文件的副本，逾期未提交专利申请文件副本的，视为未要求优先权。

第四，如果要求外国优先权的申请人在中国没有经常居所或者营业所，申请专利或者要求外国优先权的，国务院专利行政部门认为必要时，可以要求其提供下列文件：国籍证明；申请人是企业或者其他组织的，其营业所或者总部所在地的证明文件；申请人的所属国，承认中国单位和个人可以按照该国国民的同等条件，在该国享有优先权的证明文件。

2.2.2　本国优先权

本国优先权是指专利申请人就其发明创造在某国第一次提出专利申请后的一定期限内，就相同主题的发明创造向该国专利行政部门提出后一申请的，依法享有优先权。根据我国《专利法》及其实施细则的规定，本国优先权主要包括以下内容：

第一，本国优先权的期间为12个月，自第一次提出申请之日起计算。

第二，本国优先权仅适用于发明专利和实用新型专利申请。

第三，申请人要求本国优先权，在先申请是发明专利申请的，可以就相同主题提出发明或者实用新型专利申请；在先申请是实用新型专利申请的，可以就相同主题提出实用新型或者发明专利申请。

第四，提出后一申请时，在先申请的主题有下列情形之一的，不得作为要求本国优先权的基础：已经要求外国优先权或者本国优先权的；已经被授予专利权的；属于按照规定提出的分案申请的。

第五，鉴于前后两个专利申请的内容相同，且均在中国境内提出申请，申请人要求本国优先权的，其在先申请自后一申请提出之日起即视为撤回。

2.2.3 部分优先权和多项优先权

无论外国优先权还是本国优先权，在后申请中的技术内容只有在第一次申请中已经公开的，才能要求优先权。当第二次申请中的技术内容与第一次申请中的技术内容完全相同时，即享有一项完整优先权。当第二次申请中部分地涵盖第一次申请所公开的技术内容，而其他部分内容与第一次申请所公开的技术内容不同时，只能就第一次申请所公开的技术内容之相同部分要求优先权，即所谓部分优先权。当第二次申请在符合发明单一性原则的前提下，将几个第一次申请分别公开的技术内容合并提出一项申请时，能够要求各项第一次提出申请的优先权，即所谓多项优先权。在要求多项优先权的情况下，该申请的优先权期限从最早的优先权期起算。

2.3 申请日与优先权日确定的法律意义

专利申请日与优先权日的确定对于专利申请人及专利权人具有重要意义：

第一，中国实行先申请制，如果有两个以上的申请人就同样的发明创造提出申请，那么就根据专利申请日（有优先权日的，指优先权日）的先后确定专利权的归属，专利权应授予首先提出申请的申请人。

第二，专利申请日（有优先权的，指优先权日）是判断发明或实用新型专利申请新颖性和创造性的时间标准，即判断依据的现有技术是指申请日（有优先权的，指优先权日）以前在国内外为公众所知的技术。

第三，专利申请日（有优先权的，指优先权日）是判断外观设计专利申请新颖性的时间标准，即判断依据的现有设计是指申请日（有优先权的，指优先权日）以前在国内外公众所知的设计。

第四，专利申请日（有优先权的，指优先权日）是《专利法》规定的若干期间的起算点，如发明专利申请的公布、发明专利申请的实质审查期间。

第三节 专利申请的提出、修改、分案及撤回

3.1 专利申请的提出

如前所述，书面原则是专利申请的基本原则，因此申请人在申请专利时必须提交符合法律规定的法律文件。我国《专利法》及其实施细则根据申请

专利的不同类型分别规定了申请时应当提交的法律文件，并明确了相关文件的法定要求

3.1.1 发明和实用新型专利申请的提出

根据我国2008年《专利法》第26条的规定，申请人在提出发明和实用新型专利申请时，应当提交下列文件：

(1) 请求书

请求书应当写明发明或者实用新型的名称、发明人的姓名，申请人姓名或者名称、地址，以及其他事项。

(2) 说明书及其附图

说明书及附图主要用于清楚、完整地描述发明或者实用新型，使所属技术领域的技术人员能够理解和实施该发明或者实用新型。

(3) 权利要求书(claim)

权利要求书是申请文件最核心的部分，是申请人向国家申请保护其发明创造及划定保护范围的文件，一旦批准，就具有法律效力。权利要求书应当以说明书为依据，说明发明或者实用新型的技术特征，清楚并简要地表述请求保护的范围。技术特征可以是构成发明或者实用新型技术方案的组成要素，也可以是要素之间的相互关系。一份权利要求书中应当至少包括一项独立权利要求，还可以包括从属权利要求。①

(4) 说明书摘要

摘要是说明书记载内容的概述，它仅是一种技术信息，不具有法律效力。摘要的内容不属于发明或者实用新型原始记载的内容，不能作为以后修改说明书或者权利要求书的根据，也不能用来解释专利权的保护范围。说明书摘要应当写明发明或者实用新型专利申请所公开内容的概要，即写明发明或者实用新型的名称和所属技术领域，并清楚的反映所要解决的技术问题、解决该问题的技术方案的要点以及主要用途。

3.1.2 外观设计专利申请的提出

根据我国2008年《专利法》第27条的规定，申请外观设计专利的，应当提交请求书、该外观设计的图片或者照片以及对该外观设计的简要说明等文

---

① 就专利法理论而言，权利要求有独立权利要求和从属权利要求之分。独立权利要求应当从整体上反映发明或者实用新型的技术方案，记载解决技术问题的必要技术特征。必要技术特征是指，发明或者实用新型为解决其技术问题所不可缺少的技术特征，其总和足以构成发明或者实用新型的技术方案，使之区别于背景技术中所述的其他技术方案。如果一项权利要求包含了另一项同类型权利要求中的所有技术特征，且对该另一项权利要求的技术方案作了进一步的限定，则该权利要求为从属权利要求。

件。申请人提交的有关图片或者照片应当清楚地显示要求专利保护的产品的外观设计。上述法律文件应符合下列法定要求：

（1）请求书

在请求书应写明以下内容：第一，使用外观设计的产品名称。使用外观设计的产品名称对图片或者照片中表示的产品具有说明作用，同时该名称应当简短、准确地标明请求保护地产品。第二，类别。申请人应当写明产品所属类别，即该产品在国际外观设计分类表中的类别。第三，其他事项，包括设计人、申请人、联系人、代表人、专利代理机构、专利代理人及地址等。

（2）外观设计的图片或照片

外观设计专利权的保护范围以表示在图片或者照片中的该外观设计专利产品为准。申请人应当就每件外观设计产品所需要保护的内容提交有关视图或者照片，清楚地显示请求保护的对象。

（3）简要说明

简要说明是对产品图片或者照片的说明或限定，用来对外观设计产品的设计要点、省略视图以及请求保护色彩等情况进行扼要的概述。

3.2 专利申请的修改

根据我国 2008 年《专利法》及 2002 年《专利法实施细则》的规定，专利申请的修改主要包括以下几种情况：

第一，专利申请人主动提出修改。发明专利申请人在提出实质审查请求时以及在收到国务院专利行政部门发出的发明专利申请进入实质审查阶段通知书之日起 3 个月内，可以对发明专利申请主动提出修改。实用新型或者外观设计专利人自申请日起 2 个月内，可以对实用新型或者外观设计专利申请主动提出修改。

第二，申请人在收到国务院专利行政部门发出的审查意见通知书后对专利申请文件进行修改的，应当按照通知书的格式进行修改，即针对通知书中指出的申请文件的缺陷进行修改。

上述两种情形的修改必须符合我国 2008 年《专利法》第 33 条对于专利申请文件修改的限制，即专利申请人对发明和实用新型专利申请文件的修改不得超出原说明书和权利要求书记载的范围，对外观设计专利申请文件的修改不得超出原图片或者照片表示的范围。

第三，国务院专利行政部门的自行修改。国务院专利行政部门可以自行修改专利申请文件中文字和符号的明显错误。国务院专利行政部门自行修改的，应当通知申请人。

3.3 专利申请的分案

在专利申请人提出专利申请后，专利行政部门将对申请是否符合单一性原则进行审查。当一件申请不符合专利申请单一性原则，专利行政部门应当通知申请人在指定期限内对其申请进行修改；申请人期满未答复的，该申请视为撤回。实践中主要有以下情形：

第一，原权利要求书中包含不符合单一性规定的两项以上发明。

第二，在修改的申请文件中所增加或替换的独立权利要求与原权利要求书中的发明之间不具有单一性。

第三，独立权利要求之一缺乏新颖性或创造性，其余权利要求之间缺乏单一性。

申请人提出分案申请的，可以保留原申请日，享有优先权的，可以保留优先权日，但是不得超出原申请公开的范围。

3.4 专利申请的撤回

根据我国 2008 年《专利法》及 2002 年《专利法实施细则》的规定，专利申请的撤回主要包括以下情形：

第一，申请人可以在被授予专利权之前随时撤回其专利申请。专利申请人撤回专利申请的，应当向国务院专利行政部门提出声明，写明发明创造的名称、申请号和申请日。撤回专利申请的声明在国务院专利行政部门作好公布专利申请文件的印刷准备工作后提出的，申请文件仍予公布；但是，撤回专利申请的声明应当在以后出版的专利公报上予以公告。

第二，国务院专利行政部门对专利申请进行初步审查后，可以要求申请人在指定期限内陈述意见或补正，申请人期满未答复的，其申请视为撤回。

第三，发明专利申请在申请日起 3 年内，申请人无正当理由逾期不请求实质审查的，该申请即被视为撤回。

第四，国务院专利行政部门对发明专利申请进行实质审查后，认为不符合专利法规定的，通知申请人在指定的期限内陈述意见或对其申请进行修改，申请人无正当理由逾期不答复的，该申请即被视为撤回。

第五，专利申请人要求本国优先权的，其在先申请自后一申请提出之日起即视为撤回。

第六，在专利申请不符合专利申请单一性原则的情况下，国务院专利行政部门通知申请人在指定的期限内对其申请进行修改，申请人期满未答复的，该申请视为撤回。

第四节 专利申请的审查和批准

4.1 概述

发明人或者设计人提出专利申请后，主管机关根据专利法的规定对专利申请是否符合可专利性进行审查。纵观世界各国的专利法，关于审查制度的规定可以归纳出登记制、文献报告制、审查制三种主要制度：

第一，登记制，是指专利主管机关仅对授予专利权的形式要件予以审查，而对授予专利权的实质要件不予以审查，就直接授予专利权的制度。[①] 采用这一制度的国家主要受 1844 年《法国专利法》的影响。登记制有利于专利的快速授权，但是由于对专利不进行实质审查，专利的质量无法得到保障，不便于专利进行转让和许可交易，同时增加了当事人就专利有效性向法院提出诉讼的可能性。

第二，文献报告制，该制度是法国 1968 年根据《斯特拉斯堡公约》对其 1844 年《专利法》进行修正后所采用的制度。这一制度的运作机制是法国专利主管机关在对专利申请进行形式审查后，即委托欧洲专利局海牙分局提供一份文献检索报告。如果检索报告标明，申请主题的全部或者一部分明显缺乏新颖性，经法国专利主管机关通知修改而申请人不修改其申请的，或者在检索报告制定过程中申请人不作出说明或者提出新的权利要求的，专利主管机关可以驳回申请的全部或一部；除了这种情况外，应当授予专利权。[②]

第三，审查制，是指专利主管机关对专利申请的形式要件和实质要件均进行审查，只有在专利申请符合法律规定的可专利性要件的情况下，方授予专利权的制度。目前世界上大部分国家采用这种制度。审查制度不但对于申请人提出的文件进行形式审查，而且进行文献检索，根据现有技术对专利申请的新颖性和创造性进行审查，并最终决定是否授予专利权。这一制度能够有效保证专利的质量，促进社会科技的进步。但是，这一制度的实施需要较多的专业人才和文献储备，且对于专利申请可专利性的审查需要相对较长的期间。因此目前许多国家对审查制进行变革，基本上都是采用“早期公开，延期审查”制度，即申请人的申请经初步审查合格后，将申请的内容公布，但并不对其进行实质审查，而是在申请日后的一定期间内由专利申请人提出请求，专利主管机关应专利申请人的请求对专利申请进行实质审查。

① 吴汉东等：《知识产权基本问题研究》，中国人民大学出版社 2005 年版，第 429 页。

② 汤宗舜：《专利法教程》(第三版)，法律出版社 2003 年版，第 131 页。

我国2008年《专利法》根据专利类型的不同而分别采用了不同的审查制度。就发明专利而言，采取的是“早期公开，延期审查”制度，即国务院专利行政部门收到发明申请后，经初步审查合格后，自申请日（有优先权日的，指优先权日）起满18个月，即行公布。国务院专利行政部门也可以根据申请人的请求早日公布申请。自申请日（有优先权日的，指优先权日）起3年内，申请人随时可以向国务院专利行政部门提出请求要求进行实质审查；就实用新型和外观设计专利而言，我国采取形式审查制，在初步审查后没有发现驳回理由的，即由国务院专利行政部门作出授予专利权的决定。

4.2 发明专利申请的审查

根据我国2008年《专利法》及2002年《专利法实施细则》的规定，发明专利申请需要经过初步审查、公布申请以及实质审查三个阶段（参见图例1）。

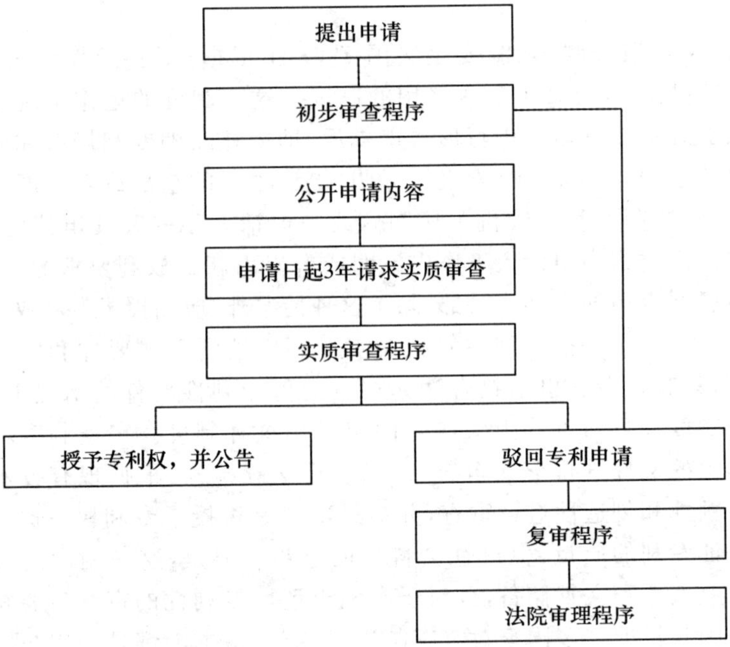

图例1　发明专利申请审查程序简图

4.2.1 初步审查

根据我国2008年《专利法》第34条的规定，国务院专利行政部门收到发明专利申请后，经初步审查（preliminary examination）认为符合专利法要求的，自申请日起满18个月，即行公布。国务院专利行政部门可以根据申请人的请求早日公布其申请。因此,发明专利申请的初步审查是受理发明专利申请之后、公布该申请之前的一个必要程序。

在发明专利的初步审查中,主要包括两方面的审查:

第一,申请文件的形式审查,包括专利申请人是否提交了《专利法》规定的各类文件以及所提交的各类文件是否符合法律的要求。

第二,申请文件的明显存在实质性的缺陷:一是专利申请的主题是否属于不授予专利权的主题;二是专利申请人是外国人、外国企业或者外国其他组织的,其申请是否符合《专利法》中关于外国人在中国申请专利的有关规定;三是申请的主题是否不符合专利申请单一性原则的要求;四是专利申请人对发明专利申请文件的修改是否超出原说明书和权利要求书记载的范围;五是专利申请是否符合《专利法实施细则》中对于发明的界定;六是发明专利申请说明书及权利要求书的撰写是否符合《专利法》的规定。

发明专利申请经初步审查合格后,即进入公布程序。在初步审查过程中国务院专利行政部门认为申请文件不符合相关规定,可以要求申请人在指定的期限进行补正或陈述意见,如果申请人未在指定的期限内对申请书进行补正或陈述意见,或者虽经申请人补正及陈述意见申请书的缺陷仍无法消除的,应驳回申请。

4.2.2 公布申请

发明专利申请经初步审查合格后,自申请日(有优先权日的,指优先权日)起满 18 个月,即行公布;国务院专利行政部门也可以根据申请人的请求早日公布其申请。

发明专利申请在公布之前处于保密状态,其对在后由他人提出的同样主题的申请将构成抵触申请,使在后申请丧失新颖性。而自该发明专利申请公布至授予专利权之前的阶段,专利法理论上称为“临时保护”阶段,法律给予申请人一定的保护,根据我国 2008 年《专利法》第 13 条的规定,发明专利申请公布后,申请人可以要求实施其发明的单位或者个人支付适当的费用。我国《专利法》赋予申请人的临时保护有以下的要点:

第一,因专利申请公布时尚未经过实质审查程序,专利申请人并未获得专利授权,因此在临时保护阶段他人实施发明的行为不构成侵权行为。

第二,专利申请人仅可在取得专利授权后请求实施人支付适当的费用,不可请求实施人停止相关行为。

第三,如果专利申请最后被驳回、或者被撤回或者被视为撤回,则专利申请人要求支付费用的权利也就随之消灭。

4.2.3 实质审查

如前所述，我国在发明专利的审查批准上采取早期公开、延迟审查。发明专利申请自申请日起(有优先权日的，指优先权日)3 年内，国务院专利行政部门可以根据申请人随时提出的请求，对其申请进行实质审查(substantive examination)；国务院专利行政部门认为必要的时候，可以自行对发明专利申请进行实质审查。进行实质审查的目的在于确定发明专利申请是否应当被授予专利权，相关专利申请是否符合《专利法》中有关新颖性、创造性和实用性的要求，避免对不符合法律要求的发明创造授予独占权。

根据法律规定，发明专利申请实质审查的范围是：

第一，申请的主题是否属于《专利法》规定的不授予专利权的范围，审查的内容主要包括：申请的主题是否属于违反法律、社会公德或者妨害公共利益的发明创造；申请的主题是否属于违反法律、行政法规的规定获取或者利用遗传资源，并依赖该遗传资源完成的发明创造；申请的主题是否属于《专利法》规定的不授予专利权的范围。

第二，申请的主题是否属于对产品、方法或者其改进所提出的新的技术方案。

第三，专利申请是否符合《专利法》关于发明新颖性、创造性和实用性的规定。

第四，申请人提交的申请文件是否符合《专利法》及其实施细则的规定，即说明书是否充分公开了请求保护的主题、权利要求书是否以说明书为依据说明要求专利保护的范围、独立权利要求是否表述了一个解决技术问题的完整的技术方案。

第五，专利申请是否违反法律规定的先申请原则以及单一性原则。

第六，对专利申请进行修改或分案的，修改或者分案的申请是否超过了原说明书和权利要求书记载的范围。

国务院专利行政部门对专利申请进行实质审查后，没有发现驳回申请的理由，进入授权程序。在实质审查的过程中，专利行政部门认为相关申请不符合法律的规定，应通知申请人在指定的期限内对专利申请进行修改或陈述意见，经申请人陈述意见或修改后消除了原有缺陷的专利申请，进入授权程序；专利申请经申请人陈述意见或者修改后，仍然存在不符合《专利法》及其实施细则相关规定的缺陷，应当作出驳回专利申请的决定。

4.3 实用新型和外观设计专利申请的审查

与发明专利不同的是，我国对实用新型和外观设计专利申请采取形式审查制度，即由国务院专利行政部门进行初步审查后没有发现驳回理由的就可以作出授予实用新型专利权或者外观设计专利权的决定，不需要经过专利行政部门的实质审查（参见图例2）。

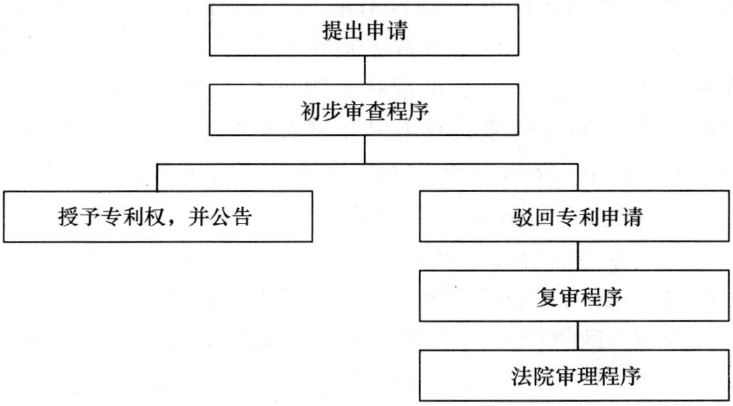

图例2　实用新型/外观设计专利申请的审查程序简图

4.3.1　实用新型专利申请初步审查的范围

国务院专利行政部门收到实用新型专利申请后将根据《专利法》及其实施细则的规定对申请人提交的申请文件进行审查，审查的范围包括：

（1）申请文件的形式审查，包括专利申请人是否提交了《专利法》规定的申请文件以及申请文件是否符合法律的相关规定。

（2）申请文件的明显实质性缺陷审查，包括：第一，专利申请是否明显属于《专利法》规定的不授予专利权的范围。第二，专利申请的主题是否明显不符合2008年《专利法》对于实用新型的定义，即实用新型是指对产品的形状、构造或者其结合提出的适于实用的新的技术方案。第三，专利申请是否违反了《专利法》关于外国人、外国企业或者外国其他组织在中国申请专利的规定。第四，专利申请是否明显不符合专利申请的单一性原则。第五，说明书及权利要求书是否明显不符合法律或行政法规规定的撰写要求。第六，申请人对实用新型专利申请文件的修改是否超出原说明书和权利要求书记载的范围。第七，申请人的分案申请是否明显超出原始公开范围。第八，实用新型专利申请是否违反了同样发明创造只能被授予一项发明创造的规定。第九，申请是否违反了专利申请的先申请原则。

4.3.2　外观设计专利申请初步审查的范围

外观设计专利申请初步审查的范围包括：

（1）申请文件的形式审查，包括专利申请人是否提交了《专利法》规定的申请文件以及申请文件是否符合《专利法实施细则》的相关规定。

(2) 申请文件的明显实质性缺陷审查，包括：第一，专利申请是否明显属于《专利法》规定的不授予专利权的情形或明显不符合《专利法》对于外观设计的定义。第二，申请人是在中国没有居所或者营业所的外国人、外国企业或者外国其他组织的，其申请是否根据规定委托国务院专利行政部门指定的专利代理机构办理。第三，专利申请是否明显不符合专利申请单一性的原则要求。第四，申请人对于外观设计专利申请文件的修改是否超出原图片或照片表示的范围。第五，分案申请是否超出原申请公开的范围。第六，外观设计专利申请是否违反了同样的发明创造只能授予一项专利权的规定。第七，申请是否违反了专利申请的先申请原则。

4.3.3 实用新型和外观设计专利初步审查的处理

国务院专利行政部门在对实用新型和外观设计专利申请进行形式审查后如果发现申请文件不符合法律或行政法规的相关规定，将要求申请人在指定的期限内修改申请书或陈述意见，在申请文件经申请人补正或陈述意见后仍然不能消除其中存在的不符合法律或行政法规相关规定的缺陷时，应作出驳回专利申请的决定。实用新型和外观设计专利申请经初步审查后如果没有发现驳回理由或经申请人修改或陈述意见后消除了原有申请书的缺陷后，由国务院专利行政部门作出授予专利权的决定。

4.4 专利申请的复审

国务院专利行政部门对专利申请的审查有结论有两种可能，即否定性的结论和肯定性的结论，其中否定性的结论为驳回专利申请，肯定性的结论为授予专利权。[①] 专利申请人对否定性结论不服而请求专利复审委员会[②]对其专利申请进行再审的程序即为专利申请的复审(reexamination)。我国 2008 年《专利法》第 41 条第 1 款规定：专利申请人对国务院专利行政部门驳回申请的决定不服的，可以自收到通知之日起 3 个月内，向专利复审委员会请求复审。对于发明专利申请而言，由于驳回申请可能在初步审查阶段也可能在实质申请阶段，复审请求案件包括对初步审查和实质审查程序中驳回专利申请决定不服而请求复审两种案件；对于实用新型和外观设计专利而言，由于不

① 刘春田主编：《知识产权法》，高等教育出版社、北京大学出版社 2003 年版，第 214 页。

② 专利复审委员会设主任委员、副主任委员、复审委员、兼职复审委员、复审员和兼职复审员。主任委员由国家知识产权局局长兼任，副主任委员、复审委员和兼职复审委员由国家知识产权局局长从国家知识产权局内有经验的技术和法律专家中任命，复审员和兼职复审员由国家知识产权局局长从国家知识产权局内有经验的审查员和法律人员中聘任。

存在实质审查，复审请求针对的就是专利行政机关在初步审查中作出的否定性结论。复审程序为申请人提供了一个申诉的机会，复审的实质是国务院专利行政部门对专利申请请求的再审查，具有监督的作用，以维护专利申请人的合法权益。

专利复审委员会的复审程序一般经过以下三个步骤：

第一，形式审查。当事人对于专利行政部门驳回专利申请的决定不服的可以向专利复审委员会提出复审请求，提出请求时应当提交复审请求书，说明理由，必要时还应当提交有关的证据。复审请求人提交的相关文件经形式审查后如果符合法律规定，复审委员会应当受理复审请求。同时，根据我国2002年《专利法实施细则》第60条第1款规定，请求人在提出复审请求或者在对专利复审委员会的复审通知书作出答复时，可以修改专利申请文件，但是，修改应当仅限于消除驳回决定或者复审通知书指出的缺陷。

第二，前置审查。根据我国2002年《专利法实施细则》第61条的规定，专利复审委员会应当将经形式审查合格的复审请求书（包括附具的证明文件和修改后的申请文件）连同案卷一并转交作出驳回决定的原审查部门进行前置审查。原审查部门应当提出前置审查意见，作出前置审查意见书，前置审查意见包括三种情况：一是复审请求成立，同意撤销驳回决定；二是复审请求人提交的申请文件修改文本克服了申请中存在的缺陷，同意在修改文本的基础上撤销驳回决定；三是复审请求人陈述的意见和提交的申请文件修改文本不足以使驳回决定被撤销，因而坚持驳回决定。

第三，合议审查。专利复审委员会一般仅针对驳回决定所依据的理由和证据进行审查。复审程序终结，专利复审委员会可能作出以下三种复审请求审查决定（以下简称“复审决定”）：一是原审查部门经前置审查同意撤销原决定的，专利复审委员会应当据此作出复审决定，撤销原决定；二是专利复审委员会经复审后认为复审请求不符合《专利法》或者实施细则的，应当通知请求人在指定的期限内陈述意见，期满未答复的，该复审请求视为撤回；经请求人陈述意见或进行修改后，复审委员会仍然认为不符合有关法律规定的，应当作出维持原驳回决定的复审决定；三是专利复审委员会经复审后，认为原驳回决定不符合专利法及其实施细则的规定，或者经过修改的专利申请文件消除了原驳回决定指出的缺陷的，应当撤销原驳回决定，由原审查部门继续进行审查程序。

专利复审委员会的决定并非终局的，相关决定要接受司法机关的审查，其根据是我国2008年《专利法》第41条第2款的规定：“专利申请人对专利复审委员会的复审决定不服的，可以自收到通知之日起3个月内向人民法院起诉”。

4.5 专利权的授予

国务院专利行政部门对专利申请审查的肯定性结论就是授予申请人以专利权。发明专利申请经实质审查、实用新型和外观设计专利经初步审查没有发现驳回理由的，由专利行政部门作出授予发明专利权、实用新型专利权或者外观设计专利权的决定，发给相应的专利证书，同时予以登记和公告。专利权自公告之日起生效。

第十九章　专利权的内容及行使

专利权人有权禁止他人以生产经营目的对专利产品或专利方法进行制造、使用、许诺销售、销售或进口行为。此外，除有法律规定的例外情况，法律允许专利权人自由转让专利或者许可他人使用专利。本章主要介绍了专利权人的权利和义务以及专利权的行使。

第一节　专利权人的权利

专利权是具有财产权属性的独占权及其衍生来的处分权。我国2008年《专利法》未从正面明确列举专利权人享有的权利，而是从禁止权的角度在第11条规定了专利权人的基本权利，即除有法律规定的例外情况，专利权人有权禁止他人以生产经营目的对专利产品或专利方法进行制造、使用、许诺销售、销售或进口行为。此外，作为一种财产权，法律允许专利权人自由转让专利或者许可他人使用专利。

1.1　独占实施权

独占实施权（right of exclusive implementation），是指专利权人对其专利依法享有的进行制造、使用、许诺销售、销售或进口的专有权利。根据我国2008年《专利法》第11条的规定，产品发明专利和实用新型专利权人对专利产品享有制造、使用、许诺销售、销售和进口的权利；方法发明专利的专利权人有权使用其专利方法以及使用、许诺销售、销售、进口依照专利方法直接获得的产品；外观设计专利权人有权制造、许诺销售、销售、进口其外观设计专利产品。

1.1.1　*产品发明专利和实用新型专利权人的独占实施权*

（1）制造权。专利权人享有独占的制造专利产品，禁止他人未经许可以生产经营为目的实施制造专利产品的行为。制造专利产品的行为是指生产、加工受专利法保护的发明或者实用新型产品。[①] 一般而言，专利产品是指具备独立权利要求记载的技术特征的产品。

（2）使用权。作为产品发明和实用新型发明专利权人，其使用权具体指权利人对制造出的专利产品付诸应用的权利，其他人未经许可不得以生产经营为目的使用专利产品。

（3）许诺销售（offer for sale）权。许诺销售权是我国2000年《专利法》中

① 程永顺：《中国专利诉讼》，知识产权出版社2005年版，第208页。

新增加的规定。[①] 2001年最高人民法院《关于审理专利纠纷案件适用法律问题的若干规定》对之进行了明确，许诺销售是指以做广告、在商店橱窗中陈列或者在展销会上展出等方式作出销售商品的意思表示。因此，专利权人有权禁止他人未经许可以生产经营为目的作出销售专利产品的意思表示。

(4) 销售权。专利权人享有销售专利产品的权利，任何单位和个人未经专利权人的许可均不得以生产经营为目的销售专利产品。这里的销售是指专利产品的出卖人转移标的物的所有权于买受人，买受人支付价款的行为。

(5) 进口权。专利权人在专利权的有效期限内依法享有的禁止他人未经许可或授权，以生产经营为目的的进口专利产品的权利。进口专利产品是使专利产品在专利权的有效地域内出现的一条重要途径。因此，专利权人是否有权制止未经其许可而进口其专利产品的行为，对于该专利权人来说十分重要。

1.1.2 方法发明专利权人的权利

(1) 使用专利方法的权利。为了实现权利要求书中所阐明的目的，专利权人有权实现权利要求书中所记载的技术方案的各个步骤，其他人未经权利人许可不得以生产经营为目的使用该专利方法。

(2) 使用、许诺销售、销售、进口根据专利方法直接获得的产品的权利。我国2000年《专利法》除了对专利方法本身提供保护，还进一步强化了对方法发明专利权人的保护，即将方法发明专利权的保护延伸至根据专利方法直接获得的产品，一般被称为“延伸保护”。所谓延伸保护是指方法发明专利权被授予后，任何单位或个人未经专利权人许可不得为生产经营的目的使用、许诺销售、销售或者进口依照该专利方法直接获得的产品。

1.1.3 外观设计专利权人的权利

对于外观设计，我国2008年《专利法》在修改时加强了对外观设计专利权人的保护。外观设计专利权人对其外观设计专利产品享有制造权、许诺销售

---

① 我国2000年《专利法》中之所以新增许诺销售权的规定是为了使我国立法符合TRIPs协议的规定而作出的，该《协议》第28条第1款规定：“专利授予其权利人下列专有权利：(a) 如果专利的客体是产品，则应授予专利权人禁止他人未经许可制造、使用、许诺销售(offer for sell)、销售、进口和为以上目的进口该产品的权利；(b) 如果专利的客体是方法，则应授予专利权人禁止他人未经许可使用该专利方法或使用、许诺销售(offer for sell)、销售以及为以上目的进口至少是以该方法直接获得的产品的权利”。目前理论界对于许诺销售存在两种不同的理解：第一种观点认为这里的许诺销售应该认定为销售专利产品而作出要约的行为，而不应理解成我国合同法上的要约邀请，这是因为要约邀请在法律上没有拘束力，离达成销售合同尚远，存在当事人之间无法缔结合同的可能性，如果将许诺销售理解成要约邀请，将扩大专利权人享有的权利，对我国公众利益的保护不利；第二种观点认为许诺销售是销售专利产品的意思表示，并不能将之理解为合同法上的要约或要约邀请。第二种观点得到了最高人民法院《关于审理专利纠纷案件适用法律问题的若干规定》的确认。

权、销售权和进口权，但是不享有使用权，即外观设计专利权人不得禁止他人使用其外观设计。

1.2 转让权

专利权作为一种财产权可以自由转让。专利权转让(right of assignment)是指专利权主体发生变更的情形。根据《专利法》要求，专利权只能作为一个整体转让而不能分割转让。根据我国2008年《专利法》第10条第3款的规定，转让专利权的，当事人应当订立书面合同，并向国务院专利行政部门登记，由国务院专利行政部门予以公告，专利权的转让自登记之日起生效。这里需要明确的是专利权转让是否办理登记并不影响转让合同的效力，因为专利权转让合同是否生效的判断依据是《合同法》，只要转让合同符合《合同法》中规定的合同生效要件即可生效，如果未办理登记手续导致专利权的转让不生效，转让人将承担违约责任。此外，中国单位或者个人向外国人、外国企业或者外国其他组织转让专利申请权或者专利权的，应当依照有关法律、行政法规的规定办理手续。[1]

1.3 许可权

许可权(right of license)是指专利权人通过许可合同的方式，许可他人实施其专利并收取专利使用费的权利。我国2008年《专利法》第12条规定："任何单位或者个人实施他人专利的，应当与专利权人订立实施许可合同，向专利权人支付专利使用费。被许可人无权允许合同规定以外的任何单位或者个人实施该专利。"这一规定是专利权人依法享有专利许可权的法律依据。同时，我国2002年《专利法实施细则》规定，专利权人与他人订立的专利实施许可合同，应当自合同生效之日起3个月内向国务院专利行政部门备案。

1.4 标记权

根据我国2008年《专利法》的规定，标记权(right of marking)是指专利权人享有在专利产品或者该产品的包装上标明专利标记的权利。专利权人依法享有的标记权不是人身权性质的权利，而是伴随着专利权而存在的权利。当专利权终止后，如果原权利人仍在原专利产品或该产品的包装上标注专利标记和专利号，便构成一种假冒专利的行为，为《专利法》所禁止。

在专利产品或者该产品的包装上标示专利标记和专利号，是专利权人的

[1] 我国2008年《专利法》第10条第2款。

权利,而不是义务。在专利侵权诉讼中,侵权行为人不得以专利权人未在专利产品或者该产品的包装上标示专利标记和专利号为由进行抗辩;法院也不得以专利权人未在专利产品上标明专利标记和专利号为由,拒绝受理专利权人的侵权诉讼;专利权人也不因未在专利产品或者该产品的包装上标明专利标记而丧失请求权。

1.5 放弃权

放弃权(right of waiver)是指专利权人可以在专利权保护期限届满前的任何时候,以书面形式声明或以不缴纳年费的方式放弃其专利权。根据我国2008年《专利法》第44条规定,专利权人未按照规定缴纳年费的,或以书面声明放弃其专利权的,其专利权在期限届满前终止。专利权在期限届满前终止的,由国务院专利行政部门登记和公告,其专利权即告终止。自公告之后,其发明创造便成为公有技术,任何人都可以自由使用,既不必经过许可,亦不必支付报酬,更不存在侵权的问题。

1.6 请求保护权

请求保护权(right to request protection),是指当专利权受到侵犯时,专利权人享有请求权力机关保护其专利权的权利。他人未经专利权人许可而实施其专利引起纠纷的,专利权人可以直接向人民法院起诉,也可以请求管理专利工作的部门处理。

第二节 专利权人的义务

2.1 缴纳专利年费

专利权人自被授予专利权的当年开始应当缴纳年费。逾期不缴纳的,专利权即告终止。年费一般是预先缴纳,申请人办理登记手续时,除应当缴纳专利登记费用外,还应当缴纳授权当年的年费。专利年费采取累进制,其目的是为了平衡专利权人所获得的独占权与公众之间的利益,促使专利权人将其专利产品或者专利方法付诸实施,以获取经济收益用以支付专利年费,防止产生专利权人以不实施专利权的方式垄断相关技术成果而损害一般公众的利益的弊端,也有利于专利权人对专利进行评估,通过不缴纳年费的方式终止专利权,缩短经济价值较低的专利权的有效期。

2.2 公开发明创造

根据我国 2008 年《专利法》第 26 条，申请发明或者实用新型专利的，专利申请人应提交请求书、说明书及其摘要和权利要求书等文件。其中，说明书应当对发明或者实用新型作出清楚、完整的说明，以所属技术领域的技术人员能够实现为准。必要的时候应当附图说明。充分公开发明创造是专利权人应尽的一项义务。根据我国 2002 年《专利法实施细则》第 64 条的规定，对不充分公开发明创造内容的专利，其他人有权提请专利复审委员会宣告该专利为无效。

第三节 专利权的行使

发明创造人将发明创造申请专利的目的，是为了取得专利授权和行使专利权，并在专利权的行使过程中取得经济收益，以收回其在研发过程中的支出以及获得预期的效益。因此，专利权的行使是专利权人实现专利权本身所蕴含的经济价值的主要途径。专利权的行使除了独占实施外，主要表现为将专利权人的权利向第三方转让或者以合同形式许可给第三方行使。

3.1 专利权转让

专利权转让(assignment of patent right)是指专利权人将其专利权中的财产权利全部移转给他人的法律行为，是专利权人行使其权利的重要方式。专利权转让的标的是专利权人依照专利法所享有的财产权利，即专利技术的独占权或专用权。专利权人通过转让其权利，一方面可以使其获得经济利益；另一方面也可以使先进技术得到推广传播。

专利权人主要是通过与受让人签订书面合同的方式转让专利权，当事人在签订转让合同后应当向国务院专利行政部门办理专利权转让登记手续，专利权的变动经公告后生效。专利权人与受让人签订的合同属于我国 1999 年《合同法》规定的“技术转让合同”，是“有名合同”，因此，当事人权利义务的确定应适用《合同法》中技术转让合同的相关规定。[1] 在通常情况下，专利转让合同应该包括下列内容：专利名称和专利号；双方当事人信息；前言(鉴于条款)；转让方向受让方交付资料；交付资料的时间、地点及方式；专利实施和实施许可的情况及处置办法；转让费及支付方式；专利权被撤销和被宣告无效的处理；过渡期条款；税费；违约及索赔；争议的解决办法以及其他条款。

① 我国 1999 年《合同法》第 342 条。

专利权转让经公告后生效，受让人取得专利权人地位，转让人丧失专利权人地位。专利权转让合同不影响转让方在合同成立前与他人订立的专利实施许可合同的效力。除合同另有约定者外，原专利实施许可合同所约定的权利义务由专利权受让方承担。另外，专利权转让合同签订以前，转让方已实施专利的，除合同另有约定外，合同生效以后，转让方即应停止实施。

3.2 专利实施许可

专利实施许可(patent license)，实质上是专利使用权的有偿转让，是指专利权人在取得许可费的同时允许他人实施其专利。许可他人实施其专利是专利权人的重要权利。根据我国 2008 年《专利法》第 12 条的规定，任何单位或者个人实施他人专利的，应当与专利权人订立实施许可合同，向专利权人支付专利使用费。

3.2.1 专利实施许可的类型

按照被许可人取得实施权的范围和权限，可以将专利实施许可分为如下几种类型：

第一，独占实施许可(monopolistic implementation license)，简称独占许可，是指在一定的时间和地域范围内，被许可人享有独占的实施权，专利权人不得向其他人许可实施该专利，且专利权人本人也不得实施该专利。

第二，排他实施许可(exclusive implementation license)，简称排他许可或独家许可，是指在一定的时间和地域范围内，专利权人仅许可被许可人实施该专利权，不得许可其他人实施该专利，但专利权人本人可以实施该专利。

第三，普通实施许可(ordinary implementation license)，亦称普通许可，是指在一定的时间和地域范围内，专利权人在许可被许可人实施该专利权权的同时，还可以许可其他人实施该专利，专利权人本人也可以实施该专利。

第四，交叉实施许可(cross license)，简称交叉许可或互换实施许可，是指两个专利权人之间相互许可对方实施自己的专利。

第五，分实施许可(sub-license)，简称分许可，是指专利权人许可被许可人实施其专利，同时授权被许可人有权许可第三人实施该专利。

3.2.2 专利实施许可合同的备案

我国 2002 年《专利法实施细则》第 15 条第 2 款规定："专利权人与他人订立的专利实施许可合同，应当自合同生效之日起 3 个月内向国务院专利行政部门备案。"2002 年国家知识产权局颁布的《专利实施许可合同备案管理办法》对专利许可合同的备案登记作出详细规定。备案制度的目的主要是为了满足行政管理机关管理专利的需要，了解和掌握专利许可领域的信息和总体状况，为管理决策提供信息支持。[①] 不过，由于专利许可合同登记的性质为备案登记，缺乏权利变动公示的功能，因此，在实践中往往会引起专利许可使用权之间的权利冲突。[②]

国家知识产权局出具的专利实施许可合同备案证明是办理外汇、海关知识产权备案等相关手续的证明文件；经过备案的专利实施许可合同的许可性质、范围、时间、许可使用费的数额等，可以作为人民法院、管理专利工作的部门进行调解或确定侵权纠纷赔偿数额时的参照。

① 例如，国家知识产权局每年都会根据专利许可合同备案登记统计《X年专利实施许可合同备案专栏信息》，向社会发布。

② 邱永清：《专利许可合同登记制度之型构——以登记功能为基点的分析》，载《法律适用》2007年第9期，第28页。

第二十章　专利权的限制

专利权的限制，是指专利法规定的，允许第三人在某些情况下可以不经专利权人许可而实施其专利，且其实施行为不构成侵权的法律制度。本章主要介绍了强制许可、发明专利的推广应用和不视为侵犯专利权的行为。

根据我国2008年《专利法》第11条第1款，专利权被授予后，除本法另有规定的以外，任何单位或者个人未经专利权人许可，都不得实施其专利。这里的“除本法另有规定的以外”指的就是专利权的限制。所谓专利权的限制，是指专利法规定的，允许第三人在某些情况下可以不经专利权人许可而实施其专利，且其实施行为不构成侵权的法律制度。就现行法而言，专利权限制主要包括强制许可、计划许可以及不视为侵犯专利权的行为等情况。

第一节 强制许可

1.1 强制许可的概念

强制许可(compulsory license)是指在法律规定的情形下，专利行政部门依据当事人的申请或依职权作出的允许他人在不经专利权人同意的情况下使用其发明或实用新型专利的法律制度。《巴黎公约》允许各缔约国采取立法措施授予强制许可，“以防止由于行使专利所赋予的独占权而可能产生的滥用”[①]。

强制许可是与自愿许可相对而言的。自愿许可是指专利权人为了自身的利益与被许可人签订许可合同，允许被许可人实施其发明专利或实用新型专利，自愿许可体现的是专利权人的意思自治。而强制许可是专利行政部门在特殊情形下运用国家行政权力强制专利权人允许他人使用其专利，体现的是国家的强制力对于专利权人独占权的限制。

1.2 强制许可的类型

1.2.1 未实施或者未充分实施专利的强制许可

我国2008年《专利法》第48条第1项规定：“有下列情形之一的，国务院专利行政部门根据具备实施条件的单位或者个人的申请，可以给予实施发明专利或者实用新型专利的强制许可：(1) 专利权人自专利权被授予之日起满3年，且自提出专利申请之日起满4年，无正当理由未实施或者未充分实施其专利的。”此条规定源于《巴黎公约》第5条对于强制许可的规定，该条规定：“本联盟各国都有权采取立法措施规定授予强制许可，以防止由于行使专利所赋予的专有权而可能产生的滥用，例如：不实施。”当事人根据我国《专利法》第48条第1项申请强制许可时，必须符合以下条件：

① 《巴黎公约》第5条。

第一,申请强制许可的单位或者个人必须具备专利的实施条件。对任何一项专利而言,将其实施需要具备一定的条件,如资金、技术、设备、厂房、人员等,只有这些条件都具备时,才有资格申请实施专利。

第二,专利权人须在法律规定的期间内无正当理由未实施或者未充分实施其专利。上述期间根据我国2008年《专利法》的规定是指"自专利权被授予之日起满3年,且自提出专利申请之日起满4年"。

第三,一般情况下实施强制许可的技术不限于特定的目的,但是如果强制许可涉及的发明创造是半导体技术的,其实施应当限于公共利益的目的和消除或者减少专利权人行使专利权的行为被依法认定为垄断行为时对竞争产生的不利影响。[①]

第四,强制许可的实施应当主要为了国内市场。[②]

第五,申请强制许可的单位或者个人必须证明其以合理的条件请求专利权人许可其实施专利,但未能在合理的时间内获得许可。[③]

第六,申请实施强制许可的对象只能是发明专利或者实用新型专利。

1.2.2 基于垄断行为的强制许可

我国2008年《专利法》第48条第2项规定:"有下列情形之一的,国务院专利行政部门根据具备实施条件的单位或者个人的申请,可以给予实施发明专利或者实用新型专利的强制许可:(2)专利权人行使专利权的行为被依法认定为垄断行为,为消除或者减少该行为对竞争产生的不利影响的。"当事人根据上述法律规定申请强制许可时,必须符合以下条件:

第一,申请强制许可的单位或者个人必须具备实施专利的条件。

第二,专利权人行使专利权的行为被依法认定为垄断行为。专利权人行使专利权的行为的性质可以根据我国2007年《反垄断法》中的相关规定进行认定。

第三,申请人申请强制许可的目的在于消除或者减少垄断行为对竞争产生的不利影响。

第四,强制许可的实施可以不受我国2008年《专利法》第53条规定的限制,即强制许可的实施可以不限于主要为了供应国内市场。[④]

第五,申请实施强制许可的对象只能是发明专利或者实用新型专利。

---

① 我国2008年《专利法》第52条。
② 我国2008年《专利法》第53条。
③ 我国2008年《专利法》第54条。
④ 我国2008年《专利法》第53条。

1.2.3　基于公共利益的强制许可

我国2008年《专利法》第49条规定："在国家出现紧急状态或者非常情况时，或者为了公共利益的目的，国务院专利行政部门可以给予实施发明专利或者实用新型专利的强制许可。"该条规定是基于公共利益实施强制许可应当遵守的条件。所谓"国家出现紧急状态或者非常情况"时，一般是指战争、社会动荡或自然灾害等情况。专利权虽然是一种独占权，但却不是绝对的权利，权利人的利益必须服从于国家和公众的利益。当国家出现紧急状态或者非常情况，或者为了公共利益的目的，国务院有关主管部门有权根据《专利法》第49条的规定请求给予实施发明专利或实用新型专利的强制许可，同时在授予强制许可的时候，强制许可的实施应当主要为了供应国内市场。

1.2.4　基于公共健康的强制许可

在知识产权的实践中，强制许可一直是敏感的话题，因为它涉及国家公权力对专利权的限制，对于私权利至上的国家来说这无疑是一个棘手的问题。因而强制许可也常常成为发达国家攻击发展中国家的焦点。但是，在全球公共健康问题日益恶化的情形下，TRIPs协议的高标准知识产权保护受到越来越多国家的质疑，其中大多数是来自发展中国家和最不发达国家的声音。[①] 与公共健康紧密相关的药品专利获得问题得到公众越来越多的关注，"如何处理好作为私权的药品专利和作为人权的公共健康之间的关系，不仅是法律制度的安排问题，更是人类社会基本价值的取向问题"[②]。2001年11月，世界贸易组织各成员方在多哈部长会议上就达成一致意见的部分问题签订了协议，其中有一项就是《多哈宣言》。《多哈宣言》致力于帮助发展中国家和最不发达国家与公共健康有关的问题作斗争。该《宣言》确认了成员方确立其强制许可体系的自由，允许成员方基于公共健康的理由授予强制许可，但是《宣言》中对于没有制造能力或制造能力不足的成员如何利用强制许可制度解决公共健康问题的细节性问题并未作出明确的规定，这个任务最后留

① 发达国家并非完全排斥强制许可，例如，美国在9·11事件后又遭受了生物恐怖袭击，为了获得抵制炭疽病毒的药品环丙沙星，美国政府拟准备采取强制许可措施，以胁迫德国拜尔公司降低销售环丙沙星的价格。

② 曲三强：《窃书就是偷——论中国传统文化与知识产权》，知识产权出版社2005年版，第284页。

由世界贸易组织 TRIPs 理事会完成。[①] 2003 年 8 月 30 日，世界贸易组织总理事会在瑞士日内瓦通过了总理事会“关于执行多哈《关于〈知识产权协定〉与公共健康问题的宣言》第 6 段的决定”，规定在如何有关条件的情况下 WTO 成员可以授予其国内企业生产并出口特定专利药品的强制许可，不受 TRIPs 协定关于强制许可的使用主要为供应国内市场规定的限制。2005 年 12 月，世界贸易组织总理事会通过了《修改〈与贸易有关的知识产权协定〉议定书》，将上述《多哈宣言》和决定的有关内容纳入了 TRIPs 协定，我国于 2007 年 10 月 28 日由第十届全国人大常委会第三十次会议批准了该议定书。

为了实现我国专利法强制许可制度与《修改〈与贸易有关的知识产权协定〉议定书》的衔接，2008 年《专利法》第 50 条规定：“为了公共健康目的，对取得专利权的药品，国务院专利行政部门可以给予制造并将其出口到符合中华人民共和国参加的有关国际条约规定的国家或者地区的强制许可。”该条规定源于 2005 年《涉及公共健康问题的专利实施强制许可办法》的第 9 条规定，即“世界贸易组织成员按照总理事会决议确定的机制通报世界贸易组织 TRIPs 理事会，希望进口治疗某种传染病的药品的，或者非世界贸易组织成员的最不发达国家通过外交渠道通知我国政府，希望从我国进口治疗某种传染病的药品时，国务院有关主管部门可以请求国家知识产权局授予强制许可，允许被许可人利用总理事会决议确定的制度制造该种药品并将其出口到上述成员或者国家。”

1.2.5 从属专利的强制许可

我国 2008 年《专利法》第 51 条第 1 款规定：“一项取得专利权的发明或者实用新型比前已经取得专利权的发明或者实用新型具有显著经济意义的重大技术进步，其实施又有赖于前一发明或者实用新型的实施的，国务院专利行政部门根据后一专利权人的申请，可以给予实施前一发明或者实用新型的强制许可。”实施从属专利的强制许可应具备以下条件：

第一，两项发明创造专利必须是从属关系，后一专利的实施依赖于前一专利的实施，而两项无关的专利不在此列。所谓从属专利是指前后两个专利之间在技术上存在着从属关系，后一专利是在前一专利的技术基础上加以改

---

① 《多哈宣言》第五段与公共健康相关的条款表述如下：(b) 各成员方有权授予强制许可，并且可以决定授予强制许可的理由；(c) 各成员方有权决定构成全国性的紧急状况或者其他紧急情况的条件，成员方认为公共健康危机，包括与艾滋病、肺结核和其他流行病有关的公共健康危机，可以被视为全国性的紧急状况或者其他紧急情况。第六段则是承认其制药企业没有制造能力或制造能力不足的成员按照 TRIPs 协议的规定实施强制许可可能存在困难，因此责成 TRIPs 理事会在 2002 年底提出解决这一问题的方案并向总理事会报告。

进、发展而形成的，因此后一专利除了含有其特有的技术特征外，还包含了前一专利的全部技术特征。①

第二，后一专利较之前一专利具有显著经济意义的重大技术进步。法律规定从属专利强制许可的目的在于避免因无法获得前一专利权人的许可而导致先进技术无法实施。

第三，强制许可的实施应当主要为了国内市场。②

第四，申请强制许可的单位或者个人应当提供证据证明其以合理的条件请求专利权人许可其实施专利，但未能在合理的时间内获得许可。

同时，根据我国 2008 年《专利法》第 51 条第 2 款规定，国务院专利行政部门可以根据前一专利权人的申请，也可以给予实施后一发明或者实用新型的强制许可。之所以作出上述规定，在于可以使前一专利权人得以实施先进技术，使其产品能够进入市场与后一专利权人进行竞争，实现权利人之间的利益平衡。

1.3 实施强制许可的程序

我国 2008 年《专利法》及 2003 年《专利实施强制许可办法》明确了实施专利强制许可应遵循的相关程序，具体包括：

(1) 请求的提出。申请人必须向国务院专利行政部门提交强制许可请求书，在请求书中应写明请求给予强制许可的理由和事实，同时应根据《专利法》的相关规定提交其他证明文件。

(2) 请求的审查。国务院专利行政部门收到申请人的请求书和相关证明后，应当审查请求书及相关证明是否属实，并应及时通知专利权人在指定的时间内陈述意见。专利权人在国家专利行政部门指定的期限内未陈述意见的，不影响国务院专利行政部门作出关于强制许可的决定。

(3) 决定的作出。国务院专利行政部门应根据《专利法》及相关规定对是否准予强制许可作出相应的决定。国务院专利行政部门作出给予实施强制许可的决定的，其应当根据强制许可的理由规定实施的范围和时间。专利权人对于给予强制许可的决定不服的，可以自收到通知之日起 3 个月内向人民法院起诉。专利行政部门对于不符合《专利法》规定的强制许可请求将予以驳回，请求人对驳回决定不服的，可以自收到通知之日起 3 个月内向人民法院起诉。

(4) 登记和公告。我国 2008 年《专利法》第 55 条第 1 款规定："国务院专

① 汤宗舜：《专利法解说》(修订版)，知识产权出版社 2007 年版，第 309 页。

② 我国 2008 年《专利法》第 53 条。

利行政部门作出的给予实施强制许可的决定，应当及时通知专利权人，并予以登记和公告。”

(5) 决定的终止。在强制许可的理由消除并不再发生时，国务院专利行政部门应当根据专利权人的请求，经审查后作出终止实施强制许可的决定。

1.4 强制许可的法律效力

我国2008年《专利法》第56条规定：“取得实施强制许可的单位或者个人不享有独占的实施权，并且无权允许他人实施。”也就是说，发明或实用新型专利权仍归专利权人，专利权人的专利被强制许可后，自己仍有权实施其专利，并且也有权许可其他人实施其发明专利或实用新型专利。而取得强制许可的单位或者个人，只有实施其发明或实用新型专利的权利，无权再将此项专利分许可他人实施。

取得实施强制许可的单位或者个人应当付给专利权人合理的使用费，其数额由双方商定；双方不能达成协议的，由专利行政部门裁决。当事人请求国务院专利行政部门裁决专利使用费，应提交请求书及双方当事人不能达成协议的证明文件。国务院专利行政部门自收到请求书之日起3个月内作出裁决，并通知当事人。国务院专利行政部门作出的实施强制许可的决定以及有关强制许可使用费的裁定并非终局决定。专利权人对上述决定或者裁决不服的，可以自收到通知之日起3个月内向人民法院起诉。

第二节　发明专利的推广应用

发明专利的推广应用是指不经专利权人的同意，国家主管机关允许指定的单位实施对于国家利益或者公共利益具有重大意义的中国国有企业事业单位、中国集体所有制单位和个人所有的发明专利，实施单位须按国家的规定向专利权人支付使用费。这一制度的缘起是1984年《专利法》中关于“计划许可”的规定，随着我国社会主义市场经济的发展，2000年《专利法》修改时删除了原法条中的“根据国家计划”的规定，同时修改了可以使用推广应用的专利的范围。2008年《专利法》取消了对于中国集体所有制单位和个人的发明专利的推广应用。发明专利的推广应用本质上是一种促进有利于公共利益的专利实施的手段，是对专利权人独占权的限制。

我国2008年《专利法》第14条规定：“国有企业事业单位的发明专利，对国家利益或者公共利益具有重大意义的，国务院有关主管部门和省、自治区、直辖市人民政府报经国务院批准，可以决定在批准的范围内推广应用，允许指定的单位实施，由实施单位按照国家规定向专利权人支付使用费。”从该款规定的内容看，实施相关发明专利的推广应用应符合如下要件：

第一，必须是对国家利益或者公共利益具有重大意义的发明专利，所谓“重大意义”，就是指该发明专利对经济建设、国防建设或者国计民生具有重大作用，需要大面积推广应用，一般的发明专利不在推广应用之列。

第二，推广应用只能由特定的主管部门批准实施。根据《专利法》的规定，国务院有关主管部门和省、自治区、直辖市人民政府必须在报经国务院批准，方可以在批准的范围内实施计划许可，而省以下的各级人民政府无权实施。

第三，实施单位应按照国家规定向专利权人支付使用费。

上述各项要求均是针对国有企业事业单位的发明专利而言的，从本质上讲，它们都属于国家所有。

第三节　不视为侵犯专利权的行为

专利权在本质上是一种独占权，即权利人有权禁止他人未经许可实施其专利。不过世界各国专利法基于维护社会整体利益的需要普遍对专利权人的权利作出了一定的限制，将他人在特定情况下未经权利人许可而实施专利的行为排除在专利权侵权的范围以外。我国2008年《专利法》中也有类似的规定，主要体现为第69条。该条规定的不视为侵犯专利权的实施行为包括五种情形。

3.1　专利权用尽后的特定实施行为

专利权用尽(exhaustion of patent)，或称专利权穷竭，是指专利产品一旦被专利权人或经其许可的其他人投放到市场上，专利权人则无权再行阻止任何第三方合法处分该专利产品。从法律性质上看，专利权用尽属于权利限制的一种，是对专利权人专有权的限制。具体到中国的法律规定，2008年《专利法》第69条第1项规定了专利权用尽后的特定实施行为将不视为侵犯专利权，即专利产品或者依照专利方法直接获得的产品，由专利权人或者经其许可的单位、个人售出后，使用、许诺销售、销售、进口该产品的。根据法律规定，在中国适用专利权用尽规则必须注意以下几个问题：第一，专利产品必须是专利权人或者由其许可他人售出的产品，即专利产品必须有合法的来源。第二，第三人对于专利产品的实施行为可以是使用、许诺销售、销售和进口行为。

理论上对于专利权用尽本身是否具有地域性，或者说专利权是在“国内用尽”还是“国际用尽”，则存在不同的观点。一种观点认为，既然知识产权的取得和利用都要受地域的限制，那么，权利用尽自然也不应该例外，也应受地域性限制。如果专利权人就同一发明创造在两个以上国家获取了专利，那么，经他许可在甲国投入流通的产品，并不必然导致他在乙国的专利权用尽，这就是所谓“国内用尽说”。该观点还认为，在专利法中，规定专利权人享有进口权，就是以立法形式承认权利用尽的地域性。[①] 另一种观点则主张，权利用尽具有普遍性，权利用尽应是国际范围的。只要专利权人或其授权人将专利产品在保护该专利权的一国内投放到市场，专利人的权利在所有享有对这种专利产品保护的国家中均告用尽，这就是所谓“国际用尽说”。[②] 上述两种观点针锋相对。有鉴于此，TRIPs 协议第 6 条明确规定，不能援引该协议的任何条文来解决有关知识产权权利用尽的问题。我国 2008 年《专利法》明确规定当专利产品被售出以后，任何单位或者个人进口产品的行为将不视为侵犯专利权，说明中国在专利权用尽问题上所采用的是“专利权国际用尽”的立场。

3.2 先用权人的使用

根据我国 2008 年《专利法》第 69 条第 2 项规定，在专利申请日前已经制造相同产品、使用相同方法或者已经作好制造、使用的必要准备，并且仅在原有范围内继续使用的行为不构成侵犯专利权。这一制度在理论上概括为先用权制度。先用权制度保障通过合法途径获知专利技术内容的公众实施专利的权利。先用权制度的适用应符合以下要件：

第一，先用权人获知专利技术内容的途径必须是合法的。一般而言，先用权人合法获知专利技术内容的途径有两个，其一是通过自身的努力独立作出与专利技术相同的发明创造，其二是从专利权人处通过合法正当的途径获知专利技术内容。

第二，先用权人须已经在制造相同产品或者在使用相同方法，或者已经作好制造、使用的必要准备，如购买机器、建设厂房等。

第三，先用权人的使用权仅限于原有的范围，即继续制造相同产品或者使用相同的方法，而且制造或者使用的范围一般不得超过专利权人提出专利申请时原有设备可以达到的生产能力，也无权许可他人使用。

---

① 参见曲三强：《知识产权法原理》，中国检察出版社 2004 年版，第 341 页。

② 同上。

3.3 临时过境的外国交通工具使用专利的行为

根据我国2008年《专利法》第69条第3项规定，临时通过中国领陆、领水、领空的外国运输工具，依照其所属国同中国签订的协议或者共同参加的国际条约，或者依照互惠原则，为运输工具自身需要而在其装置和设备中使用有关专利的，不视为侵犯专利权。这个规定是符合国际惯例的。如《巴黎公约》规定暂时或者偶然进入巴黎联盟成员国的运输工具(船舶、航空器或车辆)上使用发明专利装置，不视为侵犯专利权人的权利。[①] 在判断是否构成临时过境的问题上，应该注意以下几点：第一，这项规定仅适用于临时国境的外国交通工具，不能适用于临时过境的本国交通工具。第二，临时过境的交通工具使用专利的行为必须仅限于满足自身的需要，如维持机械正常运转、机械的正当操作等，非为交通工具自身需要而使用专利的行为将构成侵犯专利权的行为。第三，该项规定的使用应作出狭义的解释，即仅指将专利付诸实现的行为，而非制造、销售、许诺销售等行为。

3.4 专为科学研究和实验目的使用专利的行为

根据我国2008年《专利法》第69条第4项规定，专为科学研究和实验而使用有关专利的，不视为侵犯专利权。这里所说的为科学研究和实验而使用专利，是指非工业方式的使用或者非营利目的的使用，其中还可能包括为了教学的目的以及为了个人和家庭的兴趣而利用了具有专利权的发明创造等。这种利用，无非是为了发展科学技术，教育培养人才，对发展公共利益有利，又不损害专利权人的利益。因此，这种不是为了生产经营目的而利用专利产品或方法，不应被视为专利权侵权行为。

3.5 为专利药品或者专利医疗器械行政审批而使用专利的行为

根据我国2008年《专利法》第69条第5项规定，为提供行政审批所需要的信息，制造、使用、进口专利药品或者专利医疗器械的，以及专门为其制造、进口专利药品或者专利医疗器械的行为不视为侵犯专利权。该项规定主要借鉴了美国的Bolar豁免规则，在Roche诉Bolar案[②]中，Bolar公司为了能够在Roche公司药品专利权到期时推出其仿制品，在专利到期前从国外获取专利药品进行实验以收集仿制药品报批所需要的数据，法院认定其构成侵权。

① 参见《巴黎公约》第5条之三。

② Roche Product Inc. v. Bolar Pharmaceutical, 733 F. 2858 (Fed Cir. 1984).

这一判决结果最终促成美国国会通过《药品价格竞争和专利期限恢复法案》，允许仿制药厂商在专利到期前进行临床实验和收集药品审批所需的数据，并不视之为侵权，即“Bolar 例外”。

第二十一章　专利权的无效与终止

本章主要介绍了专利权的无效情形，包括专利权的无效宣告与专利权的终止，共分两节。第一节介绍了专利权无效宣告的概念、无效宣告的基本程序及其相应的法律后果；第二节介绍了专利权终止的三种情形，即因保护期限届满而终止、因没有按规定缴纳年费而终止、因专利权人放弃专利权而终止。

第一节　专利权无效宣告

无效宣告(invalidation)程序是专利授权公告后依公众的请求而启动的程序，目的是为了对已经授权的专利进行再次的审查以确定其是否符合专利授权的条件，保证专利质量，避免对不符合法定条件的技术授予独占权而妨碍相关领域创新活动的开展。根据我国 2008 年《专利法》第 45 条和第 46 条第 1 款，专利复审委员会对专利权无效宣告请求进行受理和审查，并作出决定；当事人对专利复审委员会的决定不服的可以依法向人民法院起诉，专利复审委员会应出庭应诉。

1.1　专利权无效宣告请求的提出

根据我国 2008 年《专利法》第 45 条的规定，自国务院专利行政部门公告授予专利权之日起，任何单位或者个人认为该专利权的授予不符合专利法有关规定的，可以请求专利复审委员会宣告该专利权无效。当事人在提出专利无效请求时应当提交无效宣告请求书及必要的证据，其中无效宣告请求书中应当明确指出申请无效宣告的理由。

当事人可以提出专利权无效宣告请求所依据的理由在我国 2002 年《专利法实施细则》第 64 条第 2 款中进行了明确的规定，主要包括：

第一，授予专利权的发明、实用新型或外观设计不符合法律规定的专利条件。

第二，专利申请人提交的申请发明或者实用新型的文件违反了法律关于说明书和权利要求的法定要求。

第三，专利申请人对申请文件进行修改的，对发明和实用新型专利申请文件的修改超出了原说明书和权利要求书记载的范围，对外观设计专利申请文件的修改超出原图片或者照片表示的范围。

第四，申请专利的主题不符合 2002 年《专利法实施细则》对于发明、实用新型和外观设计的定义。

第五，专利权的授予违反了“同样的发明创造只能授予一项专利”的原则。

第六，申请人提交的申请文件违反了 2002 年《专利法实施细则》对于权利要求书和独立权利要求的法定要求。

第七，授予专利权的主题属于法律规定不得授予专利权的情形。

1.2 专利权无效宣告的审查和决定

专利复审委员会收到无效宣告请求后，应进行形式审查，审查的对象是无效宣告请求是否符合我国《专利法》及其实施细则的规定。对于不符合规定要求的无效宣告请求，专利复审委员会将作出指定期限内补正或不予受理的决定；当事人未在指定期限内补正的，宣告请求将被视为未提出。在形式审查过程中，专利复审委员会作出不予受理决定的情形主要包括：

第一，根据我国 2002 年《专利法实施细则》第 65 条第 2 款的规定，在专利复审委员会就无效宣告请求作出决定后，以同样的理由和证据请求无效宣告的。

第二，根据我国 2002 年《专利实施细则》第 65 条第 3 款的规定，以授予专利权的外观设计与他人取得的合法权利相冲突为理由请求宣告外观设计专利权无效，当事人未提交已生效的认定存在权利冲突的法律文书。

第三，由于我国 2002 年《专利法实施细则》对请求无效宣告的理由作出明确的规定，当事人在请求无效宣告时提出的不属于细则中规定的理由。

第四，根据我国 2006 年《专利法审查指南》的规定，宣告无效的请求人未具体说明无效宣告理由，或者虽提交证据但未结合证据具体说明无效宣告理由的，或者未指明每项理由所依据的证据的。对于符合法定要求的请求，专利复审委员会将正式启动无效宣告程序。

当程序启动以后，专利复审委员会将专利权无效宣告请求书及有关文件的副本送交专利权人，并要求其在指定的期限内陈述意见。在无效宣告程序中，专利复审委员会通常仅针对当事人提出的无效宣告请求的范围、理由和提交的证据进行审查，不承担全面审查专利有效性的义务。在无效宣告请求的审查过程中，发明或者实用新型的专利权人可以对权利要求书进行修改，但是不得扩大原专利的保护范围。专利复审委员会在对无效宣告请求进行审查后，可以作出三种决定：宣告专利权全部无效、宣告专利权部分无效或维持专利权有效。专利复审委员会在作出无效宣告请求审查决定后，应当将审查决定送交双方当事人。对审查决定不服的当事人，可以自收到通知之日起 3 个月内向人民法院起诉。宣告专利权无效的决定作出后，如果当事人未在 3 个月内向人民法院起诉或人民法院生效判决维持该审查决定的，由国务院专利行政部门登记和公告。

1.3 宣告专利权无效的法律后果

根据我国 2008 年《专利法》第 47 条第 1 款、第 2 款的规定，宣告无效的专利权视为自始不存在。宣告专利权无效的决定，对在宣告专利权无效前人民法院作出并已执行的专利侵权的判决、裁定，已经履行或者强制执行的专利侵权纠纷处理决定，以及履行的专利实施许可合同和专利权转让合同，不具有追溯力，但是，因专利权人的恶意给他人造成的损失，应当给予赔偿。同时根据我国 2008 年《专利法》第 47 条第 3 款规定，如果专利权人不返还专利侵权赔偿金、专利使用费、专利权转让费，明显违反公平原则的，其应当返还全部或者部分费用。对于一般公众而言，宣告专利权全部无效或者部分无效的决定或者判决发生法律效力后，任何第三人都可以自由使用该项被宣告专利权无效的发明创造。

第二节　专利权的终止

2.1　因保护期限届满而终止

为了鼓励发明创造，专利法授予发明人对其发明创造在一定期限内享有垄断性的独占权。专利权的保护期限是平衡社会公众与专利权人之间利益的砝码。过长或过短的专利权保护期限将损害社会公众或专利权人的应得利益，其结果都不利于社会技术的进步，因此各国均在法律中明确规定了专利的保护期限。我国 2008 年《专利法》第 42 条明确规定了因保护期限届满而终止(expiration)的制度："发明专利权的期限为 20 年，实用新型专利权和外观设计专利权的期限为 10 年，均自申请日起计算。"专利权保护期限届满后，不可以续展。专利技术随之进入到公共领域，任何人对其进行的制造、使用、销售、许诺销售、进口行为都不需要经过原专利权人的许可，也不需要支付任何费用。

2.2　因没有按规定缴纳年费而终止

专利权授予后，各国法律均规定专利权人需要缴纳一定的费用以维持专利的有效性，一般称之为年费、维持费或续展费。根据我国 2008 年《专利法》及 2002 年《专利法实施细则》的规定，专利权人应当自被授予专利权的当年开始缴纳年费，以后的年费应当在前一年度期满前 1 个月内缴纳。专利权人如果没有按时缴纳年费或缴纳费用不足时，国务院专利行政部门应当通知专利权人在应当缴纳年费期满之日起 6 个月内补缴，同时缴纳滞纳金。在专利权人未在 6 个月的宽限期内缴纳年费及滞纳金的情况下，专利权自应当缴纳年费期满之日起终止。

2.3 因专利权人放弃专利权而终止

授予专利权后，专利权人随时可以主动要求放弃专利权，专利权人放弃专利权的，应当提交放弃专利权声明，主动放弃专利权的声明不得附有任何条件。放弃专利权只能放弃一件专利的全部，放弃部分专利权的声明视为未提出。根据我国 2006 年《专利审查指南》的规定，专利权人的放弃专利权声明经审查合格后，审查员应当发出手续合格通知书，并在专利登记簿和专利公报上登记和公告，放弃专利权的生效日是手续合格通知书的发文日。

第二十二章　专利权的保护

本章主要对专利权的保护进行了论述，共分为四节。第一节分别论述了发明、实用新型、外观设计专利权的保护范围以及发明、实用新型保护范围的确定原则；第二节介绍了发明或实用新型专利侵权行为的认定原则，即全面覆盖原则、等同原则、多余指定原则、现有技术抗辩原则以及认定外观设计专利侵权行为的三个步骤；第三节介绍了专利的直接侵权和间接侵权两种形式的基本概念、构成要件等；第四节论述了侵犯专利权的法律责任，包括民事责任、行政责任和刑事责任。

第一节　专利权的保护范围

1.1　发明或者实用新型专利权的保护范围

对发明或实用新型专利侵权的认定一直以来都是各国司法实践中的难点。对专利侵权的判定首先必须合理确定专利权的保护范围，其次，需要将被控侵权的产品或方法（以下统称为“被控侵权物”）体现的技术特征与专利权利要求书中的对应技术特征进行比较，如果完全相同则可认定构成相同侵权或字面侵权，但是在许多情况下，被控侵权物体现的技术特征与专利权利要求书中记载的技术特征并非完全一致。这样一来便产生了这样一个问题：专利权的保护范围是否仅限于通过字面解释所确定的保护范围。这是一个比较难以解决的问题，因此各国在总结司法实践经验的基础上提出了一系列判断原则，如英国的“发明精髓原则”、德国的“总的发明构思”以及美国的“等同原则”。这些原则实质上是通过对权利要求进行灵活解释，将与专利权利要求中记载的技术特征实质上相同的内容包含在权利保护范围之内，实现对权利保护范围的一定范围内的扩张。

1.1.1　确定保护范围的原则

就理论意义而言，有形财产的保护范围是显而易见的，因为在通常情况下有形财产本身就决定了其受保护的范围。相形之下，作为无形财产的专利权，其保护范围唯有通过法律来界定。目前世界各国法律确定发明或者实用新型专利权保护范围的主要依据通常是专利权人提交的权利要求，不过对权利要求如何进行解释，是以其内容为主，还是以文字和措词为主，抑或是两者皆而有之，则存在着不同态度，大体上可以归纳为以下三种原则：

第一，以英美为代表的周边限定（surrounding limited）原则。周边限定原则是指权利要求保护的范围应当根据权利要求的文字严格忠实地进行解释，权利要求书中的文字记载是专利权最大限度的保护范围。这一原则有利于社会公众获知专利权确实的保护范围，但由于采取了较为严格的解释方法，侵权人可能通过对专利技术特征的非实质性修改而轻易逃避侵权责任，因此适用周边限定原则对权利要求进行解释对专利权人的保护存在不足。因此，采用这一原则的国家为克服周边限定原则存在的缺陷，一般采取对权利要求进行灵活解释的方法，将与权利要求的书面记载实质上相同的内容纳入专利权的保护范围。

第二，以德国为代表的中心限定（center limited）原则。中心限定原则是指权利要求是专利保护的范围，但在解释权利要求时，不应完全拘泥于权利要求的文字记载，而应该以权利要求书作为中心，全面考虑发明的目的、性质以及说明书和附图，将中心四周一定范围内的技术也包括在专利保护的范围以内。这一原则对于专利权人的保护较为有利，但是由于权利保护的范围可能变动不居，社会公众不易从公示的权利要求中获知权利保护的确定范围。

第三，《欧洲专利公约》中采用的折中原则。《欧洲专利公约》第 69 条第 1 款规定："一份欧洲专利或者欧洲专利申请的保护范围由权利要求书来确定，说明书和附图可以用于解释权利要求"，即专利的保护范围应根据权利要求的内容来确定，而说明书和附图应当用来解释权利要求。① 这一原则既兼顾了对专利权人的保护，同时也在权利的保护范围方面给予社会公众以合理的确定性。

1.1.2 发明或实用新型专利权保护范围的确定

我国 2008 年《专利法》对发明和实用新型专利保护范围的确定采取了折中原则，该法第 59 条第 1 款规定："发明或者实用新型专利权的保护范围以其权利要求的内容为准，说明书及附图可以用于解释权利要求的内容。"根据这一规定，在确定发明或实用新型专利权保护范围时，应注意以下几点：

第一，确定发明或实用新型专利权保护范围的依据应当是国务院专利行政部门在授权时公告的权利要求书，或者由已经发生法律效力的复审决定、无效决定所确定的权利要求书。

第二，确定发明或实用新型专利权的保护范围应当以权利要求的内容为依据，而不以权利要求书中的个别文字和个别措词为准。这就是说，权利要求的内容是确定发明或实用新型专利保护范围的直接依据，而这个依据是由权利要求的整体内容而不是个别文字来表达的，凡是在权利要求书中没有记载的，均不在专利权保护范围之内。

第三，专利说明书和附图在确定专利权的保护范围时处于从属地位，可以用于帮助理解权利要求中表述的技术方案。一项技术方案仅记载在专利说明书和附图中，并未反映在专利权利要求书中，不能将其纳入专利保护范围。

第四，确定专利权的保护范围时需要明确权利要求书所使用术语的含义。根据我国《专利法》及其实施细则的规定，权利要求书以说明书为依据，使用的术语应当与说明书中使用的术语一致。因此在说明书未对所使用术语的含义作出其他说明的情况下，权利要求书中术语应使用通用或约定俗成的含义。

---

① 尹新天：《专利权的保护》（第二版），知识产权出版社 2005 年版，第 257 页。

1.2 外观设计专利权的保护范围

根据我国2008年《专利法》第59条第2款规定，外观设计专利权的保护范围以表示在图片或者照片中的该产品的外观设计为准，简要说明可以用于解释图片或者照片所表示的该产品的外观设计。外观设计的简要说明包括使用该外观设计的产品的设计要点、请求保护色彩、省略视图等情况，因此对外观设计的简要说明可以用于理解外观设计的保护范围。此外，外观设计专利的保护范围与申请专利时所指定使用的产品有关，一般情况下外观设计专利的保护范围仅限于同类产品，但不排除在特殊情况下将专利权的保护范围延及类似产品。

第二节 专利侵权行为的认定

2.1 发明或实用新型专利侵权行为的认定

2.1.1 全面覆盖原则

在判定专利侵权时，最先适用的是全面覆盖原则(comprehensive coverage)。全面覆盖原则，或称字面侵权原则，是指如果被控侵权物的技术特征包含了专利权利要求中记载的全部必要技术特征，则被控侵权物就落入了专利权保护范围。根据上述原则，全面覆盖一般是指被控侵权物的技术特征与专利权利要求中记载的必要技术特征一一对应并且相同。在司法实践中，下述情况也被视为被控侵权物全面覆盖了专利权的保护范围：第一，当专利独立权利要求中记载的必要技术特征采用的是上位概念特征，而被控侵权物采用的是相应的下位概念特征时，则被控侵权物落入专利权的保护范围，构成侵权。第二，被控侵权物在利用权利要求书中的全部必要技术特征的基础上又增加了新的技术特征，仍落入专利权的保护范围。第三，被控侵权物对在先专利技术而言是改进的技术方案，并且获得了专利权，则属于从属专利。未经在先权利人许可，实施从属专利的行为则落入了在先专利权的保护范围，构成侵权。①

2.1.2 等同原则

(1) 等同侵权(equivalent infringement)的认定

在实际生活中，纯粹的字面侵权，即完全仿制他人专利产品或照搬他人

① 北京市高级人民法院《关于专利侵权判定若干问题的意见(试行)》第27条至第29条。

专利方法的专利侵权行为并不多见，常见的是被控侵权人通过对他人专利加以研究，对权利要求中的某些技术特征以该技术领域普通技术人员未经创造性智力劳动能够联想到的技术特征对专利技术方案进行简单的改头换面，使被控侵权物与专利产品或专利方法产生实质上相同的技术效果。在这种情况下，为了使专利权人的合法权益能够得到全面、切实的保护，专利侵权行为认定的等同原则应运而生。

所谓等同原则（equivalence）是指被控侵权物中有一个或者一个以上技术特征经与专利独立权利要求保护的技术特征相比，从字面上看不相同，但经过分析可以认定二者是等同特征，这种情况下，应当认定被控侵权物落入了专利权的保护范围。[①] 这里的等同特征亦可称为“等同物”。在司法实践中，如果被控侵权物上的技术特征被证明满足以下条件则被视为专利权要求中相应的技术特征的“等同特征”或“等同物”：第一，被控侵权物中的技术特征与专利权利书中所要求的相应技术特征相比，是以基本相同的手段，实现基本相同的功能，并产生了基本相同的效果；第二，该等同特征对该专利所属领域的普通技术人员来说是无需经过创造性劳动就能够联想到的技术特征。[②]

我国 2008 年《专利法》中并未明确规定等同原则，而是由最高人民法院以司法解释的形式予以确认。2001 年 6 月最高人民法院颁布了《关于审理专利纠纷案件适用法律问题的若干规定》，其第 17 条规定：“专利法第 56 条第 1 款所称的‘发明或者实用新型专利权的保护范围以其权利要求为准，说明书及附图可以用于解释权利要求’，是指专利权的保护范围应当以权利要求书中明确记载的必要技术特征所确定的范围为准，也包括与该必要技术特征相等同的特征所确定的范围。等同特征是指与所记载的技术特征以基本相同的手段，实现基本相同的功能，达到基本相同的效果，并且本领域内的普通技术人员无需经过创造性劳动就能够联想到的特征。”在此基础上，北京市高级人民法院在 2001 年 9 月发布了《关于专利侵权判定若干问题的意见（施行）》，其中对等同原则的司法实践经验进行了总结概括，具体如下[③]：

第一，在专利侵权判定中，应先适用全面覆盖原则判定被控侵权物是否落入专利权的保护范围，如果得出否定性的结论，则再适用等同侵权原则进行判定。

第二，在适用等同侵权原则时，应对专利权利要求进行灵活的解释，将与

---

① 北京市高级人民法院《关于专利侵权判定若干问题的意见（试行）》第 32 条。

② 最高人民法院《关于审理专利纠纷案件适用法律问题的若干规定》第 17 条第 2 款、北京市高级人民法院《关于专利侵权判定若干问题的意见（试行）》第 34 条。

③ 北京市高级人民法院《关于专利侵权判定若干问题的意见（试行）》第 31 条至第 42 条。

专利独立权利要求中必要技术特征相等同的技术特征所确定的权利范围纳入专利权的保护范围。等同保护范围的界定应根据专利的类型有所区别:对于开拓性的重大专利,可以适当放宽;对于组合性发明或者选择性发明,可以适当从严。①

第三,在适用等同侵权原则时采取全部技术特征原则,即等同原则中的等同是指具体技术特征的等同,而非完整技术方案的等同。

第四,在具体技术特征等同的判断上应当以专利所属技术领域的普通技术人员的专业知识水平为准,不能以相关领域的高水平技术专家的专业水平或知识水平为标准。

第五,在适用等同原则进行侵权判定时,必须为判断权利要求和被控侵权物是否等同确定一个时间点,这个时间点是以侵权行为发生的时间为界限。

(2) 禁止反悔原则在等同侵权认定中的适用

禁止反悔原则(estoppel)源自英国的衡平法,是指在专利审查或者无效程序中,专利申请人或专利权人为使其专利符合专利法规定的实质性条件而通过书面声明或者修改专利文件的方式对权利要求的保护范围作了限制承诺或者部分地放弃了保护,并因此获得了专利权,在其后的专利侵权诉讼中,当适用等同原则确定专利权的保护范围时,应当禁止专利权人将已被限制、排除或者已放弃的内容重新纳入专利权的保护范围。

适用禁止反悔原则应符合以下条件:第一,专利权人对有关技术特征所作的限制承诺或者放弃必须是明示的,而且已经被记录在专利文档中。② 第二,限制承诺或者放弃保护的技术内容,必须对专利权的授予或者维持专利权有效产生实质性作用。禁止反悔原则的适用应当以被告提出请求为前提,并由被告提供原告反悔的相应证据。③ 第三,当等同原则与禁止反悔原则在适用上发生冲突时,即原告主张适用等同原则判定被告侵犯其专利权,而被告主张适用禁止反悔原则判定自己不构成侵犯专利权的情况下,应当优先适用禁止反悔原则。④

2.1.3 多余指定原则

多余指定原则(redundant designated)是指在解释专利权保护范围时,当

---

① 开拓性重大专利是指一种全新的技术方案,在技术史上未曾有过先例,它为人类科学技术在某个时期的发展开创了新纪元,如蒸汽机、白炽灯、收音机等。组合性发明是指将某些技术方案进行组合,构成一项新的技术方案,以解决现有技术客观存在的技术问题;选择性发明是指从现有技术中公开的宽范围中,有目的地选出现有技术未提到的窄范围或个体的发明。

② 北京市高级人民法院《关于专利侵权判定若干问题的意见(试行)》第45条第1项。

③ 北京市高级人民法院《关于专利侵权判定若干问题的意见(试行)》第45条第2项、第46条。

④ 北京市高级人民法院《关于专利侵权判定若干问题的意见(试行)》第44条。

专利独立权利要求中记载了明显附加技术特征时，如果剔除这些特征后，其他技术特征仍旧还是一个完整的技术方案，那么在侵权判定过程中就可以不将其纳入对技术特征的比对。如果被告的其他技术特征与原告的技术特征相同或等同，仍可认定被告构成侵权。在认定记载在专利独立权利要求中的某个技术特征是否属于附加技术特征时，应当结合专利说明书及附图中记载的该技术特征在实现发明目的、解决技术问题的功能、效果，以及专利权人在专利审查或无效程序中对国务院专利行政部门或者专利复审委员会所作出的涉及该技术特征的陈述，进行综合分析判定。①

专利权利要求书作为法律文件，所起的作用是公示专利权保护范围，因此一经公开则不能轻易改动，但是多余指定原则的适用将导致从公示的权利要求中剔除非必要技术特征，有可能导致专利权保护范围的扩张和不稳定，因此在司法实践中对于多余指定原则的适用应进行严格的限制：第一，必须由权利人明确提出，法院不得主动适用。第二，法院依据权利要求书、说明书等法律文件进行严格审查、综合判断，仅在申请人将多余技术特征写入独立权利要求是显而易见的疏忽，且将其作为必要技术特征会导致显失公平的判决结果时，方可适用。第三，该技术特征不得存在专利权人反悔的情形。

2.1.4 现有技术抗辩原则

现有技术抗辩(prior art defense)是专利权侵权的抗辩理由，是指在专利侵权诉讼中，被控侵权人以被控侵权物属于现有技术而进行抗辩。这里的现有技术是指在专利申请日之前(有优先权日的，指优先权日)在国内外为公众所知的技术。我国 2008 年《专利法》第 62 条明确规定了此条侵权抗辩原则，即“在专利侵权纠纷中，被控侵权人有证据证明其实施的技术属于现有技术的，不构成侵犯专利权”。

在等同侵权中利用现有技术进行抗辩最为关键也最为困难的问题就是对于等同范围和现有技术关系的确定。在法律实践中，被控侵权物往往既不落入专利要求书所载明的保护范围，也不同于现有技术。在这种情况下，判断被控侵权物是等同侵犯了专利权还是对现有技术的利用，必须要具体分析被控侵权物的技术特征与专利的技术特征更接近还是离现有技术更接近。如果被控侵权物更靠近专利技术，则构成等同侵权；如果被控侵权物与现有技术更靠近，则不构成侵犯专利权。在被诉侵权技术与现有技术完全相同的情形下，如果根据等同原则能够得出侵权的结论，那么专利则因缺乏创造性而不具备可专利性，因此即使不被宣告无效，也决不应当得到专利法的保护，

---

① 北京市高级人民法院《关于专利侵权判定若干问题的意见(试行)》第 48 条

获得侵权救济。

利用现有技术原则进行的抗辩并非仅适用于等同侵权，也可能存在于字面侵权的诉讼之中。不过，被诉侵权的产品或方法属于现有技术，又与专利权利要求完全一致而构成字面侵权的情形十分罕见；因为经过专利审批程序之后，专利的权利要求与现有技术完全一致的可能性极小。尽管如此，现有技术抗辩仍然是一项具有普适意义的抗辩理由。

2.2 外观设计专利侵权行为的认定

外观设计专利侵权的认定通常采取以下三个步骤：

第一，确定外观设计专利权的保护范围，如前所述，外观设计专利权的保护范围以表示在图片或照片中的该产品的外观设计为准，对外观设计的简要说明可以用于解释图片或者照片所表示的该产品的外观设计。

第二，判断被控侵权产品与专利产品是否属于同类商品。同类商品的判断通常是以产品的功能、用途作为标准，同时参考国际外观设计分类表中有关商品的分类。如果外观设计专利产品与被控侵权产品在功能、用途上是相同的，就可以确定二者是同类商品，并继续进行侵权判定。如果二者在功能、用途上不相同，可以认定二者既不是同类商品，至此便可以结束侵权判定过程，认定专利侵权不成立。

第三，以普通消费者的眼光判断被控侵权产品与专利产品是否相同或相近似。① 对相同或相近似的判断采用整体观察、综合判断的方式，看两者是否具有相同的美感；比较的重点应当是专利权人独创的富于美感的主要设计部分与被控侵权产品的对应部分，考察被控侵权人是否抄袭、模仿了专利权人的独创部分。②

在认定侵犯外观设计专利权行为中，应依法排除不受外观设计保护的内容。应当排除的内容包括：专利申请日前同类产品已有的外观设计内容；产品的内部构造特征或者技术功能决定的外表特征等。此外，还应当注意掌握

① 设置外观设计专利制度的目的，在于保护和鼓励工商业者制造实用性和美观外表相结合的商品，而富有美观外表的物品会大大提高消费者的消费质量和生活情趣。因此，判断行为人产品外观与权利人的外观设计是否相同或者相近似，应当以此类产品的消费者或者用户作为评价的主体，以其平均审美水平进行观察比较，而不是以该产品制造领域的专业技术人员的标准分析判断。我国 2006 年《专利审查指南》规定，判断外观设计是否相同或者相近似，“应当从一般消费者的角度进行判断，而不是从专业设计人员或者专家等的角度进行判断”。

② 北京市高级人民法院《关于专利侵权判定若干问题的意见(试行)》第 67 条。

不要把对外观设计专利的保护扩大到技术构思。[①]

第三节 专利侵权行为

3.1 直接侵权

直接侵权(direct infringement)是指在专利权的有效期内,行为人未经专利权人的许可,以生产经营为目的实施其专利。此处的"实施专利"根据我国2008年《专利法》第11条的规定,可以是制造、使用、许诺销售、销售或进口行为。

专利权是一种民事权利,因此专利权直接侵权行为的构成应遵循民事法律规定的民事侵权行为构成要件。理论上认为,一般侵权行为的构成要件包括行为、损害事实、行为与损害事实之间的因果关系、行为人的主观过错等四个要素。同时,归责原则对于侵权行为的构成要件也有影响:在过错责任原则之下侵权行为的构成需要证明行为人具有主观过错,而在适用无过错责任原则的情况下侵权行为的构成无须考虑行为人的过错。

对专利侵权行为的归责原则,理论界尚未形成统一认识。一种观点认为,侵犯知识产权行为是一般民事侵权行为,其归责原则应适用过错原则[②];另一种观点认为,侵害知识产权的归责原则应适用无过错原则,但涉及赔偿责任,应考虑侵害人的主观因素,因此适用过错原则。[③] 我国2008年《专利法》没有明确规定专利侵权行为的归责原则,但是根据该法的第60条和第70条的规定,本书采用后者的观点。[④]

基于以上,直接侵权行为的构成要件主要包括:第一,行为人的实施行为。行为人在未经专利权人许可的情况下从事了实施专利的行为:就产品发明专利及实用新型专利而言,实施专利的行为是指制造、使用、许诺销售、销售、进口专利产品的行为;就方法发明专利而言,实施专利的行为是指使用专

① 对于不涉及产品外观的技术构思不属于外观设计专利保护的内容,这在国际上也是通行的原则。如欧洲议会和外观设计法律保护委员会主张外观设计保护不应该延伸到在产品正常使用过程中看不见的那些部件,或者当部件在安装时不能看见的部件特征,或者本身不能满足新颖性和独创特征要求的产品。对唯一由其技术功能支配的产品的外观特征,不应该授予外观设计权。参见李国光、蒋志培:《知识产权诉讼》,人民法院出版社1999年版,第453页。

② 该观点认为在知识产权领域应适用过错责任原则,主要是以我国1986年《民法通则》第106条为根据,该条第2款、第3款规定:公民、法人由于过错侵害国家的、集体的财产,侵害他人财产、人身的,应当承担民事责任。没有过错,但法律规定应当承担民事责任的,应当承担民事责任。"

③ TRIPs协议第45条第2款规定:在适当场合即使侵权人不知或无充分理由应知自己从事的活动系侵权,成员仍可授权司法当局责令返还所得利润或令其支付法定赔偿额,或两者并处。因此,有观点认为,TRIPs协议主张对部分知识产权侵权的认定适用无过错责任原则。

④ 我国2008年《专利法》第60条、第70条。

利方法以及使用、许诺销售、销售、进口依照专利法直接获得的产品的行为；就外观设计专利而言，实施专利的行为是指制造、许诺销售、销售、进口其外观设计专利产品的行为。第二，权利人受损害的事实。行为人未经许可实施专利的行为造成专利权人现有财产的减损或者可得利益的损失。第三，行为人的实施行为与损害事实之间必须具有因果关系，即二者之间是引起与被引起的关系。

一般情况下，在侵权行为的认定中遵循的是“谁主张谁举证”的举证规则，但在专利侵权纠纷涉及新产品制造方法的发明专利时，我国2008年《专利法》第61条第1款规定了举证责任倒置制度，即由制造同样产品的单位或者个人提供其产品制造方法不同于专利方法的证明。此外，在审理专利侵权纠纷时，人民法院可以根据我国2008年《专利法》第61条第2款的规定要求专利权人或者利害关系人出具由国务院专利行政部门对相关实用新型和外观设计进行检索、分析和评价后的专利权评价报告，作为审理专利侵权纠纷的证据。

3.2 间接侵权

间接侵权(indirect infringement)是与直接侵权相对应的概念，指行为人实施的行为虽不构成直接侵犯他人专利权，但是其故意教唆、引诱、帮助他人实施了直接侵害专利权的行为。中国专利法中并无明确规定禁止专利权间接侵权行为，因此这一制度应如何构建尚处于理论研究的阶段。但在司法实践中，为了能够给予专利权人以充分有效的保护，法院一般根据我国1986年《民法通则》第130条及最高人民法院《关于贯彻执行〈中华人民共和国民法通则〉若干问题的意见(试行)》第148条的规定认定行为人实施的间接侵权行为成立，其应承担连带责任。

间接侵权行为的成立，一般需要具备以下要件：第一，间接侵权行为的成立必须以直接侵权行为成立为基础，该直接侵权行为的成立必须由法院予以认定。第二，间接侵权人主观上对于教唆、引诱、帮助他人实施侵权行为具有故意。第三，间接侵权的对象是指仅可用于实施他人产品的关键部件，或者方法专利的中间产品，该关键部件或中间产品除实施他人专利技术外无其他用途。[①] 第四，间接侵权人实施了故意教唆、引诱、帮助他人实施直接侵权行为的行为。

① 北京市高级人民法院《关于专利侵权判定若干问题的意见(试行)》第74条。

第四节　侵犯专利权的法律责任

4.1　侵犯专利权的民事责任

根据我国1986年《民法通则》第118条的规定，行为人实施了侵权行为应当承担停止侵害、赔偿损失、消除影响的民事责任。

（1）停止侵害

停止侵害，即责令侵权人停止侵权行为。[①] 责令侵权人停止侵权行为，这是民事救济的一种措施，一般应在通过审理确认其专利侵权构成违法以后采取的措施。专利权人或者利害关系人[②]亦可以在起诉前向人民法院申请采取责令他人停止有关行为，将此作为一种预防性措施而采用，以防止侵权人继续进行侵权活动，我国2008年《专利法》第66条明确了专利权人或者利害关系人申请诉前禁令应遵循的规则。申请有错误的，申请人应当赔偿被申请人因停止有关行为所遭受的损失。

（2）赔偿损失

赔偿损失是法院对专利侵权人采取的一种民事救济措施。由于侵权人的侵权行为给专利权人造成了损失，法院通过审理认定侵权违法确已构成，应责令侵权人赔偿专利权人损失。我国2008年《专利法》第65条规定了侵权赔偿数额的确定方法：侵犯专利权的赔偿数额按照侵权人因被侵权所收到的实际损失确定；实际损失难以确定的，可以按照侵权人因侵权获得利益确定。权利人的损失或者侵权人获得的利益难以确定的，参照该专利许可使用费的倍数合理确定。赔偿数额还应当包括权利人为制止侵权行为所支付的合理开支。除了以上的赔偿数额确定方法外，我国2008年《专利法》规定了法定赔偿制度，即在权利人的损失、侵权人获得利益和专利许可使用费均难以确定的情况下，人民法院可以根据专利权的类型、侵权行为的性质和情节等因素，确定给予1万元以上100万元以下的赔偿。

---

① 在美国知识产权司法审判中，与停止侵害相类似的救济措施是禁令，一般情况下法院在作出专利侵权的判决后即签发禁令。然而2006年轰动一时的eBay诉MercExchange专利纠纷案，改变了这种禁令惯例。联邦最高法院改变了延续多年的法庭作出侵权判决后即签发禁令的做法，提出必须用传统的四要素加以检验，是否要签发永久禁令。这四条标准是：侵权行为造成不可挽回的损害；依法获得的金钱补偿不足以弥补该损害；权衡双方的损害后，倾向于下达禁令；永久禁令不会危害公共利益。美国联邦最高法院还提到，如果涉案的专利只是产品中的一个元件，签发永久禁令，有可能会损害公众利益。

② 根据我国2001年最高人民法院《关于对诉前停止侵犯专利权行为适用法律问题的若干规定》第1条的规定，利害关系人包括专利实施许可合同的被许可人、专利权的合法继承人等。

(3) 消除影响

根据我国1986年《民法通则》第118条,公民、法人的专利权受到侵害的,有权要求消除影响。这个规定是必要的。例如,专利权人的产品本来在市场上享有信誉,但是由于侵权人仿制的伪劣产品,严重影响了专利产品的信誉。因此,除赔偿损失外,法院可以根据专利权人的要求,责令侵权人公开向专利权人道歉并登报承认错误,以消除由于专利侵权所造成的不良影响。

4.2 侵犯专利权的行政责任

侵犯专利权的行政责任是专利权行政保护的结果。专利权的行政保护,指的是由国家专利行政管理机关通过行政程序采用行政手段对专利权实行法律保护。根据我国2008年《专利法》第60条规定,未经专利权人许可实施其专利,即侵犯其专利权,引起纠纷的,由当事人协商解决;不愿协商或者协商不成的,专利权人或者利害关系人可以请求管理专利工作的部门处理。管理专利工作的部门处理时,认定侵权行为成立的,可以责令侵权人立即停止侵权行为,当事人不服的,可以自收到处理通知之日起15日内依照1990年《行政诉讼法》向人民法院起诉;侵权人期满不起诉又不停止侵权行为的,管理专利工作的部门可以申请人民法院强制执行。

我国2008年《专利法》第63条明确了假冒他人专利行为应承担的行政责任,即假冒他人专利的,除依法承担民事责任外,由管理专利工作的部门责令改正并予公告,没收违法所得,可以并处违法所得四倍以下的罚款,没有违法所得的,可以处20万元以下的罚款。为了保障管理专利工作的部门能够依法行使职权查处假冒专利行为,我国2008年《专利法》亦在第64条明晰了相关部门在查处假冒专利行为时可以采取的措施。

4.3 侵犯专利权的刑事责任

根据我国2008年《专利法》第63条规定,假冒他人专利,构成犯罪的,依法追究刑事责任。专利法中关于刑事责任的规定可以适用我国1997年《刑法》第216条的规定,即假冒他人专利,情节严重的,处3年以下有期徒刑或者拘役,并处或单处罚金。

为了正确适用刑法的相关规定,最高人民法院、最高人民检察院在2004年颁布的《关于办理侵犯知识产权刑事案件具体应用法律若干问题的解释》中对"假冒他人专利"的行为作出了界定,即假冒他人专利是指:未经许可,在其制造或者销售的产品、产品的包装上标注他人专利号的;未经许可,在广告或者其他宣传材料中使用他人的专利号,使人将所涉及的技术误认为是他人专利技术的；未经许可，在合同中使用他人的专利号，使人将合同涉及的技术误认为是他人专利技术的；伪造或者变造他人的专利证书、专利文件或者专利申请文件的。对“情节严重”的情形作出了列举：“非法经营数额在20万元以上或者违法所得数额在10万元以上的；给专利权人造成直接经济损失50万元以上的；假冒两项以上他人专利，非法经营数额在10万元以上或者违法所得数额在5万元以上的；其他情节严重的情形。”关于罚金数额，2007年最高人民法院、最高人民检察院《关于办理侵犯知识产权刑事案件具体应用法律若干问题的解释(二)》第4条规定：“人民法院应当综合考虑犯罪的违法所得、非法经营数额、给权利人造成的损失、社会危害性等情节，依法判处罚金。罚金数额一般在违法所得的1倍以上5倍以下，或者按照非法经营数额的50%以上1倍以下确定。”

第四编　商　标　法

第二十三章　商标法概述

本章主要介绍了商标的基本知识，对商标进行总括性的介绍，共分为三节。第一节分别介绍了商标的基本概念、基本功能和商标的经济意义，以及商标根据不同的标准进行不同的分类；第二节分别介绍了商标权的概念、特征、产生依据和商标权所包括的内容，以及未注册商标基本概念和特征；第三节分别从商标的起源、近代商标制度、中国商标法的发展历史介绍了商标法的历史沿革。

第一节　商标的概念和分类

1.1　商标的概念

我国 2001 年《商标法》对商标(trademark)的概念并未作出明确地界定，但是该法第 8 条规定，任何能够将自然人、法人或者其他组织的商品与他人的商品区别开的可视性标志，包括文字、图形、字母、数字、三维标志和颜色组合，以及上述要素的组合，均可以作为商标申请注册。由此可见，我国《商标法》要求商标必须具有可视性。

TRIPs 协议第 15 条第 1 款规定："任何能够将一企业的商品和服务与其他企业的商品或服务区别开的标志或标志的组合，均应能够构成商标。此类标志，特别是文字(包括人名)、字母、数字、图形要素、颜色组合以及上述标记的任何组合，均应能够作为商标获得注册。即使标记没有固有的区别有关商品或服务的特性，但成员可以依据其通过使用而获得的识别性作为注册的条件。各成员可要求把标志的可视性作为注册的条件。"根据这种要求，只要标志具有可识别性，即使是气味、音响，也可以作为商标，但是允许成员将气味、音响排除在注册范围之外。

本书对商标的定义采用 TRIPs 协议的规定，即商标是指任何能够将自然人、法人或者其他组织的商品和服务与他人的商品或服务区别开的识别性标志。

1.1.1　商标的基本功能

(1) 命名功能

商品的生产者、经营者和服务提供者通过反复推敲，精心选择专有名词、形容词、造意词、音译词，或者某个为大众所熟知的图案或者寓意深刻的造型或其组合等，为自己生产经营的商品制造标识，并赋予该标识的情感含义，从而增强企业信心，形成便于消费者记忆的，并树立良好形象的商品或服务的标志。

(2) 区别功能

商标在不同的商品生产者、经营者和服务提供者所生产或经营的同一或类似商品、服务之间制造差别，便于消费者区分商品的生产厂家和经营单位。商标是识别商品或服务、识别厂商的最简捷、最有效的途径。商标的识别性为商品交易过程中的认牌购货提供了保证。

(3) 质量保证功能

商标未必一定要表明商品的高品质,但是,以相同的商标标示的特定商品或服务的质量必须具有一以贯之的水平。商品品质的同一性和稳定性是商标信誉的基础。消费者总是希望能够通过商标的导引进而找到质量稳定的商品。商标有时被人当成是商品价值和质量的一种信用担保。商标的终极意义是用来保障具有稳定质量的特定商品或服务本身,而不是商品或服务的来源。商标的主要功能,是使公众能够识别那些他们所经验的、对其品质特性有所了解的商品,能够保证下次购买带有同样商标的商品时,也会获得同样的品质,这就是商标的保证作用。商标的拥有人不一定实际参加商品的生产,而只需对商品的质量加以控制就行了。[①] 商标还被解释成商誉(goodwill)的表征,生活中确有"商业信誉是实体,商标是其影子"的说法。[②] 某些国家的商标法甚至还直接或间接对商标的质量保证功能作出规定。

商标的质量保证功能既体现了商标所有人的利益,也符合消费者的利益。在通常情况下消费者都会认为,某一品牌的商品具有的质量,标有同样商标的其他商品也都具有相同的质量。某一商标与某一产品或服务的特定质量之间具有某种特定的联系,它能担保商品或服务符合消费者的预期。对于商标拥有者来说,商标象征的质量信誉构成其商标价值的基本内容。此外,商品品质的同一性为商标许可和转让制度的确立提供了客观基础。

(4) 宣传功能

商标的宣传功能是与商标的区别功能和品质保证功能联系在一起的。商标本身就是一种有效的广告方式。商标创牌的一切努力都是为了提高商品的知名度和市场竞争力,引起消费者的关注,将厂商及其商品或服务的形象深深地烙在消费者心中,从而引发消费者买商品的欲望,为自己带来经济效益。就这种意义而言,商标具有潜在的促销功能,能够促使消费者反复消费同一品牌的商品或服务。

1.1.2 商标的经济意义

商标的使用是商品的主要营销手段之一。在现代市场经济条件下,"酒好不怕巷子深"已经成为过去。社会需要不断推出新产品和优质产品,商品生产者和经营者需要把自己的商品卖出去,卖得多,卖得快,卖出好价钱。这就需要改变传统的销售方式和购物方式。确定一种简单易记、能让买卖双方

---

① 《简明不列颠百科全书》(中文版)第七卷,中国大百科全书出版社 1986 年版,第 91 页。

② 刘春田:《知识产权法》,中国人民大学出版社 2000 年版,第 223 页。

共同认知的标志来从中传递信息，这种标志就是商标。在大众传媒发达的今天，广告将商标置于醒目的位置并广为宣传，为消费者认牌购货、货比三家带来了极大便利。

商标的使用也是市场竞争的重要手段之一。商标区别了商品的生产者、经营者，厂商必须对其生产或经营的商品的质量负责，这样一来，就必须努力使优质名牌与劣质杂牌得以辨别，厂商就会努力降低成本和提高质量，以增加优质名牌产品的市场竞争力。

商标是厂商物化劳动和活劳动成果的巨大凝结，是无形的财富，能够给工商企业带来巨大的物质利益。尽管如此，如果没有强有力的对商标的法律保护，这种劳动成果也会付诸东流，商标的经济意义也会随之丧失。

1.2 商标的分类

1.2.1 商品商标与服务商标

根据使用对象的不同，可以把商标划分为商品商标和服务商标。根据《尼斯协定》，商标被划分为45类，其中1～34类为商品商标，35～45类为服务商标。《尼斯协定》所附的《商品和服务分类表》，将商品分为34个大类，将服务分为广告与实业、保险与金融、建筑与修理、通讯、运输与贮藏、材料处理、教育与娱乐、杂项服务等11个大类，共一万多个小项。根据2001年《商标法》的规定，商标分为商品商标和服务商标两类。

（1）商品商标

商品商标（goods mark）是指商品生产、经营者为了使自己生产、制造、加工、拣选或经销的商品同他人的商品相区别，而使用的具有显著性特征的可视性标志。商品商标与服务商标相对应，可进一步区分为商品生产者的“制造商标”和商品销售者的“销售商标”。

（2）服务商标

服务商标（service mark）是指提供服务的经营者为将自己提供的服务与他人提供的服务区别开来而使用的标志。我国2001年《商标法》第4条第2款和第3款规定：“自然人、法人或者其他组织对其提供的服务项目，需要取得商标专用权的，应向商标局申请服务商标注册。”“本法有关商品商标的规定，适用于服务商标。”

1.2.2 文字商标、图形商标、立体商标、音响商标、气味商标与组合商标

根据构成要素不同，可以把商标划分为文字、图形、立体、音响、气味商标以及组合商标等。

根据我国2001年《商标法》关于商标构成要素的要求，商标可以由文字商

标、图形商标、组合商标、颜色商标或立体商标组成，可以指定颜色。实际生活中的组字商标属于文字商标；记号商标则属于图形商标。

就文字商标和组合商标中的文字部分而言，目前仍具有其他构成要素不可替代的重要作用。商标通过出版物、广播电台、电视台等大众传媒进行广告宣传，或通过商品营销活动进行宣传的时候，一个别出心裁、朗朗上口，具有呼叫功能的商品名字，必将在消费者中造成广泛影响。因此，无论国内还是国外，绝大多数商标都带有语言文字。图形商标和组合商标中的图形部分讲求简洁、明快、独具匠心，通过视觉差异给消费者造成深刻印象，其作用也愈益重要。

(1) 文字商标

文字商标(character trademark)是由纯文字组成的商标，可以使用汉字、少数民族文字、外国文字、汉语拼音和外文字母等。无实质意义的词汇、人名、厂名、县级或县级以下行政区划的地名等，也可以被用作商标。我国2001年《商标法》对于由数字组成的商标并无特别限制，这一点与其他许多国家的做法不一样。在许多国家，只有当某种由数字组成的商标成为驰名商标之后，法律才给予承认，如英国的"555"牌香烟，就是在畅销世界之后才被许多国家批准注册的。从技术角度看，文字商标关乎字体。有一种说法，正楷字体的保护面宽而显著性弱；相形之下，其他字体显著性强而保护面窄。此外，商标还有一个保护色彩的问题，黑白图样保护面宽而显著性弱；指定色彩显著性强而保护面窄。

(2) 图形商标

图形商标(device trademark)是以平面图形构成的商标。其图形可以是具体的画、像等，也可以是抽象的线条、图案等。其优点是形象直观，不受语言限制，在世界各地均可以清晰辨认。因此，图形商标是使用历史最早、时间最久的商标形式。其缺点是不便于呼叫，不利于消费者指称，所以经常是与文字商标结合起来使用。

(3) 立体商标

立体商标(three-dimensional trademark)，亦称三维商标，相对于平面商标图案而言，是指以具有长、宽、高三种维度的立体物质形态的商标。我国2001年《商标法》允许立体商标的申请注册。在某些国家中，商品的容器、包装或外壳也可以成为立体商标，例如，可口可乐的瓶颈造型，已经作为商标在美国注册。

(4) 气味商标

气味商标(odor trademark)是以某种特殊气味作为区别不同商品和服务

的商标。目前，气味在我国尚不能注册为商标，这种商标只在个别国家被承认。

(5) 音响商标

音响商标(sound trademark)是以音符编成的一组音乐或以某种特殊声音作为商品或服务的商标。如金币发出的声音，被作为银行的服务商标注册。乐曲作为音像公司的商标，可以被注册。目前，音响在我国也还不能注册为商标，这种商标只在美国等少数国家得到承认。

(6) 组合商标

组合商标(composite trademark)是由文字、图形、字母、数字、三维标志和颜色组合的商标，但在一定情况下不排除其与气味、音响的结合。目前，文字和图形联合构成的商标为数最多，是普遍使用的商标形式。这类商标可以充分发挥各组合部分的优势，利于消费者辨别和记忆，利于商品的促销。

1.2.3 总商标与分商标

根据使用目的不同，可以把商品商标划分为总商标和分商标。

(1) 总商标

总商标(chief trademark)又称营业商标，是指企业将其厂商名称作为商标固定使用在其生产或者经营的所有产品上，便于消费者识别商品出处，树立企业的整体形象。

(2) 分商标

分商标(sub trademark)是指工商企业对其生产或经营的不同品种、规格的特定商品，各使用一个专门用于特定商品的商标。这样一来，每种商品上都可能出现总商标和分商标两个商标，既可以维护工商企业的整体形象和持久声誉，又能体现具体产品的特点。例如，"同仁堂"是总商标，"李时珍"、"旭日"、"京药"、"山花"等为分商标。实际生活中的等级商标(grade trademark)也属于分商标，它将企业的同种商品按质量等级分级各使用一个商标，确保高等级商品的质量，创造名牌。另外，为了保证出口商品的质量，国内企业往往在同一商品上使用不同的产品商标，做到内外有别；但是，这样也容易产生"两副面孔"问题，对商标权的一体保护不十分有利。

1.2.4 联合商标与防御商标

根据功能不同还可以把商标分成联合商标和防御商标。防御商标的注册不以使用为目的，而是为了防止他人的使用或注册对自己的核心商标构成威胁或者造成损害。

(1) 联合商标

联合商标(joint trademark)是指同一个商标所有人在同一或类似商品上

申请注册两个或两个以上的近似商标。其中一个为正商标，与其他近似的商标构成联合商标。注册联合商标的主要目的是为了阻止他人注册使用近似商标，以便更有效地保护正商标。此外，联合商标还可以起到商标储备作用，一旦市场需要，就可以调整商标策略，将备用商标推出使用。联合商标中的任何一个商标的使用都代表其他商标也在使用。由于联合商标注册的商品相同或类似，商标之间也类似，因此法律要求联合商标的转让或许可必须同时进行。

驰名商标所有人往往会在不同的商品上注册一系列相近似的"联合商标"或"卫星商标"，如"娃哈哈"商标注册时，可同时申请"娃娃哈"、"哈娃哈"、"哈哈娃"商标；"家乐福"商标注册时，可同时申请注册"家福乐"、"乐福家"、"福乐家"等商标。我国 2001 年《商标法》允许同一商标所有人取得多个近似商标的注册，但是未明确规定联合商标。

(2) 防御商标

防御商标(defensive trademark)，又称卫星商标(affiliated trademark)，是指驰名商标所有人为防止他人在该驰名商标核定使用的商品或类似商品以外使用相同的商标，而在其他商品上也加以注册的商标。注册防御商标不仅可以保护驰名商标，而且还不必担心因不使用而被撤销，也不必担心他人申请注册在先，而且还可以追究他人在指定商品上使用该防御商标的侵权责任以延伸注册商标的权利。注册防御商标的直接目的是要防止他人在其他类别商品上使用该驰名商标或近似商标，从而避免对驰名商标的声誉和利益造成不良影响。防御商标一旦注册，不能以不使用为由被撤销，防御商标也不可以单独转让。

在西方发达国家中，如英国，防御商标有被放弃的发展趋势，造成这种状况的主要原因是：第一，过于繁琐，注册和转让时成本太高；第二，容易导致驰名商标的退化，使驰名商标被淡化，不能给予大范围的保护；第三，如果有人对已注册的商标进行细微改动后而加以使用，则追究起来亦非易事。

虽然我国 2001 年《商标法》增加了注册防御商标的规定①，但是与防御商标的定义相比，仍嫌不够明确。当然，从法律意义上讲，"海尔"商标完全可以在空调以外的商品，如在服装上申请注册防御商标，然而，对注册后长期搁置不用的情况，法律却没有给出一个明确的说法。

---

① 我国 2001 年《商标法》第 20 条规定："商标注册申请人在不同类别的商品上申请注册同一商标的，应当按商品分类表提出注册申请。"

1.2.5 集体商标

根据使用者的不同，还可以从商标中分离出集体商标。集体商标（collective trademark）是指由团体、协会或者其他组织申请注册的商标。集体商标以团体、协会或者其他组织的名义注册，该组织本身并不使用，而是由组织的成员在商事活动中使用，以表明使用者在该组织中的成员资格的标志。集体商标的基本功能在于保证其商品符合某种质量标准，告知公众使用集体商标的产品具有某种共同特征。使用集体商标的工商企业有权同时使用自己所有的其他商标。比较常见的集体商标使用形式是一家大企业集团旗下的成员企业在其生产的产品上不但使用自己的商标，而且还使用该集团成员共同使用的集体商标。此外，由不同的企业自愿组成的集体组织也可以申请注册集体商标。

集体商标的使用避免了集体组织内部成员各自签订商标许可使用合同的麻烦，有利于建立集团的信誉，创造规模经济效益和社会效益。目前，不少国家已经承认集体商标，并对之提供法律保护。我国2001年《商标法》对集体商标作出了明确规定。

1.2.6 驰名商标

驰名商标（well-known mark）是指在一定的地域范围内为相关公众广为知晓并享有较高声誉的商标。关于驰名商标评定，一般采取“被动认定、个案保护”的原则。在中国，驰名商标的认定机关是法律授权的商标主管机关、商标评审委员会和司法机关。

1.2.7 等级商标

等级商标（grade trademark）是指同一企业在同一类不同质量、档次的系列产品上使用的一系列商标，其目的在于区别该系列商品的质量、规格的等级和档次，便于消费者根据自己的经济条件、使用目的、消费习惯来选择购买适合的商品。等级商标是商标使用和管理过程中总结出来的一种商标的使用方法，在各国企业中多有使用，但极少有国家对此作出明文规定。我国2001年《商标法》对等级商标的注册使用未置可否。

1.2.8 亲族商标

亲族商标（family trademark）又称“派生商标”（derivative trademark），是指以一定的商标为基础，将其与其他文字和图形结合，用于同一企业的不同商品的商标，它们互相之间组成为系列商标。

1.2.9 销售商标与制造商标

(1) 销售商标

销售商标（business trademark）又称营业商标或商业商标，是指商品销售者在所销售的商品上使用的，以此表明销售者身份而不是生产者身份的商标。销售商标是由生产者或经营者的名称、标记等构成的商标，又称“厂标”。通常由享有较高行业声誉的老字号、老生产厂家等将此类商标用在本厂生产或本店经营的系列商品上，用以表明自己身份并与其他竞争者相区别。例如，“同仁堂”、“张小泉”等传统商标即属此类。销售商标一般使用于制造商声誉较弱而销售商享有较高声誉的场合。在中国，国内市场上一般不使用销售商标，但在对外贸易中有时会采用。中国外贸进出口公司自己包装出口的茶叶所使用的“龙牌”商标、日本三越公司采用的“三越”商标等就是典型的例子。

(2) 制造商标

制造商标(manufacture trademark)是指标明商品制造者的商标。商品制造者、生产者或加工者为使自己的商品区别于他人商品而使用的具有显著性特征的可视性标志，与销售商标相对应。使用制造商标既可以区别于其他商品制造者，又可以避免被销售商标所淹没，是工商企业使用商标的重要方式。

1.2.10 证明商标

根据不同的用途还可以从商标中分离出证明商标(certification trademark)。证明商标，又称“保证商标”，是指由对某种商品或者服务具有监督能力的组织所控制，而由该组织以外的单位或者个人使用于其商品或者服务，用以证明该商品或者服务的原产地、原料、制造方法、质量或者其他特定品质的标志。证明商标的注册人应制定证明商标的使用管理规则，注册人以外的单位或者个人符合证明商标使用管理规则规定条件的，在履行该证明商标使用管理规则规定的手续后，可以使用该证明商标，注册人不得拒绝办理。①

证明商标的使用可以促进商品质量的提高、加强商品的竞争能力、保护消费者利益。证明商标不限于商标所有人独有，其他人的商品或服务只要达到了规定标准就可以使用。目前，全世界有英国、美国、土耳其、巴基斯坦、伊朗等二十多个国家的商标法对证明商标提供保护。例如，“纯羊毛”标志就是国际羊毛局注册的证明商标，任何人只要取得注册人的认证许可就可以使用这一标志。②

---

① 我国2003年《集体商标、证明商标注册和管理办法》第13条、第18条。

② 对证明商标提供保护的国家，一般都在法律中规定证明商标只能由非商品生产及经销的第三方取得注册，亦即不能自己“证明”自己的商品质量的可靠性。

第二节 商标权的概念

2.1 商标权的概念和特征

商标权(trademark right)又被称为商标专用权(exclusive right to use trademark),是指注册商标权人对其注册商标所享有的专用权。商标权的主体是注册商标权人,客体是注册商标,商标权的内容包括专有的使用权、禁用权、续展权、转让权和许可使用权。

商标权属于知识产权的范畴,是工业产权的重要组成部分,具有专有性、时间性和地域性等特征:

第一,商标权的专有性是指商标权被授予后,商标权即为其权利人所独占,即商标权的使用或实施完全置于权利人的控制之下,除法律另有规定或者合同约定外,任何人不得使用或实施权利人的商标权。

第二,商标权的时间性是指商标权是一种有限期的权利,即在有效期内受法律保护,有效期届满前可以续展,续展次数不限。期满不续展,商标权即行终止,不再受法律保护。

第三,商标权的地域性是指商标权只在注册国范围内受法律保护。要想获取一国的法律保护,必须按照该国法律申请注册,获得授权。符合国际注册条件的,可以一次性在多个国家同时申请注册,以便扩大商标权保护的地域范围。

2.1.1 商标权由注册产生

商标权以核准注册的商标和核定使用的商品为限。未经商标权人许可,在核定的同一或者类似的商品上使用与注册商标相同或者近似的商标,即构成侵权。商标权人不得任意扩大或者改变商标权的保护范围,如果要变更注册人的名义、地址,或扩大核定使用的商品范围,或改变注册商标的文字、图形、文字和图形组合的,均应依法办理相应手续,并取得法律的认可。

2.1.2 商标权的内容

商标权的内容包括:注册商标专有使用权、禁用权、续展权、转让权、许可使用权等。其中专有使用权是基本核心的权利,其他权利都是从专有使用权引申出来的。

(1) 专有使用权

注册商标的专有使用权(exclusive right to use)是指商标权人对其注册商标专有专用的权利。中国目前所称的商标专用权的概念,基本上体现了上述含义，但是，它却未能揭示商标权的“产权”实质。商标权的精髓在于它是无形财产权，商标权人对其注册商标享有所有权，即享有排他性的支配权：可以转让或被继承；可以独占使用；可以许可他人使用；可以通过对商标权的利用获取经济利益。商标权人依法行使商标权，他人无权干预。即使注册商标的设计是由商标权人以外的人完成的（在这种情况下设计人可以主张其著作权），但是，经其同意而将有关图形注册为商标后，该设计人的著作权如果在商品交易过程中与商标权人的权利发生冲突时，不得妨碍商标权人行使其商标权。

（2）禁用权

禁用权（right to exclude use），又称排他权，是商标权人支配权的重要内容。禁用权是 TRIPs 协议第 16 条所指的商标权人拥有的禁止任何第三人未经其许可在相同或类似的商品或服务上使用与其注册商标相同或近似的商标的权利。商标权人有权禁止他人未经其许可，使用与其注册商标相混淆的商标；有权禁止他人擅自制造或者销售其注册商标标识；有权禁止他人在同一或者类似商品上，将与其注册商标相同或者近似的文字、图形作为商品名称或者商品装潢使用。商标权人对他人的侵权行为有权请求行政处理或提起诉讼。

同使用权相比，禁止权显然有着更为宽泛的效力范围。它由“核准注册的商标和核定使用的商品”扩展至与核准注册的商标相近似的商标和与核定使用的商品相类似的商品。这一规定的目的是为了防止产生混淆。如果某一服务与具有一定知名度的商标指定使用的商品相关联，且关联程度足以造成消费者的混淆和误认，如酒类与餐饮服务，汽车与汽车修理等，那么，该知名商标的所有人也可以行使禁止权。例如，中法合资王朝葡萄酿酒有限公司用于其葡萄酒上的商标是“DYNASTY”，该商标在中国享有较高的知名度，为中国相关公众所熟知。该商标权人曾就他人在“自助食堂”、咖啡馆等项服务上申请注册“DYNASTY”向商标行政主管部门提出异议，禁止该商标的注册，并获得支持。[①]

2.2 未注册商标

未注册商标（unregistered trademark）是指商标使用人事实上拥有某个商标，但未向商标行政主管部门申请注册的商标，或虽经申请但未获核准注册的商标。根据我国 2001 年《商标法》第 4 条、第 6 条的规定，除人用药品、烟草

---

① 汪泽：《混淆性使用与商标的扩大保护》，载《中华商标》1998 年第 6 期，第 28～29 页。

制品等少数法律明文规定须强制注册的商品之外，均实行自愿注册原则，即由商标使用人自己决定是否将其商标予以注册。法律并不禁止未注册商标的使用，但要求其必须符合商标法的相关规定，不得冒充注册商标，不得违反商标禁用条款，不得粗制滥造以次充好。相对于注册商标而言，法律对未注册商标的保护比较弱。与注册商标权相比，未注册商标具有以下两个特点：

第一，不确定性。指权利人虽然在一定时期内事实上占有了某项商标，但因未及时申请注册，最终有可能失去该项商标。因中国实行商标注册原则，这种事情是时常发生的。当两个以上生产相同或类似商品的企业拥有的商标相同或近似时，根据注册原则，申请在先者将获准注册。对于申请在后者来说，其商标非但不能获准注册，而且连继续使用也是不允许的，否则即构成侵权。

第二，脆弱性。体现在它易于受到侵犯，难于获得保护。我国2001年《商标法》第48条专门对使用未注册商标行为作了规定。该条规定属禁止性规范，未注册商标使用人只要不违反此条规定，其未注册商标就可以在商业经营活动中使用。实际上，在通常情况下商标主管部门对未注册商标权基本上不提供什么保护，司法部门或者其他相关部门能为未注册商标权人提供的保护也非常有限。但是，未注册商标如果违反禁用条款，所标识的商品粗制滥造、以次充好，欺骗消费者，其持有人会受到处罚或制裁。

第三节　商标法的历史沿革

3.1　商标的起源

商标是商品的附属物。商标的历史是伴随商品经济的发展而产生和发展的。中国最初在产品上使用的标记，一般是在产品上刻上制作者的姓名。如出土的北周(公元556～580年)文物中，即有署名“郭彦”的陶器“土定”。这种标记只具有区别生产者的功能。汉唐以来，盛行在锦、绣、纱、帛上织上天象、花草、鸟兽或几何图案，以及“延年益寿”、“长乐光明”的字样，甚至有明码标明货名、产地、价格等的标牌，但是这种饰文标记只具有宣传招客的属性。中国现存最早且比较完整的商标，是北宋时期山东济南刘家功夫针铺所用的“白兔”商标。该商标的中心图案是一只白兔，傍刻着“济南刘家功夫针铺”，“认门前白兔为记”，图形上的文字为“收买上等钢条，造功大细针，不误宅院使用。客转与贩，别有加饶，请记白”。它基本具备了现代商标的大部分外貌。这个印刷铜板，现陈列在中国历史博物馆，是世界商标史上极为珍贵的文物。元朝和明朝，由于商品经济不够发达，商标的发展也很缓慢。到了清代，像“六必居”、“泥人张”等字号仍然是汉、唐以来商业性标记的延续和量变。这类标记的主要作用类似今天的厂商名称，其功能是用来招徕顾客，向顾客提供信用保证，如果发现问题，负责调换或赔偿。[①]

国外商标的起源可以溯及西班牙的游牧部落，当时的部落牧民在自己蓄养的牲畜身上打上烙印，以利于物物交换时同别人的牲畜相区别。英文Brand，至今仍保留着标记和烙印的意思。13世纪时，欧洲盛行行会，珠宝玉器商、呢绒织造商、皮革商等都各自组成同业行会，要求行会成员必须在自己的产品上使用一定的标记。个体工匠和商人也被要求在产品上签刻自己的标记。这样做的目的，一方面是为了对产品质量进行监督，另一方面也是为了保持行会的对外垄断，对粗制滥造，假冒他人产品的行为予以追责。传说夏勒马涅五世曾于1554年颁布过饬令，对假冒他人标记的人要处以砍掉右手的惩罚。到了16—17世纪，行会成了欧洲经济的支柱，采用行会标记、责任标记、个人标记的情况非常普遍，甚至出现了用标记作为艺术家的绰号的情况。虽然欧洲中世纪时期就已经把各种标记纳入到国家法律规范的范围，但是，这一切还都不是现代意义上的商标和商标法。

1618年，英国法院判决了一起一个布商假冒另一布商的商标标识的案件。[②] 在这一时期，法院主要是通过假冒诉讼来对商标进行判例法保护的。1804年颁布的《法国民法典》第一次肯定了商标权与其他财产权同样受到保护。法国还曾于1803年和1809年先后颁布了两个《备案商标保护法令》。[③]后一个法令再次重申了商标权与其他有形财产的相同地位。这是历史上最早的保护商标权的成文法。1857年法国又颁布了更为系统的《关于以使用原则和不审查原则为内容的制造标记和商标的法律》[④]，首次确立了全面注册的商标保护原则，成为世界上第一部具有现代意义的商标法。

继法国之后，英国于1862年制定了《商品标记法》，美国于1870年制定了《联邦商标条例》（该法被联邦最高法院判决违宪而被废除，被1881年商标法所取代），德国于1874年颁布了《商标保护法》。到目前为止，世界上绝大多数国家都制定有商标法，商标法律制度已经成为世界各国普遍认同的工业产权制度。

---

① 沈关生：《商标法实用》，光明日报出版社1986年版，第2页。

② 曾陈明汝：《商标法原理》，中国人民政法大学出版社2003年版，第4页；刘春田：《知识产权法》，中国人民大学出版社1995年版，第237页。

③ 郑成思：《知识产权论》，法律出版社1997年版，第13页。

④ 吴汉东主编：《知识产权法学》，北京大学出版社2000年版，第333页。

3.2 近现代商标制度

任何一种社会制度都是基于社会物质生活方式需要而产生的，知识产权作为一种新的财产权形态，也是商品经济发展到一定历史阶段的产物。在农业经济时代，土地是主要的经济资源，所以有关封地和土地的法律是当时最主要的财产法。虽然古罗马法学家盖尤士斯(Gaius)提出了“有体物”和“无体物”的划分[①]，但是，由于古罗马国家所处的农业社会或铁器时代，统治阶级的物质生活条件的限制，古罗马法尚未涉及作为精神产品等非物质财富，即无形财产权的客体。[②] 随着商品经济的发展和科学技术的进步，大机器工业生产创造了对知识产权的客观需求，“每当工业和商业的发展创造出新的交往形式，……法便不得不承认它们是获得财产的新方式。”[③]工业革命是知识产权法产生的原动力。现代意义的商标已经超越了早期出现的商标标记的内涵而成为财产权的客体：它已经不仅仅是一种单纯的商品标记，而成为一种可供流转并受法律保护的产权对象。

以 1883 年缔结的《巴黎公约》为起点，商标作为工业产权的保护对象，被纳入到多边国际公约的保护范围，商标制度由此开始步入现代阶段。《巴黎公约》几经修改，不仅确立了国民待遇原则和商标注册申请的优先权原则，而且还对商标的使用、商标的独立性、驰名商标、商标的禁用标志、商标的转让、服务标志、集体商标等作出规定。围绕《巴黎公约》，国际社会还签订了一系列与商标有关的国际公约和协定：1891 年《马德里协定(商标)》，1891 年《马德里协定(货源标记)》，1957 年《尼斯协定》，1966 年《里斯本协议》、1973 年《商标注册条约》、1973 年《维也纳协定》，1981 年《内罗毕条约》等。

尽管 19 纪末、20 世纪初就已经开始了现代商标制度，但是，商标制度的发展成熟却是最近几十年的事情。《巴黎公约》和《马德里协定(商标)》都已经过多次修改。世界各国的商标法也普遍经历了多次修改，以适应经济社会发展的要求。如英国现行《商标法》颁行于 1938 年，而最新修订于 1986 年；美国现行商标法是 1946 年的《兰哈姆法》，而最新修订于 1988 年；原联邦德国《商标法》颁布于 1968 年，在 1979 年作了重大修订，而且在 1990 年为东、西德统一后的接轨又进行了调整；法国现行商标法是 1964 年的《商标及服务商标

① 《北京大学法学百科全书》(中国法律思想史、中国法制史、外国法律思想史、外国法制史卷)，北京大学出版社 2000 年版，第 251 页。

② 郑成思：《知识产权论》，法律出版社 1997 年版，第 12 页。

③ 《马克思恩格斯全集》(第三卷)，人民出版社 1960 年版，第 72 页。

法》,曾分别于1975年、1978年和1991年进行了修订;日本现行《商标法》颁布于1959年,1978年后进行了修订;1990年韩国《商标法》确立了"不注册使用"与"注册使用"并行,只有注册才能取得商标专有权的制度。

3.3 中国商标法的发展历史

从商标发展的历史来看,中国可谓是世界上最早在商品上使用"商标"的国家。早在南北朝后朝的北周(公元556～580年)文物中就有以陶器工匠"郭彦"署名的什物。[①] 西汉宣帝五凤年间留下的瓷器上有以年号"五凤"作为标识的例子;在唐朝民间生产的纸张已普遍使用水印暗纹作为标志。[②]

虽然将标记符号用于商业的历史已相当悠久,但是,当时的法律并未给相关生产经营者以作为商标的权利。正如日本学者滋贺秀三所指出的:"在中国,虽然拥有从古代就相当发达的文明史,却始终没有从自己的传统中生长出私法(民法)体系。中国所谓的法,一方面就是刑法,另一方面则是官僚统治机构的由行政规则以及针对违反行为的处罚所构成的组织法。"[③]1736年,苏州长州县布商黄友龙冒用他人布匹的"牌谱",地方政府把禁止这种冒用行为的禁令刻在石头上,以昭示公众。[④] 当时伪造冒充显然被看作为一种商业欺诈行为。北宋时期的济南刘家功夫针铺的"兔儿为记"商标,已具备了商标区别商品出处的功能。

在世界各国古代法制发展的历史中,中华法律传统占有重要的地位,但是,不得不承认的是,知识产权法并未随着造纸术和印刷术在中国的出现而出现,工业革命也不是逻辑性地发端于中国,于是便由此而产生李约瑟之谜。[⑤]

知识产权法是在19世纪末20世纪初由西方引入中国的一个全新的制度。1840年鸦片战争后,中国由一个主权独立的封建天朝大国沦为半殖民地、半封建国家。帝国主义列强迫使清政府在一系列不平等的对外通商条约中订立了保护外国商标的条款。随着国门洞开,中国在政治、经济和文化上的隔绝状态被打破,中国被迫走向世界。清光绪三十年(1904年)6月23日清政府颁布了中国历史上第一部商标法——《商标注册试办章程》,从而揭开了中国商标法律制度百年沧桑的序幕。

---

① 李永明:《知识产权法学》,浙江大学出版社1995年版,第420页。
② 郑成思:《知识产权论》,法律出版社1997年版,第10页。
③ 樊延桢:《财产(权)》,中国人民公安大学出版社1999年版,第261页。
④ 郑成思:《知识产权论》,法律出版社1997年版,第12页。
⑤ 刘茂林:《知识产权法的经济分析》,法律出版社1996年版,第158～160页。

1904年《商标注册试办章程》是1840年鸦片战争后帝国主义列强以放弃治外法权为诱饵，采取软硬兼施的手段强加给清政府的产物。清政府对商标法律制度的选择是伴随着西方列强的外患和国内义和团、捻军起义的内忧，为使“皇位永固，外患渐轻，内乱可弭”而迫不得已实行的自上而下的变法改革。《商标注册试办章程》就是由时任中国海关总税务司的英国人赫德起草的[①]，带有浓厚的殖民色彩。据有关资料记载，从1904年至1923年，在上海、天津海关注册的25900件商标，几乎全部是外国商标。[②]

北洋政府1923年《商标法》及其实施细则仍是以1904年《商标注册试办章程》为蓝本，参照英国驻华使馆拟定的条款拟定的。此后国民党政府分别于1930年、1935年、1938年颁布的商标法也大多取材于外国的商标法。

中华人民共和国成立之后，对商标权的保护也经历了一个曲折的历程。1950年《商标注册暂行条例》承认商标专用权，但未明确赔偿原则和标准，实质上并未将商标专用权作为私权看待。1963年《商标管理条例》更是彻底否认商标权的私权属性。1982年《商标法》第一次明确规定了商标专用权。[③]

从1949年新中国成立到1980年的改革开放之前，中国几乎是全盘接受了苏联的法学理念：将发明创造看作是人类的一种社会活动；将其成果看作是人类的共同财富。作为知识产权的商标经常被当作为行政管理手段，而不是将其作为一种私权对待。真正意义上对商标权的全面保护是在20世纪80年代的改革开放以后。为适应改革开放的内在需要，同时也是由于外来经济和政治的压力，中国开始了商标法律制度建设的被动发展过程。1979年7月7日《中华人民共和国和美利坚合众国贸易协定》签订，该协定第6条规定，双方的法人和自然人可在互惠的基础上，依据对对方法人和自然人的商标和专利提供相当于对本国国民的保护。同年11月在当时的商标局领导下，恢复了对商标的注册。

新中国第一部商标法是1982年8月23日由第五届全国人民代表大会常务委员会第二十四次会议通过《中华人民共和国商标法》。它同时也是新中国制定的第一部保护知识产权的法律。其后1993年2月22日，第七届全国人民代表大会常务委员会第三十次会议通过了《关于修改〈中华人民共和国

① 吴汉东：《知识产权法学》，北京大学出版社2000年版，第334页。

② 李永明：《知识产权法学》，浙江大学出版社1997年版，第425页。

③ 商标的作用则是不容抹杀的，即使在文化大革命时期商标局不复存在的情况下，出口商品商标的注册和管理仍未中断，由中国贸促会奉命承担起重任。参见陶国峰：《商标典型案例——维权与侵权的较量》，经济日报出版社2001年版，第277页。

商标法〉的决定》,对《商标法》进行了第一次修订,使之能够进一步适应经济发展的要求。随着中国加入世界贸易组织的进程,根据世界贸易组织相关规则的要求,2001 年 10 月 27 日,第九届全国人民代表大会常务委员会第二十四次会议再次对《商标法》进行修订,目前有效的就是此次修订后的《商标法》。

第二十四章　商标权客体

商标权的客体，即指注册商标。一般来说，只有注册商标才能成为商标法保护的客体，本章将对此作出分析，共分为两节。第一节从商标标志、必须使用注册商标的商品、定牌商品三个方面分析了商标的构成要素；第二节介绍了商标注册的条件，必须具备显著性或识别性，并且不得违反法律的禁止性规定，主要是从反面否定了成为商业标识的不同情形。

第一节　商标的构成要素

1.1　商标标志

1.1.1　商标标志的概念

商标标志(trade mark)又称商标标记或商标标识,是指用以识别商品的文字、图形、字母、数字、三维标志、气味、音响和颜色组合,以及上述要素的组合。我国2001年《商标法》要求商标必须具备的法定构成要素为文字、图形、字母、数字、三维标志和颜色组合,以及上述要素的组合。根据该法的要求,商标必须具有可视性,否则不能作为商标使用。

随着科学技术的发展和普及,音响和气味也可以申请为注册商标,公众可以通过视觉器官以外的其他器官识别商品,由此导致商标构成要素的多元化。

1.1.2　商标的基本构成要素

(1) 文字

作为商标的文字(character)可以是汉字,如"霞飞";可以是外文,如"Xerox"(施乐);可以是少数民族文字;也可以是汉字拼音或外文字母,如"Yingge"(莺歌);还可以是译名,如"摩托罗拉"(Motorola)、"多普达"(Dopod);可以是单词,如"Apple"(苹果),也可以是词组,如"Golden Night"(金色之夜),还可以是短句,如"We Try Hard"(我们加油);可以是名词或形容词,也可以是动词、名词和形容词的组合词;可以是现有词汇,也可以是创造词汇,如"Lux"(力士)、"Maxxam"(美加净),还可以是缩略词,如"NEC"(日本通用电器);可以是数字,如"555"、"777";可以是人名,如"Ford"(福特)、"拿破仑";可以是花虫鸟兽的名称,如"牡丹"、"鳄鱼";可以是名胜古迹,如"泰山"、"故宫";也可以是日月星辰、山川河流,如"北极星";可以是正楷字体,也可以是变形字体或美术字体,还可以是题字、签字等等,不一而足。

(2) 图形

作为商标的图形(logo)根据1977年《维也纳协定》所附的图形要素分类一览表,可以分为29个大类、114个小类、1569个组别的图形要素。它们包括:① 天体、自然现象和地图;② 人类;③ 动物;④ 超自然的、传说中的、幻想的或无可辨认的生物;⑤ 植物;⑥ 风景;⑦ 建筑、广告建筑、大门或栅栏;⑧ 食品;⑨ 纺织品、服装、缝纫制品、头戴物品、足穿物品;⑩ 烟、抽烟者的必需品、火柴、旅行品、扇子、化妆物品;⑪ 家庭用具;⑫ 家具、卫生装置;⑬ 光、无线电电子管、供热、炊事或冷藏设备、洗涤机、干燥设备;⑭ 五金器具、工具、梯子;⑮ 机器、发电机、电动机;⑯ 电信、录音或放音、计算机、照相、电影摄影、光子;⑰ 钟表仪器、宝石、衡器和量器;⑱ 运输、骡马设备;⑲ 容器和包装、各种产品的表示;⑳ 书法、图画或彩色原料、办公用品、文具和书店商品;㉑ 娱乐品、玩具、体育用品、旋转木马;㉒ 乐器、乐器附件、铃、照片、雕塑;㉓ 武器、弹药、盔甲;㉔ 纹章、硬币、标志、符号;㉕ 装饰图案、带装饰的外表或背影;㉖ 几何图形和事物图形;㉗ 书写体、数字;㉘ 各种不同文字的铭文;㉙ 颜色等。

1.1.3 商标标志的显著性

商标的基本功能要求商标标志具有显著性(distinctiveness),不能混同于商品名称,也不能等同于商品本身的性质,并且要易于识别。从理论上讲,商标是针对第三人而言的,目的是要节约消费者在选择商品过程中所消耗的成本。当然,商标的间接目的也是为了刺激生产和服务,使后者的质量不断提高。

商标可以也必然要适合使用商标的商品的特性,传达商品信息,描述商品特点,但是,不能直接使用该商品的通用名称或图形,不能直接描述商品的性质、种类、外形、质量、主要原料、功能、用途、重量、数量、价值、产地、生产时间等。将上述内容用于商标,是一种"缺乏固有显著性"的表现。在我国,对商标显著性的审查采取的是否定审查方式,由于法律无法穷尽商标的显著性情况,因此只能列举出商标不具有显著性的情形。

在这个问题上,其他一些国家的立法和司法经验值得借鉴。美国联邦最高法院在最近几年受理的商标案中,不断地赋予商标显著性以新的含意。在一个关于饭店外观建筑的案件中,美国最高法院认为,如果不是自始地、内在地具有显著性,则只能以是否具有"第二含义"(second meaning)来判定。换句话说,当标记不具有内在的显著性时,则只能以因使用而产生的显著性予以保护。例如,美标(American Standard)长期使用后产生了新的含义,在商业贸易中能够起到识别作用,则有必要予以保护。美国最高法院认为,是否给予商标保护的标准是产品具有的特征是否会影响产品的用途、功能、成本或质量。如果答案是肯定的,则表明相对物具有功能性,不应给予商标保护。

本来具有显著性的商标,也可能会退化(degeneracy)成为商品的通用名称，并因此导致显著性的丧失。如“味素”、“仁丹”、“阿司匹林”、“Jeep”①，都曾经是注册商标，而后来却演变成为某类商品的通用名称。美国和欧盟的法律都规定，商标显著性的丧失，必须是由于商标所有人的作为或不作为（即由商标权人引起或者被商标权人所默认）引起的，方可撤销其注册。与此相对，缺乏固有显著性的商标，却可以通过使用获得显著性。如“Chin Chin”原本是一句问候语，后来却发展成为一个商标。我国2001《商标法》第11条第2款规定，原来不具备显著性的标识经过使用后取得显著性的，可以作为商标注册。

1.2 必须使用注册商标的商品

必须使用注册商标的商品（goods must be with registered mark）是指未经核准注册商标不得在市场上销售的商品。该类商品一般与国计民生休戚相关，国家对其实行商标强制注册以加强管理。中国商标注册实行自愿注册原则，规定必须使用注册商标的商品是该原则的例外。根据我国2001年《商标法》的规定，人用药品和烟草制品属于必须使用注册商标的商品。

1.3 定牌商品

定牌商品（goods with designated brand）是指由委托方指定或提供商标，委托受托方进行生产并使用其指定商标的商品。在国际或国内贸易中，有许多大型百货商店、超级市场和专业商店，在其经营的商品中，有一部分商品使用该店专有的商标和牌名，这部分商品即是由商店要求有关厂商定牌生产的。通常定牌商品在包装装潢上不注明原产国、生产地及生产商名称，受托生产方对标有指定商标的商品没有销售权。

第二节 商标注册的条件

作为商标的文字与文字、图形与图形、文字与图形等可以作任意的组合，但是，商标标志必须具备显著性或识别性，并且不得违反法律的禁止性规定。这种规定从反面否定了某些文字、图形或相关组合构成商标的可能性，反映了商标法鼓励人们使用个性标识的理念。

① Jeep原来是克莱斯勒公司在美国注册的商标，但是，经过多年的使用后，其已退化为一类汽车的通用名称。在众多的英语词典中，Jeep均被解释为一种越野车。例如，《牛津词典》就把Jeep解释为，“一种小型、轻便的，用于粗糙路面仍有很大运动自由度的机动车”。在中国，Jeep（吉普）也早已成为一种越野汽车的通用名称了。由于Jeep（吉普）已经成为一种汽车的通用名称，因此也就不能再作为商标使用了。参见《现代汉语词典》，商务印书馆2000年版，第589页。

2.1 相关法律规定

根据《巴黎公约》第 6 条之五和我国 2001 年《商标法》第 11 条的规定，以下几类标志不得作为商标使用或不得作为商标注册：

第一，违反法律禁止性规定或缺少法定构成要素的标志；

第二，缺乏显著特征的标记，或完全是用在商业中表示商品的种类、质量、数量、用途、价值或生产日期的符号、标记或通用语言或正当商务实践中惯用的符号标志组成的商标[①]；

第三，违反公共秩序和道德的标志[②]；

第四，与他人在先权相冲突的标志[③]，包括《巴黎公约》第 7 条之五规定的"具有侵犯被请求保护的国家第三人既得权的性质的商标"。

《巴黎公约》第 7 条强调："使用商标的商品的性质，在任何情况下不能妨碍该商标的注册"。就是说，商标的注册保护，不以这种保护所适用的商品是否可以在有关国家销售为转移。

2.2 商标禁用条款

商标禁用条款(clause for prohibition of trademark)是指商标法关于某类标记不得作为商标使用的禁止性规定。各国商标法通常都设有商标禁用条款，一般包括：违反公共秩序的标志，国家、国际组织的名称、旗帜、标志等。

2.2.1 违反公共秩序的标志

根据我国 2001 年《商标法》第 10 条的规定，下列违反公共秩序的标志不得作为商标使用：第一，同中华人民共和国的国家名称、国旗、国徽、军旗、勋章相同或者近似的，以及同中央国家机关所在地特定地点的名称或者标志性建筑物的名称、图形相同的；第二，同外国的国家名称、国旗、国徽、军旗相同或者近似的，但该国政府同意的除外；第三，同政府间国际组织的名称、旗帜、徽记相同或者近似的，但经该组织同意或不易误导公众的除外；第四，与表明实施控制、予以保证的官方标志、检验印记相同或者近似的，但经授权的除外；第五，同"红十字"、"红新月"的标志、名称相同或者近似的。

2.2.2 带有民族歧视性的标志

根据我国 1982 年《宪法》第 4 条的规定：中华人民共和国各民族一律平

---

① 参见《巴黎公约》第 6 条之五(B)的规定。

② 同上公约，第 10 条第 6、7、8 款。

③ 同上公约，第 13 条。

等。第33条第2款规定:"中华人民共和国公民在法律面前一律平等。"如果商标带有民族歧视、种族歧视、性别歧视,有伤民族风尚、习惯、尊严,有伤宗教信仰习俗,有伤公民人格尊严的,均不得使用,并且不得获准。

2.2.3 夸大宣传并带有欺骗性的标志

商标不得带有明显夸大的欺骗性文字或图形,如在烟草制品上不得使用"健康"、"益寿"等词汇。

2.2.4 违反社会主义公共道德的标志

表示封建迷信,渲染凶杀色情,颂扬反动政治信条,煽动民族、种族歧视或仇视的文字、图形,均不得用作商标。在中国,如带有色情内容之类的图形标识,将不会获准注册。

2.2.5 地理名称

根据国际惯例,地理名称(geographic indication)不得用作商标。就是说,即使是该国、该地区、该地方出产产品或服务的提供者,也不应将国家、省市、邦、府县、乡镇等行政区划名称,以及山脉、河流、岛屿或其他地理区域的名称,作为商标使用。因为允许将地理名称用作商标,就会排斥了该国、该地区或者该地方的其他人在其同类产品或服务中使用相同名称的可能性,这对其他人显然不够公平,而且也容易使该商标减弱或丧失区别功能,给消费者识别商品来源造成困难。

中国幅员辽阔、地名众多,加上外国地名,数目不胜其数。因此,我国2001年《商标法》第10条第2款规定:县级以上行政区划的地名或者和公众知晓的外国地名,不得作为商标。就是说,乡、镇、街道、胡同等地名,国内山川河流等地名,仍可作为商标使用;外国的省、市、州、邦、江河、山脉、沙漠、岛屿、甚至瀑布、断崖、沙滩等名称,如果在国内属于普遍为人所知的范围,则不得作为商标使用。这样规定,主要是考虑到了中国目前的知识产权保护水平。

2.3 缺乏显著性的标志

显著性是商标最明显的特征,如果一个标志没有显著性,也就自然不能构成商标了。根据我国2001年《商标法》的规定,缺乏显著性的标志主要包括以下情况:

2.3.1 可以通过使用获得显著性的标志

(1) 商品的通用名称和图形

商品的通用名称是指商品的种类物的名称,如"锚"牌锚,"咖啡"牌咖啡、"珍珠"牌珍珠霜等,也包括本国现代语言中或者在善意和公认的商业实践中已成为惯例而使用的商品的别称、简称、雅称、俗称,如"铁牛"牌拖拉机、"生抽王"牌酱油等。商品的通用图形，是指商品外形构成的公用图案，如"咖啡豆"图形用于咖啡，"自行车"速写图用于自行车，"时装"素描图用于服装等；也包括种类商品的通用标志，如蓝白相间的"麻"字图用于麻醉药品，黑白相间的"毒"字图用于毒性药品，红白相间的"外"字图用于外用药品，"火花"图形用于电器商品等。

在商标等同于本商品的通用名称或图形的情况下，缺乏显著性。商品的通用名称或图形可以为同类商品的生产或经营者所通用、公用[①]，因此不能作为区别其商品的专用标志，更不能申请商标注册，但是经过使用取得显著性的除外。作为商标的文字可以从现有语汇中选择，不过，这样做潜伏着缺乏显著性的风险。商标的图形也可以描述商品的特点，但是，这样做同样也有这种风险。

(2) 直接表示商品本身内在特性的文字图形

商品本身的内在特性，是指由商品性质所决定的商品质量、原料、功能、用途、重量、数量、价值、原产地、生产时间等商品的自然属性。商标可以通过借喻、隐喻、象征等手法反映商品特点，传达商品信息，但是不得直接描述商品的特性，将共性当做个性，否则将被认为缺乏显著性。例如，"Happy"(幸福)奶糖、"健力宝"饮料、"乐乐"糖果，"参花"白酒、"竹叶青"酒，"强力"啤酒、"百灵"护肤膏，可以用作商标。不得用作商标的有：直接表示质量的"甲字"香烟、"优良"运动鞋、"美丽"服装、"康健"药品；直接表示主要原料的"巧克力豆"巧克力、"桂花"桂花酒、"人参"人参酒、"葡萄"葡萄酒、"羽绒"羽绒服。直接表示功能用途的"锋利"剪刀、"御寒"棉袄、"学习"文具、"运动"足球等。

作为商标的文字可以用形容词，但其显著性很弱，往往难以起到区别商品的功能，而且容易触犯禁用条款，特别是含有"优"、"超"、"强"、"佳"、"美"、"丽"、"康"、"灵"、"宝"、"新"、"洁"、"净"、"多"、"太"、"甲"等词汇的商标，当然也存在某些例外的情况。

(3) 其他缺乏显著特征的标志(other marks lacking of distinctness)

以上标志，如果通过使用取得显著特征，并便于识别，可以作为商标注册。

---

① 同类商品(goods in the same class)指在商标注册"商品分类表"中划分在一个类中的商品，这些商品在功能、用途、消费对象、销售渠道等方面存在一定的共同之处，如果不同的企业在同类商品上分别使用相同或近似的商标，极易引起混淆。中国商标注册实行"一类商品一件商标"的原则，注册商标的保护延及同类商品或类似商品上相同或近似的商标的禁止使用。是否属于同类商品可依据中国已加入的《尼斯协定》予以认定。

2.3.2 缺乏显著性的三维标志

根据我国2001年《商标法》第12条的规定，以三维标志申请注册商标的，仅由商品自身的性质产生的形状、为获得技术效果而需有的商品形状或者使商品具有实质性价值的形状，不得注册。需要注意的是，缺乏显著性的三维标志不能通过使用获得显著性，因此缺乏显著性的三维标志是不可能获得商标注册的。

2.4 复制、摹仿或者翻译驰名商标的标志

根据我国2001年《商标法》第13条的规定，就相同或者类似商品申请注册的商标是复制、摹仿或者翻译他人未在中国注册的驰名商标，容易导致混淆的，不予注册并禁止使用。就不相同或者不相类似商品申请注册的商标是复制、摹仿或者翻译他人已经在中国注册的驰名商标，误导公众，致使该驰名商标注册人的利益可能受到损害的，不予注册并禁止使用。

2.5 欺诈性注册

《巴黎公约》禁止商标的欺诈性注册。欺诈注册(deceptive registration)是指注册人明知是他人的未注册商标而加以注册的行为。对于欺诈注册，存在着难以举证的问题。当然，也存在着明显的欺诈性注册的情况，如《巴黎公约》第6条之七和我国2001年《商标法》第15条规定的代理人注册了被代理人要求代理注册的商标的情形。欺诈注册所涉及的相对方的商标不一定是驰名的，只要有欺诈的事实就足够了，但是驰名商标的保护则不以欺诈注册为前提，应该对两者加以区分。

第二十五章　商标权主体

本章主要论述了商标权的主体范围和商标的使用人范围。注册商标权人是商标权的主体，又被称为商标注册人。为了论述方便，本章一并论述商标使用人。共分为两节。第一节分别介绍了商标注册人的范围：个体工商业者、法人、自然人和外国人；第二节分别介绍了商标使用人的概念及其范围：商品生产者、商品经营者、服务提供者和被许可人。

注册商标权人(registrant of trademark)是商标权的主体,在我国2001年《商标法》中,又被称为商标注册人。符合商标注册申请人资格者,经法定程序取得商标注册证,即成为商标权的原始主体。注册商标的转让经由主管机关核准后,受让人即成为商标权的继受主体。原商标权为自然人所有的,在其死亡之后,由其合法继承人作为商标权的继受主体。[①]

在现实生活中,商标的实际使用者并不限于商标注册人。通过许可方式,被许可人可以获得商标注册人对其商标的使用许可。为了论述方便,本章一并论述商标使用人。

第一节 商标注册人

1.1 个体工商业者

城乡个体工商户(individual industrialists and businessman)对其制作、加工、拣选或者经销的食品、服装、鞋、帽、家具、陶瓷、刀具、皮革、草木、花卉、种子、水果、蔬菜等商品,可以以业主名义申请注册商标,并取得商标权。在通常情况下,个体工商户须依法取得工商登记,并能够独立承担民事责任,方可就其经营范围内的商品或服务申请注册商标。

1.2 法人

我国2001年《商标法》所称的法人(artificial person),一般是指中国的企业和事业单位。其中,企业必须是依法登记并能够独立承担民事责任的工商企业,包括国有企业、集体企业、私营企业、外资企业、中外合资经营企业等;事业单位则应具有法人资格。

1.3 自然人

我国2001年《商标法》所称的自然人(natural person)是指具有生命的个人。在商标法意义上,作为权利主体的自然人不一定是具有完全行为能力的个人,当然在权利许可和转让等情况下,法律要求自然人必须具备特定条件。

原商标权人是个体工商业者的,其死亡后,商标权由其合法继承人继承。继承人应当向国家商标行政机关申报《变更商标注册人名义申请书》和变更证明书,并交回原《商标注册证》。商标行政机关在核准之后,将原《商标注册

① 我国1985年《继承法》仅涉及了著作权和专利权中的财产权利可以作为遗产被继承,而未对商标权的继承作出规定。参见我国1985年《继承法》第3条第6项。

证》加注发还，并予以公告，而后继承人取得商标权。新商标权人应当保证使用该注册商标的商品质量。

1.4 外国人

我国 2001 年《商标法》所称的外国人(foreigner)或者外国企业，是指在中国没有经常住所或者营业所的外国人或者外国企业。① 在中国境内依照中国法设立的外资企业和中外合资经营企业是中国法人，不属于商标法意义上的外国企业。外国人或者外国企业在中国申请商标注册和办理其他商标事宜的，应当按其所属国和中国签订的协议或者共同参加的国际条约办理，或者按照互惠原则办理。我国 2001 年《商标法》第 18 条规定："外国人或者外国企业在中国申请商标注册和办理其他商标事宜的，应当委托国家认可的具有商标代理资格的组织代理。"中国加入《巴黎公约》后，公约成员国的国民申请在中国注册商标的，可以享受国民待遇和优先权。外国个人的商标权也可以继承。商标权人可以转让注册商标，由受让人取得商标权。

第二节 商标使用人

商标是专门用于商品或服务的标记。商标使用人(user of trademark)应当是商品或服务的提供者，包括商品生产者、商品经营者和服务提供者。我国 2001 年《商标法》第 4 条第 1 款、第 2 款规定："自然人、法人或者其他组织对其生产、制造、加工、拣选或者经销的商品，需要取得商标专用权的，应当向商标局申请商品商标注册。自然人、法人或者其他组织对其提供的服务项目，需要取得商标专用权的，应当向商标局申请服务商标注册。"该规定指明了商标注册申请人是商品的生产者或经营者和服务提供者，也就是商标的实际使用人。同时，商标权人许可他人在规定范围内使用其商标时，被许可人相应地成为商标使用人。

2.1 商品生产者

商品生产者(producer of goods)，又称生产商或制造商，是指各类工矿企业、农场、林场等企业，既包括国有企业、集体企业、私营企业、外资企业、中外合资企业和外国企业，也包括主办有生产厂、实验厂、加工厂的事业单位，以及从事商品生产、加工、拣选的城乡个体工商业者或自然人。不论提供的商

① 我国 2002 年《商标法实施条例》第 7 条第 3 款。

品是初级产品、半产品或成品，还是从事商品制造、加工或拣选，都可以被称为商品生产者。

2.2 商品经营者

商品经营者(operator of goods)，又称经销商、批发商或销售商，是指各类商业企业以及从事附属商业活动的事业单位和城乡个体工商业者或自然人。不论是中国企业和自然人，还是外国企业、外国人和其他经济组织，也不论其所有制的性质如何，都可以在其拣选或者销售的商品上使用商标。

2.3 服务提供者

服务提供者(service provider)，指提供服务的任何人，包括自然人、法人和其他组织。如同商品经营者一样，不论是中国企业和自然人，还是外国企业、外国人和其他经济组织，也不论其所有制的性质如何，都可以在其提供的服务上使用商标。

2.4 被许可人

许可他人使用注册商标是商标权的一项重要内容。通过许可，被许可人(licensee)获得商标的使用权。许可人和被许可人的权利和义务，由双方通过许可合同进行约定，但商标权人应当监督被许可人使用其注册商标的质量，被许可人应当保证使用该注册商标的商品或服务的质量。[①] 被许可人获得使用许可的形式有独占使用许可、排他使用许可和普通使用许可。

① 参见我国2001年《商标法》第40条第1款。

第二十六章 商标权的取得和丧失

本章主要论述了商标取得的途径、程序和原则，以及取得商标权后的注销、撤销和终止的情形及相应的程序，共分为四节。第一节论述了商标权取得的三个原则以及在进行商标注册时应把握的两个原则；第二节介绍了在进行商标注册时应提交的文件和应遵循的程序，以及商标注册时的特殊情形；第三节介绍了商标注册的审批程序，包括形式审查、实质审查、驳回申请和提出异议，最后是核准申请；第四节介绍了取得商标权后的注销、撤销和终止的情形及相应的程序。

第一节　商标注册取得

1.1　商标权取得的原则

商标权的取得，是指依法通过商标注册或使用而取得商标专用权的方法。目前，世界各国关于商标权取得的法律制度并不相同，其所依据的主要原则如下：

1.1.1　商标注册在先原则

商标注册在先原则(principle of registration)，是指同一商标专用权由最先申请注册者取得的原则，即以申请注册的时间顺序核准商标权，而不论申请人对该商标是否具备使用或使用在先的事实。根据注册在先原则，商标注册是取得商标专用权的必经程序，必须经过商标主管机关的注册才能取得商标权。商标权只授予最先提出注册申请的人，以商标注册申请日来决定申请注册的先后顺序。即使他人已经在先使用该商标，如果未提出注册申请，仍不能获得相关商标的专用权。适用本原则有助于商标专用权的确定及保护，促使商标使用者尽快申请注册，为多数国家所采用。

根据《巴黎公约》对驰名商标特殊保护的要求，一些国家对注册在先原则作出例外规定，未注册的驰名商标可以成为其他相同商标取得注册的阻却事由。驰名商标所有人只能阻止他人就相同商标注册，若要对他人使用相同商标提出侵权之诉，则必须以取得注册为前提条件。这一原则为多数大陆法系国家以及原苏联和东欧国家所采用。

我国2001年《商标法》第29条规定："两个或者两个以上商标注册申请人，在同一种商品或类似商品上，以相同或者近似商标申请注册的，初步审定并公告申请在先的商标；同一天申请的，初步审定并公告使用在先的商标，驳回其他人的申请，不予公告。"可见一般商标专用权的取得采取"注册在先"原则确定，"使用在先"是该原则的补充；但是，对驰名商标的保护不受上述原则的限制。

我国2002年《商标法实施条例》第19条进一步明确："两个或者两个以上的申请人，在同一种商品或者类似的商品上，分别以相同或者近似的商标在同一天申请注册的，各申请人应当自收到商标局通知之日起30日内提交其申请注册前在先使用该商标的证据。同日使用或者均未使用的，各申请人可以自收到商标局通知之日起30日内自行协商，并将书面协议报送商标局；不愿协商或者协商不成的，商标局通知各申请人以抽签的方式确定一个申请人，驳回其他人的注册申请。商标局已经通知但申请人未参加抽签的，视为放弃申请，商标局应当书面通知未参加抽签的申请人。"

1.1.2　商标使用在先原则

商标使用在先原则(principle of usage)，是指同一商标专用权由最先使用者取得的原则，即以实际使用该商标的时间顺序核准商标权，而不论其是否对该商标申请注册。在奉行商标使用在先原则的国家里，虽然也办理商标注册，但是从法律意义上看，这类注册手续仅仅起到宣示的作用，而不能作为取得商标专用权的依据。一旦最先使用人提出异议，注册人的权利就丧失。商标使用在先原则保护最先使用人，避免商标抢注现象，具有一定的合理性；但导致商标专用权长期处于不稳定状态，容易造成商标权利冲突，不利于商标的保护和争议的解决。目前，只有美国、菲律宾等少数国家采用这种原则。

我国 2001 年《商标法》基本上采用的是"商标注册在先原则"，以申请在先作为注册的依据，只有在同一天申请的情况下，才以使用在先作为给予注册并授予商标专用权的依据。

1.1.3　混合原则

混合原则(compromise principle)，是指商标专用权的确定和取得兼顾使用在先和注册在先两种事实的原则，是"商标使用在先原则"和"商标注册在先原则"的折衷适用。在混合原则下，商标权既可因注册而产生，也可因使用而成立，不注册使用商标和注册使用商标并行，二者均可以取得商标权。混合原则可能造成同一商标产生商标注册人和商标使用人两个所有人的情况。通常法律在确认商标注册人取得商标权的同时，也允许首先使用该商标而未办理注册手续的人继续使用该商标。商标被核准注册后，原则上注册人取得商标专用权。但是在法律规定的期限内，在先使用者可以凭借使用在先的事实要求撤销该商标的注册，商标专用权属于使用在先的人；期限届满无人提出异议的，商标注册人即取得无可辩驳的商标权。英、美国家主要采用这一原则。如《美国商标法》规定，5 年内商标在先使用者可以申请撤销他人与之相同或近似的注册商标。①

我国 2001 年《商标法》基本上采取的是注册在先原则，即商标专用权授予在先提出注册申请的人，并适当照顾在先使用人的利益。如果两个或两个以上的申请人同一天在同一种商品或类似商品上以相同或近似的商标申请注册的，初步审定并公告使用在先的商标，驳回其他人的申请。

---

① 《美国商标法》第 16 条规定了由专利与商标局局长宣布抵触的情况，"如果一件申请注册的标志与一件已由他人在先注册或在先申请注册的标志十分相似，以致申请人将其使用在其物品或服务上时很可能引起混淆、误解或欺骗，专利与商标局局长可根据说明特殊情况的请求宣布抵触产生。在一件申请与一项已取得无可争辩的使用权的注册之间不能宣布抵触产生。"

1.2 商标注册的原则

1.2.1 自愿注册原则

自愿注册原则(principle of voluntary registration)是指商标使用人是否申请商标注册取决于自己的意愿。自愿注册是相对于强制注册而言的，强制注册又被称为全面注册，是指商标使用人凡是在其生产或经营的商品上使用商标的，都必须一律注册，否则将被禁止使用。自1957年后，中国一度曾采用全面注册原则，直到20世纪80年代初期，情况才发生改变。在市场经济时代，商标成为商品的代名词，成为市场经济的一个细胞，成为商品流通不可或缺的一种媒介。商品种类繁多，经营情况千变万化，任何强制要求商标统一注册的做法都是违背商品经济规律的。

自愿注册也是一种国际惯例。从理论上讲，商标专用权是一种民事权利，商标使用人是否需要获得或者放弃这种权利，都是在行使自己的民事权利。根据商标注册原则，注册商标享受商标法保护，未注册商标不受商标法保护。商标使用人按照自愿注册原则，可以根据自身需要决定是否申请注册，自主确定商标策略。未注册商标当然也可以使用。通过商标使用而形成的显著性，更容易取得注册。如果成为驰名商标，还可以获得法律的特别保护。不过，在许多国家，未注册商标在绝大多数情况下不享有商标权。由于未注册商标在法律上缺乏稳定性，特别是在实行注册原则和申请在先原则的国家中，其不仅难以维护商标的声誉，而且还容易与他人的注册商标发生冲突或者被人抢注。当然，商标使用人为了商品的及时宣传或销售，在试产、试销或短期经营的商品上，或在自产、自销的小商品上，可以使用未经注册的商标。

1.2.2 商标注册原则

商标注册原则(principle of trademark registration)是指商标权的获得只有通过商标注册申请，商标权因注册而产生。商标注册原则的对称概念是商标使用原则，后者是指商标权的获得取决于商标的实际使用。注册原则不问注册前商标是否实际使用；而使用原则不问商标注册与否。实行使用原则的目的在于商标只有通过实际使用才能实现其功能作用。

商标使用原则的优点是：保护商标最先使用人的利益，排斥商标在后使用人因注册在先取得本来不应取得的专用权，损害在先使用人的权利，避免因不同使用人前后使用相同商标对消费者选购商品造成的混淆。商标使用原则的缺点是：不经注册即可取得商标权，导致这种商标权缺乏有效性和稳定性的证明，而且因无法查阅商标使用人及其商标等情报，极易造成商标的混同和权利的冲突。此外,使用在先原则费时费力,不利于商标权的保护和利用,因此,世界上单纯实行使用原则的国家极少,只有美国等少数国家在实行注册制度的同时,又实行使用在先原则。[①]

采用商标注册原则不仅可以克服使用在先原则的弊病,而且由于不要求注册前和注册后一段时间实际使用该商标,有利于企业有充裕时间确定和调整市场战略。通过注册取得商标权,程序上简便易行,法律关系相对明确,商标权的稳定性强,有利于商标权的保护和利用。目前,包括中国在内的绝大多数国家都实行商标注册原则。为了避免商标在先使用人失去法律保护的机会,使用在先原则往往是作为补充规则而存在。申请在先原则的目的也许更多的是出于管理便利和权利稳定的考虑。为了避免商标权人通过囤积注册商标的方式限制竞争,商标法还规定了商标权人在获得商标注册后的法定期限内必须使用商标的义务。

第二节 商标注册的程序

2.1 商标注册申请的程序

2.1.1 商标注册的申请

商标注册申请(application of trademark registration)是指商标注册的必经程序。在实行商标注册制度的国家,必须先提出商标注册申请,办理注册手续,经审查核准注册后方能取得商标专用权。根据我国 2001 年《商标法》规定,自然人、法人或者其他组织对其生产、制造、加工、拣选或者经销的商品或对其提供的服务项目,需要取得商标专用权的,应当向商标局申请商品商标或服务商标注册。因此,在中国商标注册申请是进行商标注册、取得商标权的必经程序。

除了必须符合法律规定的商标使用人、注册商标、商标权取得的原则和实质条件外,商标注册的申请还必须符合法律规定的程序要求。我国 2001 年《商标法》对商标注册的申请、审查、异议和核准程序都作出了明确规定。对于商标注册申请程序的要求,可以分为申请办法和申请步骤两个方面。申请办法是对申请手续方面的要求,包括商标注册申请人的资格证明、按商品分类表填报的商标注册申请表、商标图样和申请费用等项内容。由于我国 2001 年《商标法》规定了商标注册申请、重新申请和变更申请三种形式,各种申请

① 在美国,"使用在先原则"已经被缩小到适用于"在美国"的"使用在先",参见《美国商标法》第 2 条(d)项。

形式的具体申请手续亦有所不同。

2.1.2 商标注册申请书

商标注册申请书(application of trademark registration),是指商标注册申请人向商标注册机关提交的书面文件。根据我国2002年《商标法实施条例》的规定,商标注册申请书应写明商标名称、商品类别、商品名称、商品用途、制造商品的主要原料、商品的技术标准、申请人名称、地址、营业执照等事项。外国人或外国企业在中国申请商标注册的,申请书应当使用中国文字,并交送代理人委托书一份。通过代理机构办理商标注册申请的,申请书一般可由代理人代为填写。

首次申请商标注册的,申请人应提交申请书、商标图样、证明文件和申请费。申请书中应当列明申请人的基本情况,作为申请人的资格证明或者身份证明。写明申请人的全称或姓名、地址、国籍和邮政编码,加盖印章;申请人的名义即名称或者姓名、印章应当与其核准或者登记的名称一致。通过代理机构办理商标注册申请的,应写明代理机构的名称、地址和邮政编码,加盖代理机构的印章。

申报使用注册商标的商品不得超出申请人核准或者登记的经营范围。申请书应当按照规定商品分类表填报使用商标的商品类别和商品名称,按照一类商品一个商标一件申请的方法填报,即一件申请只能请求注册同一类商品上使用的一个商标。[①] 因此商标注册申请人在不同类别的商品上申请注册同一商标的,应当按商品分类表提出注册申请。

同一申请人在同类商品上使用两个或者两个以上商标的,应当分别提出申请。首先,申请人应当按公布的商品分类表(goods classification)填报使用商标的商品类别和商品名称。商品名称应当与商品分类表中相应商品的名称一致,商品名称未列入商品分类表的,应当附送商品说明。随后,依照商品分类表按类别申请在同类商品上注册一个商标,每一个商标申请应当提交一份《商标注册申请书》。

前述的商品分类表是指对商品和服务进行科学归类划分的商标注册使用表。1988年以前,中国采用的是国内商品分类表,将商品共分为78类,不含服务项目。1988年11月1日以后,采用的是国际商品分类表,包括34类商品和11类服务项目,共分为1万个小项。商品分类表是商标注册管理的重要依据,其不仅便于申请人填报商品类别和商品名称,便于商标申请的审查核准,便于商标档案管理和情报检索,便于对注册商标使用实行管理,而且还

① 我国2001年《商标法》第19条。

便于判定商标侵权。

2.1.3　商标图样

每项商标申请都应当提交商标图样(sample of trademark)5 份(指定颜色的彩色商标则提交着色图样 5 份),黑白墨稿 1 份。商标图样应当用光洁耐用的纸张印刷或绘制,也可以用照片代替,但是必须清晰,便于粘贴,长和宽应当在规定的尺寸之间。①

2.1.4　证明文件

外国申请人须使用中国文字,外文书件应附中文译本。要求优先权的,还应提交优先权证明。只要求提交副本的,副本不需认证。《巴黎公约》成员的国民自其首次在另一成员国提出商标注册申请之日起 6 个月内又向中国提出商标注册申请的,可以要求优先权,其申请日为在外国首次提出商标注册申请之日。在优先权期间内不产生任何第三者的权利。外国申请人应在向中国提出申请时,同时提交优先权声明,并在申请之日起 3 个月内提交首次申请书件的副本,证明首次申请日期。

必要时申请人还需提交营业执照的副本,以便于核对商标申请人的名义、印章和经营范围。商品名称未列入商品分类表的,应当附送商品功能、用途、主要原材料和制造方法的详细说明,以便于商标局确定商标的显著性和新颖性。

在我国,申请人用药品商标注册的,应当附送卫生行政机关颁发的《药品生产企业许可证》或《药品经营企业许可证》的副本;申请卷烟、雪茄烟和有包装烟丝的商标注册的,应当附送国家烟草主管机关批准生产的证明文件;申请国家规定必须使用注册商标的其他商品的商标注册的,应当附送行政主管机关的批准证明文件。

2.1.5　申请费用

根据我国 2002 年《商标法实施条例》第 58 条的规定,申请商标注册、转让注册、续展注册、变更、补证、评审及办理其他商标事宜,应当缴纳费用。缴纳费用的项目和标准,由国务院工商行政管理部门会同国务院价格主管部门规定并公布。

2.1.6　向国外注册商标

中国商标在国外注册是指中国单位或个人将其所有的商标向国外申请注册的活动。中国单位或个人向国外申请注册主要有两种方式:

一是直接到自己需要注册的国家申请商标注册。直接向国外申请商标

---

① 我国 2002 年《商标法实施条例》第 13 条。

注册时，大多数国家都规定非本国国民申请商标注册应委托本国认可的具有商标代理资格的组织代理；

二是通过《马德里协定（商标）》和《马德里议定书》办理商标国际注册。中国是《商标国际注册马德里协定》和《商标国际注册马德里协定有关议定书》的成员国，中国单位或个人也可以通过该协定和议定书中的成员国取得商标的法律保护。

2.1.7 商标的强制注册

我国2001年《商标法》实行的是商标自愿注册原则，但是为了加强与国计民生休戚相关的少数商品商标的管理，中国对特定类别商品的商标实行强制注册(compulsory registration of trademark)。我国2001年《商标法》第6条规定："国家规定必须使用注册商标的商品，必须申请商标注册，未经核准注册的，不得在市场销售。"我国2002年《商标法实施条例》第4条对此作出进一步的解释："商标法第6条所称国家规定必须使用注册商标的商品，是指法律、行政法规规定的必须使用注册商标的商品。"按照相关的行政法规规定，人用药品和烟草制品属于必须使用注册商标的商品。在这里，人用药品指人用中成药(包括药酒)、化学原料药及其制剂、抗生素、生化药品、放射性药品、血清疫苗、血液制品和诊断药品等；不含农药、兽药。烟草制品指卷烟、雪茄烟和有包装的烟丝。根据我国2002年《商标法实施条例》的规定，对必须注册的商标，未注册就生产销售的，工商行政管理机关有权禁止其商品销售和广告宣传，封存或者收缴其商标标识，并可根据情节处以非法经营额10%以下的罚款。此外，关于国家规定必须使用注册商标的其他商品，法律授权由国家工商行政管理局公布。

2.2 商标注册重新申请

我国2001年《商标法》第21条规定："注册商标需要在同一类的其他商品上使用的，应当另行提出注册申请。"商标注册后取得商标权，但是，商标权以核定使用的商品为限。商标权人不得擅自扩大使用商品的范围，否则构成对权利的滥用。随着经营范围的扩大，市场竞争的需要，企业有必要在原来不能或者未能注册使用的商品上申请使用注册商标的，当然应当允许；但是，申请人必须重新填报《商标注册申请书》，按商标注册申请手续办理。

我国2001年《商标法》第22条规定："注册商标需要改变其标志的，应当重新提出注册申请。"两相比较，在对象范围上有所扩大。商标注册后取得商标专用权，但是，商标专用权以核准注册的商标为限。商标权人不得擅自改变注册商标的标记，否则将构成对权利的滥用。

2.3 变更商标注册申请

变更商标注册(variation of trademark registration application),是指商标主管机关依注册商标权利人的申请,依法变更商标注册事项的行为。根据我国2001年《商标法》规定,注册商标需要变更注册人的名义、地址或其他事项的,均须进行商标变更注册,其目的在于保证商标权的稳定性和连续性。变更注册不涉及商标使用范围、商标标志等的变更。

我国2001年《商标法》第23条规定:"注册商标需要变更注册人的名义、地址或者其他注册事项的,应当提出变更申请。"由于企业联营、转产、迁移或者其他原因,企业名称或者地址发生了变化,由于商标权人死亡,商标权因继承发生转移,就会发生注册商标使用人的名称或者姓名、地址、邮政编码等注册事项的变化。原商标权人或者商标权继承人就应当办理变更手续。

我国2002年《商标法实施条例》第24条规定:"变更商标注册人名义、地址或者其他注册事项的,应当向商标局提交变更申请书。商标局核准后,发给商标注册人相应证明,并予以公告;不予核准的,应当书面通知申请人并说明理由。变更商标注册人名义的,还应当提交有关登记机关出具的变更证明文件。未提交变更证明文件的,可以自提出申请之日起30日内补交;期满不提交的,视为放弃变更申请,商标局应当书面通知申请人。变更商标注册人名义或者地址的,商标注册人应当将其全部注册商标一并变更;未一并变更的,视为放弃变更申请,商标局应当书面通知申请人。"

申请变更商标注册人名义的,每个申请人应当提交《变更商标注册人名义申请书》和变更证明各一份,并交回原《商标注册证》;申请变更商标注册人地址或者其他注册事项,每一个申请人应当提交《商标变更注册人地址申请书》或者《变更商标其他注册事项申请书》,以及有关变更证明各一份,并交回原《商标注册证》;申请变更商标注册人名义或者地址的,商标注册人必须将其全部注册商标一并办理。经商标局核准后,将原《商标注册证》加注发还,并予以公告。

2.4 商标代理

申请商标注册、转让注册、续展注册、变更注册人名义或者地址、补发商标注册证等有关事宜,既可以自己直接办理,也可以委托国家认可的具有商标代理(agency of trademark)资格的组织代理。商标代理属于民事代理。

在实践中,具有商标代理资格的组织主要是指商标事务所。商标事务所是专门从事商标法律服务的事业单位,独立核算,自负盈亏,独立办理商标代理业务。成立商标事务所需要符合法定条件：如有自己的名称、章程、固定办公场所；必要的资金和办公设施；财务独立并能够独立承担民事责任；有一定数量的专职商标代理人；需要履行申请和审批程序。商标事务所的业务范围包括：提供商标事务咨询；办理商标注册的申请、异议、争议、转让、续展、变更、许可使用、撤销；复审商标行政案件、商标侵权案件；以及其他商标事宜。商标事务所和商标代理人应当遵守代理规则，例如，商标事务所承办业务应当有委托人具名的书面委托书；在代理权限范围内以委托人的名义进行代理行为；不应就同一事项接受有利害关系的其他委托人的委托；商标代理人不得在两个以上商标事务所从事商标代理活动；必须承办本商标事务所指派的代理业务，不得自行接受委托等等。商标事务所和商标代理人违反代理规则，损害委托人利益的，应当承担赔偿责任；情节严重的，应当取消其代理人资格或者吊销其营业执照。

外国商标注册申请人，是指在中国提出商标注册申请，但不具有中国国籍的自然人或依外国法律在外国设立的企业。根据中国法律，外国人或者外国企业在中国申请商标注册的，应当按其所属国和中国签订的协议或共同参加的国际条约办理，或者按对等原则办理。外国人或者外国企业在中国申请商标注册或者办理其他商标事宜，应当委托国家认可的具有商标代理资格的组织代理。

我国 2002 年《商标法实施条例》第 7 条第 1 款、第 2 款规定："当事人委托商标代理组织申请商标注册或者办理其他商标事宜，应当提交代理委托书。代理委托书应当载明代理内容及权限；外国人或者外国企业的代理委托书还应当载明委托人的国籍。外国人或者外国企业的代理委托书及与其有关的证明文件的公证、认证手续，按照对等原则办理。"第 55 条还规定："商标代理的具体管理办法由国务院另行规定。"

第三节 商标注册的审批

3.1 商标申请审查

商标申请审查（examination of trademark application），是指商标局依法对申请注册的商标进行审查，从而判定其是否可以获准注册的活动。商标审查是商标注册的必经程序，包括审查商标注册申请所要求的文件是否齐备；申请注册的商标是否合法；是否违反禁用条款；申请注册的商标是否与他人在同一商品、服务或类似商品、服务上已经注册在先或已经初步审定的商标相同或近似。在逐项审查之后，对符合法律规定的申请可进行初步审定并公告；对不符合法律规定的申请则予以驳回。

3.1.1 形式审查

形式审查(formal examination)，是指商标局对申请人提交的申请文件材料以及申请手续完备与否的审查程序，用以确定对相关申请是否受理的活动。形式审查的内容包括：申请文件材料是否齐备；申请书的填写和商标图案是否合乎规格；商品类别和商品名称的填写是否合乎要求；注册费用是否已足额缴纳；核转或者代理手续是否完备等等。经过形式审查后，凡符合条件的，应发给《受理通知书》，并登记申请日期和编定申请号，申请日期以商标局收到申请书件的日期为准。基本符合要求但是需要进一步修正的，应发给《补正通知书》。申请人收到《补正通知书》后，应在 15 日之内补正，申请日和申请号予以保留。经过形式审查后，不符合条件的，或经补正后仍未达到法定条件的，商标局不予受理，退回商标申请书件，申请日和申请号不予保留。

商标形式审查只解决申请是否受理的问题，至于是否授予商标权则需要经过商标的实质审查后才能确定。

3.1.2 实质审查

实质审查(substantive examination)，是指商标局依法对申请注册的商标的文字、图形及其组合的涵义、客观效果等进行审查，用以确定对相关申请予以核准还是驳回的活动。

实质审查是商标局就商标的合法性所进行的全面审查，是商标审查过程的主要环节。审查的具体内容包括：

第一，商标是否满足法定的构成条件，即申请注册的商标是否具备法定的构成要素；申请注册的商标是否具有显著性；商标是否符合公共秩序和社会道德的要求。

第二，商标是否与在先权利冲突，即是否与他人的注册商标或者审定公告中在先的商标混同。在审查中，需要考查申请注册的商标是否与他人在同一种商品或类似商品上已注册的商标发生混同，以及商标与商品结合起来的客观效果。

在审查实践中，混同的情况主要有下列四种情况；其一，在同一商品上使用的相同商标，例如，都是“香皂”，都用“力士”商标。同一种商品不能仅从语义上理解，原则上应当根据商品分类表进行判断，属于同一商品类别和同一商品名称的商品，亦应考虑因语言习惯而对同种商品称呼的别称、简称、雅称、俗称等，例如，“太阳镜”与“墨镜”；“白酒”与“老白干”等都是同种商品。其二，在同一商品上使用的近似商标。商标中文字部分的近似一般按文字

(含字母)结构近似、文字含义近似、发音近似几方面来判断;图形在近似原则上按图形要素分类表判断,看其是否属于同一大类,同一小类中的同一组别;文字与图形的组合的近似,既要看文字部分近似程度和图形部分近似程度,又要看组合整体或者主要部分近似程度。例如,"W&W'S"与"M&M's";"果真"、"果津"与"果珍";"飞雁"与"飞燕";"八达岭"图形与"长城"图形等,前者均与后者近似。其三,在类似的商品上使用的相同商标。例如,将他人在录音机上注册使用的"三洋"商标,申请在录音磁带上注册使用。其四,在类似的商品上使用的近似商标。例如,日光灯管与电灯泡属于类似商品;"明达"与"MINGKEDA"(明可达)属于近似商标。

经过实质审查之后,凡符合法律规定的条件的,应该初步审定并予以公告。

3.1.3 驳回申请

驳回申请(rejection of application),是指商标局受理商标注册申请后,经过实质审查,认为所申请注册的商标不符合法律规定的注册条件,商标局将驳回其申请。一般说来,驳回申请的主要原因包括:第一,申请注册的商标不具有显著性;第二,申请注册的商标违反禁用条款;第三,申请注册的商标与他人在同种商品或类似商品上已注册或初步审定的商标相同或近似。根据我国2001年《商标法》的规定,商标局应将驳回申请的决定书面通知申请人。如果申请人对商标局驳回申请的决定不服,可以在收到《驳回通知书》之日起15日内,向商标评审委员会申请复审。在申请复审时,需提交《驳回通知书》、原《商标注册申请书》、原商标图样、黑白墨稿等文件。在受理复审申请后,商标评审委员会应依法进行复审,并作出决定。如果对商标评审委员会所作出的复审决定仍然不服,申请人还可以在收到通知之日起30日内向人民法院起诉。[①] 商标评审委员会自其作出的决定、裁定发出之日起60日内未收到来自法院或者案件当事人任何有关该决定、裁定之起诉信息的,视为有关当事人未向法院起诉,该决定、裁定移送商标局执行。[②]

3.1.4 提出异议

提出异议(disagreement),是指任何第三人对商标局初步审定并公告的商标表示反对,认为其不具有合法性,并在公告之日起3个月内向商标局提出反对注册的意见。允许第三人提出异议具有两方面的意义:其一,是为了加强社会公众对商标审查工作的监督,以减少审查工作的失误;其二,是给其他

① 我国2001年《商标法》第32条第2款。

② 我国2005年《商标评审规则》第35条第2款。

利害关系人保留维护自身权益的机会。异议既可以由注册商标权人提出；亦可以由注册申请在先或初步审定在先的申请人提出；还可以由注册商标的利害关系人（如注册商标的被许可人等）或任何其他人提出。根据法律规定，异议的提出必须是在初步审定公告之日起3个月内作出，而不能在公告前作出，3个月之后不再受理。提出异议的理由通常是指称初步审定并公告的商标不符合法律规定的构成条件，或者与在先权利构成冲突。只要符合法律规定的程序，商标局就应该受理所提出的异议。

根据我国2001年《商标法》第30条、第33条和2002年《商标法实施条例》第22条规定，对商标局初步审定予以公告的商标提出异议的，异议人应当向商标局提交商标异议书一式两份。商标异议书应当写明被异议商标刊登《商标公告》的期号及初步审定号。商标异议书应当有明确的请求和事实依据，并附送有关证据材料。商标局应当将商标异议书副本及时送交被异议人，限其自收到商标异议书副本之日起30日内答辩。被异议人不答辩的，不影响商标局的异议裁定。当事人需要在提出异议申请或者答辩后补充有关证据材料的，应当在申请书或者答辩书中声明，并自提交申请书或者答辩书之日起3个月内提交；期满未提交的，被视为放弃补充有关证据材料。

商标局应当听取异议人和申请人陈述事实和理由，经调查核实后作出裁定。商标局将商标异议裁定通知有关当事人。当事人不服的，可以在收到通知之日起15日内向商标评审委员会申请复审，由商标评审委员会作出裁定，并书面通知有关当事人。

根据我国2002年《商标法实施条例》第23条的解释，《商标法》第34条第2款所称异议成立，包括在部分指定商品上成立。异议在部分指定商品上成立的，在该部分指定商品上的商标注册申请不予核准。被异议商标在异议裁定生效前已经刊发注册公告的，撤销原注册公告，经异议裁定核准注册的商标重新公告。经异议裁定核准注册的商标，自该商标异议期满之日起至异议裁定生效前，对他人在同一种或者类似商品上使用与该商标相同或者近似的标志的行为不具有追溯力；但是，因该使用人的恶意给商标注册人造成损失的，应当给予赔偿。经异议裁定核准注册的商标，对其提出评审申请的期限自该商标异议裁定公告之日起计算。

我国2001年《商标法》第33条规定："对初步审定、予以公告的商标提出异议的，商标局应当听取异议人和被异议人陈述事实和理由，经调查核实后，作出裁定。当事人不服的，可以自通知之日起15日内向商标评审委员会申请复审，由商标评审委员会作出裁定，并书面通知异议人和被异议人。当事人对商标评审委员会的裁定不服的，可以自收到通知之日起30日内向人民法院起诉。法院应当通知商标复审程序的对方当事人作为第三人参加诉讼。”

我国2001年《商标法》第34条还规定:“当事人在法定期限内对商标局作出的裁定不申请复审或者对商标评审委员会作出的裁定不向人民法院起诉的,裁定生效。经裁定异议不能成立的,予以核准注册,发给商标注册证,并予公告;经裁定异议成立的,不予核准注册。经裁定异议不能成立而核准注册的,商标注册申请人取得商标专用权的时间自初审公告3个月期满之日起计算。”

3.2 核准申请

根据我国2001年《商标法》第30条的规定,对初步审定的商标,自公告之日起3个月内,任何人均可以提出异议。初步审定的商标在公告期满无异议或者经裁定异议不能成立的,商标局予以正式核准注册,并在《商标公告》上刊登注册公告,发给《商标注册证》,并将注册人名称、地址,注册商标图样,核定使用的商品、注册证号、注册日期等有关注册事项刊登在《商标注册簿》上。商标注册申请人自其商标核准注册之日起成为商标权人,享有商标专用权。

第四节 注册商标的注销、撤销和终止

注册商标的注销、撤销和终止,是指经过不同的法定程序,注册商标权人丧失商标专有权的一系列活动以及因此而引起的法律后果。

4.1 注册商标的注销

注销注册商标(cancellation of registered trademark),是指商标局根据商标注册人本人或他人的申请,将注册商标注销或部分注销的活动。根据我国2002年《商标法实施条例》第10条,注销申请的申请日期应根据以下原则予以确定:即直接提交的,以递交日为准;寄出的,以寄出的邮戳日为准;邮戳日不清晰或者没有邮戳的,以商标局实际收到日为准,但是申请人能够提出实际邮戳日证据的除外。根据不同情况,法律设定了三种不同的注销程序:

第一,商标注册人申请注销其注册商标的,应当按照2002年《商标法实施条例》第46条的规定向商标局提出申请。注销注册商标可以是整体注销,也可以注销部分指定商品或服务项目。注销申请经商标局核准后,该注册商标专用权或者该注册商标专用权在该部分指定商品上的效力自商标局收到其注销申请之日起终止。

第二,根据2002年《商标法实施条例》第47条的规定,商标注册人死亡或终止,自死亡或终止之日起1年期满,该注册商标没有办理移转手续的,任何

人可以向商标局申请注销该注册商标。向商标局申请注销该商标的，应当提交该商标注册人死亡或者终止的证据。经商标局核准后，被注销的注册商标的专用权自商标注册人死亡或者终止之日起终止。

第三，根据2001年《商标法》第38条的规定，注册商标有效期满后，在法律规定的6个月的宽展期内仍未提出续展申请的，注销该注册商标。这是商标局鉴于注册商标已经失效的事实而主动作出的注销行为，不需要任何人的申请，该注册商标专用权的效力自有效期届满次日起终止。

4.2 注册商标的撤销

4.2.1 商标局主动撤销注册商标

根据我国2001年《商标法》的规定，商标局主动撤销注册商标的情形主要包括：第一，自行改变注册商标；第二，自行改变注册商标的注册人名义、地址或者其他事项；第三，自行转让注册商标；第四，注册商标连续3年停止使用的；第五，使用注册商标，其商品粗制滥造、以次充好、欺骗消费者的。[①] 对商标局撤销注册商标的决定，当事人不服的，可以自收到通知之日起15日内向商标评审委员会申请复审，由商标评审委员会作出决定，并书面通知申请人。当事人对商标评审委员会的决定不服的，可以自收到通知之日起30日内向人民法院起诉。

4.2.2 因注册商标争议引起的撤销

注册商标的争议是指已经注册的商标违反了商标法的规定，商标局或商标评审委员会依职权或依当事人的请求撤销该注册商标。[②] 注册商标争议主要包括以下情况：

第一，已经注册的商标，违反我国2001年《商标法》第10条、第11条、第12条规定的，或者是以欺骗手段或者其他不正当手段取得注册的，由商标局撤销该注册商标，其他单位或者个人可以请求商标评审委员会裁定撤销该注册商标。

第二，已经注册的商标，违反我国2001年《商标法》第13条、第15条、第16条、第31条规定的，自商标注册之日起5年内，商标所有人或者利害关系人可以请求商标评审委员会裁定撤销该注册商标。对恶意注册的，驰名商标所有人不受5年时间的限制。

第三，除上述两种情形外，对于已经注册的商标有争议的，可以自该商标

---

① 我国2001年《商标法》第44条、第45条。

② 我国2001年《商标法》第41条。

经核准注册之日起5年内，向商标评审委员会申请裁定。根据我国2002年《商标法实施条例》第29条的规定，对已经注册的商标有争议的，是指在先申请注册的商标注册人认为他人在后申请注册的商标与其在同一种或者类似商品上的注册商标相同或者近似。

对于商标局在商标争议案件作出的决定，当事人不服的，可以自收到通知之日起15日内向商标评审委员会申请复审，由商标评审委员会作出决定，并书面通知申请人。当事人对商标评审委员会的决定不服的，可以自收到通知之日起30日内向人民法院起诉。

商标评审委员会依当事人的申请对商标争议案件进行评审时，应通知有关当事人，并限期提出答辩。商标评审委员会作出维持或者撤销注册商标的裁定后，应当书面通知有关当事人。当事人对商标评审委员会的裁定不服的，可以自收到通知之日起30日内向人民法院起诉。

4.3 注册商标的终止

注册商标的终止，是指注册商标权人由于法定原因导致商标权的丧失，不再受法律的保护。终止分为期限届满的终止与提前终止两大类。注册商标有效期届满，由于没有续展，会导致注册商标被注销，并引起商标权的终止。除此之外，还存在其他四种提前终止的情况：

第一，商标权人向商标局声明主动放弃注册商标。例如，当与在先权利发生冲突时主动放弃注册商标。一般来说，商标权人已与他人订立商标许可使用合同的，在未经被许可人同意的情况下，不得放弃注册商标，否则应承担违约责任。商标局应将放弃的注册商标从《商标注册簿》中注销并予以公告。

第二，商标评审委员会裁定或法院裁决争议理由成立，撤销注册商标。

第三，商标局裁定或法院宣告注册商标无效。该种终止与其他终止不同，其他终止的情形均是向未来终止，即放弃、注销、撤销之后，商标权才丧失；而宣告无效却具有溯及既往的效力，即商标权自始就被视为不存在。如果注册商标被宣告无效，那么商标权便得而复失，在这种意义上说，宣告注册商标无效也是终止的一种情形。注册商标的无效和撤销制度本来是存在很大差异的，但是中国商标法并未对此进行区分。

第四，商标局对商标权人违反注册商标使用管理规定而撤销其注册的情况。

第二十七章　商标权的内容和行使

本章主要论述了商标权人依法对其注册商标所享有的权利内容以及商标权人行使权利的几种形式，共分为两节。第一节介绍了商标权人所享有的商标权的内容，其主要包括商标专用权、续展权、禁止权、转让权和许可使用权等；第二节介绍了注册商标权人通过使用、授权许可他人使用，或者将注册商标进行质押、投资、转让等行使权利的主要方式。

第一节　商标权的内容

商标权(trademark right)是商标权人依法对其注册商标所享有的权利,其内容包括商标专用权、续展权、禁止权、转让权和许可使用权等。

1.1　商标专用权

商标专用权(exclusive right of trademark),是指商标权人对其注册商标在核定商品或者服务上排他性使用的权利。商标专用权是商标权核心的内容。根据我国2001年《商标法》第4条、第51条的规定,注册商标的专用权以核准注册的商标和核定使用的商品或服务为限。该规定表明,注册商标只能在核定的商品或服务上使用,而不能用于其他种类的商品或服务。核准注册的商标和核定使用的商品组成一个统一体,二者共同界定了商标专用权的权利范围。如果商标专用权的行使超出了法律规定的范围,则商标局将责令商标权人限期改正或者撤销其注册商标。①

1.2　商标续展权

商标续展权(extension of trademark),是指商标权人在注册商标有效期届满前,向商标局申请延续其注册商标期限的权利。商标续展权可以使商标权人持续维持商标权的有效性。我国2001年《商标法》没有对续展次数作出限制,而是规定了每次续展注册的有效期为10年。在这种情况下,如果商标权人连续续展,则其注册商标将获得永久的法律保护。根据我国2001年《商标法》第38条第1款的规定:"注册商标有效期满,需要继续使用的,应当在期满前6个月内申请续展注册;在此期间未能提出申请的,可以给予6个月的宽展期。宽展期满仍未提出申请的,注销其注册商标。"续展注册经核准后,予以公告。

1.3　商标禁止权

商标禁止权(right to forbid by trademark),是指商标权人禁止他人未经许可使用其注册商标的权利。禁止权是商标专用权的自然延伸,具体体现为禁止他人非法使用注册商标、非法印制注册商标、非法销售侵权商品以及其他侵权行为。根据我国2001年《商标法》第53条的规定,当商标专用权遭受

① 我国2001年《商标法》第44条。

侵犯时，商标权人有权要求工商行政管理部门处理，也可以向人民法院起诉，要求排除侵权行为，保护自己的合法权益。法律之所以设立禁止权，是因为商标作为一种商业标识，其在一定程度上代表了商品或服务的质量、特色和信誉等，如果不同的商品或服务提供者在相同或类似的商品或服务上使用的商标相同或近似，则会造成消费者混淆或误认，不仅会损害消费者的合法利益，也会侵害市场经济秩序。

商标禁止权的权利范围不同于商标专用权的权利范围，商标专有权的权利范围是以核准注册的商标和核定使用的商品为限；而商标禁止权的权利范围表现在：商标权人对于未经其许可在同一或者类似商品上使用与其注册商标相同或者近似的商标的行为都有权禁止，对非法销售侵权商品、反向假冒等侵权行为有权予以禁止。显然，商标禁止权的范围要大于商标专用权的权利范围。商标法的这一规定更有利于保护商标权人及消费者的权益，防止其他经营者的不正当竞争行为。

1.4 商标转让权

商标转让权(right to assign a trademark)，是指商标权人将其注册商标权转移给他人的权利。由于商标是一种财产，因此可以转让。商标转让权是商标权人对其注册商标行使处分权利的一种重要形式，其法律后果是发生商标专用权主体的变更。

在转让注册商标时，应该依照法定程序进行。根据我国 2001 年《商标法》第 39 条第 1 款的规定，转让注册商标的，转让人和受让人应当签订转让协议，并共同向商标局提出申请。我国 2002 年《商标法实施条例》第 25 条第 1 款规定："转让注册商标的，转让人和受让人应当向商标局提交转让注册商标申请书。转让注册商标申请手续由受让人办理。商标局核准转让注册商标申请后，发给受让人相应证明，并予以公告。"受让人自公告之日起享有商标专用权。受让人应当保证使用该注册商标的商品或服务的质量。

转让注册商标的，商标注册人对其在同一种或者类似商品上注册的相同或者近似的商标，应当一并转让；未一并转让的，由商标局通知其限期改正；期满不改正的，视为放弃转让该注册商标的申请，商标局应当书面通知申请人。对可能产生误认、混淆或者其他不良影响的转让注册商标申请，商标局不予核准，书面通知申请人并说明理由。[①]

---

① 我国 2002 年《商标法实施条例》第 25 条第 2 款、第 3 款。

▶ 1.5 商标许可使用权

商标许可使用权(right for licensing a trademark),是指商标权人通过签订合同,许可他人使用其注册商标的权利。许可他人使用注册商标是商标权人实现商标权的一种重要方式,商标权人通过商标许可使用,使商标权与使用权分离,可以最大限度地实现商标的价值,获得更多的经济收益。

根据我国2001年《商标法》第40条第1款、第2款的规定,商标注册人可以通过签订商标使用许可合同,许可他人在一定时间和地域范围内使用其注册商标。许可人应当监督被许可人使用其注册商标的商品质量。被许可人应当保证使用该注册商标的商品质量。经许可使用他人注册商标的,被许可人必须在使用该注册商标的商品上标明自己的名称和商品产地。

商标使用许可合同应当在合同签订后的规定期限内报商标局备案。未经备案的,不影响商标使用许可合同的效力,但是,当事人另有约定的除外。而且,出于保护善意第三人合法利益的考虑,商标使用许可合同未在商标局备案的,不得对抗善意第三人。①

第二节　商标权的行使

商标权是一种重要的财产权利,注册商标权人可以通过自己使用、授权许可他人使用,或者将注册商标进行质押、投资、转让等方式充分有效地实现其商标权利,最大化地发挥注册商标的作用,从而获得最大的经济效益。

▶ 2.1 商标权的使用

2.1.1　商标权使用的概念和意义

商标权的使用,是指商标权人在经营活动中使用自己的注册商标来推销其商品或服务的行为。商标权使用的最基本形式是商标权人自己使用。商标只有通过不断使用才能显示出其价值,体现其权利存在的意义,否则,如果商标权人将其注册商标长期搁置不用,不仅商标权人自己得不到经济利益,而且还要承担商标存继所需的费用,在客观上也限制了他人注册使用与其相同或近似的商标的机会,不利于社会经济的发展。有鉴于此,不论是实行申请在先原则的国家,还是坚持使用在先原则的国家,都在商标法中规定了对注册商标的限制,如果超过一定期限不使用已经获得注册的商标,将予以撤

① 最高人民法院《关于审理商标民事纠纷案件适用法律若干问题的解释》第19条。

销注册。根据我国2001年《商标法》第44条第4项规定,注册商标连续三年停止使用的,由商标局责令限期改正或者撤销其注册商标。由此可见,使用注册商标既是商标权人的权利也是其义务。

2.1.2 商标权使用的形式

注册商标的使用方式可以多种多样,根据我国2002年《商标法实施条例》第3条的规定,商标的使用,包括将商标用于商品、商品包装或者容器以及商品交易文书上,或者将商标用于广告宣传、展览以及其他商业活动中。

第一,将商标用于商品、商品包装或者容器以及商品交易文书上,是指将商标用在商品的外包装、容器或标签上;或者用在商品的附加标牌、产品说明书或介绍手册上,以及其他符合商标法规定的使用方式。其中,将商标用在与商品销售有联系的交易文书上,是指用在商品销售协议、发票、票据、收据、单据、商品进出口检疫证明、报关单上等。

第二,将商标用于广告宣传、展览以及其他商业活动中,是指将商标用于广播、电视等媒体宣传;或者用在经国务院出版行政管理部门批准公开发行的出版物上;或者用于广告牌、邮寄广告或者其他广告方式中;或者在各级政府有关管理部门批准举办的展览会、博览会上使用,包括展览会、博览会上提供的印刷品及其他资料、照片等。

第三,服务商标的使用方式,是指将商标直接使用于服务,包括将服务商标使用于服务场所、服务招牌、服务工具,名片、明信片、赠品等服务用品,账册、发票、合同等商品交易文书以及广告和其他宣传用品等。① 不过,商标注册信息的发布不被视为商标在商业活动中的使用。

2.2 商标权的使用许可

2.2.1 商标权使用许可的概念

商标权使用许可(trademark license),是指商标权人通过订立合同,许可他人以一定的方式使用其注册商标的行为。通过许可使用注册商标,可以充分利用注册商标的价值,最大限度地发挥注册商标的作用,因此,在国际上已经成为一种通行的制度。在注册商标许可使用关系中,商标权人为许可人,相对人为被许可人。许可协议双方的权利和义务,由协议约定。

2.2.2 商标权使用许可的种类

根据2002年最高人民法院《关于审理商标民事纠纷案件适用法律若干问题的解释》第3条,商标权使用许可包括以下三种形式:独占使用许可、排他使

① 具体可参见1999年工商行政管理总局《关于保护服务商标若干问题的意见》。

用许可和普通使用许可。

第一，独占使用许可（monopoly use license），是指商标注册人在约定的期间和地域和以约定的方式，将该注册商标仅许可给一个被许可人使用，商标注册人依约定不得使用该注册商标。

第二，排他使用许可（exclusive use license），是指商标注册人在约定的期间和地域和以约定的方式，将该注册商标仅许可一个被许可人使用，商标注册人依约定可以使用该注册商标但不得另行许可他人使用该注册商标。

第三，普通使用许可（ordinary use license），是指商标注册人在约定的期间、地域和以约定的方式，许可他人使用其注册商标，并可自行使用该注册商标和许可他人使用其注册商标。

上述三种形式的注册商标使用许可在实践中均比较常见，其中独占使用许可中的被许可人获得的商标使用权最大，排他使用许可次之，普通使用许可最小。当然，被许可人支付给许可人的许可费用也可会因此而相应地产生变化。

如果被许可人违反许可合同的约定，例如，超出被许可使用的商品或者服务的范围、使用期限或者商品数量等，一般情况下，许可人可以以商标侵权为由请求工商行政管理机关依法查处。不过，如果许可人和被许可人对商标使用许可合同内容有争议且有可能对案件处理产生影响的，工商行政管理机关可以中止案件处理，待双方合同争议解决后再行处理。

如果许可人选择诉讼方式，根据我国 1999 年《合同法》第 122 条，因当事人一方的违约行为，侵害对方人身、财产权益的，受损害方有权选择依照本法要求其承担违约责任或者依照其他法律要求其承担侵权责任。这说明，在违约责任与侵权责任竞合的情况下，权利人可以自由选择救济方式。

2.2.3 商标权被许可人的诉讼地位

在前述三种使用许可方式中，合同双方的权利和义务是不同的，由此而导致被许可人在商标侵权诉讼中的诉讼地位也会不一样。根据 2002 年最高人民法院《关于审理商标民事纠纷案件适用法律若干问题的解释》第 4 条，注册商标使用许可合同的被许可人、注册商标财产权利的合法继承人等都属于利害关系人。在发生注册商标专用权被侵害时，独占使用许可合同的被许可人可以向人民法院提起诉讼；排他使用许可合同的被许可人可以和商标权人共同起诉，也可以在商标权人不起诉的情况下，自行提起诉讼；普通使用许可合同的被许可人经商标权人明确授权，可以提起诉讼。

2.2.4 商标使用许可合同的内容

商标权人许可他人使用其注册商标，应当签订书面合同。根据我国《合同法》和《商标法》的相关规定，商标使用许可合同一般应包括下列内容：

第一，许可人和被许可人的名称、地址。

第二，许可使用的注册商标的名称、注册证号码、使用商品的种类和名称、使用的期限。被许可使用的商标必须与核准注册的商标一致；被许可使用的商品必须是核定使用的商品，不得超出核定的范围；许可使用商标的期限不能超过注册商标的专用权期限。

第三，许可使用的范围。包括商标使用许可的性质，被许可商标的图样，被许可商标使用的商品或者服务的范围，被许可使用的地域范围等。

第四，为保证商品质量而约定的有关措施。根据我国 2001 年《商标法》第 40 条，许可人应当监督被许可人使用其注册商标的商品质量。因此，许可人应当在合同中约定一定的具体措施来保证商品质量，如质量标准、技术设备要求、技术指导、技术服务等。同时，在合同中还应约定被许可人在其使用许可商标的商品上标明自己的名称和商品产地的条款。

第五，许可使用商标的标识提供方式。

第六，商标许可使用费的计算方法和付费方式。

第七，违约责任。双方可以在许可合同内容中约定违约责任。被许可人如果违反许可合同约定，例如，超出被许可使用的商品或服务的范围、使用期限或者商品数量等限制，许可人可以追究被许可人什么样的法律责任。许可人如果违反合同约定，例如，在合同有效期内放弃续展等行为并因此给被许可人造成损失的，许可人应当如何承担法律责任。

第八，许可使用的注册商标被侵权后的处理方式。由于商标使用许可的方式不同，涉及被许可人的利益程度亦不同，因此，当有侵权发生时，许可人和被许可人应当在合同中约定如何对待侵权行为。

第九，其他事项。

2.2.5 商标许可合同的备案

我国 2001 年《商标法》第 40 条第 3 款规定："商标使用许可合同应当报商标局备案。"我国 2002 年《商标法实施条例》第 43 条进一步规定："许可他人使用其注册商标的，许可人应当自商标使用许可合同签订之日起 3 个月内将合同副本报送商标局备案。"如果违反上述规定，由许可人或者被许可人所在地的工商行政管理机关责令限期改正；拒不改正的，处以 1 万元以下的罚款，直至报请商标局撤销该注册商标。

关于未经备案的商标许可合同的法律效力问题。根据 2002 年最高人民法院《关于审理商标民事纠纷案件适用法律若干问题的解释》第 19 条第 1 款规定："商标使用许可合同未经备案的，不影响该许可合同的效力，当事人另有约定的除外。”第 2 款还规定：“商标使用许可合同未在商标局备案的，不得对抗善意第三人。”根据该司法解释，人民法院在处理这类案件时，不应因商标许可合同未办理备案手续而确认合同无效，除非双方当事人在合同中有这样的约定。同时，出于维护市场交易安全和保护善意第三人合法利益的目的，如果商标许可合同未经备案，而第三人出于善意在对该商标使用许可不知情的情况下与商标权人就该商标进行交易，被许可人不得请求确认在后的合同无效。

人用药品商标使用许可合同的备案，应当同时附送被许可人取得的卫生行政管理部门的有效证明文件。卷烟、雪茄烟和有包装烟丝的商标使用许可合同的备案，应当同时附送被许可人取得的国家烟草主管部门批准生产的有效证明文件。外文书件应当同时附送中文译本。

向商标局办理商标使用许可合同备案事宜的，可以委托国家工商行政管理局认可的商标代理组织代理，也可以直接到商标局办理。但是，许可人是外国人或者外国企业的，应当委托国家工商行政管理局指定的商标代理组织代理。

2.3 商标权的转让

2.3.1 商标权转让的概念

商标权的转让(assignment of trademark)，是指商标权人依法将其注册商标转让给他人的行为。由于商标权转让的对象是注册商标，因此也可以称为注册商标的转让。在注册商标转让关系中，商标权人为转让人，接受商标权的一方为受让人。注册商标转让是商标权人对其商标权最重要的一种处分方式，也是实现商标经济利益的一种重要途径。

2.3.2 商标权转让的原则

世界各国商标法基本上都有注册商标必须依法转让的规定，但是转让应当遵循的原则却不尽相同。目前，连同转让原则和自由转让原则是世界各国普遍采用原则。

(1) 连同转让原则

连同转让原则(principle of together-transfer)，是指商标注册人在转让其注册商标时必须连同使用该商标的企业一并转让。采用连同转让原则的国家主要有美国、德国等少数国家。他们认为，商标是商品的标志，具有表明商品来源和商品质量的作用，因此也是企业信誉的象征，所以商标不能与生产该商品的企业分开。再者，商标是与经营一定商品或服务的企业相联系而存在的，公众把商标理解为商品与企业之间的联系纽带，为了防止产生欺骗公众的危险，商标权的转让不得脱离企业单独进行。

(2) 自由转让原则

所谓自由转让原则(principle of unrestrained-transfer)，是指商标权人既可以将注册商标连同其企业一并转让，也可以将注册商标与企业分开，单独转让商标权。

只转让商标，与商标有关的商品生产经营企业不连同转让，这是目前大多数国家采用的原则，即单独转让原则。这些国家确立单独转让原则的理由是，随着贸易和物流的发展，消费者更关心的是商品或服务本身的质量，而不是商品的生产者或服务的提供者，只要商品或服务质量没有变化，即使改变了生产者，消费者也同样予以认可。有鉴于此，许多国家的商标法同时规定，在商标权人将其注册商标与企业分开转让时，受让人应当保证使用该注册商标的商品质量。例如，我国 2001 年《商标法》第 39 条第 1 款规定："转让注册商标的，转让人和受让人应当签订转让协议，并共同向商标局提出申请。受让人应当保证使用该注册商标的商品质量。"

随着经济与贸易的发展，商标已从表示商品来源的标记符号逐渐演变为一种重要的财产利益。商标权的转让和使用许可是商标权人行使权利和满足自身经济利益的重要方式。为了保障商标权人的合法利益，目前商标的国际性立法体现了从连同转让原则向自由转让原则变化的趋向。《巴黎公约》第 6 条之四规定，如果按某一成员国的法律，商标的转让只有连同该商标所属的厂商或商誉(good will)同时转让方为有效时，则只需把该厂商或商誉在该国的部分连同带有被转让商标的商品在该国制造或销售的独占权一并转让给受让人，就足以承认其效力，而不必将位于国外的厂商或商誉同时转让。但是，这种转让应以不使公众在使用商标的商品的原产地、性质或主要品质方面产生误认或迷惑为条件。TRIPs 协议第 21 条也规定，注册商标的所有权人有权将商标与该商标所属业务同时或不同时转让。

2.3.3　商标权转让的条件

(1) 注册商标的转让必须依照法定程序进行，不得自行转让

根据我国《商标法》的规定，转让注册商标，应在平等自愿的原则基础上，由商标权人与受让人签订商标转让协议，并共同向商标局提出书面申请，经商标局核准公告后才能生效。

(2) 注册商标的转让必须是商标权的整个转让

在转让注册商标时，如果转让人在同一种或者类似商品上注册有与转让商标相同或者相近似的商标，则必须与转让商标一并办理转让，不得保留，否则就会出现一个商标在相同或类似商品上有两个注册人同时使用的现象影

响消费者对商品来源的判断。显然，这是为了维护商标的区别功能，防止产生误认或者混淆，保证商品的正常流通秩序。

2.3.4 商标权转让的限制

由于注册商标的转让既涉及商标转让双方当事人的利益，也涉及消费者和其他第三方的利益，因此《商标法》在允许注册商标转让的同时，还对注册商标转让作出限制性规定，主要体现在：

第一，类似商品使用同一注册商标的不得分割转让。如果注册商标权人仅仅转让一部分商品上的注册商标专用权，会形成两个以上的主体在类似商品上使用同一注册商标的局面，容易造成消费者误认，引起市场混乱。因此，我国 2002 年《商标法实施条例》第 25 条第 2 款、第 3 款规定："转让注册商标的，商标注册人对其在同一种或者类似商品上注册的相同或者近似的商标，应当一并转让；未一并转让的，由商标局通知其限期改正；期满不改正的，视为放弃转让该注册商标的申请，商标局应当书面通知申请人。对可能产生误认、混淆或者其他不良影响的转让注册商标申请，商标局不予核准，书面通知申请人并说明理由。"

第二，已经许可他人使用的商标不得随意转让。已经许可他人使用的商标涉及被许可人的利益，如果允许商标权人随意转让，则可能引起被许可人与受让人之间的矛盾，影响甚至损害被许可人的合法利益。

第三，受让人应当保证商品质量。受让人在使用注册商标时，其商品不得粗制滥造、以次充好，否则该注册商标可能被撤销。

2.3.5 商标转让的形式

(1) 合同转让

合同转让(contract assignment)，是指转让人和受让人通过签订注册商标转让合同而进行的注册商标转让。合同双方通常会对转让注册商标的内容、权利义务和违约责任等内容作出约定。通过合同转让形式转让注册商标一般是有偿的，即转让人通过转让注册商标而获取一定的转让费。

(2) 继受转让

继受转让(successive assignment)，是指根据我国 1985 年《继承法》的规定，依法定继承或者遗嘱继承方式将被继承人的商标专用权转移给继承人而实现的注册商标转让。通常有两种情况：一是商标权人死亡后，由继承人按继承程序继承死者生前的注册商标；二是作为商标权人的企业被合并或被兼并时的继受移转。

2.3.6 注册商标转让的法定程序

注册商标转让必须依法定程序进行。根据我国 2001 年《商标法》和 2002

年《商标法实施条例》的相关规定，商标权转让的程序包括下列主要环节：

(1) 双方签订注册商标转让合同

转让注册商标，应当由商标权人和受让人就转让事项达成一致，双方签订注册商标转让合同。同时，双方应当向商标局交送《转让注册商标申请书》一份，附送原注册商标证，并缴纳申请费和注册费。转让注册商标申请手续具体由受让人办理，转让人给予协助。

(2) 商标局对转让注册商标的申请进行审查

商标局有权依法对下列内容进行审查：申请手续是否完备，转让的商标与使用的商品是否和原核准注册的商品一经核定的商品一致，双方使用的商品质量是否一致，是否交纳了相关费用等。审查后，如果商标局认为其符合商标法的规定，将予以核准，发给受让人相应证明，并予以公告，受让人自公告之日起享有商标专用权；对不符合规定的予以驳回。

(3) 申请人可以就商标局驳回申请的决定要求复审

对可能产生混淆、误认或者其他不良影响的转让注册商标申请，商标局不予核准，予以驳回。申请人不服的，可以在收到驳回通知之日起 15 日内，向商标评审委员会提交《驳回转让复审申请书》，申请复审，同时附送原《转让注册商标申请书》，由商标评审委员会作出裁定。

2.4 商标权质押

2.4.1 商标权质押的概念

商标权质押(pledge of trademark right)，是指为担保债务的清偿，债务人或者第三人就其所享有的商标权设定质押(pledge)，当债务人到期不履行债务时，债权人可以变卖该商标并就其价值享有优先受偿的权利。

根据我国 2007 年《物权法》第 223 条第 5 项规定，依法可以转让的注册商标专用权可以设定质押。该法第 227 条第 1 款规定，以依法可以转让的注册商标专用权出质的，出质人与质权人应当订立书面质押合同(contract for pledge)，并向其管理部门办理出质登记。质权自有关主管机关办理出质登记之日起设立。为了有效地保障质权的实现和质权人的优先受偿权，防止重复质押，国家工商行政管理局于 1995 年制定了《企业动产抵押物登记管理办法》(1999 年修订，现为 2007 年《动产抵押登记办法》所废止)；商标局于 1997 年制定了《商标专用权质押登记程序》，对注册商标专用权质押的有关问题作出进一步具体规定。

根据我国 2007 年《物权法》第 227 条第 2 款的规定，注册商标专用权出质后，出质人不得转让或者许可他人使用，但是经出质人与质权人协商同意的可以转让或者许可他人使用。出质人转让或许可他人使用出质的注册商标专用权所得的转让费、许可费应当向质权人提前清偿所担保的债权或者向与质权人约定的第三人提存。如果出质人未经质权人同意而转让或者许可他人使用已出质的注册商标专用权,应当认定这种行为无效,因此给质权人或者第三人造成损失的,由出质人承担民事赔偿责任。

2.4.2 商标权质押合同

出质人与质权人应当订立商标专用权质押的书面合同,并向商标局申请登记。商标局是商标专用权质押的登记机关。商标局具体办理商标专用权质押登记。商标专用权质押登记的申请人应当是商标专用权质押合同的出质人和质权人。商标专用权质押合同应当包括以下主要内容:第一,出质人和质权人的名称(姓名)、地址;第二,质押的原因和目的;第三,出质的注册商标及质押的期限;第四,出质商标专用权的价值及国家工商行政管理局指定的商标评估机构的评估报告;第五,当事人约定的与该质押商标有关的其他事项。[①]

2.4.3 商标权质押的登记应提交的文件

申请商标专用权质押登记时,应当提交下列文件:

第一,按规定填写的《商标专用权质押登记申请书》;

第二,出质人及质权人企业营业执照复印件;

第三,质押合同副本(外文本应当附中文译本1份,以中文译本为准);

第四,质押商标《商标注册证》复印件;

第五,委托代理人办理登记的,应当提交被代理人(申请人共同)的委托书;

第六,其他应当提交的材料。

上述证明文件如有不实者,应由申请人承担法律责任。申请人提交的申请材料不齐备的,登记机关应当要求申请人补正。不补正或补正不符合要求的,不予受理。对符合申请要求的,登记机关予以受理,受理日期为申请日期。[②]

2.4.4 商标权质押的登记和撤销

登记机关应当于受理登记申请之日起5个工作日内,作出是否予以登记的决定。符合上述登记条件的,商标局予以登记,发给《商标专用权质押登记证》;不符合有关规定的,不予登记。

① 1997年《商标专用权质押登记程序》第5条。

② 1997年《商标专用权质押登记程序》第4条。

有下列情形之一的，登记机关不予登记：

第一，出质人不是商标专用权合法所有人的；

第二，商标专用权归属不明确的；

第三，其他不符合法律、法规规定的。

有下列情形之一的，登记机关应当撤销登记：

第一，登记后发现与事实不符的；登记后发现有属于《商标专用权质押登记程序》第7条规定情形之一的；

第二，登记后发现质押合同无效的。

申请人名称、地址发生变更及因主债权债务转移或者其他原因而发生质押转移的，当事人应当办理商标专用权质押变更登记、补充登记或者重新登记。申请变更登记或者补充登记，应当提交变更的证明和登记机关发给的《商标专用权质押登记证》。

第二十八章　商标权的保护

本章分别对商标权的保护范围、商标侵权行为及相应确定侵权的归责原则、商标侵权行为的例外进行了论述，最后介绍商标侵权行为的法律责任，共分为五节。第一节介绍了商标权的保护范围；第二节论述了商标侵权应适用无过错原则，但涉及赔偿责任时应适用过错原则；第三节介绍了商标侵权行为的概念及几种不同的类型；第四节介绍了商标侵权行为的例外主要是商标合理使用、商标权利穷竭和平行进口三种特殊情形；第五节介绍了侵犯商标权的法律责任。

第一节　商标权的保护范围

1.1　商标权的保护及其意义

商标权的保护(protection of trademark right),是指通过法律手段制止和制裁商标侵权行为(infringement of trademark),以保护商标权人对其注册商标享有的专用权利。我国 2001 年《商标法》第 1 条规定:“为了加强商标管理,保护商标专用权,促使生产、经营者保证商品和服务质量,维护商标信誉,以保障消费者和生产、经营者的利益,促进社会主义市场经济的发展,特制定本法。”由此可见,保护商标专用权,使商标权人的合法权益不受非法侵害,这是我国商标立法的直接目的和核心。加强商标权的保护,对维护个促进社会主义市场经济具有重要意义。

第一,有助于维护商标权人的合法权益,增强企业的商标意识。商标是企业信誉的代表标志,尤其是知名的注册商标,往往凝结了商标权人的智慧和劳动,能为企业产品的市场拓展发挥巨大作用。随着市场经济的深入发展,企业越来越意识到商标的重要价值。从一定意义上说,保护注册商标的专用权就是保护企业的命脉。

第二,有利于维护公平的市场竞争秩序。如果商标权不能得到有力保护,通过不正当竞争手段抢占他人市场的情况就会不断涌现,粗制滥造的假冒商品便会充斥市场。这种状况不仅会损害商标权人的合法权益,而且也会扰乱整个市场的经济秩序。因此,加强对商标权的保护,有利于维护公平的市场竞争秩序。

第三,有利于维护消费者的利益。保障消费者的合法利益,促进社会主义市场经济的发展,是《商标法》的最重要的目的。只有加强商标管理,保护商标专用权,才能激发企业创立商标品牌的积极性,鼓励生产经营者保证商品质量和维护商标信誉。同时,监督企业把握好商品质量,才能防止粗制滥造,以次充好。从这意义上说,保护商标权和保护消费者的利益是一致的。

第四,有利于拓展对外贸易渠道。商标是对外贸易联系的纽带。发展对外贸易,商标的重要作用不容忽视。加强商标权的保护,有利于驰名商标的发展和成长,增强商品在国际市场上的竞争力,扩大商品的出口创汇能力。当然,根据对等原则,对外商在本国依法取得的商标权,也应当给予同样的保护,只有这样,才能培育一个良好秩序的投资和贸易环境。

1.2 商标专用权的保护范围

商标专用权的保护范围，是指商标权人有权依法禁止他人在与其核定使用的相同或者类似商品上使用与其注册商标相同或者近似商标的权利。也就是说，商标权的保护范围不仅包括商标权人在核定的商品上使用注册商标的权利，而且包括禁止他人在相同或者类似商品上使用相同或者近似商标的权利。禁用权与专有使用权一起构成商标权的核心内容，两者相辅相成。禁用权的行使，实际上就是以国家法律的强制力作后盾，预防、限制、抵制和禁止他人对自己的商标专用权可能造成或者已经造成的不法侵害，维护商标专用权。

第二节 商标侵权的归责原则

根据我国 1986 年《民法通则》第 106 条规定，侵权责任一般适用过错责任原则(liability with fault)。不过，由于相关法律对商标侵权的归责(attribution of liabilities)问题没有作出明确规定，所以，学术理论界尚未形成统一认识。一种观点认为，侵犯知识产权行为是一般民事侵权行为，其归责原则应适用过错原则[①]；另一种观点认为，侵害知识产权的归责原则应适用无过错原则，但涉及赔偿责任，应考虑侵害人的主观因素，因此适用过错原则。[②]

我国 2001 年《商标法》第 52 条规定："有下列行为之一的，均属侵犯注册商标专用权：(一) 未经商标注册人的许可，在同一种商品或者类似商品上使用与其注册商标相同或者近似的商标的；(二) 销售侵犯注册商标专用权的商品的；(三) 伪造、擅自制造他人注册商标标识或者销售伪造、擅自制造的注册商标标识的；(四) 未经商标注册人同意，更换其注册商标并将该更换商标的商品又投入市场的；(五) 给他人的注册商标专用权造成其他损害的。"第 56 条第 3 款规定："销售不知道是侵犯注册商标专用权的商品，能证明该商品是自己合法取得的并说明提供者的，不承担赔偿责任。"第 59 条第 3 款还规定："销售明知是假冒注册商标的商品，构成犯罪的，除赔偿被侵权人的损失外，

---

① 该观点认为在知识产权领域应适用过错责任原则，其主要依据是我国 1986 年《民法通则》第 106 条的规定，该条第 2 款、第 3 款规定："公民、法人由于过错侵害国家、集体财产，侵害他人财产、人身的，应当承担民事责任。……没有过错，但法律规定应当承担民事责任的，应当承担民事责任。"

② TRIPs 协议第 45 条第 2 款规定："在适当场合即使侵权人不知或无充分理由应知自己从事的活动系侵权，成员仍可授权司法当局责令返还所得利润或令其支付法定赔偿额，或两者并处。"因此，有观点认为，TRIPs 协议主张对部分知识产权侵权的认定适用无过错责任原则。

依法追究刑事责任。”

通过对上述法律规定的分析，本书观点如下：在对待商标侵权的归责问题上，中国现行法律采取的是以过错责任原则为主，以无过错责任原则(liability without fault)为辅的立场，即商标侵权应适用无过错原则，但涉及赔偿责任时应适用过错原则。

第三节 商标侵权行为

3.1 商标侵权行为的概念

商标侵权行为(infringement of trademark)，是指侵犯他人有效的注册商标专用权的行为。在判断商标侵权时，首先应当明确注册商标专用权的权利范围，根据核准注册的商标与核定使用的商品进行认定。原则上认定是否构成侵犯注册商标专用权，应以是否存在造成公众误认、混淆的可能性为基础进行判断。

3.2 商标侵权行为的形式

我国2001年《商标法》第52条规定了五种商标侵权行为的形式。对于其中的“给他人的注册商标专用权造成其他损害的”的侵权行为，我国2002年《商标法实施条例》第50条①以及最高人民法院《关于审理商标民事纠纷案件适用法律若干问题的解释》第1条作了补充规定。② 为了研究方便，理论上经常将商标侵权行为划分为几种主要类型。

3.2.1 直接侵权

(1) 假冒商标

假冒商标(passing off)是一种严重的侵权行为，其破坏力极强，不仅盗用

① 我国2002年《商标法实施条例》第50条规定：“有下列行为之一的，属于商标法第52条第(5)项所称侵犯注册商标专用权的行为：(1) 在同一种或者类似商品上，将与他人注册商标相同或者近似的标志作为商品名称或者商品装潢使用，误导公众的；(2) 故意为侵犯他人注册商标专用权行为提供仓储、运输、邮寄、隐匿等便利条件的。”

② 最高人民法院《关于审理商标民事纠纷案件适用法律若干问题的解释》第1条规定：“下列行为属于商标法第52条第(5)项规定的给他人注册商标专用权造成其他损害的行为：(1) 将与他人注册商标相同或者相近似的文字作为企业的字号在相同或者类似商品上突出使用，容易使相关公众产生误认的；(2) 复制、摹仿、翻译他人注册的驰名商标或其主要部分在不相同或者不相类似商品上作为商标使用，误导公众，致使该驰名商标注册人的利益可能受到损害的；(3) 将与他人注册商标相同或者相近似的文字注册为域名，并且通过该域名进行相关商品交易的电子商务，容易使相关公众产生误认的。”

他人商标声誉获取不正当的商业利益，而且还会因为产品伪劣而毁坏他人商标的声誉，欺骗消费者。假冒商标通常包括下列五种情况：

第一，在同种商品或服务上使用相同商标的行为。未经商标权人许可，在同一商品或服务上使用与其注册商标相同的商标的行为。

第二，在类似商品或服务上使用相同商标的行为。未经商标权人的许可，在类似商品或服务上使用与其注册商标相同的商标的行为。尽管商标权的保护范围以核定使用的商品的为限，但是如果在类似商品或服务上使用相同商标同样会导致消费者对商品来源的混淆，也会对商标权人的利益造成损害。

第三，在同种商品或服务上使用近似的商标的行为。未经商标权人许可，在同一商品或服务上使用与其注册商标相近似的商标。这种使用一般也以造成消费者误认作为判断是否构成侵权的标准。如"Wanboro"vs."Marlboro"(万宝路)；"W&W's" vs. "M&M's"。

第四，在类似商品或服务上使用近似商标的行为。未经商标权人许可，在类似商品或服务上使用与其注册商标近似的商标，足以造成消费者误认的。

商标法所关注的是有关注册商标的使用问题，任何人未经商标权人的许可都不得在相同或类似的商品或服务上使用与注册商标相同或近似的商标；否则，将构成侵犯商标权。只有在商标权穷竭的情况下，第三人才可以对注册商标加以使用。假冒注册商标的行为直接侵犯了商标权人的禁止权，属于比较典型的直接侵犯商标权的行为。

(2) 混淆和类似(或近似)

不能机械地看待混淆和类似(confusion, similarity or approximation)问题。通常而论，在相同或者类似商品上使用的商标，与他人注册商标相同或者近似应当按照如下原则进行：第一，以相关公众的一般注意力为标准；第二，既要进行对商标的整体比对，又要进行对商标主要部分的比对，比对应当在比对对象隔离的状态下分别进行；第三，应当考虑请求保护注册商标的显著性和知名度。

认定商品或者服务是否类似，应当以相关公众对商品或者服务的一般认识综合判断。可以将《商标注册用商品和服务国际分类表》和《类似商品和服务区分表》作为判断类似商品或者服务的参考。关于我国2001年《商标法》所规定的商标相同、商标近似、商标或服务类似的判断，涉及商标侵权的认定，对此，2002年最高人民法院《关于审理商标民事纠纷案件适用法律若干问题的解释》作了明确解释。[①]

在一些案件中，将与他人注册商标相同或者类似的文字作为企业的字号在自己与他人相同或者类似商品上突出使用，造成相关公众误认，侵害了他人的注册商标专用权。根据最高人民法院的司法解释，应当确认这种行为构成侵权。[②] 对符合我国 2002 年《商标法实施条例》第 49 条规定的情形的，应当确认不构成侵权。

欧盟法院确立了一个主观标准，即以是否会导致消费者误认标有商标的商品是来自同一公司为标准加以判定。英国反对这样的标准，认为它会使"类似"商品的规定丧失意义，而应坚持客观标准。中国主要是客观标准，由市场决定是否存在混淆的可能。

在普通法国家，混淆的可能性是商标侵权判断中的一个重要的概念。混淆的可能性是指被告的行为使消费者对商品或服务的来源造成混淆的可能性，原告只要能证明这种可能性的存在，被告的行为即被判为侵权行为。

美国法院在认定混淆的可能性时往往要考虑如下因素：第一，商标外观的相似性。这一点尤其适用于图形商标、外文商标或者新型无意义的商标。在对两个商标的外观作比较时，注意每个商标给消费者的整体印象。第二，商标发音的相似性。在许多场合，消费者只能通过广播、广告听到商标的名称，因此，商标的发音就显得很重要。法院应对此进行语言分析，比较音节的数目以及重读音节等。第三，商标含义的相似性。某些商标虽然外观与发音有较大的差别，但意义相同，如对同一事物在不同语言中的称谓。第四，消费者的相似性，指是否拥有相同的消费群体。第五，商品销售渠道的相似性。第六，消费者的素质及商品或服务的价格。一般认为，所涉及的潜在的消费者越成熟，商品或服务越昂贵，混淆的可能性就越小。第七，原告商品的影响力。原告商品的影响力越强，消费者愈易将被告的商标与之相联系。第八，商品或者服务的相似性。如果原告与被告将他们的商标使用在相同或有关联的商品或服务上，则具有造成消费者混淆的可能性。第九，被告的善意。当双方不存在竞争关系时，法院将要权衡各方的公平使用。如果被告的行为属于善意使用，并为所使用的商标作出了相当大的投入，那么，原告将不易获

---

① 最高人民法院《关于审理商标民事纠纷案件适用法律若干问题的解释》第 11 条规定："商标法第 52 条第(1)项规定的类似商品，是指在功能、用途、生产部门、销售渠道、消费对象等方面相同，或者相关公众一般认为其存在特定联系、容易造成混淆的商品。类似服务，是指在服务的目的、内容、方式、对象等方面相同，或者相关公众一般认为存在特定联系、容易造成混淆的服务。商品与服务类似，是指商品和服务之间存在特定联系，容易使相关公众混淆。"

② 最高人民法院《关于审理商标民事纠纷案件适用法律若干问题的解释》第 1 条第(1)项。

得救济。

(3) 混淆行为

混淆行为(behavior of confusion)是指在同一种或者类似商品上,将与他人注册商标相同或者近似的文字、图形作为商品名称或者商品装潢使用,并足以造成误认的行为。这类行为与上述第一种类型的侵犯商标权的行为不同,其行为方式从"作为商标使用"变为"作为商品名称或商品装潢使用",其目的是利用他人注册商标的信誉进行不正当竞争。商品名称与商品装潢均为商标的标志,它们与商标一起出现在商品或其包装之上,并共同构成商品的一种外观。这是在同一或者类似的商品上,将与他人注册商标相同或者近似的文字、图形作为商品名称或者商品装潢去使用,足以造成消费者的误认。所谓足以造成误认,是指会使相关消费者对商品的来源以及行为人与注册商标人之间关系得出错误的认识,从而损害商标权人的商标的声誉。与此同时,该类行为还会给商标权人的商标造成淡化的影响,使注册商标有可能演变成为商品的通用名称。正是基于这种原因,有的国家甚至规定,不得在字典或者百科全书等作品中非商业性地使用注册商标,旨在防止出现注册商标变成商品通用名称的危险。

(4) 侵犯商标标识

侵犯商标标识(infringement of trademark logo)是指擅自制造他人注册商标标识或者销售擅自制造的注册商标标识的行为。商标标识是商标的物质实体。它有多种形式,如服装上的商标织带、电视机上的商标铭牌等。根据我国国家工商行政管理总局 2004 年 8 月 19 日修改公布的《商标印制管理办法》的要求,由指定印刷商标单位承印商标印制委托人依法委托印制的商标标识。虽然,这一类行为本身不是对商标的使用,但是它与商标的非法使用有着直接的关系。它往往是上述第一类行为发生的条件。因此,擅自制造或者销售他人注册商标标识,构成对商标权人的商标权的侵犯。尤其是假冒商标的必要准备阶段,其危害不亚于其他商标侵权行为。中国商标法不仅将这种行为作为侵权行为,而且对其中情节严重者,还可以按假冒商标罪依法追究其刑事责任。

(5) 其他情况(other conditions)

2002 年我国最高人民法院《关于审理商标民事纠纷案件适用法律若干问题的解释》第 1 条对司法实践中经常发生的一些界限比较模糊的侵权行为在性质上予以明确,规定下列行为属于 2001 年《商标法》第 52 条第(5)项规定的给他人注册商标专用权造成其他损害的行为:

第一,将与他人注册商标相同或者近似的文字作为企业的字号在相同或

者类似的商品上突出使用,易使相关公众产生误解的;

第二,复制、摹仿、翻译他人注册的驰名商标或其主要部分在不相同或者不相类似商品上作为商标使用,误导公众致使该驰名商标注册人的利益可能受到损害的;

第三,将与他人注册商标相同或者近似的文字注册为域名,并且通过该域名进行相关商品交易的电子商务,容易使相关公众产生误解的。

3.2.2 间接侵权

(1) 经销侵权产品的行为

销售侵犯他人注册商标权的商品(selling infringing products)属于一种商品流通环节中的侵权行为。经销者是商品生产者和消费者之间的媒介,负有向消费者提供货真价实的商品的义务。如果经销者向消费者提供侵犯他人注册商标专用权的商品,则会损害注册商标权人和消费者的利益。因此,禁止和制裁销售侵权商品的行为是从流通环节上为商标侵权行为设置了一道法律屏障。

我国2001年《商标法》并未规定可以免除因"不知"而销售侵权产品者的责任。该法规定,无论行为人主观上是否有过错,只要有侵害权利人的事实存在,在定性时均认定构成侵权,删除了原《商标法》中以"明知"作为销售假冒注册商标的商品的行为构成侵权的要件。但行为人如果能够证明自己是在不知情的情况下销售了侵权商品,可以不承担侵权损害赔偿责任。

(2) 故意为假冒商标提供条件

故意为侵犯他人注册商标专用权行为提供仓储、运输、邮寄、隐匿等便利条件(providing conditions for passing off intentionally)是指侵权产品在售出之前,需要有仓储、运输、邮寄、隐匿等必要步骤。这类行为的行为人不是直接使用商标,但该行为造成了侵害商标权人权利的后果。

第四节 商标侵权行为的例外

如果赋予商标权人无限制的商标权利,将会造成商标权人和其他人之间的利益冲突。为了平衡各方的利益,许多国家的法律规定,在特殊情况下即使使用与注册商标相同的标记也不构成侵权,即构成商标侵权行为的例外。目前,从世界各国的立法和司法情况看,商标侵权行为的例外主要表现为商标合理使用、权利穷竭和平行进口三种特殊情况。

4.1 商标合理使用

商标合理使用(fair use of trademark)是指在一定条件下,使用他人的注册商标,不视为侵犯商标权的一种行为。[①] 从广义上理解,商标合理使用可以包括商业合理使用和非商业合理使用。

同著作权和专利权的合理使用制度一样,商标合理使用是一种重要的侵权抗辩事由。目前,TRIPs协议对商标合理使用进行了原则性规定,其第17条规定:"成员可规定商标权的有限例外,诸如对说明性词汇的合理使用之类,只要这种例外顾及了商标权人及第三方的合法利益"。此外,《欧共体商标条例》第12条、《日本商标法》第26条、《法国知识产权法典》第L.713-6条、《德国商标法》第23条、《澳大利亚商标法》第122条等国家或地区的法律都对商标合理使用作出规定。不过,这些国家和地区的法律大多是将合理使用的范围限制在他人有权使用自己的姓名、名称,或者是表示一个产品或者服务的用途,尤其是作为附件、配件,或者与商品或服务特征或属性,尤其是其种类、质量、用途、价值、地理来源或商品的生产日期或服务提供的有关标志上。

我国2001年《商标法》修改前未对商标权的合理使用问题作出明确规定。国家工商行政管理总局在总结实践经验的基础上,于1999年12月发布了《关于商标行政执法中若干问题的意见》,其中第9条规定:"下列使用与注册商标相同或者近似的文字、图形的行为,不属于商标侵权行为:(1) 善意地使用自己的名称或者地址;(2) 善意地说明商品或者服务的特征或者属性,尤其是说明商品或者服务的质量、用途、地理来源、种类、价值及提供日期"。但该规定在2004年被废止。我国2002年《商标法实施条例》第49条规定:"注册商标中含有的本商品的通用名称、图形、型号,或者直接表示商品的质量、主要原料、功能、用途、重量、数量及其他特点,或者含有地名,注册商标专用权人无权禁止他人正当使用。"

4.1.1 商业性合理使用

商业性合理使用(commercially fair use)是指第三人为了说明其商品的特点或者与特定商品的关系,以一定形式善意地合理使用他人注册商标的行为。商标商业性合理使用包括叙述性合理使用和指示性合理使用。

第一,叙述性合理使用,是指第三人为了说明其商品的名称、型号、功能、品质、产地等特征,以善意正当的方式对他人注册商标的使用行为。叙述性

---

① 王莲峰:《商标法学》,北京大学出版社2007年版,第118页。

使用的是属于公共领域的词汇，这些普通词汇尤其是公众熟知常用的描述性词汇往往直接表示商品或者服务的特性或品质，不具有内在显著性，而是经过长时间使用，使得公众将其与特定的商品产生了联系而获得了显著性，具有了“第二含义”，但应当允许他人在商品上以普通方式在这些词汇的原本含义上描述性表示自己的姓名、肖像、字号、地理标记、产品种类、质量、数量、供应方式等。[①] 当然，这种使用不应该是作为商标的使用，而是仅限于确定身份或者提供信息的目的，并且不能造成公众对商品来源产生误解；否则，就有可能构成恶意使用和不正当竞争，属于侵权。

第二，指示性合理使用，是指第三人为了向消费者说明其商品或者服务与他人之商品或者服务的特定关系，以一定形式善意并合理地使用他人商标或者与他人商标相同的标识的行为。它是最早由美国法官在司法判例中所确立的合理使用规则。在美国的司法实践中，为顾及一般公众了解与商品有关的某些真实信息，允许他人善意对商标权人的注册商标的指示性使用。美国大法官 J. Holmes 曾指出：“商标权只是用于阻止他人将其商品当做权利人的商品出售，如果商标使用时只是为了告知真相而不是要欺骗公众，我们看不出为何要加以禁止。商标不是禁忌。”[②]当然，在指示性使用时，由于使用行为直接指示了他人驰名商标商品与其商品的关系，如果其产品质量低劣却有意攀附他人驰名商标，显然会对他人商标信誉造成损害，属于不正当竞争，应当予以制止。

4.1.2 非商业性合理使用

非商业性合理使用(non-commercially fair use)是指为了新闻报道、新闻评述、字词典编纂等目的，第三人以一定形式对他人注册商标的合理使用。

新闻报道或新闻评述中不可避免地提及商标是一种正当使用，是新闻舆论对商品及商标的一种社会监督，即使这种舆论具有指责批评等内容，甚至包括非常负面的新闻报道，只要是实事求是的新闻报道或评论，媒体引用他人商标进行报道或客观评论的行为就应属于合理使用，商标权人也不能以声誉受损起诉新闻记者。商标法不应该被用作妨碍言论自由的工具。

① 美国在《兰哈姆法》中通过联邦商标立法明确规定叙述性合理使用的情形。该法令第 33 条 B 款第 2 项规定：“将并非作为商标，而是有关当事人自己的个人名称的使用，或对与该当事人的产品或者服务，或地理产地有叙述性的名词或图形使用，作为合理使用。”

② 黄晖：《商标识别与表彰功能的法律保护》(下)，载郑成思主编：《知识产权文丛》(第六卷)，中国方正出版社 2001 年版，第 370～371 页。

4.2 权利穷竭

商标权的权利穷竭(exhaustion of right)是指注册商标权人以及商标被许可人的商品出售后,第三人在本国合法出售的这些商品上使用该商标,不构成对商标的侵权。即一旦使用注册商标的商品被商标权人或经其许可的其他人投放到市场上,商标权人在这些商品上的权利即告用尽。商标权人无权阻止任何第三方在这些商品上继续使用任何同一商标;但是,第三人的使用应该在商品没有任何变化的条件下使用。这就是商标权用尽原则,旨在防止商标权人利用商标划分市场,保护商标权人以外的人以合法手段使用商标,促销商品,发展自由贸易。① 从知识产权法角度看,"权利穷竭"原则对于侵权行为的认定具有重要的意义。为了避免商标权人以其商标权来划分市场或给自由贸易设置人为障碍,各国普遍接受了商标权穷竭(或用尽)学说。

这一学说为许多国家的立法所接受。例如,《欧共体商标条例》第 13 条规定,欧共体商标权不能被用于禁止第三人对那些已经由商标权人或经其许可的被许可人投放到市场上的商品上的商标使用;但是,这一原则不适用于权利人或合法理由的情形,如商品在合法销售以后发生了损坏。欧共体成员国如法国的国内立法也作了类似的规定。保护知识产权联合国际局(BIRPI)颁布的《BIRPI 发展中国家示范法》第 20 条规定:"商标的注册不应授予注册所有人排除第三人在标有注册商标的商品在本国合法销售以后在该商品上使用同一商标的权利,但以所售出的商品没有任何变化为条件。"

与知识产权的地域性相关,权利穷竭只适用于特定的范围,通常是指一国范围内的穷竭。也就是说,权利穷竭的范围与该项权利的效力范围是一致的。在权利不存在的地方,权利穷竭也就无从谈起。在欧盟,使用欧盟商标的商品在任何一个成员国被合法售出以后,权利人与这些商品相关的权利在整个欧盟市场内均告穷竭。这种情形与欧盟商标的效力范围相一致,因此,它不是所谓的国际穷竭。

应当说明的是,关于商标权国内穷竭是否必然导致商标权的国际穷竭,各国存在较大争议。赞成商标权国际穷竭观点的一方认为,商标首次使用后,权利人不得再干涉合法投放市场后的商品继续流通,包括出口国外。这样有利于贸易的自由流转并避免商标权人的权利过于扩张。持反对观点的认为,商标权在一国用尽并不导致在另一国当然用尽,商标权人对商品的跨

---

① 我国 2001 年《商标法》未就商标侵权的例外作规定,2002 年《商标法实施条例》中有侵权的例外规定,但未明确商标权的权利用尽原则。

国流通拥有控制权。由于对此问题各国无法达成一致意见，TRIPs 协议只得避开此难题，留给各成员国自行解决。

4.3 平行进口

平行进口（parallel importation）是指在国际贸易中第三者未经商标权人或商标被许可人的许可，进口并销售合法使用注册商标的商品的行为。与侵犯知识产权的进口不同，这类进口行为所涉及的商品为合法产品，通常又称之为真品进口。在进口国市场上销售的平行进口的商品被称为灰色市场商品。这种行为的产生主要是由于进口国与出口国之间存在同一种产品上的价格差。随着世界贸易条件的急速变化，世界各国都面临着平行进口问题。平行进口存在着很大的特殊性：一方面，它具有侵权商品所没有的合法性；另一方面，它又对进口国的有关权利人的利益造成负面影响。因此，各个国家以及各个国家不同的历史时期对此有着不同的认识和实践。大体上有三种做法：一是认为平行进口构成侵犯商标权，因而禁止平行进口；二是认定平行进口不构成侵犯商标权，因而允许平行进口；三是未对平行进口作统一的定性，根据具体情况来确定进口商标的行为性质。

禁止平行进口的做法被认为是建立在“地域性理论”和“商标信誉独立理论”的基础之上。[①]“地域性理论”强调商标权同地域的不可分割的关系，否认商标权有域外效力；“商标信誉独立理论”认为，同一商标在不同市场上的信誉是互相独立的，平行进口行为将给进口国的商标权人或被授权人（通常为独占被许可人）的市场声誉带来影响。而允许平行进口的做法则被认为主要是以“权利穷竭理论”为依据。“地域性理论”和“权利穷竭理论”至今仍是平行进口问题上两大互相对立的学说。[②] 如果承认权利穷竭不具有超地域性，则这两大理论应该不是不可调和的。平行进口不只局限于商标法领域。在许多时候，究竟是允许还是禁止平行进口更多的还是出于政策上的考虑。

在欧盟，基于统一市场的政策要求——货物在成员国之间的自由流动与价格差异的消除，欧盟竞争规则支持平行进口。根据这样的规则，任何限制平行进口的合同为无效合同。在欧盟内部，平行进口被视为一种实现统一价格的调整机制。因此，共同体机构肯定并支持平行进口。在欧洲经济区（EEA），根据

① 李小伟：《论平行进口与商标权保护的关系》，载《中国专利与商标》1996 年第 2 期，第 59 页。

② 同上。

欧盟法院的判例，进口商在 EEA 国家之间的平行进口行为不受进口国商标权的限制。

美国在对待平行进口的问题上，采取的是前述第三种做法。在一定条件下，平行进口不构成侵犯美国的注册商标。条件包括两个方面：美国注册商标人与国外制造商为同一实体或者是彼此有关联的实体；平行进口的商品与美国注册商标人在美国市场上销售的产品具有相同的品质。与绝对地否定或者肯定平行进口相比，这种做法具有较大的合理性。

第五节　侵犯商标权的法律责任

5.1　民事责任

我国 1986 年《民法通则》第 118 条规定："公民、法人的著作权（版权）、专利权、商标专有权、发现权、发明权和其他科技成果权受到剽窃、篡改、假冒等侵害的，有权要求停止侵害，消除影响，赔偿损失。"

在关于民事责任（civil liability）的救济形式问题上，我国 2002 年最高人民法院《关于审理商标民事纠纷案件适用法律若干问题的解释》第 21 条第 1 款规定：法院在审理侵犯注册商标专用权纠纷案件中，依据 1986 年《民法通则》第 134 条，2001 年《商标法》第 53 条的规定以及案件的具体情况，可以判决侵权人承担停止损害、排除妨碍、消除危险、赔偿损失、消除影响等民事责任，还可以作出罚款、收缴侵权商品、伪造的商标标识和专门用于生产侵权商品的材料、工具、设备等财物的民事制裁决定。罚款数额可以参照 2002 年《商标法实施条例》的有关规定确定。工商行政管理部门对同一侵犯注册商标专用权行为已经给予行政处罚的，法院不再给予民事制裁。

由上述规定可以看出，我国 2001 年《商标法》在对待私权和公权的关系问题上，比 1993 年《商标法》有了明显的进步，将不属于行政部门调整或管辖的私权问题交由当事人自己去解决或由拥有司法裁决权的法院去解决。这一变化更加符合 TRIPs 协议和有关国际公约的精神。大体说来，在对待侵犯注册商标权的问题上，我国 2001 年《商标法》第 53 条、第 54 条明确了以下几点：第一，侵权纠纷既可以由当事人协商解决，也可以向法院起诉或请求工商行政管理部门调解处理；第二，工商行政管理部门认定侵权行为成立的，责令立即停止侵权行为，没收、销毁侵权商品和专门用于制造侵权商品、伪造注册商标标识的工具，并可以处以罚款；第三，如果当事人对工商行政管理部门所作出的决定不服，可按行政诉讼向法院起诉；第四，如果当事人既不起诉，又不履行的，工商行政管理部门可以申请强制执行；第五，工商行政管理部门可以主动对侵权行为进行查处（积极主义），通过检举或自己发现都可以处理。

根据我国1986年《民法通则》、2001年《商标法》和2002年《商标法实施条例》的相关规定，商标侵权的民事责任主要有三种方式：

5.1.1 停止侵权

只要商标权仍在存续期间，只要侵权行为实际存在，不论侵权行为是否造成商标权人的实际财产损失，不论侵权行为持续时间的长短，表现形式如何，均可要求侵权人立即停止其侵害行为。商标权人因侵权遭受商誉损害的，应当有权要求侵权人在侵权行为造成影响的范围内以登报等方式消除影响，挽回声誉。

5.1.2 没收销毁

工商行政管理部门对侵权商品和专门用于制造侵权商品、伪造注册商标标识的工具，可以予以没收或销毁。

5.1.3 赔偿损失

商标权人因侵权遭受财产损失和商誉损害的，有权要求获得物质赔偿。在司法实践中，侵犯商标权的损害赔偿（compensation for damages）主要有四种计算方法：第一，按被侵权人在被侵权期间因被侵权所受到的实际财产损失（每件产品的利润乘以减少的销售总量之和）计算，包括被侵权人为制止侵权行为所支付的合理开支（侵权损失＋合理费用）；第二，按侵权人在侵权期间因侵权所获得的利益（扣除成本和税金后的获得）计算（侵权利益＋合理费用）；第三，以正常许可费为参考计算；第四，法定赔偿。从理论上讲，上述赔偿标准都是在“填平（补齐）原则”基础上建立起来的。

在适用顺序上，依照最高人民法院1985年11月6日《关于商标侵权赔偿计算问题的批复》，1992年12月29日《关于专利侵权赔偿的司法解释》，2001年6月19日《关于审理专利纠纷案件适用法律问题的若干规定》的精神，第一种和第二种计算方法应优先考虑，并且被侵权人对两种方式具有选择权。只有当前两种计算方法不能适用的情况下，才适用第三种方法。而且对第三种方法应给予严格审查，特别要考虑许可人与被许可人之间的关系，许可合同的真实性、合理性等。当利益和损失难以确定，前三种方法均无法适用时，法院才可以根据侵权行为的情节考虑适用法定赔偿的方法（判决给予50万元以下的赔偿）。2002年最高人民法院《关于审理商标民事纠纷案件适用法律若干问题的解释》第16条第1款则规定：“侵权人因侵权所获得的利益或者被侵权人因被侵权所受到的损失均难以确定的，人民法院可以根据当事人的请求或者依职权适用商标法第 56 条第 2 款的规定确定赔偿数额。”适用法定赔偿方法时，应当在判决书中列明斟酌的因素。在合议庭准备参照许可费或按定额赔偿的方法计算赔偿数额时，可以告知各方当事人合议庭的思路以及赔偿的大致数额，如果当事人有异议，可以给予一定的举证期限来证明自己的异议。逾期不提交证据或提交证据不真实、充分，以致无法证明其异议的，按告知的数额判决。

法院有权合理斟酌赔偿数额，尤其是在法定赔偿中，应该体现出实质公平：

第一，斟酌的主要因素有：侵权时间的长短和侵权规模的大小；注册商标的知名度等；商业信誉或商品信誉是否遭受损害，侵权人是否以侵权为业；侵权人在已被行政、民事、刑事追究侵权责任的情况下，再次侵权等。

第二，就参照许可费使用法定赔偿的，一审确定的数额，二审一般不会再改动，但是，涉及二审法院就辖区内适用、参照该两种计算方法时予以平衡的或一审法院判决明显失衡的除外。根据 2002 年最高人民法院《关于审理商标民事纠纷案件适用法律若干问题的解释》第 16 条第 2 款规定，人民法院在确定赔偿数额时，应当考虑侵权行为的性质、期间、后果，商标的声誉，商标使用许可费的数额，商标使用许可的种类、时间、范围及制止侵权行为的合理开支等因素综合确定。

第三，赔偿数额的确定，应当注意综合全案情况，确定一个合理的数额，不宜盲目追求高额赔偿的判决，因为盲目的高额赔偿并非知识产权司法保护力度的标志；相反，它可能会冲击整个民事赔偿领域的协调一致性，而且会给社会公众造成一种虚幻的期望，这种期望反过来会妨碍知识产权诉讼，加深社会矛盾。

5.2 行政责任

根据我国 2001 年《商标法》及 2002 年《商标法实施条例》的规定，对于商标侵权行为，任何人都可以向侵权人所在地或侵权行为地县级以上工商行政管理机关控告或检举侵犯商标专用权的违法行为。工商行政管理机关有权根据商标侵权行为的性质、情节，危害结果等因素分别作出不同的行政处罚：限期改正；责令侵权人立即停止侵权行为；封存或者收缴商标标识；消除现存商品和包装上的商标；责令赔偿侵权人的经济损失；根据情节予以通报；处以罚款。

工商行政管理机关有权根据不同情况选择适用上述处罚措施，既可以单独作出，也可以合并适用。当事人对处罚决定不服的，可以请求行政复议；对行政复议决定仍不服的，可以向人民法院提起行政诉讼。

我国2001年《商标法》第54条规定："对侵犯注册商标专用权的行为，工商行政管理部门有权依法查处；涉嫌犯罪的，应当及时移送司法机关依法处理。"第55条对工商行政管理部门的职权和范围还进一步加以明确：县级以上工商行政管理部门根据已经取得的违法嫌疑证据或者举报，对涉嫌侵犯他人注册商标专用权的行为进行查处时，可以行使下列职权：第一，询问有关当事人，调查与侵犯他人注册商标专用权有关的情况；第二，查阅、复制当事人与侵权活动有关的合同、发票、账簿以及其他有关资料；第三，对当事人涉及从事侵犯他人注册商标专用权活动的场所实施现场检查；第四，检查与侵权活动有关的物品，对有证据证明是侵犯他人注册商标专用权的物品，可以查封或扣押。工商行政管理部门依法行使前款规定的职权时，当事人应当予以协助和配合，不得拒绝和阻挠。

5.3 刑事责任

我国2001年《商标法》第59条对侵犯商标权的刑事责任明确作出了规定。第1款规定："未经商标注册人许可，在同一种商品上使用与其注册商标相同的商标，构成犯罪的，除赔偿被侵权人的损失外，依法追究刑事责任。"这是一种典型的假冒注册商标的行为，尽管法律未明确规定出行为人的主观要件；但是究其全意仍不难看出，只有故意的主观状态才能构成此罪。第2款又规定："伪造、擅自制造他人注册商标标识或者销售伪造、擅自制造的注册商标标识，构成犯罪的，除赔偿被侵权人的损失以外，依法追究刑事责任。"显然，该款所描述的行为是行为人在主观故意的状态下构成的；过失不构成此罪。第3款还规定："销售明知是假冒注册商标的商品，构成犯罪的，除赔偿被侵权人的损失以外，依法追究刑事责任。"

我国1997年《刑法》第213条、第214条、第215条规定，未经商标注册人许可，在同一种商品上使用与其注册商标相同的商标，情节严重的；销售明知是假冒注册商标的商品，销售金额数额较大的；伪造、擅自制造他人注册商标标识或者销售伪造、擅自制造的注册商标标识，情节严重的，处以徒刑、拘役、管制，并处或单处罚金。第220条还规定，单位犯前述罪的，对单位判处罚金，并对其直接负责的主管人员和其他责任人员，依据前述各条规定处罚。2004年的最高人民法院、最高人民检察院《关于办理侵犯知识产权刑事案件具体应用法律若干问题的解释》对办理侵犯包括商标在内的知识产权刑事案件具体应用法律进行了解释。

根据上述规定，侵犯商标权构成刑事责任的，其犯罪主体既可以是自然人也可以是单位。单位构成犯罪的，实行双罚制，即同时处罚单位和直接责任人员。1997 年最高人民法院《关于执行〈中华人民共和国刑法〉确定罪名的规定》将侵犯商标权的犯罪分成三种：假冒注册商标罪（第 213 条）；销售假冒注册商标的商品罪（第 214 条）；非法制造、销售非法制造的注册商标标识罪（第 215 条）。

第二十九章　驰名商标的保护

本章主要论述了驰名商标的特殊保护，包括驰名商标的认定、保护措施以及国外对驰名商标保护的介绍，共分为三节。第一节介绍了驰名商标的基本概念、对其保护的意义以及驰名商标的特殊保护的立法沿革；第二节分别介绍了驰名商标的认定机关、认定方式以及认定标准；第三节介绍了国际公约和部分国家的立法对驰名商标进行特殊保护。

第一节　驰名商标概述

1.1　驰名商标的概念

驰名商标(well-known mark),是指经过长期使用,具有良好信誉,为公众普遍知晓的商标。驰名商标的构成条件有三:一是知晓程度,商标经过一定时期的使用已为公众所知晓;二是持续时间,商标持续使用的时间;三是社会影响,商标通过宣传广告在一定时间、程度和范围内具有的普遍社会影响。

驰名商标与优质名牌(high-quality brand)的概念不同,前者强调的是产品的销售量和商标的影响范围;后者偏重的是产品的质量。驰名商标和注册商标也有所不同,驰名商标是以使用为前提的,通过使用而具有了显著性,因此驰名商标更容易取得注册,即使不注册也可以阻止他人注册,注册后会享有更加充分的法律保护。

1.2　保护驰名商标的意义

驰名商标之所以能够为相关公众广为知晓并享有较高声誉,是由于该驰名商标所有人或者持有人投入大量人力、物力、财力,长时间辛勤培养的结果。正是由于驰名商标的知名度高和声誉好,才能够在市场竞争中脱颖而出,独占竞争优势,对消费者产生强大的吸引力。加强对驰名商标的保护,既有利于保护驰名商标所有人或者持有人的合法权益,保护消费者的合法权益,也有利于制止不正当的竞争,维护社会经济秩序,为公平竞争创造良好的社会环境。

1.3　驰名商标的特殊保护

在市场竞争日趋激烈的今天,驰名商标发挥着越来越重要的作用,市场正在向高信誉的商标聚集。对所有人而言,驰名商标意味着良好的企业信誉和广泛的市场占有率;对消费者而言,驰名商标则意味着优良可靠的商品品质。正因为如此,驰名商标较之普通商标更易招致假冒、搭便车等侵权行为的侵害,因此,国际公约和各国立法普遍对驰名商标给予特殊保护。

驰名商标作为法律术语最早出现于1925年修订的《巴黎公约》。该《公约》第6条之二规定,凡成员国应依职权或利害关系人请求,对商标注册国或使用国主管机关认为在该国已经驰名,属于有权享受本公约利益的人所有的,用于相同或相似商品商标的复制、摹仿或翻译,而易于产生混淆的商标,拒绝或撤销注册,并禁止使用。这些规定也是由于主要部分显然是伪造或模仿另一驰名商标易于造成混淆的商标。自注册之日起至少5年内应允许提出取消这种商标的请求,恶意注册的,不受5年时间的限制。

TRIPs协议则进一步将驰名商标的保护范围扩大到服务商标,并且将已经注册的驰名商标所有人的权利保护范围延伸到了"不相类似"的商品或服务上。TRIPs协议第16条第2款规定:"《巴黎公约》(1967年文本)第6条之二原则上适用于服务商标。"第3款规定,"《巴黎公约》第6条之二原则上适用于与注册商标所标示的商品或服务不类似的商品或服务,只要一旦在不类似的商品或服务上使用该商标,即会暗示该商品或服务与注册商标权人存在某种联系,从而注册商标权人的利益就可能因此而受损。"显然,这项规定使驰名商标的保护范围扩大到不类似商品或服务上,形成了对驰名商标的"跨类"保护。

在我国,1993年《商标法》没有关于驰名商标的规定。1996年国家工商行政管理总局发布的《驰名商标认定和管理暂行规定》要求,驰名商标必须是已经在中国注册的商标。中国于1985年加入《巴黎公约》,于2001年加入世界贸易组织。依照《巴黎公约》的要求,未注册的驰名商标,除可以阻止他人注册外,也可以阻止他人在有关商品上使用,即享有一定的"专用权"。根据TRIPs协议,驰名商标的保护范围被扩大到服务商标,并且将已经注册的驰名商标所有人的权利延伸到了"不相类似"的商品上。显然,中国此前的法律规定已经落后于国际社会的法律要求,而且也不能为驰名商标提供全面有效的法律保护。有鉴于此,2001年修订的《商标法》以及2003年颁布的《驰名商标认定和保护规定》对前述问题进行了修正,扩大了驰名商标的保护范围,并增加了对驰名商标认定的内容。

第二节　驰名商标的认定

根据《巴黎公约》和TRIPs协议的基本精神,我国2001年《商标法》从驰名商标的认定机关、认定方式和认定标准等三个方面对驰名商标的认定作出了明确具体的规定。

2.1　认定机关

《巴黎公约》第6条之二对驰名商标的认定机关(determination authority)作了原则性规定,即驰名商标的认定必须由国家法律规定的主管机关进行。我国2002年《商标法实施条例》第5条第1款规定:"依照商标法和本条例的规定，在商标注册、商标评审过程中产生争议时，有关当事人认为其商标构成驰名商标的，可以相应向商标局或者商标评审委员会请求认定驰名商标，驳回违反商标法第 13 条规定的商标注册申请或者撤销违反商标法第 13 条规定的商标注册。有关当事人提出申请时，应当提交其商标构成驰名商标的证据材料。”2001 年最高人民法院《关于审理涉及计算机网络域名民事纠纷案件适用法律若干问题的解释》第 6 条规定：“人民法院审理域名纠纷案件，根据当事人的请求以及案件的具体情况，可以对涉及的注册商标是否驰名依法作出认定。”2002 年最高人民法院《关于审理商标民事纠纷案件适用法律若干问题的解释》第 22 条第 1 款、第 2 款规定：“人民法院在审理商标纠纷案件中，根据当事人的请求和案件的具体情况，可以对涉及的注册商标是否驰名依法作出认定。认定驰名商标，应当依照商标法第 14 条的规定进行。”

从上述法律规定和司法解释可以看出，我国目前对驰名商标的认定机关有两个：一是商标局和商标评审委员会；另一个是人民法院。除此之外，其他任何组织和个人均无权认定或者以任何形式变相认定驰名商标。

2.2 认定方式

认定驰名商标的基本方式有两种：一是主动认定（initiative determination）（又称事先认定），是指在尚未发生纠纷的情况下，依商标权人的申请，商标主管机关对商标是否为驰名商标依法作出的认定。二是被动认定（passive determination）（又称事后认定），是指在发生商标权益纠纷之后，依商标权人的申请，商标主管机关或者人民法院对商标是否为驰名商标依法作出的认定。主动认定的目的是增加品牌效应，认定机构是行政机关；被动认定的目的是实现跨类保护和阻止抢注，认定机构可以是行政机关，也可以是司法机关。但是，驰名商标的个案认定只对个案发生法律效力，如果以后发生商标纠纷，曾作为驰名商标受保护的记录不能作为判断商标驰名的直接依据，只能作为重新认定的参考。

在中国，目前对驰名商标采用主动认定和被动认定相结合的方式，即在商标侵权或者权属纠纷之前，商标局有权应商标权人的请求对商标是否驰名依法作出认定；而在商标侵权或者权属纠纷产生之后，商标主管机关或者人民法院也有权针对当事人的申请和个案的具体情况，对涉案的商标是否驰名依法进行认定。

根据 2000 年《商标局关于申请认定驰名商标若干问题的通知》第 2 条，企业商标权受到以下损害时，可以申请认定为驰名商标：

第一，他人将与申请人申请认定商标相同或者近似的标识在非类似商品或者服务上注册或者使用，可能损害申请人权益的；

第二，他人将与申请人申请商标相同或者近似的文字作为企业名称的一部分登记或者使用，可能引起公众误认的；

第三，申请人申请认定的商标在境外被他人恶意注册，可能对申请人在境外的业务发展造成损害的；

第四，申请人申请认定商标的权益受到其他损害而难以解决的。

2.3 认定标准

关于驰名商标的认定标准(standards of determination)，《巴黎公约》没有作出明确规定。TRIPs协议第16条仅对驰名商标的认定标准作了原则性规定。[①] 我国2001年《商标法》第14条规定对于认定驰名商标应当考虑的主要因素作出了明确的规定。

2.3.1 相关公众的知晓程度

根据我国2003年《驰名商标认定和保护规定》第2条第2款的规定，相关公众包括与使用商标所标示的某类商品或服务有关的消费者，生产前述商品或者提供服务的其他经营者以及经销渠道中所涉及的销售者和相关人员等。另外，驰名商标的驰名必须是在本国领域内驰名。也就是说，这里的驰名商标是指在中国为相关公众广为知晓并享有较高声誉的商标。在国外驰名的商标如果不为中国的相关公众知晓，则不能认定为驰名商标。

2.3.2 商标使用的持续时间

商标使用的时间越长，说明该商标所标示的商品或服务质量越稳定，从而在相关公众中产生的知名度也就越高。以世界驰名的商标"可口可乐"、"SONY"为例，其已使用几十年甚至上百年了。目前，世界上很多国家都把商标使用的时间作为认定驰名商标的条件之一。根据我国2003年《驰名商标认定和保护规定》第3条第2项的规定，证明该商标使用持续时间的有关材料，包括该商标使用、注册的历史和范围的有关材料。

2.3.3 商标宣传的时间、程度和范围

商标宣传是指使广大消费者知晓该商标及商品或者服务的有效手段。宣传的力度越大，范围越宽，消费者知晓的程度越高，商品的销售和覆盖面就越广泛，商标的信誉和知名度也就越高。因此，通过了解对一个商标任何宣传工作的持续时间、程度和地理范围，就可以比较明确地知道商标在一定区

---

① TRIPs协议第16条第2款规定："在确定一项商标是否驰名时，成员应顾及有关公众对其知晓程度，包括在该成员地域内因宣传该商标而使公众知晓的程度。"

域内公众的知晓程度。根据我国 2003 年《驰名商标认定和保护规定》第 3 条第 3 项的规定，证明该商标的任何宣传工作的持续时间、程度和地理范围等有关材料，包括广告宣传和促销活动的方式、地域范围、宣传媒体的种类以及广告投放量等有关材料。

2.3.4　商标作为驰名商标受保护的记录

如果一个商标曾经被商标局或商标评审委员会认定为驰名商标，或者在具体案件诉讼中被人民法院认定为驰名商标而受到过保护，那么，这些证明文件对于认定商标是否具备驰名商标的条件将具有非常重要的参考作用。根据我国 2003 年《驰名商标认定和保护规定》第 3 条第 4 项的规定：证明该商标曾经作为驰名商标受保护纪录的有关材料，包括该商标曾在中国或者其他国家和地区作为驰名商标受保护的有关材料。

2.3.5　商标驰名的其他因素

根据我国 2003 年《驰名商标认定和保护规定》第 3 条第 5 项的规定，证明该商标驰名的其他证据材料，包括使用该商标的主要商品近 3 年的产量、销售量、销售收入、利税、销售区域等有关材料。第 10 条还规定，商标局、商标评审委员会在认定驰名商标时，应当综合考虑上述各项因素，但不以该商标必须满足上述规定的全部因素为前提。换言之，只要具备上述条件中的任一个或者几个因素，即可以认定驰名商标，并不要求驰名商标的认定必须符合上述全部条件。

在对待驰名商标保护的问题上，我国 2001 年《商标法》并未拘泥于绝对的保护注册商标原则，而是在第 13 条第 2 款中规定："就不相同或者相类似商品申请注册的商标是复制、摹仿或者翻译他人已经在中国注册的驰名商标，误导公众，致使该驰名商标注册人的利益可能受到损害的，不予注册并禁止使用。"我国 2001 年《商标法》对未注册的驰名商标也给予保护，这种做法弥补了驰名商标保护中商标注册制度固有的缺失，既符合有关国际惯例，又能有效地加强对驰名商标的保护。

第三节　驰名商标的保护

由于驰名商标蕴含着巨大的经济价值，为保护驰名商标所有权人的合法利益，防止他人的不正当竞争，国际公约和世界各国普遍通过立法对驰名商标进行特殊保护。

3.1 国际公约对驰名商标的保护

3.1.1 《巴黎公约》对驰名商标的保护

《巴黎公约》在1925年修订时，增加了保护驰名商标的规定，要求各成员国对驰名商标给予特殊保护。不过，公约并未要求驰名商标必须是注册商标，而且，对驰名商标的保护范围也仅限于相同或者类似商品，还没有把对驰名商标的保护扩展到服务商标上。根据《巴黎公约》第6条之二的规定，对驰名商标的特殊保护主要反映在以下三个方面：

第一，驰名商标的所有人享有禁止他人使用其驰名商标的权利，即有权禁止他人在相同或者类似的商品上使用与其驰名商标相同或者近似的商标。

第二，拒绝或者取消注册，防止他人抢先注册。凡是被成员国认定为驰名商标的商标，如果驰名商标的所有人未来得及注册之前，他人在先申请注册的，商标注册国或使用国的商标主管机关可以依职权或者利害关系人的请求，拒绝对该商标给予核准注册；如果已经核准注册的，应当取消注册。

第三，规定了较长的提出撤销注册商标请求的最低期限，即自商标注册之日起至少在5年可以请求撤销该注册商标；如果在先注册是恶意的，则请求撤销该注册商标的时间不受限制。

3.1.2 TRIPs协议对驰名商标的规定

TRIPs协议在《巴黎公约》的基础上扩大了对驰名商标保护的范围，但是要求驰名商标必须是注册商标。根据TRIPs协议第16条第2款和第3款的规定，对驰名商标的特殊保护主要反映在以下三个方面：

第一，将驰名商标的特殊保护范围扩大到驰名的服务商标。TRIPs协议第16条第3款将对驰名商品商标的特殊保护同等地适用于驰名服务商标。

第二，拓展了驰名商标权利人的权利范围。TRIPs协议将已注册的驰名商标的保护范围扩大到不相类似商品或服务上。也就是说，他人既不能在与驰名商标核定使用的商品或服务相同的商品或服务上或者类似的商品或服务上使用与该驰名商标相同或者近似的商标，也不能在与驰名商标核定使用的商品或服务非类似的商品或服务上使用与该驰名商标相同或者近似的商标。

第三，认定驰名商标的原则性规定。TRIPs协议第16条第2款规定：在确定一项商标是否驰名时，各成员应考虑有关公众对该商标的知晓程度，包括该商标因宣传为公众知晓的程度。

3.2 部分国家对驰名商标保护的法律制度

3.2.1 美国对驰名商标的保护

美国作为判例法国家，在采用立法对驰名商标进行保护的同时，还通过大量的判例对驰名商标予以特殊保护。如“柯达”(Kodak)彩卷商标被禁止使用于脚踏车或打火机；“杜波尼特”(Dubonnet)酒商标被禁止使用于女鞋等。

1996 年，美国国会通过了《1995 年商标反淡化法》(The Federal Trademark Dilution Act of 1995)法案，并先后于 1999 年和 2006 年对该法作了修正。根据《1995 年商标反淡化法》，商标淡化是指减少或削弱驰名商标对其商品或服务的识别性和显著性能力的行为，而不论驰名商标所有人与其他当事人之间是否存在竞争关系，也不论是否存在混淆、误导和欺骗的可能性。

2006 年，美国通过了《商标反淡化法修正案》，明确了弱化和丑化驰名商标的行为都可能导致驰名商标淡化，具有固有显著性和获得显著性的驰名商标均可以获得反淡化法的保护，淡化的证明标准是淡化的可能性，而不是实际的淡化。同时，将弱化被定义为“由于一个商标或商号与驰名商标类似而产生的联系，这种联系将损害驰名商标的显著性”。因为丑化而导致的淡化被定义为“由于一个商标或商号与驰名商标类似而产生的联系，这种联系将损害驰名商标的声誉”。

3.2.2 法国对驰名商标的保护

法国 1859 年颁布的《商标法》并没有对驰名商标作出规定，而是法官通过具体判例对驰名商标实行较为广泛的保护。法国法院认为，如果驰名商标被冒用于不同商品上，将使消费者把这些商品误认为是驰名商标权人的新产品而发生混淆。因此，将驰名商标冒用在不同商品上属于侵权行为，可以对之提起诉讼。不过，这种范围扩大了的保护应有一定的限度，即以足以使消费者发生混淆的商品为界限，如果两种商品之间风马牛不相及，根本不致产生混淆，则不可以认为是侵权。

法国 1991 年修订的《商标法》增加了对驰名商标的保护条款，其中第 4 条第 2 款规定，合乎《巴黎公约》第 6 条之二的驰名商标权人，对于与其足以发生混淆的注册商标，可以申请撤销。该请求权自后者善意注册之日起 5 年内不行使而归于消灭。显然，该上述规定与《巴黎公约》的规定基本一致。

3.2.3 中国对驰名商标的保护

中国 2001 年《商标法》参照《巴黎公约》和 TRIPs 协议，增加了对驰名商标特殊保护的规定，其内容基本和国际公约相一致。目前，该法对驰名商标保护的特殊规定主要反映在以下三方面：

第一，扩大了保护范围。在保护对象上，我国对驰名商标的保护已经不再局限于注册商标，对未在我国注册的驰名商标也给予法律保护。根据我国2001年《商标法》第13条第1款规定，就相同或者类似商品申请注册的商标是复制、模仿或者翻译他人未在中国注册的驰名商标，容易导致混淆的，不予注册并禁止使用。

对已经注册的驰名商标实行跨类保护。根据我国2001年《商标法》第13条第2款的规定，就不相同或者不类似商品申请注册的商标是复制、模仿或者翻译他人已经在中国注册的驰名商标，误导公众，致使该驰名商标注册人的利益可能受到损害的，不予注册并禁止使用。2002年最高人民法院《关于审理商标民事纠纷案件适用法律若干问题的解释》第1条第(2)项中还进一步规定，复制、摹仿、翻译他人注册的驰名商标或其主要部分在不相同或者不相类似商品上作为商标使用，误导公众，致使该驰名商标注册人的利益可能受到损害的，属于《商标法》第52条第(5)项规定的给他人注册商标专用权造成其他损害的行为。

第二，规定特殊的保护期限。根据我国2001年《商标法》第41条第2款的规定，已经注册的商标，与驰名商标发生冲突的，自该商标注册之日起5年内，商标所有人或者利害关系人可以请求商标评审机构裁定撤销，对于恶意注册的，驰名商标所有人不受5年期限的限制。

第三，驰名商标还可以对抗企业名称注册使用。我国2002年《商标法实施条例》第53条、2003年《驰名商标认定和保护规定》第13条规定了驰名商标所有人享有撤销企业名称登记权，即驰名商标所有人认为他人将其驰名商标作为企业名称登记，可能欺骗公众或者对公众造成误解的，可以向企业名称登记主管机关申请撤销该企业名称登记，企业名称登记主管机关应当依照1991年《企业名称登记管理规定》进行处理。

第三十章　其他商业标识

本章介绍了其他商业标识，主要包括商号、域名、地理标志和特殊标志等，并介绍了其概念、性质、特征以及与商标的对比，共分为四节。第一节介绍了商号的概念、性质和内容、与商标的关系；第二节介绍了域名的概念、特征、与商标的比较以及保护，最后介绍了我国对域名的管理制度；第三节介绍了地理标志概念、性质、国际公约和国外立法规定以及我国的管理制度；第四节介绍了特殊标志的概念、登记、申请保护的程序，其中重点介绍了奥林匹克标志的保护。

其他商业标识(other business marks),是指以注册商标为参照,在特征、属性或者管理的某个方面不同的标识。中国商标法对其他商业标识未作规定,但在实践中这些标识确实发挥着表示、证明的作用。本章就商号、域名、地理标志和特殊标志等标识进行重点阐释。

第一节　商　　号

1.1　商号的概念

商号(trade name),又称厂商字号或企业名称,是指从事生产或经营活动的经营者在进行登记注册时用以表示自己营业名称的一部分,是工厂、商店、公司、集团等企业的特定标志和名称,依法享有专有使用权。商号权属于《巴黎公约》所定义的工业产权范畴。经过依法登记而取得的商号,受法律保护。商号作为企业特定化的标志,是企业具有法律人格的表现。商号经核准登记后,可以在牌匾、合同以及商品包装等方面使用,其专有使用权不具有时间性特征,只在所依附的厂商消亡时才随之终止。商号的登记管理机关是当地的工商行政管理机关。对某些企业而言,某种文字、图形,也许既是商号又是商标;但是,对于大多数企业来说,商号与商标各不相同。一般而言,商标必须与其所依附的特定商品相联系而存在;而商号则必须与生产或经营该商品的特定厂商相联系而存在。

1.2　商号权的性质和内容

我国1986年《民法通则》对企业名称权的保护有具体规定。商号权具有人身权属性,与特定的商业主体的人格与身份密切联系,与主体资格同生同灭。商号权还具有财产权属性。在同一个行政区划内的相同营业范围里,商号具有排他性和专用性。商号权人可依法使用其商号,并有权禁止他人重复登记或擅自冒用、盗用其商号,还有权对侵害其商号权的侵权行为提起诉讼并要求赔偿。商号权可以转让、许可使用或设定抵押。

1.3　商号与商标的关系

商号与商标的关系极为密切,经常会一起出现在同一商品上。在某些情况下,商号也可以成为商标的一个组成部分或同一内容。不过,就法律意义而言,商号和商标的性质和作用是有区别的,主要表现为:

第一,商标主要是被用来区别商品的,代表着商品的信誉,必须与其所依附的某些特定商品相联系而存在;商号主要是用来区别企业的,代表着厂商的信誉，必须与商品的生产者或经营者相联系而存在，商号权与人身或身份联系更为密切。

第二，根据我国 2001 年《商标法》的规定，商标必须经过注册才能取得排他性的专用权，其效力及于全国，受时效性限制。相形之下，商号是按照我国 2005 年《公司法》、2006 年《公司登记管理条例》、1988 年《企业法人登记管理条例》等法律、法规登记注册的，同样具有专用权，但是，商号专用权仅在所登记的工商行政管理机关的辖区范围内有效，并与企业同生同灭。

第三，商标权受到我国 2001 年《商标法》的专门保护；而商号权只能比照我国 1986 年《民法通则》关于企业名称权的保护方法保护。

第四，带有某公司商号标记的含注册商标的商品销售到另一国家时，商标有必要在该国另行注册；相形之下，商号则没有必要另行注册。《巴黎公约》第 8 条规定："厂商名称应在本联盟一切国家受到保护，没有申请或注册的义务，也不论其是否为商标的一部分。"

企业将自己的商号注册成为商标，或将已注册的商标变更登记为企业的商号时，商标和商号就成为同一内容或是其中的一个组成部分。这类做法并不抵触法律，但是，由于许多商号不具有显著性，因此无法注册成为商标。

第二节 域 名

2.1 域名的概念

域名(domain)是指由任何域名注册员、域名登记机构或其他域名注册管理机构注册分配的，用于识别和定位互联网上计算机的层次结构式字符标识，与该计算机的互联网协议(IP)地址相对应。[①] 相对于互联网协议(IP)地址而言，域名更便于使用者的理解和记忆。[②]

---

① 参见 1999 年 11 月 29 日美国国会通过的《反域名抢注消费者保护法》第 3005 条；中国信息产业部《中国互联网络域名管理办法》第 3 条规定："互联网络上识别和定位计算机的层次结构式的字符标识，与该计算机的互联网协议(IP)地址相对应。"

② 在互联网上，每一台计算机(包括其他装置)都被称作"主机"(host)，每个主机都有一个地址，称为互联网协议地址(Internet protocol address，或 IP address)。该地址在视觉上仅由一组数字组成，所以也称数字地址。数字地址构成计算机通往互联网的必经桥梁，要上网，必须经过这个数字地址。互联网上的其他人，要访问某人的计算机，也必须使用这一数字地址。由于互联网上有无数计算机，有无数的数字地址，对此常人是无法记忆的，因此，解决的方法就是建立所谓的"域名"(domain name/domain address)。域名对人有词语意义，易于理解和记忆。人们知道、记住了域名便可以访问该域名下的内容。当人们向自己的计算机中输入他人域名时，域名就被自动翻译成互联网协议地址，计算机就自动在网上寻找该协议地址所代表的计算机终端，并与之进行交流，这就是域名的由来。

商标与域名相当于每个用户所选择的由数字和字母组成的账号。如果有人打算在互联网上从事商业活动，首先要做的事情就是要确定自己的位置。在现实世界中，任何商家都会有自己的经营场所和公司的招牌。与此不同，在虚拟的网络世界中，商家的定位全部依靠域名来完成。即使在现实世界中已经取得并使用了某一名称，甚至已将该名称注册成为商标，亦不能自动将其功能和效果延伸至虚拟的网络世界。只有向域名管理机构提出申请，才能获得相应的域名，并通过该域名找到商机无限的主页或网站。域名经常被用来作为商业的标识符号，并成为电子商务的基本手段。

2.2 域名的特征

域名本身具有民事权利性质，至少是一种民事权利。① 可以将域名的特征归纳如下：

2.2.1 唯一性

域名的唯一性(uniqueness)是指每一个域名在互联网上都是唯一的，这是全球范围的唯一。当然，域名的唯一性是就每一个域名整体而言的，如果仅就其真正起到标识作用的中心域名而言，则是可以多重注册的。以 law 为例，注册者可以有多种选择，既可以注册 law. com，law. net，law. org，也可以在不同的国家、地区代码顶级域名下进行注册，这样，仅以 law 一词作为中心域名，就可以注册许多域名。

2.2.2 稀缺性

域名的稀缺性(scarcity)是指可供选择的域名毕竟有限，而域名注册的需求却在不断增长，以致供不应求。稀缺性是因域名的唯一性而产生的，但是，如前文所述，如果就中心域名而言，每一个字、词组合均可以注册数百个域名，而且注册者可以在中心字词的基础上进行扩展作为其中心域名，如研究中国法律的网站，其域名就可以在 law 的基础上进行扩展，如 Chinalaw②、Chnlaw、Sinolaw 等。从这种意义上讲，稀缺性似乎并不存在，只要注册者有足够的想象力和创造力，就能注册出与众不同且容易识别并有创意的域名。然而，如果换成另外的角度，则可以发现稀缺性依然存在。采用域名与 IP 地址匹配的目的，是因为域名的易识易记，因此，域名越是简短易记，越是具有明晰的语词意义，越容易成为追逐的目标。从这种意义上讲，好域名显然是

① 蒋志培：《中国域名纠纷案件的司法实践和理论探讨》，载《CNNIC 通讯》2001 年第 8 期，第 39 页。

② 本章在引用域名时均省略前缀，文中所指域名，除特殊情形外，仅指中心域名和后缀两部分。

稀缺性的资源。

2.2.3 标识性

域名的标识性(identification)是指域名具有与企业名称、商标等相似的标识性。传统的企业和其他组织总是以其名称、商标或其缩写作为中心域名,而互联网用户也总是以名称或商标加.com等方式尝试访问某些组织的网站,二者共同作用的结果就使域名具有了与企业名称、商标等类似的标识性。看到某个域名就会自然联想到相对应的企业或组织;想访问某企业或组织的网站也就自然会尝试与其相对应的域名。

2.2.4 价值性

域名的价值性(value)是指蕴藏在域名中的商业价值。由于域名在全球范围内是唯一的,因此导致了域名的供求关系的紧张,加上域名自身具有标识性,因此而成就了域名潜在的商业价值。

2.3 域名与商标的比较

2.3.1 相同点

域名注册人从事经营活动的,其域名构成商业标识。互联网上的域名与互联网下的商标,有惊人的相同之处。域名是互联网上区别经营者的标记,具有标识作用,代表商品或服务,接受社会评价,是经营者商誉在互联网上的表现。在互联网时代,经营者设计域名,与设计商标一样投入,均希望得到一个与众不同、意义特别、醒目、易于记忆和流传的域名。

2.3.2 不同点

第一,构成要素不同。域名只能由文字、数字组成,包括中文、拼音、外文域名等;而商标既可以由图形构成,也可以由文字、图形、字母、数字、三维标记、气味、音响与颜色组合等构成。

第二,标识的对象不同。商标是用来标识商品和服务的,只能用在商品和服务上;而域名是为了方便人们使用互联网而创立的,是网络地址及电子邮件地址的识别标志。

第三,具有标识性的基础不同。根据国际通行的商标和服务分类体系,两个或两个以上完全相同的商标获得注册也是可能和合法的;同一国家以及不同国家的不同法律主体就相同商标分别享有权利也是常见的现象。域名的唯一性则是绝对的,即不论主体所从事的业务属何种类,也不管其是否分别处于不同的国家,都不可能注册相同的域名。

第四,具有的排他性的基础不同。商标在不同种类的商品或服务上,或在申请注册的地域范围之外,或是超出注册的有效期使用就不具有排他性,商品种类、地域性和时效性是商标排他性的依据。已注册的域名，只要缴纳域名注册费和相应的域名延续费就可以在全球范围内无限期地使用，唯一性和先申请先注册原则是域名排他性的基础。

第五，取得原则不同。域名采取注册在先原则，不注册就不能在互联网上使用。商标权取得的原则因国家而异，有的国家采取注册在先原则，有的国家采用使用在先原则，有的国家采取折衷方案。

第六，获得途径不同。商标注册是由各国的专门机构各自依据本国法律独立进行的，商标注册所需的审查与比较也仅以国家或独立的法域为限，从而存在着处于不同国家的法律主体就相同商标分别享有权利。域名注册由处于不同国家的注册机构各自独立进行，只有当有关域名尚无人注册时，该域名才能被注册，不存在不同国家的法律主体就相同域名分别主张权利的可能性。

通过上述比较不难看出，商标权与域名权既有相似又有相异，商标权是某一国、某一地区或者签订了条约的几个国家之间由公力赋予商标权人的利益，具有极强的地域性，而域名权则是在世界范围内有效的，所以与商标权难免存在冲突。

2.4 域名的保护

域名通常都是按照“登记在先”的原则进行登记，一旦有人先对某个名字进行了注册，其他人就不得再使用该名字来命名其网址。2002 年《中国互联网络域名管理办法》明确规定：按照“先申请先注册”的原则受理域名注册。实践中，企业往往选择与企业名称或者是主要产品名称有关的名字来命名网址，有的干脆以公司产品或服务的商标来命名，从而非常有利于自己企业的发展。但在域名的申请时会出现恶意抢注问题以及同一商标的不同合法所有人在用该商标申请域名时的矛盾问题，对商标所有人的利益会产生不良后果。

对于企业用户而言，域名是企业向网上各个用户展示自己的标志，域名采用与企业名称或产品、服务有关的名字甚至直接采用商标命名的话，便于识记，用于宣传。如果某企业的名称或者商标被他人抢注的话，该企业只能用别的与自己企业名称或者商标无法联系的名字命名域名，因此，一般的网络用户就可能访问不到该企业站点，而是访问到抢注者的站点，对该企业十分不利。也就是说，抢注者想要借助于被抢注者的良好的名誉而得到网络用户的访问，一旦抢注成功，网络用户将无法访问到该域名真正代表的被抢注企业的站点，而是访问到抢注者的站点。目前国际上囤积域名和抢注驰名商标作为域名等现象日益严重，例如，瑞士一家公司就抢注了包括英国广播公司(BBC)、法国《世界报》、瑞士军刀和印度航空公司等在内的数十个域名并进行囤积。

2.5 中国域名管理

2.5.1 域名注册管理体系

根据我国 2002 年《中国互联网络域名管理办法》的规定，工业和信息化部负责中国互联网络域名的管理工作[①]，其主要职责包括：制定互联网络域名管理的规章及政策；制定国家(或地区)顶级域名 CN 和中文域名体系；管理国家(或地区)顶级域名 CN 和中文域名的域名注册管理机构；管理在中华人民共和国境内设置并运行域名根服务器的域名根服务器运行机构；监督管理域名注册服务；负责与域名有关的国际协调。

2.5.2 域名管理政策

(1) 域名注册管理机构和域名注册服务机构

根据我国 2002 年《中国互联网络域名管理办法》的规定，域名注册的管理和服务分开。工业和信息化部是管理域名和域名注册服务机构。只要具备一定资质，即可成为域名注册服务机构，协助或者代理域名使用人在管理机构备案。

(2) 注册、变更及撤销手续

域名申请，按照"先申请原则"处理，而不受理域名预留。域名申请可以电子邮件、传真或邮寄的方式提出，取得首次申请日，并在随后提交有关申请文件。申请变更、注销注册域名或其他注册事项的，应当提交域名注册申请表和申请时要求的全部文件，并交回原域名注册证。域名注册单位核准后，将原域名注册证加注发还，或停止域名的运行，并且收回域名注册证。

第三节 地理标志

TRIPs 协议将地理标志(geographic indication)作为单独一类知识产权加以规定，我国 2001 年《商标法》也相应地对地理标志的保护作出了规定。

3.1 地理标志的概念

我国 2001 年《商标法》第 16 条规定："商标中有商品的地理标志，而该商

① 我国信息产业部已于 2008 年 3 月改组为工业和信息化部。

品并非来源于该标志所标示的地区，误导公众的，不予注册并禁止使用；但是，已经善意取得注册的继续有效。前款所称地理标志，是指标示某商品来源于某地区，该商品的特定质量、信誉或者其他特征，主要由该地区的自然因素或者人文因素所决定的标志。”从理论上分析，地理标志包括“货源标记”和“原产地名称”两项内容。

3.1.1 货源标记

货源标记(mark of source)是指表明一种产品或服务来自的某个国家、地区或者特定地点的标记。货源标记一般由地名、用语或者符号组成，例如，法国葡萄酒、中国制造等。

3.1.2 原产地名称

原产地名称(indication of origin)是指表明产品的原产地的标志，反映出该产品的特质完全或者主要是由于原产地的地理环境，包括自然因素和人文因素所决定。原产地名称一般由国家、地区或者特定地方的名称组成，如法国香槟酒、勃兰根的酒、中国的崂山矿泉水。地理标记的法律保护，旨在制止非该国、该地区、该地方出产的产品或者提供的服务的人假冒或者盗用这种标记，向消费者传达错误的商品或者服务质量和特点等信息的非法行为，防止工商企业滥用这种标记获取不正当的商业利益的不正当竞争行为，维护消费者利益，保护合法的标记使用人的正当权益，维护社会经济秩序。

3.2 TRIPs 协议的相关规定

TRIPs 协议第 22 条为地理标志作出明确定义。地理标志“标示出某种商品来源于某成员的地域内，或者来源于该地域中的某个地区或地方，该商品的特定质量、声誉或其他特征，主要与该地理来源相关联。”根据上述定义，可以将地理标志分为两个部分：一部分是指标志标识出商品的来源地，包括某成员地域或其中的某地区或地方；另一部分是指该标志代表了某种商品的特定质量、信誉和其他特征，而该特征与前一部分所标识的地域、地区或地方存在着一定的联系。

TRIPs 协议将地理标志作为单独的一类知识产权加以保护，其基本目的有三：其一，是要保护地理标志所承载的商誉；其二，是要使消费者免受虚假地理标志的欺骗或误导；其三，是要避免第三人利用地理标志进行不正当竞争。在实现这些目标时，TRIPs 协议第 22 条、第 23 条和第 24 条的各项规定对成员的国内法具有普遍意义；不过，就地理标志保护的具体制度和方式而言，协议没有提出特别要求，而是留待成员通过各自的国内立法去解决。

3.3 地理标志的法律性质

从理论上讲,围绕地理标志而展开的利益关系应该归属民事法律进行调整,由此而产生的各项权利具有私权性质。根据 TRIPs 协议的规定,利害关系人有权凭借法律规定的手段禁止第三人对地理标志的非正当使用,而无论这种使用采取何种形式。显而易见,它是一种具有独占权性质的民事权利,其实质是利害关系人拥有对具有财产利益的地理标志的排他性利用的权利。从这种意义上说,地理标志与商标、专利和版权等其他知识产权一样,是对财产权的利用。然而,地理标志又有其特有的一面,它并非是某个经营者独家享有的专用权,而是由某个地区的经营者代表机构通过注册取得并实行管理,凡是该地域内的经营者都可以使用。尽管地理标志的管理人与使用人处于分离状态;但是,从理论上讲,作为财产权的地理标志的所有权是集体性质的,因地理标志而产生的"利害关系人"和"第三人"之间的关系是平等主体之间的财产关系。根据 TRIPs 协议精神,无论国内法为地理标志提供的法律救济是民事救济抑或是行政救济,均是对民事权利的保护。就地理标志而言,不能因其属于某个地区的集体所有,就将其归结为一种公权。同理,亦不能以行政权力的介入为据,而推断其为公权,从而否定其私权属性。

强调地理标志的私权属性并不意味着地理标志作为一类知识产权可以完全独立于公权。在现代社会中,公权力的渗透可以说是无处不在,社会主义国家尤其如此。况且,从历史传统上看,知识产权制度本身就具有浓烈的公法色彩。行政主管部门的登记审批是工业产权取得的基础性制度,如果没有登记审批制度就不会有工业产权制度本身。[①] 此外,行政程序与救济已构成知识产权保护的不可或缺的组成部分,来自于行政主管部门授权的强制许可,以及海关当局对侵权物品的扣押措施,都是知识产权制度必不可少的内容。然而,尽管有公权对私权的影响,也有私法对公法的渗透,均不能改变地理标志的民事权利的本质属性。[②]

3.4 地理标志产品的法律保护

中国的地理标志产品保护制度,是在其加入 WTO 的宏观背景下发展起来的。建立过程经历了采用原产地域产品制度实行保护到采用地理标志产品制度保护特色产品的过程。从本质上讲,这是一项与国际接轨的知识产权

---

① 孙虹、赵红梅:《论知识产权的正当性和权利本源》,载《政法论坛》2001 年增刊,第 107 页。

② 参见 TRIPs 协议序言部分。

保护制度，是对中华民族的文化遗产的保护，是国家名、优、特产品质量与信誉的保证制度。这项制度的建立，既紧密结合了中国国情，又充分借鉴了外国，尤其是法国、欧盟以及 WTO 有关原产地命名和地理标志制度的经验。

3.4.1 外国法律和国际公约的相关规定

在知识产权的属性方面，原产地命名和地理标志是相同的；二者的主要区别在于，原产地命名对产品的原产地、原材料、生产加工工艺及标准、产品质量等方面的监控相对更加严格。在某些西方国家中，原产地命名和地理标志制度已有上百年的历史。这项制度逐渐被越来越多的国家所接受，突出地反映在 1958 年《里斯本协议》和 TRIPs 协议等国际协议中。《里斯本协议》确立了原产地命名国际注册和保护的原则；TRIPs 协议则将地理标志作为一种独立的知识产权作了专章规定。

根据 TRIPs 协议第 22 条对地理标志的保护提出明确要求，各成员应向利害关系方提供法律手段以阻止下列行为："(a)在一货物的标志或说明中使用任何手段标明或暗示所涉货物来源于真实原产地之外的一地理区域，从而在该货物的地理来源方面使公众产生误解；(b)构成属于《巴黎公约》(1967年)第 10 条之二范围内的不正当竞争行为的任何使用。""如一商标包含的或构成该商标的地理标志中所标明的领土并非货物的来源地，且如果在该成员中在此类货物的商标中使用该标志会使公众对其真实原产地产生误解，则该成员在其立法允许的情况下可依职权或在一利害关系方请求下，拒绝该商标注册或宣布注册无效。"上述保护可适用于虽在文字上表明货物来源的真实领土、地区或地方，但却虚假地向公众表明该货物来源于另一领土的地理标志。有一种观点将对地理标志侵权行为的法律救济手段归结为当事人请求与依职权对侵权商标的处理，而忽略前述协议对不正当竞争行为制止的救济，是不够准确的。①

在欧盟，原产地命名制度已经比较成熟和发达。由于酒类的地理标志的保护及欧盟等发达国家的重大利益，因此，对葡萄酒与白酒的地理标志给予高度重视。欧盟不仅建立了一套完备的原产地命名法律体系和管理制度，如专门规定农产品和食品原产地命名和地理标志保护的《2081/89 号指令》等，而且还设置了专门的机构负责对欧盟各成员国的原产地命名和地理标志进行注册和管理。

TRIPs 协议第 23 条对地理标志作了补充规定，对该条所涉及的酒类地理标志的保护提出明确要求，主要包括三个部分：

① 参见郑志海主编：《世界贸易组织知识读本》，中国对外经济贸易出版社 1999 年版，第 138 页。

第一，制止以他人的地理标志标示非来源于该标志所指代的地方的葡萄酒或白酒，即使同时也标出了商品的真正来源地；或使用的翻译文字或伴有某种、型、式、类或相同的表达方式亦不可以。各成员国应当为利害关系人提供制止此种行为的法律措施，TRIPs 协议在注释中注明此种法律措施可以采用行政程序。

第二，商标行政主管部门对含有或组合有标示该地理标志的葡萄酒或白酒的商标，应当依职权或根据利害关系人的请求驳回或撤销该商标的注册。①

第三，对于诸多葡萄酒使用多音字或同形字的地理标志，应当本着对有关生产者公平合理且不误导消费者的情况宗旨，对地理标志予以保护。各成员应当确定将有关同音字或同形字地理标志区别开来的条件。② 此外，TRIPs 协议还对地理标志保护进行谈判和国际合作进行了规定。③

根据欧盟《关于农产品和食品原产地命名和地理标志保护的技术法规》规定，原产地命名，是指用一个地区、一个特殊地方或者在极特殊情况下用一个国家的名字来描述一种农产品或食品，并且该产品源自这个地区、特殊地方或者国家，该产品的质量或者特色主要取决于其具有内在自然属性和人文因素的特殊地理环境以及在规定地域内的生产、加工和制备。地理标志是指用一个地区、一个特殊地方或者在极特殊情况下用一个国家的名字来描述一种农产品或者食品，并且该产品源自这个地区、特殊地方或者国家，该产品具有的质量、声誉或者其他特色取决于其地理原产地以及在规定地域内的生产、加工和制备。

3.4.2　与相关制度的比较

从 TRIPs 协议等有关国际公约或协定的规定看，地理标志是一种与商标、专利和版权相互并列、相互区别的知识产权。地理标志与商标在知识产权意义上具有不同的特征：

商标是人为创造出来并用于某种商品或服务区别于其他种类商品或服务的符号。商标是一种私权利，属于某个特定的组织或个体所有（持有）或者专用，可以转让和买卖。而地理标志则不然，地理标志首先是某一特定地域自然、历史及人文因素所形成的国家遗产。地理标志依法由政府授权的机构监控，在任何情况下都不可以将地理标志从特定地域转移到另外一个地域，也不可以买卖。

---

① 参见 TRIPs 协议第 23 条第 2 款。

② 同上，第 3 款。

③ TRIPs 协议第 23 条第 4 款、第 24 条第 1～3 款。

3.4.3 中国的管理体制

2005年6月,中国国家质检总局根据Trips协议关于地理标志的规定和中国1993年《产品质量法》、1988年《标准化法》、1989年《进出口商品检验法》等有关规定,在总结、吸纳了1999年《原产地域产品保护规定》和2001年《原产地标记管理规定》成功经验的基础上,制定发布了2005年《地理标志产品保护规定》,其管理体制、原则和基本制度以及地理标志权的主要内容如下:

(1) 两级管理体制

我国对地理标志产品保护实施两级管理体制(two-level management system),即国家质检总局作为地理标志产品保护工作的主管部门,组织对地理标志产品保护申请进行审核、确认保护地域范围、产品名称和专用标志的注册登记等管理工作;产品所在地出入境检验检疫局和质量技术监督局是具体开展保护地理标志产品工作的机构,主要负责对地理标志产品的日常监管。

(2) 管理原则和制度

按照国际惯例,地理标志产品保护遵循自愿申请的原则。由于地理标志产品保护的知识产权是其地理范围内的全体生产者的共有知识产权,因此,某个申请主体要求加强对本身知识产权和经济利益保护的同时,不能排除地理范围内其他业主的知识产权保护要求,其保护申请的受理和批准程序必须遵循公开的原则。2005年《地理标志产品保护规定》规定了三个基本制度规范申请及使用环节。包括审核批准制度:国家质检总局在收到地理标志产品保护的申请后,对申请资料进行形式审查,形式审查合格的发布受理公告,组织专家审查委员会对没有异议或者有异议但被驳回的申请进行技术审查,审查合格的发布批准该产品获得地理标志产品保护的公告,并向申请人颁发《地理标志保护产品注册证书》。产品所具有的地理特征在实施保护前只是一种自然属性,只有经过这种审核批准程序,由政府部门实施保护后,才上升为社会属性;专用标志制度:地理标志产品专用标志是国家在审核批准地理标志产品保护后,经注册登记,向社会公告,授予企业地理标志产品专用的特殊质量标志。这种专用标志不仅能表明该产品产自特定的原产地域,而且还能表明该产品经过特殊的质量监控、加工工艺而具有特殊的质量特色。地理标志产品产地范围内的生产者需要使用地理标志产品专用标志的,可以向当地质检部门提出申请,经省级质量技术监督局或直属出入境检验检疫局审核,并经国家质检总局审查合格注册登记后,发布公告,颁发《地理标志产品专用标志使用证书》后,生产者即可在其产品上使用地理标志产品专用标志,获得地理标志产品保护。地理标志产品专用标志所有权属于国家,是国家监控企业使用的法定质量标志,受国家法律保护,禁止任何单位和个人伪造冒用，违者严厉查处。获准使用地理标志产品专用标志资格的生产者，未按相应标准和管理规范组织生产的，或者在两年内未在受保护的地理标志产品上使用专用标志的，国家质检总局将注销其地理标志产品专用标志使用注册登记，停止其使用地理标志产品专用标志并对外公告；监督管理制度：要保证地理标志产品的质量信誉，保护生产者、消费者的合法权益，全过程的严格监控制度是极为重要的环节。质检部门应当在依法对地理标志产品实施保护的同时，还应对该地理标志产品范围、产品名称、原材料、产品生产技术工艺、产品质量特色、产品质量等级、产品数量、产品包装、标识标签、产品专用标志的印刷、发放、数量、使用情况、生产环境、生产设备、产品的标准符合性等方面进行日常的监督管理。

（3）地理标志权

经过申请、核准程序获得地理标志保护的产品，其产品的权利人依法享有地理标志权（right of geographic indication）。该项权利当然有依法排除非权利人使用其地理标志的职能。侵犯地理标志权利人权利的行为细化为下列三类：

一是擅自使用或伪造地理标志名称及专用标志的行为。这是指没有获得地理标志保护、不享有地理标志权的经营者，擅自使用已被核准的地理标志名称、专用标志，或者伪造专用标志的行为。

二是不符合地理标志产品标准和管理规范要求而使用该地理标志产品的名称的行为。这主要是指虽然在地理标志产品保护区域内生产的同种产品，但因其产品不符合地理标志产品标准和管理规范要求而未被准予使用专用标志，但该经营者却擅自使用该地理标志名称。比如，在杭州西湖地区的某绿茶生产商，其生产的绿茶在外观、口感上与“龙井茶”的标准接近但并未达标，未被准予使用“龙井茶”专用标志。该生产商虽然没有伪造专用标志却擅自使用“龙井茶”三个字标示在其商品的外包装上。

三是使用与专用标志相近、易产生误解的名称或标志及可能误导消费者的文字或图案标志，使消费者将该产品误认为地理标志保护产品的行为。此类行为虽然没有使用被核准的地理标志产品名称、专用标志，但其用文字或图案等方式所使用的名称、专用标志与地理标志产品的名称、地理标志相近，易被误认为是地理标志产品。

地理标志权利人有权对以上侵犯其权利的行为人向主管机关——各地质检机构提出控告，要求进行查处，也可以向人民法院提起诉讼。

3.5 保护地理标志的法律体制

就目前中国的立法和司法状况看，对地理标志实行的是多元化法律保护，即由商标法、反不正当竞争法、产品质量法以及消费者权益保护法等多项法律提供多头保护，从不同角度和层面对因地理标志而产生的法律关系进行调整。

第一，从商标法角度看，商标法对地理标志的保护具有两重意义：一方面授予利害关系人以商标权，这意味着利害关系人对相关的地理标志拥有支配控制权利；另一方面授予利害关系人以禁止权，即对第三人在相关商品或服务上就该地理标志的申请注册或实际使用拥有提出异议、申请无效或禁止使用的权利。

我国 2001 年《商标法》从特殊商标的角度对地理标志进一步作出规定，其第 3 条第 3 款规定："证明商标，是指由对某种商品或者服务具有监督能力的组织所控制，而由该组织以外的单位或者个人使用于其商品或者服务，用以证明该商品或者服务的原产地、原料、制造方法、质量或者其他特定品质的标志。"[①]第 16 条规定："商标中有商品的地理标志，而该商品并非来源于该标志所标示的地区，误导公众的，不予注册并禁止使用；但是，已经善意取得注册的继续有效。前款所称地理标志，是指标示某商品来源于某地区，该商品的特定质量、信誉或者其他特征，主要由该地区的自然因素或者人文因素所决定的标志。"2002 年《商标法实施条例》第 6 条明确规定："商标法第十六条规定的地理标志，可以依照商标法和本条例的规定，作为证明商标或者集体商标申请注册。""以地理标志作为证明商标注册的，其商品符合使用该地理标志条件的自然人、法人或者其他组织可以要求使用该证明商标，控制该证明商标的组织应当允许。以地理标志作为集体商标注册的，其商品符合使用该地理标志条件的自然人、法人或者其他组织，可以要求参加以该地理标志作为集体商标注册的团体、协会或者其他组织，该团体、协会或者其他组织应当依据其章程接纳为会员；不要求参加以该地理标志作为集体商标注册的团体、协会或者其他组织的，也可以正当使用该地理标志，该团体、协会或者其他组织无权禁止。"上述法律规定明确了地理标志和证明商标在商标法律体系中的关系，在制定法上为两者的结合奠定了基础。

第二，从反不正当竞争法的角度看，反不正当竞争法针对经营者与消费者之间的关系作出规定，禁止经营者虚假利用产地标志进行有关商品信息的

① 我国 2001 年《商标法》第 3 条第 1 款。

虚假宣传。[1] 反不正当竞争法是从规范经营者竞争行为，制裁假冒行为的角度对地理标志提供保护的。

第三，从《消费者权益保护法》的角度看，同反不正当竞争法一样，消费者权益保护法也是从调整经营者与消费者之间的法律关系入手对地理标志进行规定的。《消费者权益保护法》侧重于对消费者的权利进行全面保护，要求经营者必须对其经营的商品提供真实信息。从调整方式和切入点上看，消费者权益保护法是对商标法的重要补充。

第四，从产品质量法的角度看，《产品质量法》是从规范经营者的产品生产和经销行为的角度对地理标志提供保护的，强调的是经营者的义务和责任。该法要求经营者所生产或经销的产品必须是质量合格、信息真实的产品。在关系到产品产地标示的问题上，我国 2000 年《产品质量法》第 5 条规定："禁止伪造产品产地"，并在罚则中规定了对伪造产品产地行为的法律责任。[2]

从知识产权保护的意义上对地理标志提供多元化的法律保护[3]，商标权保护是一种完整的民事权利保护，居于主导地位；相形之下，反不正当竞争法、消费者权益保护法和产品质量法所提供的保护处于从属地位，主要起补充作用。

第四节　特殊标志(奥林匹克标志等)

4.1　特殊标志概论

4.1.1　特殊标志的概念

特殊标志(special signs)是指经国务院批准举办的全国性或者是国际性的文化、教育、科学研究及其他社会公益活动所使用的由文字、图形组成的名称及缩写、徽记、吉祥物等标志。该定义包括以下三个方面的要件：(1) 特殊标志的使用范围必须是经国务院批准举办的全国性或者是国际性的社会公益活动；(2) 申请使用特殊标志的活动必须是文化、体育、科学研究及其他社会公益活动；(3) 特殊标志的内容是指由文字、图形组成的名称及缩写、徽记、

① 我国 1993 年《反不正当竞争法》第 9 条："经营者不得利用广告或者其他方法，对商品的质量、制作成分、性能、用途、生产者、有效期限、产地等作引人误解的虚假宣传。"

② 我国 2000 年《产品质量法》第 5 条。

③ 从行政管理的方面看，对外经济贸易主管部门在进行外贸管理的过程中，也会经常遇到货源标志的使用和管理问题。在我国 1992 年《出口货物原产地规则》中，虽然也使用了"原产地"的概念，但是，该规则所称的"原产地"显然是指一般意义上的"出产地或货源地"，而不是知识产权意义上的地理标志。

吉祥物等。

4.1.2 特殊标志的登记部门

根据国务院1996年7月发布的《特殊标志管理条例》的有关规定，国务院工商行政管理部门受理特殊标志的登记申请，商标局作为国家工商行政管理总局的一个职能部门，具体承办特殊标志的申请受理事宜。

4.1.3 特殊标志的申请程序

第一，特殊标志的申请人应是举办社会公益活动的组织者或筹备者，申请人有权利对其名称及缩写、徽记、吉祥物等向国务院工商行政管理部门提出登记申请。申请特殊标志登记可以直接办理，也可以委托他人代理。委托他人代理的应当交送代理委托书一份，代理委托书应当载明代理内容和权限。

第二，办理申请特殊标志登记，应填写特殊标志登记申请书。申请书包括下列内容和项目：申请人名称、地址，并加盖申请人印章；批准机关及批准文号；特殊标志种类（文化、体育、科研或其他）及其设计说明；特殊标志名称（须写全称）、申请保护期间（时间不超过4年，保护期自核准登记之日起计算）；该社会公益活动的活动名称、活动期间、活动场所及活动内容；申请保护的商品或服务项目。商品或服务项目名称可直接填写类别及类名，不必填写级组名及具体商品或服务项目名称；特殊标志图样应当清晰，便于粘贴，用光洁耐用的纸张或用照片代替，图样的长和宽不大于10厘米、不小于5厘米；须将一张黑白图样贴于指定格内；另附5张图样；指定颜色的，送着色图样5张，另附黑白墨稿1张；通过代理人办理的，写明代理人名称和地址，并加盖代理人印章；交纳规费。

申请特殊标志登记，在提交特殊标志申请书的同时，还须提交下列文件：国务院批准举办该社会活动的文件或批示；准许他人使用特殊标志的条件及管理办法；国务院工商行政管理部门认为应当提交的其他文件。

第三，已获准登记的特殊标志申请人即成为特殊标志的所有人，特殊标志所有人可以在与其公益活动相关的广告、纪念品及其他物品上使用该标志，并可以许可他人在经核准登记使用该标志的商品或服务项目上使用。

第四，特殊标志有效期为4年，自登记核准之日起计算。

特殊标志所有人可以在有效期届满前3个月内提出延期申请，延长的期限由国务院工商行政管理部门根据实际情况和需要决定。

4.2 奥林匹克标志

对于奥林匹克知识产权问题，除可以适用我国2001年《商标法》和1996年《特殊标志管理条例》中的某些原则性规定外，国务院专门针对保护奥林匹克标志(Olympic signs)制定了行政法规，即 2002 年《奥林匹克标志保护条例》，北京市政府也于 2001 年 10 月颁布了《北京市奥林匹克知识产权保护规定》，国家工商行政管理总局 2002 年 6 月下发《奥林匹克标志备案及管理办法》，这些行政法规配合法律一起，形成了对奥林匹克标志的一整套的规制体系。

4.2.1 奥林匹克标志的概念

我国 2002 年《奥林匹克标志保护条例》第 2 条对奥林匹克标志做了科学的定义。奥林匹克标志，包括下列内容：

第一，国际奥林匹克委员会的奥林匹克五环图案标志、奥林匹克旗、奥林匹克格言、奥林匹克徽记、奥林匹克会歌；

第二，奥林匹克、奥林匹亚、奥林匹克运动会及其简称等专有名称；

第三，中国奥林匹克委员会的名称、徽记、标志；

第四，北京 2008 年奥林匹克运动会申办委员会的名称、徽记、标志；

第五，第二十九届奥林匹克运动会组织委员会的名称、徽记，第二十九届奥林匹克运动会的吉祥物、会歌、口号，“北京 2008”、第二十九届奥林匹克运动会及其简称等标志；

第六，1999 年《奥林匹克宪章》(Olympic Statues)及《第二十九届奥林匹克运动会主办城市合同》中规定的其他与第二十九届奥林匹克运动会有关的标志。

该条款中的奥林匹克标志采用了广义的定义，而狭义的奥林匹克标志，在该条例中被称为“奥林匹克五环图案标志”，通常简称为“奥林匹克五环标志”。必须强调的是，奥林匹克五环绝非体育行业的通用标志，正如红十字不是所有医院的标志一样。该条第 2 项中的“专有名称”和“简称”有其特定的内涵，这些专有名称的简称，也属于奥林匹克标志，同样受到法律法规的保护。也就是说包含有这些“专有名称”和“简称”，并直接用于奥运会乃至奥林匹克运动的特殊用语，也应被视同奥林匹克标志予以保护，如奥林匹克周期、奥运经济、绿色奥运等等、同时，由于 1999 年《奥林匹克宪章》规定法语和英语是国际奥委会的正式语言①，所以这些包括简称在内的专有名称的外文译文也应予保护。

---

① 《奥林匹克宪章》，亦称奥林匹克章程或规则，是国际奥委会为奥林匹克运动发展而制定的总章程。最初的倡议和制定者是法国人皮埃尔·德·顾拜旦(Pierre de Coubertin)。1894 年 6 月在巴黎国际体育会议上正式通过。主要内容是奥林匹克运动的基本宗旨、原则以及举办奥运会的有关事宜。一个多世纪以来，虽然曾经多次修改、补充，但是由顾拜旦所确定的基本原则和精神未发生根本性的改变。1989 年《奥林匹克宪章》的中译本在中国开始出版。现行的《奥林匹克宪章》是 1999 年 12 月在瑞士洛桑由国际奥委会第 110 次全体会议通过的，于 1999 年 12 月 12 日开始生效。

北京奥组委名称、徽记和第二十九届奥运会的吉祥物、会歌、口号和“北京 2008”、第二十九届奥林匹克运动会及其简称等标志，是第二十九届奥运会形象设计系统的核心内容，也是本条中列举最为齐全的一项。其中，名称、徽记等内容的保护可以根据商标法的一般原理推知如何受到保护，但是新出现的“吉祥物”、“会歌”和“北京 2008”奥运会标志需要加以说明。

“吉祥物”是指奥运会的福娃和残奥会的福牛，此吉祥物是由北京奥组委按国际奥委会规定的原则和程序统一组织设计，并经国际奥委会同意后使用的，其加工和销售有着严格的规定。

“会歌”是由北京奥组委自行或者委托他人创作，用于宣传、庆祝、纪念奥运会的歌曲。就会歌本身来说，应该是从著作权的层面进行保护，而在此法条中进行保护，是指非经北京奥组委委托创作的歌曲或者未经北京奥组委确认的歌曲，不能擅自使用“北京奥运会会歌”名义或使人误解为该作品系北京奥组委委托创作或经北京奥组委认可。

“北京 2008”是一个较为特殊的保护对象。由于奥运会主办城市名称与该届奥运会所在年份加在一起形成的词语组合，足以令人直接联想到该届奥运会，进而成为本届奥运会在某种意义上的代名词，所以国际奥委会明确要求奥运会主办国予以特别保护，并在各国和地区分别进行了登记和注册。

4.2.2 奥林匹克标志权利人

我国 2002 年《奥林匹克标志保护条例》第 3 条指明了奥林匹克标志的权利人只有三个：国际奥林匹克委员会、中国奥林匹克委员会和第二十九届奥林匹克运动会组织委员会。本条虽然很明确的指明了权利人，但是由于我国某些法律传统，使很多人在无意间侵犯了权利人的权利。奥林匹克运动会是一项开展了一百年的活动，有其自身的活动规则，而其中知识产权是具有最大价值的，奥林匹克标志是奥运知识产权的核心内容。未经权利人许可，他人是不可使用的，否则即构成侵权。北京市政府与国际奥委会签订主办城市合同，有权举办奥运会和残奥会，其中义务之一就是在奥运会结束后将所有的知识产权转让给国际奥委会，那么在北京奥组委持有权利期间，应有权也有义务保持权利完整不受侵犯。

4.2.3 奥林匹克标志使用和管理

奥林匹克标志的使用的原则即“非商业”[①]，因为商业使用即会涉及奥运会的市场开发，而国际奥委会有其自成体系的市场开发，即如果一家非合作伙伴、赞助商、供应商、生产商等企业未经北京奥组委授权而使用奥林匹克标

① 我国 2002 年《奥林匹克标志保护条例》第 4 条、第 5 条。

志，即侵犯了权利人的权利，间接也就影响了合作伙伴、赞助商、供应商等市场开发伙伴的利益。

我国2002年《奥林匹克标志备案及管理办法》第2条规定，奥林匹克标志权利人应当将需要保护的奥林匹克标志向国家工商行政管理总局商标局进行申请备案。这就说明奥林匹克标志实际上是由工商行政管理部门来管理的，实践中，也正因为奥林匹克标志主要运用于市场方面，所以也应当由工商部门来管理[①]，而北京奥组委内设机构法律事务部将协助工商、海关、公安等国家行政部门工作。

4.3 其他特殊标志

根据我国1996年《特殊标志管理条例》的规定，国家每举办一次大型活动，就会有相应的特殊标志产生。目前我国影响较大的活动除了2008年北京奥运会之外，还有2010年上海世博会和2010年广州亚运会和2011年深圳大运会等等，这些基本上都参考了北京奥运会特殊标志的管理方式，比如上海世博会标志适用的法律、法规除了2001年《商标法》、1996年《特殊标志管理条例》之外，还有2004年《世界博览会标志保护条例》和2005年《世界博览会标志备案和管理办法》等等，这些立法能从一个侧面说明两次活动中对标志保护方式的相似性。

① 参见我国2002年《奥林匹克标志保护条例》第6条。

第五编　其他知识产权

第三十一章　传统知识与知识产权保护

本章第一部分主要介绍了传统知识的概念，传统知识的法律特征，即群体性、公开性、延续性、不确定性。第二部分主要介绍传统知识国际和国内保护的现状，并在理论上探究传统知识的法律保护模式，分析知识产权保护模式和专门制度模式的各自特点。

第一节 概　述

1.1 传统知识的概念

到目前为止,“传统知识”(traditional knowledge)依然是一个充满争议的概念。不同的人、机构和组织在使用这个概念时,可能分别意指“遗传资源”、“民间文学艺术”、“本土和地方社区知识”、“土著知识”、“传统与地方技术、知识、诀窍与惯例”、“传统知识、创新与创造性”、“传统知识”等等。

在1976年由世界知识产权组织(WIPO)和联合国教科文组织(UNESCO)共同制定的《发展中国家突尼斯版权示范法》中将“民间文学艺术”定义为:在某一国家领土范围内可认定由该国国民或种族群落创作的、代代相传并构成其传统文化遗产基本组成部分的全部文学、艺术与科学作品。这是“民间文学艺术”的狭义定义。在传统知识的有关问题上,世界知识产权组织首选对传统部落的民间文学艺术进行界定并寻求保护。后来世界知识产权组织认识到传统部落在产业领域内大量的技术性知识和经验保护的重要性,因而提出并使用了“传统知识”这一概念,并把上述狭义的民间文学艺术的内涵包含其中,因而相当于广义的民间文学艺术的范围。[①] 世界知识产权组织认为,凡是基于传统之上的文学、艺术或科学作品、表演、发明、科学发现、设计、商标、名称和标记、未披露的信息和所有其他基于传统的在工业、科学、文学或艺术领域内的由智力活动产生的创新和创造,都是传统知识。定义中的“基于传统”是指,某种知识体系、创造、创新以及文化表达方式,通常是代代相传的,为某个特定民族或其居住地域所固有的,并且是随着环境改变而不断演进的。[②] 按照此界定,传统知识包括传统技术性知识和民间文学艺术两大类内容。与此同时,狭义的“传统知识”,即传统部落在千百年来的生产生活时间中创造出来的知识、技术、诀窍和经验的总和,被不少国际公约所采用。受此影响,WIPO逐渐放弃把“传统知识”作为上位概念的做法,转而采用狭义的“传统知识”的概念,并对传统知识与民间文学艺术进行严格区

① 严永和:《论传统知识的知识产权保护》,法律出版社2006年版,第15页。

② See the footnote to *traditional knowledge*, paragraph, 2, Information Note On Traditional Knowledge(WIPO/IPTK/MCT/02/INF.3), prepared by the International Bureau of WIPO, http://www.wipo.int/meetings/en/details.jsp? meeting_id=4484, last visited on Feb. 13,2009.

分，把“传统知识”界定为产业领域内的技术性知识。[①] 传统知识的种类包括农业知识、科学知识、技术知识、生态知识、医药知识（包括药品和治疗方法）、语言元素（如名称、地理标志和符号）以及其他未固定的文化财产。这样，传统知识具有了较为精确和稳定的含义。从上述定义来看，传统知识的本质是智力成果，WIPO似乎是将传统知识置于知识产权制度的框架内，并从知识产权的角度来定义传统知识。

1.2 传统知识的法律特征

与以版权、商标权、专利权为典型代表的传统知识产权制度所保护的智力成果相比，同样以智力成果为主要表现形式的传统知识具有十分鲜明的特征，其主要特征如下：

（1）群体性

从主体上而言，传统知识具有群体性（groupment）。传统知识的创始人、发明人、设计者等可能是个人，也可能是集体，但是，传统知识的发展不是靠单个社会成员智慧与灵感完成的，而是由其所在的群体，甚至相关联的多个群体在长期的生产与生活活动中共同完成的。从一定意义上说，传统知识其实是一种与相关群体的生产及生活活动共生共存、永远处于不断发展过程中、外延边界不确定的知识。与此同时，传统知识一般也不是基于某种技术上的分类而独立存在的知识点或知识集合，而是与相关群体的文化背景、宗教信仰、道德观念等相互关联、相辅相成，并由群体成员自然承袭的知识。为此，没有任何一个单个的成员得对传统知识主张“创造者的权利”。[②] 并且，由于传统知识经过若干代人的传承，其起源和原创者都很难确证了，持有相关传统知识的传统部落或传统社区都是该传统知识的权利人或利益相关者。传统知识这种创造过程、存续状态导致其全体主体的群体性。而传统知识产权则与此完全不同，如著作权人、专利权人和商标权人都是非常具体的自然人或者法人。

（2）公开性

从控制状态而言，传统知识具有公开性（openness）。传统知识是特定群体通过代代相传共同开发、培育的知识集合与知识片断，因而这类知识是由

---

① The Secretariat of WIPO, Revised Version of Traditional Knowledge: *Policy and Legal Options*, paragraph 58, www.wipo.int/edocs/mdocs/tk/en/wipo_grtkf_ic_6/wipo_grtkf_ic_6_4_rev.pdf, last visited on Feb 13, 2009.

② 唐广良：《遗传资源、传统知识及民间文学艺术表达国际保护概述》，载郑成思主编：《知识产权文丛》（第8卷），中国方正出版社2002年版，第54～55页。

特定群体共同掌握和拥有的，且大多与群体的生活自然相伴，没有刻意的保密制度或措施。当然，某些传统知识可能需要专门的智慧和技能方可加以运用，如传统医药知识。[①]

传统的知识产权则不全部具有公开性。如商业秘密就要求必须保密；作品完成后就自动受到保护，也不要求公开。

（3）延续性

从时间历程而言，传统知识具有延续性(continuity)。传统知识与一个地区、一个民族生产与生活方式的自然演进一同发展，它通常不是为了解决某一特定问题而生，而是在长期的历史过程中自然延续和积累，具有广泛的实用性。[②]

传统知识产权一般具有期限性。即使是商标通过无限续展可以受到无限期的保护，但每次续展的期限是10年，这不能否认其期限性。过了一定期限后，知识产权就进入公有领域，任何人均可以使用而无需获得许可，更无需支付使用费。

（4）不确定性

从外延而言，传统知识具有不确定性(indeterminacy)。一般而言，传统知识的流传都是在一个相对封闭的社区或部落中自然进行。此类知识中的大部分都是零散的，基于口头传诵而存续的未记录的知识。不同的成员对同一传统知识有不同的理解和不同的利用方式。由于传统知识不断地进行代际相传，不断地在发展，因此，在不同的历史时期，人们对同类知识也会有不同的理解和运用。传统知识的外延很难确定。

第二节　传统知识的法律保护

近些年来，一些发达国家的医药、化工企业将一些发展中国家的传统知识，如印度的传统医药，未加改进就申请和获得了专利，而传统知识来源地的群体却要为此支付专利费。如何保护传统知识，如何控制传统群体之外的人对传统知识的商业性使用，以及如何进行利益分配，防止“生物海盗”以及类似行为，是传统知识持有人、各国和国际社会面临的重大困难。

① 唐广良：《遗传资源、传统知识及民间文学艺术表达国际保护概述》，载郑成思主编：《知识产权文丛》(第8卷)，中国方正出版社2002年版，第56页。

② 郑成思：《知识产权——应用法学与基本理论》，人民出版社2005年版，第192～193页。

2.1 传统知识的法律保护现状

2.1.1 国际层面的探索

国际上暂时还没有明确保护传统知识的国际条约，但国际组织在保护传统知识方面进行了一些立法工作。1992年，联合国环境与发展大会在巴西的里约热内卢召开，会议签署了两个重要的国际公约——《气候变化公约》和《生物多样性公约》。《生物多样性公约》确立了遗传资源主权，获取和利用遗传资源的事先知情同意、利益分享等制度和原则。

2000年10月，WIPO第26届大会决定成立了一个“知识产权与遗传资源、传统知识和民间文学艺术政府间委员会”（以下简称“政府间委员会”），其奋斗目标是促使国际上对如何以最佳方式保护传统知识和传统文化表现形式以防被盗用和滥用的问题形成共识。其中一个关键的宗旨是，帮助传统知识和传统文化表现形式的持有人和保管人，对代表其文化特征的这些重要材料的使用和传播，有更大的发言权，并在法律上加强人们对这些材料的尊重与承认，促进对话和制定社区、国家及区域各级的法律措施。到目前为止，政府间委员会的工作尚未取得实质性的成果，但已经在一定程度上形成一些共识，如：带有传统特征的所有新创作均得享受版权法或外观设计法的保护；既存的“传统文化表达”不适合用常规的知识产权法加以保护，而应适用“特别权利”机制；建立“传统文化表达”档案或者数据库，防止不适当的知识产权授权等。[①] 2007年9月，WIPO成员国大会将政府间委员会的任务期限延长了两年。成员国认可目前已完成的扎实工作，并承诺将努力就各项问题实现更大的统一。政府间委员会的努力和贡献，昭示世界知识产权组织充分意识到保护传统知识的重要性和必要性。

2.1.2 国内立法

目前，中国在传统知识的保护方面还没有形成统一的法律。国内有关传统知识立法涉及不同的法律部分。各种规定“散落”在根本法、基本法等各类规范性法律文件中。不同法律部门的规范，都以保护性规范为主，大致情况如下：

第一，原则性规定。如2004年《宪法》、2001年《民族区域自治法》中有关保护民族语言文字、民族习俗等原则性很强的规定；2007年《文物保护法》强调的对民族文化遗产的保护。

第二，将传统知识作为特殊客体。如2001年《著作权法》将民间文学艺术

---

① 郑成思：《知识产权——应用法学与基本理论》，人民出版社2005年版，第194页。

作为著作权的特殊客体，并将对其保护等法律问题授权国务院另行制定行政法规，将“杂技艺术作品”也列为受保护的客体。对中药的保护，主要以商业秘密的方式进行，主要法律依据是1993年《反不正当竞争法》。

第三，行政管理手段为主要保护方式。如作为我国典型的传统知识的中药，现行法律、法规主要采取行政保护的方式。一是2001年《药品管理法》以及2007年《药品注册管理办法》，对新药实行行政保护；二是1992年《中药品种保护条例》作为对专利保护和新药保护的一种补充。

第四，专门法律保护。如1997年《传统工艺美术保护条例》、2000年《云南省民族民间传统文化保护条例》等。

从以上规定来看，中国现行法律、法规大都没有将传统知识视为财产，以财产权来规范传统知识使用者和所有者、持有人的权利和义务，即使是我国第一部专门保护民族民间传统文化的地方性法规《云南省民族民间传统文化保护条例》也未将传统知识作为财产权予以规范，而是以行政管理手段对传统知识进行保护。如何保护传统知识，这也是我国面临的紧迫问题。

2.2 传统知识的法律保护模式

研究传统知识的法律保护，至少需要解决以下问题：第一，传统知识的法律保护模式；第二，传统知识法律保护的对象；第三，传统知识法律保护的权利主体；第四，传统知识法律保护的条件；第五，传统知识的利益分配。

知识产权保护制度与传统知识保护蕴含着产生冲突的内在因素：第一，依现代知识产权法的理念，传统知识属于公有领域的知识，不受知识产权保护，任何人均可免费使用；而传统知识的法律保护至少要求建立合理的利益分配机制。第二，传统知识具有群体性与知识产权制度要求的权利主体的个体性也是相冲突的。在目前的知识产权框架下，很难确定传统知识的权利主体。第三，现代知识产权制度鼓励创新，而传统知识表现为一种知识运动的自然历史过程，不受传统知识历代相传，已无“原创性”和“新颖性”可言。[①]

针对这种冲突，在传统知识的法律保护模式上，有三种代表性观点：一种主张采用知识产权保护模式；另一种反对用任何形式的知识产权保护传统知识，建议采用新模式来提供保护；第三种观点主张修正现有知识产权制度以保护传统知识，这种意见实际上还是主张采用知识产权的保护制度。WIPO

① 严永和、张今：《传统知识保护国际视野：探索、困惑及展望》，载唐广良：《知识产权研究》(第十七卷)，中国方正出版社2005年版，第48页。

最近的调查表明，越来越多的传统知识持有人开始寻求运用知识产权制度来保护传统知识。[①]

2.2.1 知识产权保护模式

尽管存在以上冲突因素，主张采用知识产权保护模式的观点认为，现行知识产权制度已经包含了解决自身不足的答案。如对集体商标和地理标志而言，一些国家正在设计或已经设计这样的商标注册制度，即排除传统群体之外的人注册与传统群体相关的民族词语、雕像和其他具有代表性的符号，如果他们的注册可能会侵犯传统群体的文化、宗教和价值观。而且，传统群体也正在试图登记集体商标和证明商标——该标志表明产品来源于传统群体或产品以传统群体所拥有的特殊方法和标准制造——以使贴有该商标的产品能够与其他一般商品相区别。例如，澳大利亚知识产权局就试图为具有土著特色的创造性作品贴上证明标志。与此同时，另一些传统知识持有人则试图依据 TRIPs 协议第 22 条第 1 款和《里斯本协定》注册地理标志。[②]

持有修正现行知识产权制度以保护传统知识的观点的人提出一些建议：一是承认传统知识的永久性；二是对民间文学艺术独创性和物质形式要件的豁免；三是在主体方面，可以考虑把权利授予集体主体，如泰国的农民权模式，印度的社区权模式。[③]

2.2.2 专门制度模式

早在 1981 年，澳大利亚内务和环境部提出了“土著知识产权”的提议，其要点如下：第一，禁止对神圣的秘密性质的传统知识的非传统方式的使用；第二，禁止对民间文学艺术掠夺性的使用；第三，为商业目的使用民间文学艺术的应对其所有者支付使用费；第四，为民间文学艺术的科学利用发展一套许可证制度；第五，为民间文学艺术设立专员以发布许可证和商谈报偿。该提议注意到了传统社群的心理需要，确立了经济权利，主张强制实行集体性报酬制度[④]，这些对传统知识的保护有借鉴作用。

2.3 结语

目前，每种保护模式对传统知识的保护而言可能都不是十全十美的。不

① 胡丽君：《传统知识与知识产权》，载 http://www.iplaw.pku.edu.cn/type.asp?news_id=209，2009 年 2 月 14 日最后访问。

② 同上。

③ 严永和、张今：《传统知识保护国际视野：探索、困惑及展望》，载唐广良：《知识产权研究》（第十七卷），中国方正出版社 2005 年版，第 51 页。

④ 同上书，第 50 页。

管采用哪种模式保护传统知识，都应该保证传统知识持有人和其利益代表组织对传统知识所应该享有的控制披露和使用的权利、商业获利的权利、获得公认和承认归属的权利以及防止贬损、侵犯和歪曲使用的权利。

第三十二章　集成电路布图设计的法律保护

集成电路布图设计是一种兼具著作权和工业产权客体双重属性的特殊客体。本章第一部分主要介绍集成电路布图设计的概念、特征，分析专利法保护、商标法保护、商业秘密法保护中的各自特点，第二部分从我国现行法律出发，介绍集成电路布图设计专有权的取得、复审、撤销的内容和限制、侵权行为及法律责任。

第一节 概 述

1.1 集成电路布图设计的概念

集成电路(integrated circuit)是一种微型电子器件或部件。采用某种工艺将一个电路中所需的晶体管、二极管、电阻、电容和电感等元件及布线互连一起,制作在一小块或几小块半导体晶片或介质基片上,然后封装在一个管壳内,成为具有所需电路功能的微型结构。由于所有元件在结构上已组成一个整体,所以整个电路的体积大大缩小。集成电路具有体积小,重量轻,引出线和焊接点少,寿命长,可靠性高,性能好等优点,同时成本低,便于大规模生产,在电路中用字母IC(integrated circuit)或N来表示。集成电路的研究开发需要经过设计、制作、封装三个环节,而布图设计(layout design)是集成电路的核心,决定着集成电路的功能、质量、制造成本和价格。

集成电路布图设计(integrated circuit layout design)与建筑工程的二维设计图具有本质区别。集成电路布图设计具有许多不同层面的三维设计,而且每一层都有许多复杂的电路布图装置图。真正可以用于实践的布图设计是经过特殊工艺按照实物尺寸复制在载板上,可以直接加工在芯片上的模本。虽然目前世界上已经有了更为先进的模本技术,但是,最终布图设计还是必须做成与集成电路产品实物同样大小的模本,才可以完成布图设计的制作。在生产过程中,这些模本是直接被复制到产品中并成为产品的一部分。相形之下,建筑工程的二维设计图本身与实际建造结果之间并不等同。

1.2 集成电路布图设计的特征

作为人类智力活动的成果,集成电路布图设计具有知识产权客体的共性特征,并且还表现出一些自身的特点:

第一,无形性(intangibility)。集成电路布图设计的创作过程是一个复杂的智力活动过程,集成电路布图设计作为一种元件的“三维配置”,这种配置方式本身是无形的、抽象的,是人类智慧的结晶。集成电路布图设计可以各种形式表现出来,例如,保存在磁盘中,制作于模版上,或者制作于集成电路板上,但是无论表现形式为何,与其他知识产权客体一样,其核心仍然是无形的电子元器件的三维配置方式。

第二,易复制性(easy replicability)。集成电路布图设计具有可复制性,但与一般著作权客体的可复制性不同。当集成电路布图设计的载体为掩模版时,它以图形方式存在。这时只要对全套掩模版加以翻拍,就可以复制出全部的布图设计。当布图设计以磁盘为载体时,可用通常的拷贝方法复制。当布图设计的载体为集成电路芯片时,它同样可以被复制,只是复制过程相对要复杂一些。在高科技创造的今天,集成电路已经渗透到电子工业的各个领域,具有较强的通用性和兼容性。反向工程为集成电路的生产商了解其他厂商的产品状况提供了可能。这也是集成电路易被复制性特征的原因所在。

第三,表现形式的有限性(finiteness)。集成电路布图设计与集成电路的功能相对应。集成电路布图设计的表现形式要受到电路参数、实物产品尺寸、工艺技术水平、半导体材料结构和杂质分布等技术因素和物理规律的限制,因此开发新的、功能相同或相似的集成电路,其布图设计不得不遵循共同的技术原则和设计原则,有时甚至还要采用相同的线宽和相同的电路单元。因此,在某些场合,不同的布图设计之间的差异并不明显,往往只是个别具体器件或线路的微小变化,就成为一个新的集成电路布图设计。

第四,创造性(creativity)与实用性(practicability)。集成电路布图设计的高度集成与三维构造突出表现了新颖性、创造性与实用性。受法律保护的集成电路布图设计必须是设计人自己创作的,并且要有独特之处。但是,由于集成电路布图设计自身的特点所决定,并不需要像专利那样必须具有显著的创新,同已知的集成电路布图设计相比,只要有一定的进步性和差异就可以。

无形性是知识产权客体的共性;可复制性是著作权客体的必要特征;创造性、实用性和表现形式的特定性则是工业产权客体的特性。这些特性在集成电路布图设计身上均有体现,因此集成电路布图设计是一种兼具著作权和工业产权客体双重属性的特殊客体。①

1.3 集成电路布图设计保护方式的选择

由于集成电路布图设计具有独特的特征,因此很难在传统的知识产权法律保护体系中找到完全对应的法律保护。想要得到适当的法律保护模式,必须突破传统的界限。

1.3.1 专利法保护

世界各国的专利法都普遍要求受保护的技术方案必须具备实用性、新颖性和创造性。集成电路产品对于实用性和新颖性要求都不会有太大问题,问题的症结在于创造性,这是因为:

① 刘文:《集成电路布图设计的知识产权性质和特点》,载《法商研究》2001年第5期,第107—110页。

第一，布图设计的重点和难点在于如何在尺寸越来越小、集成度却越来越高的情况下将数百万甚至上亿个元器件科学合理地放置在一块芯片上。虽然这样做需要花费许多心思，但是同类集成电路布图设计的方案不会有很大的差别。不同的设计者通常都是在提高集成度、节约材料、降低能耗上下工夫，有的只是在个别元件上制造细微的差别，但其创造性水平却难以达到专利法所要求的新颖性高度。

第二，由于专利权的保护范围要由设计者提出的权利要求书来决定，对于当前日益复杂的集成电路布图设计而言，设计者很难按照专利法的要求用简洁的文字写出适当的权利要求书，这就极易被仿制者钻空子。况且一旦发生仿制的情形，法院也难以认定。

第三，目前世界上大多数国家都对专利实行实质审查。由于集成电路技术的复杂性，对于布图设计的新颖性、创造性和实用性的审查，将极为困难，使得实质审查很难进行，即使授予专利，其审查及检索工作的难度也相当大。

第四，申请专利要履行法定程序，花费较长的时间，而一般芯片技术在两年的时间内就会过时，少于在专利局进行专利申请程序所花的平均时间。因此，集成电路的发展往往未及专利授权就可能已经被新一代的产品替代了。即使授予专利，其审查及检索工作也将相当困难。可见用专利法保护集成电路的布图设计不太现实，而适用著作权来保护集成电路布图设计同样也存在问题。

1.3.2 著作权保护

由于集成电路布图设计的结果是一种图形，因此人们自然也寄望于能够通过著作权法对集成电路布图设计予以保护。集成电路最早诞生在美国，可是美国法院却在很长一段时间内找不到适合保护集成电路布图设计的法律制度。1979 年，美国伊利诺斯州北区联邦法院及第七巡回法院在处理一个仿制集成电路布图设计的诉讼案时，就感到本来应当在著作权法中找到判决的依据，而实际上却没有找到。[①] 原因在于，用著作权法保护集成电路布图设计有其内在的缺陷：

第一，从表现方式上看，著作权保护作品的表现形式难以涵括布图设计。作品是由语言、文字、图形或符号构成的。集成电路布图设计，既不是由语言文字，也不是由任何图形符号构成的，而是由一系列电子元件及连接这些元件的导线构成的立体布局。不论对各国立法及有关版权条约中的作品作出

① 周蔚为、黄国健：《集成电路布图设计的法律保护及立法反思》，载《商场现代化》2006 年 8 月(下旬刊)，第 269～271 页。

多么广泛的解释，均无法将集成电路的这种立体布图设计包括在作品的表现方式之内。

第二，集成电路布图设计的表现形式极为有限，甚至有的最优化方案只有一种表现形式，而这些有限的表现方式往往成为产业中的“公共技术”，不能为部分设计人所专有。著作权所保护的是表现形式，而不是内在思想，适合用于保护有多种表现形式的客体，如果用于保护集成电路布图设计，则这些有限的表现方式就无法广泛应用，不利于产业的发展。

第三，著作权保护的期限过长。依摩尔定律①，集成电路芯片上的半导体元件数目每隔18个月就要翻一番。只有CPU之类的芯片的寿命能够达到3～5年；而一般芯片的寿命通常只有1～1.5年；而有一些“短、平、快”芯片的寿命只有半年左右。目前著作权法提供的保护期限一般是作者的有生之年加上死后50年。这种远远超过普通情况下集成电路布图设计自然寿命的法律保护显属没有必要，甚至还会适得其反，严重制约集成电路的技术进步和产业发展。

第四，如果根据著作权保护集成电路布图设计，那么合理的“反向工程”可能会构成侵权行为。反向工程又称还原工程，就是对已有的集成电路产品进行解剖分析，在彻底了解该电路机理的基础上重新设计出新的芯片，其布图与原产品不同，但功能相当。这种做法有利于更快地设计出基本功能相同，但性能更好、尺寸更小、成本更低的集成电路产品。从产业发展的角度，反向工程被认为是合理的，但是如果按著作权法来保护集成电路布图设计，则反向工程将成为一种侵权行为。

1.3.3　商业秘密法保护

虽然含有布图设计的集成电路是一种科技产品，具有一定的布图设计技术，但是，在通常情况下，该产品一旦出售，其布图设计就可能会公开了，从而丧失作为商业秘密保护的前提的秘密性，因而无法再作为技术秘密加以保

① 摩尔定律是指IC上可容纳的晶体管数目，约每隔18个月便会增加一倍，性能也将提升一倍。摩尔定律是由英特尔(Intel)名誉董事长戈登·摩尔(Gordon Moore)经过长期观察发现的。1965年，摩尔准备一个关于计算机存储器发展趋势的报告。他整理了一份观察资料。在他开始绘制数据时，发现了一个惊人的趋势：每个新芯片大体上包含其前任两倍的容量，每个芯片的产生都是在前一个芯片产生后的18～24个月内。如果这个趋势继续的话，计算能力相对于时间周期将呈指数式的上升。摩尔的观察资料，就是现在所谓的摩尔定律。所阐述的趋势一直延续至今，且仍不同寻常的准确。人们还发现这不光适用于对存储器芯片的描述，也精确地说明了处理机能力和磁盘驱动器容量的发展。该定律成为许多工业对于性能预测的基础。关于摩尔定律，主要有以下三种解释：一是集成电路芯片上所集成的电路的数目，每隔18个月就翻一番；二是微处理器的性能每隔18个月提高一倍，而价格下降一半；三是用一个美元所能买到的电脑性能，每隔18个月翻两番。在上述中，第一种解释最为普遍，第二、三种解释涉及价格因素，但其实质都是一样的。

护，因为无论采用何种封装技术，持有该集成电路产品的人都可用适当的方法了解和复制其内部的布图设计。

1.4 国际公约的规定

根据 TRIPs 协议第 35 条，对布图设计的保护适用《华盛顿条约》第 2 条至第 7 条(第 6 条第 3 款除外)、第 12 条和第 16 条第 3 款。根据这些条款的规定，对布图设计的保护可以根据情况适用特别法、版权法、专利法、实用新型法、工业品外观设计法、不正当竞争法或其他法，或任何这类法的结合。事实上，已颁布集成电路保护法的国家，基本上不引用著作权法或专利法等来保护它，而是依据其特点，制定单行法规，将之作为独立的客体予以保护。以专门立法对集成电路布图设计进行保护是当今世界上集成电路立法的一个最主要的特点。①

1.5 中国的保护现状与前瞻

2001 年 4 月 2 日国务院颁布了《集成电路布图设计保护条例》，并于 2001 年 10 月 1 日起施行；国家知识产权局也于同年 9 月 18 日颁布了《集成电路布图设计保护条例实施细则》，同时实施。这标志着中国的集成电路布图设计专有权已经进入了专门立法保护的阶段。

值得注意的是，2001 年《集成电路布图设计保护条例》颁布之后，集成电路布图设计专有权的申请量相当有限，而且根据该条例所作出的判决更是罕见。这种情况并非中国独有的特色。② 集成电路的制造大国如美国、德国，其集成电路布图设计的申请量、相关的判决同样屈指可数。究其原因，主要在于现有的法律框架已经很难满足技术发展的需求。

进入 20 世纪 80 年代以后，集成电路产品的更新速度大大加快。即便是简单的复制芯片的布图设计，也难以跟上技术的更新速度。加之计算机辅助设计的普及，产品工艺技术的进步，使得单纯的复制布图设计未必能带来丰厚的利润。这就使得现有的布图设计法律制度在利益保护方面的作用有限，而且随着技术的进一步发展，其作用恐怕更会降低。2001 年《集成电路布图设计保护条例》从起草到颁布大约经历了十年左右的时间，但是立法上的努力与现实生活之间的差距仍旧很大，值得深思。

---

① 周蔚为、黄国健：《集成电路布图设计的法律保护及立法反思》，载《商场现代化》2006 年 8 月(下旬刊)，第 269～271 页。

② 郭禾：《中国集成电路布图设计保护评述》，载《知识产权》2005 年第 1 期，第 9～13 页。

第二节　布图设计专有权的取得

2.1　集成电路布图设计权的主体

布图设计专有权的主体，即布图设计权利人，是指依照集成电路布图设计保护法的规定，对布图设计享有专有权的自然人、法人或其他组织。根据我国 2001 年《集成电路布图设计保护条例》，能够享有布图设计专有权的人主要有以下几类。

第一，布图设计创作者或合作创作者。布图设计的创作者或合作创作者即以自己的智力劳动单独或共同完成布图设计的人。由于布图设计的各个部分是密不可分的，具有整体性，缺少任何一部分布图设计都将无法完成预先希望达到的功能，因此，由多人共同创作完成的布图设计，其权利只能作为一个整体由各创作人共同享有，即使各创作人所创作的部分能够与他人的部分相区分，他也不可能就这一部分设计单独享有权利。但是法律允许合作者就布图设计专有权的归属作出约定。

第二，主持创作布图设计的法人或其他组织。根据我国 2001 年《集成电路布图设计保护条例》第 9 条第 2 款，由法人或者其他组织主持，依据法人或者其他组织的意志而创作，并由法人或者其他组织承担责任的布图设计，该法人或者其他组织是创作者。由法人或组织主持创作的布图设计类似于版权法中的职务作品，其权利不由直接完成创作的人享有而由有关的单位享有。

第三，经约定可以享有权利的委托人。对于委托创作布图设计的情形，我国 2001 年《集成电路布图设计保护条例》第 11 条规定："受委托创作的布图设计，其专有权的归属由委托人和受托人双方约定；未作约定或者约定不明的，其专有权由受托人享有。"所以因受委托而完成的布图设计的专有权归属，首先依委托人与受托人的约定，双方未约定或约定不明的，由受托人也就是直接完成创作行为的人享有布图设计专有权。

第四，以上主体的权利继受人。布图设计权利人是自然人的，其死亡之后，其专有权在法律规定的保护期内可依照继承法的规定转移。布图设计专有权属于法人或者其他组织的，法人或者其他组织变更、终止后，其专有权在法律规定的保护期内由承继其权利、义务的法人或者其他组织享有；没有承继其权利、义务的法人或者其他组织的，则布图设计进入公有领域。①

---

① 我国 2001 年《集成电路布图设计保护条例》第 13 条。

2.2 布图设计专有权的取得

根据我国2001年《集成电路布图设计保护条例》第8条，布图设计专有权经国务院知识产权行政部门登记产生。未经登记的布图设计不受保护。已经投入商业利用的布图设计，应当在其首次商业利用之日起两年内，提出登记申请，否则，不再予以登记。国家知识产权局负责布图设计的登记工作，受理布图设计登记申请。取得布图设计专有权的具体程序如下：

2.2.1 申请

申请人申请布图设计登记，应当向负责布图设计登记工作的国务院知识产权行政部门即国家知识产权局提出申请，并提交申请表、布图设计的复制件或者图样以及其他材料。提交的上述文件应当使用中文。国家有统一规定的科学术语的，应当采用规范词。对于外国人名、地名和科学术语没有统一中文译文的，应当注明原文。中国单位或者个人在国内申请布图设计登记和办理其他与布图设计有关事务的，可以委托专利代理机构办理。在中国没有经常居所或者营业所的外国人、外国企业或者外国其他组织在中国申请布图设计登记和办理其他与布图设计有关事务的，应当委托国家知识产权局指定的专利代理机构办理。申请人委托代理机构办理的，应当同时提交委托书。

布图设计申请人对在申请日前未投入商业使用的布图设计，可以就申请中涉及的保密信息提出保密要求。我国2001年《集成电路布图设计保护条例实施细则》第15条第1款规定：保密信息的比例最多不得超过该集成电路布图设计总面积的50%。布图设计登记申请含有保密信息的，含有保密信息的图层的复制件或者图样页码编号及总页数应当与申请表中所填写的一致。同时将含有保密信息的图层的复制件或者图样纸件置于另一个保密文档袋中提交。除侵权诉讼或者行政处理程序需要外，任何人不得查阅或者复制该保密信息。

2.2.2 审查

布图设计登记申请要经过审查，只有未发现驳回理由的，才能予以登记。我国国家知识产权局主要审查申请的布图设计是否符合2001年《集成电路布图设计保护条例》规定的条件。如不属于该条例规定的保护对象，或者不具备该条例规定的条件，该申请将被驳回。根据该条例的规定，受保护的布图设计应当具有独创性，即该布图设计是创作者自己的智力劳动成果，不是抄袭、复制他人的布图设计，并且其创作的该布图设计在布图设计创作者和集成电路制造者的眼光中不是公认的常规设计。如果该布图设计由多个常规设计组成，其组合作为整体应当符合“非常规设计”要求，即只有在由常规的多个元件互连组织而成的布图设计作为一个整体具有非常规性时，该设计才能受到保护。从这一角度看,布图设计应当具有相当的"创作高度"。2001 年《集成电路布图设计保护条例》对布图设计的保护,不延及思想、处理过程、操作方法或者数学概念等。布图设计专有权的保护对象是布图设计,而不是集成电路本身。但是由于集成电路中包含有布图设计,所以对布图设计专有权的保护延伸到了集成电路,未经布图设计专有权人同意将含有该布图设计的集成电路或者含有该集成电路的复制品投入商业利用的行为,也构成侵权。

2.2.3 登记和授权

布图设计登记申请经初步审查,没有发现驳回理由的,国家知识产权局应当颁布图设计登记证书,并在国家知识产权局互联网站和中国知识产权报上予以公告。布图设计专有权自申请日起生效。布图设计自其在世界任何地方首次商业利用之日起两年内,未向国家知识产权局提出登记申请的,国家知识产权局不再予以登记。

2.3 布图设计专有权的复审和撤销

2.3.1 布图设计专有权的复审

布图设计登记申请人对国家知识产权局驳回其申请的决定不服的,可以自收到通知之日起 3 个月内,可向国家知识产权局专利复审委员会请求复审。专利复审委员会复审后,认为布图设计登记的复审请求不符合 2001 年《集成电路布图设计保护条例》及有关规定的,应当通知复审请求人,要求其在指定期限内陈述意见。期满未答复的,视为撤回复审请求;经陈述意见或者修改后仍不符合有关规定的,应当作出维持原驳回决定的复审决定,并通知布图设计登记申请人。布图设计申请人对此复审决定不服的,可以自收到通知之日起 3 个月内向人民法院起诉。

专利复审委员会复审后,认为原驳回决定不符合 2001 年《集成电路布图设计保护条例》及有关规定的,或者认为经过修改的申请文件消除了原驳回决定指出的缺陷的,应当撤销原驳回决定,通知原审查部门对该申请予以登记和公告。

2.3.2 布图设计专有权的撤销

布图设计登记公告后,发现登记的布图设计专有权不符合 2001 年《集成布图设计保护条例》有关规定的,应当由专利复审委员会撤销该布图设计专有权。撤销布图设计专有权时,应当首先通知该布图设计权利人,要求其在指定期限内陈述意见。期满未答复的,专利复审委员会作出撤销布图设计专有权的决定。专利复审委员会撤销布图设计专有权的决定应当写明所依据的理由,并通知该布图设计权利人。布图设计权利人对这一撤销决定不服的，可以自收到通知之日起3个月内向人民法院起诉。[①]

对专利复审委员会撤销布图设计专有权的决定未于规定期限内向人民法院起诉的，或者在人民法院维持专利复审委员会撤销布图设计专有权的决定的判决生效后，国家知识产权局应当将撤销该布图设计专有权的决定在国家知识产权局互联网站和中国知识产权报上公告。被撤销的布图设计专有权视为自始即不存在。

第三节 布图设计专有权的内容

3.1 TRIPs协议的相关规定

布图设计专有权的内容即指布图设计专有权的具体权能。在TRIPs协议中，有关集成电路布图设计的保护范围被界定为：为商业目的进口、销售或者以其他方式扩散受保护的布图设计、含有受保护的布图设计的集成电路以及含有该集成电路的物品（仅以其持续包含非法复制的布图设计为限）。

根据TRIPs协议，布图设计权的效力显然被理解为可以无限延伸。虽然说TRIPs协议在整体上反映了发达国家尤其是美国的意志，但是由于中国已经加入世界贸易组织，因此，在集成电路保护的国内法方面也必须满足TRIPs协议的要求。这也是履行国际义务的要求。

3.2 中国法律的相关规定

根据2001年《集成电路布图设计保护条例》，布图设计专有权的权能主要包括下列内容：

3.2.1 复制权

布图设计专有权人有权通过光学的、电子学的方式或其他方式来复制其受保护的布图设计或者含有该布图设计的集成电路。这种复制与著作权法中的复制是不同的，它必须通过特殊的方法实现，实际上是一种重新制作。因此，2001年《集成电路布图设计保护条例》第2条第4项规定："复制，是指重复制作布图设计或者含有该布图设计的集成电路的行为。"

3.2.2 商业利用权

布图设计专有权人享有将受保护布图设计以及含有该受保护的布图设计的集成电路或含此种集成电路的产品进行商业利用的权利。各国立法对

① 我国2001年《集成电路布图设计保护条例》第19条。

此权利内容的规定不完全相同，但是，一般都包括出售权、出租权、展览陈列权以及为商业目的或其他方式的利用而进口的权利等。中国所规定的商业利用，是指为商业目的进口、销售或者以其他方式提供受保护的布图设计、含有该布图设计的集成电路或者含有该集成电路的物品的行为。值得注意的是，从各国现有的集成电路法规定看，布图设计权均不包括任何精神权利，且布图设计权不影响权利人根据其他法律而对布图设计所享有的权利。

3.2.3 集成电路布图设计权的保护期

关于集成电路布图设计权的保护期问题，世界知识产权组织《集成电路知识产权条约》的最低要求是不低于 8 年。目前各国立法中一般规定为 10 年。在 TRIPs 协议中，关于集成电路布图设计的保护期规定为 10 年。为适应此要求，中国也规定了 10 年的保护期。但是，无论是否登记或者投入商业利用，布图设计自创作完成之日起 15 年后，不再受到保护。①

第四节 布图设计专有权的限制

布图设计专有权的限制主要是指法律规定对布图设计使用方面的限制。在鼓励创作人、投资人的积极性，促进半导体工业的发展的同时应充分考虑集成电路技术的迅速发展对全人类的作用，合理地分配创作者、投资者与社会公众的利益。为此，各国法律在对布图设计权予以保护的同时，基于平衡各种利益关系、促进技术进步等考虑，都对布图设计专有权作了必要的限制。中国对布图设计专有权行使的限制与世界各国的基本相同。

4.1 合理使用

根据 2001 年《集成电路布图设计保护条例》第 23 条的规定，中国对布图设计专有权行使的限制主要体现在以下几个方面：

4.1.1 为个人、科研目的的复制

根据 2001 年《集成电路布图设计保护条例》第 23 条第 1 项的规定，为个人目的或者单纯为评价、分析、研究、教学等目的而复制受保护的布图设计的，可以不经布图设计权利人许可，不向其支付报酬。这与 2001 年《著作权法》中规定相类似。

4.1.2 反向工程

反向工程(reverse engineering)，又被称为逆向工程，是指通过技术手段

① 我国 2001 年《集成电路布图设计保护条例》第 12 条。

对从公开渠道取得的产品进行拆卸、测绘、分析等而获得该产品的有关技术信息。就集成电路芯片而言，即是采用特殊技术手段，解剖集成电路，对其功能、设计、工艺等方面的技术特点进行研究，了解其工艺步骤及有关参数指标，复制出部分或全套布图设计。由于布图设计的全部图形分别存在于集体电路表面下不同深度处，所以实际中多采用逐层剥蚀，再用显微照相技术将其拍摄下来，测出其尺寸即可复制出全套布图设计。它是现代集成电路工业发展的主要手段之一，是集成电路行业中普遍存在的一种现象。在分析或评价受保护的布图设计的基础上设计出新的具有独创性、但与原布图设计功能相当的布图设计的方法，新布图设计不受原布图设计专有权的限制。由于实施反向工程有利于设计出功能相似但集成度更高、速度更快、功能更强、功耗更小、成本更低廉的集成电路新产品，而且技术进步符合总体的公共利益，因而国际条约和各国法律一般都承认反向工程的合法性。2001 年《集成电路布图设计保护条例》第 23 条也采用了相同的立场。但是反向工程也具有一定的特殊性，因为在复制他人布图设计时也可能会用到反向工程的技术，为了教学、分析和评价布图设计中的概念、技术或者布图设计中采用的电路、逻辑结构、元件配置而复制布图设计以及在此基础上将分析评价结果应用于具有原创性的布图设计之中，并据此制造集成电路的反向工程是合法的，而单纯为获取他人布图设计而进行的反向工程则是非法的，这又涉及一个侵权认定的问题。

4.1.3　第三人的独立创作

根据 2001 年《集成电路布图设计保护条例》第 23 条第 3 项，对自己独立创作的与他人相同的布图设计进行复制或者将其投入商业利用的不构成侵权。

4.2　权利穷竭

受保护的布图设计、含有该布图设计的集成电路或者含有该集成电路的物品，由布图设计权利人或者经其许可投放市场后，他人再次商业利用的，可以不经布图设计权利人的许可，并不向其支付报酬。[①] 权利穷竭（exhaustion of right）的目的在于防止权利人滥用其专有权，保护商品流通。但是在应用权利穷竭原则时应该注意两点：其一，布图设计专有权权利穷竭的只是商业利用权，不包括复制权。因此，未经布图设计权利人许可不得复制该布图设计或制造含该布图设计的集成电路。其二，布图设计专有权权利穷竭具有地

① 我国 2001 年《集成电路布图设计保护条例》第 24 条。

域性。由于 2001 年《集成电路布图设计保护条例》根据 TRIPs 协议的要求赋予布图设计权利人进口权，从而承认了布图设计专有权“权利穷竭”是具有地域性的。因此，平行进口受保护的布图设计、含有该布图设计的集成电路或者含有该集成电路的物品就有可能会构成侵权。

4.3 非自愿许可

非自愿许可，亦称强制许可（compulsory license），即在一定条件下，一国政府可以不经布图设计权利人的同意强制许可他人或有关的组织使用其布图设计。这一做法主要由一些发展中国家采用，一些发达国家如美国对此持反对意见。《华盛顿条约》对强制许可采取了肯定的态度，允许缔约各国根据自己实际情况在法律上规定强制许可制度。我国 2001 年《集成电路布图设计保护条例》第 25 条规定，在国家出现紧急状况或者非常情况时，或者为了公共利益的目的，或者经人民法院、不正当竞争行为监督检查部门依法认定布图设计权利人有不正当竞争行为而需要补救时，国务院知识产权行政部门可以给予使用其布图设计的非自愿许可。给予使用其布图设计的非自愿许可的决定，应当根据非自愿许可的理由，规定使用的范围和时间，其范围应当限于为公共目的非商业性使用，或者限于经人民法院、不正当行为监督检查部门依法认定布图设计权利人有不正当竞争行为而需要给予的补救。非自愿许可事由消除并不再发生时，国务院知识产权行政部门应当根据布图设计权利人的请求，经审查后作出终止使用布图设计非自愿许可的决定。

对于非自愿许可，以下几点值得注意：第一，非自愿许可是非独占许可。取得布图设计非自愿许可的自然人、法人或者其他组织不享有独占的使用权，并且无权允许他人使用。[①] 第二，非自愿许可是有偿许可。非独占许可的被许可人应当向布图设计权利人支付合理的报酬，其数额由双方协商；双方不能达成协议的，由国务院知识产权行政部门裁决。[②] 第三，布图设计权利人对国务院知识产权行政部门关于使用布图设计的非自愿许可的决定不服的，布图设计权利人和取得非自愿许可的被许可人对国务院知识产权行政部门关于使用布图设计的非自愿许可的报酬的裁决不服的，可以自收到通知之日起 3 个月内向人民法院起诉。[③]

---

① 我国 2001 年《集成电路布图设计保护条例》第 27 条。

② 我国 2001 年《集成电路布图设计保护条例》第 28 条。

③ 我国 2001 年《集成电路布图设计保护条例》第 29 条。

第五节　侵权行为及法律责任

5.1　侵害布图设计专有权的行为

布图设计专有权是权利人依法享有的对其布图设计进行复制和商业利用的权利。没有法律的特别规定，未经布图设计权利人许可，对受保护的布图设计进行复制或商业利用就是侵权行为。根据我国 2001 年《集成电路布图设计保护条例》第 30 条的规定：下列行为为侵权行为：(1) 未经布图设计权利人许可，复制受保护的布图设计的全部或者其中任何具有独创性的部分；(2) 未经布图设计权利人许可，为商业目的进口、销售或者以其他方式提供受保护的布图设计、含有该布图设计的集成电路以及含有该集成电路的物品。TRIPs 协议第 36 条也作出了类似的规定：缔约方应将未经权利所有者同意而进行的下属行为认作是非法行为，即为了商业目的而进口、出售、或以其他方式发行受到保护的布图设计、采用了受到保护的布图设计的集成电路，或者采用了上述集成电路的产品，只要它仍然包括了一个非法复制的布图设计。

在司法实践中，布图设计侵权行为通常表现为以下形式：

第一，未经权利人许可，复制受法律保护的布图设计的全部。侵权人往往采用翻拍、拷贝等方法复制权利人的布图设计。

第二，未经权利人许可，复制受法律保护的布图设计中具有独创性的部分。受保护的布图设计必须具有创造性，但这是就布图设计的整体而言，并不意味着布图设计的每一个部分都具有独创性。事实上，绝大多数的布图设计，只有其中的某些部分具有独创性。法律只保护布图设计中具有独创性的部分。未经权利人许可，复制受保护的布图设计中不具有独创性的部分，并不构成侵权。

第三，未经权利人许可，为商业目的进口、销售、提供受法律保护的布图设计。

第四，非法进口、销售、提供含有受法律保护的布图设计的集成电路。集成电路是融布图设计和工艺技术为一体的综合性技术成果，布图设计内含在集成电路之中。为了商业目的，未经权利人许可，直接将他人的布图设计用于制作集成电路，并且进口、销售或者提供该集成电路，是一种较为隐蔽的侵权行为。

第五，非法进口、销售或提供含有受法律保护的布图设计的产品。此类侵权的隐蔽性更强，一般表现为，侵权人出于商业目的，不经权利人许可，直

接将含有受保护的布图设计的集成电路用于某些产品之中，并将这些产品投入商业经营。所涉集成电路可能是侵权人自己制造的，也可能是侵权人从他处非法购入的，但无一例外的是其中均含有受保护的布图设计。

5.2 布图设计侵权行为的救济

对于侵害布图设计专有权的行为，中国主要采用行政救济和民事司法救济双轨制的保护模式。

5.2.1 行政救济

行政救济(administrative remedy)是目前世界各国对集成电路布图设计侵权普遍采用的救济方式之一，它是由国家行政主管部门依据法律赋予的行政职权，根据法定的程序，以行政决定、行政处罚等方式，对侵犯集成电路布图设计的行为予以行政处理，以维护正常的市场经济秩序。行政救济具有效率高、针对性强等优点，因此，受到世界许多国家的欢迎和接受。行政救济的本质是国家依法行使公共权力，通过制裁侵犯他人布图设计的违法行为，维护国家利益和社会公共利益，这也是行政救济与民事救济的区别所在。在实际操作中，国家首先应当以法律的形式确定本国集成电路布图设计的行政执法机关及其执法权限和执法程序；其次，要注意切实保护被处罚人的合法权益，防止执法机关滥用执法权，以确保法律的公平和公正。

根据我国2001年《集成电路布图设计保护条例》第31条，国家知识产权局是唯一的集成电路布图设计行政执法机关，其权限包括民事赔偿调解、责令侵权人立即停止侵权行为，没收、销毁侵权产品或者物品等。其中，责令停止侵权，没收、销毁侵权物品属于行政处罚，也是行政执法机关最常用的行政救济手段。布图设计专有权受到侵害后，权利人或者利害关系人可以请求国家知识产权局处理。国家知识产权局设立的集成电路布图设计行政执法委员会，负责处理侵犯布图设计专有权的纠纷，调解侵犯布图设计专有权的赔偿数额。

请求行政执法委员会处理布图设计专有权侵权纷纷的，应当提交请求书和相关证据。行政执法委员会立案后依法组成合议组进行审理。除当事人达成调解、和解协议，或者请求人撤回请求之外，行政执法委员会必须作出处理决定。认定侵权行为成立的，应当采取下列措施制止侵权行为：

第一，被请求人复制受保护的布图设计的，责令其立即停止复制行为，没收、销毁复制的图样、掩模、专用设备以及含有该布图设计的集成电路。

第二，被请求人为商业目的进口、销售或者以其他方式提供受保护的布图设计的，责令其立即停止进口、销售或者提供行为，没收、销毁有关图样、掩模。

第三，被请求人为商业目的进口、销售或者以其他方式提供含有受保护的布图设计的集成电路，并且知道或者有合理理由应当知道其中含有非法复制的布图设计的，责令其立即停止进口、销售或者提供行为，没收、销毁该集成电路。

第四，被请求人为商业目的进口、销售或者以其他方式提供含有侵权集成电路的物品，并且知道或者有合理理由应当知道其中含有非法复制的布图设计的，责令其立即停止进口、销售或者提供行为，从尚未销售、提供的物品中拆除该集成电路，没收、销毁该集成电路，被请求人拒不拆除的，没收、销毁该物品。

第五，停止侵权行为的其他措施。

当事人不服处理决定的，可以自收到处理通知之日起 15 日内依照我国 1989 年《行政诉讼法》向人民法院起诉。诉讼期间不停止决定的执行。侵权人期满不起诉又不停止侵权行为的，国家知识产权局可以请求人民法院强制执行。

当事人可以请求行政执法委员会就侵犯布图设计专有权的赔偿数额进行调解。当事人请求行政执法委员会就侵犯布图设计专有权的赔偿数额进行调解的，应当提交请求书，写清请求调解的具体事项和理由。被请求人在接到调解请求书副本后未在 15 天内提交意见陈述书，或者在意见陈述书中表示不接受调解的，行政执法委员会不予立案，并通知请求人。被请求人同意进行调解的，行政执法委员会立案调解，在查明事实、分清是非的基础上，促使当事人相互谅解，达成协议。当事人经调解达成协议的，应当制作调解协议书，由双方当事人签名或者盖章，由行政执法委员会备案。未达成协议的，行政执法委员会以撤销案件的方式结案，并通知双方当事人。

5.2.2 民事司法救济

民事司法救济(civil remedy)是指国家司法机关根据布图设计权利人的诉讼请求，依据本国民事法律规范，判令侵权人依法承担一定的民事责任，以此来维护布图设计权利人的民事权益。民事救济是公力救济的一种，但它与行政救济有别，侧重维护的是布图设计权利人的个人利益，而非社会公共利益。

侵犯布图设计的民事责任的承担方式，主要有停止侵害和赔偿损失两种方式。根据 TRIPs 协议和我国 2001 年《集成电路布图设计保护条例》第 30 条，司法机关有权责令侵权人停止布图设计侵权行为。这对于制止“即发侵权”、及时有效地保护权利人的合法权益十分必要。在实践中，最常用的责任方式是赔偿损失。赔偿损失应坚持“赔偿直接损失的原则”，对于权利人的间接损失一般不予赔偿。我国 2001 年《集成电路布图设计保护条例》第 30 条第 2 款规定:“侵犯布图设计专有权的赔偿数额,为侵权人所获得的利益或者被侵权人所受到的损失,包括被侵权人为制止侵权行为所支付的合理开支。”据此,民事赔偿的数额应当根据实际情况而定,损失能够计算的,赔偿数额即为损失额;损失难以计算的,赔偿数额为侵权人因侵权所获利益;损失额和利益均难以计算的,应按照公平原则,参照同类布图设计的正常收益情况,合理确定赔偿数额。除此之外,侵权人还应当承担被侵权人为制止侵权所支付的合理费用,包括适当的律师费用。

此外,在认定行为人是否构成侵权时,需要考虑善意侵权的问题。根据我国 2001 年《集成电路布图设计保护条例》第 33 条的规定,行为人在获得含有受保护的布图设计的集成电路或者含有该集成电路的物品时,不知道也没有合理理由应当知道其中含有非法复制的布图设计,而将其投入商业利用的,不视为侵权。此外,行为人得到所获得的物品中含有非法复制的布图设计的明确通知后,可以继续将现有的存货或者此前的订货投入商业利用,但应当向布图设计权利人支付合理的报酬。

第三十三章　植物新品种的保护

本章第一部分主要介绍了植物新品种的概念，国外和国际的法律保护及不同国家的立场。第二部分从我国现行法律出发，主要介绍了植物新品种的授予、取得、品种权的内容、限制、保护、期限、无效和终止。

第一节　概　　述

▶ 1.1　植物新品种的概念

植物新品种(new variety of plant)是指具有一个或数个明显的特性有别于已知的任何其他品种的植物品种，而不论该品种的起源是人工的，还是自然的。① 根据我国1997年《植物新品种保护条例》第2条，植物新品种是指经过人工培育的或者对发现的野生植物加以开发，具备新颖性、特异性、一致性和稳定性并有适当命名的植物品种。由此可见，植物新品种的来源既可以是人工培育的，也可以是自然野生的，但是必须是新品种，也就是说，该品种应具有一个或数个明显的特性有别于已知的任何其他品种。我国1997年《植物新品种保护条例》对植物新品种的法律特征作出明确的界定，即应当具备新颖性、特异性、一致性和稳定性。

▶ 1.2　植物新品种权

就获得植物新品种而言，无论是对野生的植物进行开发，还是对已有的植物品种进行人工培育，都需要投入大量的智慧性劳动。随着育种技术的不断进步，植物品种资源具有越来越重要的商业价值，种子贸易，尤其是国际种子贸易变得越来越频繁，所有这些因素都极大地刺激了育种者对新植物品种开发的投入，也因此产生了加强对植物新品种法律保护的需要。

从目前国际形势上看，对植物新品种权保护存在着两种互相对立的立场，反映了不同利益集团的基本态度。一方面，发达国家不断强化对商业育种者利益的保护，积极扩张其保护范围，用以掌控更多的植物品种资源；另一方面，发展中国家从保护本国植物资源和民生利益的角度出发，审慎地选择植物新品种的保护方式，力图在TRIPs协议的强制约束下维持一个适合自己国情的保护水平。两种利益之间的博弈充斥着国际植物新品种保护的发展历程。

▶ 1.3　植物新品种的法律保护

关于植物新品种的法律保护，可以说是经历了一个由国内分散立法到国际组织统一协调的发展过程。在这一过程中，不仅是植物新品种的保护范围

① 《UPOV公约》第6条。

被扩大了，而且制度层面的问题也变得更为复杂。

从世界范围上看，在 20 世纪 30 年代以前，传统的知识产权法律制度一直将植物新品种排除在其保护的客体之外。然而，伴随科学技术的进步和社会经济的发展，植物育种给农林产业带来了巨大的经济效益，植物育种者对经济发展的贡献也日益突显。如何保护育种者的权益以推动植物育种的进步，便成为一个不容回避的重要课题。在这种情况下，西方发达国家纷纷就如何保护育种者的权利进行立法。

1.3.1　美国的植物新品种保护

美国是世界上最早确立以专利形式对植物育种者权利予以保护的国家。1930 年 5 月 13 日，美国颁布了《植物专利法案》，将无性繁殖的植物品种纳入到专利保护的范畴。根据该法案，"任何发明或者发现并以无性方法繁殖的可区别的新的植物品种，包括培育的芽、变株、变种和新发现的种子，除块茎繁殖物或未经培育而发现的植物以外，均可依据本法规定的条件和要求获得专利"。由此将对植物新品种的保护纳入到专利保护的法律体系中。①

1.3.2　欧洲的植物新品种保护

与美国的情况相比，欧洲对植物新品种的保护采取了更为保守的态度。在他们看来，采取传统专利法的形式保护植物新品种，存在着无法克服的障碍。为了保护育种者的权利，促进农林业产业的发展，许多欧洲国家开辟了在原有知识产权体系之外单独制定植物新品种保护法的形式，通过授予育种者植物新品种权的方式来保护其权利，例如，法国、德国、比利时、荷兰等国家已经开始探索用这种方式来保护育种者的权利。荷兰和德国也分别于 1942 年、1953 年通过了各自的植物新品种保护法，赋予植物新品种育种者以生产和销售植物新品种繁殖材料的排他性权利。②

1.3.3　植物新品种保护国际公约

20 世纪 60 年代以前，部分国家，像荷兰、德国等国，对植物育种者的权益保护非常有限，不仅法律规定的授权条件不同，甚至对植物品种概念的界定也不完全一致。这种状况对于在不同国度取得的植物新品种的同样保护非常不利，而且，由此而带来的各国之间贸易障碍和争端更是不绝如缕。寻求解决出路的愿望使得多数欧洲国家走到一起，并最终促成了 1968 年《UPOV 公约》的建立。

---

① 原晓爽：《国际植物新品种保护的发展趋势》，载《山西大学学报》2006 年第 3 期，第 46～53 页。

② 邓武红：《国际农业植物新品种知识产权保护格局探析及启示》，载《中国农业大学学报》2007 年第 1 期，第 172～180 页。

1957年,法国外交部邀请12个国家和3个政府间国际组织,即保护知识产权联合国际局(BIRPI)、联合国粮农组织(FAO)、欧洲经济合作组织(OECE),参加了在法国召开的第一次植物新品种保护的外交大会。大会最终形成决议,建立一个国际性的保护植物新品种的公约,并制定了时间表和工作规程。1957年至1961年期间,经过数次专家会议的讨论研究之后,拟订出了《UPOV公约》。

1961年,在巴黎召开了保护植物新品种的第二次外交大会。大会对公约草案作了相应修改,并最终通过了包括41条内容的公约文本,并由比利时、法国、德国、意大利和荷兰等5个国家的全权代表签署了公约。此后,丹麦、瑞士、英国也于1962年11月签署了该公约。第一个批准该公约的国家是英国(1965年);第二个国家是荷兰(1967年);第三个国家是德国(1968年)。该公约于1968年8月10日正式生效。公约的生效同时也标志着国际植物新品种保护政府间国际组织的正式成立,标志着植物新品种保护的国际体系开始建立。

1.3.4 TRIPs协议

随着经济全球化进程的展开,以及农林产业领域科学技术的快速发展,植物新品种保护在国际市场竞争中逐步取代了农产品的竞争,成为国际经济竞争的新焦点。在这种情况下,以美国、欧盟为代表的发达国家在1994年关贸总协定乌拉圭回合谈判中,强力推动将知识产权保护纳入到世界贸易体系中。TRIPs协议特别对农业领域中的植物新品种作出相应的规定。TRIPs协定第27条第3款规定,世界贸易组织各成员"应规定通过专利或一种有效的专门制度或通过两种制度的结合来保护植物新品种"。

TRIPs协议既没有对"有效的专门制度"作出确切的定义,也没有要求其成员将《UPOV公约》作为有效的专门制度加以利用;但是,发达国家普遍认为《UPOV公约》所提供的模式是迄今为止最好的专门制度,而且世界贸易组织本身也极力倾向于将《UPOV公约》所设计的制度作为TRIPs协议的"有效的专门制度"。TRIPs协议的形成标志着植物新品种法律保护已经进入到发达国家强力推行的"以TRIPs协议为核心,以《UPOV公约》为主要内容"的立法模式的时代。在《UPOV公约》成为植物新品种保护的主导模式的同时,发展中国家强调保护耕耘者权利的呼声也日渐高涨。发达国家与发展中国家在农业植物新品种保护领域的不同利益诉求,使得国际农业植物新品保护问题呈现出多元化发展的趋势。

1.4 国际社会不同的诉求

1.4.1 发达国家：强化商业育种者利益

根据 TRIPs 协议第 27 条第 3 款，世界贸易组织成员对植物新品种的保护可以采用三种方式：专利制度、有效的专门制度或两种方法的结合。目前采用专利制度的国家主要有意大利、匈牙利、新西兰等国家。采用两种方法相结合的方式进行保护的国家主要是美国。具体做法是：对有性繁殖作物的品种通过植物品种保护法保护；对无性繁殖（块根、块茎植物除外）和遗传工程方面的品种通过植物专利保护。其他多数国家普遍采用专门立法的形式进行保护。《UPOV 公约》模式成为植物育种发达国家极力推崇的非专利立法模式。《UPOV 公约》分为 1961 年文本(1972 年修改)、1978 年文本和 1991 年文本。较之 1978 年文本，1991 年文本加强了对商业育种者利益的保护，其保护水平几乎接近于专利方式。

截至 2006 年 4 月 3 日为止，《UPOV 公约》联盟已有 61 个成员国。自 1968 年《UPOV 公约》联盟正式成立至 1983 年的 15 年间，参加国几乎清一色是发达国家，充分表明该公约在很大程度上反映的是发达国家的利益诉求。中国于 1999 年 4 月 23 日起正式成为《UPOV 公约》的第 39 个成员国，承诺履行《UPOV 公约》的 1978 年文本。[①] 以 1994 年为转折点，发展中国家在《UPOV 公约》联盟中的数量急剧上升。这在很大程度上反映出发达国家借 TRIPs 协议推行《UPOV 公约》模式(尤其是保护水平更高的 1991 年文本)的意图及效果，而 TRIPs 协议的贸易制裁压力与此是紧密联系的。[②]

1.4.2 英国和挪威：不同的音符

在如何对待植物新品种的保护问题上，发达国家也并非铁板一块，英国和挪威就发出了与多数发达国家不同的声音。

(1) 英国

2002 年 11 月，英国知识产权委员会公布了《知识产权与发展政策的整合报告》(Integrating Intellectual Property Rights and Development Policy)。在该报告的第三章《农业与基因资源》中，以下几个方面显示出对植物育种者权利的弱化和对植物种植者权利的强化倾向。

第一，在制度选择上，报告指出因为专利可能限制耕耘者和研究机构对

---

① 承诺履行 1978 年文本的共有 27 个国家，其中有 9 个发达国家和 18 个发展中国家；承诺履行 1991 年文本的共有 32 个国家，其中有 17 个发达国家。

② 罗忠玲等：《国际植物新品种知识产权保护模式研究》，载《科学管理研究》2006 年第 1 期，第 92～95 页。

种子的使用，所以发展中国家一般不应当对动植物提供专利保护，反之发展中国家应当考虑不同形式的植物多样性保护的单独适用制度，但是，拥有或希望发展生物技术相关产业的国家可能希望对这一领域提供某些专利保护。如果这样做的话，应当对植物育种和研究领域作出排他性权利的具体例外规定。同时必须审慎研究适用于收割作物的专利权授予范围。重要的是在立法中对专利权作出明确的例外规定，允许耕耘者再利用种子。

第二，TRIPs协议应当允许各国建立适合于本国农业体系的单独适用的植物多样性保护法规，这些法规应当允许使用受保护的物种进行进一步的研究和育种，规定耕耘者有保留和再次播撒种子的权利，包括非正式的出售和交换。

第三，在政府公共投资方面，各国应重视加强对农业和国际农业领域的公共政策研究，增加这方面的资金投入，并确保这种研究应以贫困耕耘者的需要为中心。

第四，在植物基因资源保护方面，发达国家和发展中国家都应当尽快批准《有关食品和农业的植物基因资源的联合国粮农组织条约》，尤其应当执行该公约关于对来自受条约保护的基因库的基因材料不授予专利权的条款。各国还应当采取统一措施保护耕耘者的权利，包括保护与植物基因资源有关的传统知识，公平分享食品和农业领域利用植物基因资源所得利益的权利，以及在全国范围内就植物基因资源保护和可持续性利用问题参与决策的权利，包括保护与植物基因资源有关的传统知识，公平分享食品和农业领域利用植物基因资源所得利益的权利，以及在全国范围内就植物基因资源保护和可持续性利用问题参与决策的权利。

（2）挪威

2005年9月，挪威政府发表正式声明，拒绝采纳《UPOV公约》的1991年文本。在越来越多的国家陆续加入《UPOV公约》1991年文本的背景下，挪威政府的举措非同凡响。挪威目前为《UPOV公约》1978年文本的成员国。挪威的种子企业在前几年开始私有化，前政府预期种子企业经过时间的调试可以适应市场机制，并经由收取植物品种的权利金来弥补其亏损，因此，种子业者要求植物新品种保护法修改时采用《UPOV公约》的1991年文本，以便获得更多的保护。但是，该项提议最终遭到了新政府的拒绝。拒绝的主要理由有两个：其一，是《UPOV公约》1991年文本将限制耕耘者保留种子以及繁殖其收获物的自由；其二，是《UPOV公约》1991年文本可能会导致耕耘者生产成本的增加，耕耘者不仅需要支付权利金，而且由于不能留种自用，每季种植时还要重新购买种子。总而言之，挪威政府的举措体现了对耕耘者权利的维护。

1.4.3 发展中国家:不同的道路

面对发达国家高水平的植物新品种保护,发展中国家正在努力寻求适合自己国情的平衡商业育种者利益和种植者利益的植物新品种的保护模式,表明国际植物新品种保护中的复杂利益关系。发展中国家不同的保护模式主要有印度模式、非洲统一组织模式和联合国模式。在这三种模式中,有的是具有强制性的法律制度,有的则是立法建议,但是它们的共同特点是影响范围比较有限,还不能同《UPOV 公约》模式相提并论。

(1) 印度的保护模式

1993 年印度农业部起草了《植物品种和耕耘者权益保护法令》(Protection of Plant Varieties and Farmers' Rights Act 2000),该法令经过 1997 年、1999 年和 2000 年三次修改,于 2001 年正式生效。该法令对耕耘者和商业育种者提供了平等的法律保护,除保护商业育种者的权益外,还注重保护耕耘者的权益。耕耘者享有保留、使用、交换、销售由受保护的植物品种所产生的产品的权利,但是,如果受保护的植物品种是经过商标注册的,则不能进行销售。此外,法令还对植物品种的保护范围予以一定限制,凡有害公共健康或涉及基因利用限制技术的任何属种都不予保护。此外,法令还要求建立利益分享机制,凡是认为被授权的植物品种是建立在其材料基础上的人都可以申请得到相应的补偿。

(2) 非洲统一组织的保护模式

为了保护本地的生物遗传资源,非洲统一组织(OAU)于 2000 年制定了关于保护地方社区、耕耘者和培育者权利以及获取生物资源的《非洲示范法》。

2000 年《非洲示范法》将收益分享确认为地方社区的权利。国家必须保证将财务收益按照不低于 50%的比例返还给地方社区。同样的原则也适用于农业社区。该法案还明确界定了耕耘者的权利:保护与植物和动物遗传资源相关的传统知识的权利;从植物和动物遗传资源的利用中公平分享利益的权利;参与植物和动物遗传资源的保存、可持续利用相关事项决策的权利;对农场剩余的种子或繁殖材料使用、交换和出售的权利;利用商业育种者的品种培育其他品种的权利。2000 年《非洲示范法》既涉及货币收益,也涉及非货币收益。此外,还建议成立一个社区基因基金,将通过利用遗传资源所产生的货币收益重新投资给社区。2000 年《非洲示范法》还肯定了非货币收益的重要意义,通过参与研究和开发,回馈所获取的生物资源信息,获取研究和开发生物资源的技术。

(3) 联合国粮农组织保护模式

2001 年 11 月 3 日,在联合国粮农组织(FAO)第 31 届会议通过了《粮食和农业植物遗传资源国际承诺》(International Treaty on Plant Genetic Resources for Food and Agriculture)。该文件不具有强制性约束力,于 2004 年 6 月 29 日正式生效。其主要成员是亚洲、非洲和拉丁美洲的发展中国家。条约肯定了耕耘者对植物育种的贡献同科研人员在实验室中的贡献同样重要,"粮食和农业植物遗传资源是作物品质改良不可或缺的原始材料。不论这种改良是耕耘者的经验选择、正规的育种实验还是利用现代的生物技术方法实现的",耕耘者享有保存、使用、交换和出售农场保存的种子及其他繁殖材料,参与决策制定,公正公平地分享因粮食和农业植物遗传资源的使用所带来的利益的基本权利。不过,条约所体现出来的公平分享的理念遭到许多发达国家的反对。

1.5 中国的立法现状

在中国,关于植物新品种的保护集中体现在 1997 年《植物新品种保护条例》和 2008 年《专利法》的相关规定上。2008 年《专利法》第 25 条第 1 款第 4 项规定,植物品种属于不授予专利权的情形;但是,该条第二款又规定,对植物品种的生产方法可以依照专利法规定授予专利权。显然,这样规定是与 TRIPs 协议相呼应的。1997 年《植物新品种保护条例》对植物新品种权的内容和归属、授予品种权的条件、品种权的申请和受理、审查与批准、期限、终止和无效,以及对侵犯品种权的行为的处罚作出规定。不过,由于该《条例》的规定过于宽泛和原则,给司法实践具体操作带来一定的困难。为了弥补上述条例的不足,1999 年 6 月 16 日农业部发布了《植物新品种保护条例实施细则》(农业部分);同年 8 月 10 日国家林业局发布了《植物新品种保护条例实施细则》(林业部分)。2007 年 8 月 25 日,农业部再次对 1999 年《植物新品种保护条例实施细则》(农业部分)进行了修订,并于 2008 年 1 月 1 日起开始施行。

2001 年 2 月 5 日,最高人民法院公布了《关于审理植物新品种纠纷案件若干问题的解释》。该解释列举了 11 种植物品种权纠纷案件的类型,并对个别案件的管辖权和部分诉讼程序作出了具体规定。2007 年 1 月 12 日,最高人民法院再次公布了《关于审理侵犯植物新品种权纠纷案件具体应用法律问题的若干规定》(下称 2007 年《若干规定》),弥补了原有制度的一些不足,对一些含糊不清的概念作出了具体解释。2007 年《若干规定》从实践出发,对原有制度原则进行了补充和完善,涉及品种权人的利害关系人的范围、对植物新品种权诉讼临时措施的适用、侵权赔偿数额的解释、侵权物的处理以及耕耘者赔偿责任的免除等诸多方面，使得司法实践的法律依据变得更加清晰，兼顾了品种权人和耕耘者双方的利益。

第二节　授予品种权的条件

根据我国1997年《植物新品种保护条例》第三章的规定，申请植物新品种权，需满足以下几个条件：

第一，申请品种权的植物新品种应当属于“国家植物品种保护名录”中所列举的植物属或者种。[①] 到目前为止，农业和林业部门已经陆续公布了一系列的“国家植物品种保护名录”，受保护的植物品种的范围在逐渐扩大。

第二，新品种应当具备新颖性、特异性、一致性、稳定性。[②] 所谓新颖性，是指申请品种权的植物新品种在申请日前该品种繁殖材料未被销售，或者经育种者许可，在中国境内销售该品种繁殖材料未超过1年；在中国境外销售藤本植物、林木、果树和观赏树木品种繁殖材料未超过6年，销售其他植物品种繁殖材料未超过4年；所谓特异性，是指申请品种权的植物新品种应当明显区别于在递交申请以前已知的植物品种；所谓一致性，是指申请品种权的植物新品种经过繁殖，除可以预见的变异外，其相关的特征或者特性保持一致；所谓稳定性，是指申请品种权的植物新品种经过反复繁殖后或者在特定繁殖周期结束时，其相关的特征或者特性保持不变。总而言之，新品种应当是可以稳定繁殖而又保持其新特性的植物品种。

第三，新品种应当具备适当的名称。[③] 申请人应当为所申请的植物新品种拟定适当的名称。就适当的名称而言，其一，是要能够区分新品种，即所拟定的新植物品种的名称也应当是新的，是与已知的相同或相近种属的植物名称不同的，对植物新品种的特征、特性或者育种者的身份等容易引起误解的命名不得使用；其二，是要有合法性，即所拟定的名称不能违反法律法规的规定和社会公德的要求；其三，是新品种的名称不能由纯粹的数字构成。符合上述要求的命名，经过注册登记后即成为该植物新品种的通用名称。当申请人认为自己所培育的植物新品种已经满足上述要求时，可以向植物新品种的审批机关递交申请，要求授予植物新品种权。

---

① 我国1997年《植物新品种保护条例》第13条。

② 我国1997年《植物新品种保护条例》第14条至第17条。

③ 我国1997年《植物新品种保护条例》第18条。

第三节　品种权的取得

3.1　申请

申请人取得品种权，必须由享有申请权的人提出申请。根据法律规定，执行本单位的任务或者主要利用本单位的物质条件，如本单位的资金、仪器设备、试验场地以及单位所有或者持有的尚未允许公开的育种材料和技术资料等，所完成的为职务育种，品种权的申请权属于该单位；职务育种之外的育种为非职务育种，品种权的申请权属于完成育种的个人，申请被批准后，品种权属于申请人。

根据我国1999年《植物新品种保护条例实施细则》(林业部分)和2008年《植物新品种保护条例实施细则》(农业部分)的相关规定，申请品种权的单位或者个人统称为品种权申请人；获得品种权的单位或者个人统称为品种权人。执行本单位任务所完成的育种属于职务育种，其品种权归单位所有。职务育种的情形包括：在本职工作中完成的育种；履行本单位交付的本职工作之外的任务所完成的育种；退职、退休或者调动工作后(林业部分的规定为“离开原单位后”)，3年内完成的与其在原单位承担的工作或者原单位分配的任务有关的育种。委托育种或者合作育种的品种权归属由当事人在合同中约定；没有合同约定的，品种权属于受委托完成或者共同完成育种的单位或者个人。

申请品种权的，申请人应当向审批机关提交符合规定格式要求的请求书、说明书和该品种的照片。有关农业的植物新品种权的审批机关是农业部；有关林业的林业植物新品种权的审批机关是国家林业局。中国的单位和个人申请品种权的，可以直接或者委托代理机构办理。中国的单位和个人申请品种权的植物新品种涉及国家安全或者重大利益需要保密的，申请人应当在申请文件中说明。审批机关经过审查后作出是否按保密申请处理的决定，并通知申请人。外国人、外国企业或者外国其他组织在中国申请品种权的，应当按其所属国与中国签订的协议或者其共同参加的国际条约办理，或者根据互惠原则，依照条例办理。在中国没有经常居所的外国人、外国企业或者其他外国组织向审批机关提出品种权申请的，应当委托审批机关指定的涉外代理机构办理。

申请品种权须遵守以下原则：

第一，单一原则(principle of oneness)或一申请一权利原则。一个植物新品种权的申请只能含有一个植物新品种。当一件植物新品种权的申请包括两个以上新品种时，受理机构应当通知申请人提出分案申请。申请人在指定期限内未对其申请进行分案修正或者期满未答复的，视为撤回申请。

第二，先申请原则(principle of earlier application)。一个植物新品种只能授予一项品种权。两个以上的申请人就同一个植物新品种分别申请品种权的，品种权授予最先申请的人。两个以上的申请人就同一植物新品种在同一日提出品种权申请的，要求申请人自行协商确定申请权的归属；协商达不成意见的，可以要求申请人在规定的期限内提供证明自己是最先完成该植物新品种育种的证据；逾期不提供证据的，视为放弃申请。

第三，优先权原则(principle of priority)。申请人自在外国第一次提出品种权申请之日起 12 个月内，又在中国就该植物新品种权提出品种权申请的，依照该外国同中华人民共和国签订的协议或者共同参加的国际条约，或者根据相互承认优先权的原则，可以享有优先权，即将该申请人在外国第一次提出申请的日期作为在中国提出申请的日期。申请人要求优先权的，应当在申请时提出书面声明，并在 3 个月内提交经原受理机关确认的第一次提出的品种权申请文件的副本；未提出书面说明或者未提交申请文件副本的，视为未要求优先权。

第四，书面原则(principle of written)。申请品种权的，申请人应当向审批机关提交符合规定格式要求的申请书、说明书和该品种的照片各一式两份。申请文件应当使用中文书写。

3.2 受理

对符合我国 1997 年《植物新品种保护条例》规定的品种权申请，审批机关必须予以受理，明确申请日，给予申请号，并自收到申请之日起 1 个月内通知申请人缴纳申请费。审批机关收到申请文件之日为申请日；申请文件是邮寄的，以寄出的邮戳日为申请日。

审批机关认为必要的，可以要求申请人送交申请品种的繁殖材料，用于申请品种的审查和检测。逾期不递交或送交不符合规定的，视为撤回申请。

3.3 初审

审批机关受理品种权申请后，首先要对该申请进行初步审查(preliminary examination)。具体审查下列内容：

第一，是否为品种权的保护对象。品种权的保护对象分农业植物新品种和林业植物新品种两类，必须属于国家植物品种保护名录中列举的植物的属

或者种。农业植物新品种包括：粮食、棉花、油料、麻类、糖类、蔬菜类（包括西瓜、甜瓜）、烟草、桑树、茶树、果树（干果除外）、观赏植物（木本除外）、草类、绿肥、草本药材等植物、橡胶等热带作物，以及食用菌的新品种。林业植物新品种包括：林木、竹、木质藤本、木本观赏植物（包括木本花卉）、果树（干果部分）及木本油料、饮料、调料、木本药材等植物品种。

第二，如果申请人是外国人、外国企业或者外国其他组织，是否符合外国人申请的条件。

第三，是否符合新颖性的规定。申请品种权的植物新品种在申请日前其繁殖材料未被销售，或者经育种者许可，在中国境内销售该品种繁殖材料未超过1年；在中国境外销售藤本植物、林木、果树和观赏树木品种繁殖材料未超过6年，销售其他植物品种繁殖材料未超过4年。

第四，植物新品种命名是否适当。授予新品种权的植物新品种应当具备适当的名称，并与相同或者相近的植物属或者种中已知品种的名称相区别。该名称经注册登记后即为该植物新品种的通用名称。仅以数字组成的、以国家名称命名的、违反国家法律法规、违反社会公德的、带有民族歧视性的、以县级以上行政区划的地名、公众知晓的外国地名命名的，同政府间国际组织或者国内知名组织的标识、名称相同或者近似的、容易导致对植物新品种的特征、特性或者育种者的身份等误解的、属于相同或者相近植物属或者种的已知名称的、夸大宣传的名称，等等，不得用于品种命名。

审批机关自受理品种权申请之日起6个月内完成初步审查。对经初步审查合格的品种权申请，审批机关予以公告，并通知申请人在3个月内缴纳审查费。

自品种权申请初审合格公告之日起至授予品种权之日前，任何人均可以针对不符合我国1997年《植物新品种保护条例》规定条件的品种权申请向审批机关提出异议，并说明理由。

3.4 实质审查

实质审查（substantive examination）是指审查机关对品种权申请的特异性、一致性和稳定性所作的审查。申请人缴纳审查费后，审批机关对申请作实质审查。申请的植物品种具备特异性、一致性和稳定性的，申请人才能被授予植物新品种权。

3.5 授权和公告

经实质审查后，对符合我国1997年《植物新品种保护条例》规定的品种权

申请，审批机关作出授予品种权的决定，颁发品种证书，并予以登记和公告。

审批机关发出授予品种权的通知后，申请人应当自收到通知之日起3个月内办理领取品种权证书和缴纳1年年费等手续。逾期未办理的，视为放弃品种权。

对经过实质审查不符合我国1997年《植物新品种保护条例》规定条件的品种权申请，审批机关予以驳回，并通知申请人。

第四节　品种权的内容、限制和保护

4.1　植物新品种权的内容

我国1997年《植物新品种保护条例》第6条规定："完成育种的单位或者个人对其授权品种，享有排他的独占权。任何单位或者个人未经品种权所有人许可，不得为商业目的生产或者销售该授权品种的繁殖材料，不得为商业目的将该授权品种的繁殖材料重复使用于生产另一品种的繁殖材料；但是，本条例另有规定的除外。"

根据上述规定，品种权的内容主要包括：第一，许可他人为商业目的生产或者销售品种的繁殖材料；第二，许可他人为商业目的重复使用品种的繁殖材料生产另一品种的繁殖材料，换言之，在生产另一品种的繁殖材料时，如果不重复使用授权品种的繁殖材料，则不在品种权的权利内容范围内。

4.2　植物新品种权的保护范围

根据我国1997年《植物新品种保护条例》和2007年《若干规定》，应从以下几个方面确定保护范围：

4.2.1　被授权品种的繁殖材料

品种的繁殖材料(propagating material of authorized variety)是植物新品种权的物质基础，仅指授权品种本身而不包括其亲本材料。例如，已获得授权保护的植物新品种"郑单958玉米杂交种"，它由亲本材料杂交制种而来。如果其亲本自交系未获植物新品种授权保护，则郑单958玉米杂交种为授权品种繁殖材料，而其亲本材料不属于授权品种繁殖材料范畴。为此，我国2008年《植物新品种保护条例实施细则》(农业部分)第5条规定，繁殖材料是指可繁殖植物的种子和植物体的其他部分；1999年《植物新品种保护条例实施细则》(林业部分)第4条规定，繁殖材料是指整株植物(包括苗木)、种子(包括根、茎、叶、花、果实等)以及构成植物体的任何部分(包括组织、细胞)。实

践中，育种者为更好地保护新品种，往往对新品种的亲本自交系也申请植物新品种授权保护。

4.2.2 品种权权利人

植物新品种权权利人(variety right owner)包括植物新品种权所有人(即品种权人)和其利害关系人。在我国司法实践中，植物新品种权所有人的认定并不困难，依据品种权证书即可；难点在于植物新品种权利害关系人的认定，因为1997年《植物新品种保护条例》对此并没有明确界定。依据2007年《若干规定》，植物新品种权的利害关系人包括植物新品种实施许可合同的被许可人和品种权财产权利的合法继承人等。前类利害关系人可根据品种权人与被许可人的书面独占许可合同、排他实施许可合同或普通实施许可合同以及相应的授权文书来认定权限范围和权限内容。品种权财产权利的合法继承人要依据1985年《继承法》关于遗嘱、遗赠以及法定继承的规定进行确认。

4.2.3 品种权的临时保护

品种权的临时保护(temporary protection of variety right)是指品种权人在其品种权申请初审公告后到授权前这段时期所受到的保护，即品种权人享有对在这段时间里，未经其许可为商业目的生产或者销售该植物新品种的繁殖材料的单位或者个人进行追偿的权利。

申请人在其申请的品种权被授予之前，是不能以权利人的身份制止他人未经许可使用的行为，更不能要求使用人支付使用费，这对品种权人显然不公平。为此，根据我国1997年《植物新品种保护条例》规定，使用人在品种权人申请品种权的过程中，为商业目的使用该植物新品种的繁殖材料的人，应当向品种权人支付使用费。只是这一权利要在品种权授予之后行使。我国1997年《植物新品种保护条例》第33条规定："品种权被授予后，在自初步审查合格公告之日起至被授予品种权之日止的期间，对未经申请人许可，为商业目的生产或者销售该授权品种的繁殖材料的单位和个人，品种权人享有追偿的权利。"

4.3 植物新品种权的限制

我国1997年《植物新品种保护条例》第10条和第11条分别对植物新品种的合理使用和强制许可作出规定。

该《条例》第10条规定："在下列情况下使用授权品种的，可以不经品种权人许可，不向其支付使用费，但是不得侵犯品种权人依照本条例享有的其他权利：(1) 利用授权品种进行育种及其他科研活动；(2) 农民自繁自用授权品种的繁殖材料。"其中第2项规定，体现了对耕耘者特殊利益的保护。这与我国属于农业大国的国情是一致的。

此外,《条例》第 11 条规定:"为了国家利益或者公共利益,审批机关可以作出实施植物新品种强制许可的决定,并予以登记和公告。取得实施强制许可的单位或者个人应当付给品种权人合理的使用费,其数额由双方商定;双方不能达成协议的,由审批机关裁决。品种权人对强制许可决定或者强制许可使用费的裁决不服的,可以自收到通知之日起 3 个月内向人民法院提起诉讼。"

4.4 植物新品种权的侵权认定

根据我国 1997 年《植物新品种保护条例》和 2007 年《若干规定》,未经品种权人许可,以商业目的生产或者销售授权品种的繁殖材料的,为侵犯品种权的行为。侵犯植物新品种权行为可以从如下几个方面认定:

4.4.1 授权

1997 年《植物新品种保护条例》规定,完成育种的单位或个人对其授权品种享有排他的独占权。植物新品种有无获授权保护是认定侵权行为的前提。应该注意的是,授予植物新品种权的审批机关为国务院农业、林业行政主管部门;品种权保护期限自授权之日起,藤本植物、林木、果树和观赏树木为 20 年,其他植物为 15 年。

4.4.2 许可

品种权人许可是除品种权人外,他人以商业目的使用授权品种繁殖材料的主要合法根据。实践中,获授权许可使用的种业公司,往往通过委托代理方式,再允许他人生产、销售该公司获授权许可使用的授权品种繁殖材料,甚至代理销售链条更长。此种情况,只要这些授权品种繁殖材料为该公司包装装潢、有合法来源凭证、不违背品种权人许可合同,均应认定为已经品种权人许可,不构成侵犯植物新品种权行为。

4.4.3 商业目的

根据 1997 年《植物新品种保护条例》第 6 条、第 10 条和 2007 年《若干规定》第 2 条,以商业目的(commercial purpose)使用授权品种繁殖材料是认定侵犯植物新品种权行为的关键。这种"使用"包括生产、销售授权品种繁殖材料以及以授权品种繁殖材料为亲本另行繁殖其他品种繁殖材料三种行为。再者是非商业目的的合理使用,例如,利用授权品种为育种等科研活动、耕耘者自繁自用授权品种繁殖材料,只要不侵犯品种权人署名权、许可权、转让权及其他权利,则不构成侵犯植物新品种权行为。

4.4.4 假冒授权品种的行为(passing off)

假冒授权品种的行为是指将非品种权的植物品种当做品种权植物品种

使用的欺骗行为。具体指下列行为[①]：

第一，印制或者使用伪造的授权品种证书、品种权申请号、品种权号或者其他品种权申请标记、品种权标记；

第二，印制或者使用已经被驳回、视为撤回或者撤回的品种权申请的申请号或者其他品种权申请标记；

第三，印制或者使用已经被终止或者被宣告无效的品种权的品种权证书、品种权号或者其他品种权标记；

第四，生产或者销售上述三项所标记的品种和冒充已被申请或者授权品种名称；

第五，用此种授权品种冒充他种授权品种的；

第六，其他足以使他人将非品种权品种误认为品种权品种的行为。

4.5 侵犯植物新品种权的法律责任

4.5.1 民事责任

根据我国1986年《民法通则》、2007年《若干规定》以及相关行政法规规章，侵权者承担的民事责任方式有停止侵害、赔礼道歉、赔偿损失等。

赔偿损失是侵犯植物新品种权案件中经常适用的责任方式。确定损失赔偿额的方式中要有五种：第一，按照被侵权人因侵权所受损失确定；第二，按照侵权人侵权所得利益确定；第三，按照植物新品种实施许可费确定(可参照品种权许可费的1倍以上5倍以下酌情确定)；第四，由法院在50万元以下确定；第五，以侵权物折价抵扣被侵权人损失，但须以被侵权人和侵权人同意为前提。需要注意的是，被侵权人对前三种办法有选择权，并且只有穷尽前三种办法仍难以确定赔偿数额时才能由法院在50万元以下确定；第五种办法中，被侵权人或侵权人不同意以侵权物折价抵扣被侵权人损失时，法院可依当事人请求，责令侵权人采取措施使侵权物丧失活性不能再用作繁殖材料。

需要强调的是，我国2007年《若干规定》第8条规定："以农业或者林业种植为业的个人、农村承包经营户接受他人委托代为繁殖侵犯授权品种的繁殖材料，不知道代繁物是侵犯授权品种的繁殖材料并说明委托人的，不承担赔偿责任"。该条首先体现了国家对耕耘者弱势群体的特殊保护；其次，说明了以农业或林业种植为业的个人、农村承包经营户代为繁殖侵犯授权品种的繁殖材料的行为，也同样构成侵权，只是承担赔偿责任的条件比较特殊，即明知

① 参见我国2008年《植物新品种保护条例实施细则》(农业部分)第74条、1999年《植物新品种保护条例实施细则》(林业部分)第64条。

道为侵权物仍然代为繁殖的，或接受他人委托代繁侵权物而不说明委托人的，也即是存有过错时才要承担侵权赔偿责任；同时说明，这些特殊群体如果既不知道代繁物为侵权物又说明委托人的，即使其代繁行为构成侵权，也不承担赔偿责任，但并不排除承担其他侵权责任。

4.5.2　行政责任

植物新品种权的民事侵权行为往往同时违反行政管理法律、法规、规章，同样要承担相应的行政责任。侵犯植物新品种权行为一般有两类：一是直接性侵权，二是假冒性侵权。这两类侵权行为承担行政责任的轻重有很大不同。根据我国1997年《植物新品种保护条例》、2002年《农业植物新品种权侵权案件处理规定》，直接性侵权的行政处罚种类有：责令侵权人停止侵权行为，没收违法所得，可以并处违法所得5倍以下的罚款；并且，省级以上农业行政部门有权采取责令销毁生产中的侵权植物材料、责令其不得销售侵权品种繁殖材料或其他必要的行政强制措施。

根据我国1997年《植物新品种保护条例》第40条规定，假冒授权品种的，由县级以上人民政府的农业、林业行政部门依据各自的职权责令其停止假冒行为，没收违法所得和植物品种繁殖材料，并处违法所得1倍以上5倍以下的罚款；情节严重，构成犯罪的，依法追究刑事责任。

根据我国2004年《种子法》第46条规定，"以非种子冒充种子或以此种品种种子冒充他种品种种子"属于假种子的范畴。假冒性侵权的行政处罚种类有：责令停止生产、经营，没收种子和违法所得，吊销种子生产许可证、种子经营许可证或营业执照，并处罚款，有违法所得的处以违法所得5倍以上10倍以下罚款，无违法所得的处以2000元以上5万元以下罚款。可见，假冒性侵权实质是生产、经营假种子行为，为此要承担更严重的行政责任。

4.5.3　刑事责任

刑事责任是侵犯植物新品种权所要承担的最为严厉的法律责任。根据现行有关植物新品种的法律和法规的规定，侵犯植物新品种权的刑事责任仅存在于假冒性侵权中。根据我国2004年《种子法》第59条规定，生产、经营假种子构成犯罪的要依法追究刑事责任。目前只能按生产、销售伪劣产品罪或生产、销售伪劣种子罪打击严重侵犯植物新品种权的犯罪行为。

根据我国1997年《刑法》第140条和第147条规定，构成生产、销售伪劣种子罪的按该罪追究刑事责任，不构成该罪但销售金额在5万元以上的按生产、销售伪劣产品罪追究刑事责任；这两种犯罪的刑事责任最低刑罚为拘役，最高刑罚为无期徒刑。根据2001年最高人民法院、最高人民检察院《关于办理生产、销售伪劣商品刑事案件具体应用法律若干问题的解释》，生产、销售伪劣种子罪的犯罪起点为使生产遭受2万元损失。需要指出的是，侵权人被依法追究行政责任和刑事责任的，并不妨碍被侵权人依法追究侵权人的民事赔偿责任。

第五节　品种权的期限、无效和终止

5.1　品种权的期限

根据我国有关法律规定，品种权的保护期限为：自授权之日起，藤本植物、林木、果树和观赏树木为20年，其他植物为15年。

5.2　品种权的无效

自审批机关授予品种权之日起，任何单位和个人都可以书面请求植物新品种复审委员会宣告该植物新品种权无效。[①] 植物新品种复审委员会可以依职权或者依单位或个人的请求，对不符合授权条件的、危害公共利益和生态环境的植物新品种，宣告其品种权无效。对不具备适当名称的植物新品种，复审委员会有权予以更名。宣告品种权无效或者更名的决定，由审批机关登记和公告，并通知当事人。被宣告无效的品种权视为自始不存在。

宣告品种权无效的决定，对在宣告前人民法院作出并已执行的植物新品种侵权的判决、裁定，省级以上人民政府农业、林业部门作出并已执行的植物新品种侵权处理决定，以及已经履行的植物新品种实施许可合同和植物新品种转让合同，不具有溯及力；但是，因品种权人的恶意给他人造成损失的，应当给予合理赔偿。品种权人或者品种权转让人不向被许可实施人或者受让人返还使用费或者转让费，明显违反公平原则的，品种权人应当返还全部或部分使用费或者转让费。

对植物新品种复审委员会决定不服的，可以自收到通知之日起3个月内向人民法院提起诉讼。

5.3　品种权的终止

品种权的终止是指终止品种权的效力。品种权可以因保护期限届满而终止，也可以因为下列原因在其保护期限届满前终止[②]：

第一，品种权人以书面声明放弃品种权的；

① 参见我国1997年《植物新品种保护条例》第37条、第38条。

② 参见我国1997年《植物新品种保护条例》第36条。

第二，品种权人未按规定缴纳年费的；

第三，品种权人未按照审批机关的要求提供检测所需的该授权品种的繁殖材料的；

第四，经检测该授权品种不再符合被授予品种权时的特征和特性的。品种权的终止，由审批机关登记和公告。

第六编 知识产权国际保护

第三十四章 知识产权国际保护概述

本章主要介绍知识产权国际保护的成因、国际条约的种类，以及当今世界两个主要管理知识产权条约的国际组织——世界知识产权组织和世界贸易组织。

第一节 知识产权国际保护的成因和途径

1.1 知识产权国际保护的成因

近代知识产权的形成，经历了一个由封建特许权向资本主义财产权嬗变的历史过程。[①] 无论中外，知识产权均源于封建特权。封建国家的封建主通过榜文、敕令或者令状的形式授予印刷商以印刷专有权和授予经营者以产品专营权。这些封建特权只在发出榜文、敕令、令状的封建主或者封建国家的权力所及地域内才有效；超出该地域，该特权就不复有效。随着封建王朝的衰落以及私权观念的兴起，知识产权的性质发生了根本的变化，它们不再是一种封建特权，而是一种私人享有的无形财产权。但是，"地域性"的特点却仍旧被保留下来，除却那些知识产权一体化进程比较快的地区以外，传统的知识产权仍旧只能依照国家的法律产生，并且只能在其依法产生的地域内有效。[②] "地域性"是知识产权的一个鲜明的特征。

根据知识产权的地域性特征，依据一国法律所取得的知识产权，只能在该国领域内发生效力。同时，按照一国法律取得的知识产权，非经他国的国内法程序，不能得到该国保护。这就意味着权利人不可能依据在一个国家获得的权利而在另一个国家获得保护。地域性特征"使得知识产权具有分割市场，阻碍国际贸易发展的内在本质"[③]。例如，1873 年，奥匈帝国邀请一些国家在维也纳举办国际发明展览会，但由于担心本国的发明得不到保护而被外国人拿去抢先申请专利，收到邀请信函的多数国家都不愿参会。

知识产权还有可复制性的特征[④]，对智力成果的利用是可以跨越国界的。随着资本主义的兴起和科学技术的进步，在国际贸易不断扩大的同时，知识产权贸易市场也开始形成。这样，知识产权的地域性限制与知识产权的国际性需求之间便出现了巨大的矛盾。[⑤] 如何实现知识产权的国际保护，如何协调各国的知识产权保护标准，便成为摆在各国面前的一个重要问题。解决问题路径非常明确，那就是通过签订多边国际公约来建立知识产权国际保护体

① 吴汉东：《知识产权多维度解读》，北京大学出版社 2008 年版，第 5 页。
② 郑成思：《知识产权法》（第二版），法律出版社 2003 年版，第 15～16 页。
③ 万鄂湘：《国际知识产权法》，湖北人民出版社 2001 年版，第 13 页。
④ 关于该特征的论述，可参见本书第一章第三节相关内容。
⑤ 吴汉东等：《知识产权基本问题研究》，中国人民大学出版社 2005 年版，第 132 页。

制。从19世纪末叶开始，国际社会陆续签订了一系列的国际知识产权公约。[①] 这些条约主要有：1883年的《巴黎公约》，1886年的《伯尔尼公约》、1952年的《世界版权公约》、1961年的《罗马公约》、1994年TRIPs协议、1996年世界知识产权组织的《版权条约》和《表演和录音制品条约》等。

需要特别指出的是，知识产权的国际保护并不是指用本国法去保护依外国法而产生的知识产权，而是指一个国家应当调整其知识产权法律，使之达到其所参加或缔结的知识产权国际条约的基本原则或最低要求。[②]

1.2 知识产权国际条约的种类

1.2.1 双边条约和多边条约

根据缔约方数目，知识产权国际公约可以被划分为双边条约(bilateral treaty)和多边条约(multilateral treaty)两大类。传统理论认为，知识产权的国际保护包括四种途径：一是单方保护(unilateral protection)外国的知识产权；二是互惠保护(reciprocal protection)；三是双边知识产权保护公约；四是多边知识产权公约。[③] 就其第一种途径而言，法国在一百多年前曾在著作权领域实施过，现已极少见。就第二种途径而言，是以外国保护本国知识产权为条件对等地保护外国知识产权，这是有些国家在参加知识产权国际条约前与其他国家之间开展知识产权保护的特殊途径，如中国在参加《巴黎公约》前，曾分别与许多国家在商标权问题上实行互惠。这种情况已经比较少见了。[④] 严格说来，第一种和第二种方式仅是一般意义上的知识产权涉外保护，而且是建立在国内法的基础上，属于国内法的延伸保护，只有后两种方式才是真正意义上的知识产权国际保护制度。[⑤] 属于后两种方式的国际条约大体包括双边条约和多边条约两大类，其中多边条约可进一步区分为区域性多边条约和全球性多边条约。

---

① 条约是指两个或两个以上国家、或其他国际法主体之间通常以书面形式缔结的创设相互权利和义务并受国际法支配的国际协议。具体的条约有各种名称，如条约、公约、议定书、盟约、宪章、规约、换文、协议备忘录等。参见〔英〕戴维·M.沃克：《牛津法律大辞典》，北京社会与科技发展研究所译，光明日报出版社1988年版，第895页。

② 关于知识产权国际保护的概念，可参见郑成思：《知识产权法》(第二版)，法律出版社2003年版，第75～76页；李明德：《知识产权法》，法律出版社2008年版，第328页；吴汉东：《知识产权法》(第四版)，中国政法大学出版社2007年版，第370页。

③ 郑成思：《知识产权法》(第二版)，法律出版社2003年版，第86页。

④ 同上书，第86～87页。

⑤ 吴汉东等：《知识产权基本问题研究》，中国人民大学出版社2005年版，第133页。

双边条约是指两个国家或其他国际法主体之间签订的有关知识产权的条约，如中、美两国于1992年签订的《关于保护知识产权的谅解备忘录》。随着越来越多的国家相继加入全球性多边条约，知识产权双边条约的内容也基本被全球性性多边条约所覆盖，因而所发挥的作用也越来越小。[①]

区域性多边条约(regional multilateral treaty)是指某一区域内的两个以上的国家或其他国际法主体之间签订的有关知识产权的条约，如美国、加拿大和墨西哥于1993年签订的《北美自由贸易协定》，其中就有关于著作权、专利、商标和集成电路布图设计保护等方面的内容。

全球性多边条约(global multilateral treaty)是指全球范围内的两个以上的国家或其他国际法主体之间签订的有关知识产权的条约，如1994年缔结的TRIPs协议。该类条约在协调各国知识产权保护方面起着非常重要的作用，它确定了各国知识产权保护的最低标准。

1.2.2 知识产权保护条约、全球保护体系条约和知识产权分类条约

根据缔结条约的目的，知识产权国际条约可以被分为知识产权保护条约(treaty of intellectual property protection)、全球保护体系条约(treaty of global protection)和知识产权分类条约(treaty of intellectual property classification)。[②] 知识产权保护条约是缔约方接受的国际法保护的渊源，这一类条约对各国的知识产权保护规定了国际议定的基本准则[③]，如《巴黎公约》、《伯尔尼公约》、《罗马公约》、《商标法条约》、《表演和录音制品条约》等等。

全球保护体系条约的目的是确保一项国际注册或国际申请可以在任何相关的缔约方内具有效力。根据这些条约，可以简化提交单一申请或在寻求对某一知识产权给予保护的所有国家提交申请的手续并减少了相应的费用。[④] 这一类条约包括《专利合作条约》、《马德里协定(商标)》、《海牙协定》等。

知识产权分类条约的目的是为了创建了分类体系，该体系将有关发明、商标和工业品外观设计的信息编排成便于检索的索引式可管理的结构。[⑤] 这一类条约包括《洛迦诺协定》、《尼斯协定》、《斯特拉斯堡协定》等。

---

① 李明德：《知识产权法》，法律出版社2008年版，第329页。

② 参见世界知识产权组织：《知识产权纵横谈》，张寅虎等译，世界知识出版社1992年版，第41页。

③ http://www.wipo.int/treaties/zh/ip/index.html，2008年12月3日最后访问。

④ http://www.wipo.int/treaties/zh/registration/index.html，2008年12月3日最后访问。

⑤ http://www.wipo.int/treaties/zh/classification/index.html，2008年12月3日最后访问。

当然，还可以依据其他标准对知识产权的国际条约进行分类，如根据缔约时间，可以分为传统知识产权条约和当代知识产权条约等，本书不再赘述。

第二节　世界知识产权组织和世界贸易组织

世界知识产权组织（World Intellectual Property Organization，WIPO）、世界贸易组织（World Trade Organization，WTO）、联合国教科文组织（United Nations Educational，Scientific and Cultural Organization，UNESCO）是当今世界三个最主要的管理知识产权条约的国际组织。世界知识产权组织是知识产权专门机构。虽然世界贸易组织不是知识产权专门机构，但在此领域享有举足轻重的地位。本节主要讨论世界知识产权组织和世界贸易组织。

2.1　世界知识产权组织

2.1.1　概述

世界知识产权组织是知识产权国际保护制度发展的产物，它起源于原来的巴黎联盟和伯尔尼联盟。巴黎联盟是根据 1883 年《巴黎公约》成立的，伯尔尼联盟则是根据 1886 年《伯尔尼公约》成立的。两个联盟都各自设立了国际局作为其执行机构。当时，两个国际局都设在瑞士，并接受瑞士政府的监督。1893 年，上述两个国际局合并，组成了“保护知识产权国际联合局”，也就是世界知识产权组织的前身。

由于保护知识产权国际联合局仍继续处于瑞士政府的监督下，很难起到国际组织的作用。鉴于这种状况，相关国家力图推动成立一个真正意义上的国际知识产权组织。1967 年，由巴黎联盟和伯尔尼联盟的 51 个国家的代表参加的瑞典首都斯德哥尔摩会议召开，在会议上通过了《建立世界知识产权组织公约》。该公约于 1970 年生效，世界知识产权组织也由此正式成立。1974 年，世界知识产权组织成为联合国下属的一个专门机构。中国于 1980 年 6 月 3 日加入了该组织，成为其第 90 个成员国。

2.1.2　世界知识产权组织的宗旨和职能

根据《建立世界知识产权组织公约》第 3 条的规定，世界知识产权组织的宗旨是：

第一，通过国家之间的合作并在适当情况下与其他国际组织配合，促进世界范围内的知识产权保护；

第二，保证世界知识产权组织各联盟之间的行政合作。

为了实现上述宗旨，《建立世界知识产权组织公约》第 4 条规定了世界知识产权组织的职能，即世界知识产权组织应通过其适当的职能机构并根据各联盟的权限，促进旨在便利全世界对知识产权的有效保护和协调各国在该领域内立法的措施的发展；执行巴黎联盟、与该联盟有联系的各专门联盟以及伯尔尼联盟的行政任务；可以同意担任或参加任何其他旨在促进保护知识产权的国际协定的行政事务；鼓励缔结旨在促进保护知识产权的国际条约；对于在知识产权领域内请求法律—技术援助的国家给予合作；收集并传播有关保护知识产权的信息，从事并促进该领域内的研究，并公布这些研究成果；维持有助于知识产权国际保护的服务机构，在适当情况下，提供这方面的注册以及有关注册的公开资料。除此之外，世界知识产权组织还应当采取一切其他的适当行动，旨在促进知识产权保护国际条约的行政工作。

世界知识产权组织自成立以来，积极开展了与上述宗旨和职能相关的大量的卓有成效的工作。世界知识产权组织促进了一系列新的知识产权国际公约的缔结，包括 1989 年的《华盛顿条约》，1994 年的《商标法条约》，1996 年的《版权条约》和《表演和录音制品条约》。世界知识产权组织还管理着近三十个知识产权保护的国际条约。同时，世界知识产权组织在有关基因资源、传统知识和民间文学艺术保护的研究、在传播知识和信息方面，发挥了积极的作用。[①]

2.1.3　*世界知识产权组织通过和管理的条约*

如前所述，世界知识产权组织通过和管理的条约分为三大类：知识产权保护条约、全球保护体系条约和知识产权分类条约。[②] 条约的分类有如下表：

① 李明德：《知识产权法》，法律出版社 2008 年版，第 335～336 页。

② 除非另有说明，本书涉及的知识产权国际公约的正式版本来自世界知识产权组织（WIPO）网站。如果该网站提供相关条约的中文参考译本，本书涉及的条文翻译将主要来源于该译本。

分类	公约全称	英文名称	缔结时间	中国加入时间
知识产权保护条约	《保护工业产权巴黎公约》	Paris Convention for the Protection of Industrial Property	1883	1985
	《保护文学艺术作品伯尔尼公约》	Berne Convention for the Protection of Literary and Artistic Works	1886	1992
	《制止商品产地虚假或欺骗性标记马德里协定》	Madrid Agreement for the Repression of False or Deceptive Indications of Source on Goods	1891	
	《保护表演者、音像制品制作者和广播组织罗马公约》	Rome Convention for the Protection of Performers, Producers of Phonograms and Broadcasting organizations	1961	
	《保护录音制品制作者防止未经许可复制其录音制品日内瓦公约》	Convention for the Protection of Producers of Phonograms Against Unauthorized Duplication of Their Phonograms	1971	1993
	《发送卫星传输节目信号布鲁塞尔公约》	Brussels Convention Relating to the Distribution of Programme-Carrying Signals Transmitted by Satellite	1974	
	《商标法条约》	Trademark Law Treaty	1994	
	《世界知识产权组织版权公约》	WIPO Copyright Treaty	1996	2006
	《世界知识产权组织表演和录音制品条约》	WIPO Performances and Phonograms Treaty	1996	2006
	《保护奥林匹克会徽内罗毕条约》	Nairobi Treaty on the Protection of the Olympic Symbol	1981	
	《专利法条约》	Patent Law Treaty	2000	
全球保护体系条约	《商标国际注册马德里协定》	Madrid Agreement Concerning the International Registration of Marks	1891	1989
	《工业品外观设计国际保存海牙协定》	Hague Agreement Concerning the International Registration of Industrial Designs	1925	
	《保护原产地名称和国际注册里斯本协定》	Lisbon Agreement for the Protection of Appellations of Origin and their International Registration	1958	
	《专利合作条约》	Patent Cooperation Treaty	1970	1994
	《国际承认用于专利程序的微生物保存布达佩斯条约》	Budapest Treaty on the International Recognition of the Deposit of Microorganisms for the Purposes of Patent Procedure	1977	1995

（续表）

分类	公约全称	英文名称	缔结时间	中国加入时间
知识产权分类条约	《商标注册用商品和服务国际分类尼斯协定》	Nice Agreement Concerning the International Classification of Goods and Services for the Purposes of the Registration of Marks	1957	1994
	《建立工业品外观设计国际分类洛迦诺协定》	Locarno Agreement Establishing an International Classification for Industrial Designs	1968	1996
	《国际专利分类斯特拉斯堡协定》	Strasbourg Agreement Concerning the International Patent Classification	1971	1997
	《建立商标图形要素国际分类维也纳协定》	Vienna Agreement Establishing an International Classification of the Figurative Elements of Marks	1973	

2.2 世界贸易组织

2.2.1 概述

1994年4月15日，在摩洛哥的马拉喀什市举行的关贸总协定乌拉圭回合部长会议决定成立世界贸易组织，以取代于1947年成立的关贸总协定(General Agreement on Tariff and Trade，GATT)。世界贸易组织于1995年1月1日成立，中国于2001年12月11日成为该组织的正式成员。

世界贸易组织的成立具有一段历史发展过程。1944年7月，在美国新罕布什尔州举行的布雷顿森林会议(联合国货币及金融会议的别称)提出了建立国际贸易组织的设想。当时的设想是在成立世界银行和国际货币基金组织的同时，成立一个国际性贸易组织，从而使它们成为第二次世界大战后世界经济的“货币—金融—贸易”三位一体的机构。但由于拟议中的“国际贸易组织”的宪章未能获得美国国会的通过，该组织最终没有建立。然而，管理世界经济和贸易秩序又是不容回避的问题。在美国的推动下，有关国家缔结了“关税与贸易总协定”作为推行贸易自由化的临时契约，代行未能成立的国际贸易组织的职能。

关税与贸易总协定自1948年1月生效后，一共进行了八个回合的谈判。前五个回合谈判主要是以关税减免为议题，从第六个回合开始，开始涉及一些非关税的议题，并在1986年9月启动的第八个回合(亦称乌拉圭回合)达到极致。随着谈判内容的不断扩大，关税与贸易总协定的框架内已经难以解决诸如投资保护、知识产权保护等问题。在乌拉圭回合的谈判中,欧共体和加拿大于1990年分别正式提出成立世界贸易组织的议案,关税与贸易总协定的各缔约方于1994年4月15日在摩洛哥马拉喀什签订了《建立世界贸易组织马拉喀什协定》。

2.2.2 职能

根据《建立世界贸易组织马拉喀什协定》第3条,世界贸易组织的职能是:

第一,管理和执行共同构成世贸组织的多边及诸边贸易协定,提供实施、管理和运用的体制;

第二,为其成员间就多边贸易关系进行的谈判提供场所;

第三,管理《关于争端解决规则与程序的谅解》,解决成员之间的贸易争端;

第四,管理《贸易政策审议机制》,监督各成员贸易政策;

第五,酌情与国际货币基金组织和国际复兴开发银行及其附属机构进行合作。

世界贸易组织是多边贸易体制的代表,其核心是世界贸易组织的各项协定。这些协定包含了国际贸易通行的法律规则,一方面保证各成员的重要贸易权利,另一方面对各成员政府起到约束作用,使它们的贸易政策保持在各方议定且符合各方利益的限度之内。[①]

与关税与贸易总协定相比,世界贸易组织除涵盖货物贸易外,还涵盖服务贸易、投资措施和知识产权贸易。在调解成员争端方面,世界贸易组织具有更高的权威性和有效性。世界贸易组织与世界银行、国际货币基金组织一起,并称为当今世界经济体制的"三大支柱"。

2.2.3 与贸易有关的知识产权协议

《与贸易有关的知识产权协议》(TRIPs协议)是乌拉圭回合谈判最终签署的文件的一部分,是一项十分重要的知识产权国际条约,其具体内容将在后面另设专章予以详述。

① 世界贸易组织(世贸组织),http://news.xinhuanet.com/ziliao/2003-01/27/content_709578.htm,2008年12月1日最后访问。

第三十五章　巴黎公约体系

本章第一部分主要介绍巴黎公约体系的概念、结构，第二部分主要介绍《保护工业产权巴黎公约》的起源、保护范围、基本原则、内容及知识产权保护条约、全球保护体系条约和知识产权分类条约等方面的巴黎公约体系辅助条约。

第一节 概　　述

1.1 巴黎公约体系的概念

巴黎公约体系(System of Paris Convention),是指以《巴黎公约》为基本公约,其他工业产权专门协定为辅助条约所构成的工业产权条约体系。

《巴黎公约》第19条规定:"本联盟国家在与本公约的规定不相抵触的范围内,保留有相互间分别签订关于保护工业产权的专门协定的权利。"缔约方以此作为基础所缔结的专门协定可以采用双边或者多边条约的形式。这些专门协定,既包括由世界知识产权组织主持缔结的协定,也包括由其他国际组织主持缔结的条约以及缔约方之间的双边协定。巴黎公约体系有狭义和广义之分,其狭义概念仅指由巴黎公约和世界知识产权组织主持缔结的其他工业产权的专门协定构成的条约体系。广义的概念还包括诸如《班吉协定》、《欧洲专利公约》等由其他国际组织主持缔结的有关工业产权多边条约以及缔约方之间的有关工业产权的双边协定。① 本书采用狭义概念。

《巴黎公约》是工业产权领域的基本公约,其他工业产权的专门协定是对《巴黎公约》的补充或者具体化,绝大多数的专门协定都是闭合性的,只对《巴黎公约》的成员国开放。在两者关系上,《巴黎公约》的基本原则和最低要求标准制约着专门协定,专门协定须以《巴黎公约》为基础且不得与《巴黎公约》相抵触。

1.2 巴黎公约体系的结构

巴黎公约体系的结构,目前除了《巴黎公约》外,还有15个专门条约或者协定。这些条约或者协定也可以分为实体性、程序性和分类性的国际条约,其具体名称如下②:

中文名称	英文名称	缔结时间
《制止商品产地虚假或欺骗性标记马德里协定》	Madrid Agreement for the Repression of False or Deceptive Indications of Source on Goods	1891年
《商标国际注册马德里协定》	Madrid Agreement Concerning the International Registration of Marks	1981年

① 古祖雪:《国际知识产权法》,法律出版社2002年版,第64～65页。

② 郑成思:《知识产权法》(第二版),法律出版社2003年版,第88～89页。

（续表）

中文名称	英文名称	缔结时间
《工业品外观设计国际保存海牙协定》	Hague Agreement Concerning the International Registration of Industrial Designs	1925 年
《商标注册用商品和服务国际分类尼斯协定》	Nice Agreement Concerning the International Classification of Goods and Services for the Purposes of the Registration of Marks	1957 年
《保护原产地名称及其国际注册里斯本协定》	Lisbon Agreement for the Protection of Appellations of Origin and their International Registration	1958 年
《保护植物新品种国际公约》	International Convention for the Protection of New Varieties of Plants	1961 年
《建立工业品外观设计国际分类洛迦诺协定》	Locarno Agreement Establishing an International Classification for Industrial Designs	1968 年
《专利合作条约》	Patent Cooperation Treaty	1970 年
《国际专利分类斯特拉斯堡协定》	Strasbourg Agreement Concerning the International Patent Classification	1971 年
《建立商标图形要素国际分类维也纳协定》	Vienna Agreement Establishing an International Classification of the Figurative Elements of Marks	1973 年
《国际承认用于专利程序的微生物保存布达佩斯条约》	Budapest Treaty on the International Recognition of the Deposit of Microorganisms for the Purposes of Patent Procedure	1977 年
《商标注册条约》	Trademark Registration Treaty	1973 年
《商标法条约》	Trademark Law Treaty	1994 年
《欧亚专利公约》	Eurasian Patent Convention	1994 年
《专利法条约》	Patent Law Treaty	2000 年

第二节　保护工业产权巴黎公约

2.1 《巴黎公约》的起源

人类社会进入 19 世纪以后，由于资本主义的兴起和科学技术的日益进步，越来越多的国家建立了保护发明的制度。但是，知识产权具有明显的地域性特征，再加上各国的法律差异比较大，工业产权很难在世界各国得到保护。随着国家间的技术交流的不断发展和国际贸易不断增长，工业产权之间的冲突也愈发明显和激烈，从而迫切需要在工业产权领域进行协调。

1873年，奥匈帝国邀请其他国家参加在维也纳举办的国际发明展览会。由于担心对参展的发明缺乏足够的法律保护，收到邀请信的多数国家都不愿意参加会议。针对这种状况，当时的奥地利政府制订了一项专门法律，对所有参展的外国人的发明、商标和工业品外观设计提供临时保护。受其影响，专利改革维也纳会议于1873年召开。该会议建立了一套有效实用的专利制度基础的原则，并敦促各国政府尽可能迅速地就专利保护达成国际谅解。作为专利改革维也纳会议的继续，1878年，工业产权国际会议在法国巴黎召开，会议决定召集一次国际性的（外交）会议，其任务是在工业产权领域建立统一的立法基础。①

1883年，由法国、比利时、巴西、意大利、荷兰等11个国家发起的外交会议在巴黎召开，会议通过并签署了《巴黎公约》。1884年7月，该公约正式生效。它是在保护工业产权方面的最早、最重要和最基本的国际公约。《巴黎公约》确立了工业产权保护的基本原则和基本要求，对世界各国的工业产权制度产生了深刻影响。《巴黎公约》其后历经多次修改，现在绝大多数国家批准和采纳的是1967年的斯德哥尔摩文本。除非另有说明，本章所指的公约即是1967年文本。到2008年1月为止，《巴黎公约》共有172个成员国。由于TRIPs协议将《巴黎公约》纳入其范围之内，《巴黎公约》又协调着世界贸易组织成员的工业产权制度。

《巴黎公约》一共有30个条文，大致可以分为实体性条款和行政性条款两类。实体性条款保证每一个成员国国民享有在条约下与工业产权保护有关的基本权利，规定了实体法领域的一些共同规则。行政性条款则包括为实施公约而建立的行政机构等条款。

2.2 保护范围

《巴黎公约》第1条第2款确定了工业产权的保护对象，主要有专利、实用新型、工业品外观设计、商标、服务标记、厂商名称、货源标记或原产地名称和制止不正当竞争。该条第3款强调对工业产权应作最广义的理解，它不仅应适用于工业和商业本身，而且也应同样适用于农业和采掘业，适用于一切制成品或天然产品，例如，酒类、谷物、烟叶、水果、牲畜、矿产品、矿泉水、啤酒、花卉和谷类的粉。需要强调的是以下两点：

第一，条约规定的专利仅仅是指发明专利（patent of invention），包括各

① 世界知识产权组织：《知识产权纵横谈》，张寅虎等译，世界知识出版社1992年版，第51～52页。

成员国的法律所承认的各种工业专利，如输入专利(patents of importation)、改进专利(patents of improvement)、增补专利(patents of addition)和增补证书(certificates of addition)等。对于实用新型、工业品的外观设计应如何保护，公约没有具体规定。

第二，公约上述保护范围内所指的商标不包括服务商标，服务商标在公约中称为"服务标记(service marks)"。因此，公约中有关商标的规定，如有关优先权的规定，成员国没有必要对服务商标授予优先权，不过如果它们想这样做，它们也有自由这样做。[①] 但公约对服务标记应如何保护也未做具体规定。

2.3 公约的基本原则

2.3.1 国民待遇原则

国民待遇原则(the principle of national treatment)一般是指在同样的条件下，外国人和内国人所享有的权利和承担的义务相同。《巴黎公约》是最早规定国民待遇原则的多边国际条约，有关国民待遇原则的内容被规定在公约的第 2 条和第 3 条。

《巴黎公约》第 2 条第 1 款规定："本联盟任何国家的国民，在保护工业产权方面，在本联盟所有其他国家内应享有各该国法律现在授予或今后可能授予国民的各种利益；一切都不应损害本公约特别规定的权利。因此，他们应和国民享有同样的保护，对侵犯他们的权利享有同样的法律上的救济手段，但是以他们遵守对国民规定的条件和手续为限。"根据这一规定，国民待遇要求各成员国负有义务使得他国国民和本国国民享有同样的保护。同时《巴黎条约》第 3 条规定："本联盟以外各国的国民，在本联盟一个国家的领土内设有住所或有真实和有效的工商业营业所的，应享有与本联盟国家国民同样的待遇。"由此可见，《巴黎公约》所规定的享受国民待遇的主体范围非常广泛，只要同盟成员国的国民向同盟其他成员主张工业产权法律保护的，即可享受该被申请国的国民待遇。主张工业产权保护的非成员国国民，只要在一个成员国内有真实有效的营业所即可。

国民待遇中的"待遇"是指各成员国的有关法律规定的本国国民已经享有或今后可能享有的待遇。但是，成员国在授予其他国民国民待遇时，"一切都不应损害本公约特别规定的权利"，这种特别规定的权利如专利申请、商标

---

① 〔奥地利〕博登浩森：《保护工业产权巴黎公约指南(附英文文本)》，汤宗舜、段瑞林译，中国人民大学出版社 2003 年版，第 22 页。

与外观设计的优先权等。

考虑到关于司法和行政程序管辖权以及指定送达地址或委派代理人的规定可能属于某一国家司法主权的问题,《巴黎公约》第1条第3款允许成员国就此作出明示保留的权利。

2.3.2 优先权原则

优先权原则(principle of priority)是指申请人享有的在某一成员国提出申请后,在一定期限内又向其他成员国提出同样的申请,其后的申请被视为与首次申请的日期相同的权利。《巴黎公约》第4条对优先权作了详细规定。按照条约的规定,优先权的取得条件包括:

第一,主张优先权的申请人是可以享受国民待遇的同盟成员国国民。

第二,申请人已就专利和商标向一成员国提出正规的国家申请。依《巴黎公约》第4条的规定,正规的国家申请是指在有关国家中足以确定提出申请日期的任何申请,而不问该申请以后的结局如何。

第三,主张优先权以申请人主动作出声明为前提。

第四,成员国可以要求作出优先权声明的任何人提交以前提出的申请(说明书、附图等)的副本。该副本应经原受理申请的机关证实无误,不需要任何认证,并且无论如何可以在提出后一申请后3个月内随时提交,不需缴纳费用。成员国可以要求该副本附有上述机关出具的载明申请日的证明书和译文。

第五,优先权只适用于发明、实用新型、外观设计和商标(不包括服务商标)申请。

根据《巴黎公约》第4条的有关规定,优先权作为一种对抗冲突申请的权利,具有排他效力,即在优先权期届满以前,申请人在任何其他国家国后来提出的任何申请,不应由于在这期间完成的任何行为,特别是另外一项申请的提出、发明的公布或利用、外观设计复制品的出售、或商标的使用而成为无效。但是,优先权的效力不是绝对的,须受在先权利的限制,"第三人在作为优先权基础的第一次申请的日期以前所取得的权利,依照本联盟每一国家的国内法予以保留"。

《巴黎公约》为优先权设定了时间期限,对于专利和实用新型的应为12个月,对于外观设计和商标的应为6个月,这些期间应自第一次申请的申请日开始,申请日不计入期间之内。如果期间的最后一日在请求保护地国家是法定假日或者是主管局不接受申请的日子,期间应延至其后的第一个工作日。

2.3.3 独立保护原则

《巴黎公约》第4条之二和第6条规定了专利权、商标权的独立保护原则

(principle of independent protection),该原则的法理根据在于知识产权的地域性(regional nature)。

关于专利权独立原则(principle of patent independence),公约规定“本联盟国家的国民向本联盟各国申请的专利,与在其他国家,不论是否本联盟的成员国,就同一发明所取得的专利是相互独立的。上述规定,应从不受限制的意义来理解,特别是指在优先权期间内申请的各项专利,就其无效和丧失权利的理由以及其正常的期间而立,是相互独立的。”

关于商标权独立原则(principle of trademark independence),公约规定“商标的申请和注册条件,在本联盟各国由其本国法律决定。但本联盟任何国家对本联盟国家的国民提出的商标注册申请,不得以未在原属国申请、注册或续展为理由而予以拒绝,也不得使注册无效。在本联盟一个国家正式注册的商标,与在联盟其他国家注册的商标,包括在原属国注册的商标在内,应认为是相互独立的”。根据上述规定,独立保护原则的内容包括:

第一,商标权、专利权的批准(authorization)、驳回(rejection)、撤销(repeal)、无效(invalidation)、终止(termination)等在不同成员国相互独立。各个成员国独立确定有关商标、专利权批准、驳回、撤销、无效的条件和程序,这些条件和程序是相互独立的。一项专利权不因在一国的批准就一定在另一国被批准,也不会因在一国的消灭就必定在另一国被消灭。

第二,商标权、专利权的内容(content)相互独立。各成员国除要遵守《巴黎公约》设定的最低保护标准以外,另行给予的其他权利相互独立。

第三,商标权、专利权的保护范围(scope of protection)独立。除要遵守《巴黎公约》设定的最低保护标准以外,各成员国可根据各自情况独立决定工业产权的保护范围,如药品专利问题,不同国家或同一国家的不同历史时期对此问题的立场就可能不同。

但是,《巴黎公约》第 6 条之五特别规定的商标同等保护规则是对商标权独立原则的一个限制,容下详述。

2.4 其他规定

除了基本原则之外,巴黎公约还有一些比较重要的规定:如临时保护、专利权的限制、驰名商标的特别保护,以及制止不正当竞争等等。下面择其要者而述之。

2.4.1 专利

(1) 署名权

《巴黎公约》第 4 条之三规定,发明人有在专利中被记载为发明人的权利。

(2) 对驳回专利申请和撤销专利的限制

《巴黎公约》第 4 条之四规定,不得以专利产品的销售或依专利方法制造的产品的销售受到本国法律的禁止或限制为理由,而拒绝授予专利或使专利无效。

《巴黎公约》第 5 条规定,专利权人将在某成语国内制造的物品进口到对该物品授予专利的国家的,不应导致该项专利的取消。除强制许可的授予不足以防止上述滥用外,不应规定专利的取消。自授予第一个强制许可之日起两年届满前不得提起取消或撤销专利的诉讼。

(3) 颁发强制许可的条件

公约对颁发强制许可规定的条件如下:"自提出专利申请之日起 4 年届满以前,或自授予专利之日起 3 年届满以前,以后满期的期间为准,不得以不实施或不充分实施为理由申请强制许可;如果专利权人的不作为有正当理由,应拒绝强制许可。这种强制许可是非独占性的,而且除与利用该许可的部分企业或商誉一起转让外,不得转让,甚至以授予分许可证的形式也在内。"

(4) 利用进口国的专利方法制造产品的进口

《巴黎公约》第 5 条之四对方法专利作出特别规定,即"一种产品进口到对该产品的制造方法有专利保护的本联盟国家时,专利权人对该进口产品,应享有按照进口国法律,他对在该国依照专利方法制造的产品所享有的一切权利"。

(5) 禁止权利人滥用专利权

《巴黎公约》第 5 条还规定各国都有权采取立法措施规定授予强制许可,以防止由于行使专利所赋予的专有权而可能产生的滥用,例如,不实施。

(6) 临时豁免(temporary exemption)

《巴黎公约》第 5 条之三规定下列情况不应认为是侵权行为:

第一,暂时或偶然地进入某成员国领水的船舶,在该船的船身、机器、船具、装备及其他附件上使用构成专利对象的器械,但以专为该船的需要而使用这些器械为限;

第二,暂时或偶然地进某一成员国的飞机或陆上车辆,在该飞机或陆上车辆的构造或操作中,或者在该飞机或陆上车辆附件的构造或操作中使用构成专利对象的器械。

2.4.2 商标

(1) 商标同等保护规则

《巴黎公约》第6条之五中特别规定:“在原属国正规注册的每一商标,除有本条规定的留外,本联盟其他国家应与在原属国注册那样接受申请和给予保护。各该国家在确定注册前可以要求提供原属国主管机关发给的注册证书。该项证书无需认证。”原属国系指申请人设有真实、有效的工商业营业所的本联盟国家;或者如果申请人在本联盟内没有这样的营业所,则指他设有住所的本联盟国家;或者如果申请人在本联盟内没有住所,但是他是本联盟国家的国民,则指他有国籍的国家。

依照上述规定,获得同等保护是指对注册申请不得予以拒绝,已获注册的,不得宣布其无效,但是,《巴黎公约》第6条之五获得同等保护以不违反下列规定为条件:第一,在其要求保护的国家,商标具有侵犯第三人的既得权利的性质的;第二,商标缺乏显著特征,或者完全是由商业中用以表示商品的种类、质量、数量、用途、价值、原产地或生产时间的符号或标记所组成,或者在要求给予保护的国家的现代语言中或在善意和公认的商务实践中已经成为惯用的;第三,商标违反道德或公共秩序,尤其是具有欺骗公众的性质。然而,这三项规定在符合适用《巴黎公约》第10条之二关于不正当竞争的条件下,也可以适用。

(2) 驰名商标的特殊保护

《巴黎公约》第6条之二对驰名商标作出特别规定:“各国承诺,如本国法律允许,应依职权,或依利害关系人的请求,对商标注册国或使用国主管机关认为在该国已经驰名,属于有权享受本公约利益的人所有、并且用于相同或类似商品的商标构成复制、仿制或翻译,易于产生混淆的商标,拒绝或撤销注册,并禁止使用。这些规定,在商标的主要部分构成对上述驰名商标的复制或仿制,易于产生混淆时,也应适用。自注册之日起至少5年的期间内,应允许提出撤销这种商标的请求。本联盟各国可以规定一个期间,在这期间内必须提出禁止使用的请求。对于依恶意取得注册或使用的商标提出撤销注册或禁止使用的请求,不应规定时间限制。”但《巴黎公约》并未规定驰名商标的认定条件,而是由成员国自己解决。

(3) 商标标识的禁用性规定

《巴黎公约》第6条之三要求各成员国应拒绝注册或使其注册无效,并采取适当措施禁止使用以下标记:

第一,成员国的国徽、国旗和其他的国家徽记、各该国用以表明监督和保证的官方符号和检验印章以及从徽章学的观点看来的任何仿制用作商标或商标的组成部分，但该商标的使用或注册性上不会使公众理解为有关组织与这种徽章、旗帜、徽记、缩写和名称有联系时，或者如果这种使用或注册性质上大概不会使公众误解为使用人与该组织有联系时除外。

第二，一个或一个以上成员国参加的政府间国际组织的徽章、旗帜、其他徽记、缩写和名称，但已成为保证予以保护的现行国际协定的对象的徽章、旗帜、其他徽记、缩写和名称除外。如果损害《巴黎公约》在该国生效前善意取得的权利的所有人的，本项规定不适用。

(4) 平行进口

就商标权而言，平行进口(parallel import)是指注册商标持有人在某国(出口国)生产并销售带有注册商标的商品后，第三人(进口商)擅自将该商品进口到另一国(进口国)，而该注册商标所有人或其他被许可人也在该进口国取得同一商标专用权。《巴黎公约》规定了特别的商标条款，以便《巴黎公约》成员国可以根据自己的需要对其加以利用。根据《巴黎公约》第 9 条、第 10 条、第 10 条之三的规定，一切非法标有商标或厂商名称的商品，在进口到该项商标或厂商名称有权受到法律保护的本联盟国家时，应予以扣押。在发生非法黏附上述标记的国家或在该商品已进口进去的国家，扣押应同样予以执行。扣押应依检察官或其他主管机关或利害关系人(无论为自然人或法人)的请求，按照各国本国法的规定进行，但各机关对于过境商品没有执行扣押的义务。如果一国法律不准许在进口时扣押，应代之以禁止进口或在国内扣押。如果一国法律既不准许在进口时扣押，也不准许禁止进口或在国内扣押，则在法律作出相应修改以前，应代之以该国国民在此种情况下按该国法律可以采取的诉讼和救济手段。前述规定同样适用于直接或间接使用虚伪的商品原产地、生产者、制造者或商人的标记的情况。《巴黎公约》要求各成员国保证其他成员国的国民能获得有效地制止前述行为的适当的法律上救济手段。

(5) 集体商标

《巴黎公约》第 7 条之二规定，如果社团的存在不违反其原属国的法律，即使该社团没有工商业营业所，各成员国也要受理集体商标(collective trademark)的申请，并保护属于该社团的集体商标。公约没有规定关于保护集体商标的特别条件，而是授权各国自行审定，但如果商标违反公共利益，可以拒绝给予保护。

2.4.3 不正当竞争

《巴黎公约》特别将反不正当竞争的权利作为工业产权的保护范围，要求成员国对各该国国民保证给予制止不正当竞争(unfair competition)的有效保护。

按照《巴黎公约》第10条之二的规定，凡在工商业事务中违反诚实的习惯做法的竞争行为构成不正当竞争的行为，尤其应特别禁止下列行为：

第一，具有采用任何手段对竞争者的营业所、商品或工商业活动产生混淆性质的一切行为；

第二，在经营商业中，具有损害竞争者的营业所、商品或工商业活动的信用性质的虚伪说法；

第三，在经营商业中使用会使公众对商品的性质、制造方法、特点、用途或数量易于产生误解的表示或说法。

第三节　巴黎公约体系辅助条约

在巴黎公约体系中，除了作为基本公约的《巴黎公约》外，还有一些知识产权保护条约、全球保护体系条约以及知识产权分类条约为辅助条约。下面择要分述之。

3.1　知识产权保护条约

3.1.1　《专利法条约》

《专利法条约》(Patent Law Treaty, PLT)是WIPO主持下缔结的有关专利问题的一项国际条约，于2000年6月1日通过，并2005年4月28日生效。该《条约》旨在协调各国家专利局和地区专利局关于形式要件并简化专利取得和维持程序，而不对实体专利法做任何的规定。该《条约》的规定不仅适用于国家专利申请和地区专利申请，也适用于进入国家阶段之后的PCT申请。因此，它虽以“专利法条约”为名，但并非真正意义的“专利法”条约。正如该《条约》第2条规定，本条约中“没有任何一项规定的意图可以解释为将限制缔约方按其意志规定可适用的实体专利法要求的自由”。

在处理与《巴黎公约》的关系上，PLT明确要求每一缔约方均应遵守《巴黎公约》关于专利的规定。同时规定依PLT的任何内容均不得减损缔约方相互之间依照《巴黎公约》承担的义务，也不减损申请人和所有人依照《巴黎公约》享有的权利。

《专利法条约》分别就适用的专利申请和适用的专利两种不同情况规定了适用范围。

对于适用PLT的申请，其第3条第1款规定如下：

“(a) 本条约和实施细则的规定应适用于向缔约方的主管局或就该局提

交的国家和地区发明专利申请和增补专利申请，这些申请属于：

(i) 允许依《专利合作条约》作为国际申请提交的申请类型；

(ii) 本项第(i)目所述申请类型中的发明专利申请或增补专利申请按《巴黎公约》第4条G第(1)款或第(2)款所述的分案申请。

(b) 在遵守《专利合作条约》的规定的前提下，本条约和实施细则的规定应在以下方面适用于依《专利合作条约》的国际发明专利申请和国际增补专利申请：

(i) 缔约方的主管局依《专利合作条约》第22条和第39条第(1)款可适用的期限；

(ii) 在依该条约第23条或第40条可开始处理或审查国际申请之日或在该日之后开始的任何程序。"

对于适用PLT的专利，其第3条第2款规定如下："本条约和实施细则的规定应适用于已经授权并对缔约方有效的国家和地区发明专利和国家以及地区增补专利。"

在规定适用范围之后，《专利法条约》主要规范的内容有：第一，取得申请日的要件和避免申请人因未满足形式要求而失去申请日的有关程序；第二，适用于国家和地区专利局的一套单一的国际标准化形式要求，该要求与《专利合作条约》的形式要求一致；第三，各局均应接受的标准申请表格；第四，简化的审批程序；第五，避免申请人因未遵守期限而非故意丧失权利的机制；第六，适用电子申请的基本规则。[1]

3.1.2 《商标法条约》

《商标法条约》(Trademark Law Treaty, TLT)是WIPO主持下缔结的有关商标问题的一项国际条约，于1994年10月27日在日内瓦签订，并于1996年8月1日生效。该条约的主要目标是协调和简化各国的商标注册程序，它不同于主要规定国际注册程序的《马德里协定(商标)》、《马德里议定书》和《商标注册条约》。但它与《专利法条约》类似，《商标法条约》规定也不是实体法条约，而是程序法条约。

《商标法条约》共25条，对缔约国商标注册程序的要求集中规定在第2条至第16条。根据《商标法条约》，商标注册程序应包括：

第一，申请(application)注册程序。该《条约》第3条规定任何缔约方均可要求申请书中含有下列某些或全部说明或项目：注册申请；申请人以及代

① See *Summary of the Patent Law Treaty* (2000), http://www.wipo.int/treaties/en/ip/plt/summary_plt.html#TopOfPage, last visited on Feb. 1, 2009.

理人的名称和地址；优先权的声明；商标的组成要素；商品或服务所属的《尼斯分类》类别；签字；使用商标的声明等等。

第二，商标注册的变更（variation）程序。该《条约》第10条、第11条分别对变更注册持有人名称或地址、变更注册所有权作了详细规定。

第三，商标注册的续展（extension）程序。该《条约》第13条对续展程序进行了详细规定，并规定首次注册有效期和每期续展的有效期均为10年。

该《条约》第14条规定了缔约国的注册当局拟驳回情况下的申请人的意见表达机会。根据该条，商标主管机关如未给予申请人或请求方在合理时限内就其拟议驳回发表意见的机会，一律不得完全或部分地驳回该《条约》第11条至第13条之下的申请或请求。

值得注意的是，根据《商标法条约》第2条规定，该《条约》应适用于与商品或服务有关的标志（商品商标或服务商标）或与商品和服务两者有关的标志，但不适用于集体商标、证明商标和保证商标。该《条约》也不适用于全息商标和不含视觉标志的商标，尤其是音响商标和嗅觉商标。但该《条约》适用于由视觉标志构成的商标，但唯有接受立体商标注册的缔约方才有义务将该条约也适用于立体商标。

在处理与《巴黎公约》的关系上，《商标法条约》第15条规定了遵守《巴黎公约》的义务，即“任何缔约方均应遵守《巴黎公约》中有关商标的条款”。

3.2 全球保护体系条约

3.2.1 《专利合作条约》

《专利合作条约》（patent cooperation treaty，PCT）是WIPO主持下缔结的有关专利国际申请的多边国际条约，于1970年6月19日签订于华盛顿，后分别于1979年9月28日修正、1984年2月3日和2001年10月3日修改。中国于1994年1月1日正式成为该条约的成员国。根据《专利合作条约》及专利合作条约大会的指定，我国国家知识产权局专利局是该条约的受理局、指定局和选定局、国际检索单位和国际初审单位，中文是该条约的正式工作语言。

《专利合作条约》的主要目的就是使发明的法律保护臻于完备，期望能简化在多个国家取得发明保护的手续，并使之更加经济，并使公众便于尽快获得记载新发明的文件中的技术信息等。条约共8章69条，分别规定了国际申请和国际检索、国际初步审查、共同规定、技术服务、行政规定、争议、修订和修改和最后条款等，其中与具体的专利国际申请有关的主要是第一章至第三章。

(1) 国际申请的程序

第一,申请人。根据该《条约》第 9 条,缔约国的任何居民或国民均可提出国际申请。但条约大会可以决定,允许《巴黎公约》缔约国但不是本条约缔约国的居民或国民提出国际申请。

第二,国际申请文件。根据该《条约》第 3 条,国际申请应提供包括请求书、说明书、一项或几项权利要求、一幅或几幅附图(需要时)和摘要在内的申请文件。该《条约》的第 3 条至第 7 条对此分别作出了详细规定。

第三,国际申请的提出。根据《条约》第 10 条的规定,国际申请应向规定的受理局提出。申请人将所要求的国际申请文件提交受理局后,即提出了国际申请。在中国,国家知识产权局专利局即为国际申请的受理局。

第四,受理局对申请的处理。受理局应按《条约》及其细则的规定对国际申请进行形式审查。如果受理局发现申请不符合要求,可要求申请人限期改正。受理局以实际收到改正后的文件作为国际申请日。如果符合要求,受理局应确定其国际申请日和国际申请号,应立即通知申请人,并将通知复制件送 WIPO 国际局。确定申请日后,该申请中的一份由受理局保存("受理本",home copy),一份送交 WIPO 国际局("登记本",record copy),一份"检索本"(search copy)送至条约规定的有关国际专利检索单位。登记本应被视为是国际申请的正本。如果国际局在规定的期限内没有收到登记本,国际申请即被视为撤回。

受理局还应同时检查国际申请中是否存在条约规定的缺陷。如有,按《条约》的规定处理,如:国际申请没有按细则的规定签字或没有按规定载明申请人的情况,受理局应要求申请人在规定期限内改正该国际申请,期满不改正的,该申请即被视为撤回,并由受理局作相应的宣布;如果国际申请提及附图,而实际上该申请并没有附图,受理局应相应地通知申请人,申请人可以在规定的期限内提供这些附图;如果申请人在规定期限内提供这些附图的,应以受理局收到附图之日为国际申请日,否则应认为该申请没有提及附图。

(2) 国际检索

按照《条约》第 15 条的规定,每一国际申请都应经过国际检索(international search),其目的是发现有关的现有技术。但国际检索应在权利要求书的基础上进行,并适当考虑到说明书和附图(如果有的话)。

第一,国际检索单位。国际检索应由国际检索单位(International searching authority)进行。该单位可以是一个国家局,或者是一个政府间组织,如国际专利机构,其任务包括对作为申请主题的发明提出现有技术的文献检索报告。国际检索单位由大会指定。澳大利亚、中国、美国、俄罗斯、日本、西班牙等国的国家专利局以及欧洲专利局均是国际检索单位。

第二,国际检索单位程序。依照《条约》第 17 条,国际检索单位的检索程序(procedure before the international searching authority)应依该条约及其细则以及国际局与该单位签订的协议的规定,但该协议不得违反该《条约》及其细则的规定。

第三,国际检索报告。国际检索报告应(international search report)在规定的期限内按规定的格式作出。国际检索单位作出国际检索报告后,应尽快将报告送交申请人和国际局。国际检索报告应按细则的规定予以翻译。译文应由国际局作出,或在其承担责任的情况下作出。

申请人在收到国际检索报告后,有权享受一次机会,在规定的期限内对国际申请的权利要求向国际局提出修改。申请人可以按细则的规定同时提出一项简短声明,解释上述修改并指出其对说明书和附图可能产生的影响,但修改不应超出国际申请提出时对发明公开的范围,除非指定国的本国法准许修改超出上述公开范围。

国际局应将国际申请连同国际检索报告应条约细则的规定送达每一个指定局,除非该指定局全部或部分放弃这种要求。

(3) 国际公布

第一,国际公布的时间。按照《条约》规定,国际申请应由国际局予以公布。除开申请人没有要求以及《条约》第 64 条规定的例外以外,国际申请的国际公布应在自该申请的优先权日起满 18 个月后迅速予以办理。申请人可以要求国际局在上述的期限届满之前的任何时候公布其国际申请。国际局应按照细则的规定予以办理。如果国际申请在其公布的技术准备完成以前被撤回或被视为撤回,即不进行国际公布。

第二,国际公布的效力。就申请人在指定国的任何权利的保护而言,国际申请的国际公布在该国的效力,应与指定国本国法对未经审查的本国申请所规定的强制国家公布的效力相同,但《条约》第 29 条第 2 款至第 4 款的规定除外。

(4) 国家处理程序

在完成上述程序后,国际申请即转入国家处理程序(national procedure)。此时,指定局将国际申请作为直接向本国提出的国家申请一样来处理。《条约》第 27 条第 5 款特别规定:“条约和细则的任何规定都不得解释为意图限制任何缔约国按其意志规定授予专利权的实质性条件的自由。特别是,本条约和细则关于现有技术的定义的任何规定是专门为国际程序使用的,不构成对申请的形式和内容的要求。因而,各缔约国在确定国际申请中请求保护的发明的专利性时,可以自由适用其本国法关于现有技术及其他专利性条件的标准。”

(5) 国际初步审查

按照《条约》的规定,国际初步审查(international preliminary examination)并不是国际申请的必经步骤。国际初步审查的目的是对请求保护的发明是否有新颖性、创造性(非显而易见性)和实用性提出初步的无约束力的意见。任何缔约国为了决定请求保护的发明在该国是否可以获得专利,可以采用附加的或不同于《条约》第 33 条规定的“三性”标准。

第一,国际初步审查的提出。经申请人要求,对国际申请应按条约规定进行国际初步审查。国际初步审查的要求应与国际申请分别提出,这种要求应包括规定事项,使用规定的语言和格式,说明申请人预定在哪些缔约国使用国际初步审查的结果(“选定国”)。要求国际初步审查,申请人应在规定的期限内缴纳规定的费用。

第二,国际初步审查单位。国际初步审查应由国际初步审查单位进行。受理局和大会应按照有关的国际初步审查单位与国际局之间适用的协议,确定一个或几个主管初步审查的国际初步审查单位。目前负责国际初步审查的专利授权机构与国际检索单位相同。

第三,国际初步审查单位的程序。国际初步审查单位的审查程序,应遵守《条约》及其细则以及国际局与该单位签订的协议,但该协议不得违反条约及其细则的规定。

第四,国际初步审查报告。国际初步审查单位按照规定的程序进行初步审查后,应在规定的期限内并按规定的格式写成国际初步审查报告。国际初步审查报告不应包括关于下列问题的说明,即请求保护的发明按照任何国家的本国法可以或看来可以取得专利或不可以取得专利。除另有规定外,报告应就每项权利要求作出其是否符合新颖性、创造性(非显而易见性)和实用性的标准。说明中应附有据以认为能证明所述结论的引用文件的清单,以及根据案件的情况可能需要作出的解释。说明还应附有条约细则所规定的其他意见。尽管这种审查报告对有关选定国专利局的审查不具有拘束力,但实际上往往被接受,从而避免各国专利局就同一申请所做的重复初步审查,减少专利申请的成本,提高工作效率。[①]

第五,国际初步审查报告的送交、翻译和送达。按照《条约》第 36 条规定,

① 张乃根:《国际贸易的知识产权法》(第二版),复旦大学出版社 2007 年版,第 69 页。

国际初步审查报告应连同规定的附件送交申请人和国际局。国际初步审查报告及其附件应译成规定的语言。上述报告的译本应由国际局作出或在其承担责任的情况下作出，而上述附件的译本则应由申请人作出。国际初步审查报告，连同其译本(按规定)以及其附件(用原来的语言)，应由国际局送达每个选定局。附件的规定译本应由申请人在规定期限内送交各选定局。申请人交纳国家费用后，由此转入国家处理程序。

第六，国际初步审查要求或选定的撤回。申请人可以撤回任何一个或所有的选定。如果对所有选定国的选定都撤回，国际初步审查的要求应视为撤回。任何撤回都应通知国际局。国际局应相应通知有关的选定局和有关的国际初步审查单位。

3.2.2 《商标国际注册马德里协定》

《商标国际注册马德里协定》(Madrid Agreement Concerning the International Registration of Marks)是关于商标国际注册方面的重要国际条约，1891 年 4 月 14 日在马德里签订，并于 1892 年 7 月生效。其后，该协定于 1900 年 11 月 14 日修订于布鲁塞尔，1911 年 6 月 2 日修订于华盛顿，1925 年 11 月 6 日修订于海牙，1934 年 6 月 2 日修订于伦敦，1957 年 6 月 15 日修订于尼斯，1967 年 7 月 14 日在斯德哥尔摩修订并于 1979 年 9 月 28 日修改。中国于 1989 年 7 月 14 日交存加入书，该协定于 1989 年 10 月 4 日对中国生效。

该协定是《巴黎公约》的一项专门协定，其目的是简化《巴黎公约》对商标国际注册所规定的繁琐程序。1988 年通过的《商标国际注册马德里协定实施细则》对商标国际注册进行了细化，后被《商标国际注册马德里协定及有关议定书的共同实施细则》[①]取代。现行有效的是 2008 年 9 月 1 日开始生效的共同实施细则。凭借其程序机制的优势，依据该协定建立起来的马德里体系可使商标权利人直接向其本国或地区商标局递交一份国际注册申请书便能够使其商标在马德里联盟多个国家获得保护。由此注册的国际商标相当于该申请人在每个指定国或组织直接进行的商标注册申请或注册。鉴于注册后的各种变更或续展也可以通过同样便捷的程序进行，马德里体系还大大简化了对商标注册后的管理。[②]

---

① 英文名称为：Common Regulations under the Madrid Agreement Concerning the International Registration of Marks and the Protocol Relating to that Agreement。

② WIPO：《商标国际注册马德里体系》，载 http://www.wipo.int/madrid/zh/，2009 年 2 月 5 日最后访问。

（1）商标国际注册申请的当事人

依照《商标国际注册马德里协定》第1、2条的规定，该协定各缔约国的国民均可提起商标国际注册申请。未加入该《协定》的国家的国民，在依照该《协定》组成的特别联盟领土内，符合《巴黎公约》第3条规定条件的，与缔约国国民同等对待。

（2）申请国际注册的商标

根据该《协定》第3条第1款，商标原属国的主管机关应证明国际申请的内容与国家注册簿中的内容相符。因此，提出国际注册的商标必须在其原属国已经登记，否则不得进行国际注册。

（3）国际注册申请的提出与受理

国际注册申请应按细则所规定的格式提出。根据《协定》的要求，商标国际注册申请应通过商标原属国①的主管机关向国际局提出，并且应按细则所规定的格式提出，申请人应指明为之申请商标保护的商品或服务，如果可能，还应根据商标注册用商品和服务国际分类尼斯协定制定的分类表，指明相应的类别。如果申请人要求将颜色作为其商标显著成分保护的，还应当声明要求该项保护，并在申请书中注明请求保护的颜色和颜色组合；在申请中附送该商标的彩色图样，该图应附在国际局发出的通知中。申请可采用书面方式，亦可适用电子手段，并应按要求交纳国际申请费用。

商标国际申请是由国际局受理，但需要接受申请人提交的国际申请的原属国的主管机关的配合。该机关应证明该申请的内容与国家注册簿中的内容相符，并注明该商标在原属国的申请和注册的日期和号码以及国际注册的申请日期。

（4）国际局的注册

国际局应立即注册符合规定申请注册的商标。国际局于申请人在原属国提出国际申请之日后两个月内收到该申请的，在原属国申请国际注册的日期为注册日期；国际局在此期限内未收到申请的，以其收文日期为注册日期。国际局应将该项注册通知有关主管机关。注册商标应按注册申请的内容在国际局出版的刊物上公告，并发给登记证书。

（5）国际注册的法律效力

第一，国际注册的法律效力。根据该《协议》第4条的规定，经国际注册的

① 《商标国际注册马德里协定》第1条中对“原属国”的定义如下：“原属国是指申请人设有真实有效的工商营业所的特别联盟国家；在特别联盟国家中没有此类营业所的，系指其住所所在的特别联盟国家；在特别联盟境内没有住所，但为特别联盟国家国民的，则指其国籍所在的国家。”

商标,自国际局注册之日起,商标在各有关缔约国的保护,应如同此商标在该国直接注册。但如果有关缔约国按照该《协定》第5条的规定进行了批驳,则该商标在其领土上不能得到保护。

在国际局注册的商标的有效期为20年,并可根据规定的条件续展。自国际注册之日起5年内,如果该商标在原属国已全部或部分不再享受法律保护的,那么,无论国际注册是否已经转让,不得再全部或部分取得该保护。除此之外,自国际注册之日起满5年时,该国际注册的商标即与原属国在先注册的国家商标相独立。

第二,领土限制和领土延伸的申请。根据《协定》第3条之二的规定,各缔约国可提出领土限制,要求通过国际注册取得的保护,只有在商标所有人专门申请时,才能扩大到该国。如果申请人通过国际注册取得的保护欲延伸至该国,应在其国际注册申请中特别注明。除此之外,在国际注册后申请领土延伸的,应按细则规定的格式,通过原属国主管机关提出。国际局应立即注册领土延伸申请,随即将该注册通知有关主管机关,并在国际局出版的定期刊物上公告。领土延伸于国际注册簿登记之日起生效,于有关商标国际注册期满时失效。

第三,国家主管机关的驳回。国际局对商标国际申请的注册受到各国主管机关对国家商标注册的一定约束。在国际局通知某项商标注册或根据对按规定提出延伸保护申请的国家主管机关后,在法律允许的国家内,有关主管机关有权声明在其领土上不能给予该商标以保护。但根据《巴黎公约》的规定,有关主管机关只能以适用于申请国家注册商标的条件提出此类驳回,不得仅以国家法只准予在一定的类别或者一定的商品或服务上注册为唯一理由,驳回甚至部分驳回保护。

欲行使驳回权利的主管机关,应在其国家法规定的期限内,并最迟于商标国际注册或在提出延伸保护申请之日起1年届满之时,将其驳回通知国际局,同时说明全部理由。国际局应依任何有关当事人的请求,通知其驳回商标的全部理由。在上述1年最宽期限内,主管机关未将关于商标注册或延伸保护申请的任何临时或最终驳回决定通知国际局的,即丧失上述商标享有本条第1款规定的权利。同时,如未能使商标所有人及时维护其权利的,主管机关不得宣布国际商标无效。

3.3 知识产权分类条约

3.3.1 《国际专利分类斯特拉斯堡协定》

现有技术(prior art)是审查判断专利是否具备新颖性的重要基础。但由于各国的专利分类原则与分类方法不同，各国专利审查机关不得不根据自己的分类，借助分类对照表，对其他国家专利审查机关的专利文献进行转换分类，这导致检索困难，可靠性差，效率低下，对专利审查工作带来极大的不变，也对公众获取技术信息带来了极大的困难。故有必要建立一套用于专利文献的高效检索工具，用以确定新颖性和评价专利申请的非显而易见性，因此，建立国际统一的专利分类法是各国共同的需要。

《斯特拉斯堡协定》就是有关专利国际分类的专门协定之一，其目的是为了普遍采用一种统一的专利、发明人证书、实用新型和实用证书的分类系统，在工业产权领域建立较为密切的国际合作，协调各国在该领域的立法工作。它于1971年3月24日签订，后于1979年10月2日修正。《巴黎公约》的成员国均可加入。1997年6月19日，中国正式加入该协定。

依照《斯特拉斯堡协定》，由欧洲理事会依据1954年12月19日的《发明专利国际分类欧洲公约》的规定而制定的并于1968年9月1日生效的发明专利国际分类法被确定为国际专利分类法（International Patent Classification，IPC）。

《国际专利分类斯特拉斯堡协定》只有17条，涉及专门联盟的建立；国际分类法的采用；分类法的定义、语言、使用；专家委员会；专门联盟的大会；国际局；财务；修订；缔约国；生效；有效期；退出；签字、语言、通知、保存职责；过渡条款。

国际专利分类法是该协定的所有成员国、各地区专利局以及WIPO国际局都采用的分类法，具有全球性。根据该协定，国际专利分类法每5年修订一次。

IPC采用以功能分类为主，应用分类为辅的分类方法。它把专利技术分为8个部，其名如下：A部：人类生活必需；B部：作业、运输；C部：化学、冶金；D部：纺织、造纸；E部：固定建筑物；F部：机械工程、照明、加热、武器、爆破；G部：物理；H部：电学。每各部内有由信息性标题构成的分部，分部没有类号。每一个部被细分成许多大类，大类是分类表的第二等级。每一个大类包括一个或多个小类，小类是分类表的第三等级。每一个小类被细分为“组”，“组”既可以是大组（即分类表的第四等级）也可以是小组（即依赖于分类表大组等级的更低的等级）。一个完整的分类号由代表部、大类、小类和大组或小组的类号构成。

3.3.2 《商标注册用商品和服务国际分类尼斯协定》

《尼斯协定》旨在建立商标的商品与服务分类，是为商标注册制度提供分类服务的法律文件，于1957年6月年15日在尼斯签订，后1967年7月10日修订于斯德哥尔摩，1977 年 5 月 13 日修订于日内瓦，并于 1979 年 10 月 2 日修改于日内瓦。《巴黎公约》的成员国均可加入该协定。1994 年 8 月 9 日，中国正式加入该协定。

该《协定》共有 14 个条文。依照该《协定》第 1 条第 2 款建立的《商标注册用商品与服务国际分类表》和按字母顺序排列的商品和服务表是该协定的重要组成部分。世界知识产权组织不时修订《商标注册用商品和服务国际分类》，一是增加新的商品，二是将已列入分类表的商品和服务按照新的观点进行调整，以求商品和服务更具有内在的统一性。目前最新的分类表是第九版，从 2007 年 1 月 1 日起生效，其将商品和服务按照 1～45 类的顺序排列，其中 1～34 类为商品，35～45 类为服务。每类有一个类别号和标题，每类的标题概括了本类所包含商品的特征及范围，最后列出了本类包括的所有商品或服务项目，每项商品或服务均有一个顺序号，以便查找。

按照《协定》第 1 条和第 2 条的规定，采用共同的商标注册用商品和服务分类，并在有关商标注册的官方文件和公告中，载明商标注册的商品或服务项目所属的类别号是协定成员国应承担的义务。但是，分类的效力取决于每个成员国。成员国可以保留将本分类作为主要体系使用或者作为辅助体系使用的权利。特别是，在对任何特定的商标提供保护的范围或对服务商标的认可方面，对成员国不具有约束力。

与《斯特拉斯堡协定》一样，《尼斯协定》也不禁止没有参加该协定的国家使用依该协定建立的商品与服务分类法。现在全世界已经有超过 130 个国家的商标主管机关、WIPO 国际局、非洲工业产权组织等，都采用了《尼斯协定》。该协定确定的分类法便于对商标进行检索和管理，也有利于促进商标国际注册的开展。

第三十六章　伯尔尼公约体系

本章第一部分简单评价了伯尔尼公约体系，介绍伯尔尼公约体系的结构、《伯尔尼公约》的基本原则，最低保护标准、对发展中国家的特殊规定等内容。第二部分主要介绍邻接权的原则、内容、保护、限制及主要的邻接权公约《保护表演者、录音制品制作者和广播组织罗马公约》与《保护录音制品制作者防止未经许可复制其录音制品日内瓦公约》。最后介绍了伯尔尼公约体系的新进展——《版权条约》与《表演和录音制品条约》。

第一节　伯尔尼公约体系概况

1.1　对伯尔尼公约体系的评价

在版权与邻接权领域,《伯尔尼公约》是最早、最重要和最基本的国际公约。它所确立的版权保护基本原则和基本要求对世界各国的版权制度产生了深刻影响。在TRIPs协议将《伯尔尼公约》纳入其范围之后,《伯尔尼公约》又协调着世界贸易组织成员的版权制度。

在《伯尔尼公约》之后,受其影响,国际社会又缔结了《罗马公约》、《录音制品日内瓦公约》、《布鲁塞尔公约》、《版权条约》和《表演和录音制品条约》等条约。这些公约相互联系,又相互区别,共同构筑了的版权与邻接权的伯尔尼公约体系。

《伯尔尼公约》第20条规定:"本同盟各成员国政府保留在它们之间签订给予作者比本公约所规定的更多的权利,或者包括不违反本公约的其他条款的特别协议的权利。凡符合上述条件的现有协议的条款仍然适用。"故在伯尔尼公约体系中,《伯尔尼公约》也是处于基本公约的地位。与巴黎公约体系的定义相似,本书所指的伯尔尼公约体系是指以《伯尔尼公约》为基本公约,以世界知识产权组织主持缔结和/或管理的其他版权和邻接权条约构成的版权条约体系。但与巴黎公约体系相比,伯尔尼公约体系显然是一个比较松散的条约体系,其原因在于版权邻接权领域内的条约绝大多数都是开放性条约,而巴黎公约体系内的绝大多数专门协定都只对《巴黎公约》的成员国开放。

1.2　伯尔尼公约体系的结构

伯尔尼公约体系的结构,目前除了《伯尔尼公约》外,还有8个专门协定,具体名称如下[①]:

中文名称	英文名称	缔结时间
《罗马公约》	Rome Convention for the Protection of Performers, Producers of Phonograms and Broadcasting Organizations	1961年
《录音制品日内瓦公约》	Convention for the Protection of Producers of Phonograms Against Unauthorized Duplication of Their Phonograms	1971年

① 郑成思:《知识产权法》(第二版),法律出版社2003年版,第89～90页。

（续表）

中文名称	英文名称	缔结时间
《印刷字体的保护及其国际保存协定》	Vienna Agreement for the Protection of Type Faces and their International Deposit	1973 年
《卫星公约》	Brussels Convention Relating to the Distribution of Programme-Carrying Signals Transmitted by Satellite	1974 年
《避免对版权使用费收入重复征税多边协定》	Multilateral Convention for the Avoidance of Double Taxation of Copyright Royalties	1979 年
《视听作品条约》	Treaty on the International Registration of Audiovisual Works	1989 年
《版权条约》	WIPO Copyright Treaty	1996 年
《表演和录音制品条约》	WIPO Performances and Phonograms Treaty	1996 年

第二节 《伯尔尼公约》

2.1 公约的背景情况

《伯尔尼公约》签订于 1886 年 9 月，于 1887 年 12 月 5 日正式生效。此后，由于不断有新的文学和艺术作品创作形式出现，如摄影作品和电影作品，而且，作者的权利范围也随着作品使用和传播技术的发展而逐步扩大，《伯尔尼公约》相应地进行了多次的修改、补充和修正。在生效后，《伯尔尼公约》先后在 1896 年 5 月 4 日于巴黎补充，1908 年 11 月 3 日于柏林修订，1914 年 3 月 20 日于伯尔尼补充，1928 年 6 月 2 日于罗马修订，1948 年 6 月 26 日于布鲁塞尔修订，1967 年 7 月 14 日于斯德哥尔摩修订，1971 年 7 月 24 日于巴黎修订。1979 年，在世界知识产权组织的主持下，又对巴黎文本的行政条款作了几处改动。中国于 1992 年 10 月 15 日加入《伯尔尼公约》，适用 1971 年的巴黎文本。依照中国政府的声明，自 1997 年 7 月 1 日香港回归后，该公约亦适用于香港特别行政区。

与《巴黎公约》相似，《伯尔尼公约》最后一次修订的文本并不是唯一有效的文本。1971 年的巴黎文本是被最多国家批准的文本，但也有少数国家批准了某个早期的文本，如罗马文本、布鲁塞尔文本和斯德哥尔摩文本。为了平衡成员国的权利义务，《伯尔尼公约》（巴黎文本）第 32 条对各文本之间的关系作了规定："1. 此公约文本在本同盟各成员国之间的关系方面和在它适用的限度内,代替1886年9月9日的伯尔尼公约及其以后的修订文本。在与未批准或未加入此公约文本的本同盟成员国的关系方面,以前生效的文本全部保持其适用性,或在此公约文本不能根据前句规定代替以前文本的限度内保持其适用性。2. 成为此公约文本缔约国的非本同盟成员国,在除第3款规定的情况外,对于不受此公约文本约束或虽受其约束但已作过第28条第1款b项规定的声明的本同盟任何成员国,适用此公约文本。上述国家承认,本同盟该成员国,在同它们的关系上:(1) 适用它受其约束的最近文本的规定,并且(2) 在不违反附件第1条第6款规定的情况下,有权使保护与此公约文本规定的水平相适应。3. 援用附件规定的任何权利的任何国家在同不受此公约文本约束的本同盟其他任何成员国的关系上,可以适用附件中有关它援用的一种或多种权利的规定,但以该其他成员国已接受适用上述规定为条件"。

2.2 公约的基本原则

2.2.1 国民待遇原则

国民待遇原则(principle of national treatment)是知识产权国际保护制度中的最基本原则。《伯尔尼公约》对此也作了规定。《公约》第5条第1款规定:"就享有本公约保护的作品而论,作者在作品起源国以外的本同盟成员国中享有各该国法律现在给予和今后可能给予其国民的权利,以及本公约特别授予的权利。"该条第3款还规定:"起源国的保护由该国法律规定。如作者不是起源国的国民,但其作品受公约保护,该作者在该国仍享有同本国作者相同的权利。"由此可见,"起源国"在《伯尔尼公约》中是确定国民待遇的关键问题。对此,《公约》第5条第4款对"起源国"规定如下:

第一,对于首次在某一成员国出版的作品,以该国家为起源国;对于在分别给予不同保护期的几个成员国同时出版的作品,以立法给予最短保护期的国家为起源国;

第二,对于同时在非成员国和成员国出版的作品,以后者为起源国;

第三,对于未出版的作品或首次在非成员国出版而未同时在成员国出版的作品,以作者为其国民的成员国为起源国,但对于制片人总部或惯常住所在某一成员国内的电影作品,以该国为起源国;对于建造在某一成员国内的建筑作品或构成某一成员国建筑物一部分的平面和立体艺术作品,以该国为起源国。

由此可见,《伯尔尼公约》主要是通过作者和作品发表地两个要素来确定国民待遇原则的适用范围,这样使版权能在更广泛的范围内受到保护。

2.2.2 自动保护原则

《公约》第5条第2款规定，享有和行使依国民待遇提供的权利时不需要履行任何手续，也不论作品起源国是否存在保护。这便是自动保护原则(principle of automatic protection)。但是，《公约》第2条第2款允许成员国作出一项保留，即各成员国可以通过国内立法规定所有作品或任何特定种类的作品未以某种物质形式固定下来的，便不受保护，这即是对作品的"固定要求"。

2.2.3 独立保护原则

根据《公约》第5条第2款，除公约条款外，版权保护的程度以及为保护作者权利而向其提供的补救方法完全由被要求给予保护的国家的法律规定，因此，作品在某一成员国所受到的保护，完全独立于作品起源国所予以的保护。同时，作品在成员国所受到的保护，也完全依照该成员国的法律予以规定。当然，各成员国均依本国法律的规定向外国作者提供的保护，不得损害作者依《公约》特别规定所享有的权利。

2.3 最低保护标准

由于世界各国的历史文化传统和政治经济发展的不平衡，版权保护的地域性和独立性必然导致各国版权保护制度的差异。《伯尔尼公约》第19条规定："如果本同盟成员国的本国法律提供更广泛的保护，本公约条款不妨碍要求适用这种规定。"《公约》从四个方面规定了版权保护的最低标准(standard of minimum protection)。

2.3.1 应受保护的作品

(1) 作品的保护范围

根据《伯尔尼公约》第2条第1款，"文学和艺术作品"指文学、科学和艺术领域内的一切成果，不论其表现形式或方式如何，它包括书籍、小册子和其他文字作品；讲课、演讲、讲道和其他同类性质作品；戏剧或音乐戏剧作品；舞蹈艺术作品和哑剧；配词或未配词的乐曲；电影作品和以类似摄制电影的方法表现的作品；图画、油画、建筑、雕塑、雕刻和版画作品；摄影作品和以类似摄影的方法表现的作品；实用艺术作品；与地理、地形、建筑或科学有关的插图、地图、设计图、草图和立体作品。

(2) 演绎作品

《伯尔尼公约》规定受保护的作品包括演绎作品(derivative works)，即翻译、改编、乐曲改编以及对文学或艺术作品的其他变动应得到与原作同等的保护，但不得损害原作的版权。

(3) 汇编作品

《公约》规定，文学或艺术作品的汇编，诸如百科全书和选集，凡由于对材料的选择和编排而构成智力创作的汇编作品(compilation works)，应得到相应的、但不损害汇编内每一作品的版权的保护。

(4) 实用艺术作品、工业品外观设计

《公约》规定，各成员国可以通过国内立法规定其法律在何种程度上适用于实用艺术作品(practical works of art)以及工业品平面和立体设计(industrial designs)，以及此种作品和平面与立体设计受保护的条件。在起源国仅仅作为平面与立体设计受到保护的作品，在本同盟其他成员国只享受各该国给予平面和立体设计的那种专门保护；但如在该国并不给予这种专门保护，则这些作品将作为艺术作品得到保护。

(5) 时事新闻

根据《公约》第 2 条第 8 款，公约的保护不适用于日常新闻或纯属报刊消息性质的社会新闻(news)。

值得注意的是，对于立法、行政或司法性质的官方文件及其正式译本，以及政治演说和诉讼过程中发表的言论的保护，《公约》规定由各成员国的国内立法确定。另外，公开发表的讲课、演说或其他同类性质的作品，如为新闻报道的目的有此需要，在什么条件下可由报刊登载，进行广播或向公众传播，以及以《公约》第 11 条之二第 1 款的方式公开传播的，也属于各成员国国内立法的范围。

2.3.2 作者的经济权利

《伯尔尼公约》从第 8 条至第 14 条详细规定了作者享有的以下经济权利：

第一，翻译权(right of translation)，即作者在对原著享有权利的整个保护期内，享有翻译和授权翻译其作品的专有权利。不过，这种权利要受到公约附件规定的强制许可制度的限制。

第二，复制权(right of copy)，即作者享有授权以任何方式和采取任何形式复制其作品的专有权利，但是，成员国法律得允许在某些特殊情况下复制上述作品，只要这种复制不损害作品的正常使用也不致无故侵害作者的合法利益。《公约》第 9 条第 3 款特别指出所有录音或录像均应视为复制。另外，《公约》第 10 条、第 10 条之二对复制权作了一些限制，详见本节中“对版权的限制”部分的内容。

第三，表演权(right of performance)，即戏剧作品、音乐戏剧作品和音乐作品的作者享有授权公开表演和演奏其作品，包括用各种手段和方式公开表演和演奏，以及授权用各种手段公开播送其作品的表演和演奏。戏剧作品或音乐戏剧作品的作者,在享有对其原作的权利的整个期间对其作品的译作享有同等的权利。

第四,广播权(right of broadcasting),即文学艺术作品的作者授权广播其作品或以任何其他无线传送符号、声音或图像的方法向公众传播其作品;授权由原广播机构以外的另一机构通过有线传播或转播的方式向公众传播广播的作品;以及授权通过扩音器或其他任何传送符号、声音或图像的类似工具向公众传播广播的作品。《公约》规定,行使以上权利的条件应由成员国的法律规定,但这些条件的效力严格限于该国范围内,且这些条件均不应有损于作者的精神权利,也不应有损于作者获得合理报酬的权利,该报酬在没有协议情况下应由主管当局规定。

第五,朗诵权(right of recitation),即文学作品的作者享有授权公开朗诵其作品,包括用各种手段或方式公开朗诵,以及授权用各种手段公开播送其作品的朗诵的权利。文学作品作者在对其原作享有权利的整个期间,对其作品的译作享有同等的权利。

第六,改编权(right of adaptation),即文学艺术作品的作者享有授权对其作品进行改编、音乐改编和其他变动的专有权利。

第七,录制权(right of recording),即音乐作品作者及允许其歌词与音乐作品一道录音的歌词作者授权对上述音乐作品以及有歌词的音乐作品进行录音的专有权利,但根据《公约》第 14 条第 3 款的规定,这种权利不适用于电影。《公约》规定,行使以上权利的条件应由成员国的法律规定,但这些条件的效力严格限于该国范围内,且在任何情况下均不得损害作者获得在没有协议情况下由主管当局规定的合理报酬的权利。

第八,制片权(right of moviemaking),即文学艺术作品的作者享有授权将其作品改编和复制成电影以及发行经过如此改编或复制的作品;以及授权公开表演、演奏以及向公众有线传播经过如此改编或复制的作品的权利。根据文学或艺术作品制作的电影作品以任何其他艺术形式改编,在不妨碍电影作品作者授权的情况下,仍须经原作作者授权。

值得注意的是,《公约》第 14 条还规定了追续权,即对于艺术作品原作和作家与作曲家的手稿,作者或作者死后由国家法律所授权的人或机构,享有在作者第一次转让作品之后对作品进行的任何出售中分享利益的不可剥夺的权利。但《公约》同时规定,只有在作者本国法律承认这种保护的情况下,才可在成员国内要求这种保护,而且保护的程度应限于被要求给予保护的国家的法律所允许的程度。由此可见,追续权不是最低限度保护标准的内容,各成员国可根据本国情况决定是否授予前述作者这种权利。

2.3.3 作者的精神权利

《伯尔尼公约》在第6条之二详细规定了作者享有的以下精神权利。根据该规定，作者享有以下精神权利：

第一，署名权(right of attribution)，即要求其作品作者身份的权利。

第二，维护作品完整权(right of integrity)，即反对对其作品的任何有损其声誉的歪曲、割裂或其他更改，或其他损害行为的权利。

《公约》规定的精神权利不受作者经济权利的影响，甚至在上述经济权利转让之后，作者仍保有上述精神权利。为保障作者的精神权利而采取的补救方法由适用保护该权利的国家的法律。

2.3.4 对版权的限制

由于版权涉及作者、传播者和使用者的利益，各国版权法都不同程度地对著作权人的权利作了限制，代表性的制度即是合理使用和强制许可制度。《伯尔尼公约》对此作了一些基本规定。

(1) 合理使用

《公约》的第2条之二、第9条第2款、第10条、第10条之二第1款、第11条之二第3款将以下行为列入合理使用(fair use)的范围：

第一，以提供信息为目的，将作者公开发表的讲课、演说或其他同类性质的作品进行报刊登载、播放、公开有线或无线方式传播。

第二，从一部合法公之于众的作品中摘出引文，包括以报刊提要形式引用报纸期刊的文章，但应限于合理范围并说明出处，如原出处有作者姓名，也应同时说明。

第三，为教学之目的，通过出版物、无线电广播或录音录像的方式使用作品，但应限于合理范围并说明出处，如原出处有作者姓名，也应同时说明。

第四，通过报刊、广播或对公众有线传播，复制发表在报纸、期刊上的有关经济、政治或宗教的时事性文章，或具有同样性质的已经广播的作品，但以对这种复制、广播或有线传播并未明确予以保留的为限，并且均应明确说明出处。

第五，广播机构使用自己的设备并为自己播送之目的而录制有关作品并临时保存该录制品，官方档案保存机关可以由于这些录制品具有特殊文献性质而保存之。

(2) 强制许可

《公约》第11条之二第2款、第13条第1款以及《公约》的附件中集中规定了对强制许可(compulsory license)的限制。

《公约》第11条之二第2款规定了对广播权的强制许可，第13条第1款规定了对音乐作品的强制许可，但在实行这种制度时，既不能有损于作者的精神权利，也不能有损于作者获得合理报酬的权利。

《公约》的附件中有关强制许可的规定见下面“对发展中国家的特殊规定”的内容。

2.3.5　经济权利的保护期限

《公约》第7条、第7条之二规定了经济权利的保护期限：

第一，一般作品的保护期限为作者有生之年及其死后50年内。

第二，电影作品自作品公之于众后50年期满，如自作品完成后50年内尚未公之于众，则自作品完成后50年期满。

第三，匿名作品和假名作品，自其合法公之于众之日起50年内有效。但根据作者采用的假名可以毫无疑问地确定作者身份或者作者在上述期间内公开其身份时，该保护期适用一般作品的保护期限。

第四，摄影作品和作为艺术作品保护的实用艺术作品的保护期限不应少于自该作品完成之后算起的25年。

第五，合作作品的作者死后的保护期应从最后死亡的作者死亡时算起。

2.4　对发展中国家的特殊规定

《伯尔尼公约》主要是在出版业发达的西方国家主导下签订的，它的许多规定对发展中国家而言是不合理的。经过发展中国家的努力，在1971年修订《公约》的时候增加了对发展中国家的特殊规定，这些规定集中反映在《公约》的第21条以及《公约》的附件中。

根据附件第1、2、3条的规定，被联合国大会确认为发展中国家的任何国家，作为《公约》的成员国，可以根据《公约》规定的优惠条件颁发“翻译许可”、“翻译广播许可”以及“复制许可”三种强制许可证，但这类强制许可的客体仅限于外国作品中的印刷出版物，以及仅为系统教学所用的视听作品。[①]《公约》对发放强制许可证在具体适用条件和程序上附加了许多限制条件，如只有在一定期限届满之后并且经过主管当局履行一定手续方可进行；只能向本国国民发放；许可只能是非独占的、不可转让的；只能在本国销售，不得出口等等。

---

① 吴汉东主编：《知识产权法》(第四版)，中国政法大学出版社2007年版，第381页。

第三节 邻接权公约

3.1 《保护表演者、录音制品制作者和广播组织罗马公约》

3.1.1 概述

邻接权主要是指表演者、录音制品制作者和广播组织在传播作品过程中所产生的权利。出于保护邻接权的目的,联合国国际劳工组织、联合国教科文组织和世界知识产权组织共同发起,于1961年10月26日缔结了《保护表演者、录音制品制作者和广播组织罗马公约》,由于缔结地在罗马,故又称为《罗马公约》。该《公约》于1964年5月18日生效。它是世界上第一个关于邻接权保护的国际公约。

根据该《公约》的第23条和第24条的规定,只有参加了《世界版权公约》或《伯尔尼公约》的成员国,才可参加本公约,因此该《公约》是一个封闭性的条约。但是,根据世界贸易组织协定中的TRIP协议第1条第3款,世界贸易组织所有成员应被视为《巴黎公约》(1967年文本)、《伯尔尼公约》(1971年文本)、《罗马公约》和《关于集成电路知识产权条约》的全体成员。因此,《罗马公约》适用的成员国范围与TRIPs协议是一致的。

《罗马公约》共有34条条文,其中第1条至第15条为实体性条款,其余为行政性条款。它所确定的许多内容已称为邻接权保护的基本标准。

3.1.2 邻接权保护与著作权保护的关系

邻接权与著作权的权利主体和客体均是不同的。邻接权保护的是作品的传播者对其传播作品而产生的权利,而著作权保护的是作者对其创作的作品而享有的权利。为此,《罗马公约》第1条对此予以说明,即"本公约给予之保护将不触动也决不影响文学和艺术作品的版权保护。因此,本公约的条款不得作妨碍此种保护的解释"。

3.1.3 国民待遇原则

国民待遇原则(national treatment)是知识产权国际保护中的一项基本原则,《罗马公约》也不例外。根据《公约》第2条的规定,《罗马公约》中的"国民待遇指被要求给予保护的缔约国的国内法律给予——(1) 其节目在该国境内表演、广播或首次录制的身为该国国民的表演者的待遇;(2) 其录音制品在该国境内首次录制或首次发行的身为该国国民的录音制品制作者的待遇;(3) 其广播节目从设在该国领土上的发射台发射的总部设在该国境内的广播组织的待遇",但是"国民待遇应服从本公约具体给予的保护和具体规定的限制”。因此，如果缔约国的邻接权保护标准低于《公约》规定的标准，也不得借口国民待遇给予低于《罗马公约》特别规定的保护。这实际上是对国民待遇的一个限制条件。[①]

在考虑如何适用国民待遇原则时，《公约》的起草者曾考虑引入《伯尔尼公约》中的“起源国”的概念，但后来发现要确定邻接权的保护客体的来源国不像对作品那么容易，故《公约》最终避开了“来源国”的概念[②]，而针对不同的传播者规定了适用国民待遇的不同条件：

对于表演者，《公约》第 4 条规定，只要符合下列条件之一，即可获得国民待遇：① 表演是在另一缔约国进行的；② 表演已被录制在受《公约》第 5 条保护的录音制品上；③ 表演未被录制成录音制品，但在受《公约》第 6 条保护的广播节目中播放。

对于录音制品制作者，《公约》第 5 条规定，只要符合下列条件之一，即可获得国民待遇：① 录音制品制作者是另一个缔约国的国民（国民标准）；② 首次录音是在另一个缔约国制作的（录制标准）；③ 录音制品是在另一个缔约国首次发行的（发行标准）。《公约》规定，如果某种录音制品是在某一非缔约国首次发行的，但在首次发行后 30 天内也在某一缔约国发行（同时发行），则该录音制品也被认为是在该缔约国首次发行。但是任何缔约国可通过向联合国秘书长递交通知书，声明其不执行发行标准，或者不执行录制标准。

对于广播组织，《公约》第 6 条规定，只要符合下列条件之一，即可获得国民待遇：① 该广播组织的总部设在另一缔约国；② 广播节目是由设在另一缔约国的发射台播放的。但是任何缔约国可通过向联合国秘书长递交通知书，声明只保护其总部设在另一个缔约国并从设在该同一缔约国的发射台播放的广播组织的广播节目。

3.1.4　邻接权的内容

(1) 表演者权

《罗马公约》第 7 条至第 9 条对表演者权（right of performer）进行了详细规定。

根据《公约》的第 7 条第 1 款，表演者应有制止下列三种行为的可能性：

第一，防止未经许可而广播和向公众传播他们的表演，但是如该表演本身就是广播演出或出自录音、录像者除外；

第二，防止未经许可而录制其未曾录制过的表演；

---

① 唐广良、董炳和：《知识产权的国际保护》（修订版），知识产权出版社 2007 年版，第 143 页。

② 郑成思：《版权法》（修订本），中国人民大学出版社 1997 年版，第 413 页。

第三，如果录音、录像的原版是未经表演者同意录制的，或者制作复制品的目的超出表演者同意的范围，或者录音、录像的原版是根据第 15 条的规定录制的，而制作复制品的目的与此条规定的目的不同时，防止未经许可而复制载有其表演的上述录音或录像。

《公约》第 7 条第 2 款规定，对于广播是经表演者同意的，则防止转播，防止为广播目的的录音、录像和防止为广播目的的此类录音、录像的复制；以及对于广播组织使用为广播目的而制作的录音录像的期限和条件，则由根据要求其保护的缔约的国内法律确定，但是，上述国内法律不得用来剥夺表演者通过合同控制他们与广播组织之间的关系的能力。

但是，根据《公约》第 19 条的规定，一旦表演者同意将其表演录像或录音录像为影视作品的，表演者就不能主张前述的表演者权。

《公约》第 8 条规定，如果若干表演者参加同一项表演，缔约国可根据本国法律和规章，明确指出表演者在行使权利方面确定代表的方式。

《公约》第 9 条规定，在表演者所表演的不是文学艺术作品，缔约国也可根据本国法律和规章，将《罗马公约》提供的保护扩大到不是表演文学或艺术作品的表演者。只不过这一“表演者”不是《罗马公约》所规定必须保护的表演者。

(2) 录音制品制作者权

《罗马公约》第 10 条至第 12 条对录音制品制作者权(right of phonogram producer)进行了详细规定。

根据《公约》第 10 条的规定，录音制品制作者享有授权或禁止直接或间接复制其录音制品的权利。但是，与《伯尔尼公约》规定的作者自动取得版权保护的原则明显不同，《公约》规定录音制品制作者的邻接权以及表演者就载有其表演的录音所享有的邻接权必须履行一定的手续方可取得保护，这是一种非自动的保护。

根据《公约》第 11 条，这种形式条件是：

第一，在已经发行的录音制品的所有供销售的复制品上或其包装物上载有包括符号(P)和首次发行年份的标记；

第二，标记的方式足以使人注意到对保护的要求；

第三，如果复制品或其包装物上没有注明制作者或制作者的许可证持有者(载明姓名、商标或其他适当的标志)，则标记还应当包括制作者权利所有者的姓名；此外，如果复制品或其包装物上没有注明主要表演者，则标记还应当包括在制作这些录音的国家内拥有此种表演者权利的人的姓名。

关于录音制品的二次利用问题，《公约》第 12 条规定：“如果某种为商业目的发行的录音制品或此类唱片的复制品直接用于广播或任何向公众的传播，使用者则应当付一笔总的合理的报酬给表演者，或录音制品制作者，或给二者。如有关各方之间没有协议，国内法律可以提出分享这些报酬的条件”。

（3）广播组织权

根据《公约》第13条，广播组织有权授权或禁止：第一，转播其广播节目；第二，录制其广播节目；第三，复制未经其许可而制作他们的广播节目的录音或录像，或者根据第15条的规定而制作他们的广播节目的录音和录像，但复制的目的不符合该条规定的目的；第四，向公众传播电视节目，如果此类传播是在公众支付入场费的公共场所进行的，但行使这种权利的条件由被要求保护的缔约国的国内法律确定。

需要注意的是，在规定表演者权时，公约使用了“防止的可能性”（possibility of preventing）一词，而在规定录音制品制作者权和广播组织权（right of broadcasting organation）却使用了“授权或禁止”（authorize or prohibit）。这表明《公约》留给成员国在国内立法中保护表演者的余地要大于保护录音制品制作者和广播组织，也即是说《公约》对表演者的保护水平要低于录音制品制作者和广播组织。[①]

3.1.5　邻接权的保护期限

根据《公约》第14条的规定，邻接权的保护期限至少应当为20年，其计算始于：第一，对录音制品和录制在录音制品上的节目——录制年份的年底；第二，对未被录制成录音制品的节目——表演年份的年底；第三，对广播节目——开始广播的年份的年底。

3.1.6　邻接权的限制

按照《公约》第15条的规定，任何缔约国可以依其国内法律与规章，在下列情况下，可对本《公约》提供的保护作出例外规定：

第一，合理使用。合理使用主要是指：① 私人使用；② 在时事报道中少量引用；③ 某广播组织为了自己的广播节目利用自己的设备暂时录制；④ 仅用于教学和科学研究之目的。

第二，强制许可。在不违背《公约》规定的范围内，任何缔约国对于表演者、录音制品制作者和广播组织的保护，可以在其国内法律与规章中作出像

---

① 对此问题的解释，已故的郑成思先生也持此意见。但是，唐广良、董炳和先生却认为《公约》的上述规定是意味着成员国在保护表演者时不一定授予实体权利，也可以通过其他方式，只要能够制止《公约》所规定的行为即可。解释虽然不同，但结论一样，即《公约》对表演者的保护水平要低于录音制品制作者和广播组织。参见郑成思：《版权法》（修订本），中国人民大学出版社1997年版，第416页；唐广良、董炳和：《知识产权的国际保护》（修订版），知识产权出版社2007年版，第144页。

它在国内法律和规章中作出的对文学和艺术作品的版权保护的同样的限制。

3.2 《保护录音制品制作者防止未经许可复制其录音制品日内瓦公约》

3.2.1 公约的概况

《罗马公约》是一个封闭性公约，只有《伯尔尼公约》和《世界版权公约》的成员国才可以加入，大大限制了公约的参加国。另外，根据《罗马公约》第10条规定，录音制品制作者只享有授权或禁止直接或间接复制其录音制品的权利，《公约》对于录音制品制作者是否有权禁止销售或者进口未经授权的复制品等问题未做任何规定。但是，国际上未经许可复制、销售他人录音制品的活动并未因《罗马公约》的缔结而稍有平复。因此，对于录音制品的保护是一个紧迫的世界性问题，这要求有更多的国家加入到此行列中来。基于上述原因，1971年10月29日，在世界知识产权组织和联合国教科文组织联合发起下，世界各国在日内瓦缔结了《保护录音制品制作者防止未经许可复制其录音制品日内瓦公约》(《录音制品公约》)。该公约于1993年4月30日对中国生效。

《公约》除序文外，只有13条条款，其中第1条至第7条为实体条款，第8条至第13条为行政条款。

3.2.2 公约的主要内容

(1) 录音制品制作者的权利

"录音制品制作者"指首次将表演的声音或其他声音固定下来的自然人或法人。根据《公约》第2条的规定，《公约》要求各缔约国应当保护其他缔约国国民的录音制品制作者的下列权利：

第一，防止未经录音制品制作者同意而制作复制品，只要任何此种制作的目的是为了公开发行；

第二，防止进口未经录音制品制作者同意而制作复制品，只要任何此种进口的目的是为了公开发行；

第三，防止公开发行未经录音制品制作者同意而制作复制品。

需要注意的是，《公约》第1条对"录音制品"定义为"任何仅听觉可感知的对表演的声音或其他声音的固定"，因此，《公约》所保护的录音制品不仅包括对表演者的表演的录音，而且还包括"其他录音"，如大自然中动物的声音等。同时，《公约》用了"仅"(exclusively)来修饰"听觉可感知的"，这说明《公约》将那些仅有图像或者同时含有声音和图像的录像制品排除在《公约》的保护范围之外。

(2) 取得保护的条件

与《罗马公约》的规定一致，《录音制品公约》规定录音制品制作者取得保护也必须履行一定的手续。《录音制品公约》第5条规定的保护条件为:如果某一个缔约国依其国内法要求以履行手续作为保护录音制品制作者的条件,则只要在公开发行的、经授权的录音制品的所有复制件或其包装上标注了标记,即P加圈的符号和首次出版年份,而且标记的部位足以使人注意到保护的要求,则应当认为符合手续;如果复制品或其包装物上未(通过载有其姓名、商标或其他适当标识)注明制作者、他的合法继承人或专有许可证持有人,则标记还应当包括制作者和他的合法继承人或专有许可证持有人的姓名。

(3) 保护的方法

《公约》并未统一规定各缔约国保护录音制品制作者权的方式,而是授权由各缔约国国内法律规定,但是规定应当包括以下一种或多种方式:通过授予版权或其他专项权利的方式保护;通过有关不正当竞争的法律保护;通过刑事制裁的方式保护。

(4) 保护期限

对保护录音制品制作者权的保护期限,《公约》也是规定由各缔约国国内法律规定。但是,如果国内法律规定一具体保护期,该保护期不应短于自录音制品载有的声音首次被固定之年年底起,或从录音制品首次出版之年年底起20年。

(5) 权利限制

由于各缔约国对录音制品制作者权的保护方式不同,故《公约》并未明确对合理使用原则作出规定,只是规定了一般例外,即《公约》第6条规定的"任何通过版权或其他专项权利的方式或通过刑事制裁的方式提供保护的缔约国,可以在其国内法律中为录音制品制作者的保护规定与允许对文学和艺术作品作者的保护所作的相同的限制"。但是,《公约》明确规定了只有同时符合所有下列条件,才允许颁发强制许可证:

第一,复制品仅用于教学和科学研究的目的;

第二,许可证仅适用于在颁发许可证的主管当局管辖的领土内进行的复制,不适用于复制品的出口;

第三,根据许可证制作复制品,应支付由上述主管当局考虑要制作的复制品的数量和其他因素而确定的合理报酬。

(6) 表演者的保护

由于大部分录音制品都是表演者表演享有版权保护的作品而录制的,根据《公约》第7条第2款的规定,对于被固定在录音制品上的表演的表演者是否享受《公约》提供的保护、保护程度以及享受此种保护的条件,应当由各缔约国国内法律确定。但是,《公约》第7条第1款又规定,本《公约》提供的保护不得限制或妨碍任何国内法律或国际公约给予作者、表演者、录音制品制作者或广播组织的其他保护。

第四节　伯尔尼公约体系的新进展

4.1　概述

《伯尔尼公约》1971年文本形成后的二十多年里，数字技术和网络传输技术快速发展，这些新技术对版权和邻接权保护发生了前所未有的影响。数字技术改变了作品的形态，互联网改变了作品的传输。在新技术面前，《伯尔尼公约》对计算机程序与数据库的法律地位、对数字化作品的出租权、对技术措施的保护等问题并没有相应的规定，《罗马公约》对网络环境下如何保护作品传播者的利益也显得无所适从。因此，如何完善《伯尔尼公约》和《罗马公约》，成为国际社会关注的重点问题。

1996年12月2日至20日，关于版权与邻接权若干问题的外交会议在日内瓦召开，世界知识产权组织157个成员国中的近一百三十个国家的代表和近九十个政府间和非政府间国际组织的观察员约七百多人参加了会议。[①] 经过三个星期的激烈讨论，外交会议终于在最后一天的深夜通过了《世界知识产权组织版权条约》(WIPO Copyright Treaty, WCT)和《世界知识产权组织表演和录音制品条约》(WIPO Performances and Phonograms Treaty, WPPT)及两个条约分别所附的"议定声明"。由于这两个条约主要为解决在国际互联网的环境下应用数字技术而产生的版权保护新问题，故也被称为"互联网条约"。二者分别在2002年3月6日和2002年5月22日生效。中国于2007年3月6日同时提交了两个条约的加入书，两个条约于2007年6月9日同时对中国生效。

两个条约及所附的"议定声明"较充分地弥补了原有《伯尔尼公约》及《罗马公约》在新技术环境下的不足，在相当长的一段时期将对国际版权保护产生极重要的(也可能是主要的)影响。[②]

① 在这次外交会议上，世界知识产权组织向外交会议提交了三份条约草案，即《关于保护文学艺术作品若干问题条约》(草案)、《保护表演者及录音制品制作者权利条约》(草案)及《数据库的知识产权条约》(草案)。前两个草案被通过，在缔结时名称分别变更为《世界知识产权组织版权条约》和《世界知识产权组织表演和录音制品条约》。对于《数据库的知识产权条约》(草案)，因大多数国家代表持否定态度，外交会议未予讨论，只是在最后发表了一个"有关数据库的建议"。

② 郑成思：《知识产权论》(第三版)，法律出版社2003年版，第503页。

4.2 《版权条约》的基本内容

《版权条约》除了序言之外，共有 25 条条款，其中第 1 条至第 14 条为实体条款，其余为行政条款。其基本内容如下：

(1) 与《伯尔尼公约》的关系(relationship with Berne Convention)

根据《版权条约》的第 1 条、第 3 条和第 13 条的规定，《版权条约》与《伯尔尼公约》[①]的关系如下：

第一，对于是《伯尔尼公约》成员国的缔约方而言，《版权条约》系《伯尔尼公约》第 20 条意义下的专门协定。《版权条约》不得与除《伯尔尼公约》以外的条约有任何关联，亦不得损害依任何其他条约的任何权利和义务。

第二，《版权条约》的任何内容均不得减损缔约方相互之间依照《伯尔尼公约》已承担的现有义务。

第三，缔约各方应遵守《伯尔尼公约》第 1 条至第 21 条和附件的规定。关于此款的议定声明中指出：《伯尔尼公约》第 9 条所规定的复制权及其所允许的例外，完全适用于数字环境，尤其是以数字形式使用作品的情况。不言而喻，在电子媒体中以数字形式存储受保护的作品，构成《伯尔尼公约》第 9 条意义下的复制。

第四，缔约各方对于《版权条约》所规定的保护应比照适用《伯尔尼公约》第 2 条至第 6 条的规定。由于《版权条约》系《伯尔尼公约》第 20 条意义下的专门协定，《版权条约》这样行文避免了重复规定受保护的作品、保护的条件、基本原则、对非缔约国国民的作者的限制等方面的条文。

第五，缔约各方应将《伯尔尼公约》第 18 条的规定适用于《版权条约》所规定的一切保护。

(2) 版权保护的范围

《伯尔尼公约》第 2 条只以未穷尽的方式列举了版权保护可能覆盖的对象，但未明确规定版权应该保护什么，不保护什么，而这又是非常必要的。在乌拉圭回合谈判中，世界各国形成共识，在 TRIPs 协议的第 9 条明确规定“版权保护延及表达，而不延及思想、过程、操作方法或数学概念本身”。《版权条约》的第 2 条与此基本相同，只是在“保护”之前删除了一个“应(shall)”字。

(3) 计算机程序数据汇编(数据库)

根据《版权条约》第 4 条规定，计算机程序作为《伯尔尼公约》第 2 条意义

---

① 《版权条约》的第 1 条第 3 款特意指出《伯尔尼公约》系指《伯尔尼公约》1971 年 7 月 24 日的巴黎文本。

下的文学作品受到保护。此种保护适用于各计算机程序,而无论其表达方式或表达形式如何。该条规定的计算机程序保护的范围与 TRIPs 协议第 10 条第 1 款的规定基本相同。

《版权条约》第 5 条规定,数据或其他资料的汇编,无论采用任何形式,只要由于其内容的选择或排列构成智力创作,其本身即受到保护。这种保护不延及数据或资料本身,亦不损害汇编中的数据或资料已存在的任何版权。这也是受到 TRIPs 协议影响而制定的条文。该条规定的数据汇编(数据库)保护的范围,与 TRIPs 协议第 10 条第 2 款的规定基本相同。

(4) 发行权、出租权与向公众传输权

由于《版权条约》明确规定缔约国应遵守《伯尔尼公约》的第 1 条至第 21 条,因此,《版权条约》对相同内容不再重复规定,只规定了《伯尔尼公约》中没有规定或规定不甚明确的以及高于《伯尔尼公约》保护水平的三种权利:发行权(right of issue)、出租权(right of lease)与向公众传输权(right of public transmission)。

根据《伯尔尼公约》第 6 条第 1 款的规定,《版权条约》项下的发行权是指文学和艺术作品的作者享有的授权通过销售或其他所有权转让形式向公众提供其作品原件或复制品的专有权。与《伯尔尼公约》相比,《版权条约》扩大了发行权的适用范围,使原来只适用于电影作品的发行权适用于所有类型的作品。同时,《伯尔尼公约》第 6 条第 2 款规定:"对于在作品的原件或复制品经作者授权被首次销售或其他所有权转让之后适用本条第(1)款中权利的用尽所依据的条件(如有此种条件),本条约的任何内容均不得影响缔约各方确定该条件的自由"。该款是对发行权的穷竭问题进行了规定。这种规定体现的是发行权国际穷竭的观点。但必须注意的是,发行权穷竭的前提是经作者授权。

给予上述对发行权的定义,《版权条约》还规定了网络环境中的传输权,把"向公众传播的权利"这个版权制度中原有的概念运用到网络环境中。《版权条约》的第 8 条及议定声明承认《伯尔尼公约》在适用传统传输权规定的基础上,将传输权延伸到可以适用于网络环境中,规定"文学和艺术作品的作者应享有专有权,以授权将其作品以有线或无线方式向公众传播,包括将其作品向公众提供,使公众中的成员在其个人选定的地点和时间可获得这些作品"。

《伯尔尼公约》没有出租权的任何规定。TRIPs 协议第 11 条规定了计算机程序与电影作品的出租权。受此影响,《版权条约》第 7 条也规定了出租权。按照该条第 1 款的规定,计算机程序、电影作品以及按缔约各方国内法的规定的以录音制品体现的作品的作者，享有授权将其作品的原件或复制品向公众进行商业性出租的专有权。但是，该种权利不适用于程序本身并非出租主要对象的计算机程序和电影作品，除非此种商业性出租已导致对电影作品的广泛复制，从而严重地损害了复制专有权。尽管有前述第1款的规定，但是任何缔约方如在1994年4月15日已有且现仍实行作者出租其以录音制品体现的作品的复制品获得合理报酬的制度，只要以录音制品体现的作品的商业性出租没有引起对作者复制专有权的严重损害，即可保留这一制度。

(5) 摄影作品的保护期限

《版权条约》第9条规定，对于摄影作品，缔约各方不得适用《伯尔尼公约》第7条第4款[①]的规定。《版权条约》作出这样的规定，是将摄影作品的保护期延长。结合《版权条约》第1条第4款以及《伯尔尼公约》第7条第1款规定的作品保护期为作者有生之年加死后50年，因此，摄影作品保护期也应当是该作品的作者有生之年加死后50年。

(6) 限制与例外

《版权条约》第10条第1款规定，缔约各方在某些不与作品的正常利用相抵触、也不无理地损害作者合法利益的特殊情况下，可在其国内立法中对依本《条约》授予文学和艺术作品作者的权利规定限制或例外。该款规定实际上是将《伯尔尼公约》第9条第2款的规定[②]从复制权扩大到了版权的其他权利。

《版权条约》第10条第2款规定，缔约各方在适用《伯尔尼公约》时，应将对该《公约》所规定权利的任何限制或例外限于某些不与作品的正常利用相抵触、也不无理地损害作者合法利益的特殊情况。

关于《版权条约》第10条的议定声明指出，第10条的规定允许缔约各方将其国内法中依《伯尔尼公约》被认为可接受的限制与例外继续适用并适当地延伸到数字环境中。同样，这些规定应被理解为允许缔约方制定对数字网络环境适宜的新的例外与限制。另外，该第10条第2款既不缩小也不延伸由《伯尔尼公约》所允许的限制与例外的可适用性范围。

---

① 《伯尔尼公约》第7条第4款的内容为："本联盟成员国有权以法律规定摄影作品及作为艺术品加以保护的实用美术作品的保护期限；但这一期限不应少于自该作品完成时算起25年。"

② 《伯尔尼公约》第9条第2款的内容为："本同盟成员国法律得允许在某些特殊情况下复制上述作品，只要这种复制不损害作品的正常使用也不致无故侵害作者的合法利益。"

4.3 《表演和录音制品条约》的基本内容

《表演和录音制品条约》是关于表演者和录音制品制作者权利的国际条约，它除了序言之外，共有33条条款，其中第1条至第23条为实体条款，其余为行政条款。

《表演和录音制品条约》对“录制”做了特别的定义，强调了由于数码技术的出现，“录制”不仅是对表演者声音和其他声音的记录，而且包括对那些原来根本不存在，而是通过电子技术直接生成的声音。这些声音被“声音表现物”这个概念所包含，如在对“录音制品”的定义中指出，它“系指除以电影作品或其他音像作品所含的录制形式之外，对表演的声音、或其他声音、或声音表现物所进行的录制”。

《表演和录音制品条约》基本内容如下：

（1）与其他公约的关系

《表演和录音制品条约》第1条首先规定了其与其他公约的关系。

《表演和录音制品条约》第1条第1款即规定条约的任何内容均不得减损缔约方相互之间依照1961年10月26日在罗马签订的《罗马公约》已承担的现有义务。

同时，由于表演者权与录音制品制作者权的保护通常涉及以录音制品体现出来的作品的版权[①]，《表演和录音制品条约》第1条第2款规定：“依本条约授予的保护不得触动或以任何方式影响对文学和艺术作品版权的保护。因此，本条约的任何内容均不得被解释为损害此种保护”。关于此款的议定声明指出，该款澄清本《条约》规定的对录音制品的权利与以录音制品体现的作品的版权之间的关系。在需要以录音制品体现的作品的作者与对录音制品持有权利的表演者或制作者许可的情况下，获得作者许可的需要并非因同时还需获表演者或制作者的许可而不复存在，反之亦然。

《表演和录音制品条约》第1条第3款还规定，《表演和录音制品条约》不得与任何其他条约有任何关联，亦不得损害依任何其他条约的任何权利和义务。因此，与《版权条约》是《伯尔尼公约》的专门协定的性质不同，《表演和录音制品条约》是完全独立的公约。

（2）表演者的权利

《表演和录音制品条约》第5条至第10条、第15条规定了表演者的权利。

第一，表演者的精神权利（moral right）。《条约》第5条规定，表演者的精

① 吴汉东主编：《知识产权法》（第四版），中国政法大学出版社2007年版，第398页。

神权利是不依赖于表演者的经济权利,甚至在这些权利转让之后,表演者仍应对于其现场有声表演或以录音制品录制的表演有权要求承认其系表演的表演者,除非使用表演的方式决定可省略不提其系表演者;并有权反对任何对其表演进行将有损其名声的歪曲、篡改或其他修改。表演者的精神权利在其死后应继续保留,至少到其经济权利期满为止,并应可由被要求提供保护的缔约方立法所授权的个人或机构行使。但批准或加入本条约时其立法尚未规定在表演者死后保护上款所述之全部权利的缔约方,可规定其中部分权利在表演者死后不再保留。为保障本条所授予的权利而采取的补救办法应由被要求提供保护的缔约方立法规定。

第二,表演者对其尚未录制的表演的经济权利。《表演和录音制品条约》第 6 条规定了表演者对其尚未录制的表演的经济权利,即表演者享有授权广播和向公众传播其尚未录制的表演,除非该表演本身已属广播表演;以及授权录制其尚未录制的表演的专有权。

第三,复制权。《表演和录音制品条约》第 7 条规定,表演者应享有授权以任何方式或形式对其以录音制品录制的表演直接或间接地进行复制的专有权。关于第 7、11 和 16 条的议定声明特别指出:第 7 条和第 11 条所规定的复制权及其中通过第 16 条允许的例外,完全适用于数字环境,尤其是以数字形式使用表演和录音制品的情况。在电子媒体中以数字形式存储受保护的表演或录音制品,构成这些条款意义下的复制。

第四,发行权。《表演和录音制品条约》第 8 条规定,表演者应享有授权通过销售或其他所有权转让形式向公众提供其以录音制品录制的表演的原件或复制品的专有权。对于在已录制的表演的原件或复制品经表演者授权被首次销售或其他所有权转让之后适用本条第(1)款中权利的用尽所依据的条件(如有此种条件),本《条约》的任何内容均不得影响缔约各方确定该条件的自由。按照该条有关的议定声明,"复制品"和"原件和复制品"专指可作为有形物品投放流通的固定的复制品。

第五,出租权。《表演和录音制品条约》第 9 条规定,录音制品制作者应享有授权对其录音制品的原件和复制品向公众进行商业性出租的专有权,即使该原件或复制品已由录音制品制作者发行或根据录音制品制作者的授权发行。尽管有前述规定,任何缔约方如在 1994 年 4 月 15 日已有且现仍实行录音制品制作者出租其录音制品的复制品获得合理报酬的制度,只要录音制品的商业性出租没有引起对录音制品制作者复制专有权的严重损害,即可保留这一制度。

第六,提供已录制表演的权利。《表演和录音制品条约》第 10 条规定,表演者应享有专有权，以授权通过有线或无线的方式向公众提供其以录音制品录制的表演，使该表演可为公众中的成员在其个人选定的地点和时间获得。

第七，因广播和向公众传播获得报酬的权利。《表演和录音制品条约》第15条规定的是表演者和录音制品制作者都享有的因广播和向公众传播获得报酬的权利，该权利的具体内容是“对于将为商业目的发行的录音制品直接或间接地用于广播或用于对公众的任何传播，表演者和录音制品制作者应享有获得一次性合理报酬的权利”。以有线或无线的方式向公众提供的、可为公众中的成员在其个人选定的地点和时间获得的录音制品应被认为仿佛其原本即为商业目的而发行。缔约各方可在其国内立法中规定，该一次性合理报酬应由表演者、或由录音制品制作者或由二者向用户索取。缔约各方可制定国内立法，对表演者和录音制品制作者之间如未达成协议，表演者和录音制品制作者应如何分配该一次性合理报酬所依据的条件作出规定。关于第15条的议定声明指出，《表演和录音制品条约》的第15条并非表示完全解决表演者和录音制品制作者在数字时代应享有的广播和向公众传播的权利的水平，并且该条不妨碍将本条授予的权利提供给民间文学艺术作品的表演者和录制民间文学艺术作品录音制品的制作者，只要这些录音制品未被以获得商业利润为目的而发行。

(3) 录音制品制作者的权利

《表演和录音制品条约》第11条至第15条规定了录音制品制作者的权利。

第一，复制权。《表演和录音制品条约》第11条规定，录音制品制作者应享有授权以任何方式或形式对其录音制品直接或间接地进行复制的专有权。

第二，发行权(right of issue)。《表演和录音制品条约》第12条第1款规定，录音制品制作者应享有授权通过销售或其他所有权转让形式向公众提供其录音制品的原件或复制品的专有权。《表演和录音制品条约》在第10条第2款也规定了与表演者的发行权穷竭相似的原则规定，即“对于在录音制品的原件或复制品经录音制品制作者授权被首次销售或其他所有权转让之后适用本条第(1)款中权利的用尽所依据的条件(如有此种条件)，本条约的任何内容均不得影响缔约各方确定该条件的自由”。

第三，出租权。《表演和录音制品条约》第13条第1款规定，录音制品制作者应享有授权对其录音制品的原件和复制品向公众进行商业性出租的专有权，即使该原件或复制品已由录音制品制作者发行或根据录音制品制作者的授权发行。同时，根据《表演和录音制品条约》第13条第2款，尽管有前述规定，任何缔约方如在1994年4月15日已有且现仍实行录音制品制作者出租其录音制品的复制品获得合理报酬的制度，只要录音制品的商业性出租没有引起对录音制品制作者复制专有权的严重损害，即可保留这一制度。

第四，提供录音制品的权利。《表演和录音制品条约》第14条规定，录音制品制作者应享有专有权，以授权通过有线或无线的方式向公众提供其录音制品，使该录音制品可为公众中的成员在其个人选定的地点和时间获得。

第五，因广播和向公众传播获得报酬的权利。该权利规定于《表演和录音制品条约》的第15条，在表演者权利部分已经阐述，此不赘言。

(4) 限制与例外

《表演和录音制品条约》第16条规定，缔约各方在其国内立法中，可在对表演者和录音制品制作者的保护方面规定与其国内立法中对文学和艺术作品的版权保护所规定的相同种类的限制或例外。缔约各方应将对本《条约》所规定权利的任何限制或例外限于某些不与录音制品的正常利用相抵触、也不无理地损害表演者或录音制品制作者合法利益的特殊情况。为此，关于该条，其议定声明指出可比照适用关于《版权条约》第10条(涉及限制与例外)的议定声明。①

(5) 保护期

《表演和录音制品条约》第17条规定，依本《条约》授予表演者的保护期，应自表演以录音制品录制之年年终算起，至少持续到50年期满为止。依本《条约》授予录音制品制作者的保护期，应自该录音制品发行之年年终算起，至少持续到50年期满为止；或如果录音制品自录制完成起50年内未被发行，则保护期应自录制完成之年年终起至少持续50年。

4.4 《版权条约》与《表演和录音制品条约》有关技术措施与权利管理信息的义务的规定

4.4.1 关于技术措施的义务

早在20世纪70年代时，计算机软件的开发者为维护其权利，就开始采用某些技术上的"加密"手段，以防止他人复制自己的程序。随之几乎在所有存在非法复制数字化作品(软件仅是其中之一)的地方，都出现了专门从事"解密"或对其他技术保护手段进行类似的反向行为的个人或企业。多数解密者的目的并不是自己研究或娱乐，而是提供给复制者进行非法营利。然而，在

① 关于《版权条约》第10条的议定声明原文如下："不言而喻，第10条的规定允许缔约各方将其国内法中依《伯尔尼公约》被认为可接受的限制与例外继续适用并适当地延伸到数字环境中。同样，这些规定应被理解为允许缔约方制定对数字网络环境适宜的新的例外与限制。另外，不言而喻，第10条第2款既不缩小也不延伸由《伯尔尼公约》所允许的限制与例外的可适用性范围。"

《伯尔尼公约》中却找不到直接的有关条文作为禁止这种行为的依据。

为此,《版权条约》第 11 条规定了缔约各方应规定适当的法律保护和有效的法律补救办法,制止规避由作者为行使本条约或《伯尔尼公约》所规定的权利而使用的、对就其作品进行未经该有关作者许可或未由法律准许的行为加以约束的有效技术措施。尽管本条的名称是以“义务”出现的,但实际上是把禁止未经许可的解密活动,作为版权人的一项法定权利确定了下来,要求缔约各方予以保护。

《表演和录音制品条约》在第 18 条也规定了与《版权条约》基本一致的保护技术措施的义务,其第 18 条规定“缔约各方应规定适当的法律保护和有效的法律补救办法,制止规避由表演者或录音制品制作者为行使本条约所规定的权利而使用的、对就其表演或录音制品进行未经该有关表演者或录音制品制作者许可、或未由法律准许的行为加以约束的有效技术措施”。

4.4.2 关于权利管理信息的义务

由于科技的发展,在实践中,经常出现将他人申明付费使用的作品下载后,再删除或更换了作者或作品名称再上载的情况。这种破坏权利管理信息的行为阻碍了互联网络传播信息事业的健康发展,不利于保护版权人的合法权益。在版权国际保护的层次上,世界知识产权组织的这两个条约最先对权利管理信息给予了保护。根据《版权条约》第 12 条第 2 款、《表演和录音制品条约》第 19 条第 2 款的规定,“权利管理信息”系指识别作品、作品的作者、对作品拥有任何权利的所有人的信息,或有关作品使用条款和条件的信息以及识别表演者、表演者的表演、录音制品制作者、录音制品、对表演或录音制品拥有任何权利的所有人的信息,或有关使用表演或录音制品的条款和条件的信息,和代表上述信息的任何数字或代码,各该项信息均附于作品的或者录制的表演或录音制品的每件复制品上或在作品向公众进行传播、在录制的表演或录音制品向公众提供时出现。

《版权条约》第 12 条第 1 款要求缔约各方应规定适当和有效的法律补救办法,制止任何人明知、或就民事补救而言有合理根据知道其行为会诱使、促成、便利或包庇对本《条约》或《伯尔尼公约》所涵盖的任何权利的侵犯而故意去除或改变任何权利管理的电子信息的行为,以及未经许可发行、为发行目的进口、广播或向公众传播明知已被未经许可去除或改变权利管理电子信息的作品或作品的复制品的行为。此规定也是赋予了版权人可禁止他人删除或更换由版权人合法加在其作品上的“权利管理信息”的权利。

《表演和录音制品条约》第 19 条第 1 款规定“缔约各方应规定适当和有效的法律补救办法,制止任何人明知或就民事补救而言有合理根据知道其行为会诱使、促成、便利或包庇对本条约所涵盖的任何权利的侵犯而故意从事以下行为：a. 未经许可去除或改变任何权利管理的电子信息；b. 未经许可发行、为发行目的进口、广播、向公众传播或提供明知已被未经许可去除或改变权利管理电子信息的表演、录制的表演或录音制品的复制品”。由此可见，《表演和录音制品条约》不仅保护邻接权本身，还保护对维护邻接权意义重大的技术措施和权利管理信息。其特色就在于，它在互联网和数码技术高度发达的时代，为录音制品的制作者和表演者提供了保障权利的法律工具，是对《罗马公约》在信息时代的一个具体化和延伸。

第三十七章　与贸易有关的知识产权协议

本章主要介绍TRIPs协议的产生背景、与其他相关国际公约的关系、基本原则、主要内容、执法与争端解决机制等内容。

第一节　TRIPs协议的基本概述

1.1　TRIPs协议的产生背景

《与贸易有关的知识产权协议》(TRIPs 协议)是乌拉圭回合谈判达成的最后文件《建立世界贸易组织马拉喀什协定》的附件1C。该协议的产生有深刻的历史背景。

世界贸易组织的前身是关贸总协定。1947年的《关贸总协定》(GATT)规定的国民待遇原则、最惠国待遇原则也适用于对知识产权的保护。但是,《关贸总协定》中直接涉及知识产权的条款和内容却很有限,如第9条要求缔约方制止滥用原产地标志的行为;第12条第3款、第18条第10款规定,为收支平衡目的使用配额不得违反知识产权法律;第20条第4款关于一般例外的规定,保护知识产权的措施应当是非歧视的。总而言之,在《关贸总协定》中,没有关于知识产权保护的明确规则。

直到1986年乌拉圭回合谈判正式开始前,GATT各缔约方尚未就是否将知识产权纳入谈判议题达成一致意见。但是,1986年9月发起的乌拉圭回合谈判的部长级会议确认了美国的提议,将知识产权问题作为三项新议题之一列入乌拉圭回合谈判的议程,在通过的《部长宣言》中决定,为了减少对国际贸易的扭曲和障碍,促进充分有效地保护知识产权的必要性,并保证实施的知识产权措施和程序本身不对合法贸易构成障碍的目的,谈判目标应"澄清关贸总协定的有关规定","视情况制定新的规则和纪律",并"制定处理国际冒牌货物贸易的多边原则、规则和纪律的框架"[①]。按最初的议题,只就与贸易有关的知识产权问题进行谈判。但随着谈判的进展,谈判的议题已经远远超出原定的范围,而几乎涉及知识产权的各个领域。这一轮谈判的焦点是:是否要在关贸总协定范围之内谈判知识产权保护的规则和标准;是否要在各国的国内法之外谈判知识产权实施措施方面的国际原则;是否要建立争端解决的多边机制。[②] 1989年4月,各方经过妥协,终于在日内瓦就知识产权保护谈判的框架协议达成谅解,此后知识产权谈判开始进入了实质阶段。

谈判的过程极为艰苦,发展中国家与发达国家的立场差距很大。但由于这次谈判采用"一揽子"谈判方式,许多发展中国家为了换取发达国家在其他方面的支持,不得不在知识产权问题上作出让步。1991年12月,由关

① 曹建明、贺小勇:《世界贸易组织》,法律出版社1999年版,第284～285页。
② 同上书,第285页。

贸总协定当时的总干事邓克尔提出了知识产权协定的最后文本。1993年12月25日，邓克尔文本在没有作出大的修改的情况下与其他协议一起获得通过，列入《建立世界贸易组织马拉喀什协定》的附件1C。1995年1月1日，世界贸易组织成立，知识产权、货物贸易和服务贸易并列成为支撑WTO的三大支柱。鉴于TRIPs协议第72条规定："未经其他成员同意，不得对本协议的任何规定提出保留"，因此TRIPs协议也成为WTO成员必须遵守的重要法则。

TRIPs协议的产生的主要原因如下：

第一，技术和知识密集型产品在国际贸易和国际技术投资领域中的地位不断上升，知识产权及其保护在国际贸易之间的关系日趋紧密。就与贸易有关的知识产权的效力、范围和使用，需要规定新的适当的标准和原则。相比较而言，由于发达国家输往发展中国家的货物的技术含量更高，而发展中国家的知识产权保护水平相对低下，发达国家在其对外贸易中更为关注知识产权的保护。[①]

第二，原有的知识产权国际条约存在诸多不足，如除了《巴黎公约》、《伯尔尼公约》、《世界版权公约》等几个主要公约之外，大部分条约的参加国少，影响力有限；允许缔约方保留的范围太宽，导致条约名存实亡；缺乏行之有效的实施程序和争端解决机制，条约的约束力差。更重要的是，大多数条约对于高新技术的知识产权保护缺乏规定，现存的知识产权国际保护体系不适应高新技术的发展需求。

从一定程度上而言，知识产权国际保护不力对国际贸易构成了严重的障碍。发达国家认为通过关贸总协定的多边贸易谈判机制制定新公约是适宜的，尽管这样会加重发展中国家的义务，但在发达国家的压力下，发展中国家不得不接受要拟定和签署新条约的现实。

TRIPs协议由序言和七部分内容组成，共计73条，是乌拉圭回合谈判达成的最后成果中最长的一个新协议。如从技术层面分析，它对各成员[②]就知识产权保护提供了一套既概括又具体、既严格又灵活、既创设新规则又借助现存国际公约的一个可操作性很强的原则和规则。

---

① 唐广良、董炳和：《知识产权的国际保护》（修订版），知识产权出版社2007年版，第200页；曹建明、贺小勇：《世界贸易组织》，法律出版社1999年版，第283页。

② WTO的成员有特殊的含义，参见郑成思：《版权法》（修订本），中国人民大学出版社1997年版，第442页。

1.2 TRIPs 协议与其他相关国际公约的关系

尽管 TRIPs 协议对知识产权的国际保护进行了新的规定，但并非取代以往的相关的国际公约。关于 TRIPs 协议与《巴黎公约》(1967 年文本)、《伯尔尼公约》(1971 年文本)、《罗马公约》以及《华盛顿条约》等国际条约的关系，TRIPs 协议第 2 条作了明确规定：就 TRIPs 协议第二部分“有关知识产权的效力、范围和保护标准”，第三部分“知识产权执法”的规定，第四部分“知识产权的取得、维持及有关当事人之间的程序”而言，各成员应遵守《巴黎公约》(1967 年文本)第 1 条至第 12 条和第 19 条规定，即《巴黎公约》有关工业产权的实质性规定。同时，TRIPs 协议第一部分至第四部分，即关于知识产权实体内容的所有规定，均不应减损各成员在《巴黎公约》(1967 年文本)、《伯尔尼公约》(1971 年文本)、《罗马公约》和《华盛顿条约》项下应承担的义务。

虽然上述的其他国际公约都有各自独立的适用范围、保护对象和保护标准，但是上述公约所规定的实体内容基本上已被 TRIPs 协议所吸收。结合 TRIPs 协议的具体条文，可以看出 TRIPs 协议并不要求其成员加入这些国际公约，但是它要求其成员遵守这些公约的大部分实质性条款。因此，TRIPs 协议的保护水平是以上述国际公约所确立的保护标准为起点，表明了 TRIPs 协议对于知识产权保护的较高水平。

第二节 TRIPs 协议的基本原则

TRIPs 协议的基本原则实际上包含两部分内容：一部分是既有国际公约对知识产权保护的基本原则[①]；另一部分是该协议本身创设的新原则。[②] 前者包括“国民待遇原则”、“地域性原则”、“优先权原则”、“版权自动保护原则”等；而后者包括“最惠国待遇原则”、“透明度原则”、“对行政终局决定的司法审查和复审原则”，以及“知识产权私权原则”。[③] 不言而喻，TRIPs 协议所确立的这些新原则对各国知识产权保护的法律制度和执法会产生深刻的影响。[④]

① 这些国际公约包括《巴黎公约》、《伯尔尼公约》、《罗马条约》、《华盛顿条约》等。

② 李顺德：《TRIPs 与我国的知识产权法律制度》，载 http://www.iolaw.org.cn/showarticle.asp?id=1187，2008 年 6 月 6 日最后访问。

③ 在对 TRIPs 协议基本原则的归纳上，意见不尽一致；但是，对这些原则所涵盖的内容，大家均认为是 TRIPs 协议规定的重要内容。

④ TRIPs 协议重申了现行知识产权国际公约的一些基本原则，其中有些已经被吸纳成为中国法律的一部分。

2.1 国民待遇原则

从严格意义上讲，国民待遇原则（national treatment）应是外国商品或服务与进口国国内商品或服务处于平等地位的原则。或者说，是一个国家给予在其国境内的外国公民、企业、法人、商船民事权利方面与其国内公民、企业、法人、商船等在民商事方面而非政治方面的同等待遇。国民待遇原则一般是通过国内立法和国际公约加以确认，为各国立法和实践所普遍承认和接受。从理论上讲，在民商事权利方面赋予外国人以本国人同等地位的法律待遇，可以防止对外国人的歧视性待遇。这正是 WTO 非歧视贸易原则的具体体现。

WTO 是以国际条约、协定的方式规定其缔约方之间彼此给予对方国民以本国国民之待遇，主要表现在《关税与贸易总协定》、《服务贸易总协定》、TRIPs 协议及其他协议的相关条款中。

TRIPs 协议第 3 条第 1 款规定："在知识产权保护[①]方面，在遵守《巴黎公约》(1967 年文本)、《伯尔尼公约》(1971 年文本)、《罗马公约》或《华盛顿条约》中各自规定的例外的前提下，每一成员给予其他成员国民的待遇不得低于给予本国国民的待遇。就表演者、录音制品制作者和广播组织而言，此义务仅适用于本协定规定的权利。任何利用《伯尔尼公约》第 6 条或《罗马公约》第 16 条第 1 款(b)项规定的可能性的成员，均应按这些条款中所预想的那样，向 TRIPS 理事会作出通知。"[②]另外，TRIPs 协议的国民待遇原则的例外不仅限于上述四个公约所规定的例外，而且还包括有关知识产权在司法和行政程序方面的例外，如服务地的指定或司法程序中代理人的指定；但是，这项例外不能限制正常的贸易。根据 TRIPs 协议第 5 条规定，国民待遇原则也不适用于在 WIPO 主持下订立的有关取得或维持知识产权的多边协定中规定的程序。

2.2 最惠国待遇原则

最惠国待遇原则（principle of most-favored-nation）是 TRIPs 协议新创设的在知识产权领域的基本原则，这是以前缔结的《巴黎公约》、《伯尔尼公约》

---

① 在第 3 条和第 4 条中，"保护"一词应包括影响知识产权的效力、取得、范围、维持和实施的事项，以及本协定专门处理的影响知识产权的使用的事项。

② 除非另有说明，本章所涉及的 TRIPs 协议的中文翻译，本章主要参考对外贸易经济合作部国际经贸关系司译：《世界贸易组织乌拉圭回合多边贸易谈判结果法律文本(中英文对照)》，法律出版社 2000 年版。

等知识产权条约所没有的。根据TRIPs协议第4条,该原则要求,在保护知识产权方面,任何成员给予另一方成员国民的优惠、特权与豁免,应立即无条件地给予所有其他成员国民。根据最惠国待遇原则,WTO的任何成员,只要曾经给予任何一个(不仅限于成员的国民)以任何有关知识产权保护的任何利益、优惠、特权或豁免,该成员均应无条件立即将其提供给其他所有人。

当时,TRIPs协议的最惠国待遇不适用以下例外:第一,由一般司法协助和法律执行的国际协定而产生,并非专为保护知识产权而设;第二,依照《伯尔尼公约》(1971年文本)或《罗马公约》,允许不依照国民待遇而是根据另一国家待遇而给予的具有互惠性质的待遇;第三,关于本协议规定的表演者、录音制品作者和广播组织者的权利;第四,《建立世界贸易组织协定》生效前已经生效的有关知识产权保护的国际协定所产生的,但以该项协定已经通知与贸易有关的知识产权理事会,并且对其他成员国民不构成任意的或无理歧视为前提。

根据TRIPs协议第5条规定,最惠国待遇原则不适用于在WIPO主持下订立的有关取得或维持知识产权的多边协定中规定的程序。

2.3 最低保护标准原则

TRIPs协议第1条第1款就明确规定"各成员应使本协议的规定生效",在第72条还规定"未经其他成员同意,不得对本协定的任何规定提出保留"。这即是TRIPs协议设定的知识产权的最低保护标准原则(principle of minimum protection)。对于超出TRIPs协议要求的保护,TRIPs协议第1条第1款规定,只要不违反TRIPs协议,各成员可以作出这样的规定,但是成员并没有这样的义务非作出这样的规定不可。

2.4 基本原则之间的关系

最低保护标准原则设定了成员在知识产权保护方面的最低标准,成员授予其国民的待遇不能低于该标准。按照国民待遇原则,在知识产权保护方面,一个成员给予其他成员国民的保护,不得低于本成员国民所享有的保护。国民待遇的主要作用是防止优待本成员国民而歧视外国人。因此,按照国民待遇原则,一个成员给予其他成员国民的保护不可能低于授予本成员国民的最低标准。

按照最惠国待遇,在知识产权保护方面,一个成员给予另一个成员或另几个成员的优惠条件,必须无条件地给予其他成员。最惠国待遇的主要作用是防止优惠一个或某几个成员而歧视另一成员。① 在 TRIPs 协议范围内，国民待遇是首要的基本原则，而最惠国待遇原则则是其补充。②

第三节　TRIPs 协议的保护标准

3.1　知识产权的范围

TRIPs 协议在其序言中明确宣布知识产权是私权，这并非无意之举，而是针对国际上存在的对知识产权的基本性质的两种根本对立的理解以及适用不同性质的制度而作出的反应。

根据 TRIPs 协议第 1 条第 2 款的规定，知识产权的范围包括以下几个方面：著作权和邻接权；商标（包括服务商标）；地理标志（产地标志和原产地名称）；工业品外观设计；专利；集成电路布图设计（拓扑图）；未披露的信息（商业秘密）。

3.2　知识产权的保护标准

3.2.1　著作权与邻接权

(1) 著作权

关于著作权（copyright）的保护，TRIPs 协议第 9 条第 1 款规定，各成员国必须遵守《伯尔尼公约》(1967 年文本）第 1 条至第 21 条及其附录的实体规定。但是，对于该《公约》第 6 条之二授予或派生的权利，各成员依据本协议而免除权利或义务。

TRIPs 协议第 9 条第 2 款明确规定，著作权保护仅延伸至表达方式，而不延伸至思想、程序、操作方法或数学概念本身。

TRIPs 协议还将计算机程序和数据库纳入到著作权保护的客体。该协议第 10 条规定："计算机程序，无论是源程序还是目标程序，必须按照《伯尔尼公约》(1971 年文本）作为文字作品加以保护。""数据汇编或其他资料，无论机器可读还是其他形式，只要由于对其内容的选取或编排而构成智力创作，即应作为智力创作加以保护。该保护不得延伸至数据或资料本身，并不得损害存在于数据或资料本身的任何版权。"

在《伯尔尼公约》之外，TRIPs 协议还规定了计算机程序和电影作品的出租权。根据 TRIPs 协议第 11 条规定，每个成员应给予计算机程序和电影作

① 李明德：《知识产权法》，法律出版社 2008 年版，第 358 页。

② 张乃根：《国际贸易的知识产权法》(第二版），复旦大学出版社 2007 年版，第 117 页。

品的作者及其合法继承人向公众出租其原作或其原作的复制品的权利。但TRIPs协议对此也规定了例外，即：对于电影作品而言，出租电影作品未导致对该作品的大量复制，从而没有实质性减损该成员授予作者及其合法继承人的专有复制权；对于计算机程序，如果该程序本身不是出租的主要标的，这些都不在此限。

在作品的保护期问题上，TRIPs协议第12条对《伯尔尼公约》作出补充规定：除摄影作品或实用艺术作品外，只要一作品的保护期限不以自然人的生命为基础计算，则该期限自作品经授权出版的日历年年底计算即不得少于50年，或如果该作品在创作后50年内未经授权出版，则为自作品完成的日历年年底起计算的50年。

关于著作权的限制和例外。TRIPs协议只在第13条作出概括性的规定：各成员对作者专有权所作出的限制或例外仅限于某些特殊情况，且与作品的正常利用不相冲突，也不得无理损害权利持有人的合法权益。

(2) 邻接权

根据TRIPs协议第14条的规定，邻接权(neighboring right)包括表演者权、录音制品(唱片)制作者权和广播组织权。

第一，表演者权。根据TRIPs协议第14条第1款，对于将其表演固定在录音制品上的情况，表演者应有可能防止下列未经其授权的行为：固定其未曾固定的表演和复制该录制品。表演者还应有可能阻止下列未经其授权的行为：以无线广播方式播出和向大众传播其现场表演。

第二，录音制品制作者权。根据TRIPs协议第14条第2款，录音制品制作者应享有准许或禁止直接或间接复制其录音制品的权利。如录音制品用于出租的，TRIPs协议第14条第4款规定：TRIPs协议第11条关于计算机程序的规定在细节上作必要修改后应适用于录音制品制作者和按一成员法律确定的录音制品的任何其他权利持有人。如在1994年4月15日，一成员在录音制品的出租方面已实施向权利持有人公平付酬的制度，则可维持该制度，只要录音制品的商业性出租不对权利持有人的专有复制权造成实质性减损。

第三，广播组织者权。根据TRIPs协议第14条第3款，广播组织有权禁止下列未经其授权的行为：录制、复制录制品、以无线广播方式转播以及将其电视广播向公众传播。如各成员未授予广播组织此类权利，则在遵守《伯尔尼公约》(1971年文本)规定的前提下，应给予广播的客体的版权所有权人阻止上述行为的可能性。

就邻接权的保护期限，TRIPs协议第14条第5款规定表演者和录音制品制作者可获得的保护期限，自该固定或表演完成的日历年年底计算，应至少持续至50年年末。广播组织权自广播播出的日历年年底计算，应至少持续20年。

TRIPs协议第14条第6款允许成员对前述邻接权在《罗马公约》允许的限度内，规定条件、限制、例外和保留。但是，《伯尔尼公约》(1971年文本)第18条的规定在细节上作必要修改后也应适用于表演者和录音制品制作者对录音制品享有的权利。

3.2.2 商标权

(1) 可保护客体

较之《巴黎公约》不同，TRIPs协议第15条第1款为商标规定了明确的条件，"任何标记或标记的组合，只要能够将一企业的货物和服务区别于其他企业的货物或服务，即能够构成商标。此类标记，特别是单词，包括人名、字母、数字、图案的成分和颜色的组合以及任何此类标记的组合，均应符合注册为商标的条件。如标记无固有的区别有关货物或服务的特征，则各成员可以由通过使用而获得的显著性作为注册的条件。各成员可要求，作为注册的条件，这些标记应为视觉上可感知的"。

在商标的注册条件上，TRIPs协议强调的是商标标识的"视觉识别性"，即只有在视觉上可识别的标识才能作为商标注册，而以听觉、味觉识别的标识则不在此列。

TRIPs协议第15条第3款确认了各成员可以将使用作为注册条件。但是，一商标的实际使用不得作为接受申请的一项条件。不得仅以自申请日起3年期满后商标未按原意使用为由拒绝该申请。同时，第4款和第5款分别规定商标表彰的商品或服务的性质与能否注册的条件无关，不得以其标识的商品或服务的性质为由而拒绝给予注册；各成员应在商标注册前或在注册后迅速公布每一商标，并应对注销注册的请求给予合理的机会。此外，各成员可提供机会以便对商标的注册提出异议。

(2) 授予的权利和例外

TRIPs协议第16条规定了权利人享有注册商标专用权的范围。对于普通商标，注册商标所有人有权禁止第三人未经许可在相同或类似的商品或服务中，使用相同或类似的标识，以免造成混淆。

关于驰名商标，第16条第2款规定，《巴黎公约》第6条之二关于驰名商标的规定经必要修正后可以适用。在确定一商标是否驰名时，各成员应考虑相关公众对该商标的了解程度，包括在该成员中因促销该商标而获得的了解程度。除此之外，TRIPs协议还对驰名商标提供了跨类别的保护。其第16

条第 3 款规定:《巴黎公约》第 6 条之二经必要修正后应适用于已注册不相类似的商品或服务,只要那些商品或服务——驰名商标注册使用的商品或服务种类以外的商品或服务——在对那些货物或服务的使用方面可表明这些货物或服务与驰名商标所有权人之间存在联系,且此类使用有可能损害该注册商标所有权人的利益。

根据 TRIPs 协议第 17 条,成员还可以对商标授予的权利规定有限的例外,如合理使用描述性词语,只要此类例外考虑到商标所有权人和第三方的合法权益。在这里,所谓描述性词语,是指具体说明商品或服务的性质、用途、原料等不宜专属于特定主体的语词。

(3) 商标的保护期限

根据 TRIPs 协议第 18 条,商标首次注册及每次续展,其期限均不得少于 7 年。商标的注册应可以无限续展。

(4) 商标的使用义务

根据 TRIPs 协议第 19 条,如果成员内国法要求商标的使用作为维持商标权有效的前提,那么,只有在商标权人连续 3 年不使用的情况下才可以取消此项注册,但注册商标所有人能够证明存在阻挡其使用商标的正当理由除外,如对受商标保护的货物或服务实施进口限制或其他政府要求等出现商标人意志以外的情况而构成对商标使用的障碍,此类情况应被视为不使用商标的正当理由。在受注册商标所有人控制的前提下,另一人使用一商标应被视为为维持注册而使用该商标。

(5) 商标的许可使用与转让

TRIPs 协议第 21 条对商标的许可使用与转让(license and assingnment)作出规定,按照其规定,商标许可使用与转让的条件,完全由成员内国法规定,但是,不应采用强制许可,并且注册商标所有人有权将商标与该商标所属业务同时或不同时转让。该规定改变了《巴黎公约》第 6 条之四规定的企业和商誉与商标同时转让的条件。

(6) 其他要求

TRIPs 协议第 20 条规定了对商标的其他要求,即“在贸易过程中使用商标不得受特殊要求的无理妨碍,例如要求与另一商标一起使用,以特殊形式使用或要求以损害其将一企业的货物或服务区别于另一企业的货物或服务能力的方式使用。此点不排除要求将识别生产该货物或服务的企业的商标与区别该企业的所涉具体货物或服务的商标一起使用,但不将两者联系起来”。

3.2.3 地理标志

(1) 地理标识的保护

根据TRIPs协议第22条第1款,地理标志是指识别一货物来源于一成员领土或该领土内一地区或地方的标识,该货物的特定质量、声誉或其他特性主要归因于其地理来源。

TRIPs协议要求成员应提供充分的法律保护,以防止下列行为的发生:第一,在一货物的标志或说明中使用任何手段标明或暗示所涉货物来源于真实原产地之外的一地理区域,从而在该货物的地理来源方面使公众产生误解;第二,构成《巴黎公约》(1967年文本)第10条之二范围内的不公平竞争行为。

TRIPs协议第22条第3款还进一步强调,协议成员可依职权或应利害关系人的请求,如一商标包含的或构成该商标的地理标识中所标明的领土并非货物的来源地,且如果在该成员中在此类货物的商标中使用该标识会使公众对其真实原产地产生误解,在其立法允许的情况下予以拒绝注册,或宣布注册无效。对于表面真实但蓄意误导的地理标志,如有些货物的地理标志在文字上表示出该货物的真实领土、区域或地方,但却欺骗性地表明或暗示该货物产于另一地域,在这种情况下,该条第4款规定成员可以拒绝其注册,或宣布其注册无效,成员也应提供充分的法律保护以防止这种行为发生。

(2) 对葡萄酒或烈性酒地理标志的附加保护

酒类的地理标志对酒的商业价值有着直接的影响。按照TRIPs协议第23条第1款规定,对于葡萄酒或烈性酒地理标志(geographic indication of wine and liquor),除了上述规定之外,即使对货物的真实原产地已标明,或该地理标识用于翻译中,或附有"种类"、"类型"、"特色"、"仿制"或类似表达方式,也应予以禁止。

对于一葡萄酒商标包含识别葡萄酒的地理标识或由此种标识构成,或如果一烈性酒商标包含识别烈性酒的地理标识或由此种标识构成,一成员应在其立法允许的情况下依职权或在一利害关系方请求下,对不具备此来源的此类葡萄酒或烈性酒,TRIPs协议第23条第2款规定应拒绝该商标注册或宣布注册无效。

对于葡萄酒的同名地理标志,TRIPs协议第23条第3款规定在遵守协议第22条第4款规定的前提下,应对每一种标识予以保护。每一成员应确定相互区分所涉同名标识的可行条件,同时考虑保证公平对待有关生产者且使消费者不致产生误解的需要。

(3) 地理标志保护的例外

TRIPs协议第24条对于地理标志保护的例外作出具体规定,其所涉及的内容，可以归纳如下[①]：

第一，在先使用和善意使用。如果一个成员的国民或居民，于其所属的成员的领域内在其酿制或销售的葡萄酒、烈性酒上连续使用另一个成员的表明葡萄酒、烈性酒的特定地理标志，至乌拉圭回合谈判结束之日起已满 10 年；或在该日期以前的使用是善意的，不在此限。

第二，在先权利。如一个成员依照协议，为适用本协议所作的过渡安排设定的日期以前，或地理标志在起源国获得保护以前，已善意地获得某一商标的注册，或业经善意使用而获得商标权保护，则该商标不应因为实施本协议的目的而遭受任何损害，以致影响到其效力。

第三，地理标志中的习惯用语。如果一成员在其领土内，以通用语言中作为某一类商品或服务的普通名称的惯用术语，与其他成员的相同或类似的商品或服务上使用的地理标志相同或类似，不受本协议的禁用的限制。如果一个成员领土内已有的葡萄酒品种的惯用品种的惯用名称与其他成员的关于葡萄酒品种及产品的地理标志在本协议生效之日起仍旧相同，亦不受本协议禁用规定所限。

第四，地理标志的注册申请对抗不利使用的期限。TRIPs 协议第 24 条第 7 款规定，申请地理标志的注册请求，必须在受保护的地理标志不被作为地理标志使用在该成员域内已经为人所共知之后的 5 年内提出，如果该商标在注册之日已被公布，并且公布之日早于上述“人所共知”之日，则须在该商标注册后 5 年内提出，只要对该地理标志的使用或注册不是恶意的。

第五，有关姓名的使用权。协议的规定并不排除任何人在贸易过程中使用自己的姓名或其前任的姓名，只要这种使用方式不至于导致公众的误解和混淆。

第六，在原产地不受保护或已被终止、废弃的地理标志在本协议项下不受保护。

3.2.4　工业品外观设计

(1) 获得保护的条件

《巴黎公约》已将工业品外观设计作为保护对象，但受保护的条件以及具体的权利内容，则由各国自行规定。TRIPs 协议对此进行了具体规定。根据 TRIPs 协议第 25 条第 1 款的规定，工业品外观设计获得保护必须满足两个条件：一是工业品外观设计必须是独立创作的，而是工业品外观设计必须具有新颖性或独创性。满足上述条件的，成员均应提供保护。各成员可规定，如

① 刘春田主编：《知识产权法》(第三版)，中国人民大学出版社 2007 年版，第 539 页。

工业品外观设计不能显著区别于已知的设计或已知设计特征的组合，则是不具有新颖性或独创性的设计。各成员可规定该保护不应延伸至主要出于技术或功能上的考虑而进行的设计。协议还对纺织品的外观设计进行了规定。每一成员应保证为获得对纺织品设计的保护而规定的要求，特别是有关任何费用、审查或公布的要求，不得无理损害寻求和获得此种保护的机会。各成员有权通过工业设计法或版权法履行该项义务。

(2) 工业品外观设计的保护

根据 TRIPs 协议第 26 条第 1 款，工业品外观设计权利人有权阻止第三方未经其同意而为商业目的生产、销售或进口所载或所含设计是一受保护设计的复制品或实质上是复制品的物品。

TRIPs 协议第 26 条第 2 款规定，在不与受保护的工业品外观设计的正常利用发生不合理的冲突，也不会不合理损害受保护工业设计所有权人的合法权益，同时考虑第三方的合法权益的前提下，各成员可对工业设计的保护规定有限的例外。

工业品外观设计的保护期至少为 10 年。

3.2.5 专利

(1) 可获专利的主题

根据 TRIPs 协议第 27 条第 1、2、3 款的规定，专利可授予所有技术领域的任何发明，无论是产品还是方法，只要它们具有新颖性、创造性，并可供工业应用，但在下述两种情况下，各成员可拒绝对发明授予专利权：

第一，在该成员领土内阻止对这些发明的商业利用是维护公共秩序或道德，包括保护人类、动物或植物的生命或健康或避免对环境造成严重损害所必需的，只要此种拒绝授予并非仅因为此种利用为其法律所禁止。

第二，人类或动物的诊断、治疗和外科手术方法；以及除微生物外的植物和动物，以及除非生物和微生物外的生产植物和动物的主要生物方法。但是，各成员应规定通过专利或一种有效的特殊制度或通过这两者的组合来保护植物品种。

(2) 授予的权利及保护期

根据 TRIPs 协议第 28 条的规定，专利权人享有下列专有权利：

第一，对产品专利，则有权制止第三方未经许可而进行制造、使用、许诺销售、销售或为这些目的而进口该产品的行为；

第二，对方法专利，则有权制止第三方未经许可而使用该方法的行为，以及使用、许诺销售、销售或为上述目的而进口至少是依照该方法直接获得产品的行为。

专利权人还有权转让或以继承方式转移其专利并订立许可合同。

TRIPs 协议第 33 条将专利保护期统一为不少于 20 年，自专利申请日起算。

（3）专利申请人的条件

TRIPs 协议第 29 条规定了专利申请人的条件，即“各成员应要求专利申请人以足够清晰和完整的方式披露其发明，使该专业的技术人员能够实施该发明，并可要求申请人在申请之日，或在要求优先权的情况下在申请的优先权日，指明发明人所知的实施该发明的最佳方式”。“各成员可要求专利申请人提供关于申请人相应的国外申请和授予情况的信息。”

（4）授予权利的例外

TRIPs 协议第 30 条规定，各成员可对专利授予的专有权规定有限的例外，只要此类例外不会对专利的正常利用发生不合理冲突，也并未不合理地损害专利权人的合法权益，同时考虑第三方的合法权益。

（5）未经权利持有人授权的其他使用

除了上述的例外情况，许多国家的法律还允许第三人可以在未经专利权人许可下实施其专利，但必须满足一定的条件，如强制许可。TRIPs 协议第 31 条将这种情况称为“其他使用”，但不包括前述第 30 条所规定的例外情形。从 TRIPs 协议第 31 条的内容来看，它主要规定了专利的强制许可制度。各国授予强制许可的，必须遵守该条对此附加的以下 12 项条件：

（a）此种使用的授权应个案考虑；

（b）申请使用人在申请提出前已经合理的依照商业条款和条件去努力获取权利人的授权，但是，在合理的时间内该种努力未获成功；或者在全国处于紧急状态或其他极端紧急的状态下；或者为了公共的、非商业性目的的使用；

（c）这种使用的范围和期限应限于授权允许这种使用的目的。而且，如果是一种半导体技术则应仅仅是为了公共的、非商业性目的使用，或在司法或行政程序下作为一种对反不正当竞争的补救措施而使用；

（d）这种使用应当是非独占性的；

（e）这种使用应当是不可转让的，除非与有权使用的那部分企业与商誉一同转让；

（f）任何此种使用的授权应主要为供应授权此种使用的成员的国内市场；

（g）在充分保护被授权人合法权益的前提下，如导致此类使用的情况已不复存在且不可能再次出现，则有关此类使用的授权应终止。在收到有根据的请求的情况下，主管机关有权审议这些情况是否继续存在；

（h）在每一种情况下应向权利持有人支付适当报酬，同时考虑授权的经济价值；

(i) 任何关于这类授权决定的合法性均应接受司法审查，或接受该成员内部其他较高的主管机关的独立审查；

(j) 任何有关为这类使用支付补偿金的决定均应接受司法审查，或接受该成员内部其他较高的主管机关的独立审查；

(k) 当授权使用是为了在诉讼或行政程序下，对反不正当竞争行为采取补救时，各成员没有义务提供上文第(b)项和第(f)项项下的条件；

如授权此项使用以允许利用一专利（"第二专利"），而该专利在不侵害另一专利（"第一专利"）的情况下不能被利用，则应适用下列附加条件：首先，与第一专利中要求的发明相比，第二专利中要求的发明应包含重要的、具有巨大经济意义的技术进步；其次，第一专利的所有权人有权以合理的条件通过交叉许可使用第二专利具有的发明；以及最后，就第一专利授权的使用不得转让，除非与第二专利一同转让。

针对药品专利的强制许可问题，WTO 第四届部长会议于 2001 年 11 月 14 日通过的《关于 TRIPs 协议与公共健康的宣言》[①]（即《多哈宣言》），承认公共健康问题严重影响许多发展中国家和最不发达国家，特别是影响那些遭受艾滋病、结核病、疟疾和其他传染病的国家，重申成员承担 TRIPs 协议所规定义务的同时，确认该协议能够也应当以一种有助于成员维护公共健康的权利，特别是促进所有的人获得药品的权利的方式进行解释和实施，承认知识产权保护对于发展新药的重要性，同时也承认对有关知识产权保护对价格所产生影响的关注。该宣言重申 WTO 成员有权充分运用 TRIPs 协议中为此而给予灵活性的条款，这种灵活措施包括各成员有权批准强制许可，并且可以自由决定批准强制许可的理由；有权决定构成国家紧急状况或其他紧急情况的条件。公共健康危机，包括与艾滋病、结核病、疟疾以及其他传染病有关的危机，可构成上述国家紧急状况或其他紧急情况。该宣言承认那些在药物生产领域生产能力不足或者没有生产能力的 WTO 成员国按照 TRIPs 协议的规定在有效利用强制许可方面可能面临困难，并责成 TRIPs 理事会在 2002 年底前提出解决这一问题的方案并向总理事会报告。总理事会于 2003 年 8 月 30 日通过《关于 TRIPs 协议与公共健康多哈宣言第六段的执行》[②]的决议，

---

① 关于《多哈宣言》的中文译文，可访问国家知识产权局网站相关网页 http://www.sipo.gov.cn/sipo/tfs/ggjkipcq/gjws/200709/t20070920_202675.htm，2009 年 2 月 13 日最后访问。

② 关于《关于 TRIPS 协议与公共健康多哈宣言第六段的执行》的中文译文，可访问国家知识产权局网站相关网页 http://www.sipo.gov.cn/sipo/tfs/ggjkipcq/gjws/200709/t20070920_202677.htm，2009 年 2 月 13 日最后访问。

允许发展中国家或最不发达国家的成员可以豁免 TRIPs 协议第 31 条规定的义务(指"任何此种使用的授权应主要为供应授权此种使用的成员的国内市场"),使该成员能够将其在强制许可下生产或进口的药品出口到属于同一区域性贸易协议成员,且面临同一健康问题的其他发展中或最不发达国家成员。本条款并不损害有关专利权的地域性特征。其后,许多成员,包括中国在内,相继修改了其专利法,以落实总理事会的上述决议。

(6) 撤销/无效

TRIPs 协议的第 32 条只是原则规定,对任何有关撤销或宣布一专利无效(repeal/invalidation)的决定应可进行司法审查。

(7) 方法专利及举证责任

TRIPs 协议第 34 条为方法专利提供了特别保护。按照该条规定,在方法专利的民事诉讼中,实行举证责任倒置,由被告证明其获得相同产品的方法不同于已获专利的方法。但是,为了防止方法专利权人滥用诉权,TRIPs 协议第 34 条规定,各成员应规定至少在下列一种情况下,任何未经专利所有权人同意而生产的相同产品,如无相反的证明,则应被视为是通过该已获专利方法所获得的:第一,通过方法专利获取的产品是新的;第二,通过这种方法生产的相同产品存在实质性相似,而专利权人经过必要的努力又不能确定事实上使用了该方法的。如果被告能够提出相反证据,则其商业秘密不应因此受到侵害。

3.2.6 集成电路布图的保护

《华盛顿条约》是有关集成电路(integrated circuit layout design)的专门条约。TRIPs 协议第 35 条规定,各成员应按照条约第 2 条至第 7 条(其中第 6 条第 3 款除外)、第 12 条和第 16 条第 3 款的规定对集成电路布图提供保护。此外,TRIPs 协议还作出了一些补充规定:

(1) 保护范围及期限

根据 TRIPs 协议第 36 条,在遵守第 37 条第 1 款的前提下,如果从事下列行为未经权利持有人的授权,则应视为非法:为商业目的进口、销售或分销一受保护的布图设计、含有受保护的布图设计的集成电路或含有此种集成电路的物品,只要该集成电路仍然包含非法复制的布图设计。与《华盛顿条约》相比,TRIPs 协议增加了对包含非法复制的布图设计的集成电路的物品的进口、销售以及其他商业性分发的禁止权。

关于集成电路布图的保护期限,TRIPs 协议第 38 条作出三项原则性规定:第一,在要求将注册作为保护条件的成员中,布图设计的保护期限不得在自提交注册申请之日起或自世界任何地方首次进行商业利用之日起计算 10

年期限期满前终止；第二，在不要求将注册作为保护条件的成员中，布图设计的保护期限不得少于自世界任何地方首次进行商业利用之日起计算的10年；第三，尽管有前述规定，任何一成员仍可规定保护应在布图设计创作15年后终止。

(2) 无需权利持有人授权的行为

TRIPs协议第37条规定了无需权利持有人授权的两种行为：善意买主和强制许可。

善意买主的情形规定在第37条第1款，其条文如下："尽管有第36条的规定，但是如从事或命令从事该条所指的与含有非法复制的布图设计的集成电路或包含此种集成电路的物品有关的行为的人，在获得该集成电路或包含该集成电路的物品时，不知道且无合理的根据知道其中包含此种非法复制的布图设计，则任何成员不得将从事该条所指的任何行为视为非法。"该条是对《华盛顿条约》第6条第4款的补充。《华盛顿条约》第6条第4款虽然规定了善意买主的情形，但没有明确将含有此种集成电路的物品包括在内。虽然前述"善意买主"的情形不构成侵权，但TRIPs协议要求各成员应规定，在行为人收到关于该布图设计被非法复制的充分通知后，可对现有的存货和此前的订货从事此类行为，但有责任向权利持有人支付费用，数额相当于根据就此种布图设计自愿达成的许可协议应付的合理使用费。

强制许可的情形规定在第37条第2款。TRIPs协议要求应适用前述有关专利"未经权利持有人授权的其他使用"中所规定的第(a)～(k)项条件。需要注意的是，TRIPs协议这样规定实际上是将《华盛顿条约》有关强制许可的内容排除适用了。[①]

3.2.7 对未披露信息的保护

TRIPs协议第39条要求成员对未披露信息(undisclosed information)和提交政府或政府机构的通过巨大努力取得的、未披露的数据进行保护。

依TRIPs协议第39条第2款的规定，未披露信息的构成须满足以下三个条件：

第一，未披露信息具有秘密性，即作为一个整体或就其各部分的精确排列和组合而言，该信息尚不为通常处理所涉信息范围内的人所普遍知道，或不易被他们获得；

第二，未披露信息因其秘密性而具有商业价值；

第三，由该信息的合法控制人，在此种情况下采取合理的步骤以保持其

① 唐广良、董炳和：《知识产权的国际保护》(修订版)，知识产权出版社2007年版，第227页。

秘密性质。

未披露信息的持有人享有防止他人在未经其同意而以违反诚实商业行为的方式披露，获得或使用未披露信息的可能性。按照 TRIPs 协议中的脚注对“违反诚实商业行为的方式”的解释，它至少包括以下做法：违约、泄密和违约诱导，并且包括第三方已经知道或应当知道但因严重疏忽未能知道而取得未披露信息的行为。

对成员国内法律要求批准销售利用新型化学物质制造的药品需要向提交其经过努力取得的、未披露的实验数据为前提的，TRIPs 协议要求成员应保护该数据，以防止不正当的商业使用。此外，各成员应保护这些数据不被披露，除非属于为保护公众所必需，或除非采取措施以保证该数据不被用在不正当的商业使用中。

3.2.8　对许可协议中限制竞争行为的控制

由于知识产权许可活动中经常有一些条款和条件限制竞争，对贸易产生不利影响，并会妨碍技术的转让和传播。TRIPs 协议注意到这个问题，并在第 40 条作了原则规定。按照该条规定，成员可在其立法中明确规定在特定情况下可构成对知识产权的滥用并对相关市场中的竞争产生不利影响的许可活动或条件，并可在与 TRIPs 协议其他规定相一致的条件下，可以按照该成员的有关法律、法规，采取适当的措施以防止或控制此类活动，包括诸如独占性返授条件、禁止对知识产权的有效性提出异议的条件和强制性一揽子许可等。

第四节　执法与争端解决机制

4.1　知识产权的实施

如前所述，TRIPs 协议产生的原因之一就在于既往的知识产权国际公约缺乏行之有效的实施程序和争端解决机制，条约的约束力差。TRIPs 协议克服了上述弊端。与以往的知识产权国际公约只规定实体权利、获得与维持程序相比，TRIPs 协议的权利实施程序对权利的实现提供了具体的保证。对任何受歧视或侵权行为在公平的非歧视性的执法程序保障下，有机会获得及时和有效的司法救济；与此同时，被控侵权人也同样可以获得为自己辩护的机会。与以往的知识产权国际公约相比，实体权利规范和实施程序规范相结合是 TRIPs 协议最重要的特点。[①] 加上 WTO 争端解决机制，使得 TRIPs 协议

① 刘春田主编：《知识产权法》，中国人民大学出版社 2000 年版，第 411 页。

成为众多知识产权国际公约中最具执行力的条约。

4.1.1 一般义务

TRIPs 协议第 41 条对实施知识产权的程序提出了总体要求，即：

第一，各成员应保证其国内法中包含有关知识产权的实施程序，以便对任何侵犯知识产权的行为采取有效行动，包括防止侵权的迅速救济措施和制止进一步侵权的救济措施。但是，这些程序的实施应避免对合法贸易造成障碍并为防止这些程序被滥用提供保障。

第二，有关知识产权的实施程序应公平和公正。这些程序不应包含不必要的复杂和费用高昂，也不应限定不合理的时限或造成无理的迟延。

第三，就案件作出的裁判，最好采取书面形式并说明裁判理由。有关裁决至少应及时送达当事人各方。对案件的裁决应仅仅根据证据，应向当事人各方就该证据提供陈述机会。

第四，诉讼当事方应有机会要求司法机关对最终行政裁定进行审查，并在遵守一成员法律中有关案件重要性的司法管辖权规定的前提下，至少对案件是非的初步司法裁决的法律方面进行审查。但是，对刑事案件中的无罪判决无义务提供审查机会。

尽管有上述有关一般义务的规定，但这些规定并不试图确立一种与一般的法律实施不同的单独的知识产权司法体系，而且也不影响成员原则上实施其法律的能力。

4.1.2 民事和行政程序及救济

TRIPs 协议第 42 条特别规定了“公平和公正的程序”。依据该条规定，被告应有权获得及时的、足够详细的、包含权利主张的依据的书面通知。应允许当事方由独立的法律顾问代表出庭，且有关程序不得强行规定强制本人出庭的过重要求。此类程序的所有当事方均有权证明其权利请求并提供所有相关证据。该程序应规定一种识别和保护秘密信息的措施，除非有关措施与现行宪法得要求相背离。这种规定强调了证据的重要性，有关证据问题，TRIPs 协议第 43 条作了详细规定。

TRIPs 协议第 44 条至第 47 条规定了对原告的救济措施，包括：

第一，禁令(ban)，即成员司法当局有权责令当事人停止侵权，禁止侵权产品进口，但停止侵权的救济不适用于强制许可。

第二，损害赔偿(damages)。对于故意或有充分理由应知道自己从事侵权活动的侵权人，成员司法机关有权责令侵权人向权利人支付足以补偿其因知识产权侵权所受损害的赔偿。司法机关还有权责令侵权人向权利持有人支付有关费用，其中可包括有关的律师费用。在适当的情况下，各成员可授权司法机关责令其退还利润和/或支付法定的赔偿，即使侵权人故意或有充分理由知道自己从事侵权活动。

第三，其他救济(other relief)。除了上述救济外，TRIPs协议还规定了将侵权物品和用于制造侵权货物的材料和工具清除出商业渠道、销毁侵权物品、去除冒牌货的商标等措施。

第四，获取信息权(right of information access)。各成员可规定，司法机关有权责令侵权人将生产和分销侵权货物或服务过程中涉及的第三方的身份及其分销渠道告知权利人，除非这与侵权的严重程度不相称。

TRIPs协议第48条规定了对被告的救济措施，此规定是防止当事人滥用实施程序，导致被告错误地遭到禁止或限制。对此，根据该条规定，司法机关有权责令该滥用程序的当事方向被告就因此种滥用而受到的损害提供足够的补偿。

根据TRIPs协议第49条的规定，如由于行政程序对案件是非曲直的裁决而导致责令进行任何民事救济，则此类程序应符合上述原则。

4.1.3 临时措施

TRIPs协议第50条规定了有关知识产权保护方面的临时措施(temporary measure)。这里的临时措施是指在民事诉讼程序或者行政程序开始之前，当事人请求司法机关或者行政机关采取的保全措施。[①]

采取临时措施限于防止侵犯任何知识产权，特别是防止货物进入其管辖范围内的商业渠道，包括结关后立即进入的进口货物；或者保存关于被指控侵权的有关证据。司法机关有权要求申请人提供任何可合理获得的证据，并有权责令申请人提供足以保护被告和防止滥用的保证金或相当的担保以及其他必要的信息。应被告请求，可以对临时措施进行复审。在采取临时措施后，申请人应在一定期限内提起诉讼，否则应被告请求撤销临时措施，或终止其效力。如临时措施被撤销或由于申请人的任何作为或不作为而失效，或如果随后认为不存在知识产权侵权或侵权威胁，则应被告请求，司法机关有权责令申请人就这些措施造成的任何损害向被告提供适当补偿。

4.1.4 与边境措施相关的特殊要求

由于国际贸易的知识产权保护对海关提出了特别要求，TRIPs协议的第51条至第60条着重规定了与边境措施相关的特殊要求，包括海关中止放行、

① 唐广良、董炳和：《知识产权的国际保护》(修订版)，知识产权出版社2007年版，第231页；吴汉东：《知识产权法》(第四版)，中国政法大学出版社2007年版，第393页。

申请、保证金或同等的担保、中止放行的通知、中止放行的时限、对进口商和货物所有权人的赔偿、检验和获得信息的权利、依职权的行动、救济和可忽略不计的进口等方面的规定。从内容来看，这些特殊要求是对前述临时措施在海关监管之下的货物的具体化，此不赘述。

4.1.5　刑事程序

TRIPs 协议的第 60 条规定各成员应规定至少将适用于具有商业规模的蓄意假冒商标或盗版案件的刑事程序和处罚。可使用的救济应包括足以起到威慑作用的监禁和/或罚金，并应与适用于同等严重性的犯罪所受到的处罚水平一致。在适当的情况下，可使用的救济还应包括扣押、没收和销毁侵权货物和主要用于侵权活动的任何材料和工具。各成员可规定适用于其他知识产权侵权案件的刑事程序和处罚，特别是蓄意并具有商业规模的侵权案件。

由于各成员的刑事制度差别较大，TRIPs 协议仅仅规定了最低标准，具体的刑事保护制度由各成员自行制定。

4.2　争端的防止和解决

世界贸易组织(WTO)的知识产权争端解决机制，包括基本原则、管辖范围、规则、程序、效力等内容。除适用《1994 年关税于贸易总协定》和其他普遍适用的制度和原则以外，TRIPs 协议还规定了争端的防止和解决机制。因此，WTO 框架下的知识产权争端解决机制由两部分构成：一是以《关于争端解决规则与程序的谅解》(以下简称《谅解》)为主要法律文件的 WTO 争端解决制度的普遍性规范；二是以 TRIPs 协议第五部分条款为内容的知识产权争端解决的特殊性规范。根据《谅解》第 1 条第 1 款的规定，TRIPs 协议是《谅解》的适用协议之一。TRIPs 协议第五部分就《谅解》对其的适用规则进行了具体规定。[①] 将 TRIPs 协议争端解决纳入到 WTO 解决争端谅解的机制，为监督成员方内部执法的公正性提供了保障。

4.2.1　争端的防止——透明度

防止争端比解决争端更重要。虽然 TRIPs 协议把争端的防止和解决作为一个整体，但首先为争端的防止而在 TRIPs 协议的第 63 条规定了透明度(transparency)原则：

(1) 各成员有效实施的、与本协议内容(知识产权的效力、范围、取得、实施和防止滥用)有关的法律、法规及普遍适用的司法终局裁决和行政裁定应

① 古祖雪:《国际知识产权法》，法律出版社 2002 年版，第 269 页。

以本国语文公布，或如果此种公布不可行，则应使之可公开获得，以使政府和权利持有人知晓。一方成员的政府或政府机构与另一成员政府或政府机构之间实施的有关本协议内容的协定也应予以公布。

(2) 各成员应将上述所指的法律和法规通知 TRIPs 理事会，以便在理事会审议 TRIPs 协议执行情况时提供帮助。

(3) 每一成员应准备就另一成员的书面请求提供上述(1)中所指类型的信息。如一成员有理由认为属知识产权领域的某一特定司法裁决、行政裁定或双边协定影响其在本协议项下的权利，也可书面请求为其提供或向其告知此类具体司法裁决、行政裁定或双边协定的足够细节。

(4) 前述的任何规定均不得要求各成员披露会妨碍执法或违背公共利益或损害特定公私企业合法商业利益的机密信息。

4.2.2 争端解决

由于 TRIPs 协议是《谅解》的适用协议之一，TRIPs 协议的第 64 条第 1 款规定，《谅解》详述和实施的《1994 年关税于贸易总协定》第 22 条和第 23 条的规定适用于 TRIPs 协议项下产生的磋商和争端解决，除非 TRIPs 协议另有具体规定。

4.3 中美有关影响知识产权保护与执法措施的争端——DS362 案

4.3.1 案情简介

2007 年 4 月 10 日，美国就中国关于影响知识产权保护与执法的措施提起磋商请求。2007 年 4 月 20 日，中国接受美方的磋商请求。双方于同年的 6 月 7 日至 8 日进行了磋商，未果。后经美国请求，WTO 的争端解决机构(DSB)于同年 9 月 25 日就该争端成立专家组，后由 WTO 总干事拉米于 12 月 13 日指定 3 名专家组成专家组。

专家组将美方磋商请求概括为三项，即中国对商业领域的商标假冒和盗版行为的刑事立法门槛问题；中国海关对其没收的侵犯知识产权商品的处置问题；以及中国对未授权在其境内出版、发行的作品的版权及相关权利的保护问题。这些磋商请求主要涉及中国知识产权刑法保护、边境保护以及对于相关作品的审查制度。可以说，美国提起的这次争端主要是针对中国在 TRIPs 协议项下有关知识产权执法的义务而起。

针对指控，中国进行了反驳，其主张基本可以概况为：美国未能证明中国的刑事法律与中国在 TRIPs 协议第 61 条项下的义务不符，也未能证明中国海关对侵权产品的处理方式不符合 TRIPs 协议第 59 条项下的义务。美国曲解了中国《著作权法》第 4 条，以为中国法律对作品不提供自动的、直接的版权保护，这种主张没有任何根据。

2009年1月26日，关于该争端的《专家组报告》(WT/DS362/R)发布①，该报告主要结论为如下②：

第一，中国的《著作权法》，尤其是其第4条第一句与中国在《伯尔尼公约》(1971年文本)第5条第1款(该款已经为TRIPs协议第9条第1款所吸收)以及TRIPs协议第41条第1款项下的义务不符。

第二，就中国的海关措施而言：(i) TRIPs协议第59条不适用中国的海关措施，就这些措施适用于出口货物而言；(ii) 美国没有证明中国的海关措施与TRIPs协议第59条不一致，就该条包含的TRIPs协议第46条第一句中的各项原则而言。(iii) 中国的海关措施与TRIPs协议第59条不一致，就该条包含的TRIPS协定第46条第四句中的原则而言。

第三，美国没有证明中国的刑事处罚的门槛与中国在TRIPs协议第61条下的义务不一致。

概言之，该报告支持美国关于中国《著作权法》第4条第1款及海关措施与我国相应WTO项下义务不符的主张，不支持美方关于中国知识产权刑事立法与WTO规则不符的主张。

4.3.2 案件简评

不管结果如何，中美关于有关影响知识产权保护与执法措施的争端案，是WTO争端机制启动以来与TRIPs协议相关的争端中首次因知识产权的

---

① 《专家组报告》及相关材料载于 http://www.wto.org/english/tratop_e/dispu_e/cases_e/ds362_e.htm，2009年2月16日最后访问。

② 《专家组报告》主要结论的英文原文如下："For the reasons set out in this Report, the Panel concludes as follows:

(a) the Copyright Law, specifically the first sentence of Article 4, is inconsistent with China's obligations under:

(i) Article 5(1) of the Berne Convention (1971), as incorporated by Article 9.1 of the TRIPS Agreement; and

(ii) Article 41.1 of the TRIPS Agreement;

(b) with respect to the Customs measures:

(i) Article 59 of the TRIPS Agreement is not applicable to the Customs measures insofar as those measures apply to goods destined for exportation;

(ii) the United States has not established that the Customs measures are inconsistent with Article 59 of the TRIPS Agreement, as it incorporates the principles set out in the first sentence of Article 46 of the TRIPS Agreement; and

(iii) the Customs measures are inconsistent with Article 59 of the TRIPS Agreement, as it incorporates the principle set out in the fourth sentence of Article 46 of the TRIPS Agreement; and

(c) the United States has not established that the criminal thresholds are inconsistent with China's obligations under the first sentence of Article 61 of the TRIPS Agreement."

执法而发起的，它标志着与 TRIPs 协议相关的争端发展到了一个新的阶段。此前，与 TRIPs 协议相关的争端或者是因在过渡期内，成员方利用争端解决机制解决过渡期内各成员方在知识产权保护标准上的一致性问题引起，或者是在过渡期结束后，成员方利用争端解决机制解决各自实体性标准的问题引起。不管是从实体上还是程序上，中美之间的这个争端都具有代表性：首先，它是首个发达国家对发展中国家提起的关于 TRIPs 协议核心部分——知识产权执法问题——的争端；第二，争端涉及条款的解释从 TRIPs 协议中知识产权保护实体标准的解释扩大到了执法问题的解释[①]；第三，该争端的解决程序从提出磋商请求到专家组最后报告的发布，经历了 WTO 争端解决机制的主要阶段，这与以往许多有关 TRIPs 协议争端的案件通过磋商解决不同。

该争端也凸显了条文解释的重要性。本次争端中主要涉及 TRIPs 协议第 9 条、第 41 条、第 46 条、第 59 条和第 61 条的规定。例如，第 41 条第 1 款规定："各成员应保证其国内法中包括关于本部分规定的实施程序，以便对任何侵犯本协定所涵盖知识产权的行为采取有效行动，包括防止侵权的迅速救济措施和制止进一步侵权的救济措施。这些程序的实施应避免对合法贸易造成障碍并为防止这些程序被滥用提供保障。"[②]何为"有效"，这需要进一步的解释。又如，第 61 条中规定的"商业规模"(on a commercial scale)面临着同样的问题。如何解释包括这些条款在内的知识产权执法条款，对衡量成员是否有效执行 TRIPs 协议，制定相对公平公正的标准有关键作用。在本次争端中，专家组对上述概念以及其他相关概念、相关定义和条文的解释和阐释具有重要的参考价值。

通过本次争端，TRIPs 协议第 41 条第 5 款应得到充分尊重和遵守。该款规定："各方理解，本部分并不产生任何建立与一般法律实施制度不同的知识产权实施制度的义务，也不影响各成员实施一般法律的能力。本部分的任何规定在实施知识产权与实施一般法律的资源分配方面，也不产生任何义务。"WTO 成员方有权在符合 TRIPs 协议的基础上，根据其法律制度和实践自行

① 孟兆平：《知识产权执法争端时代中的 TRIPs 解释规则研究——以美国诉中国 DS362 案为主线》，载《电子知识产权》2008 年第 12 期。

② 该条文的英文原文为："Members shall ensure that enforcement procedures as specified in this Part are available under their law so as to permit effective action against any act of infringement of intellectual property rights covered by this Agreement, including expeditious remedies to prevent infringements and remedies which constitute a deterrent to further infringements. These procedures shall be applied in such a manner as to avoid the creation of barriers to legitimate trade and to provide for safeguards against their abuse。"

决定实施协议的方法。TRIPs 协议并不要求其成员的法律实现真正的同一，而是允许各成员方在满足最低保护标准的前提下根据自己的政治、经济、历史、文化以及环境等因素选择适合自己的知识产权执法模式。[1]

① 孟兆平:《知识产权执法争端时代中的 TRIPs 解释规则研究——以美国诉中国 DS362 案为主线》,载《电子知识产权》2008 年第 12 期。

第七编　竞争法与知识产权

第三十八章　竞争法概述

本章主要介绍竞争法的经济学理论基础、竞争法的概念、调整的对象、立法模式及其与知识产权法的关系等内容。

第一节　竞争法的经济学理论基础

1.1　产业组织理论

1.1.1　产业组织理论概述

产业组织理论(industrial organization),是微观经济学中的一个重要分支。其研究对象是产业组织,研究市场在不完全竞争条件下的企业行为和市场构造,即产业内企业的规模经济效应与企业之间的竞争活力的冲突。[①] 产业组织理论旨在解决这样一个基本问题,即在生产要素投入既定的情况下,如何既能在保持市场机制下的竞争活力的同时,又能充分利用规模经济所带来的高效应,避免过度竞争带来的低效率和资源浪费,从而实现优化配置资源的目标。[②] 市场结构—市场行为—市场绩效的分析模式(structure-conduct-performance,简称 SCP 分析范式)构成了产业组织理论的基本分析框架。关于三者之间的关系在理论上存在着不同的观点,并由此形成了不同的学派,其中比较著名的学派有哈佛学派和芝加哥学派。

1.1.2　产业组织理论的基本范畴

产业组织理论的基本范畴包括市场结构、市场行为和市场绩效。

第一,市场结构(market structure)。市场结构是指对市场内竞争程度及价格形成等产生战略性影响的市场组织的特征,主要包括买者之间、卖者之间、买者集团与卖者集团之间以及市场上已有的卖者和买者与准备进入市场的潜在买者和卖者之间等诸关系的因素及其特征。影响市场结构的因素有三个:一是市场集中程度。它集中反映了相关市场经营者的数目与规模,进而反映该市场买者与卖者的规模结构状况。二是产品差异化程度。相关市场是根据具有竞争关系的同质产品或可替代的产品来进行划分,产品的差异性越显著,厂商在市场中的地位就越高。产品差异化是厂商实现利润最大化的主要手段。三是市场进入和退出壁垒。不管是进入壁垒还是退出壁垒,均会对竞争产生影响。市场结构的基本形态包括完全竞争、垄断竞争、寡头竞争和垄断。

第二,市场行为(market conduct)。市场行为是指厂商在市场上采取的各种战略性行为或行动。根据市场行为的内容,可以划分为价格行为、非价格行为和组织调整行为。价格行为的直接目的就是为了控制和影响价格,包

---

① 〔法〕泰勒尔:《产业组织概论》,张维迎总译校,中国人民大学出版社 1998 年版,第 1～5 页。

② 吕明瑜:《竞争法》,法律出版社 2004 年版,第 4 页。

括价格歧视、掠夺定价、价格卡特尔等。非价格行为是以促进销售、开发产品为主要内容的经营行为。组织调整行为主要包括企业合并、企业合作和企业集团化行为。

第三，市场绩效(market performance)。市场绩效是指对市场结构和市场行为的市场效果的评价，反映了市场运行的效率。一般而言，资源利用效率、技术进步程度、分配的公平程度是用来描述市场绩效的基本指标。

1.1.3 哈佛学派与芝加哥学派

(1) 哈佛学派

哈佛学派，又被称为结构主义学派，主要建立在两项经验性研究基础上，即对经济绩效的衡量和结构与绩效关系。他们最早提出 SCP 分析范式。该学派认为，市场结构决定了厂商的市场行为，厂商的市场行为又决定了市场绩效。因此，高集中度的市场结构产生的超额利润来源于垄断结构。但是，寡头垄断或者垄断的市场结构，厂商的共谋和协调行为削弱市场的竞争，破坏了市场资源配置的效率。该学派积极主张采取分拆企业、禁止企业兼并等直接作用于市场结构的公共政策。[1]

(2) 芝加哥学派

芝加哥学派更加注重对市场结构、市场行为和市场绩效之间的关系的理论分析，提出了与哈佛学派截然不同的观点。芝加哥学派认为应该从价格理论的基础假定出发，强调市场的竞争效率。高集中度市场结构通常能获得的高额利润，并不一定来自于垄断结构，而是源于大企业的高效率。与其说存在市场结构决定市场行为进而决定市场绩效，还不如说是市场绩效或者市场行为决定了市场结构。[2] 因此，他们主张，反垄断法应以促进经济效率为目的，保护竞争，而不是单纯保护竞争者。市场在长期过程中能够达到效率水平，反对高集中率的产业必然带来垄断租金，因此只要存在良好的市场绩效，政府就没有必要对市场结构进行干预。

1.2 对产业组织理论的评价

尽管结构主义和芝加哥学派两种理论都是从主流的微观理论出发，但在分析方法、思路和政策含义中却存在着许多差异。在分析方法上，结构主义强调了经验型的检验过程，通过对现象的分析得出解释，芝加哥学派则通过理论模型分析，从价格理论固有的前提出发，演绎出各种结论。在分析角度

① 吕明瑜：《竞争法》，法律出版社 2004 年版，第 17 页。

② 张守文：《经济法学》，北京大学出版社 2008 年版，第 275～276 页。

上，前者强调了如果改善资源的低效率配置等市场绩效作为产业组织的主要问题对象，讨论市场势力形成的固有的结构条件；后者重视长期的竞争效率均衡，坚持短期的低效率，非均衡可以通过技术创新、自由进入和退出来得到解决。在政策含义上，前者强调了政府对高集中度产业的反托拉斯干预，后者反对政府干预，认为政府干预本身会带来壁垒，降低市场机制的配置效率。

产业组织理论从微观经济学角度揭示了市场结构、市场行为和市场绩效三者之间的不同关系，为国家对竞争进行法律规制的必要性和合理性提供了理论基础。该理论认为，如果市场结构不合理，厂商的市场行为不利于市场运行，市场绩效不佳，而市场本身又无法解决这些问题，那么国家就有必要通过制定包括反垄断法、反不正当竞争法等在内的竞争法及其他相关法律等手段，对市场进行适度的公共管制，以引导、监督和纠正市场竞争的运行。但是，不同学派理论影响下的竞争法的重点会有所不同。

产业组织理论揭示了企业和市场的关系，描述了垄断与竞争、竞争与过度竞争、竞争与不正当竞争之间的矛盾关系。竞争法正是要以解决此类矛盾为己任。竞争法建立了禁止滥用市场支配地位制度、禁止联合限制竞争制度、控制企业结合制度等，直接规制厂商的垄断行为和各种破坏竞争、限制竞争或者过度竞争的不良市场行为，对维持合理的市场结构，规范企业的市场行为，促进良好的市场绩效的形成，以实现其优化资源配置，维护效率与公平的价值和功能。[①]

第二节　竞争与竞争法的概念

竞争是存在于自然界和人类社会的普遍现象，生物进化和社会进步都是竞争发展的过程。经济学意义上的竞争，是指生产力和社会经济发展到一定阶段的产物，是不同经济主体为争夺交易机会而采取商业策略，争取市场，谋求利益最大化的各种经济行为。市场经济的显著特征，就是依靠市场来调节供求关系，调节生产和消费。在市场经济中具有决定性意义的价值规律，必须通过各种市场主体的充分竞争才能发挥作用。作为市场经济的基本构成要素，竞争是市场经济的主要运行机制，承载着市场经济效率机制、创造机制和分配机制的功能。总而言之，市场经济就是商品生产者、经营者之间的竞争经济。

竞争本身是一个矛盾统一体，其基本属性具有两面性。自发的竞争包括

① 吕明瑜：《竞争法》，法律出版社 2004 年版，第 23 页。

建设性和破坏性的双重属性。

就竞争的建设性而言，主要是指竞争对人类社会发展的促进作用。经济竞争对人类社会发展的促进作用主要是通过优化资源配置，推动经济发展表现出来的。正是通过竞争调节着资本和各生产要素在不同社会生产部门之间进行分配，优胜劣汰，引导社会资源向符合社会发展方向的市场主体进行配置，导致生产技术和经济组织结构的改革和升级，从而促进社会生产力的进步和社会经济的发展。

就竞争的破坏性而言，主要是指竞争对人类社会发展所带来的负面影响。竞争的自然过程会导致生产和资本的高度集中，在形成规模效益的同时，也会造成一定程度的垄断。垄断经营者基于追求高额利润的目标，往往会利用自身的经济优势排除竞争，操纵市场，控制供给，使竞争机制功能难以发挥，最终造成资源配置不合理，使社会缺乏经济活力，消费者利益和社会公共利益遭到破坏。在日趋激烈的竞争中，追逐利益最大化的本性会驱使部分经营者采用不正当手段，损害他人的利益，为自己牟取竞争优势。这些不正当的竞争行为严重地扰乱了正常的竞争秩序，削弱了竞争机制作用的发挥。

竞争的建设性和破坏性是一个矛盾体的两个方面，并由此构成了竞争这一范畴的固有品质。只要有市场竞争存在的地方，就会有垄断行为和不正当竞争行为发生。由于竞争自身无法克服自己的破坏性，因此这种非自律性必然导致对竞争的他律机制的要求，于是竞争法的建立便成为市场经济发展过程的不可或缺的制度。

竞争法(competition law)是指国家在协调经济运行中调节市场竞争关系和市场竞争管理关系的法律规范的总和。竞争法的重要性不仅在于政府协调经济运行本身，而且在于其体现了市场经济发展的效益最大化要求。竞争法不仅要通过政府之手克服经济垄断、竞争无序等市场经济的固有缺陷，而且还要避免在协调经济运行过程中政府自身可能制造的错误。竞争法通过对市场竞争的规制来达到建立和维护正常竞争秩序的目的。对市场主体竞争行为的规制主要包括：

第一，对垄断行为的规制。学界对垄断的定义众说纷纭。从经济学上来讲，垄断是在生产集中和资本集中高度发展的基础上，一个大企业或少数几个大企业对某一产品的生产和销售的独占或联合控制。但法律意义上的垄断与此稍有不同。受产业组织理论中的芝加哥学派的影响，目前世界各国对垄断的规制一般都不放在市场结构上，而是放在市场行为上，并且主要着眼于其消极后果，因此其重点在于控制和反对实质性限制和损害竞争且具有违法性的垄断状态和垄断行为。[1] 垄断行为是指企业凭借经济优势或者行政权力，操纵或支配市场，限制和排斥竞争的行为。

第二，对限制竞争行为的规制。限制竞争行为是指企业滥用优势地位，通过订立协议、团体决定或其他方式排斥或限制市场竞争的行为，如差别对待、限制转售价格、搭售、共同划分市场、联合定价、抵制交易等。具体包括经营者之间排除或限制竞争的协议、决议或协同一致的行为；滥用市场支配地位的行为；以及经营者之间排除或限制竞争的集中行为。

第三，对不正当竞争行为的规制。不正当竞争行为是指在商业活动中违背诚实信用和商业道德的各种行为。在市场竞争中，一些竞争主体为了牟取自身利益，采用损人利己、违背诚实信用原则的竞争手段争夺市场，危害市场秩序，损害了其他经营者和消费者的利益。竞争法对各种假冒、混淆、贿赂、诋毁他人信誉等行为进行规制，保护合法诚实经营者和消费者合法利益，维护市场经济秩序，就显得非常有必要。

第三节　竞争法调整的对象

竞争法所调整的对象是市场经济运行过程中的竞争活动关系，主要包括两种关系：

3.1　竞争关系

竞争关系(relationship of competition)是指不同市场主体为争夺经济利益和抢占市场而在彼此之间产生的一种社会关系。竞争关系发生于市场主体之间，并且以竞争为目的。其特点是：第一，竞争关系只能发生在取得经营资格的平等主体之间；第二，竞争关系的发生以市场主体的自愿为前提；第三，竞争关系必须以竞争为目的，也就是必须以争夺资金、技术、劳动力、产品价格等的市场占有率并借以获得更高利润为目的。

在通常情况下，市场竞争关系是通过交易关系直接或间接表现的：一种情况是，经营者与经营者的竞争关系通过与消费者的交易关系直接表现。这种情况主要发生在不正当竞争领域，如欺骗交易行为、利诱交易行为、强迫交易行为等。另外一种情况是，经营者与经营者的竞争关系不需要通过与消费者的交易关系直接表现，但是会间接地影响到与消费者的交易关系。这种情

① 王先林：《知识产权与反垄断法——知识产权滥用的反垄断问题研究》(修订版)，法律出版社2008年版，第53页。

况主要发生在垄断领域,如滥用市场支配地位、垄断协议、经济力过度集中等。

竞争法对竞争关系的调整,主要是通过立法形式确认市场经济的合理体制;创设平等、公正的竞争条件;保证市场主体的公平竞争;确认和保护正当的合法竞争关系;保证竞争机制的正常运行及竞争功能的发挥;避免和限制竞争的消极作用;禁止和取消非法垄断行为等。

3.2 竞争管理关系

竞争管理关系(relationship of competition management),是指政府管理机关在依照职权监督、管理市场竞争的过程中所形成的社会关系。竞争管理关系是国家协调经济运行的具体体现,直接关系到市场竞争秩序的建立、维护和发展,是竞争法的重要内容。竞争管理关系主要有两个特征:第一,竞争管理关系的一方是具有竞争管理职能和职权的国家机关;而相对方是参与竞争关系的市场主体。第二,在竞争管理关系中享有管理职权的主体与其他主体的地位是不平等的,双方存在管理与被管理的关系。

竞争法对竞争管理关系的调整,主要通过下列方式实现:确立监督管理体制;赋予管理部门管理职权;明确各级各地管理部门的职责分工;规定监督管理的对象范围及方式;明确管理的实体法律规范依据;确认市场主体在竞争管理关系中的权利义务;规定管理活动实施的具体步骤、程序等以及违反竞争管理法的法律责任。

第四节 竞争法的立法模式

竞争法主要规制不正当竞争行为与垄断行为或限制竞争行为。由于各国的社会制度和立法传统不同,在竞争法的立法模式上亦存在差别,目前世界各国主要采取的模式主要有分立式、统一式和混合式三种类型。

4.1 分立式

分立式是将反不正当竞争法与反垄断法分别进行立法。采用这种立法模式的国家主要是德国和日本,其中又以德国的竞争法最具典型意义,日本、韩国等国的竞争法大都仿照德国的立法体例。德国现行的竞争立法制度,主要表现为1909年《反不正当竞争法》和1957年《反限制竞争法》;日本表现为1934年《不正当竞争防止法》和1947年《关于禁止私人垄断和确保公平交易的法律》。

4.2 统一式

统一式是将反不正当竞争法与反垄断法所调整的对象合并在一起，制定一部统一的市场竞争法，用以对不正当竞争行为、垄断行为和限制竞争行为进行统一的调整。在统一式模式下，凡有关市场秩序和公平竞争方面的社会关系均由统一的法律加以调整。采用这种立法模式的国家主要是匈牙利，如匈牙利的《反不正当竞争法》。统一式模式的优点是，法律规范相对集中，易于执法和司法。

4.3 混合式

混合式模式对哪些行为属于不正当竞争行为，哪些行为属于限制竞争行为，哪些行为属于垄断行为不进行统一界定。对于违反公平交易的行为，既没有专门立法，也没有统一立法，而是针对各种妨害市场秩序的行为，分别制定法律加以规范。采用这种立法模式的国家主要是美国。美国最早颁布的有关公平竞争的法律《谢尔曼法》，主要是针对当时托拉斯垄断对市场竞争秩序的破坏制定的。1914 年又制定了《联邦贸易委员会法》和《克莱顿法》。这些法律构成了美国竞争法的基础。此后鉴于市场竞争形式的变化，美国又对上述法律进行了相应的补充修订，并制定了一些新的法律，如《鲁宾逊—帕特曼法》、《惠勒—李法》以及《威尔逊关税法》等。此外，法院关于各类反限制竞争案的大量判例也是美国竞争法的法律渊源。

在上述三种主要立法模式中，属美国的交叉式竞争立法模式对世界各国竞争法的产生和发展的影响最大。不过，美国立法模式的混合性、杂糅性和分散性的功能特点也具有一定的局限性。统一式模式虽然强调了垄断行为、限制竞争行为以及不正当竞争行为的联系性，使法律相对集中，但是，容易混淆几种行为的差异性。反垄断法与反不正当竞争法的最大区别在于立法理念不一样：反不正当竞争法的宗旨是为了维护公平的竞争秩序，保护合法经营者和消费者的利益，追求的是公平竞争；相形之下，反垄断法的目的则是要通过反垄断和反对限制竞争，使市场保持一种竞争的态势，保证市场上有足够的竞争者，保证消费者有选择商品的权利，追求的是自由竞争。此外反垄断法与反不正当竞争法的还存在着下述区别：

第一，从行为方式上看，垄断主要是企业（厂商）以独占、限制竞争及联合行为等控制市场，排斥或限制竞争，各种形式的垄断协议或垄断组织（托拉斯、卡特尔、辛迪加、康采恩等）是设置市场壁垒，阻碍他人进入市场的通常表现形式；不正当竞争行为的形式多种多样，常表现为一种侵权行为。

第二,从行为的救济和制裁看,反垄断法自其诞生之初就强调国家或行政机关的主动干预,而无论大陆法国家还是英美法国家,对不正当竞争行为的救济主要通过私法途径,国家对不正当竞争行为基本上采取不告不理的态度。相对于垄断行为来说,不正当竞争行为主要侵害的是私人利益,因此需要通过私人诉讼解决;而垄断行为主要侵害的是公共利益,一般是通过行政程序、甚至刑事的手段来解决。

第三,从立法必要性和在法律体系中的地位上看,反不正当竞争的调整对象和承担的使命相对独立,自成体系;反垄断法涉及拥有市场支配地位的企业之间的竞争关系,担负着维持市场自由和规范竞争秩序的双重任务,需要建立专门的机构,并制定专门的程序去完成。

总而言之,反不正当竞争法主要反对经营者使用不公平和不正当的竞争手段,它首先保护受不正当竞争行为损害的经营者的利益,维护公平的竞争秩序;而反垄断法则主要是从竞争性市场结构出发,反对以独占或卡特尔的形式妨碍市场竞争、限制企业进入市场。反不正当竞争法因而被称为公平竞争法,是为了维护财产权;反垄断法被称为自由竞争法,是为了追求经济效率。

第五节　竞争法与知识产权法的关系

知识产权法以确立智力成果和信息资源方面的权利为目标,以平衡个体间的利益为主要价值取向。相形之下,经济法学界认为竞争法则属于经济法范畴[①],是以协调个人利益和社会利益之间的关系,维护公平自由的竞争秩序为宗旨。二者的目的、宗旨和保护的利益各有侧重:知识产权法着眼于对民事权利的确认;竞争法旨在营造一个公平自由的市场竞争秩序。

在知识经济时代,智力成果将逐步取代土地和资本成为最重要的生产要素,成为市场主体取得市场优越地位的决定性的力量;因而,通过侵犯或滥用知识产权以谋取不正当利益的行为,便成为知识产权法和竞争法不得不共同关注的问题。知识产权法确认的基本权利和义务是对知识产权进行保护的基础。由于知识产权法保护的局限性,需要由反不正当竞争法对知识产权的保护加以补充。反垄断法则是要通过对滥用知识产权限制市场竞争的行为加以规制。

---

① 对竞争法的部门法归属,知识产权法学界与经济法学界对此可能有不同观点,尤其是对于其中的反不正当竞争法。

5.1 知识产权法保护的局限性与反不正当竞争法的补充作用

5.1.1 知识产权类型法定主义对知识产权保护的局限

知识产权法定主义，是指“知识产权的种类、权利以及诸如获得权利的要件、保护期限等关键内容必须由成文法确定，除立法者在法律中特别授权外，任何机构不得在法律之外创设知识产权”[①]。知识产权类型法定主义既具有创设知识产权的功能，又具有限制知识产权的作用。通过制定法对知识产权种类及各类型知识产权的特征、构成要件进行明确规定，就排除了法定之外存在知识产权的可能性。如商标权要求识别性；专利权要求创造性、实用性和新颖性；著作权要求独创性；知识产权的法定期限、登记申请等外在表现形态上的要求和限制，这使其他一些智慧成果（如商业秘密、商誉、识别性标志等）均被排斥在知识产权法的保护之外。

虽然知识产权法定主义蕴涵了深刻而理性的经对价获致平衡的立法思想，但也极大地限制了被保护客体的范围，构成了知识产权法对知识的“强保护”与“窄保护”特点。在法定主义原则下，知识产权法不能保护那些由劳动者付出了相当的智力劳动却未明确规定于知识产权范围内的其他智力成果，如不属于商标法保护范围的厂商名称、原产地标记等识别性标志、商誉等；与专利相关联而又得不到专利法保护的商业秘密等。但是，这些智力活动所形成的知识利益，同样具有要求法律保护的正当诉求；而知识产权法却基于知识产权类型法定的原则，无法对这一部分智力成果和利益进行保护。

5.1.2 反不正当竞争法对知识产权保护的补充作用

相对于知识产权法而言，反不正当竞争法对智力成果保护的范围要宽阔得多。通过对我国法律制度和主要西方国家法律制度进行分析，不难看出，反不正当竞争法对知识产权的补充保护主要体现在：

第一，对不受专门法保护的客体的保护，如商品装潢、商品名称、作品名称等，这些往往不能作为知识产权单独保护的客体，但由于其与知识产权具有十分紧密的联系，往往对这些客体的侵犯也造成了知识产权的侵犯和权利人权益的损害，反不正当竞争法通过扩大对知识产权的保护范围将向这些不受知识产权法专门保护的客体纳入其中。

第二，对尚未得到授权的客体的保护。知识产权需要通过法律的确认才能被知识产权法纳入保护，而现实中许多的知识产权如商标，在其未成为知

① 李扬：《知识产权法定主义及其适用——兼与梁慧星、易继明教授商榷》，载《法学研究》2006年第2期，第4页。

识产权保护的客体前就有可能被他人恶意侵占，这时可以通过涉及该权的不正当竞争行为来实现对该权利的提前保护。

第三，对于新型客体的过渡性保护。现实生活是复杂多变的，而知识产权也随着社会发展在不停地发展变化，其外延随着科技的进步也在不断被扩展和丰富。然而，由于传统的对于知识产权的理论研究与认识，新型权利或许存在是否符合知识产权构成要件等理论冲突问题（如商业秘密），在知识产权未能将该权利纳入保护前，涉及侵害该权利的行为由于侵犯了权利人利益影响公正竞争而为反不正当竞争法所规制。

第四，为权利人提供其他救济途径。不像知识产权主要是针对权利人对其独占的权利受到他人非法的干涉和妨碍，反不正当竞争法在调整涉及知识产权的不正当竞争行为时，只要侵权人的行为违反竞争规则造成权利人权益受损就可以以不正当竞争起诉，在举证和确认权利等方面要比以确认侵害知识产权容易，因此，更方便快捷地保护了权利人和消费者等第三人。

如果说传统意义上的知识产权法确认知识的私有性与社会性的界限为知识权利的保护构筑了第一道防线，那么，反不正当竞争法则作为一种补充性保护机制，从行为法层面构筑了知识权利维护的第二道防线①；而这道防线可以克服知识产权类型法定主义对权利保护与救济的缺陷。

5.2 知识产权的滥用与反垄断法对知识产权的限制作用

5.2.1 知识产权的垄断性及其被滥用的可能

知识产权作为一种合法的垄断，是社会为推动科技进步、经济繁荣和社会发展而作出的制度设计，旨在平衡个人利益与社会利益之间的矛盾，鼓励和促进科学技术的进步与创新。这主要表现在知识产权是法律赋予权利人在特定时间和特定地域内对智力成果的独占权，具有无形性、专有性、地域性和时间性等特征。知识产权的这种合法垄断性本身就蕴含着被滥用的可能性。知识产权人在行使权利时，如果超出法律所允许的范围或正当界限，就会损害他人利益或者社会公共利益，从而违背社会最初设计安排知识产权制度的初衷。

任何法律权利都不是绝对的，法律在设定某种权利的时候也就同时设计了权利运用的宗旨，因此，防止和控制权利的滥用是法律的重要原则。知识产权的运用受到知识产权法本身的限制，这种限制是从知识产权的社会性衍生的，主要表现为：智力创造者对智力创造物的知识产权以不损害其他人的

① 谢晓尧：《竞争秩序的道德解读》，法律出版社2005年版，第98页。

同等创造力为前提；以不妨碍从已有的文化和科学遗产中吸取涵养为前提。[①]“公平原则”、“诚实信用原则”以及“权利滥用禁止原则”也是对知识产权滥用的限制，其重点是考虑权利人与相对人之间的利益平衡，它要求民事活动的当事人在行使权利及履行义务的过程中，实现个人利益与社会利益的平衡。不过，如果知识产权被作为一种竞争手段而用于市场时，在这种情况下，对知识产权的滥用主要损害的是市场经济竞争秩序，因此对这种滥用的限制便被纳入到反垄断法的调整范畴。

相对于公法而言，私法对知识产权滥用的规制主要表现在三个方面：第一，私法诉讼坚持“不告不理原则”，在滥用知识产权行为所产生的损害赔偿案件中，由于证据收集的难度和诉讼成本的高昂，导致不少受害人放弃民事诉讼救济。第二，民事侵权赔偿所遵循的补偿性和恢复性原则，既无法对滥用知识产权所产生的社会性损害予以赔偿，也无法对知识产权滥用者进行惩罚，以增加其违法成本。第三，当滥用知识产权行为所产生的社会性损害已经普遍而非个别存在时，个案矫正的司法成本和社会成本显然太高，虽然可以通过灵活的行政手段处理个案中的违法行为，但是，这不仅不足以警示同类违法者并减少执法成本，而且由于缺乏统一立法而使执法机关很难做到“执法必严、违法必究”。[②]

5.2.2 反垄断法对知识产权的限制作用

正如日本学者富田彻男所言，“从本质上说，知识产权是为了不让竞争对手销售自己的产品或商品而拥有的一种垄断顾客的权利”[③]，知识产权本质上是一种生产要素，它要实现自身的价值，必须得与厂房、机器、劳动力、原材料等许多其他的生产要素相结合。当知识产权作为一种竞争手段用于市场竞争时，知识产权滥用就导致了市场中各个主体（包括社会公众）之间的利益失衡，并破坏了市场竞争的正常秩序，而这种利益和秩序正是反垄断法所关注的，所以，对知识产权滥用的限制成为知识产权法与反垄断法之间的连接点。而从本质上来说，这种连接是以利益为导向的。

判断知识产权滥用的标准应当是权利人破坏了知识产权特有的“对价衡平机制”，即限制了其他经营者和社会公众对“知识公共性利益”的合理享用。例如，同行业竞争者之间达成的限制购买新技术、新设备或者限制开发新技术、新产品的垄断协议（包括排除、限制竞争的协议、决定或者其他协同行

① 王先林：《知识产权与反垄断法——知识产权滥用的反垄断问题研究》，法律出版社 2001 年版，第 112 页。

② 江帆：《竞争法对知识产权的保护与限制》，载《现代法学》2007 年第 2 期，第 87 页。

③ 〔日〕富田彻男：《市场竞争中的知识产权》，廖正衡等译，商务印书馆 2000 年版，第 13 页。

为)；又如，通过知识产权使用许可协议试图控制市场、设置进入壁垒；销售专利产品时搭售非专利产品；对竞争对手进行不正当的警告或申明等等。

反垄断法对知识产权的限制主要是从维护公平交易秩序的目标出发，对滥用权利的行为人进行规范。它主要考虑是否损害了竞争秩序。反垄断法对知识产权滥用的规制体现为纠正知识产权人对知识产权的不适当的行使给社会竞争秩序和社会整体利益造成的损害，使之恢复到正常的法定垄断范围内。

反垄断法对知识产权的限制，反映了知识产权与反垄断利益之间存在一种制衡关系。[①] 一方面，对知识产权滥用行为的规制不等于对知识产权法定范围内的垄断的否认和排除；另一方面，对超出知识产权法定范围从而构成知识产权滥用的行为，反垄断法从维护社会整体的公共利益目标出发，需要对这种行为加以禁止。[②]

① 冯晓青：《知识产权、竞争与反垄断之关系探析》，载《法学》2004年第3期，第117页。

② 同上。

第三十九章　知识产权与不正当竞争

本章主要介绍反不正当竞争的概念、特征、构成条件及 TRIPs 协议、《巴黎公约》、《反不正当竞争示范法》等国际公约对其的规制，最后介绍中国法律规制下的不正当竞争行为。

第一节 国际公约规制下的不正当竞争行为

1.1 反不正当竞争与知识产权保护的历史发展

竞争是市场经济的基本构成要素和主要运行机制，这是由商品经济的本质所决定的。不正当竞争(unfair competition)是商品经济竞争机制的负效应，它从根本上否定了市场经济公平竞争的基本原则。公平竞争是以自由竞争为前提条件的，市场经济要求竞争者必须遵守共同竞争规则，以维护自由竞争的公平合理性，防止不正当的竞争。

资本主义商品经济是从中世纪封建制度的束缚下解放出来的。早期的资本主义鼓励自由竞争，营业自由与竞争自由成为资本主义初期的基本原则。但是，营业自由与竞争自由并非不受限制，伴随着资本主义经济的成熟与发展，公平竞争、公平交易、制止不正当竞争便成为维护资本主义经济秩序的必然要求。反不正当竞争法就是商品生产、市场经济发展到一定历史阶段的必然产物。

历史的经验表明，反不正当竞争法同反垄断法一样，是市场经济进入高度发达和成熟阶段以后，国家以矫正者的姿态介入市场并通过法律手段干预经济生活的结果。反不正当竞争法的发生与发展，对于维护市场竞争的公平与秩序，以及促进现代市场经济的发展，发挥了重要作用。从这种意义上说，反不正当竞争法经常被奉为市场经济中的“自由企业的大宪章”。

1883年缔结的《巴黎公约》，就已经把一些反不正当竞争的内容(如商号保护)纳入到调整范围。到了20世纪初，反不正当竞争的内容被正式归纳为《巴黎公约》第10条之二。1967年《建立世界知识产权组织公约》，更是明文把反不正当竞争作为知识产权保护的一项重要内容，将反不正当竞争的部分内容作为知识产权法调整的对象纳入到知识产权法律体系中。自此之后，反不正当竞争法一直在知识产权法的特定领域中发挥着积极重要的作用。TRIPs协议明确将多年以来许多国家采用反不正当竞争法保护的“商业秘密”，以“未披露信息”这一法律术语，放入到知识产权的大框架中。因此，关于这一部分内容的国际公约，形成了反不正当竞争法与知识产权法的交叉重叠。1996年世界知识产权组织制定了《反不正当竞争示范法》。该法是世界知识产权组织为落实《巴黎公约》第10条之二和TRIPs协议第2条关于在知识产权反不正当竞争领域的规定，在参考了《反不正当竞争的保护——当今世界状况分析》[WIPO第725(E)号出版物]的基础上于1996年2月发布的，它是对反不正当竞争法如何给知识产权以附加保护所作的立法性总结。

如果将整个知识产权法律体系比作一座冰山，那么，著作权、专利和商标等专门法律制度就是露出海面的那些部分，而反不正当竞争则是隐没于海平面之下的那一部分。[①] 反不正当竞争法所调整的对象不能完全为特定的知识产权制度所涵盖，例如，商标法不能调整假冒商品问题，专利法管辖不能调整商业秘密问题，这是反不正当竞争法的一大特点。[②] 同时，知识产权的法定主义也限制了被保护客体的范围，导致部分智力成果和利益无法受到知识产权的保护。反不正当竞争法与知识产权法的关系是补充与被补充的关系。反不正当竞争法以其特有的功能弥补了知识产权法功能的不足，并在很大程度上弥合了传统知识产权法中的缺失。反不正当竞争法的功能主要表现在有效地制止竞争者之间在工商业活动中违反诚实信用的竞争行为。[③]

1.2 反不正当竞争的概念和特征

1.2.1 反不正当竞争的概念

关于不正当竞争的概念，世界各国法律的界定不尽相同。根据德国法，不正当竞争是指在营业中为竞争目的而采取的违反善良风俗的行为。瑞士法规定，不正当竞争是指任何欺骗性的商业行为或以其他手段违反诚实信用原则的商业行为。美国和日本等国家，只是在反不正当竞争法中罗列了不正当竞争行为的表现，而并未给出一个明确定义。在这方面，国际公约比较旗帜鲜明，《巴黎公约》规定，凡在工商业事务中违反诚实习惯做法的竞争行为，均构成不正当竞争行为。

最早出现的不正当竞争仅限于侵犯工业产权的行为。到了 19 世纪末，随着科学技术的进步和资本主义的发展，生产规模不断扩大，垄断和限制自由竞争的行为日益严重，对资本主义经济的进一步发展构成了威胁。垄断与限制竞争，主要是指在市场中排斥和限制其他竞争者参与竞争。市场经济要求竞争者必须遵守共同的竞争规则、商业习惯和商业道德。竞争是以自由竞争为前提的，如果没有竞争的自由，公平竞争则无从谈起。而不正当竞争是对公平竞争的破坏，垄断和限制竞争的行为意味着对竞争的反动。从这个意义上讲，垄断和限制竞争行为，都是对市场经济秩序的破坏，本质上没有区别。

---

① 传统知识产权的三项主要法律，著作权法、专利法和商标法，如同三座浮在海面上的冰山，而反不正当竞争法就是在下面托着三座冰山的海水。这一比喻充分体现了反不正当竞争法对知识产权的兜底保护作用。参见郑成思：《知识产权论》(第三版)，法律出版社 2003 年版，第 264 页。

② 薛虹：《网络时代的知识产权法》，法律出版社 2000 年版，第 83～84 页。

③ 《巴黎公约》第 10 条之二。

因此，在垄断和限制竞争的行为出现后，西方国家的竞争法也随之增加了反垄断、反不正当竞争的内容。

1.2.2　不正当竞争的特征

从各国法律和国际条约关于不正当竞争的定义，以及所列举的不正当竞争行为上看，不正当竞争具有两个基本特征：

第一，不正当竞争是一种市场商业行为，是商品经济发展的结果。商品经济的本质决定了竞争机制，生产经营者为了实现个人目的，必然以各种各样的手段和方式展开竞争。竞争是恒久的，而正当竞争与不正当竞争则是商业伦理道德的分野。因此，只要有商品经济存在，竞争就不会消失；只要有竞争存在，也就无法从根本上消灭不正当竞争。

第二，不正当竞争是违反法律规范的行为。不正当竞争违反诚实信用、公平竞争原则，破坏竞争秩序，使正常运行的市场经济发生紊乱，损害他人的合法权益。

从理论上讲，反不正当竞争法无法规制竞争者之外的其他行为人的恶意破坏或损害行为。尽管 1996 年 WIPO 的《反不正当竞争保护的示范规定》第 1 条已经将《巴黎公约》第 10 条之二规定的不正当竞争行为由竞争者拓展到非竞争者之间的行为，但是，这种拓宽无疑会混淆一般私法与反不正当竞争法之间调整范围的划分；因此，1996 年 WIPO 的《反不正当竞争保护的示范规定》普遍受到各国国内反不正当竞争立法和司法的抵制。

从实践上看，在认定某种行为是否构成不正当竞争行为时，各国司法机关仍坚持考察当事人之间是否存在竞争关系。一旦当事人之间不存在任何竞争关系，不正当竞争行为的构成要素也就相应地消失了。

迄今为止，尚未有强有力的法理基础被用来支撑反不正当竞争法对私权设定为保护公共利益所需要的各种限制和例外。从某种意义上说，反不正当竞争法仍然缺乏平衡私人利益和公共利益的普遍机制。知识产权法自其产生以后，就一直坚持利益平衡原则，借此协调知识产品创造、使用过程中的各种复杂利益关系。这种平衡原则在知识产权制度上的表现就是预先设定出各种限制和例外规定，如著作权法中的合理使用制度、法定许可制度、许可制度；专利法中专利实施的强制许可制度、不视为侵权的例外制度；商标法中的注册商标标识适用范围的限制，商标专用权效力范围的限制，以及除了商业秘密以外的各种知识产权的时间限制，等等。然而，由于反不正当竞争法着眼于维护市场公平的竞争秩序，因此，只要某种行为具有不正当竞争的性质，构成对市场公平秩序的损害，无论发生在什么时候，反不正当竞争法都可以发挥其作用。

1.2.3 不正当竞争的构成条件

我国 1993 年《反不正当竞争法》规定:"本法所称的不正当竞争,是指经营者违反本法规定,损害其他经营者的合法权益,扰乱社会经济秩序的行为。"由此可见,构成不正当竞争行为必须具备以下条件:

第一,市场竞争行为的主体是从事生产经营活动的经营者。1993 年《反不正当竞争法》规定:"本法所称的经营者,是指从事商品经营或者营利性服务的法人、其他经济组织和个人。"由此可见,非从事商品经营或者营利性服务的机关团体及以消费者面目出现的自然人不能成为市场竞争行为的主体。至于那些专门从事制造、销售假冒伪劣产品等非法活动的人,其行为已经超出市场经济活动中的交易范围,不具有从事商品经营的合法资格,因此不能成为市场竞争的主体。只有具有市场竞争行为的主体才能够成为不正当竞争行为的主体。因此,从严格的意义上说,政府及其所属部门不应成为市场竞争的主体,当然也就不能成为不正当竞争行为的主体。

第二,不正当竞争行为侵犯的根本利益是社会的正常经济秩序。这种秩序遭受破坏是通过相关竞争者合法权益的受损或者消费者合法权益被侵犯而表现出来的。竞争者的合法权益、消费者的合法权益是不正当竞争行为侵害的直接客体。不正当竞争行为,既可以造成竞争者的营业额下降、利润减少等有形财产的损失,也可以造成竞争者的商业信誉降低或丧失、竞争力削弱等无形损失。不正当竞争行为给消费者造成的损害,既可以是金钱上的损失,也可以是心理上的伤害。如果某种竞争行为不可能给相关竞争者或消费者造成任何损害,那么,就不会破坏市场经济的正常秩序,也就不能构成不正当竞争行为。

第三,不正当竞争行为人主观上具有违反商业道德或商业习惯的过错,表现为一种故意或过失的心理状态。在无过错的情况下,不能要求行为人承担不正当竞争行为的责任。

第四,不正当竞争行为在客观上必须实施了违反自愿、平等、公平、诚实信用和公认的商业道德的竞争行为。根据我国 1993 年《反不正当竞争法》第二章,可以根据不正当竞争行为的特点对其进行分类:商品主体、营业主体的混同行为;对商品质量和原产地作虚假表示的行为;以不正当利益进行交易的行为;虚假广告宣传行为;侵犯商业秘密的行为;有奖销售与搭售商品的不正当销售行为;诽谤、瓦解、排挤竞争对手的行为;招标投标中的不正当竞争行为以及依法具有独占地位的经营者排挤公平竞争的行为。此外,我国 1993 年《反不正当竞争法》第二章还就政府及其所属部门滥用行政权力,限制经营者正当经营活动,实行地方封锁作出了专门规定。

1.3 TRIPs 协议与反不正当竞争

TRIPs 协议的知识产权保护范围很广，包括版权及相关权利、商标权、地理标志、工业设计、专利权、集成电路布图设计、未披露信息以及在契约性许可中对反竞争行为的控制等。TRIPs 协议对知识产权领域内的反不正当竞争的规定主要有以下内容：

1.3.1 对地理标志的保护

TRIPs 协议第 22 条规定，地理标志是指标明某商品来源于某成员国的领土，或该领土的一个区域，或一个地方的标志，而该商品的一种特定的质量、声誉或其他的特性本质上可以归于这一地理来源。该协议规定各成员国应为利益各方面提供法律保护以防止下列行为：(1) 在商品的标识或说明中，指明或暗示该商品原产于一个非实际原产地的地域，从而导致公众对该商品的原产地产生误解的任何形式的使用；(2)《巴黎公约》(1967 年)第 10 条之二含义内构成不正当竞争行为的任何使用行为。协议还对葡萄酒和烈性酒地理标志的附加保护作了专门规定：每个成员应为利益各方提供法律手段以防止并非原产于该地理标志所列明的地点的葡萄酒使用这种地理标志，或者对非原产于该地理标志所列明的地点的烈性酒使用这种地理标志。

1.3.2 对商业秘密的保护

商业秘密即未公开的信息。TRIPs 协议第 39 条规定，在保证按照《巴黎公约》(1967 年文本)第 10 条之二的规定为反不正当竞争提供有效保护的过程中，成员方应依照本条第 2 款，保护未披露过的信息(即未公开的信息)；应依照本条第 3 款，保护向政府或政府的代理机构提交的数据。这里的"信息"是指不为公众所知或不是可以容易获得的、具有商业价值、拥有者采取了保密措施的资料。该协议同时对何为"公开信息"作了条件规定。

1.3.3 许可合同中对反竞争行为的控制

TRIPs 协议第 40 条规定，缔约方可在他们立法实践中详细规定构成滥用知识产权或对有关市场的竞争有不利影响的许可合同，并采取相应措施来防止或控制这类做法。为此，协议列举了三种应予禁止的限制性贸易行为：第一，独占性返授条件，即在技术转让合同中，许可方要求被许可方在使用有关技术的基础上，如果开发出新的技术发明并获得知识产权，必须通过独占许可的形式，只许可原许可方使用；第二，禁止被许可方对知识产权的有效性提出争议；第三，强制性的"一揽子许可"，即许可人在向被许可人提供后者所需要的技术时，强行搭卖后者并不需要的技术或物品，以及附加与此类似的其他不合理条件。

1.3.4 具体保护措施

为防止发生侵犯知识产权的行为，协议规定缔约方应采取民事、行政和刑事方面的措施以及边境措施和临时措施来具体实施它们对知识产权所提供的保护。

1.4 《巴黎公约》与反不正当竞争

《巴黎公约》是迄今为止最广泛、最基本的保护工业产权的国际公约，也是最早具有限制垄断、促进竞争条款的国际公约。历经多次的修改补充，《巴黎公约》已经形成了一套比较完备的国际反不正当竞争的法律制度，具体包括：

1.4.1 关于不正当竞争的定义

《巴黎公约》第10条之二规定："凡在工商业事务中违反诚实经营的习惯做法的竞争行为即构成不正当竞争的行为。"从该条文的规定分析，构成不正当竞争须具备两大要件：第一，不正当竞争行为须发生在工商业活动中，还应包括农业和采掘业。第二，该竞争行为须违反诚实经营的习惯做法。至于何为诚实经营，《巴黎公约》没有具体规定，一般由各成员国依据其国内法和惯例加以确定。

1.4.2 不正当竞争行为的表现形式

《巴黎公约》对不正当竞争行为的界定采取了概括式和列举式相结合的方式。《巴黎公约》中"违反诚实经营"一词相当模糊，体现了对各成员国主权的尊重，但同时也使《巴黎公约》存在形同虚设的可能。因此，《巴黎公约》明确列举了三种典型且公认的不正当竞争行为，即非法标注商标、厂商名称行为，假标记行为和特别应予禁止的行为：

第一，非法标注商标、厂商名称行为(goods unlawfully bearing a trademark or trade name)。《巴黎公约》第9条作了规定，是指未经权利人许可，擅自在商品上标注其商标、厂商名称的情形。

第二，假标记行为(a false indication of the source of the goods)。根据《巴黎公约》第10条规定，是指直接或间接使用假的货源标记、生产者、制造者或商人标记的情形。对于假标记行为的利害关系人，《巴黎公约》还作了明确规定，即凡生产、制造或销售此商品的生产者、制造者或商人，无论为自然人或法人，其企业设在被冒称原产地标记的地方、地区或国家或在使用该假标记的国家者，均应视为有关当事人。

第三，特别应予禁止的行为(behaviors which shall be in particular prohibited)。该类行为是相对于一般不正当竞争行为而言的。对于这类行为无论国内法有关规定如何，成员国都必须按照公约规定程序予以制止。根据《巴黎公约》第 10 条之二中第 3 项规定："特别应予禁止的行为包括：用各种手段对竞争对手的营业所、商品或工商业活动制造混乱性质的一切行为；在经营商业中用虚假陈述损害竞争对手的营业所、商品或工商业活动的信誉；在经营商业中使用会使公众对商品的性质、制造方法、特点、适用目的或数量易于发生误解的表示或陈述。"

1.5 《反不正当竞争示范法》与反不正当竞争

世界知识产权组织在其 1993 年 2 月草拟的《对反不正当竞争的保护》这份综合性文件中，以及 1996 年起草的《反不正当竞争示范法》中，认为不正当竞争行为包括：

第一，混淆商品或服务的来源；

第二，以夸大等方式进行欺骗，使人对所提供的商品或服务产生误解；

第三，贬毁竞争对手；

第四，侵犯商业秘密；

第五，不合理地利用他人的已被消费者承认的成果；

第六，以对比方式作广告；

第七，有奖销售等其他行为。

第二节　中国法律规制下的不正当竞争行为

2.1 中国法律关于不正当竞争行为的规定

1993 年《反不正当竞争法》分为总则、不正当竞争行为、监督检查、法律责任及附则共 5 章 33 条，是我国规制反不正当竞争行为的主要法律。

关于不正当竞争行为界定，1993 年《反不正当竞争法》第 2 条第 2 款规定："本法所称的不正当竞争，是指经营者违反本法规定，损害其他经营者的合法权益，扰乱社会经济秩序的行为。"同时，该法第二章还列举了 11 类具体的不正当竞争行为。从表面上看，1993 年《反不正当竞争法》与大多数国家的法律一样，采用了概括与列举相结合的立法技术来规定不正当竞争行为。然而，究竟应当如何理解 1993 年《反不正当竞争法》对不正当竞争行为的界定？是否只适用第二章所列举的不正当竞争行为，还是可以根据一般定义条款适用于第二章所列举之外的行为？关于这些问题，主要有"一般条款说"和"法定主义说"两种观点。

“一般条款说”认为，1993 年《反不正当竞争法》所调整的不正当竞争行为，应当不限于第二章所列举的 11 种行为，它还包括根据该法总则尤其是第 2 条第 2 款的规定所认定的行为。进而言之，第 2 条第 2 款作为一项原则性规定，具有某种兜底和包容作用，是可以据此去调整立法尚未明确的不正当竞争行为的一般条款。持“一般条款说”的理由主要是，通过制定一般条款，可以预防和制止法律没有明文列举的不正当竞争行为，同时，这种做法也已成为各国反不正当竞争立法的通例。

“法定主义说”认为，1993 年《反不正当竞争法》所确定的不正当竞争行为，仅限于该法第二章所列举的 11 类不正当竞争行为，除非法律另有规定，执法机关不得在法律载明的这 11 类行为之外自行认定其他的不正当竞争行为，换言之，不正当竞争行为的范围具有法定性。持“法定主义说”的理由在于：其一，法条通过“违反本法规定”的表述限定了该条款乃至该法的适用范围，这与“一般条款”的表述方式迥然不同，这种文义上的差异足以揭示不同的法律内涵；其二，从法律条款之间的逻辑关系来看，通常确立“一般条款”的立法，都会在下文列举不正当竞争行为的类型时添加类似“其他不正当竞争行为”的兜底性条款，而现行法律并没有这样的规定，可见“一般条款说”不能成立。

2.2 不正当竞争行为

不正当竞争是一个范围极广的概念，泛指在工商业活动中违反诚实信用及公平竞争原则的一切商业行为，包括垄断、限制竞争行为和狭义的反不正当竞争行为。我国 1993 年《反不正当竞争法》规定的不正当竞争行为主要是指狭义的不正当竞争行为，但是，鉴于中国经济体制转轨时期政府某些职能部门滥用行政权力的行为，1993 年《反不正当竞争法》在主要禁止经营者的不正当竞争行为的同时，还对政府的行为予以规制，形成了中国的反不正当竞争法不同于其他国家立法的特殊之处。我国 1993 年《反不正当竞争法》第二章共列举了 11 种不正当竞争的具体行为。

2.2.1 虚假的商业标识行为

根据我国 1993 年《反不正当竞争法》第 5 条，经营者不得采用下列不正当手段从事市场交易，损害竞争对手：第一，假冒他人的注册商标；第二，擅自使用知名商品特有的名称、包装、装潢，或者使用与知名商品近似的名称、包装、装潢，造成和他人的知名商品相混淆，使购买者误认为是该知名商品；第三，擅自使用他人的企业名称或者姓名，引人误认为是他人的商品；第四，在商品上伪造或者冒用认证标志、名优标志等质量标志，伪造产地，对商品质量作引人误解的虚假表示。

2.2.2　公用企业限制竞争的行为

根据我国1993年《反不正当竞争法》第6条，公用企业或者其他依法具有独占地位的经营者，不得限定他人购买其指定的经营者的商品，以排挤其他经营者的公平竞争。

2.2.3　行政垄断行为

根据我国1993年《反不正当竞争法》第7条，政府及其所属部门不得滥用行政权力，限定他人购买其指定的经营者的商品，限制其他经营者正当的经营活动。政府及其所属部门不得滥用行政权力，限制外地商品进入本地市场，或者本地商品流向外地市场。

2.2.4　商业贿赂行为

根据我国1993年《反不正当竞争法》第8条，经营者不得采用财物或者其他手段进行贿赂以销售或者购买商品。在账外暗中给予对方单位或者个人回扣的，以行贿论处；对方单位或者个人在账外暗中收受回扣的，以受贿论处。经营者销售或者购买商品，可以以明示方式给对方折扣，可以给中间人佣金。经营者给对方折扣、给中间人佣金的，必须如实入账。接受折扣、佣金的经营者必须如实入账。

2.2.5　虚假宣传行为

根据我国1993年《反不正当竞争法》第9条，经营者不得利用广告或者其他方法，对商品的质量、制作成分、性能、用途、生产者、有效期限、产地等作引人误解的虚假宣传(false propaganda)。广告的经营者不得在明知或者应知的情况下，代理、设计、制作、发布虚假广告。

2.2.6　侵犯商业秘密的行为

根据我国1993年《反不正当竞争法》第10条，禁止经营者不得采用下列手段侵犯商业秘密(trade secret infringement)：第一，以盗窃、利诱、胁迫或者其他不正当手段获取权利人的商业秘密；第二，披露、使用或者允许他人使用以前项手段获取权利人的商业秘密；第三，违反约定或者违反权利人有关保守商业秘密的要求，披露、使用或者允许他人使用其所掌握的商业秘密。第三人明知或者应知前款所列违法行为，获取、使用或者披露他人的商业秘密，视为商业秘密。第10条所称的秘密，是指不为公众所知悉、能为权利人带来经济利益、具有实用性并经权利人采取保密措施的技术信息和经营信息。

2.2.7　不合理低价销售行为

根据我国1993年《反不正当竞争法》第11条，经营者不得以排挤对手为目的，以低于成本的价格销售商品。有下列情形之一的，不属于不正当行为：

第一，销售鲜活商品；第二，处理有效期限即将到期的商品或者其他积压的商品；第三，季节性降价；第四，因清偿债务、转产、歇业降价销售商品。

2.2.8 搭售行为

根据我国1993年《反不正当竞争法》第12条，经营者销售商品，不得违背购买者的意愿搭售商品(tying sale)或者附加其他不合理的条件。

2.2.9 不正当有奖销售行为

根据我国1993年《反不正当竞争法》第13条，经营者不得从事下列有奖销售：第一，采用谎称有奖或者故意让内定人员中奖的欺骗方式进行有奖销售；第二，利用有奖销售的手段推销质次价高的商品；第三，抽奖式的有奖销售，最高奖的金额不超过5000元。

2.2.10 诋毁商誉行为

根据我国1993年《反不正当竞争法》第14条，经营者不得捏造、散布虚伪事实，损害竞争对手的商业信誉、商品声誉(goodwill)。

2.2.11 串通投标招标行为

根据我国1993年《反不正当竞争法》第15条，投标者不得串通投标，抬高标价或者压低标价。投标者和招标者不得相互勾结，以排挤竞争对手的公平竞争。

2.3 与知识产权有关的不正当竞争行为

在我国1993年《反不正当竞争法》所列举的11种不正当竞争的具体行为中，与知识产权直接相关的不正当竞争行为有4种。

2.3.1 商业假冒行为

商业假冒行为(commercial passing off)是指经营者为了获取不当利益，故意在自己生产、经营的商品上或者提供的服务上做与他人之商业标记相同或者相似的商业标记，使其生产、经营的商品或者提供的服务与被假冒之经营者的商品或者服务混同，或者明示或暗示自己生产、经营的商品或者提供的服务与被假冒之经营者存在某种联系，欺骗消费者，误导消费者购买。

商业假冒行为具体表现为商业主体混同行为和商品虚假标示行为两种情况。商业主体混同行为，就是经营者不正当地利用他人的商业信誉或商品声誉，致使其商品与他人的商品相混淆，使消费者无法辨别商品的真正生产者或者经营者，或者服务的提供者。商品虚假标示行为，就是在表示商品的质量、荣誉、产地或来源以及商品的其他成分等方面做不真实的标示，致使其他经营者或者消费者发生误认的行为。与商业主体混同行为不同，商品虚假标示行为并不一定与特定的商业主体相混淆，也可能并不直接损害某一特定竞争者的利益，但这种行为构成对同行业其他竞争对手整体利益的损害、对广大消费者利益的损害。

根据我国1993年《反不正当竞争法》第5条，商业主体混同行为有三种表现形式：第一，假冒他人的注册商标；第二，擅自使用知名商品特有的名称、包装、装潢，或者使用与知名商品近似的名称、包装、装潢，造成与他人的知名商品相混淆，使购买者误认为是该知名商品；第三，擅自使用他人的企业名称或者姓名，引人误认为是他人的商品。

根据我国1993年《反不正当竞争法》第5条第4项，商品虚假标示行为也可分为三类：第一，在商品上伪造或者冒用认证标记、名优标记等质量标记；第二，伪造产地，对商品原产地、商品来源或出处进行虚假标示；第三，对商品质量作引人误解的虚假表示。

2.3.2 虚假宣传行为

虚假宣传行为(false propaganda)是指经营者利用广告或其他方法对商品作与实际情况不符的虚假宣传，导致用户和消费者误认的行为。我国1993年《反不正当竞争法》第9条对此作了规定。

虚假宣传所采用的宣传手段主要是广告形式，诸如报纸、杂志、广播、电视、广告牌、商品宣传栏以及Internet等各种媒体，此外还有商品信息发布会、商品展销会、产品说明书等推销商品和介绍商品的宣传形式。

虚假宣传的内容涉及商品的质量、制作成分、性能、用途、生产者、有效期、产地等。其表现形式有：第一，与实际情况不符的虚假宣传。如将一般产品夸大为名牌产品，将国产商品宣称为进口商品，将人工合成材料冒充为天然材料等；第二，引人误解的宣传，即通过宣传上的渲染手段导致用户或消费者对商品的真实情况产生错误联想，从而影响其对商品的选择。

2.3.3 商业诽谤行为

商业诽谤行为(commercial defamation)是指经营者采用捏造、散布虚假事实等不正当手段，对竞争对手的商业信誉、商品声誉进行诋毁、贬低，以削弱其竞争实力的行为。我国1993年《反不正当竞争法》第14条对商业诽谤行为作了明确规定。

商业诽谤行为表现为捏造、散布虚伪事实。所谓捏造虚伪事实，是指行为人描述竞争对手的情况与客观事实完全不符。散布虚伪事实及包括向不特定的人散布，也包括向特定的用户或同行业经营者散布。捏造、散布虚伪事实的常用手法有：刊登对比性广告或声明性公告等，贬低竞争对手声誉；唆使或者收买某些人，以客户或者消费者的名义进行投诉，败坏竞争对手声誉；通过商业会议或者商业信息的方式，对竞争对手的商品质量进行诋毁等。

商业诽谤行为侵犯的客体是竞争对手的商业信誉。商业信誉包括商品声誉，是对经营者的积极社会评价，使经营者赖以生存和发展的保证。这种信誉或者声誉在民法中属于法人的名誉权和荣誉权，应该受到保护。

2.3.4 侵犯商业秘密行为

商业秘密与知识产权联系极为紧密，在我国法律框架下，商业秘密却主要是通过1993年《反不正当竞争法》给予保护的。

2.4 侵犯商业秘密的行为

2.4.1 商业秘密的概念

商业秘密(trade secret)是指生产经营者所有的不为公众所知悉、能为权利人带来经济利益、具有实用性并经权利人采取保密措施的技术信息和经营信息。商业秘密既可以是有形的，也可以是无形的。商业秘密的范围较广，表现形式多种多样。一切为生产经营者特有的具有商业价值及保密性的有关生产经营的秘密均可称之为商业秘密。

商业秘密并不是从来就有的，它是私有制和商品经济发展的产物。激烈的市场竞争是其产生的根本原因，其发展也是与商品经济的发展基本上同步的。从世界范围看，商业秘密的历史发展过程主要经历了“静态的商业秘密阶段”(不转让他人使用)、“动态的商业秘密阶段”(有限范围转让使用)和“与专利制度互为补充的商业秘密阶段”(无限制范围转让使用)。

在中国，虽然自古以来都存在着商业秘密这一社会现象，但是，真正现代意义上的商业秘密还是产生于20世纪末的改革开放以后。作为一个法律术语，商业秘密最早出现在1991年《民事诉讼法》中。该法第66条和第120条均使用了“商业秘密”的概念，但是对其具体内涵却未作解释。此后，最高人民法院在《关于适用〈中华人民共和国民事诉讼法〉若干问题的意见》第154条的规定中，将商业秘密解释为，商业秘密“主要是指技术秘密、商业情报及信息等，如生产工艺、配方、贸易联系、购销渠道等当事人不愿公开的工商业秘密”。1991年《民事诉讼法》及其解释只是在民事诉讼程序中对其规定了程序上的保护，而并没有涉及到实体意义上的法律保护，更没有在该法律概念的内涵以及本质特征上作出明确的揭示。1993年《反不正当竞争法》第一次对商业秘密下了一个明确定义，首次揭示了商业秘密的本质特征。该法的施行使商业秘密的保护在竞争法范畴内得到了一定程度的保护。①

① 鉴于侵犯商业秘密行为的日益严重及其给社会经济发展带来的严重负面影响，在我国1997年《刑法》中，增加了对侵犯商业秘密的刑事责任的规定。

我国1993年《反不正当竞争法》第10条第3款规定：商业秘密是指不为公众所知悉、能为权利人带来经济利益、具有实用性并经权利人采取保密措施的技术信息和经营信息。由此可见，商业秘密包括技术秘密和经营秘密两种类型。

2.4.2 商业秘密的特征

商业秘密具有非公知性、价值性、实用性和管理性等四个基本特征。此外，在学术理论界及实务界，对于商业秘密的本质特征概括还有“三性说”：即秘密性、经济性和保密性。这里主要介绍“四性说”观点。

第一，非公知性(unknown to the public)。商业秘密的非公知性，就是能作为商业秘密来认定的信息，应该是不为公众所知悉的信息。在知识产权领域中，任何处于公有领域的信息都是属于人人可以享有的公共财富，不能被任何人独占使用，否则将阻碍技术的进步，有害于社会公共利益。“非公知性”所要求的公众，并非是指社会大众，而是相关领域的具有一般或者说是中等认知水平的人，同时也不包括在该领域中的专家学者。只要是相关领域的中等水平的人所不知的信息，就有可能成为商业秘密。非公知性的表现其实就是具有一定的新颖性与相对的秘密性。

第二，价值性(valuable)。商业秘密的价值性，是指商业秘密通过现在的或将来的使用，能够给所有人带来现实的或者潜在的经济利益。只有能给权利人带来经济利益，才能作为商业秘密加以保护。而价值性也是商业秘密成为被侵权对象的主要原因，一项没有价值的秘密在经济领域中是不会有人去想方设法地通过不正当手段获取的，也没有所谓的“权利人”会对此加以保护。

第三，实用性(practical)。商业秘密的实用性是与价值性相并存的，是指商业秘密的客观有用性，即通过运用商业秘密可以为所有人创造出经济上的价值。实用性要求商业秘密必须是具体的，法律并不保护单纯的构想、大概的原理和抽象的观念，否则就会妨碍他人的商业机会。实用性要求商业秘密必须是确定的，必须能够确定商业秘密的具体内容和划清界限，不能是不确定的而致使无从保护。

第四，管理性(managerial)。商业秘密的管理性，在商业秘密的定义中的表述是“并经权利人采取保密措施的”，即要想作为商业秘密加以保护，权利人必须采取保密措施，其自身要有将其作为秘密加以保护的主观意愿。试想权利人自己都不将其作为秘密来处理而要求他人保密或追究他人的所谓侵权责任是荒诞不稽的。但是，法律并不要求采取的保密措施是万无一失的，它只要求合理的保密措施即可。因为现实生活中，并没有保密措施可以确保秘密不被泄露，更何况多数商业秘密的使用必须为一定数量的员工或相关业务人员所掌握、使用。对管理性的要求严格程度是与该秘密的非公知性相关联的,如果该秘密通过较小的努力就可以从公知信息中归纳出来或获知,则要求只有对其采取严格的保密措施的才能被认定为商业秘密;否则,如果一项秘密很难从公有领域中获知,并且具有很高的类似于专利制度中的"新颖性"、"创造性"的,则只要有适当的保密措施即可,甚至于只要有将其作为商业秘密保护的表现于外的主观意愿表示即可。

由此可见,只有满足了上述四个基本特征要求的技术信息和经营信息,才能构成商业秘密,也才能受到法律的保护。

2.4.3 商业秘密的形式

根据我国 1993 年《反不正当竞争法》的定义,商业秘密主要包括两大类:一类是技术信息;另一类是经营信息。而在国家工商行政管理局颁布的《关于禁止侵犯商业秘密行为的若干规定》中列举了商业秘密包含的项目:设计、程序、产品配方、制作工艺、制作方法、管理决策、客户名单、货源情报、产销策略、招投标中的标底及标书内容等方面。具体可分为:

第一,产品(product)。企业自行开发的产品,在没有申请专利,也没有正式投入市场之前,处于秘密状态,属于商业秘密。即使产品本身不是秘密,它的组成部分或组成方式也可能是商业秘密。配方工业配方、化学配方、药品配方等是商业秘密的一种常见形式,甚至化妆品配方,其中各种含量的比例也属于商业秘密。

第二,工艺程序(process procedures)。有时几个不同的设备,尽管其本身属于公知范畴,但经特定组合,产生新工艺和先进的操作方法,也可能成为商业秘密。如一家在生产优质钢部件过程中,有一个连续浇铸的程序,该程序是在浇铸这道工序上工作多年的雇员摸索出的一种生产率最高的操作方法,并且这一方法还不为他人所知,该程序就是一项商业秘密。许多技术诀窍就属于这一类型的商业秘密。

第三,机器设备的改进(improvement of machinery)。在公开的市场上购买的机器、设备不是商业秘密,但是经公司的技术人员对其进行技术改进,使其具有更多用途或效率更高,那么这个改进也是商业秘密。

第四,研究开发的有关文件(documents of research and development)。记录了研究和开发活动内容的文件,这类文件就是商业秘密。如蓝图、图样、实验结果、设计文件、技术改进后的通知、标准件最佳规格、检验原则等,都是商业秘密。

第五,公司内部文件(documents related to important business activities)。与公司各种重要经营活动有关联的文件,也是商业秘密。如采购计划、供应商清单、销售计划、销售方法、会计财务报表、分配方案等都是企业的商业秘密。如果被竞争对手获知，则会产生不良后果。

第六，客户情报(intelligence of clients)。客户清单是商业秘密中非常重要的一个组成部分，若被竞争对手知悉，顾客将会受到引诱或骚扰，从而阻碍公司的正常活动。

在商业秘密中，上述情况只是几种比较常见的类型。商业秘密是一种信息，其涵盖范围十分广泛。凡是对公司有利，并能够帮助其在竞争中取胜，并经公司采取保密措施加以保密的信息，均可构成商业秘密。但是，作为侵犯商业秘密罪的犯罪对象的商业秘密，必须是能够给权利人带来重大经济利益的技术信息和经营信息。经济价值不大，只能给权利人带来较小利益的商业秘密，不应被作为侵犯商业秘密的侵害对象，但是却可以成为反不正当竞争法的调整对象。

2.4.4　侵犯商业秘密的行为

商业秘密能够为其所有人带来经济利益并造成竞争上的优势，是一种无形财产。无论是关于专有技术还是关于发明创造的商业秘密，都是发明创造人的智力劳动的成果。其所有人之所以不愿意去申请专利，可能是以为在保密状态下能够获得更大的经济效益。专有技术在商业秘密中具有特殊的重要性，由于专有技术本来就是技术性的知识和积累，所以最具有作为知识财产受到法律保护的价值。

侵犯商业秘密的行为会使商业秘密的所有人丧失已经获得的经济利益和竞争优势。与此相对，窃取商业秘密者则可以将他人的经济利益和竞争优势转变为自己的经济利益和竞争优势。侵犯商业秘密的行为严重违背了公平竞争原则和在竞争中应遵守的商业道德和习惯，是一种严重的不正当竞争行为。因此，世界上绝大多数国家都采取法律手段来保护商业秘密，制裁侵犯商业秘密的不正当竞争行为。像德国、瑞士、澳大利亚、丹麦、芬兰、挪威等国都在反不正当竞争法中将侵犯商业秘密的行为作为规制的对象。其中有些国家还将严重的侵犯商业秘密行为作为刑事犯罪予以制裁，以求维护正常的竞争秩序。

实践表明，侵犯商业秘密的行为主要表现为：第一，截取他人的业务渠道和客户，自己进行业务交易；第二，在订货会或展销会中，非法获取别人的经营策略、宣传手段、客户名单，从而进行有针对性的竞争；第三，通过贿赂竞争对手的内部人员获取技术秘密，进行仿制销售；第四，通过高薪聘请，挖墙脚吸引竞争对手的关键技术人员为己所用；第五，通过聘用曾为竞争对手开发技术的关键技术人员为自己开发同样产品；第六，通过官方管理机关公务行为获得的材料进行仿造；第七，通过参观访问等形式直接窃取秘密；第八，利用新闻采访渠道间接获取情报。

下面重点介绍三种情况：

(1) 窃取商业秘密(theft of trade secret)

窃取商业秘密是指直接窃取竞争对手商业秘密的行为。例如，派遣工程技术人员潜入竞争对手内部，了解掌握其技术诀窍、工艺流程、配方等；或者派遣经济间谍潜入竞争对手企业存放商业秘密的档案资料室翻拍、复印有关技术秘密、客户名单、经营计划等情报资料。而今利用现代化通讯设施、计算机联网等高科技方式直接窃取商业秘密的行为已属平常，而且很有可能会成为今后窃取商业秘密的主要手段。相对于直接派人到竞争对手企业内行窃，利用高科技窃取更具隐蔽性并难以识破，对立法和司法也将不断提出新的挑战。

(2) 以利诱、胁迫或其他不正当手段获取商业秘密(using inducements, coercion or other improper means to acquire trade secret)

以利诱、胁迫或其他不正当手段获取商业秘密是侵犯商业秘密中较常见的一种表现形式。竞争者为了获取优势，以钱财或其他不正当利益贿赂竞争对手的工作人员，以获取所需要的商业秘密，或者以胁迫手段迫使竞争对手的工作人员为其提供商业秘密。竞争者与其对手的工作人员恶意通谋，损害竞争对手的利益，除竞争者应承担法律责任外，竞争对手的工作人员也应承担相应的法律责任。

(3) 披露、使用或允许他人使用所窃取或以不正当手段获取的商业秘密(disclosure, use or permitting others to use trade secret illegal obtained)

所谓的披露是指将权利人的商业秘密向第三人透露或向不特定的人公开。窃取或以利诱、胁迫手段获取商业秘密的行为是侵犯商业秘密，而将以上述手段获取的商业秘密披露、自己使用或允许第三人使用，同样是对权利人商业秘密的侵犯，而且是更进一步的侵害，具体表现为：

第一，违反约定或者违反权利人有关保守商业秘密的要求，披露、使用或者允许他人使用其所掌握的商业秘密的行为。既然与权利人之间有保守商业秘密的约定，知悉权利人商业秘密并经权利人要求其保守商业秘密的人不履行约定或承诺，擅自向他人披露，或自行使用，或允许他人使用其所掌握的权利人的商业秘密的，亦构成对商业秘密的侵犯。

第二，明知或应知前述侵犯商业秘密的行为，而获取、使用或披露他人的商业秘密的行为。但在明知其为他人的商业秘密并明知或应知侵犯商业秘密行为的存在仍获取、使用或披露他人的商业秘密的，被视为侵犯商业秘密，即法律将这种未直接侵犯商业秘密的行为按侵犯商业秘密行为对待。根据我国1993年《反不正当竞争法》第25条规定，侵犯商业秘密的，监督检查部门应当责令停止违法行为，可以根据具体情节处以1～20万元的罚款。

第四十章 知识产权滥用与垄断行为

本章首先介绍知识产权滥用的概念、形式、法律规制，其次介绍知识产权滥用的国际条约和外国立法状况，最后介绍我国现行涉及规制知识产权滥用的法律规范。

第一节 知识产权的滥用

1.1 知识产权滥用的概念

知识产权滥用(abuse of intellectual property rights),是相对于知识产权的正当行使的概念,是指知识产权的权利人在行使其权利时超出了法律所允许的范围或正当界限,没有公平合理地行使知识产权,而是对该权利的不正当利用,损害他人利益和社会公共利益的情形。①

禁止权利滥用(prohibition of right abuse)是现代社会一种普遍的和基本的法律理念,也是世界各国法律乃至宪法所普遍规定或认可的基本法律原则。权利滥用的实质在于权利人以不公平、不合理的方式行使其权利,不适当地扩张了其所享有的权利。关于构成权利滥用的标准,各国先后确立过故意损害、缺乏正当利益、选择有害的方式行使权利、损害大于所取得的利益、不顾权利存在的目的、违反侵权法的一般原则等6项标准,并且呈现出由主观化向客观化转移和严格化的发展趋势。②

一般认为,构成权利滥用的要素有四个:第一,主体是行使权利的权利人;第二,客体是社会的、国家的、集体的或其他公民合法的自由和权利;第三,主观方面是权利人存有故意的心理状态;第四,客观方面是有危害他人权利和利益后果的行为。③ 上述关于权利滥用的构成要素也适用于知识产权滥用的情况。④

知识产权所具有的重要经济意义,使得它极容易被权利人不正当地加以利用,并因此而损害他人的合法权益并影响正常的市场竞争。从本质上说,知识产权是一种生产力要素,其自身价值的实现,需要与厂房、机器、劳动力、原材料等许多其他的生产资料相结合;因此,知识产权所有人一般会采取转让、许可等方式来获取经济收益。实践经验表明,有关知识产权转让、许可的协议中往往都含有许多限制竞争的条款。问题是,为了维护市场的有效竞争,知识产权的所有权人或者受让人究竟可以在多大的程度上合法地相互限

① 王先林:《知识产权与反垄断法——知识产权滥用的反垄断问题研究》,法律出版社2001年版,第92页。

② 徐国栋:《民法基本原则解释——成文法局限性之克服》,中国政法大学出版社1992年版,第94～97页。

③ 杨春福:《权利法哲学研究导论》,南京大学出版社2000年版,第184～185页。

④ 徐国栋:《民法基本原则解释——成文法局限性之克服》,中国政法大学出版社1992年版,第94～97页。

制对方？可以说，知识产权本身就是一种垄断，如果权利人在使用过程中超出了法律所允许的合理范围，并因此给其他人的合法权利造成了限制，即构成了知识产权的滥用。

1.2 知识产权滥用的形式

知识产权的滥用存在着广义和狭义之分。广义的知识产权滥用包括知识产权申请的滥用、知识产权行使的滥用和知识产权诉权的滥用，狭义的知识产权滥用仅指知识产权行使过程中权利的滥用。本章主要讨论狭义的知识产权滥用。

知识产权滥用的主要表现形式是知识产权的垄断行为，主要包括以下几类情况：

第一，拒绝合理条件下的许可。知识产权权利人利用自己所拥有的专有权，拒绝在合理条件下将相关技术许可给其他竞争对手使用，从而达到排除竞争对手、巩固和加强自身垄断地位的目的。

第二，搭售或者附加不合理的交易条件。搭售是要求被许可方认购多余的许可或者购买非专利材料和配件。附加不合理的交易条件包括禁止被许可方对许可技术的有效性进行质疑、回授许可、限制经营范围、限制产品种类与销售对象范围、不得使用过期专利或者超期缴纳租金、限制人事安排、不得对许可技术下的产品自主定价等等。

第三，以过高的价格进行许可或控制产品的转售价格。

第四，交叉许可限制横向竞争，包括通过相关协议进行联合抵制新的市场进入者和通过知识产权的交叉许可来限制开发新技术。

第五，指定技术来源。许可方要求被许可方在合同期间内只能从指定渠道，通常是许可方或与其相关者获取技术。

1.3 知识产权滥用与法律规制

知识产权须受自身规范的限制，除了知识产权所固有的地域性和时间性限制以外，为了国家利益或者社会公共利益，知识产权法在作制度安排时还会通过制订一些具体措施使知识产权在一定条件下受到限制，如著作权要受到合理使用和法定许可的限制，专利权要受到强制许可制度的限制等。此外，知识产权作为一种民事权利，还要受到民法基本原则的限制，例如，诚实信用原则、权利滥用禁止原则以及公序良俗原则的限制。

我国 1986 年《民法通则》第 7 条规定："民事活动应当尊重社会公德，不得损害社会公共利益，破坏国家经济计划，扰乱社会经济秩序。"权利不得滥用作为一项重要的民法原则，实际上是诚实信用等基本原则的具体化。一切民事活动，包括行使知识产权的行为都不得违反这一原则。“民事活动是行使民事权利和履行民事义务以满足个人需要的活动，权利不得滥用原则的要旨，就是要求民事活动的当事人在行使权利及履行义务的过程中，实现个人利益与社会利益的平衡。”①当制定法对有关权利行使的界限的规定缺失或者规定不明确时，权利不得滥用等原则可以在一定程度上控制某些知识产权的滥用行为。

无论是知识产权法自身规范对知识产权滥用的限制还是民法基本原则对知识产权滥用的限制，都属于民商法范围内的规制，这种规制受到民商法自身性质和手段的局限，因此还不足以解决知识产权滥用的更深层次的问题。而属于经济法范畴的反垄断法对知识产权滥用的规制可以在此基础上进行更高层次的规制。虽然并非所有知识产权滥用都涉及反垄断法的问题，但是，由于竞争政策是各国基本的公共政策，而且知识产权的垄断行为也决定了其滥用行为往往会造成对竞争政策的破坏，因而世界各国主要是在反垄断法（反托拉斯法、竞争法、公平交易法等）的框架中来解决知识产权滥用问题的。

反垄断法对知识产权滥用进行规制的基本前提和特点在于维护有效竞争，即反垄断法通过维护有效竞争使得社会个体行使知识产权的行为不致破坏社会整体利益——实质公正和社会整体效率。知识产权的滥用主要表现为在行使知识产权的过程中不正当地限制竞争的行为。反垄断法对知识产权的滥用的规制是由反垄断法的社会本位性和保护竞争的特点和调整角度所决定的。这既不同于知识产权法针对权利本身进行的限制；也不同于民法从更广阔的视角以社会公共利益为全局而进行的限制。反垄断法所进行的限制，主要运用不同于民法的公法方法，对限制竞争行为的控制主要是采用政府干预的方式。

第二节　国际条约和外国立法状况

2.1　国际条约的相关规定

2.1.1　《建立世界贸易组织协定》

在《建立世界贸易组织协定》前言部分中明确宣布，世界贸易组织的宗旨

① 徐国栋：《民法基本原则解释——成文法局限性之克服》，中国政法大学出版社1992年版，第89～90页。

是消除国际贸易关系中的歧视待遇。在规定各国处理相互间的贸易关系时，应以提高生活水平，保证充分就业，保证实际收入和有效需求的大幅稳定增长以及扩大货物和服务的生产和贸易为目的，并以可持续发展为目标。上述宗旨和目标为各国限制知识产权滥用的立法提供了国际法依据。

2.1.2 TRIPs 协议的相关规定

在知识产权国际保护领域中，TRIPs 协议是一个涉及面广、保护水平高、保护力度大、制约力强的国际公约。

TRIPs 协议第 7 条规定："知识产权的保护和实施应有助于技术革新以及技术转让和传播，有助于技术知识的创造者和使用者的相互利益，并有助于社会和经济福利及权利与义务的平衡。"该条所规定的知识产权使用的目标和原则，为限制知识产权滥用提供了国际法依据。

根据 TRIPs 协议第 8 条第 1 款，各成员在制定或修改其法律和法规时，"可采取必要措施以保护公众的健康与发展，以促进对其社会经济和技术发展至关重要之领域的公共利益，只要此类措施与本协定的规定相一致"。第 2 款还规定："只要与本协议的规定相一致，(成员)可以采取适当措施以防止知识产权权利持有人滥用知识产权或采取不合理地限制贸易或对国际技术转让造成不利影响的行为。"由此可见，TRIPs 协议允许各成员为了社会公共利益的目的，在不违反该协议的前提下，对知识产权加以限制，包括对知识产权的强制许可和对知识产权滥用采取强制措施。

根据 TRIPs 协议第 40 条第 1 款，对协议许可中限制竞争的行为应予控制。协议许可中限制竞争的行为具体表现为：第一，各成员同意，一些限制竞争的有关知识产权的许可活动或条件可对贸易产生不利的影响，并会妨碍技术的转让与传播。第二，该协议的任何规定均不得阻止各成员在其国内立法中明确规定在特殊情况下可构成对知识产权的滥用并对相关市场中的竞争产生不利影响的许可活动或条件。如以上规定的，一成员在与本协议其他规定相一致的条件下，可按照该成员的有关法律法规，采取适当措施以防止或控制此类活动，包括诸如排他性返授条件、禁止对许可效力提出质疑的条件和强迫性的一揽子许可等。只要符合该协议规定，成员国可以采取适当措施制止知识产权持有人滥用权利、不合理地限制贸易与竞争或采取对国际技术转让者产生负面影响的做法。

根据 TRIPs 协议第 40 条第 2 款，应予制止的"限制性商业措施"主要包括三种：一是独占性返授条件，即在技术转让合同时，许可方要求被许可方在使用技术过程中如果有新的创造发明并获得专利，则只许原许可方使用；二是不许被许可方对许可方拥有的知识产权提出质疑；三是强制性"一揽子许可”,即许可人向被许可人提供技术时,搭售其他有形货物、技术或附加不合理条件。

另外,在 TRIPs 协议的第 13 条、第 16 条第 1 款、第 17 条、第 24 条第 8 款、第 26 条第 2 款、第 30 条中分别提出了对著作权、商标权、工业品外观设计权和发明专利权给予一定限制的前提条件:要保证第三方的合法利益;不能影响合理使用;不能损害权利人的合法利益。

以上这些规定为国际层面上规制知识产权滥用行为提供了法律依据,同时也为各国国内立法奠定了国际法基础。

2.1.3 《巴黎公约》的相关规定

《巴黎公约》是在国际上最早提出对国际间的不正当竞争问题进行规制的国际公约,极大地推动了国际反不正当竞争法的形成与发展。《巴黎公约》所针对的不正当竞争行为,主要是狭义上不正当竞争行为,基本上没有涉及限制竞争行为和垄断行为,但是,从《巴黎公约》的基本精神不难推断出其对限制竞争行为和垄断行为的基本立场。《巴黎公约》第 5 条 A 款第 2 项规定:“本联盟各国都有权采取立法措施规定授予强制许可,以防止由于行使专利所赋予的专有权而可能产生的滥用。”第 5 条 A 款第 3 项进一步强调:“在颁发强制许可证后仍不足以防止专利权人对专利滥用的情况下,可以宣布专利无效。”

2.1.4 《伯尔尼公约》的相关规定

考虑到发展中国家的实际情况,《伯尔尼公约》特别规定了几条有利于发展中国家的优惠条款,使发展中国家在不过分增加经济负担的情况下能够获得对外国作品的合法使用。这些条款主要涉及翻译强制许可和复制强制许可。从策略的角度讲,发展中国家应该充分利用这些优惠条款,制定出适合本国国情的限制知识产权滥用的法律,规制知识产权的滥用行为,充分发挥知识产权的积极作用。

2.2 其他国家的立法情况

许多国家和地区反垄断法律都把加强对知识产权滥用的反垄断规制作为其反垄断法律制度的重要内容。在这一方面,许多国家和地区已经制定了出相应的法律制度对滥用知识产权的行为予以制裁。有的国家和地区还对知识产权领域中的限制竞争的行为作了专门规定,或者发布了专门指南。

2.2.1 美国的立法情况

1995 年美国司法部和联邦贸易委员会联合发布的《知识产权许可的反托拉斯指南》是目前世界上规制知识产权滥用最具影响力的法律文件之一。该指南集中反映了美国在这一领域的基本立场和价值取向，以及美国政府机构在知识产权领域执行反托拉斯法的政策精神，其基本宗旨就是要帮助企业界和律师界预测并防止知识产权领域的限制竞争。[①]

该指南的基本立场是，知识产权法和反托拉斯法没有原则性冲突，它们的共同目的是推动创新和增进消费者福利。基于这个观点，该指南提出了美国政府机构审查知识产权许可中限制竞争依据的三项原则：第一，知识产权与一般财产权处于平等地位，即知识产权不能不受反托拉斯法的约束，也不应受到反托拉斯法的特别质疑。第二，出于反托拉斯分析之目的，不应推断知识产权等同垄断地位。即与知识产权相关的产品或者技术虽然具有排他性，但它们一般存在事实上或者潜在的竞争者，从而可以阻却市场支配力的产生。另一方面，即便知识产权确实产生了市场支配力，这个市场支配力本身不违反反托拉斯法。第三，知识产权许可有利于企业间实现优势互补，从而普遍具有推动市场竞争的作用。

该指南还指出，知识产权许可尽管普遍具有增大社会福利和推动竞争的效果，但仍会出现反竞争的问题；因此，指南提供了分析知识产权许可中反托拉斯问题的框架。在判断知识产权许可合同是否违反反托拉斯法的规定时，指南要求反托拉斯部门分析和评估许可合同可能影响的市场领域、合同当事人之间的关系以及限制条款的原则架构。指南还规定了分析与评估的一般原则，包括市场的结构状况、协调与排斥，涉及排他性的许可合同，效率与正当理由，反托拉斯的“安全区”等。指南全面界定了许可行为可能影响的三个市场领域，明确指出应当考虑的主要因素，并清晰地阐明了对许可行为所采用的利益与损害权衡比较分析方法，不仅科学而且易于操作和应用。另外，明确本身违法原则和合理原则的适用对象与范围，在一定程度上也增加了法律的确定性。

2007 年 4 月 17 日，美国司法部和联邦贸易委员会在总结实践经验的基础上，联合发布了《反托拉斯执法与知识产权：促进创新和竞争》的报告。该报告坚持了《知识产权许可的反托拉斯指南》的三项基本原则，并主张运用合理原则分析知识产权权利行使过程中的排除限制行为对促进创新的合理性、必要性。

2.2.2 欧共体的立法情况

欧共体的竞争政策主要体现在 1957 年《欧洲经济共同体条约》第 81～90

① 参见王蔷译：《知识产权许可的反托拉斯指南》，载尚明主编：《主要国家（地区）反垄断法规汇编》，法律出版社 2004 年版，第 250～281 页。

条中，习惯中称之为“欧共体竞争法”。其实体法部分可以概括为两个方面：一是禁止企业的限制竞争行为，包括禁止限制竞争协议（第 81 条）、禁止滥用市场支配地位（第 82 条）以及控制企业合并等，统称为“欧共体卡特尔法”；二是禁止国家对市场竞争的不正当干预。《欧共体条约》第 81 条除了第 1 款的禁止性规定外，还在第 3 款规定了限制竞争协议可以得到欧共体委员会“豁免”的条件：能使消费者适当地分享因此产生的利润；能改善商品的生产或销售，促进技术或经济进步；并且为实现上述目的的限制竞争是绝对必要的或者限制竞争不得大到排除市场竞争的程度。由于根据《欧共体条约》第 81 条第 3 款申报的限制竞争协议很多，欧共体理事会 1965 年通过了第 19 号条例，授权欧共体委员会对某些普遍能够满足《欧共体条约》第 81 条第 3 款规定的纵向限制竞争协议给予“集体豁免”，即宣布它们不适用第 81 条第 1 款的禁止性规定。委员会制定的集体豁免条例必须明确被豁免协议的类型和前提条件，还要明确规定可以得到豁免的限制竞争条款（白色条款）、不能得到豁免的限制竞争条款（黑色条款）以及可能得到豁免的限制竞争条款（灰色条款）。这些规定都比较详细，具有可操作性，更能给当事人的法律行为提供可预见性。

在欧共体竞争法的集体豁免条例中，与技术转让协议有关的主要是 1996 年 1 月 31 日欧共体委员会就《欧共体条约》第 81 条第 3 款适用于技术转让协议而制定的第 240/96 号条例。该条例适用于纯专利或技术秘密许可协议、专利和技术秘密混合许可协议，以及包含涉及商标权、著作权等其他知识产权条款的专利或技术秘密许可协议。该新条例还适用于专利和/或技术秘密转让（assignment）协议，但是前提是转让人获得的使用费得根据受让人的销售额或生产量而定。应当注意的是，该条例不适用于专利或技术秘密共同体（pool）成员之间的协议、建立合营企业的协议、交叉许可协议、纯销售许可协议和与专利或技术秘密许可无关的协议。[①]

2004 年欧共体委员会又发布了《技术转让协议适用欧共体条约第 81 条第 3 款的第 772/2004 号条例》，它是目前世界上规制知识产权滥用最具影响力的一个法律文件。[②] 该条例主要规定了技术转让协议中的限制竞争可以根据《欧共体条约》第 81 条第 3 款得到豁免的条件。与此相应，欧共体委员会还

① 王晓晔：《欧共体竞争法》，中国法制出版社 2001 年版，自序部分、第 6～9 页、第 129～134 页。

② Commission Regulation (EC) No 772/2004 of 27 April 2004 on the Application of Article 81 (3) of the Treaty to Categories of Technology Transfer Agreements, OJ 2004, L 123/11-17.

颁布了《欧共体条约第81条适用于技术转让协议的指南》[①]，以使企业界和法律界更好地掌握欧共体竞争法适用于知识产权的基本原则。

1962年，为了具体适用第81条及第82条，欧共体部长理事会颁布了第17号规则，即《17/62号条例》，对协议的通知、豁免等事项做了明确规定。1984年7月，欧共体委员会发布了《专利许可协议集体豁免条例》，即《2349/84号条例》。1988年11月，又发布了《技术秘密协议许可协议集体豁免条例》，即《556/89号条例》。随着技术许可活动的进一步增加，1996年1月，欧盟通过了将上述两条例合而为一的《技术许可协议集体适用欧共体条约第85条第3款的第240/96号条例》（以下简称240/96条例）。该条例对此前两个单一的豁免规则予以了协调和简化，拓宽了豁免范围。在该条例之后，欧盟委员会又相继制定了纵向协议条例、专业化协议条例和研发协议条例，以及纵向协议准则和横向合作协议准则。这些条例或准则都或多或少地涉及知识产权问题，同时在一定程度上修正了欧盟委员会对待知识产权问题的方法。[②] 与1996年第240号条例相比，2004年第772号条例更加注重经济分析，对技术转让中的限制性竞争采取更为灵活和宽松的立场，协议当事人被赋予了更大的契约自由。在实体法方面，第772号条例将技术转让中的限制竞争分为两类：一类是对竞争明显具有严重不利影响的限制，被称之为核心限制（hardcore restrictions）；另一类是排他性限制（excluded restrictions）。核心限制，是指在某些情况下的价格、数量、地域以及研发能力的限制。但是，在当事人不存在竞争的情况下，最高价格限制可以得到豁免。数量限制和地域限制也存在许多被豁免的情况。[③] 排他性限制主要是指独占性返授、不质疑义务和不竞争义务，其合法性或者违法性需在具体案件中进行具体分析。

第772号条例同美国《知识产权许可的反托拉斯指南》一样，也是要在保护竞争和保护知识产权二者之间寻找平衡点：一方面保护知识产权的激励机

---

① Commission Notice Guidelines on the Application of Art. 81 of the EC Treaty to Technology Transfer Agreements, OJ 2004, C 101/2-42.

② 韩立余：《欧盟反托拉斯法的现代化》，载《法学家》2004年第5期，第149页。

③ Commission Regulation (EC) No 772/2004 of 27 April 2004 on the Application of Article 81 (3) of the Treaty to Categories of Technology Transfer Agreements, OJ 2004, L 123/11-17, Art. 4(1)(b)(c). 另参见我国台湾地区《公平交易法》第45条："依照著作权法、商标法或专利法行使权利之正当行为，不适用本法的规定。"对此，即使在其主管机构在2001年制定具体执法规范之前的长时间里，学者和有关机构一般也都认为，对该条作反面的解释就可使知识产权人不正当行使权利的行为（滥用行为）适用该法。当然，如果有这方面的专门执法规范，就有利于更集中、更明确地对此问题作出了正面的回答，从而有利于具体执法，也便于当事人遵守。

制，使其充分发挥为竞争之火添加燃料的功能，以最终丰富公共财产和提高社会福利；另一方面为了维护市场的竞争性，将知识产权领域的限制竞争限于为激励创新而必要的范围之内。即是说，在知识产权限制竞争的问题上，立法者有必要权衡这些限制对激励创新的社会收益和因限制竞争引起的社会成本。[①] 如果限制的社会收益大于其社会成本时，那么这样的限制就应该得到积极评价；相反，则应予以禁止或者限制。

2.2.3 其他国家和地区

虽然在某些国家和地区的反垄断法中没有明确对涉及知识产权的垄断行为的明确规定，甚至也没有这方面的专门执法规范，但是在解释法律时，这些国家和地区都无例外地认为反垄断法应当适用于知识产权领域的垄断行为。在一定领域内形成的垄断和滥用行为，或不正当利用知识产权的行为，应该适用反垄断法。

第三节 我国现行涉及规制知识产权滥用的法律规范

知识产权是一种独占性的权利，其本身具有一定的垄断性质，因此，知识产权首先遇到的限制来自于自身的属性。为了促进科学技术和经济社会发展，知识产权持有人不可能无限制地拥有垄断性利益，因此，知识产权一定会受到时间和地域条件的限制，可以说这种限制是知识产权与生俱有的。此外，在我国，关于对知识产权滥用的法律规制主要体现在两个方面：一方面是由知识产权专门法律和1986年《民法通则》规定的禁止权利滥用的原则；另一方面主要体现在有关法律、法规中所包含的反垄断性质的法律规范。

3.1 专门法和1986年《民法通则》的规定

3.1.1 禁止权利滥用的直接性规定

2001年《著作权法》第4条第2款规定："著作权人行使著作权，不得违反宪法和法律，不得损害社会公共利益。"该条规定是著作权法对知识产权滥用作出的唯一的禁止性立法，但是，由于该规定属于原则性规范并且本身包含法律适用指示，所以从理论上讲，它实际上确立了一项可以对所有滥用著作权行为进行规制的法律基本原则。知识产权法关于禁止权利滥用的规定是知识产权法的调节机制的体现，目的在于尽可能实现个人利益与社会利益的

① 〔美〕Jay Dratler Jr.:《知识产权许可》(下)，王春燕等译，清华大学出版社2003年版，第513页。

协调以及公平与效率的统一。

3.1.2 禁止权利滥用的间接性规定

2008年《专利法》第48条规定:“有下列情形之一的,国务院专利行政部门根据具备实施条件的单位或者个人的申请,可以给予实施发明专利或者实用新型专利的强制许可:(一)专利权人自专利权被授予之日起满3年,且自提出专利申请之日起满4年,无正当理由未实施或者未充分实施其专利的;(二)专利权人行使专利权的行为被依法认定为垄断行为,为消除或者减少该行为对竞争产生的不利影响的。”该规定为规制拒绝合理条件下许可的滥用知识产权行为提供了法律依据。如果由于权利人滥用知识产权行为而导致相关技术得不到合理的使用或发展,那么在符合法律规定条件的前提下,将面临强制性许可。

就目前情况看,中国关于规制知识产权滥用方面的法律还不够完善,除了上述法律、法规对某些知识产权滥用行为作出规定以外,对于其他的知识产权滥用行为的立法几乎是空白。造成这种状况的主要原因有两个:一是基于当时立法环境。知识产权滥用行为是在最近几年才开始引起社会关注的,而在此之前关注得比较少,立法上也就没有体现。二是关乎知识产权法的立法宗旨。知识产权的立法在强调对于保护知识产权保护的同时,往往忽视了对滥用知识产权行为的法律规制。

3.2 《反不正当竞争法》的相关规定

1993年《反不正当竞争法》第6条规定:“公用企业或者其他依法具有独占地位的经营者,不得限定他人购买其指定的经营者的商品,以排挤其他经营者的公平竞争。”虽然从立法本意上来讲,该条规定被主要用来规制依法具有独占地位企业滥用独占地位限制他人竞争的行为;但是,也可以被用来规制部分知识产权滥用的行为。既然知识产权持有人的权利是依法取得并具有独占性,如果权利人符合该法所规定的经营者定义,那么,他就属于该条规定的“其他依法具有独占地位的经营者”。如果权利人要求被许可人只能向其指定的经销商购买材料或者配件,那么,完全可以通过适用第6条对其依法规制。至少在字面意义上,第6条完全可以适用于知识产权滥用的某些行为。

1993年《反不正当竞争法》第12条规定:“经营者销售商品,不得违背购买者的意愿搭售或者附加其他不合理的条件。”该条的立法本意也是为了规制那些具有市场支配地位的企业搭售或者附加不合理交易条件的不正当竞争行为,但是由于法条本身并没有规定经营者的性质,因此它同样适用于搭售或者附加不合理交易条件的滥用知识产权行为。但是,这里必须具备一个前提条件，即知识产权许可人必须符合1993年《反不正当竞争法》所规定的经营者资质条件。

3.3 《反垄断法》与知识产权滥用

虽然2007年《反垄断法》对知识产权滥用行为作了规定，但是，这些规定并不能涵盖所有的知识产权滥用行为。第55条规定："经营者依照有关知识产权的法律、行政法规规定行使知识产权的行为，不适用本法；但是，经营者滥用知识产权，排除、限制竞争的行为，适用本法。"第3条对垄断行为作了分类，包括：第一，经营者达成垄断协议；第二，经营者滥用市场支配地位；第三，具有或者可能具有排除、限制竞争效果的经营者集中。从该条规定可以看出，《反垄断法》对垄断采用了行为主义立法模式，确立以垄断行为为其规制对象，而且其基本前提是垄断者必须具备经营者的资格。

从理论上讲，知识产权的独占性具有合法垄断的性质，但是，如果权利人滥用其垄断地位，则法律性质将蜕变为违法的垄断行为，并因此而受到《反垄断法》的规制。并非所有滥用知识产权的行为都是《反垄断法》意义上的垄断行为。从前述归纳的知识产权滥用行为的分类看，除了交叉许可限制竞争行为属于《反垄断法》意义上的垄断行为之外，其余的情况基本不能适用《反垄断法》所规定的垄断行为。在通常情况下，交叉许可限制竞争行为是由经营者所为，属于2007年《反垄断法》第3条规定的第一项情形；但是，如果行为人不具备该法所规定的经营者主体资格时，也就不能适用该项的规定。虽然拒绝在合理条件下给予许可的行为具有限制或者排除竞争之嫌，但是如果行为人不属于经营者或者不具有市场支配地位，那么，也就不能落入2007年《反垄断法》所列举的具体垄断行为的范畴。对于过高价格的许可行为，也只有同时满足行为人具有经营者资格或具有市场支配地位两个条件时，才能适用《反垄断法》的规定。

后　记

为了归纳20世纪80年代改革开放以来我国在知识产权法理论研究和制度建设方面取得成果，展示21世纪知识产权法前沿领域的学术状况，适应现代中国知识产权法学教育发展的需要，在北京大学教材建设规划项目的支持下，我们编写了这部《现代知识产权法》教科书。

本书内容除了涉及知识产权法理论研究的传统领域，即著作权法、专利法和商标法之外，还对知识产权的许多理论前沿问题多有涉猎，诸如传统知识的知识产权保护、竞争法与知识产权的关系等问题。本书定位的主要读者群是在读的本科生和研究生，当然还包括知识产权法相关的理论工作者和实务工作者，以及政府工作人员。本书出版发行后，将成为北京大学知识产权学院建院以来的第一部知识产权法通论型教材。

本书于2007年岁末开始撰写，2008年岁中形成初稿，2009年岁初完成终稿。本书的撰写工作采取的是主编负责、集体撰文、分工协作的方式。按照知识产权理论研究的基本框架，将全书分为七编、四十章，各章撰写分工如下：

曲三强	第1章至第3章
张洪波	第4章
朱红英	第5章至第8章
李宗辉、张亨全	第9章
李宗辉、刘仁婧	第10章至第11章
李宗辉、鄢妍	第12章至第13章
胡　洪	第14章
孟兆平	第15章至第17章、第19章至第20章
张云波	第18章、第21章至第22章
赵林静	第23章至第26章、第30章
陈新华	第27章至第29章
杨万生、杨华权	第31章
杨耀辉	第32章至第33章

杨华权、马翔翔	第 34 章至第 37 章
赖乾胜	第 38 章
徐玲芳	第 39 章至第 40 章

全书由曲三强统稿审定，孟兆平、杨华权参加了审稿工作，刘仁婧、张亨全、鄢妍参加了书稿的编辑工作。

在本书的撰写过程中，得到了社会各方众多仁人的帮助和支持，囿于篇幅的限制，不能一一具名致谢。不过，在这里需要特别感谢的是北京大学教材科的于瑞霞老师和北京大学法学院的赵焕老师，如果没有她们的关怀和支持，很难想象能有今天本书的成就。此外，还要特别感谢北京大学出版社的孙战营编辑，正是由于她严谨的作风、专业的眼光和敬业的精神，才得以使本书能以更为科学、更为规范、更为缜密的面目展示给读者。